·国家社科基金特别委托项目·

本丛书由中国社会科学院世界社会主义研究中心编

本书为国家社科基金项目（10BKS050）结项成果

获江南大学学术专著出版基金资助

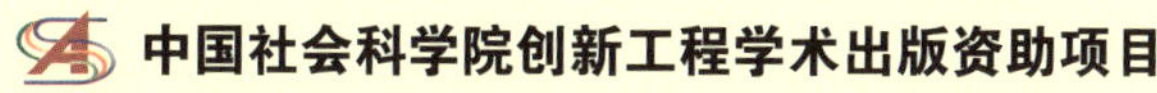

中国社会科学院创新工程学术出版资助项目

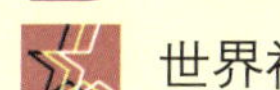

世界社会主义研究丛书·研究系列 79

战后美国左翼政治文化

历史、理论与实践

LEFT POLITICS AND CULTURE IN POSTWAR AMERICA: HISTORY, THEORY AND PRACTICE

吕庆广 / 著

社会科学文献出版社
SOCIAL SCIENCES ACADEMIC PRESS (CHINA)

序　言

从大历史的角度看，第二次世界大战结束以来的70年是全人类天翻地覆的70年，对于作为西方发达国家榜样的美国亦如是。从社会结构和生活方式等方面看，美国第一个发生第二次社会大变迁，即率先实现从工业社会向后工业社会的转型，或者说完成了从福特主义到后福特主义的过渡。在这个剧烈社会变迁的时期，政治、经济、文化等领域的矛盾叠加，冲突频仍，对资本主义制度持传统批评立场的左翼势力，自然利用各种合法手段和形式，如讲台、著述、选票和街头示威等，为"失声"的社会大众代言，揭露和抗议现行体制的阴暗面，推动社会向公正与和谐方向发展。然而，与欧洲左翼相比，人们会发现，美国左翼的影响力和成就似乎不足挂齿：西欧左派无论是政党组织的规模、在社会大众中的影响力，还是参与政治决策的深度和广度，无不达到了一个相当高的程度，可以说，西欧左翼在今日西欧各国政治中具有举足轻重的地位。美国左翼则不然，整体上给人的印象是远离政治决策中心，处于政治议程之外，日益边缘化，成为"被遗忘的群体"，以致一些西方学者断定美国左翼政治为"失败了的事业"。或许也正是由于这一原因，国内学界在西方左翼政治文化研究上，更多注目于西欧，对美国方面明显重视不够，着力不足。

那么，美国左翼在战后以来美国社会政治文化发展中的地位和作用到底如何？果真是无足轻重？还是不尽如此甚或相反？这不仅是美国研究诸多重大课题中无法回避的选题，也是政治学、社会学、历史学等学科领域中长期受到关注的问题。对这一问题的回答涉及对诸多相关问题的破解，而这些相关问题本身就是值得倾力研究的重大课题。比如，美国免疫论问题。早在20世纪初，德国社会学家维尔纳·桑巴特提出了一个著名的问题：

美国为什么没有社会主义？这一问题的准确表述应该是美国为什么没有欧洲式的社会主义？对这一问题堪称权威的答案即著名的美国例外论：独特的制度、文化传统和生活方式等使美国不存在产生社会主义的土壤，换言之，美国缺乏社会主义传统。这个回答实际上涉及如何看待左翼政治文化与美国主流文化的关系问题。以约翰·尼古拉斯为代表的一些学者则公开对这一论断持反对态度。再一个是，左翼失败或消亡论。这一论调还在20世纪初就已经出现，在美国和西方其他国家学术界政界都是从者如云，似乎已经是盖棺论定。这个问题涉及对20世纪尤其是战后以来左翼整体性存在的意义和作用的认知与评价。还有，左派与美国自由派的历史性关系问题，一般对战后美国自由派政治历史的研究，如一系列社会改革运动的研究，往往对左翼在其中的影响力予以忽略，但事实是，如果没有左翼力量的存在和影响，战后美国政治社会的进步绝对不会推进到今天这个深度和广度。最后，美国左翼的基本政治文化诉求和愿景问题。由于20世纪60年代以来，左翼步入颓势，内部派系林立，理论主张复杂多样，一直缺乏系统的研究与梳理，要理解美国左翼当前处境和未来命运，这个问题就无法回避。

笔者在十余年前从事60年代美国学生运动专题研究和著述之时，就已经发现对60年代以来美国左翼政治文化的研究，无论是国内还是国外都十分薄弱，存在不少空白和值得深究之处，特别是在国内，还没有一部关于战后美国左翼政治文化的系统性研究专著，遂下决心迎接挑战，于2010年以“战后美国左翼政治文化研究”申报国家社科基金课题，成功获得立项。虽然决定在跨学科基础上开展全景式宏观研究，但研究对象时间跨度超过半个世纪，而且政治文化诉求极其多元，表达形式和手段更是丰富多彩，组织和人物众多，无法也无力做到对左翼组织、人物和理论的全部或大部研究，只能按照时间顺序，开展有选择的专题性研究，在人物和文本选择上也只能择之一二，难免会有遗珠于外之憾。至于左翼文学艺术，其本身就是一个宏大的学术领域，本书只是在相关章节中偶有论及，无法以专题成章论述，希冀它能成就这部著作的缺陷美。但愿本书对前述问题给出的答案能够具有说服力或为回答这些问题提供启迪。

值得一提的是，美国是社会运动较发达的国家，而社会运动是美国左翼政治文化的重要载体。因此，本书涉及众多社会运动，有些社会运动在国内学术界几乎还少有研究者关注，如70年代美国废除监狱运动就是例子，希望本书的研究能起到抛砖引玉功效，对70年代以来美国各种新社会运动开展高水平的深入研究，从而推动美国左翼研究迈向新阶段。

如果这本书能够引起学界更多同仁在茫茫学海中对当代美国左翼研究课题目光多有停留，笔者就知足了。

2015年7月12日

目录

世界社会主义研究丛书·研究系列79

导 论

一 左翼概念界定与美国左翼分类 …… 1

二 本课题研究的理论和现实价值 …… 6

三 美国左翼政治文化研究现状 …… 7

四 本课题研究内容与基本框架 …… 20

第一章 美国文化传统与左翼政治文化源流 …… 27

一 美国主流文化特性及其社会历史功能 …… 27

二 美国左翼政治文化的历史流变与特性 …… 34

三 主流文化与左翼政治文化传统的缔造 …… 52

第二章 战后美国左翼政治文化的崛起 …… 60

一 战后美国社会变迁与冷战背景 …… 60

二 “老左派”政治文化兴衰的影响 …… 68

三 “新左派”的崛起及其组织分析 …… 80

四 后“新左派”政治文化的兴盛 …… 94

第三章　批判与超越：“60 年代精神”及其主流化 …………………… 101

一　病态社会论：对现代性社会的激进诊断 ……………………… 101

二　天下为己任：锐意改革与社会变革精神 ……………………… 112

三　异托邦激情：参与民主与田园社会理想 ……………………… 120

四　个人即政治：“60 年代精神”的主流化 ……………………… 141

第四章　底层社会变革：70 年代的激进政治实验 ……………………… 151

一　新左派的历史观与底层力量的被发现 ………………………… 151

二　争取新社会运动：预示政治的理论与实践 …………………… 154

三　废除监狱运动：保守主义时代的激进冒险 …………………… 165

四　国内非殖民化运动：对美国主权的挑战 ……………………… 178

五　20 世纪 70 年代激进政治文化的基本特征 …………………… 190

第五章　多元文化主义：左翼的文化政治 ………………………………… 194

一　美国历史视野中的主流文化霸权 ……………………………… 194

二　作为文化政治要津的多元文化主义 …………………………… 200

三　作为左翼新社会建设指南的承认政治 ………………………… 208

四　多元文化主义与反多元文化主义论争 ………………………… 212

五　多元文化主义的兴盛与左翼的困境 …………………………… 224

第六章　晚期资本主义：左翼的后现代文化透视 ………………………… 231

一　后现代主义的颠覆性与建设性取向 …………………………… 231

二　晚期马克思主义与凯尔纳的后现代观 ………………………… 238

三　詹姆逊与晚期资本主义的文化逻辑 …………………………… 252

四　现代性危机与后现代社会治理方案 …………………………… 266

第七章　控诉帝国：美国左翼反全球化的理论与策略 …………………… 277

一　全球化浪潮与新自由主义的弥漫 ……………………………… 277

二　美国文化左派的反全球化理论 ………………………………… 287

三　左翼反全球化运动的策略与实践……………………… 301
四　美国左翼反全球化运动的是与非……………………… 318

第八章　霸权与国家恐怖主义：左翼对美国对外政策的解读………… 323
一　学术左翼对战前美国对外政策史的解读……………… 323
二　冷战时代左翼视野中的美国对外政策………………… 328
三　乔姆斯基对美国国际干涉行为的解析………………… 336
四　冷战后时代左翼视野中的美国对外政策……………… 349

第九章　绝境重生：左翼的重建与面向未来的探索………………… 362
一　冷战后时代左翼的困境与机遇………………………… 362
二　左翼组织与左翼政治的重建思路……………………… 366
三　左翼学者面向未来的理论探索………………………… 371
四　有关具体政策领域的激进想象………………………… 393

余　论：左翼如何改变了战后美国？ ……………………………… 411
一　战后美国左翼政治文化的核心话语…………………… 411
二　左翼政治文化与战后美国社会变革…………………… 412
三　美国左翼面临的挑战及其未来………………………… 416

参考文献……………………………………………………… 424

附 录 1……………………………………………………… 445

附 录 2 ……………………………………………………… 453

后　记 ……………………………………………………… 457

导　论

第二次世界大战结束以来的半个多世纪是美国政治文化史上一个极其重要的历史时期，在这个阶段，我们见证了美国在全球舞台上作为超级大国的空前未有的能量怎样一步步发挥到极致，最终在冷战对抗中压倒了强劲对手；也见证了美国文化如何通过其商品和技术扩张在全球各个角落渗透，使全球化长了一张美国面孔，从而在全球化大潮中位处优势；更重要的是，我们见证了美国社会在战后一浪高过一浪的持续社会改革，不仅把进步主义时期和罗斯福“新政”时代的自由主义改革推向了高潮，而且基本上把美国变成了一个相对稳定发展的社会，一个政治与文化生活更加宽宏的社会。而这一切的得来与战后美国左翼政治文化的作用与影响密不可分。可以说，如果忽略或漠视左翼政治文化这一重要因素，对战后美国政治文化与社会发展的任何理论解释或论述将是苍白无力和存在缺陷的。

一　左翼概念界定与美国左翼分类

1. 左翼的概念

什么是左翼？左翼也称为左派（Left 或 Leftist），与“右翼”和“右派”相对，一般指政治上激进的政党或政治组织，有时也指个人。从词源上看，公认的看法是该词源于法国大革命初期。1789 年 5 月，法国国王召开三级会议，贵族与僧侣坐在右边，第三等级坐在左边。其后，国民会议召开时，主张民主与自由的激进派坐在左边，保守派和保皇派坐在右边，逐渐形成左右两派。19 世纪，欧洲国家的议会也以议长座椅为界，激进派和保守派分坐左右。左派、右派渐渐成为政党派别政治上激进或保守的代名词。[①]

随着社会主义运动在19世纪中后期开始不断高潮迭起，与社会主义相关的理论主张与学说逐渐被视为左派的主流意识形态。进入20世纪，尤其是第二次世界大战结束以后，左派的光谱不断扩大和位移，反战和平运动、女权运动、同性恋运动、少数族群权利运动、环境保护运动等进入了左派的政治议程。自20世纪中期以来，在全球范围内，共产党、社会民主党和“新马克思主义”组织构成了左翼政治党派的三大板块。由于政治诉求的同源性和对改革与社会变革议程的高度重视与倡导，不仅它们相互间的差异趋于缩小，而且它们与自由派之间的界限也在趋于模糊，这就带来一个现实的后果：对左翼概念难以进行精准的界定。

基于美国政治与社会生活历史的视角，我们可以把美国左翼政治文化这一概念理解为，既指对美国社会现实持不满和否定立场并不同程度抱有替代方案或理想图景的思想与行动，又包括对社会现实持异议立场并力图通过某种激进改革方案修补现行制度缺陷的主张与行动。美国左翼政治文化是战后以来美国政治文化史不可或缺的组成部分。

2. 美国左翼的分类

以布勒和乔加卡斯等为代表的一些学者认为，美国左派包括社会主义者、共产主义者和无政府主义者三大群体，他们都以追求社会的政治、经济和文化的根本变革为己任。[②] 事实上，广义上的美国左翼是个十分庞杂的群体，有的为具有明确政治目标和规范化的政治组织架构的政治党派，如共产党、社会党等；有的是工会等工团主义组织，如美国劳联产联之类；有的是纯粹学术性的组织；有的则是现代文化产业的重要组成部分。与此同时，还有不少为单枪匹马的斗士，如学术界以乔姆斯基、詹明信为代表的一些巨匠大体如此。在现实中，一些被视为左派的人不一定承认自己是左派，而一些自诩为左派的人，政治立场往往与左派具有明显的距离。不同左翼团体间既有合作、协调与认同，又存在相互间的隔阂、对立、敌视甚至冲突。如新老左翼之间的相互蔑视，当代文化左派同社会左派之间的相互攻讦即为例子。

---

① 《辞海》（第六版），上海：上海辞书出版社，2010年，第2573页。

② Mari Jo Buhle, Paul Buhle and Dan Georgakas, *Encyclopedia of the American left* (Second edition). Oxford: Oxford University Press, 1998. p. ix.

老左翼（Old Left）：亦称为传统左翼或传统左派，主要指20世纪20～30年代在美国政治生活中具有相当影响力的左翼团体或组织，如美国共产党、美国社会党、托洛茨基分子、美国社会主义工人党、杜波依斯俱乐部、斯巴达克团等。老左派组织对战后以来美国社会的政治影响力可以说是江河日下。以美国共产党为例，它在美国政治舞台上早已沦落为一个埋首于自我封闭的党内纯理论研究和争辩的团体，虽然在一些重大社会现实问题面前也不时公开自己的立场与主张，但认真倾听者屈指可数。

新左翼或新左派（New Left）：指活跃于20世纪60～70年代的左翼组织和团体，最有影响力的有：学生争取民主社会组织（SDS）、学生非暴力协调委员会（SNCC）、黑豹党（Black Panther）、气象员（Weatherman）等。在此值得一提的是，同样是新左翼，美国与英国相比明显有别，英国的新左翼完全属于马克思主义团体或圈子，“是马克思主义内部的现象”，而在美国则不然。① 美国新左翼的政治光谱十分复杂，远超马克思主义阵营的界限。如果以一个政治群体来衡量，那么，在他们身上我们会发现，除了传统马克思主义的影响外，还普遍存在非暴力不合作主义、无政府主义、弗洛伊德心理分析学、存在主义、东方宗教哲学等影响的刻痕。

学院左翼（Institutional Left）：亦称为学术左翼（Academic Left），主要指从事纯理论研究的左翼知识分子，其中相当数量的人是共产党、社会党、托洛茨基派等传统左派政党党员。他们痴迷于象牙塔中抽象理论的思辨和争论，几乎对现实生活中的街头抗议等政治行动不是拒绝参与，就是置若罔闻。正如一位社会左翼学者所作的评论：“长期以来，学院派幻想自己既是某种激进主义者，其实又是关怀扩大个人自由和追求社会公正的自由主义者，只不过他们不采取对占据统治地位的制度——譬如资本和国家——形成严重挑战的方式。”② 虽然他们中大多数人都非常愿意看到革命性变革的发生，但不认同美国带有无政府主义色彩的激进政治的行动主义传统。

后政治左翼（Post-Political Left）：其内涵与学院左翼相近，基本上潜心于理

---

① Bryn Jones and Mike O' Donnell eds., *Sixties Radicalism and Social Movement Activism: Retreat or Resurgence?* London: Anthem Press, 2010, p. 92.

② 〔美〕戴维·葛瑞伯：《全球化运动与新新左派》，载斯坦利·阿罗诺维茨、希瑟·高特内主编，麦克尔·哈特、安东尼奥·奈格里等著《控诉帝国：21世纪世界秩序中的全球化及其抵抗》，肖维青等译，桂林：广西师范大学出版社，2004年，第447页。

论和学术研究，对现实政治与社会问题不是无动于衷，就是兴趣寡然。他们中不少人曾经是60年代激进政治运动中的活跃分子。因此，后政治左翼概念也专门用于指代后“60年代”学术兴趣由激进政治转向文化研究的左翼群体。

文化左翼（Cultural Left）：指文化创作活动与文化批评领域的左翼作家、艺术家和评论家，几乎涉及音乐、绘画、雕刻、电影、戏剧、文学等全部个人艺术领域，除学术界部分理论研究者外，主要包括好莱坞影视作家、歌手与演员、媒体专栏作者与编辑、出版公司和一些基金会负责人以及政界的一些知名人物。美国学者迈克尔·诺瓦克认为，文化是美国左派唯一成功的领域。他在1995年提出一个自问自答的问题：在今日美国“左派还剩下什么”，他的回答是：“文化是左派的。”“冷战结束时，左派已经占领了美国文化的大多数制高点：好莱坞，主要的全国性电视和报纸等媒体的新闻部门，大多数有影响力的全国性杂志，大学，享有很高声望的出版公司（一两个除外），福特、洛克菲勒、麦克阿瑟、皮尤、梅隆等大基金会，甚至大多数城市交响乐团、博物馆、歌剧院和戏剧董事会主席之类的公司经理职位。”①

社会左翼（Social Left）：与学院左翼和相对应的概念，主要指从事或倾力于街头政治、社区改革等具体事务的个人和团体。与文化左翼有较多的重叠，即社会左翼中包含着众多文化左翼团体与个人。

以上概念应用到具体人物或对象，往往会出现交错重叠现象，例如伊曼纽尔·沃勒斯坦和乔姆斯基等左派知识分子，他们不仅为左翼事业著书立说，充当理论建筑师，而且还频繁参与左派的社会活动和运动，他们以自己的理论和言行引领社会运动向前迈进。他们既是学院左派，也是文化左派，还是社会左派。

在此需要说明的是，我们在阅读西方学者的著作中会发现，激进主义（radicalism）一词出现频率极高，这是与左翼关系十分密切的一个词语，几乎是左翼这一概念的同义词。该词源于拉丁文radix（与英语root义相近），含有“根”、“根本”、“彻底”等义，权威的《美国学术百科全书》对这个词作如下解释：“现代激进主义起源于对统治集团特权的挑战，无论这种特

① Michael Novak, *Unmelting Ethnics: Politics & Culture in American Life*. New Brunswick: Transaction Publisher, 1996, pp. xii-xvi.

权是以神授政府、出身高贵为依据，还是以保护财富为理由。”① 美国著名历史学家伦斯也认为激进主义是特权的解毒剂。② 那么，激进主义的准确含义是什么？布达佩斯学派著名理论家阿格妮丝·赫勒认为，激进主义意味着“一种对社会的总体批判——对于一个以依附和统领关系以及‘自然分工’为依据的社会的总体批判”，与此相应的，激进行动者便是“已经厌恶资产阶级的生活方式并决定支持另一种生活方式的那些人”。当然，激进主义有左右两种类型。左翼激进主义尽管带有某种贵族气息，但始终是民主的，它视所有人为同等合理的存在者，主张通过集体合理的讨论决定价值，努力使主体意识到自己作为主体的本性。因此，左翼激进主义与民主具有天然的亲和力。右翼激进主义则相反，它是精英主义的和非民主的，群众在这里是客体不是主体；它不反思其所持价值的意识形态本性，拒不承认其他群体价值的真实性；虽然它也批判以领队和统领为基础的社会，却无法推举出任何可行的替代物。因此，右翼激进主义其实并不激进。③ 那么，当代左翼激进主义追求什么样的政治社会目标呢？赫勒用“激进需要”概念加以说明：激进需要就是“所有在一个以依附与统领关系为基础的社会中出现的，但在这样的社会中不能被满足的需要”④。这种激进需要是多元化的，如通过理性讨论决定社会发展的内容、方向和价值；自由选择共同体；人与人之间关系的平等和社会统治的消除；减少社会必要劳动与社会自由活动之间“压力—空虚”的矛盾；消除战争与军备；减少生态灾难；消除高雅文化与大众文化的差异；等等。这些激进需要的满足必须以消除不合理的社会关系为前提。⑤ 简单说来，激进主义就是对现实抱激烈的或者彻底否定的批判态度，并对作为替代物的理想社会和乌托邦持巨大热情的观念和言行。

---

① *Academic American Encyclopedia*, Vol. 16. Princeton, New Jersey: Arete Publishing Company Inc., 1981, p. 43.

② Sidney Lens, *Radicalism in America*. New York: Alfred A. Knopf, Inc., 1969, p. 1.

③ 〔匈〕阿格妮丝·赫勒：《激进哲学》，赵司空、孙建茵译，哈尔滨：黑龙江大学出版社，2011 年，第 119 ~ 121 页。

④ 〔匈〕阿格妮丝·赫勒：《激进哲学》，赵司空、孙建茵译，哈尔滨：黑龙江大学出版社，2011 年，第 123 页。

⑤ 孔明安等：《当代国外马克思主义新思潮研究——从西方马克思主义到后马克思主义》，北京：中央编译出版社，2012 年，第 457 页。

二　本课题研究的理论和现实价值

本课题研究的理论与现实意义是不言而喻的。首先，20 世纪后半叶，社会主义运动在全球走过了一段曲折艰难的道路。在冷战对抗的紧张岁月里，作为资本主义对立面的社会主义，无论是作为意识形态体系还是作为制度体系，其影响力在全球都得到了全面扩大。其直接表现在这样几个方面：一是社会主义国家数量由第二次世界大战前的 1 个增至 15 个，地域从欧洲一隅扩展到亚洲与拉丁美洲；二是苏联和中国等社会主义大国在国际舞台上的影响力和号召力大幅度提高，吸引了全世界无数追求正义的政治力量的目光，使它们在制度选择上逐渐从西方转向东方，到 20 世纪 80 年代，宣称自己是社会主义国家或在国家名称中贴上社会主义标签的政府超过了 50 个。1981 年，全球把社会主义作为政治目标的政党超过 100 个；三是从统计上看，80 年代以前，社会主义国家在经济发展速度、人民生活水平提升幅度和社会公平程度等方面都明显高于西方。然而，由于理论上的教条主义、经济体制上的僵化和政治上民主的虚化与缺失等原因，社会主义国家自进入 70 年代后，其发展陷入了困境。中国等国家通过主动实施改革开放政策成功突围，而苏联和东欧等则在彷徨无措中走入死局，导致社会主义在全球影响力不断扩大的趋势被逆转，社会主义运动在全球跌入低谷。

其次，与社会主义国家相比，发达资本主义国家左翼力量的生存发展具有其独特性。西欧国家左翼力量在战后发展较快，如法国和意大利共产党一度成为政坛第一大党，对其社会政治生活具有举足轻重的风向标作用，但它们政治上几无例外地选择或倾向社会民主主义。冷战结束后，它们的政治影响力大幅度下降，战略上进入退却期。美国左翼的情形则有所不同。在战后冷战时期，美国共产党和社会党等传统左翼组织一直受到现行体制的打压，其开展政治宣传组织的自由空间十分有限，加上理论上严重囿于教条主义，其政治主张与社会现实存在较大距离，故其影响日渐式微，已经沦落为美国政治舞台边缘上被人遗忘的一员。与传统左翼不同的是，战后崛起的“新左翼”不仅在半个世纪前以思想和行动缔造了一个激情飞扬的“60 年代”和“60 年代精神”，他们中的一些人与其后继者们一道为促进美国和世界的社会正义，探索和实现更加理想的社会模式，从理论和实践两个层面进行了持续不懈的奋斗。他们对信念的执着与自信，不仅令人油然而生敬意，而且有助于我们产生深入研究他们的兴趣与动力。通过对其历史、理论和实践等多维度的全景式研究，将深化我们对美国左翼政治文化的独特经历和发展前景的了解，增强我们对以社会主义为核心目标的欧美左翼运动在不同制度架构的国家、不同时代、不同文化背景下的不同命运的认知，进一步认识社会主义道路的多元化特征。

再次，社会主义作为一种理想社会的思想与制度，至今仍处于不断探索之中，美国左翼政治文化是美国社会理想主义的重要表现形式，通过深入研究，总结其曲折发展过程中的基本经验教训，特别是美国左翼面对全球化和后工业社会到来等重大社会变迁和全局性挑战时的理论和战略思考，对今日处于改革深水区、社会变迁加剧、社会矛盾增多和部分激化的中国社会，如何最大限度地克服或缓解社会不同群体间的经济收入与机会不公，真正让每个社会成员都有人生出彩的机会，全面提升社会的幸福感、成就感和荣誉感，有力推动中国特色社会主义道路的探索与和谐社会建设及和谐世界目标的追求，不失重要启迪意义。

最后，战后以来，资本主义社会的经济、政治与文化等各个层面都发生了巨大变化，如果与战前和 19 世纪相比较，这种变化之大很难找到恰当的字眼来形容，用令人难以置信、令人震惊、脱胎换骨等能想到的词来形容也会让人感到苍白无力。通过本课题研究，能够为我们提供一个理解发达资本主义战后社会制度与文化深层次变迁的独特视窗，进而为探寻当代资本主义内在的自我修复与更新机制，客观地认识两种社会制度之间的相互影响与借鉴创造条件。

三　美国左翼政治文化研究现状

1. 国外相关研究综述

自 20 世纪 70 年代伊始，战后以来美国左翼政治文化研究一直是国外特别是美国学术界的学术热点，从时间跨度和总体发展趋势上看，大致可以分为两个阶段和三个特点：（1）20 世纪 70～80 年代是第一阶段，这个阶段的特点是对左翼社会运动历史资料的搜集、整理和编纂。其中最主要的任务是搜集和整理以60年代为核心的运动和思想的文献资料，并试图采用相关理论进行分析研究，成果主要表现为大量的历史文献、个人回忆、传记、学术性论著的出版。代表性人物和著作有：罗伦·巴里兹编著的《美国左派：二十世纪激进政治思想》（1971）、约翰·迪金斯的《二十世纪美国左派》（1973）、托德·吉特林的《60年代：希望的岁月，愤怒的日子》（1987）、彼得·约瑟夫编著的《好日子：60年代美国口述史》（1974）、詹姆斯·米勒的《“街头民主”：从休伦港到芝加哥之围》（1987）、索尼亚·赛雷斯等编著的《无悔的60年代》（1985）、劳伦斯·拉德的《力量在左派一边：1946年以来的美国激进运动》（1979）、菲力普·奥特巴奇的《美国学生政治：历史分析》（1974）、欧文·昂格尔的《运动：美国新左派历史，1959～1972》（1974）、理查德·弗莱克斯的《缔造历史：美国左派与美国精神》（1988）、莫里斯·伊塞尔曼的《如果我有一把锤子……老左派的死亡与新左派的诞生》（1987）、西里尔·莱维特的《特权的孩子们：60年代的学生造反》（1989）、凯思·梅尔维尔的《反主流文化中的公社：起源、理论、生活方式》（1972）、米尔顿·威活斯特的《街头之火：60年代的美国》（1979）、维尼·布雷宁斯的《大拒绝：新左派的社区与组织：1962～1968》（1982）、马丁·杰伊的《马克思主义与总体性：从卢卡奇到哈贝马斯的概念探险》（1984）、肯尼斯·肯尼斯顿的《青年与不满：新反对派的崛起》（1971）、戴维·魏斯特拜的《模糊的理想：60年代美国学生运动》（1976）、杰克·华伦和理查德·弗莱克斯的《超越街垒：60年代人长大成人》（1989）等。这些著作作者大多是60年代激进运动的参与者、亲历者，他们以真切可信的笔触、翔实的资料、独特的视角、严肃的立场和强烈的责任心与使命感，通过文字再现的方式把60年代那青春“无悔的岁月”呈现给世人，也呈现给他们自己。

（2）20世纪90年代至今是第二阶段，其主要特点是：美国左翼政治文化的研究呈现宏观分析上的多学科综合与微观性研究渐成热潮。一些学者采用历史学、社会学、政治学、社会心理学等学科方法开展研究，试图从多维视角的叠加透视中得出最接近历史真实的系统性结论。代表性的学者及其著作有斯图亚特·伯恩斯的《60年代社会运动：寻求民主》（1990）、戴维·法伯的《伟大梦想的年代：60年代的美国》（1994）、范·高西的《孩子们在哪：古巴、冷战美国与新左派的诞生》（1993）、保罗·赖昂斯的

《新左派、新右派与60年代美国遗产》（1996）、爱丽丝·伊乔斯的《敢于变坏：美国激进女权运动（1967～1975）》（1991）、玛格丽特·克瑞克斯汉克的《美国男女同性恋解放运动》（1992）、阿瑟·梅尔泽等编的《多元文化主义与美国民主》（1998）、詹姆斯·法雷尔的《60年代精神：缔造战后激进主义》（1997）、詹姆斯·温斯坦因的《弯路长行：美国左派的历史与未来》（2003）、约翰·罗斯的《被资本主义谋杀：美国左派150年生死回忆录》（2004）、丹尼尔·弗莱恩的《美国左派保守史》（2008）、格雷塔·德迥的《看不见的敌人：1965年后非洲裔美国人的自由斗争》（2010）、丹·本格尔编的《隐秘的70年代：激进主义史》（2010）、朱迪丝·布劳编的《世界与美国社会论坛：更好的世界既可能又必须》（2008）以及布莱恩·琼斯等编著的《60年代激进主义与社会运动行动主义：退却还是重现?》（2010）等。这些著作尽管主题和视角各不相同，但有一个共同特征，这就是对左派兴衰历史的宏观描述和对战后美国左翼在不同斗争领域的全方位主题透视，对从60年代新左派运动到当前全球正义运动左翼在各个历史阶段的曲折奋斗历程和挫折进行较客观深入的分析与反思，并大多对左翼政治的未来深怀希冀。

与以上所述不同的是，另外一些学者则立足于微观研究领域，选择某个人物、组织或事件进行研究，以达到见微知著和以小见大的目的。例如，马蒂·吉泽的《阿比·霍夫曼：美国的反叛者》（1992）、西奥多·小温特的《总统与抗议者：60年代政治修辞》（1990）、道格·罗斯瑙的《进步的理想：美国的左翼－自由传统》（2008）、詹姆斯·克利夫德的《从嬉皮到雅皮：昔日性革命亲历者自述》（1999）、维克多·格罗斯曼的《穿过河流：美国左派、冷战和在东德生活的回忆录》（2003）、安德雷亞·克鲁巴西克的《由此到彼：斯托顿·林德读物》（2010）等。这些著作通过大量的档案文献发掘，辅之以当事人口述、回忆笔录、第三人的间接访谈，以历史学、社会学、心理学等方法重构了独特时代背景下的独特人物、团体和事件。例如，吉泽的《阿比·霍夫曼：美国的反叛者》一书，较为成功地对60年代反主流文化的代表人物霍夫曼进行了深度解析，令人信服地描绘了一个知识青年走上文化反叛的时代背景、家庭与学校成长经历、独特际遇和自我心路历程。① 詹姆斯·克利夫德

① Marty Jezer, *Abbie Hoffman: American Rebel.* New Brunswick, New Jersey: Rutgers University Press, 1992.

的《从嬉皮到雅皮：昔日性革命亲历者自述》则是群体微观研究方面的力作。其实，微观研究在90年代以前就已经兴起，出现了一些极有分量的不俗之作，如凯克帕特里克·赛尔的《SDS》(1973)、彼得·魏德迈的《重访宝瓶宫：改变美国的60年代反主流文化7位缔造者》(1987)、丹尼斯·麦克纳利的《孤独的天使：杰克·凯鲁亚克、垮掉的一代与美国》(1979)和W. J. 罗拉鲍夫的《伯克利在战争中：60年代》(1989) 等。

(3) 第三个特点是跨国比较研究风生水起。其实，长期以来，通过比较分析方法探寻美国左翼政治文化的特性及其原因一直是众多学者的旨趣所在，也是美国学术界的一个悠久传统，这从不少美国人在自我身份认知上对"美国例外论"的执迷不悟可管窥一斑。与左翼相关的跨国比较的起点，无疑是20世纪初德国学者抛出的那个谜一样的问题："美国为什么没有社会主义?"在比较研究中，欧洲特别是英国、法国往往成为比较的对象。如雅各布夫妇编著的《英美激进主义的起源》(1984)、斐欧娜·戴维恩的《美国和英国的社会阶级》(1997) 等。前者主要从英美两国左翼政治文化的起源上分析双方的异同，进而揭示美国激进主义的独特性；后者通过英美两国社会结构的比较分析，明确指出，美国并不是像克拉克和李普塞特等人所宣称的无阶级社会，[①] 相反，美国依然是一个严重不平等的阶级社会，阶级意识不仅没有消退，反而在强化。[②]

从国外关于美国左翼政治文化的相关研究成果上看，最具影响力和争议性的理论有四：(1) 泛左翼论：把美国自由主义阵营的开明开放力量归类于左翼，把自由主义改革等同于左翼行径。例如，美国学者理查德·罗蒂在《筑就我们的国家：20世纪美国左派思想》中就把富兰克林·D. 罗斯福的新政改革视为左翼政治实践。[③] 在美国，左翼概念的使用十分混乱，许多保守主义的政治家和学者经常把前总统克林顿之类的中间派描绘为"自由派"，而把自由派描绘为"极左派"，在美国保守派和一些自由派眼中，

① T. N. Clark and S. M. Lipset, "Are Social Classes Dying?", *International Sociology* 6, 1991, pp. 397 –410; T. N. Clark *et al.*, "The Declining Political Significance of Class", *International Sociology* 8, 1993, pp. 293 –316.

② 〔英〕斐欧娜·戴维恩：《美国和英国的社会阶级》，姜辉、于海青、肖木等译，重庆：重庆出版社，2010年。

③ 〔美〕理查德·罗蒂：《筑就我们的国家：20世纪美国左派思想》，黄宗英译，北京：三联书店，2006年。

2000 年和 2004 年参与美国总统角逐的绿党候选人拉尔夫·纳德是狂热的激进派或左翼分子，虽然纳德只是个消费者权益保护主义者，他的主张自 1960 年代以来几乎没有根本改变。[①] 2008 年高举“变革”政纲赢得大选成功入主白宫的奥巴马，在右翼眼中更是十足的激进分子。他的医保改革等政策甚至被视为社会主义举措。诚然，奥巴马青年时代曾服膺阿林斯基的社区激进主义，其变革纲领免不了受其影响，[②] 但奥巴马政府的政策与实践无论如何也不能证明奥巴马是左派，至多是新政自由主义改革传统的继承和发展者而已。

（2）左翼挫折论：美国左派的中坚力量大多持这种观点。特别是在冷战结束后的一段时间里，面对苏联解体、东欧剧变带来的国际社会主义运动跌入低谷，美国左翼知识分子结合自身处境，普遍顿生挫折意识。不过，绝大多数美国左派仍然对马克思主义和社会主义充满信心，他们严正驳斥保守派大力宣扬的马克思主义和社会主义已经死亡或过时的论调，认为苏联和东欧社会主义实践的失败并不能得出马克思主义不属于 21 世纪，社会主义没有未来的结论，它只是这些国家政党和政府政策错误的产物，全球化的发展将使资本主义面临越来越复杂的危机与挑战，而这正意味着社会主义在未来充满希望。[③] 进入 21 世纪以来，美国左派不仅坚信社会主义是全世界人民共同的事业，一些左翼人士更是致力于复兴美国左翼事业，如“鸭嘴兽”组织的出现就是由挫折意识引发的忧患精神所促成的。

（3）左翼非美论。具体涉及三种观点：左翼外来论、左翼祸国论和美国例外论。左翼外来论的基本观点是：马克思主义和社会主义（或共产主义）是欧洲的产物和政治文化现象，在美国与此密切相关的左翼政治文化纯粹为欧洲的舶来品，其建构于阶级对抗基础之上的理论缺乏社会根基，在中产阶级的美国实为无的放矢。早在 20 世纪 50 年代中期，美国保守主义政治学家路易斯·哈茨就公开宣称，共产主义和社会主义等左翼力量在美国是一种异己势力，与美国深厚自由主义传统格格不入，这是美国激进派

---

① Doug Rossinow, *Visions of Progress: the left-liberal tradition in America*. Philadelphia: University of Pennsylvania Press, 2008, p. 1.

② Stanley Kurtz, “What We Know About Obama”, *National Review Online*, November 3, 2008. http://www.nationalreview.com/articles/226195/what-we-know-about-obama/stanley-kurtz.

③ 方世南：《美国左派的马克思主义观》，见《当代国外马克思主义评论》（第 3 辑），2002 年。

比西欧少，反对激进派的狂热情绪则比西欧和其他社会要更为激烈的原因。[①]

左翼祸国论与左翼外来论有直接关系，认为美国有史以来是一个无阶级分野和对立的中产阶级社会，左翼的阶级斗争和冲突哲学的引入对美国个人主义价值观和社会和谐秩序产生了冲击，进而威胁作为移民国家的美国社会凝聚力。这方面最为典型的是当今美国学术界方兴未艾的反多元文化主义思潮。代表性的学者和著作有美国历史学家小施莱辛格及其《美国的分裂》，施密特及其《美国的特洛伊木马》，亨廷顿及其《我们是谁》以及布热津斯基及其《大失控与大混乱》等。他们忧心忡忡地断定，源于60年代激进主义的多元文化主义会从内部解构让美国成为一个国家的主导价值，最终使美国巴尔干化。[②]

美国例外论主要与美国社会主义运动不发达问题相关。自19世纪中后期以来，无论是理论上还是实践上，欧洲都是社会主义运动堪称发达的地区，与欧洲相反，美国既没有发达的工人运动，也不存在力量强大的左翼政党。对此现象，德国社会学家桑巴特早在20世纪初发表的《美国为什么没有社会主义?》中进行了探索，从经济、政治、文化传统、社会结构、特殊意识等方面分析了美国的例外性。[③] 桑巴特认为，发达的美国之所以没有社会主义，原因是美国特殊的环境造就了美国工人阶级具有与欧洲工人阶级不同的特殊意识：美国社会结构中没有前资本主义时代的封建残余，美国工人对资本主义没有不满；美国工人具有美国人的“上帝选民”意识、国家认同意识，完全接受美国政治制度下的公民整合，统一的爱国主义情感压倒了基于阶级对抗的激进主义；美国的工会运动是资本主义性质的，它追求资本与劳动间的利益分享，并不否定资本主义经济体系；美国两党制并非阶级对抗的政党政治，它有效地避免了给代表工人利益的第三党崛起留下空间的可能性；美国工人生活水平明显高于欧洲，源于物质匮乏的不满在大量的烤牛肉和苹果馅饼的香气和美味中消解于无形；美国社会的

---

① 〔美〕路易斯·哈茨：《美国的自由主义传统》，张敏谦译，北京：中国社会科学出版社，2003年，第268页。

② 〔美〕兹比格涅夫·布热津斯基：《大失控与大混乱》，潘嘉玢、刘瑞祥译，北京：中国社会科学出版社，1995年，第118页。

③ 〔德〕韦尔纳·桑巴特：《为什么美国没有社会主义?》，赖海榕译，北京：社会科学文献出版社，2003年。

层级间的高自由流动性抑制了工人阶级意识的发展；广阔的西部边疆为工人提供了“逃往自由”的机会，等等。桑巴特关于美国社会特殊性的分析对当时和后来众多学者产生了深远影响，他关于美国没有封建残余、工人阶级对美国政治制度的接受、对国家的认同、社会的向上流动性、富裕阻止了激进、西部边疆的生存空间机制等使美国无法发展起强大的社会主义或左翼政治力量的理论解释，不失客观和系统性。特别是他关于美国乡镇民主传统与美国工人阶级具有更多美国式平等意识之间存在密切联系的观点已经得到普遍认同。然而，他的一些观点也备受訾议，如物质生活优越阻止激进论就受到新老左派的批评。社会党前主席、老左派著名理论家迈克尔·哈林顿指出，富裕使人保守、贫困使人激进的假设是不能成立的，因为60年代西方中产阶级青年的反叛的现实证伪了这一结论。真正的原因在于，“美国主义”（Americanism）所传播的平等主义（egalitarianism）与社会主义有相通之处，故“美国主义”在美国成了社会主义的替代物。

著名社会学家西摩·马丁·李普塞特在《美国例外论：一把双刃剑》(1997)、《这里没有发生：为什么社会主义在美国失败》(2001) 等论著中，在承接“桑巴特问题”的基础上，主要从社会结构的根本性变化对工人阶级意识的影响角度对美国例外论进行了论证。他不同意简单化的富裕阻碍革命的经济原因论，也不赞成美国民族文化特殊性的文化决定论，作为社会学家，他相信社会结构变迁导致的“社会分层的碎片化”（the fragmentation of stratification）是关键因素。1991年，李普塞特与特里·N. 克拉克（Terry N. Clark）共同发表《社会阶级正在死亡吗?》一文，认为经济增长瓦解了等级制的阶级划分，收入增加催生了口味与需求的多样化，由此产生了市场的小众化。相应的带来小企业的繁荣，受过高等教育的技术管理人员越来越能自主决策，集体和平等决策逐渐成为常态。其结果是传统家族企业的瓦解。在社会生活领域，家庭规模小型化，家庭成员间更加平等与民主，教育而非家庭出身成为影响社会成员流动的决定性因素。家庭作为社会分层工具的功能弱化表明等级分层的衰落，这些趋势显示传统的“社会阶级死亡了”。[①]

① Terry N. Clark and Seymour M. Lipset, “Are social classes dying?” *International Sociology* 6, 1991, pp. 397 – 410.

（4）左翼失败论。包括三种论调：左翼消亡论、左翼事业失败论和左翼右转论。左翼消亡论最早在20世纪中期就已经出现。不仅极端右翼人士持此论调，甚至左翼阵营中的一些人也通过相关论著对此加以论证。例如，战后初期，著名社会学家、《幸福》杂志主编丹尼尔·贝尔在《美国马克思派社会主义》一书中断言，企图在美国发动一场大规模运动的左派已经彻底失败，1912年后，左派只是“摇曳的半明半暗的影子”。至于失败原因，贝尔认为是因为左派及其理想存在于这个世界，但不属于这个世界。“在美国，社会主义运动失败的根源在于它不能解决道德和政治的困境：社会主义运动所提出的目标，整个地否认资本主义，不能把它同此时此地，平等交换的政治世界的具体问题联系起来。总之，它为一种它存在在这个世界，却又不属于这个世界的不愉快的问题所困扰。”[①] 1952年，美国老左派历史学家基普林斯的《美国社会主义运动，1897～1912》一书问世，作者认为，由于内部机会主义作祟，以美国社会党为代表的社会主义已经在20世纪初宣告失败；[②] 70年代以后，持左派消亡和左翼事业失败论者则如过江之鲫数不胜数。特别是冷战结束后，随着福山《历史的终结》一书的问世，断言左翼事业已经失败的声音甚嚣尘上。如美国学者古恩特·李维等人甚至在不失严肃的研究著作中以“失败”二字置于书名中，对美国左翼事业盖棺定论。[③] 即便是沃勒斯坦这样的乐观派，虽然毫不动摇地坚信今日左翼充满机遇并拥有充满希望的未来，却也公开承认，20世纪左派运动整体上已经宣告失败。[④] 至于左翼右转论，早在20世纪50年代就已出现，它在一定程度上是对当时冷战背景下美国政治现实的相对客观的描述，以欧文·豪、丹尼尔·贝尔、悉尼·胡克等为代表的一批左派人士，出于对斯大林模式治下苏联社会冷酷现实的失望和美苏冷战对抗的不满，放弃左派信仰与立场，转向自由派或保守主义阵营。70年代，随着60年代激进抗议运动步入低

① Daniel Bell, *Marxian Socialism in the United States.* New Jersey: Princeton University Press, 1967, p. 5.

② 转见王心付、胡前安《美国左派运动史学研究四十年》，《当代世界社会主义问题》，1996年第2期，第47页。

③ Guenter Lewy, *The Cause that Failed: Communism in American Political Life.* New York: Oxford University Press, 1990.

④ Immanuel Wallerstein, “A Left Politics for the 21st Century? Or, Theory and Praxis Once Again”, *New Political Science*, Vol. 22, Iss. 2, 2000, pp. 143－159.

潮，众多青年造反者回归中产阶级社会，从现行体制的对抗者变为接受者。冷战结束后，左翼阵营中更不乏悲观失望者放下投枪，或解甲归隐，或不是摇身一变就是改头换面成为新保守派人士。左派右转的确是左翼事业出现严重问题、发展遭遇挫折的反映，但并不能由此得出左翼失败的结论。

2. 国内研究现状

国内学术界自20世纪80年代开始，主要围绕60年代的社会运动展开研究，分别从历史学、政治学、社会学和哲学等学科的视角对黑人民权运动、学生运动、妇女运动、反主流文化运动以及激进生态运动等进行了程度不等的探讨，出版了一批有分量的著作，发表了一系列相关研究论文，取得的成果是公认的。以论文为例，据笔者从知网关键词搜索的结果，1999～2013年，在10余个主题领域，公开发表的文章加上博士和硕士学位论文，总量达到了514篇。成果最丰硕的是民权运动和女权主义两个主题领域，分别占总数的17%和16%，合并计算，达到了1/3。学生运动、和平运动、工人运动和左翼文学主题领域较弱，其余主题领域相对较为平均，差距不大。

（1）左翼社会运动研究。其一，民权运动研究。1999～2013年的近15年间，中国学术界发表的和作为学位论文问世的民权或与民权运动相关的文章接近90篇，平均每年发表5.8篇以上，特别是2005年以来，年均发表文章数量超过了8篇，这样的成果不可谓不丰硕。绝大多数论文把运动发生的背景与原因、表现形式和影响作为讨论的重点。不过，近几年来，有了一些新的尝试，2008年奥巴马当选总统，为一些研究者提供了新的视角。比如，有文章专门分析民权运动与奥巴马胜选之间的关系；[①] 有的文章则对民权运动中的人物进行深度剖析；[②] 还有的文章选择把民权与女权、与多元文化教育等结合起来研究，民权运动虽然在国内研究起步较早，论文不少，但有影响的专著并不多见，主要有王波的《肯尼迪总统的民权政策研究》（2002）和王恩铭的《美国黑人领袖及其政治思想研究》（2006）等，这可

① 李碧红、卢妮娜：《奥巴马当选总统与美国黑人民权运动》，《理论月刊》2009年第12期。

② 王恩铭：《马尔科姆·爱克斯与“黑人力量”》，《世界民族》2011年第10期；王桂莲：《一个并非民权运动领袖的黑人领袖——论马尔科姆·爱克斯与美国黑人民权运动的关系》，《世界民族》2011年第12期；何晓明：《马丁·路德·金的梦想再探》，《西南民族大学学报》（人文社科版）2009年第5期。

能是民权研究领域最明显的弱点所在。

其二，学生运动研究。论文方面，15 年间合计有 18 篇，平均每年 1.2 篇。代表性的文章有郑春生的系列论文，还有谢文玉、吴雁飞、周莹莹等人以及笔者的学位论文和文章。[①] 这些文章对学生运动的原因、理论背景、媒体环境的作用、政府的对策和运动所反映出来的美国激进传统的困境和资本主义内在的自疗自愈机制等问题进行了讨论，其中不乏深刻而有见地的观点。迄今为止，国内对美国学生运动专题研究的成果并不多，已经面世的著作有沈汉等著的《反叛的一代，20 世纪 60 年代西方学生运动》(2003)、许平、朱晓罕的《一场改变了一切的虚假的革命（20 世纪 60 年代西方学生运动)》(2004)、笔者的《60 年代美国学生运动》(2005)、程巍的《中产阶级的孩子们——60 年代与文化领导权》(2006)、张永红的《20 世纪 60 年代美国青年反战思潮研究》(2009) 等。

其三，妇女运动研究。妇女权利运动研究是当今世界的一大显学，中国对美国女权主义的研究起步较晚，基本上起始于 20 世纪 90 年代中叶，但目前也已经形成气候。论文方面，过去 15 年内，共有论文 82 篇问世，排第 2 位。代表性的论文有张立平的《当代美国女性主义述评》等。张文把当代美国女性主义思潮主要流派分为六大派别，分别进行了评述。[②] 近 20 年来，已出版的比较有影响的著作有王政的《女性的崛起：当代美国的女权运动》(1995)、王恩铭的《20 世纪美国妇女形象》(2002) 等。前者着重研究战后美国女权运动发生的历史渊源、社会背景、起源、运动的多样化和妇女学的兴起，后者则从殖民地时代开始、重点放在 20 世纪，对美国妇女运动由小到大、由弱到强的一百多年的历程作了系统论述。

---

① 郑春生：《马尔库塞与 60 年代美国学生运动》，（华东师范大学博士学位论文，2008）；《大众传媒与 60 年代美国学生运动》，《历史教学问题》2008 年第 8 期；《公民不服从理论的现实困境——以六十年代美国学生运动为例》，《浙江学刊》2007 年第 7 期；《“权力”和“权利”的双重呐喊——1960 年代美国学生运动原因论》，《温州大学学报》（社会科学版）2008 年第 7 期；谢文玉：《自由与民主的限度》（南开大学博士学位论文，2009）；吴雁飞：《20 世纪 60 年代美国学生运动》（吉林大学硕士学位论文，2009）；周莹莹：《20 世纪 60 年代美国学生运动》（厦门大学硕士学位论文，2008）；吕庆广：《反叛与乌托邦：60 年代美国学生运动析论》（南京大学博士学位论文，2002）；吕庆广：《当代资本主义内部的反叛与修复机制——60 年代美国学生运动分析》，《南京大学学报》（哲学・人文科学・社会科学版）2003 年第 2 期。

② 张立平：《当代美国女性主义述评》，《美国研究》1999 年第 2 期。

其四，反主流文化运动研究。有关反主流文化研究的论文近年来逐渐增多，据不完全统计，过去的15年里，共有37篇论文发表，平均每年有约2.5篇。在学位论文方面，与此主题相关的论文有10余篇，其中王恩铭的《美国反正统文化运动——嬉皮士文化研究》（上海外国语大学博士学位论文，2008-3）堪称这一领域的力作。专著方面，除王恩铭的《美国反正统文化运动——嬉皮士文化研究》（2008）外，几乎还是空白。

其五，激进生态运动研究。由于环境问题早已是学术研究的热点，有关环境与生态运动的论著并不少，但与美国左翼相关的激进生态运动的论著则如凤毛麟角。不过，从学位论文情况看，对这一主题的关注度在上升，选择美国左翼生态理论为研究对象的学者越来越多，其中一些论文也较有力度。[①] 在这个领域，在对生态学马克思主义的系统论述方面，王雨辰的论著无疑占据了制高点。[②]

其六，和平运动研究。与左翼相关的和平与反战运动的论著同样不多，过去的15年间只有约16篇论文。尽管如此，这些论文中并不乏质量上乘之作，例如朱美娣的系列论文，[③] 最值得一提的是，一些论文把研究视线聚焦于和平运动中的小群体，[④] 这对促进该主题领域的研究向纵深发展具有不可估量的影响。著作方面，张永红博士的《20世纪60年代美国青年反战思潮研究》（2009）一书具有重要的引领作用。

其七，工人运动研究。20世纪90年代以前，在中国学术界的研究热点中，工人运动一直是被众多学者呕心沥血研究的对象，如张友伦教授的美国工人运动专题研究就是这一领域的力作。但自90年代以来，这个领域时过境迁，由热变冷，已变得有些门可罗雀了，研究成果不多。虽然有27篇

① 裴艳丽：《福斯特的生态政治哲学研究》（中南民族大学硕士学位论文，2012）；孙玉伟：《20世纪60～90年代美国环境保护运动研究》（山东师范大学硕士学位论文，2013）；陆海燕：《运动与政治的逻辑》（武汉大学博士学位论文，2009）。

② 王雨辰：《文化、自然与生态政治哲学概论——评詹姆斯·奥康纳的生态学马克思主义理论》，《国外社会科学》2005年第11期；《生态批判与绿色乌托邦：生态学马克思主义理论研究》（2009）。

③ 朱美娣：《20世纪六七十年代美国和平反战运动的演进》，《安庆师范学院学报》（社会科学版）2007年第1期；《越战时期美国国内的和平反战运动研究》（湖南师范大学硕士学位论文，2005）。

④ 罗良功：《美国诗人反战运动综述》，《外国文学研究》2004年第12期；查小丽：《二十世纪六七十年代美国妇女的反战和平运动》（厦门大学硕士学位论文，2008）。

论文，但研究角度较单一，与美国左翼直接相关的成果较少。

其八，反新自由主义全球化运动研究。反资本主义全球化运动如今在全球方兴未艾，同时也自然成为众多研究者倾力关注的研究聚焦点。这个领域的成果，论文方面，与美国相关的论文近50篇，其中高质量的成果不在少数。如于海青、苏利军和高鹏等人的文章即是代表。① 在著作方面，最有代表性的有刘金源等人的《反全球化运动探源》（2006）和向红的《全球化与反全球化运动新探》（2010）等。这些著作对反全球化运动进行了较为系统全面的分析，特别是向红博士的著作，在资料占有方面堪称典范。

（2）多元文化主义研究。这方面的研究侧重于教育领域，如双语教育和肯定性行动的得失利弊分析，发表的论文不少，过去15年间发表的论文超过2000篇，直接间接与美国左翼相关的论文近70篇，比较有影响的成果有王希、王恩铭、董小川和张爱民等人的论文。② 但专著方面似乎仍付阙如。

（3）左翼文学与文化研究。这方面的专题研究成果不多，论文方面，15年间有20多篇文章见诸报刊，主要以美国左翼作家个人作品分析等为主。比较有分量的文章出自王予霞、张艺、刘林等学人。③ 代表著作有王予霞的《苏珊·桑塔格与当代美国左翼文学研究》（2009）、李斯的《垮掉的一代》（1996）等。

（4）左翼与美国对外政策研究。这方面的研究显得支离破碎，论文统计方面几乎是一片空白，专题著作也不多见。主要是在一些人物研究方面

---

① 于海青：《美共领导人谈“9·11”事件和反全球化运动及美国左翼现状》，《中华魂》2002年第11期；苏利军：《西雅图风暴卷起了什么》，《21世纪》2001年第11期；高鹏：《亚文化群落与1999年西雅图反全球化事件》（暨南大学硕士学位论文，2012）。

② 王希：《多元文化主义的起源、实践与局限性》，《美国研究》2000年第6期；王恩铭：《美国多元文化主义与美国政治》，《解放军外国语学院学报》2009年第9期；董小川：《美国多元文化主义理论再认识》，《东北师范大学学报》2005年第3期；张爱民：《美国多元文化主义起源研究》（华东师范大学博士学位论文，2002）。

③ 王予霞：《20世纪美国左翼文学思潮研究综述》，《文艺理论与批评》2009年第5期；王予霞：《左翼消沉时从未消沉的左翼声音——苏珊·桑塔格与当代美国左翼思潮》，《江苏大学学报》（社会科学版）2013年第1期；张艺：《桑塔格艺术构造“魔力”探索》（南京师范大学博士学位论文，2012）；刘林：《美国“红色三十年代”左翼小说论》，《文史哲》2011年第7期。

附带论及，这方面比较有代表性的著作当推尤则顺的《乔姆斯基：语言、政治与美国对外政策研究》一书，作者在这部著作中以对乔姆斯基大量著述文本的解读为基础，在读者面前展示了一个左翼学者、一个运动斗士和精神领袖的传奇般的思想历程以及以天下为己任的远大抱负，他对美国政府内外政策的毫不妥协的激进批判立场使其正义仲裁者的形象跃然纸上。目前，整体而言，这个主题方面缺乏系统而深入的研究，无论是论文还是专著，都不多见。

综上所述，迄今为止，国外有关美国左翼政治文化研究的现状表明，其研究视野十分广阔，研究主题极其丰富，研究方法极为多样，成果汗牛充栋，许多成果已经颇具权威性与经典性。其研究方法和结论对我们具有重要的借鉴和启示意义。然而，国外研究中存在的问题和不足也是十分明显的。除了对当代左翼政治文化在美国社会政治文化生活中的地位未给予充分的重视外，在某种程度上对美国政治史中出现左翼政治文化的必然性未能秉持历史理性加以认知，此其一。其二，在总体上对美国左翼政治文化的评价多以“失败”二字作结，[①] 未免失之简单和武断。在对左翼的界定上往往有无限扩大之嫌，如把小罗斯福及其“新政”也视为左翼即是例子。[②] 其三，大多数研究成果在强调左翼政治文化与现行体制对抗冲突的同时，普遍有意无意地忽视其与现行体制间协调的一面，而这其实是左翼政治文化发展的一个重要动力，也是美国左翼政治文化的一大特色。[③] 国内学术界的研究工作仍存在种种不足：第一，视野局限于50～60年代，对70年代以来的美国左翼政治文化很少予以关注；第二，虽然对学生运动、黑人民权运动、女权运动、环境保护运动等都有相当数量的研究成果问世，但方法上大多沿用传统的单一学科手段，采用多学科交叉方法的较少；第三，缺少从整体上对战后半个世纪中美国左翼政治文化的系统研究，尤其是左翼政治文化在战后以来美国社会发展变迁中的作用和影响的深入分析仍付阙如。总之，无论是美国学术界，还是国内学术界，对美国左翼政治文化

① Guenter Lewy, *The Cause that Failed: Communism in American Political Life*. New York: Oxford University Press, 1990.

② 〔美〕理查德·罗蒂：《筑就我们的国家：20世纪美国左派思想》，黄宗英译，北京：三联书店，2006年。

③ 〔美〕杰克·A. 戈德斯通：《国家、政党与社会运动》，章延杰译，上海：上海人民出版社，2009年。

的研究都是不够充分的，特别是对 70 年代以来左翼政治文化的发展，不仅未给予足够重视，甚至在某些方面还留有空白。

四 本课题研究内容与基本框架

1. 研究的主要内容

美国左翼政治文化在战后美国政治文化史上占有重要地位。尽管在过去的数十年间，国内外学术界特别是美国学术界有关美国左翼的研究成果堪称丰硕，在某些主题领域的研究成绩斐然，不少问题得到了明确的权威性解答，一些论著已然成为经典。然而，由于战后美国左翼政治被其组织群体的多元化、政治主题的多样化、立场表达方法的多维化分割成相互交叉重叠的碎镜，这些研究具有明显的碎片化特征，让人能够认知研究对象的某一方面或侧面，却很难从中对战后美国左翼政治文化有一个系统和整体性的理解与把握。本课题尝试通过以下各自独立却又相互关联的专题研究，对这样一些问题给出较具说服力的答案：美国左翼政治文化是无生命力的舶来品还是植根于美国文化传统的深处？“60 年代”是如何产生的，它是否还活着并影响着美国社会生活的方方面面？70 年代伊始，美国左翼是如何把草根民主理论变为激进的社会实验的？左翼后现代主义的政治意图何在？左翼政治从以平等为中心向差异承认转向的动力是什么？在全球正义运动中，美国左翼在理论和实践方法上有什么创新性贡献？左翼是如何把冷战时代反美帝国霸权的立场延伸到冷战后的现今的？冷战结束以来，身处困境的左翼为致力于脱困和重建所作的努力和尝试有哪些？左翼贯穿战后美国左翼政治的理论与实践的核心话语是什么？怎样认识左翼政治文化在战后美国社会变迁和改革历程中的影响和作用？

（1）左翼政治文化与美国文化传统的关系研究：在美国学术界，虽然有部分学者尝试寻找左翼政治文化与美国文化传统的内在关系，但占主导地位的理论认为：美国的左翼政治文化是舶来品，与美国社会文化和生活方式格格不入。本课题将深入探讨二者间的关系，全面论证美国左翼政治文化是美国文化传统的必然产物，进而为理解美国左翼政治文化的特性提供基础。

（2）“60 年代精神”的内涵及其制度化研究：1960 年代是美国左翼政

治文化大放异彩的时代，激进民权运动、学生运动、反主流文化运动、女权运动、激进生态运动等建构的反体制话语逐渐铸成一种时代精神，成为美国社会政治生活的一部分，对这一时代精神的内涵进行剖析，并探究将其纳入社会制度体系的内在机制运作过程是本课题的重要目的。

（3）底层社会变革研究：底层眼光是60年代新左派的一大贡献，70年代左翼力量通过带有社会实验性质的激进或温和的新社会运动实践，如争取新社会运动、废除监狱运动、少数群体权利运动，力图从中发现促进社会变革的真正有效途径。这一主题研究对于我们认识左翼政治从平等向差异转变的必然性具有不可或缺的作用。

（4）左翼政治文化与多元文化主义思潮研究：虽然20世纪最后三十年被称为美国的新保守主义时代，但其中存在着一股源于60年代反主流文化、目前仍处于方兴未艾之中的多元文化主义大潮。通过对美国主流文化霸权的历史分析，左翼文化政治话语的论述，以及左右翼围绕多元文化主义的论争述评，揭示多元文化主义蔚成大潮的必然性，并探究作为左翼政治文化核心理论和战略的多元文化主义与左翼身陷困境之间的关系。

（5）左翼政治文化与反全球化浪潮研究：反全球化正在成为全球性的社会思潮与运动，美国左翼知识界在其中起着不可缺少的号令和引导作用。那么，美国左翼知识界是如何看待全球化现象的？其反全球化的系统理论和主张是什么？在反全球化运动中采用的战略和策略有哪些？本课题将对这些问题展开全面分析研究，给出较有说服力的结论。

（6）左翼政治文化与后现代主义：后现代主义是自20世纪80年代以来的全球性“显学”，它涉及对当代资本主义社会的历史、现状和前途的认知。本课题首先从思想史的角度探究美国左翼政治文化传统对后现代主义的根源性影响，进而通过对后现代主义相关文本的解读管窥后现代政治文化的理论旨趣和现实关怀。

（7）左翼政治文化与美国对外关系研究：一是选择具有代表性的学者著作进行研究，了解美国左翼知识分子对美国冷战时期和后冷战时代对外政策的评价；二是系统探究美国左翼政治主张与行动对美国对外政策制定及其调整的影响。

（8）冷战后时代左翼的重建方略研究：冷战结束以来，左翼政治陷入困境。左翼在理论和社会实践两个领域为脱困和重塑金身作了不懈努力，这一主题研究，对我们全面了解美国左翼的当下境况和发展趋势具有不言而喻的意义。

当然，这些课题间并不存在泾渭分明的界线，不少课题间具有重叠性，例如，多元文化主义与后现代主义几乎就是二元一体的研究客体，前者侧重于政治策略与政策实践方向，以文化教育领域为立足点；后者侧重于政治哲学领域，以宏观理论分析和批判为出发点。左翼的对外政策批判课题与反全球化课题也同样存在重叠关系，甚至在某种程度上可以把前者视为后者的组成部分，但由于后者在左翼政治文化中的地位十分重要，作为独立的课题更便于展开来充分论述。自然，在关系密切的另一个课题中将会略去这一课题的内容。另外，由于本课题选题的特殊性，我们在一些专题中分别选取马尔库塞、格里芬、凯尔纳、詹姆逊、乔姆斯基、罗默、拉米斯等人进行文本分析，以帮助我们对左翼在相关问题上的立场获得深度认知。

战后以来，美国经过持续不断的政治社会改革，在种族和民族关系、性别关系、阶级和阶层关系、主流文化与亚文化关系等方面取得了明显的进步，左翼政治文化在其中的作用是不可或缺的，通过对以上专题的研究，本课题试图证明如下主要观点。

首先，美国战后左翼政治文化是美国独特文化之树结出的独特果实，是源于清教伦理的美国理想主义的现代体现。战后美国持续不断的社会改革成就有目共睹，直接间接由左翼政治文化所点燃并主要由与左翼政治文化关系密切的基层社会（grassroots society）作为推进力量。美国理想主义传统和左翼政治文化共有的永不满足现状、不断追求和谐至善境界的激情是其本源所在，而对基层社会的关怀成为左翼力量持反全球化立场的重要原因。其次，60 年代是美国左翼政治文化十分耀眼的创新时期，这种创新动力与美国社会进入第二次大变迁和转型（工业社会向后工业社会转型）期紧密相关。社会转型带来社会生活方式的变更，客观上需要相应的政治文化与价值观的重构，左翼政治力量的集体性爆发是对这一进程的内在回应。再次，战后美国左翼政治文化不仅为后现代主义思潮的勃兴提供了最直接的思想动力，更重要的是在政治上推动多元文化主义成为美国社会的主流政治价值观，这种价值观正在有力地重塑着美国的内外关系和行为。最后，在对左翼政治文化与战后以来美国政治社会变革之间的密切关系作出令人信服的解释基础上，揭开蒙在美国左翼政治文化的核心主题头上的面纱：以保障和扩大基本人权为宗旨，以和平改革为主要路径，以致力于建构一个和谐状态的美国为根本目标，这就是战后以来美国左翼政治文化的生命力之所在。

总之，本课题研究的基本宗旨是，通过对战后美国左翼政治文化的历史、理论与实践进行全景式的描述，对其挫折原因展开分析，对当前困境中的探索进行评估，进而对其可能的发展方向与前景作出判断。

2. 课题研究的基本框架

本书由导论、正文九章和余论构成。

第一章通过对美国文化传统的梳理和美国左翼文化思想特性的分析论证二者间内在的关联性，揭示左翼政治文化在美国社会历史中的原生意义。笔者认为，源于清教伦理的美国主流文化由于北美独特的环境使之具有与欧洲迥然不同的特征，个人主义、平等自由、节俭勤奋和乐观进取是其核心要素，它们构成美国社会价值观的内核，成为社会变迁进程中最深层的源动力。它孕育了美国深厚的政治自由主义与激进主义传统。美国的左翼政治文化是美国理想主义传统的重要组成部分，从历史的宏观角度考察可以发现，以自由平等为基本政治目标，矛头始终对准人与社会的不自由状况；浓厚的社会理想主义与乌托邦色彩；强烈的使命感与人道主义情怀；明显的和平主义与改良主义倾向，这几个方面集中体现出美国左翼政治文化的美国特色。可以说，正是美国主流文化所具有的正负效应孕育了美国左翼激进政治文化，自殖民时代开始特别是20世纪初以来左翼与自由主义之间悠久合作与同盟传统充分揭示了这种文化同源性。

在接下来的第二章中，美国第二次社会变迁与战后左翼政治文化崛起的关系成为分析战后左翼政治文化兴起的前提，与此并列的是老左派的衰落和新激进思想的出现，通过社会变迁、冷战格局形成和新社会批判意识的论述，系统探讨了战后左翼政治文化浪潮迭起的历史必然性。以此为基础，20世纪60年代“新左派”和后60年代左翼政治文化群体特征成为系统探讨的对象。在这一章里，笔者断定，第二次世界大战后，美国由生产主导的工业社会逐渐向消费主导的后工业后现代社会转变，相应地带来了社会生活方式和价值观念等层面的嬗变，这种变迁及其引发的新旧意识对立与冲突与冷战国际背景下普遍的生存焦虑感、压抑感和不公平感的并辔而至，再度唤醒了美国深厚的社会理想主义激情，而老左派战后的政治萎靡症正好为年轻左派让出了舞台。新左派从相对温和的民权、社区和高校改革，到激烈的反战抗议，进而到激进的反主流文化实验，无可争辩地宣告了左翼新政治文化模式的诞生，这一模式在70年代以来左派的文学、艺术、音乐、舞蹈、戏剧等创作中不断被发扬光大。

由于20世纪60年代是战后左翼政治文化的高潮期和之后左翼政治文化众多创议的起点，第三章把论述“60年代精神”的产生发展以及其主要内涵作为基本任务。在这一章里，对“60年代精神”的论述主要从三个层面展开：其一，以马尔库塞为代表的新左派理论家对当代资本主义或现代性社会的深度批判，这种毫不妥协的批判立场是60年代左翼精神的核心；其二，社会改革与变革的社会理想主义精神，无论是民权改革、社区扶贫、高校改革，还是反战和平运动，都是以一个和谐公正社会的追求为动力的；其三，反主流文化的激进社会实验精神。反主流文化的摇滚乐、毒品、性爱自由、禅思、群居公社等表现形式，虽然惊世骇俗，却代表着文化激进派在现实中建立超越现实的异托邦空间的不失创新性和想象力的尝试。

告别波澜壮阔的60年代，美国历史的列车驶入了势头强劲的新保守主义时代，表面上看，激进之声已趋于沉寂，然而，在这表象背后我们时时可闻左翼政治那隐雷般的鼓声阵阵。着重探讨左翼的新社会运动理念及其激进政治实践，这是第四章的主旨。在这一章里面，我们首先分析了新左派缔造的底层历史观及其与左翼草根民主政治的关系，接着我们选择了70年代及其之后较具影响力的左翼政治事件和抗争运动进行考察，70年代的“争取新社会运动”、废除监狱运动和内部非殖民化运动成为重点考察对象。通过这些有选择的案例化分析，揭示了60年代平等政治向基层民主和文化差异政治转变的内在必然性。

循着第四章论述的思路，我们在第五章中合乎逻辑地把左翼所推崇的差异政治作为考察对象，对左翼所追求的多元文化主义理论与实践进行了系统论述。首先，我们对主流文化霸权的历史表现及其引起的族群冲突进行了梳理，强调指出，美国许多难以治愈的危重社会病症如种族主义之根就深植于美国主流文化的文化等级理念中。正是因此之故，美国左翼多元文化主义者对主流文化的熔炉历史话语持否定立场。其次，我们从多元文化主义的内涵、文化相对主义、失语者权利、政治正确等角度对左翼的多元文化主义政治进行探讨，从中揭示左翼多元文化主义政治的战略图谋。在此基础上，我们对左翼有关分配政治与差异政治的争论展开论述，从中探寻左翼在理论上的苦苦求索与困惑。再次，通过对左翼多元文化主义与保守主义的反多元文化主义之间的论战的论述，系统理解多元文化主义政治对美国政治与文化教育政策和社会发展方向的冲击与影响。最后，我们对多元文化主义由细流成大河的原因进行了全面探讨，揭示其产生发展的内在必然性。同时，我们也以客观中立的立场对左翼多元文化主义政治存在的理论与现实困境进行分析，指出这是当今美国左翼仍有待克服的难题之一。

第六章通过对全球化时代反全球化运动理论和实践的探讨，揭示美国左翼知识分子关于全球化的基本主张与态度。在这一部分，我们首先对全球化大趋势的特点进行了探讨，进而论述新自由主义的扩张与图谋。在此基础上，我们对美国左派具有代表性的反全球化理论作了评述，对左派的反全球化策略与实践予以全面分析，其中着重围绕西雅图抗议和“占领华尔街”运动事件，就左翼关于现代资本主义总体或深度危机的理论判断展开讨论，从中寻找左翼发动全球正义运动的战略意图。最后，我们在充分肯定左翼反资本主义全球化理论和实践具有重大意义和影响的同时，也指出左翼在这两个方面存在着明显的不足和问题。

后现代主义是20世纪80年代以来欧美理论界的显学之一，也是西方左派理论批判的重要领域与阵地。我们首先就颠覆性后现代主义与建设性后现代主义两大类别进行了比较分析，并特别指出反主流文化与后现代主义崛起之间的密切关系，然后着重选择在美国较具代表性的左翼后现代理论家凯尔纳、詹姆逊和格里芬等人开展文本研究，系统探讨美国左派关于晚期资本主义社会的文化理论，理解他们为重构后现代社会中左翼的文化抵抗空间所作出的不懈努力与雄心壮志。尤其就他们对现代性的诊断与后现代社会的治理方案展开论述，深入了解当代美国左派学者资本主义批判的独特理论视角。这是第七章的基本内容。

第八章的研究主题是美国左翼对美国外交政策的解读与批判。这种解读与批判的第一个视角是对第二次世界大战前美国对外政策史的解释，通过对威廉斯等几位新左派标杆性学者思想的文本分析，建构起左翼的宏观外交政策理论框架。紧接着，我们对乔姆斯基等激进学者有关美国外交政策的文本加以解读，深入了解美国左派在冷战时代的不妥协的激进批判立场。后冷战时代，围绕“9·11”事件和美国发动的反恐战争，左派不仅对美国的新帝国主义政策进行严厉批判，而且还通过领导和发动反战运动表达其明确反对的立场。他们充满信心地宣称，美国霸权行将就木，这是与资本主义同命运的美国新自由主义扩张政策的必然结局。总之，通过对冷战和后冷战不同时期美国左翼对美国对外战略和政策的批评进行研究，对他们的国际政治观点的发展变化进行比较分析，我们看到，美国左派反美国国家恐怖主义外交政策的基本出发点在于，为人类寻求一个和平与平等的未来。

第九章对当今美国政治与文化左翼所处的困境及其在逆境中所进行的不懈奋斗与努力探索予以全面考察。我们首先分析了冷战终结对美国左派政治文化的冲击与消极影响，对左翼重振面临的机遇进行了探讨，然后着重介绍以“鸭嘴兽”组织为代表的左派重建思路，在此基础上，分别对詹姆逊的文化抵抗模式、罗默的市场社会主义理论以及拉米斯的“激进民主”主张进行了论述，最后就政策领域左派的激进想象有选择地展开论述，这些政策包罗万象，政治、经济、种族、性别、移民、教育、医疗卫生、外交，等等，充分表现了左派的整体社会变革意识和政治浪漫主义传统。从这一章的内容中，人们自然而然地会得出一个结论：左派的乌托邦激情并没有丧失。

余论部分相当于本书的结语，主要讨论战后左翼政治文化如何对美国社会的民主进程产生影响这一主题。论述主要包括三个问题：其一，战后美国左翼政治文化的核心话语是什么？其二，战后美国左翼是如何促进和影响战后美国社会变革的？其三，美国左翼面对的挑战和未来的命运如何？这三个问题涉及美国左翼的历史、理论与实践，涉及有过辉煌的过去、挣扎于困境的现在和谜一样的未来，正如左派自己没有放弃希望一样，我们也没有理由对美国左派丧失信心。

第一章 美国文化传统与左翼政治文化源流

一 美国主流文化特性及其社会历史功能

1. 美国主流文化及其核心价值

所谓文化，按照英国文化人类学家爱德华·泰勒（Edward Taylor）在《原始文化》中的定义，指的是“一个复杂的整体，它包括知识、信仰、艺术、道德、法律、风俗以及人们作为一个社会成员所获得的一切能力与习惯”。或如英国另一位文化人类学家雷蒙德·威廉斯（Raymond Williams）的表述：文化包括四个方面的意义，一是指一种总的心灵状态，与人类追求完美的精神密不可分；二是指作为一个整体的社会中，知识发展的总状态；三是指艺术的总体；四是指包括物质、知识和精神在内的总的生活方式。[①] 简单说来，文化即人类群体内有关信仰、行为及其产物的学习方式，其功能在于，在把不同人类群体区分开的同时，为群体提供一种身份意识。文化几乎存在于人类所思所行的一切事情中，因此，文化成为理解一个社会或人类群体的基础。在论及美国文化时，当代美国文化研究领域的知名学者拉里·奈洛指出，美国是一个具有共同身份的民族国家文化群体，因为其所有成员都服膺一种核心观念信仰，共同遵循一种行为模式，共享组织文化活动的社会文化系统。但是，美国又是拥有许多有其独特信仰和实

① Raymond Williams, *Culture and Society*, *1780 - 1950*. New York: Columbia University Press, 1958, p. 14.

践而将之区别于其他群体的文化群体的社会，每个群体构成美国整体的一部分，同样，每个部分又成为美国文化的组成部分。[①] 不过，从历史和现实的角度看，在多元化的美国文化发展演进中，存在一种起引领和枢纽作用的主流文化，否则，美国社会早就分崩离析了。那么，什么是美国主流文化？

一般而论，美国主流文化是指以英裔移民为主体的欧洲清教徒移民的价值观和生活方式与北美大陆独特生存环境相互作用的产物，在美国亦称为瓦斯普（WASP）[②] 文化。从价值观上看，美国主流文化主要包括如下取向：个人主义、[③] 平等自由、节俭勤奋、乐观进取、自由竞争、容忍异己、尊重隐私权等。其中前四项是核心要素，因为它们最集中地诠释了美国生活方式的内核，后面几点实为前面四个方面的衍生物。

个人主义（individualism）一词，是法国社会学家阿列克西·德·托克维尔在 19 世纪 30 年代讨论美国民主体制和生活方式时首次使用的字眼。他认为，美国个人主义是民主主义的产物，是身份平等的结果和体现，更是对传统贵族式等级制度的否定与超越。[④] 个人主义在美国不同的历史阶段有不同的表现，其含义也不尽一致。在建国前一个半世纪的殖民地时期，个人主义强调的是反抗束缚、控制和压迫，追求个人自由；独立战争的血与火的岁月里，以“个人的自由平等和尊严”为坐标；西进运动主导的西部开发年代，“按照自由意愿生活的充分的自由和独立性”，或如爱默生所言“相信自己，依靠自己”，抑或如大卫·梭罗的信条“个人有权自己做决定”，蔚然成为时代精神；19 世纪末、20 世纪初工业化和城市化时期，“自由竞争”和“政府不应干涉社会和经济生活”成为时代强音；20 世纪 20 ~ 30 年代胡佛和小罗斯福的“个人主义就是机会均等”则大力张扬平等思想；

---

① Larry L. Naylor ed., *Cultural Diversity in the United States*. Westport, Connecticut: Bergin & Garvey, 1997, pp. x-xi.

② WASP 为 White（白人），Anglo（盎格鲁），Saxon（撒克逊），Protestant（清教徒）几个英语单词首写字母的组合。

③ 有些学者不同意把个人主义视为美国价值观的一个方面，例如，美国学者斯威德勒就认为，个人主义不能被看作“价值观”，它只是一种思想意识，一种依靠个人选择行动的思想。这种组织行动的个人主义方式则与许多价值观念直接关联。Ann Swidler, "Culture in Action: Symbols and Strategies", *American Sociological Review*, 51 - 2, pp. 73 - 86.

④ 〔法〕托克维尔：《论美国民主》（下卷），董果良译，北京：商务印书馆，2007 年，第 624 ~ 627 页。

战后60～70年代的“我的一切由我个人负责”几乎成为婴儿潮一代的口头禅。然而，虽然个人主义的含义随着社会的发展变化而变化，但其核心内容却始终如一，这就是：每个人都有权利和自由选择自己生活的道路，别人无权干涉或控制，个人的尊严和价值应受到他人的尊重。在此有必要说明的是，个人主义和利己主义间不能简单地画等号，二者是两个不可相互置换的概念。正如托克维尔所指出的，“利己主义是对自己的一种偏激的和过分的爱，它使人们只关心自己和爱自己甚于一切”[①]“与自私相反，个人主义是一种成熟和平静的感情，它使社会的每个成员……养成了视自己为独立的习惯，他们还往往想象他们的整个命运全掌握在自己手中。”[②]

平等自由，这是引领美国社会进步的不竭动力源之一，是美国人夸耀于世界的“民族特点”。与欧洲和东方社会有所不同的是，美国平等观的含义主要不是指人们在财富、地位、待遇等处境方面的平等，而是指机会平等。有如田径场上的赛跑，人人站在同一起跑线上。19世纪上半叶，美国政治思想家、南方政治领袖约翰·卡尔霍恩认为，平等不是“绝对平均”（leveling），平等意味着走在前面的人和落在后面的人之间存在一种保持领先和后进追赶先进的强烈愿望，从而极大地推动社会进步。“绝对平均”则意味着“强迫先进的退到后进的行列，或用政府干预的手段把后进的推到先进的行列，都会毁掉推动进步的动力，最终使进步的行列停滞不前”。[③]至于《独立宣言》中的“人人生而平等”的名言，正如美国小说家库柏所说，仅是指政治权利方面的平等。同样，美国关于自由的概念也有别于欧洲。欧洲人往往把自由理解为愿意做什么就做什么，反对束缚，认为束缚就是“不自由”。美国则在强调人的基本自由权利的同时，反对“无法无天”的自由，主张“在法律约束下的自由”，亦即自由不等于无政府。在美国两百余年历史中，自由的概念不断被解释和再解释，而且美国社会似乎犯了自由泛滥病，不同人、不同事、不同目的和不同动机都以自由为护身符。但其实，美式自由有明确的规范，这就是尊重他人权利，维护社会稳定。正如20世纪前期美国最高法院法官霍姆斯所言：“（言论自由）不能为

---

① 〔法〕托克维尔：《论美国民主》（下卷），董果良译，北京：商务印书馆，2007年，第625页。

② 〔美〕卢瑟·S. 利德基：《美国特性探索》，龙治芳、唐建文、丁一川、陈致等译，北京：中国社会科学出版社，1991年。

③ 吕庆广：《略论美国社会价值观及其变迁》，《江南学院学报》2000年第3期。

一个在剧院里乱喊‘着火了’，结果造成一片混乱的人开脱责任。”[①] 因此，“服从法律”是自由的前提。简而言之，平等的基本含义有二：一是指社会成员在政治领域的法律上的平等地位；二是指经济与文化教育和社会生活各个领域的机会平等。机会平等是美国平等思想的核心。而自由一方面指社会成员参与政治文化生活的充分权利受到法律的保障；另一方面是指社会成员个体在不侵害他人自由的前提下自由行动的权利。

节俭勤奋，这是直接源于清教伦理的文化精神，是美国社会发展的强大内在精神动力所在。马克斯·韦伯在《新教伦理与资本主义精神》一书中对此有深刻的论述。他认为崇尚节俭和勤奋的劳动观是加尔文教派所倡导和培育的新教社会核心价值，它把劳动视为人的天职，视为神谕，视为探寻是否获得救赎征兆的必由之路。这种由新教教义孕育的天职观有力地唤起了人们无止境地创造财富的“获取之欲望”，成为资本主义产生和发展的强大“精神刺激”。韦伯的理论灵感直接来源于美国开国功勋之一、著名科学家和外交家本杰明·富兰克林。富兰克林在告诫年轻人如何生活时说：时间就是金钱。如果一个靠劳动一天挣十先令的人，用半天的时间到处闲逛或无所事事，那么，他就等于扔掉了五先令。“简单地说，通往富裕的道路（如果你真想走的话）就像去市场一样容易。它只要四个字：勤劳、节俭，也就是既不浪费时间，又不浪费金钱，而是充分利用它们。没有勤劳和节俭，就会两手空空，有了它们，就会丰衣足食。”一句话，“勤奋是成功之母”。[②]

事实上，节俭和勤奋精神背后隐藏着美国根深蒂固的现实主义或实用主义哲学。这一哲学告诉人们，美好的生活和人生需要通过脚踏实地的努力工作和戒骄戒奢的态度才能实现，任何不切实际的虚饰浮夸皆无助于个人与社会福祉的增进。这一价值观极大地影响着美国人的生活态度，如美国社会对白手起家英雄的推崇与敬仰即是例子。林肯总统是这种美式英雄的典范。历史学家霍夫斯塔特称他是“美国自助自立精神的卓越代表”。[③]

---

① Edward McNall Burns, *The American Idea of Mission*. N. J.: Rutgers University Press, 1957, p. 131.

② 赵一凡编《美国的历史文献》，北京：三联书店，1989 年，第 7 页。

③ 〔美〕理查德·霍夫斯塔特：《美国政治传统及其缔造者》，王忠和译，北京：商务印书馆，2010 年，第 93 页。

而霍雷肖·阿尔杰的小说之所以在美国家喻户晓，就在于它生动地讲述了许多令一代代美国人激动的白手起家英雄的“成功故事”，其主题思想总是相同的：一个出身贫寒卑微的男孩依靠诚实、勤奋和简朴，走上了富裕之路，赢得了社会的尊敬。阿尔杰的小说主旨精神被誉为美国精神经典和“美国梦”的同义语。即便是消费主义在全球大行其道的今天，如果从奢侈和排场的铺张浪费角度进行横向比较与衡量，美国依然是一个节俭的国家，美国的绝大多数中上阶层人士和家庭，尤其是富人，仍然遵循清教的节俭勤奋价值观，除极少数人外，绝大多数富有阶层人士生活格调与普通中产阶级人士无异，节俭务实是其真实生活写照。

乐观进取，这显然是美国宗教理想主义的产物。所谓乐观进取，指的是人们对未来前途满怀希望与信心、永不满足现状和不断探索奋勇开拓前进的人生态度。据美国有关民意调查资料显示，绝大多数美国人对“明天总是更美好”的格言深信不疑，见好即收和知足常乐者鲜。乐观自信是进取精神的河床，而进取一词在美国人心目中具有冒险（adventurous）和雄心（ambitious）的含义。所以，美国人可能是世界上最敢于、乐于冒风险和尝试新事物的民族。“他们野心勃勃，甚至最不着边际的计划他们也认为能够实现。”① 乐观主义和勇于进取的精神构成了美国理想主义的不竭动力源。自立国尤其是20世纪初以来，美国在制度与技术等领域长期占据创新领头羊的位置，美国的风险投资和科技发明专利一直高居世界榜首，这一无可争辩的事实在一定程度上反映了乐观进取的态度所蕴藏的巨大创造力。

2. 美国主流文化的形成和社会历史影响

如上所述，个人主义、平等主义、理想主义、现实主义构成美国主流文化的主体内容，这些内容在美国之外的许多民族国家，如文化相近的英法德意等欧洲诸国文化中同样存在，这是美国文化源于欧洲的直接证明。但不同的是，美国在所有这些方面都打上了浓厚的美国烙印，这其实正是美国文化虽源于欧洲却有别于欧洲而独具特性的地方。美国历史学家丹尼尔·布尔斯廷认为，欧洲人带到新世界的观念和制度很快就被难以驾驭的环境和无法预料的情况改变了。因此，美国人一开始就成为和欧洲人不一

① H. S. Commager, *The American Mind: An Interpretation of Thought and Character Since the 1880s*. New Heaven: Yale University Press, 1955.

样的人。[①] 那么，美国主流文化是如何在这些难以驾驭的环境和无法预料的情况下形成的？迄今为止，美国学者就此问题的解释至少可以分为两派，一是制度决定论，以李普塞特等人为首。他们认为，政治、经济、宗教的和社会生活中其他方面的制度创造了作为美国文化基础和核心的价值观念。美国因革命而生，其团结链接在共同的价值信条上。李普塞特肯定制度因素在产生价值观上的作用，认为是“一个新定居者社会，一部权利法案，清教宗派意识，战争等诸如此类”因素产生了美国价值观。他断定，这些价值观“产生了深层次的信仰，譬如顺从或者对抗权威、个人主义或者以组织为中心、平等主义或者精英主义，这些构成了社会的组织原则”。[②] 二是非制度因素决定论。以伍思诺等为代表。伍思诺认为，“深层文化远不止是政治经济安排的附带产品”，[③] 一系列价值观念并不足以解释美国历史与政治。另一位美国学者艾琳·汤姆逊则断定，美国文化产生于持久性的内外困境。[④]

其实，就像文化内容本身不是单一性的一样，文化的形成也很难归结于某种单一要素。美国文化作为一种动态社会系统的组成部分，它的产生与独特的自然环境、宗教信仰、政治经济制度、社会习惯等紧密关联，并随着这些因素的变化而发展变化。如个人主义孕育于北美辽阔的原野和清教教义，在工业化进程中深受激烈市场法则和政治博弈力量的冲击与洗礼，虽然整体上没有偏离自强自立的基本取向，但无论如何也是今非昔比了。与此同时，政治经济等制度创造了文化的观点不能说不对，因为当代美国文化是工业和后工业社会文化，是适应这种社会形态的经济基础和政治社会结构的产物，但我们也无法否定这样的事实，美国作为发达工业社会的代表，其今日之发达状态实际上又是由其固有的文化价值观内在的动力促

① 〔美〕丹尼尔·布尔斯廷：《美国人：殖民地历程》，时殷弘译，上海：上海译文出版社，1997 年；〔美〕迈克尔·卡门：《自相矛盾的民族：美国文化的起源》，王晶译，南京：江苏人民出版社，2006 年，第 14 页。

② Seymour Martin Lypset, *American Exceptionalism: A Double-Edged Sword.* New York: Norton, 1996, p. 25.

③ Robert Wuthnow, *American Mythos: Why Our Best Efforts to Be a Better Nation Fall Short.* Princeton: Princeton University Press, 2006, p. 28.

④ Irene Taviss Thomson, *Culture Wars and Enduring American Dilemmas.* Ann Arbor: The University of Michigan Press, 2010, p. 29.

成的。

在文化与美国社会历史发展的关系上，虽然文化在社会变迁中不断被型塑和调适，但文化无疑是社会变迁进程中最内在的原动力，是美国发展和成长道路别具一格的根源。具体说来，美国文化的社会历史功能大体上表现在以下几方面。

其一，为美国社会发展提供了强有力的精神动力。美国自立国至今230多年的历史与世界上众多民族国家悠久的历史相比，不值一提。但在这短短的两个多世纪里美国所取得的成就却使众多民族国家黯然失色。美国从当初一个不起眼的落后农业国一跃为世界第一现代化超级大国，这堪称人类文明发展史上的奇迹。表面上看，这是美国内外优越的自然条件、战略环境、正确的发展路径选择和有效的政治制度保障等造成的，但透过历史表象，我们不难发现，正是独特的文化为奇迹的出现提供了土壤。无论是自强自立的个人主义，还是节俭勤奋、积极进取的乐观主义，抑或是讲求平等自由的理想主义，都与现代性社会的平等与自由竞争法则有着强大亲和力。美国社会学家默顿认为，美国文化是一种成功型文化，它对社会个体提出了较高的人生标准：功成名就。这种精神动力驱使着一个个社会个体向着目标不懈努力，一个个单一向上动机汇聚成强大的群体社会发展的推动力量。

其二，为移民国家的美国提供了强大的黏合剂。英国学者本尼迪克特认为，民族是一种“想象的共同体”，是通过对共同的历史际遇、共同的血缘、共同的语言、共同的文化传承等的想象形成群体认同，进而产生群体凝聚力。与普通民族国家相比，移民国家的美国缺少这些作为想象的基石。那么，是什么力量把来自不同文化背景的人凝聚在一起构成一个强大的社会的？答案只有一个：文化和文化之核的价值观。李普塞特指出，美国社会是由共同的价值观维系在一起的。“做美国人，是一种意识形态的承诺。它与出生无关。拒绝美国价值观的人不是美国人。”①

其三，使美国成为理想主义和现实主义并行不悖的国度。总体而言，无论是从历时性还是共时性角度看，美国社会最为突出的特征是，强烈的

① Seymour Martin Lypset, *American Exceptionalism*: *A Double-Edged Sword.* New York: Norton, 1996, p.31.

理想主义与鲜明的现实主义并存。前者表现为，在各个时期美国内政外交政策的制定与实践中，或多或少地受到某种乌托邦意识的召唤，使美国永不满足于现状，总是对更加美好的前景抱有极大热情；后者体现在实用主义哲学在美国长期位居社会意识主流，使美国脚踏实地，以高度求真务实的态度处理经济社会和人际间的种种问题。

其四，孕育了深厚的政治自由主义与激进主义传统。虽然从思想史的角度考察，一般会得出不太会引起争议的结论，即现代自由主义和激进主义主要源自18世纪的启蒙哲学，但如果在北美与欧洲大陆之间进行认真仔细的横向比较，不难发现，美国自由主义和激进主义明显有别于欧洲，美国的政治自由主义具有远比欧洲强烈的个人主义和无政府主义特征，美国的激进主义则比欧洲温和，但其乌托邦色彩则强于欧洲，造成这种差异的根源只能是环境与文化。美国独特的自然和社会环境培育的个人主义与清教伦理蕴含的社会理想主义共同打造了美国的自由主义和激进主义政治传统。

二　美国左翼政治文化的历史流变与特性

1. 美国左翼政治文化的历史流变

美国学术界和政界的保守主义者往往以美国左翼思想是由欧洲传入这一历史事实来证明美国缺乏左翼传统，事实上，这是似是而非的论调，是个伪命题。因为美国是一个移民国家，它从器物、制度到文化价值观的几乎所有方面的传统都是移民带来的。美国的传统在于：把外来之物与美国具体环境相结合，生根发芽，烙上美国印。从这个意义上讲，毫无疑问，美国左翼政治文化也是移民带给美国的礼物。①

如果从反对现行制度、追求理想主义的宏大社会蓝图的角度进行考察和溯源的话，美国左翼政治文化的起点最早可上溯到“五月花号公约”。

① 也正因如此，英国历史学者克里斯多佛·希尔等人会把美国左翼政治所追求的平等主义及其乌托邦激进理念上溯到近代以前英国的海盗。1724年出版的笛福的《海盗史》中，对海盗的激进观点有生动记录，如“人人生而自由”，“君主制为保护不平等而存在”，“神圣的正义之眼永远不可能赞同奴隶贸易”，“把人有如野兽般出售”的基督徒证明“其宗教是怪异莫名的”。转见 Margaret Jacob and James Jacob ed. , *The Origins of Anglo-American Radicalism.* London, Boston and Sydney: George Allen & Unwin, 1984, p. 18.

1620 年 11 月 21 日，载有 102 名新教徒移民的“五月花号”（Mayflower）三桅商船历经两个多月惊涛骇浪的洗礼，安全抵达马萨诸塞科德角（今普罗温斯敦港），船上的 41 名男性教徒在登陆前签署了一份教会盟约式的民主协定，协定主张在社会契约的基础上建立自治的民主政府，以促进集体福祉。其实，不仅是“五月花号公约”构成了美国民主政治的基石，仅仅是清教徒移民决然抛却旧欧洲家园、以生命冒险横渡大西洋这一举动本身就已经具有了社会批判意义，“对于许多早期美国人来说，仅仅是到新世界去安家落户这个行动本身就是对欧洲统治者和宗教的反抗”。[①] 从整体上看，这些早期清教徒移民之所以挥别英伦远走他乡，除了到新世界发财致富的经济动机使然外，主要出于对英国国教教义及其专制统治的不满和对迫害的反抗，他们大多是宗教理想主义者，希望在陌生的大陆建立平等自由的乐土。这种反抗压迫与不公、追求正义、渴望美好生活的精神深深扎根于美利坚民族心田，成为美国自由民主价值观和制度的心理基础以及社会进步的内在力量源泉。正如美国学者悉尼·伦斯所指出的，这种发端于早期清教徒移民的激进反叛精神构成了“历史的原动力”，“它把‘受伤害的人’激励起来搬开了‘富有和出身好的人’设置在前进道路上的障碍”。如果没有这一激进传统的存在，美国将无从诞生，“革命后的美国也可能已经流产”。[②] 美国立国以来的历程说明，这绝非夸张之词。

无论是在一个半世纪的殖民地历程中，还是建国后危机四伏的共和制实验时期，也无论是充满牺牲品的工业化时期，还是后工业化与后现代时期，平等的理想和对现实的不满汇成一股奔腾不息的长川有力地推动美国社会不断向前迈进。

随着美国迈向工业时代，社会主义逐渐发展为美国左翼政治文化的核心话语。1848 年欧洲革命前后，大批欧洲革命者，特别是德国工人中的社会主义者如马克思的战友约瑟夫·魏德迈等移民美国。1851 年，魏德迈在纽约创办美国第一份马克思主义刊物《革命》。该刊物只发行了两期即被查封。翌年，魏德迈建立“无产者联盟”（Proletarierbund），即“美国工人联盟”（the American Workers' League）的前身，这是美国第一个马克思主义组

① 〔美〕M. J. C. 维尔：《美国政治》，王合等译，北京：商务印书馆，1981 年，第 7 页。

② Sidney Lens, *Radicalism in America*. New York: Alfred A. Knopf, Inc., 1969, pp. 1 - 2.

织，但由于它未能有效吸引德裔以外特别是讲英语的公众，它存在时间不长。[1] 1866年，威廉·H. 希尔维斯（William H. Sylvis）创建“全国劳工联盟”（NLU）。之后，纽约的德国难民弗里德里希·艾伯特·佐尔格（Frederich Albert Sorge）把“全国劳工联盟”第五地方分部带进了第一国际，成为第一国际的美国支部。到1872年，第一国际发展到22个支部，在纽约召开了代表大会。同时，国际的总理事会迁往纽约，选佐尔格为秘书长。1876年，因内部冲突，第一国际解散。19世纪70~80年代，美国迎来一波以德国移民为主体的新移民大潮，其中包括大批斐迪南·拉萨尔的追随者。拉萨尔主张通过国家帮助政治行动是通往革命之途，反对工联主义，认为它不起作用。他还认为，根据“铁的工资律”（Iron Law of Wages），雇主只需支付给工人能够糊口的工资即可。1874年，拉萨尔派组建“北美洲社会民主党”，1876年，与马克思主义者共同组建“美国劳工党”（Workingmen's Party of the United States）。1877年，拉萨尔派获得了劳工党的控制权，将其改名为“北美社会主义劳工党”（SLP）。1886年，部分信奉工联主义的党员在阿道夫·斯特拉塞（Adolph Strasser）和龚帕斯（Samuel Gompers）等人的领导下，脱离组织，另外建立“美国劳联”（AFL）。

1881年，劳工党中的无政府主义者离开，建立“革命社会主义党”（RSP），到1885年，该党成员达到7000人，为劳工党的两倍。[2] 该组织深受1881年伦敦国际无政府主义大会的影响。在美国，追随第一国际的有两个联盟，一是“国际劳动人民协会”[the International Working People's Association，（Black International）黑人国际]，由芝加哥无政府主义移民会议建立；另一个是“国际劳动者协会”[the International Workingmen's Association，（Red International）红色国际]，由旧金山土著美国人群体建立。[3] 1886年的芝加哥干草市场暴力大示威、1892年一名无政府主义者企图暗杀一位金融界大亨、1901年成功暗杀美国总统麦金莱等事件，使美国公众舆论对无政府主义的反感与日俱增，导致1903年美国通过法案，不再

---

① Stephen Coleman, *Daniel De Leon*. Manchester, UK: Manchester University Press, 1990, pp. 15 – 16.

② Theodore Draper, *The Roots of American Communism*. New York: Viking Press, 1957, p. 13.

③ George Woodcock, *Anarchism: A History of Libertarian Ideas and Movements*. Toronto: University of Toronto Press, 2004, p. 395.

为无政府主义者提供政治庇护。[1] 1919 年的“帕尔默袭击”（Palmer raids）导致大批无政府主义者被逮捕入狱，其中不少人被驱逐出境。1927 年萨柯－范齐蒂的审判和处决对无政府主义者又是一大打击。

1890 年，丹尼尔·德里昂成为北美社会主义劳工党领袖，马克思主义因而成为该党指南。1898 年，“美国铁路工会”的创建者尤金·德布斯创立对立性的美国“社会民主党”（Social Democratic Party）。北美社会主义劳工党内，因不满德里昂的个人专断及其反对美国劳联的工联主义的政策，莫里斯·希尔奎特等人与德里昂分道扬镳，投奔德布斯旗下，共同建立“美国社会党”（SPA）。之后，在威廉·D. 海伍德的领导下，一群社会主义者和工团主义者抛弃了美国劳联的行业工团主义，建立了“世界工业工人组织”（IWW），德里昂和德布斯皆是其骨干。由于与该组织领导人在组织奋斗目标和道路上发生争执，1906 年，德布斯拂袖而去，两年后，德里昂被开除。[2]“世界工业工人组织”完全变成一个无政府工团主义组织，它反对发起和参与一切政治性的活动，其成员主要来自西部各州伐木业、农业、建筑业的非熟练工人以及东部诸州纺织厂中的外来移民。该组织把暴力视为工业行动的一部分。

美国社会党内部虽然存在改革派和革命派两派间激烈的争论，内耗严重，但在 1912 年的美国政治舞台上，它所取得的成就仍然令人难忘。在总统大选中，其候选人德布斯获得了 100 多万张选民票，占总票数的 5.9%，是 12 年前的 1900 年总统大选中得票数的 10 倍；党员则从 1 万人增加到 12 万人。[3] 1910 年，其党员维克多·伯格尔成为美国历史上首位来自社会主义党派的议员；到 1912 年初，美国各级官员中，有 1039 人是社会主义者，其中包括 56 位市长，305 位市参议员或议员，22 位警官以及一些州议员。在其鼎盛时期，该党共有 5 种英文日报，8 种外文日报；262 种英文周刊，36 种外文周刊；10 种英文月刊和 2 种外文月刊。[4]

1917 年，美国参加第一次世界大战。在战争燃起的极端民族主义狂热

---

① George Woodcock, *Anarchism: A History of Libertarian Ideas and Movements*. Toronto: University of Toronto Press, 2004, pp. 397 – 398.

② Theodore Draper, *The Roots of American Communism*. New York: Viking Press, 1957, pp. 16 – 17.

③ Maurice Isserman, *A Brief History of the American Left*. http://www.dsausa.org/about/history.html.

④ Draper, pp. 41 – 42.

鼓噪下，美国国会通过了《反间谍法》和《反煽动叛乱法》两个法案，把矛头对准了德裔美国人、移民、黑人、有阶级觉悟的工人和社会主义者。当局对社会主义刊物的出版进行干扰，邮局拒绝为社会党投递报刊，反战激进分子被逮捕，德布斯和60多位IWW领导人被指控。[①]

到1930年代，社会党逐渐分化为泾渭分明的两派：一派为希尔奎特领导的元老派，另一派则是年轻的好战派。后者对苏联较有好感，领头人是诺曼·托马斯。元老派引领社会党组建“社会民主联盟”。1936年，通过与“工人党”进行对话商谈，工人党加入了社会党，并一度作为党内独立的支部行事。社会党内的托派分子在以后的岁月里被逐出组织，他们另行组织“社会主义工人党”（SWP），社会党内的少壮派“青年人社会主义联盟”（YPSL）加入。1940年，被开除出“社会主义工人党”的萨奇曼等人建立“工人党”，但几个月后，新党成员相继出走，包括伯恩汉姆在内。1949年，工人党改名为“独立社会主义联盟”（ISL），不久后停止了政党政治活动。[②]在“工业组织代表大会”（CIO）的支持下，元老派的一些人在纽约州成立“美国劳工党”（ALP），1944年，党内的少壮派脱离组织，另建“纽约自由党”。在1936年、1940年、1944年纽约州选举中，ALP分别获得27.4万、41.7万、49.6万张选票，全面压倒自由派候选人。

1919年，约翰·里德和本杰明·吉特罗以及其他一些社会主义者组建“共产主义劳工党”，而查尔斯·鲁滕堡领导的社会党对外部门则形成了“共产党”，双方合并组建“美国共产党”（CPUSA）。共产党专门组织“工会团结同盟”与美国劳联抗衡，该同盟声称有5万名工人会员。20世纪20~30年代，受苏联共产党内部权力斗争的影响，美国共产党内部围绕路线斗争进行的权力争夺十分激烈。鲁滕堡去世后接任美共总书记的乔伊·洛夫斯通与威廉·福斯特合作，在1928年把福斯特的前战友、后来的托洛茨基追随者詹姆斯·坎农（James P. Cannon）和马克斯·萨奇曼（Max Shachtman）开除出党。其后不久，另外一次争论发生，结果洛夫斯通和吉特罗被开除，厄尔·白劳德成为美共新领袖。很快，被开除的坎农、萨奇

① James G. Ryan, *Earl Browder: the Failure of American Communism.* Tuscaloosa and London: The University of Alabama Press, 1997, p. 13.

② Robert J. Alexander, *International Trotskyism, 1929 – 1985: A Documented Analysis of the Movement.* United States of America: Duke University Press, 1991, p. 810.

曼和马丁·艾伯恩等人共同组建"美国托派共产主义者同盟"（TCLA），公开挖美共组织的墙脚。1934 年，同盟与穆斯特的"美国工人党"合并，成立"工人党"。新加入的成员中包括詹姆斯·伯恩汉姆和悉尼·胡克。

1958 年，社会党接纳了 1956 年解散的萨奇曼领导下的独立社会主义联盟成员。萨奇曼对当时的苏联进行激烈的马克思主义批评，认为"苏联共产主义"是一种"官僚集体主义"，是一种比任何形式的资本主义更具压迫性的新型阶级社会。这种观点与东欧国家的许多持不同政见者，如南斯拉夫异议人士米诺万·德吉拉斯等人的见解大同小异。[①] 萨奇曼和独立社会主义联盟吸引了许多充满活力的政治青年，如欧文·豪、迈克尔·哈林顿、汤姆·卡恩、雷切尔·霍罗维茨等。后面两人与诺曼·希尔一起在民权运动中成为贝雅德·拉斯廷的助手。拉斯廷当时忙于在小马丁·路德·金等民权领袖中宣传和平主义和非暴力思想，他的团队与菲力浦·伦道夫一同发起了 1963 年的"向华盛顿进军"示威活动，正是在这次进军中，马丁·路德·金发表了不朽的"我有一个梦想"演说。

迈克尔·哈林顿很快因为出版《另一个美国》一书而声誉鹊起，成为全美最知名的青年社会党人。肯尼迪和约翰逊政府将之请到华盛顿为座上宾，参与"向贫困宣战"和"伟大社会"改革运动。与此同时，作为"工业民主联盟"（LSD）的领导成员，哈林顿、卡恩和霍罗维茨对 60 年代学生激进组织"学生争取民主社会组织"（SDS）的建立和早期发展给予了不可或缺的帮助。但他们与《休伦港宣言》起草人汤姆·海登等人的矛盾冲突成为激进学生组织最终与"工业民主联盟"恩断义绝的一个直接原因。

20 世纪 60 年代，一些无政府主义组织渐渐走出低谷，成为 70 年代反核运动的重要力量。同时，60 年代后期，"新左派"中的文化反叛力量逐渐发展为最为激进的嬉皮士反主流文化运动，而不乏激烈特性的女权主义运动、同性恋权利运动、原住民权利运动、生态保护运动等新社会运动则构成 70 年代亮丽的政治与文化风景线。

1972 年，社会党在其 12 月代表大会上以 73 票赞成、34 票反对的表决结果通过了将组织改名为"美国社会民主党"（SDUSA）的决议。党主席有两位：一位是美国和平运动领袖拉斯廷，另一位是国际女装工会（ILGWU）

① "American left", http://en.wikipedia.org/wiki/American_Left.

领袖查尔斯·齐美尔曼。1973 年，哈林顿辞去美国社会民主党中的职务，另行组建“民主社会主义组织委员会”（DSOC）。同年，戴维·麦克雷伊诺兹等建立“美国社会主义党”。

美国社会党更名为美国社会民主党后，内部的分化组合持续不断。

进入 20 世纪 80～90 年代，美国社会民主党在国内加强同民主共和两大党的合作，致力于国内外民主的促进工作。为此，专门成立“全国捐助民主组织”（NED），卡尔·格什曼担任首任主席。该组织在苏联东欧剧变过程中起着火上浇油的作用，如为波兰最大政治反对派团结工会募捐等。[①] 为保证该组织的有效运转，社会民主党人帮助民主共和两大党成立了两党联盟（bipartisan coalition）。

在整个 90 年代，无政府主义组织曾计划组织横穿北美的“爱与怒火”大示威，但因只有几百人报名远低于预期人数而告吹。不过，以免费分发素食为主要内容的“要吃饭不要炸弹”运动却产生了一定影响。最成功者毫无疑问是 1999 年由“直接行动网络”组织进行的西雅图之役：它成功地打断了世界贸易组织在此举办的会议，一时成为媒体报道的焦点。西雅图事件不仅成为 20 世纪美国政治史上最后一件重大事件，而且也构成了战后美国左翼政治文化史上的一个新里程碑，它标志着美国左翼第一次成功地把全球反资本主义的正义力量集合到了一起，为 21 世纪左翼事业走出低谷再创辉煌找到了突破口，奠定了新行动模式，确立了新方向。

“9·11”事件后，针对美国发动的阿富汗战争和伊拉克战争，美国左翼发起了进入 21 世纪以来最具规模的反战运动，在反对新帝国主义方面进行了理论和实践两个层面的斗争。

2007 年，由次贷危机引爆的华尔街金融危机很快席卷全球，最终发展为战后以来最为严重的世界性经济危机。危机深刻揭露了全球资本主义制度和体系的种种弊端，为满足人口中极端富裕的极少数人的欲求而牺牲绝大多数人利益是其核心症结所在。经济危机和严重社会不公引燃了政治与社会危机，这为左翼再掀社会抗议运动浪潮提供了契机。2011 年 9 月，“占领华尔街运动”之火最先在美国纽约点燃，美国左翼在这场运动中再次高扬起自己的旗帜，成为全球聚集点。

---

① 1989 年，NED 向波兰团结工会捐款 400 万美元。

2. 美国左翼政治文化传统的基本特征

美国新左派学者理查德·弗莱克斯在论及美国传统时指出，美国左翼传统给人印象最深的是它的复杂性与多样性。例如，根据政治主张与纲领，至少可以把美国左派分为三类：社会主义、无政府主义和民粹主义。实际上，自19世纪初以来美国政治文化培育出了各种各样的政治批评家与改革者，如废奴主义者、女权主义者、激进民主派、劳工活动家、自由至上论者、左翼自由派、反帝国主义者、进步主义改革派、新政派、世界主义者、反战和平分子、环境主义者，等等，很难按照传统左翼意识形态来对他们分类。尽管如此，虽然他们中间派系林立，但他们中存在着某种基本上相同的理论分析和信仰。[①] 这种共同信仰虽然还不足以把他们整合在一起，但足以让他们拥有并发挥影响历史的能量。自殖民地时代以来的几个世纪里，美国左翼政治文化在美国社会演进中具有举足轻重的作用，如前文所引伦斯的论点，没有激进左派，美国不可能出现，没有左派的激进思想与行动，美国不会是今天这个样子。从宏观上进行考察，我们可以看到，美国左翼政治文化具有如下基本特征。

第一，把自由平等作为基本的政治目标，矛头直指人的各种不自由状况和社会不公现象。如前所述，美国社会生活中的平等与公正含义，除社会成员拥有相同的基本政治权利外，主要指在获取财富等方面的机会的平等，这种机会均等思想源于清教教义。加尔文派教徒深信不疑的信念是：一个俗世中的人能否洗清原罪，得到拯救，成为上帝选民（chosen people），是上帝预先早已安排好了的，个人是无法改变的。但在世俗生活中，仍然存在一些征兆揭示这种预先安排，最明显的征兆是功成名就，因为现世中的成功代表着上帝的奖赏，机会面前人人平等，就看你努力的程度。然而，在现实当中，无论是殖民地时代，还是建国后两个多世纪的历程里，机会很少有平等的时候。因此，追求机会平等成为美国左翼激进社会批判传统的持久动力。

早期移民怀抱在“新大陆”建立公正平等的“新世界”理想劈波斩浪历尽艰险越洋而来，但北美殖民地社会与旧欧洲无异的塔状社会结构与其

---

① Richard Flacks, *Making History: The American Left and the American Mind*. New York: Columbia University Press, 1988, p. 104.

理想社会相去甚远："在所有殖民地，你有没有肯定的权利要根据你的等级和你自己的财产数额来定。"① 欧洲的苛税、宗教迫害和封建特权也接踵而来继续折磨他们，失望和不满有增无减。虽然北美辽阔的土地充分有效地排泄着种种不满，但不满仍然不时燃成熊熊烈火。例如，1676 年发生了被后人誉为北美第一次革命的培根起义，1689 年发生了商人莱斯勒领导的长岛起义，长岛起义者在新英格兰北部建立的殖民地联盟被看作是美国历史上首次由人民行使主权的政治尝试。② 1631 年抵达波士顿的青年传教士罗杰·威廉斯可能是美国政治思想史上最早提倡平等的反叛者，他公开否认英国国王对北美土地的所有权，认为印第安人才是这片土地的主人。在教会威胁下，他逃离波士顿，与一批志同道合者一道在普罗维登斯建立起实行民主选举和保护宗教信仰自由的罗得岛殖民地，以平等作为其根本的政治原则。在威廉斯看来，政府是经由人民同意而产生的，因此，"在有关人民的身体和财产方面，维持人民的民事的和平"实为政府合法性之所在。不无巧合的是，康涅狄格的创建者托马斯·胡克也公然主张权威的基础存在于人民的同意之中，对神授权力的神源论传统提出挑战，这种平等思想对其后的独立革命产生了深远影响。

美国革命的目标是双重的，一是对外摆脱对欧洲的政治依附和从属地位，二是对内终结等级社会的人身依附和贵贱差异，建立一个平等的社会。前一个目标获得了实现，而后一个目标却遥不可及，新生的共和国依然是一个不平等的社会，提出"财富公有"主张的谢斯起义最早表达了对这个新社会的不满。在这个新生国家，由黑人和妇女所构成的人口的大多数在自由民主的土地上依旧处于人身依附状态。有鉴于此，我们不难理解，为什么自美国建国以来，黑人和妇女争取自由权利的运动会推波逐浪，谱写出一页页美国社会进步史的辉煌篇章。在争取非洲裔美国人平等权利方面，从内战前威廉·加里森、弗雷德里克·道格拉斯等废奴人士，到 19 世纪末 20 世纪初的布克·T. 华盛顿、杜波依斯、马库斯·加维，再到 20 世纪 50~60年代的小马丁·路德·金、马尔科姆·艾克斯、黑豹党等，串起黑人

① Leo Huberman, *We, the People: the Drama of America.* New York: Monthly Review Press, 1970, p. 36.

② Lillian Symes and Traves Clement, *Rebel America: the Story of Social Revolt in the United States.* Boston: Beacon Press, p. 7.

民族主义的思想连线：对黑人种族的自信心、文化自豪感和不时萌生的平等梦想不断纠缠着他们憧憬的心。而从黑人斗争中获得灵感的妇女如伊丽莎白·K. 斯坦顿、苏姗·B. 安东尼、夏洛蒂·P. 吉尔曼、埃玛·戈尔德曼等人，则在一个彻底打乱重建的两性完全平等的新社会图景的激励下以前所未有的勇气、力量和毅力向延续了数千年的男性家长制家庭社会结构掷出了投枪。

在镀金时代的美国，我们看到，当来自广大中西部的中小农场主，秉持自由民主的基本价值观，云集在平民党旗下，掀起声势浩大的反大公司垄断和压迫、争取自由土地等生存发展权利的斗争浪潮之际，激进的无政府主义者在城市工人运动中唱起了主角。1883 年，他们与社会革命党人在匹兹堡召开联合代表大会，会上通过了《匹兹堡宣言》，该宣言宣称要采取一切手段摧毁“现有的阶级政府”，并在各生产组织之间自由交换等价产品的基础上重建工业制度。[①] 他们坚信，变革社会的主要手段是少数个人的英雄主义和小群体的恐怖主义，教育、组织、宣传、政治投票等毫无用处，在全世界人民随时准备实行激烈的革命之时，胜利完成革命所需要的只不过是少数甘愿为大多数人的幸福而冒生命危险的意志坚决的人士，因为一切伟大的革命都是极少数人的事业，所有的公共利益都是强加于人类的。

20 世纪 30 年代，一些左翼或亲左翼的学者和作家继承发展了进步主义时期的文化批判传统，集中火力轰击科技和机器大生产对社会关系和人与自然和谐关系的破坏。例如，著名学者斯图尔特·蔡斯通过对美国和墨西哥两个社会的仔细比较，认为乡村的墨西哥比城市的美国在精神上要幸福得多，内心宁静得多。1934 年出版的《技术与文明》和 4 年后问世的续集《城市与文化》成为这一时期左翼社会批判的力作。作者刘易斯·芒福德在书中对消费主义的美国提出了强烈的文化控诉，他认为，美国资本主义制造业和一味追求利润的压力葬送了美国的美学与精神传统。这一指控无疑为战后激进左派的社会批判提供了路径。

第二，浓厚的社会理想主义和乌托邦精神。美国左翼激进传统尽管在不同的时期有不同表现，但几乎每一个时代的激进运动和思想都包含有系统或不系统的理想社会蓝图或方案，这些颇具乌托邦色彩的方案往往与历

---

① 〔美〕希尔奎特：《美国社会主义史》，朱立人译，北京：商务印书馆，1970 年，第 193 页。

久不衰的社会实验运动紧密联系在一起，构成美国历史演进过程中的重要脉络。如前文所提及的“五月花号公约”就是北美土地上现存最早的乌托邦文本。它是殖民地时期整个社会普遍存在的社会理想主义和实验主义冲动的生动缩影。公约的制定者以大多数统治和“公正平等之法律”作为公约的核心原则，在此基础上，制定了一个“公共股份”计划：所有成年人在一起劳动七年，集体共享肉、食、酒、衣物和其他一切生活物资。七年届满时，每个成年人，不分男女，不问出身，一律获得一份平等的资本和利润，包括房屋、土地和家具什物。[①] 除此而外，在各殖民地存在程度不等的自治的同时，还分布着无以计数的具有浓郁原始共产主义色彩的移民聚集地，如公谊会教徒在各地建立的移民点就是例子，这些社区完全奉行非暴力主义和“人人都是基督”纲领，实行集体劳动、财产公有等，具有明显的乌托邦实验性质。

美国独立革命时期发布的《独立宣言》和《常识》等文献更是公认的激进理想主义的经典文本：

> 我们认为这些是不言而喻的真理：人人生而平等，“造物主”赋予了他们某些不可让渡的权利，其中包括生存权、自由权和追求幸福的权利。为了保障这些权利，在人们中间成立了政府，政府的权利来自被统治者的同意。当任何形式的政府违背了这一点，人民有权利改变它，或者废除它，并建立新政府。这个政府必须建立在最能保证人民的安全和幸福的原则上，其政府的组织形式亦以此为依归。[②]

《独立宣言》中这段脍炙人口的文字如今早已传遍世界各个角落，它是美国革命时期激进派政治浪漫主义的凝练表述，而同样令后世难忘的是，托马斯·潘恩在其充满战斗激情的小册子《常识》中以散文诗般的语言召唤革命，讴歌自由与理想社会：

> 啊，你们这些不仅敢于反对专制也敢于反对暴君的人们，站出来

---

① Sidney Lens, *Radicalism in America*. New York: Alfred A. Knopf, Inc., 1969, p. 7.

② Mary Beth Norton et al. eds., *A People and a Nation: A History of the United States*. Boston: Houghton Mifflin Company, 1988, p. A-5.

吧！压迫在旧世界的每个部位猖獗。自由在全球受到追猎，亚洲和非洲很早就把她驱逐了。欧洲把她视为路人，英国警告她离开。啊！接受这个难民并为人类准备一个避难所吧。①

1787 年联邦宪法的制定使美国成为联邦制国家。但围绕着宪法的通过和修正问题，特别是有关美国的发展方向问题，美国政治精英之间展开了激烈论争。以财政部长亚历山大·汉密尔顿为首的联邦党人主张效法英国，实行有限民主，把美国建成工业国家；以国务卿托马斯·杰弗逊为代表的民主共和党人则相反，主张在实行普遍民主的基础上，把美国建成为一个农业和小手工业的国度。在他们眼中，这个民主的农业乌托邦至善至美，没有高利贷，也没有奴隶制，在土地上劳动的人们中间存在的只有美德。这种建基于田园诗意之上的道德理想国显然既代表了社会中下层的意愿，又是前工业时代美国社会现实的折射，尽管美国后来发展成了工业强国，但对田园生活方式的怀旧仍不时为不同时期美国的社会理想主义打开了想象的空间。

19 世纪初，美国工业化的大幕开始拉开。传统的商业贵族逐渐摇身变为工业资本家，众多的小农和小手工业者逐渐变为雇佣工人，乡村的美国逐渐向工业的美国蜕变。在这个不可逆转的社会转型或变迁过程中，早期资本主义社会的种种丑恶现象不断显现，社会矛盾日益加深，政治对抗与冲突与日俱增。加上南方种植园奴隶制的不合时宜和黑人奴隶的非人处境，整个社会汇集起一股强大的推动社会进步的力量。这为 19 世纪美国出现理想社会实验浪潮准备了雄厚的社会基础。尤其是内战前的半个世纪堪称美国历史上社会实验的黄金时代："十九世纪上半叶有两大特点：人为拯救自己的灵魂奋斗不已；人怀着极大的热情去改革社会。为达到改革社会的目的，有些人走空想社会主义的路，另一些人走基督教无政府主义的路。"②

在美国发起新社会实验的主要是欧洲人，他们不是社会理想主义者就是极富同情心的人道主义者。封建旧制度的黑暗和工业资本主义新制度的同样令人失望使众多知识精英成为欧文、圣西门、傅立叶、埃田·卡贝等

① Sidney Lens, *Radicalism in America*. New York: Alfred A. Knopf, Inc., 1969, p. 39.

② 〔美〕纳尔逊·曼弗雷德·布莱克：《美国社会生活与思想史》（上），许季鸿等译，北京：商务印书馆，1994 年，第 375 页。

人的忠实拥趸，从19世纪20年代到60年代，欧洲空想社会主义哲学在美国辽阔的土地上变成了有数十万人参与的数百个乌托邦实验公社。英国纺织厂主、空想家罗伯特·欧文在美国印第安纳州购置了大片土地用于“新拉纳克”和谐公社实验，该实验吸引了以“美国地质学之父”威廉·麦克卢尔和昆虫学家托马斯·塞伊为代表的一大批慈善家和科学界、教育界、文化艺术界以及传媒界的知名人士加入其中，为实验提供了强大的智力支持。在新和谐公社里，财产公有，集体劳动，实行教育与生产相结合的制度。欧文及其追随者相信，新和谐公社实验能够消除三位一体的罪恶：私有财产、荒谬的宗教以及建基于二者之上的婚姻。[①] 这个理想社会将为人类带来芬芳和富足、智慧和幸福。30年代后期，傅立叶信徒、纽约空想家艾伯特·布里斯班和《纽约人》编辑霍拉斯·格里利等人一道按照傅立叶的理想社会构想在美国建立了40多个法郎吉。其中最著名的是“布鲁克农庄”。法郎吉是农业为主、工业为辅的消费与生产协作组织（法伦斯泰尔）；劳动根据每个人的兴趣爱好安排；收入按资本利润、才能报酬和劳动报酬分配；消费由集体组织进行；家庭不再是社会细胞，只是男女自由婚姻的临时结合。40年代末，法国空想家埃田·卡贝及其信徒在美国发起了“伊加利亚行动”，主要内容是实行累进所得税，废除继承权，举办国有工厂，由国家规定工资标准，开辟农业移民区，工业合作，实施彻底的普通高等教育制度，社会生活中实行男女平等。

以上实验虽然最终都以夭折告终，但并未阻止乌托邦实验新浪潮的到来。镀金时代，形形色色的理想社会方案层出不穷。在19世纪80年代最具影响力的方案是亨利·乔治的“单一税论”。1879年，亨利·乔治所著《进步与贫困》一书问世。作者在书中指出，美国社会的矛盾现象是生产力惊人增长的同时贫困大量存在。把文明和贫困联系在一起的是土地私有制。因此，克服贫困和消除社会矛盾现象的方法就在于：把土地（包括矿山、路权等）收归全体人民所有，一旦土地向所有人开放，那么，人人都能依靠小规模的农业或工业生活。同时，现行地租是对生产征税，只能导致进一步的贫困。所以，如果不能使土地变为公共，则贫穷永远存在。土地国有的方法是征收土地价值税，同时免除其他所有赋税。正如美国著名经济

① Sidney Lens, *Radicalism in America*. New York: Alfred A. Knopf, Inc., 1969, p. 70.

学家约翰·加尔布雷思后来所作的评论：这是一个非常激进的方案。[①] 1883年，作者参与纽约市长竞选，得票数略低于民主党候选人休伊特，位居次席而惜败，由此可见“单一税论”的政治号召力非比寻常。

1887年，空想家爱德华·贝拉米的政治小说《回顾》出版。在这部作品中，作者向人们描绘了2000年的美国：一个合作共和国；工业完全国有化；利润动力、暴力、阶级斗争等都已消弭无形；普遍平等成为社会现实；城市清洁明亮，崭新如洗，不再有腐败与贿赂、极端富裕与极端贫困。这部著作再次点燃美国人的理想主义激情，在短短几年时间里，全美上下掀起了一场以工业国有为指向的国家主义运动。到1891年，致力于国有化目标的国家主义俱乐部多达162个。不仅如此，这部作品还直接为美国激进经济学家和社会学家T. 范布伦提供了灵感。范布伦在《工程师与价值体系》等著作中，对工业资本主义制度大加抨击，宣称变革不可避免：以和平方式取消大垄断所有制，把权力从垄断资本家手中转入技术阶层之手，把资本家排除在生产和经济生活之外，由政治上公正的专家领导的美国将会成为《回顾》所描绘的迷人国度。这一专家公正治理的乌托邦设想成为20世纪美国技术统治论思潮的源头。

1929－1933年的大萧条，再次为左翼激进理想的抬头提供了良机。自1930年开始，《在民族》和《新共和》等全国性偏左刊物中，观点激进的文章越来越多。这些文章在对资本主义制度的合法性提出质疑的同时，竭力鼓吹社会变革的必要性。其中不少文章公开主张，为了所有人的利益，需要进行社会主义改造，实施计划和政府控制，并不惜以侵犯既得利益和私有财产权为代价。左翼作家迈克尔·戈尔德等人开门见山地要求美国知识分子不要再犹豫不决，必须在资本主义与社会主义两个世界间明确表态，阐明自己的立场。相当多的左翼作家和知识分子相信建立替代性的新社会制度的时机已然到来。1932年，哥伦比亚大学法学教授阿道夫·伯利和经济学者加德纳·米恩斯合著的《现代有限公司和私人财产》一书问世。两位作者在书中明确提出，私有财产和资本主义已经过时，取而代之的新社会应该建立在混合经济模式之上，实行“中立专家政治”，以强有力的政府进行行之有效的管理。同年，斯图尔特·蔡斯的《新政》和乔治·索尔的

① John Galbraith, *The Affluent Society*. Cambridge, Mass.: Riverside, 1958, p. 51.

《计划社会》面世，这两部著作对建立美式社会主义社会的路径进行了全面探讨。他们一致建议采取一种连贯的政治策略和经济纲领，把当下的改革与社会革命联系起来，以民主而激进的方式使集体主义理想成为美国人日常生活的现实。作为《新共和》杂志主编，乔治·索尔于1934年又推出了《即将到来的美国革命》一书，认为美国确实在经历一场社会革命，只不过这场革命将是长期的、十足美国式的，即一个理想的社会主义美国的实现有赖于社会、政治、经济、文化和意识形态多条战线共同的持久奋斗。

然而，这个阶段最具魅力的新社会设想可能要数激进刊物《常识》编辑阿尔弗雷德·宾厄姆为2000年到来时的美国所描绘的理想图景：全国秩序井然，城乡布局均衡有致，城市和社区整洁而对称，公园与道路规划合理，空气清新，交通畅达，生产完全自动化，劳动与休闲结合得恰到好处，公民精神饱满，身体健康，人人平等，影响人类生活的广告、商业取向、竞争、贪婪统统被取缔，社区生活朴素而直接。这一美景是通过成立一个新政党得以实现的。由于整个社会绝大多数人都忠于该党，它和平地从民主、共和两党手中夺取了政权，逐渐废除了私人利润制度，从而产生了一个工业化的民主共和国，一个真正民有、民治、民享的国家。

战后以来，无论是60年代的文化反叛者，还是当代的反全球化斗士，他们同样因为怀抱类似的社会理想而奋斗不息。

第三，强烈的使命感与人道主义情怀。这与美国社会由清教徒移民奠基密切相关。众所周知，美国早期移民大多是怀抱深厚宗教与社会理想的清教徒，他们的宗教虔诚把美国打造成了西方世界宗教色彩最为浓厚的国度，他们的理想主义则把美国变成了最富于进取精神的社会。正如美国学者所言，“世界上没有什么国家基督教对人类灵魂的影响甚于美国”。[①] 据调查，美国家庭经常参与周日礼拜的在40%以上，相比之下，英国不足10%；98%的美国人表示相信上帝，1/3的人承认某种形式的神秘经历，60%的人声称他们永远也不会投无神论者的票。[②] 事实上，当早期清教徒决然抛却欧洲旧家园甘冒生命危险前往美洲时，除发财致富的经济诱因外，更重要的

① Byron E. Shafer ed., *Is America different? A New Look at American Exceptionalism.* Oxford: Clarendon Press, 1991, pp. 20 – 21.

② Mick Gidley ed., *Modern American Culture: An Introduction.* New York: Longman Publishing, 1993, p. 23.

是在新世界建立人间天堂的宗教使命感使然。他们深信北美是新以色列，"欧洲是埃及，美洲是希望之乡。上帝引导他的人民去建立将成为照亮一切民族的明灯的新型社会秩序"。[①] 他们自己毫无疑问是新以色列人，被上帝赋予了特殊的使命。为了实现这一神圣使命，获得"完美的精神生活"，每个人必须恪守新教伦理，克勤克俭，以汗水浇灌的大片开垦地、满仓的粮食、成群的牛马等有形无形财富来验证自己的"选民"身份。如果说马克斯·韦伯从中发现的是资本主义的精神源泉，那么，我们从中看到的是以强大的理想主义传统为背景的以天下为己任的责任感和使命意识。美国学者罗斯瑙指出，以镀金时代为例，许多参与社会抗议的激进人士常常把其抗争视为一种世俗化的清教改革，抗议的正当性来自他们所持有的千年信仰：美国人负有在大地上建立上帝的王国的责无旁贷之重任。[②]

与此同时，基督教教义提倡的博爱、同情、慈善信念为左翼激进派的人道主义提供了温床。在他们眼中，现实中种种不公正或丑恶现象往往被视为对上帝和基督精神的背离，对人类博爱原则的违反。许多激进派人士和造反者在慷慨陈词时每每离不开"上帝"、"基督"、"人道"、"爱"等语汇，因为这最能引起共鸣，打动听众。最值得一提的是，新教本身就是不满现实进行反叛的产物，它同样追求理想的人间天国。加尔文教义反复告诉其信徒，幸福在地上而不在天堂。从某种意义上讲，基督教本身就是激进的，是左翼社会批判的深层次源泉。英国著名宗教学者克里斯多弗·罗兰德经过对《圣经》文本的深入研究发现，"新约"部分所包含的内容与晚近基督教传统的希望、抗议和社会变革主题密切相关，是西方社会进步运动的核心动力源。[③]

第四，明显的和平主义与改良主义倾向。在美国政治社会史上，激进力量虽然不乏种种激烈举动，例如，在殖民地时代和建国后先后出现过培根起义、长岛起义、谢斯起义、威士忌酒暴动、约翰·布朗起义以及多次黑人造反和印第安原住民的暴力对抗等，但主流是渐进和温和的，更多为

---

① Robert Bellah, *Beyond Belief*. New York: Harper and Row, 1970, p. 55.

② Doug Rossinow, *Visions of Progress: The Left-Liberal Tradition in America*. Philadelphia: University of Pennsylvania Press, 2008, p. 13.

③ Christopher Rowland, *Radical Christianity: A Reading of Recovery*. Oxford: Polity Press, 1988, p. 1.

道义性说教与宣传，教育和示范性实验。他们尽管豪情万丈地誓言要彻底变革现实社会，但往往勤于言而吝于行，更何况所行亦大多痴迷于选举政治。美国历史学家戈登·伍德在与欧洲革命进行比较后指出，美国的激进派或革命者是十分温和的，他们总是出入于客厅或立法大厅，而不是街头或地下室；他们进行演讲而不投掷炸弹；他们不消灭别人，也不毁灭自己。[①] 例如，在殖民地和革命时代，在对违法乱纪者、敌人、变节者或效忠英王的死硬分子的处置上，其方式不外以下几种：鞭笞、焚烧模拟人像、骑木马游街和焦油涂身沾满羽毛示众。[②] 建国以来的历次社会运动亦主要表现为和平主义的口头或书面辩论，这与欧洲大陆法俄等国的社会政治革命的暴烈性形成鲜明对照。这种和平主义与改良主义特性的出现是与美国独特的历史文化和自然环境分不开的。

首先，基督教非暴力思想的熏陶。正如前文所述，美国是西方世界中宗教氛围极其浓厚的国家，基督教作为社会文化系统的核心内容对社会成员的行为具有深层次的规制作用。在《圣经》文本尤其是“新约”中，非暴力成为其主基调。在牧师的日常布道中，对暴力的否定占有相当的分量。譬如，罗杰·威廉斯就曾明确表示，虽然耶稣为人们流血而死，但流血的行为（战争等暴力活动）有违基督教义。美国历史上众多反战运动多由宗教界人士发起或与教会等宗教组织关系密切，绝非偶然。

其次，英国平民文化的移植与变异。所谓英国平民文化（English Plebeian Culture），指的是16～17世纪植根于英国城乡劳动阶级的习俗、传统与仪式。这种传统和习俗最早可远溯到日耳曼人部落时期的伦理模式和行为规范，它包容了不列颠普通农民和工匠艺人日常生活的全部或大部，包容了他们的喜怒哀乐、爱恨情仇，如在大庭广众中以骑木马等独特方式惩罚违反传统规范和社区道德律令的人，其节日般热闹喧哗场面构成了一种独有的文化场域。在17～18世纪英国社会从传统向近代的转型时期，下层劳动阶级的痛苦、不满和渴望在这种传统习俗和仪式中得到了宣泄和表达。随着清教徒为主的劳动阶级大规模移民北美，这种英伦下层社会文化

① Gordon S. Wood, *The Radicalism of the American Revolution*. New York: Alfred A. Knopf, Inc., 1991, p. 3.

② Margaret Jacob and James Jacob eds., *The Origins of Anglo-American Radicalism*. London, Boston and Sydney: George Allen & Unwin, 1984, pp. 186－189.

与北美特殊环境相结合，在东北部新英格兰地区得到了创新和再生。[①] 普通劳动者通过这种习俗和仪式暂时克服了卑怯和屈从心理，有节制地发泄他们的愤怒和敌意。[②] 虽然一些学者如英国左翼历史学家 E. P. 汤普森（E. P. Thompson）断定这种平民文化既不是革命文化，也不是顺从文化，"它孕育骚乱而不是反叛；直接行动而不是民主的组织"，但以美国学者阿尔弗雷德·扬（Alfred F. Young）为代表的众多学者对这种平民文化的激进性质予以充分肯定，认为这种平民文化在美国让人们走得更远：从暴乱走向了革命，从直接行动走向了民主组织。[③]

再次，美国知识界由梭罗开启的非暴力抵抗传统根深叶茂。梭罗是美国非暴力不合作运动和思想的开山鼻祖，他主张个人有权不服从或违反任何与其良心相悖的布告、命令和法规；不承认公民有表示尊重法律的义务，应受尊重的唯有正义。他不仅思想上对此大加倡导，而且还在现实生活中身体力行。例如，他公开反对美国对墨西哥发动战争，认为它是非正义的行径。为此，他断然拒绝为这场战争缴纳不合理的人头税并因之被捕入狱。虽然梭罗英年早逝，但他的《论公民的不服从》早已成为众多社会抗议者的经典，梭罗及其非暴力抵抗思想在美国和人类争取公正的历史长路上投下了长长的背影。无论是 19 世纪末的列夫·托尔斯泰，还是 20 世纪上半叶的圣雄甘地，更不用说 20 世纪 50～60 年代的小马丁·路德·金，无一不从梭罗的思想中汲取营养。

最后，美国得天独厚的自然条件和生存状态的影响。社会冲突理论家达伦多夫认为，任何社会都是强制性协调的组合体，社会冲突的发生是社会强制性组合内部权威资源分配不平等的产物。当社会中一部分成员占有绝大部分资源而另一部分成员不占有或只占有少得不成比例的资源时，后者必然产生严重被剥夺感，从而撤销对资源占优势群体的权威的承认，冲突不可避免。然而，在美国这样一个土地等物质资源极其丰富的社会，客观上不存在因土地等生存资源稀缺而引发激烈社会冲突的条件，西部充足

---

① Peter Bucke, *Popular Culture in Early Modern Europe*. New York: Harpers, 1978, p. 124.

② Gordon S. Wood, *The Radicalism of the American Revolution*. New York: Alfred A. Knopf, Inc., 1991, p. 90.

③ Margaret Jacob and James Jacob eds., *The Origins of Anglo-American Radicalism*. London, Boston and Sydney: George Allen & Unwin, 1984, p. 206.

的土地资源为工业化进程中的美国社会的竞争失败者和不满人群准备了退路或新的生存空间。此即美国历史学家弗雷德里克·特纳所谓的“逃入自由”的条件。因此，尽管在美国历史发展过程中，社会矛盾和冲突层出不穷，但其冲突的烈度和水平远不及大洋彼岸的欧洲大陆法德俄诸国，较少暴力色彩。个中原因之一即在于此。

此外，美国政治传统中有一个独特的思想取向，即反对强制。任何理想社会方案或蓝图，在普通美国人看来就是一种信仰，而信仰自由是民主社会的基本政治原则，一种政治信仰无论如何美好，一种未来社会设计无论怎样良善，绝对不能强加于人，只能等待每个社会成员去选择，当大多数人都选择它时，它自然而然地就变成了现实。因此，可行的方法在于宣传、教育、示范和利用选票扩大影响，暴力手段不仅难以被社会大众接受，甚至还会使自身陷于孤立境地。

三　主流文化与左翼政治文化传统的缔造

1. 主流文化传统的双重效应与左翼政治文化的成长

辩证唯物主义的方法论告诉我们，任何事物都是矛盾双方的统一。美国主流文化与左翼政治文化之间充分展现了这一辩证关系，可以说，后者正是这一矛盾发展的产物。如上所述，美国主流文化的源头是清教伦理，作为基督教中反叛的新教派系之一，它的基本教义和信条隐含着美国主流文化的几乎全部信息：（1）它否定天主教会在信徒与上帝之间中介作用的不可取缔性，认为每个人都能依靠自身的信仰直接与上帝沟通。这一革命性的信条传递出的第一个正效应是，每个有信仰的人能够自信自立，不用迷信和仰赖权威，第二个正效应则是上帝面前人人平等的理念。（2）虽然人的命运由上帝预先排定，但世俗生活的成败是这种先定命运的征兆。因此，人们必须服从上帝的安排，以劳动为神圣的天职，节俭勤奋，努力工作，争取世俗的成功。这一信条传递的正效应是，节俭进取，乐观向上，现实主义与理想主义同根双生。（3）清教教义告诉人们，天堂或终极乐土不在来世，就在脚下的大地上，它传递出的正效应是，美好的社会等不来，需要虔诚的信徒们满腔热忱地以积极主动的行动去争取，美国政治文化中十分偏好乌托邦社会实验的传统即发端于此。（4）清教还明确向信徒传达这样的信念，万能的上帝预先在信徒中选出一批德行高尚的人来承担建立人间天国的神圣使命。它给美国文化带来的正效应是强烈的批判现实主义精神和以天下为己任追求和谐至善社会的责任感。(5) 清教承袭了《圣经》新约中的拒绝暴力的信条，为美国文化播下了和平主义的种子。

然而，清教带给美国文化的负效应也是昭然若揭的。(1) 它对个人成就的极度倡导使美国个人主义占据了社会价值体系的中心，在许多历史时期压倒了社会整体利益，引发社会的震荡与紧张。例如，镀金时代由农业社会向工业和城市社会的转型过程中，个人主义及其政治学说社会达尔文主义盛极一时，公然成为抵制和对抗促进社会公平与正义运动的盾牌。(2) 作为基督教的一个支系，清教本身同样隐含着强烈排异性和等级观念，这在美国文化中种下了自我文化中心和文化不宽容的谬种。美国的种族主义之所以浸透表里，根源即在于斯。(3) 它的预定论中关于上帝"选民"(chosen people) 的教义，本身隐含着这样一种逻辑：作为成功者的"选民"，必定是品行高尚者，失败者则相反，大多是品行不端者。成功者必受赞美，失败者或一无所成者不被同情。美国政治文化传统中存在着司空见惯的对人和事进行道德评判的习性和偏好，这带来至少两个明显不良的政治社会现象，一是许多严肃的社会问题变成了道德层面的口舌之争，难以落到实处；二是政治社会心理中存在抵制在政策上扶植社会底层或弱势群体的文化惯性，这是美国虽然较早走上福利国家道路却是西方福利国家中社会福利水平较低国家的原因之所在。(4) 虽然清教教义给美国文化培育了和平与平等的观念，但也埋下了强烈的天定使命意识的种子，清教的上帝预定的"选民"使命观把作为宗教的基督教本身具有的扩张主义作了巧妙的重新包装，它变成美国历史和现实中对外扩张和干涉的内在动力。

可以说，正是以上两个方面的效应缔造了美国左翼政治文化传统。正效应为左翼政治文化提供了正面的价值判断基础和依据，负效应则以其制造的种种问题和病症为左翼政治文化提供了镖靶，建构了施展身手的舞台。也正是因为这样，美国左翼政治文化同时也成为美国主流文化不可或缺的组成部分。

2. 左翼与自由派的同盟关系

如果我们能够接受美国自由主义政治与文化群体是美国主流文化的主

要代言人的话，也许从左翼与自由派在20世纪历史性的政治同盟关系中，我们就能毫不困难地发现并理解左翼文化与主流文化之间的密切关系。

左翼与自由派的同盟关系可追溯到内战后的镀金时代和接踵而至的进步主义时代。1865~1890年代的“镀金时代”，因马克·吐温同名小说而得名，这是美国经济与社会急剧变迁的时代，工业化滚滚向前，城市化加速推进，物质财富的创造力迅猛扩大，这同时又是社会贫富差异极端化的时代。这个时期，美国社会精英中盛行反政府管理的自由放任思想，一些保守派以“社会达尔文主义”来为经济领域黑吃黑、激烈竞争和各种不法行为正名，他们断定一些人与另一些人相比，生存能力更强，是强有力的“适者”（fitter），只要这种适者生存的“自然选择”进程不被人为干预，社会就会健康有序地按其内在规律不断向前迈进。而另外一些人则以本杰明·富兰克林和霍雷肖·阿尔杰关于白手起家的信念为个人主义进行辩解。但是，许多美国人对此不以为然，他们致力于推动政府对经济社会进行干预以维护公正。参与促进平等运动的力量几乎包括美国社会各个阶层，如中小农场主、产业工人、中产阶级活动家、早期英国移民后裔、新移民、白人、黑人、城市与乡村男女居民。他们发现，自由放任和社会达尔文主义不是有违基督教精神就是谬种流传。这些中产阶级改革者力图通过发起一场政治运动来铸造一个和谐公正的新社会以化解阶级冲突，他们相信，美国人能够应用政治手段来为社会变革之舟掌舵，使之向正确的方向航行。例如，美国作家亨利·D. 劳埃德（Henry Demarest Lloyd）和著名的社会改革家简·亚当斯（Jane Addams）等人就主张，一个积极的政府应该在基督教伦理和对工业工人阶级与中产阶级改革者授权的基础上进行民主动员，制定并实施人道的和平等主义的政策，他们成为其后进步主义时代乃至整个20世纪自由主义进步派的开路先锋。他们关于政府对经济进行管制的思想既是美国自由主义从自由放任到积极干预的发展过程的转折点，也是美国走向福利国家的一个起点。这些改革者不仅有城市政治家，如克利夫兰市长汤姆·约翰逊、底特律市长哈曾·平格利（Hazen Pingree），也有南方农村和大平原地带的农业区领袖，如内布拉斯加州的威廉·詹宁斯·布莱恩、佐治亚州的汤姆·沃森（Tom Watson），后者的目标是通过组织农场劳工同盟以保护“平原人民”免于资本主义的虐待。此外，新自由派中还包括了妇女基督教节欲联盟（WCTU）、全国消费者联盟（NCL）等妇女团体以及新移民浪潮中到来的罗马天主教和犹太人团体的代表。

绝大多数新自由派改革者怀抱一种社会进步的观念，这种观念为自由主义改革派和左翼激进派建构了共同语言。从 19 世纪 80 年代到 20 世纪 40 年代，许多改革派和激进派通过美国社会正在从一个历史发展阶段向下一个发展阶段迈进这样一种广泛的信念联结在一起。大多数美国人，包括绝大多数保守派在内，都深信美国“这个国家正在持续性地变得更加富有与强大”。[①] 因此，各种各样的进步观点在美国层出不穷，但并非所有倡导进步的人都向往真正的社会进步。如农业地带的基层煽动者鼓吹增强政府在经济中的作用以保护小土地所有者和工人，却往往以否定的眼光来看待社会变革，有时他们的建议正是从反对或颠覆变革的角度设计出来的。只有城市新自由派坚信美国正处于进入一个新社会的根本性变革中，这个新社会具有比镀金时代资本主义世界更民主、更平等、更团结的潜能。城市自由派中的一些人无论是否加入社会党，他们均欣然认同或接受人们称他们为社会主义者。1888 年，一位名为弗洛伦斯·凯利的改革主义者号召她的同胞行动起来发动一场促进社会变革的政治运动，因为现行社会“正在毁灭”中，它的结构“腐烂了”，难以为继。1902 年，哲学家约翰·杜威宣称，他从科学的立场出发，“相信现行资本主义对工业事务的控制及其对政治生活的影响具有过渡性特征”。[②] 1930 年代，共产党人约瑟夫·弗里曼写道，他相信“人类正在经历一场重大变革。资本主义的死亡就规模和意义而言可与私有财产的起源、基督教的开端、资产阶级的支配相提并论”[③]。当弗里曼写下这些字句的时候，这种观点已经流行了有些时日了，因此，持与弗里曼类似思想的人并不限于左派或极左派。所期盼的新社会和希冀中的社会政治变革，将是代表资本主义的一个新阶段，还是超越资本主义的一个新社会，是让众多自由派和激进派殚精竭虑力图给出完满答案的问题。许多自由派加入了左翼，而其余的则就政治、经济、社会制度的未来等问题与左派展开温和的争论。前者包括众多社会活动家，从早期的弗洛

① Doug Rossinow, *Visions of Progress: The Left-Liberal Tradition in America*. Philadelphia: University of Pennsylvania Press, 2008, p. 4.

② Robert B. Westbook, *John Dewey and American Democracy*. Ithaca, New York: Cornell University Press, 1991, p. 92.

③ Doug Rossinow, *Visions of Progress: The Left-Liberal Tradition in America*. Philadelphia: University of Pennsylvania Press, 2008, p. 5.

伦斯·凯利到30年代的牧师哈里·沃德，到学者杜波依斯，到作家贝蒂·弗里丹，至少在他们人生的某些阶段，把美国社会视为存在严重缺陷的社会，同时把为被社会排斥或抛弃的人们表达诉求视为自己义不容辞的责任。他们对社会主义思想似乎青睐有加，并长期坚守，矢志不渝。其中一些人甚至把自己归类入左派而非自由派。后者则既包括伍德罗·威尔逊总统和富兰克林·罗斯福总统这样的政治领袖，也包括新闻记者沃尔特·李普曼和经济学家阿道夫·伯尔（Adolf Berle）这样的准战略家。他们把促进美国资本主义政治与社会结构的稳定视为自由派的使命，在40年代以前，美国自由派政治并不是以维护美国政治经济制度和反对对“美国方式”进行基础性批评的人为界线的，这与第二次世界大战后的冷战时期大不相同。

1900～1917年的进步时代，前所未有的城市化和企业兼并浪潮愈演愈烈，前述自由放任思想，成为大企业白领雇员中的“新中产阶级”和包括一些企业主在内的社会与政治精英成员的关注点，成为政府管理的社会基础。这个时期主张改革的“进步派”认为，大企业的欲求干扰了政府的正常运转，必须把这些干扰统统扫除。他们还经常强调，有一些事情是不能任由不受限制的市场关系主宰的。这种对改革的呼唤不仅成功地产生了农民和工人运动存在已久的需求，也产生了中上阶层关于“社会控制”的新需求。到进步时代临近尾声时，许多美国人开始号召为一个关怀社会正义、社会稳定和政治“自由主义”的改革前景采取行动。这些倡导改革的自由派的基本政治理念是什么呢？最不具争议性的答案是：个人自由、自然权利、宪法政府和“人民”主权，“这些概念不仅在美国，而且在世界历史上，把18、19世纪反政府的自由主义与20世纪及之后的福利国家自由主义连接在一起”。[①] 两相比较，“左翼激进派则是那些把平等价值推之至极并对资本主义的剥削和非人道方面进行严厉道德批评的人”。[②]

第一次世界大战结束至第二次世界大战爆发前的20年间，左翼与自由派为恢复双方的广泛同盟，实施了两项具有重要战略意义的行动。第一个战略行动是在1920～1930年代发动的农场工人运动，这一运动显然受到19

① Dorothy Ross, “Liberalism”, in Jack P. Greene ed., *Encyclopedia of American Political History: Studies of the Principal Movements and Ideas.* New York: Charles Scribner's Sons, 1984.

② Doug Rossinow, *Visions of Progress: The Left-Liberal Tradition in America.* Philadelphia: University of Pennsylvania Press, 2008, p. 10.

世纪农民运动和威廉·布莱恩旧式理想农业社会思想的影响。运动发起人力图利用这一运动组织第三党，以实现在总统选举等政治上的突破。30年代中叶，在美国中西部大平原和落基山区，关于第三党的宣传成为最强的政治福音。运动在威斯康星、明尼苏达等地因得到州长为首的改革派的支持和推动而成效显著。罗斯福“新政”改革方案中涉及农场主和农业工人的内容，大多直接来自或受到农场工人运动的启迪。第二个战略行动是1935~1948年的“人民阵线”，它较有创意地把传统非洲裔美国人改革力量与工业工会力量整合在一起，对美国政治的影响较为深远。“人民阵线”把共产党人和自由派麇集到一起。在刘易斯等人的领导下，人民阵线在1935年组成“工业组织大会”（CIO），追求多元社会民主理想，虽然支持罗斯福“新政”纲领，但并不满足于此，而是力图推动民主党超越“新政”目标。“人民阵线”和工业工人最大的共同点在于，二者都为实现增进美国工人经济安全与机会的系统政治经济计划而不遗余力地宣传鼓动。与“人民阵线”追求美国社会转型的宏大目标相比，其政治经济计划只获得了部分成功。不过，在经历了之后的战争和战后的挫折后，“人民阵线”的理想却在新边疆和早期新左派的合作中得到了重生。

不得不提的是，虽然变革美国资本主义的希望不断碰壁，但“人民阵线”活动分子却在追求种族平等和支持种族多样性方面留下了深深的印迹。1930~1940年代，政治自由派倡导一种温和的种族平等主义，并就一种温和的文化多元主义达成了共识。在1935年前，基本上不存在种族自由主义这种东西。除杜波依斯等个别黑人学者偶有涉足外，政治自由主义基本上就是白人政治的专属品。当然，第一次世界大战前后，天主教和犹太人群体在追求自身平等权利的过程中，开始把自我权益目标与整体的自由主义改革纲领结合起来，逐步改变了自由派政治的内容，无疑构成三四十年代温和的种族自由主义的始基。从1930年代中期开始，非洲裔美国行动分子，还有各种族的共产主义者，一同改变了自由主义政治，他们坚信：自由主义运动如果不能持支持民权运动和为美国黑人提供机会以及反对美国南方的吉米·克罗种族隔离制度的立场的话，就不是真正的自由运动。[①] “人民

① Doug Rossinow, *Visions of Progress: The Left-Liberal Tradition in America*. Philadelphia: University of Pennsylvania Press, 2008, p. 8.

阵线”之所以格外强调种族平等主义的重要性，是因为当时这一主张面临极大的政治困境：作为自由派主要政治工具或平台的民主党整体上站在南方种族隔离体制一边。

自由派与左派的联盟在二战后因为冷战的出现而被打断。美国自由派把他们通过直接政治行动重构美国政治经济的长期梦想雪藏，开始增强他们对美国资本主义生命力和社会承诺的信仰。① 左翼力量则受到了严重打压，元气大伤。政治氛围发生了急剧变化。1948 年，美国前副总统亨利·华莱士参与总统竞选，他是一个偏左自由派，希望维持“人民阵线”，采取好斗的亲民权立场，并主张与苏联和平共处。然而，他发现他的主张被自由主义政治拒之门外。自由主义的反资本主义传统记忆，即长期以来让美国自由主义激情飞越的对美国资本主义的激烈批评在快速退潮。1940 年代后期至 1960 年代末既是冷战对抗甚嚣尘上的时期，也是自由派和左派关系陌生化的时期，自由派基本上奉行支持国外进行冷战、国内围剿赤色分子的政策的态度。左派则对第三世界革命者持同情立场，对美国政府表示极大怀疑，把非洲裔美国人和其他底层少数群体权利置于首位。自由派虽然也投身民权事业，关注种族问题，却不支持国内外针对美国社会与政治的抗议。在冷战时代，尤其是“伟大社会”改革之后，奉行渐进式社会进步的自由派对资本主义制度的道德合理性的批评迅速减少，而对资本主义经济与政治制度的合法性的颂扬则有增无减。其实，在冷战时代，左派所致力的目标与自由派毫无二致，即把美国资本主义经济制度的福祉扩及仍未受益的社会群体。

无论是对左派还是自由派而言，自 1975 年越南战争结束以来的 30 多年，是一个缺乏乐观主义的保守主义时代。以平等为指向的进步变革观念在美国政治生活中悄然消退。尽管身处两党体制中的自由派对自由放任主义的复苏持反对态度，一些自由派与左派并肩协作，在民主党内或在某项专门问题的行动动员中，与政治右派针锋相对，但是，几乎都不涉及意识形态或长期社会和政治目标的讨论。左派发现 60 年代后美国文化的现实境况是：在某些方面疏离于大众文化，在另外一些方面则为专业阶级的文化

① Nelson Lichtenstein ed., *American Capitalism: Social Thought and Political Economy in the Twentieth Century*. Philadelphia: University of Pennsylvania Press, 2006, pp. 21 - 46.

所吸收。它们变成了底层少数人的尴尬讲坛，常常难以获得大多数人的支持。如果说第二次世界大战前的美国左派是美国社会进步信条的坚定拥护者的话，60 年代后的左派则对这种信条产生了疑问。

自由主义者和左翼激进派之间之所以能够合作和结盟，根本原因在于二者具有共同的政治话语背景——启蒙哲学。“其实，从 19 世纪到当下，美国激进派和改革派之间尽管互相间进行措辞严厉的批评，他们的争吵却经常——虽然并不总是——以自由派所预设的好社会本质为界限。”[①] 如前所述，左派所做的大量事情应当属于自由主义性质的工作，他们为在整个社会践行自由主义原则而战斗，而且与欧洲同道相比，美国左派更加强调对个人自由的追求，虽然他们也常常把对社区和谐的重视作为基本目标。左派和自由至上论者一样，不信任国家，但同时支持政府权力的扩大，由此可见，在美国，“左派并不必然是社会主义者”。不少论者把左派定性为自由主义左翼，或如罗蒂那样把自由派与左派画等号，在一定程度上反映了左翼与自由主义之间的交相重叠的模糊界线。

综上所述，我们可以得出这样的结论：主流文化的自由主义大传统孕育了美国左翼政治文化，美国左翼政治文化的发展丰富和壮大了美国自由主义传统。这一特性决定性地预示了美国左翼政治文化发展路径与行动模式必然与欧洲和世界其他地区截然不同。一些研究者在解释美国左翼力量在美国长期处于困境的原因时，往往从文化上寻找答案，认为是左翼的政治文化理念与美国主流文化价值观相冲突所致。例如曾经的左派分子、美国著名社会学家丹尼尔·贝尔就认为，美国左派及其思想虽然存在于当下世界，但不属于这个世界。[②] 言下之意，美国左翼政治文化是无根浮萍，水土不服，没有生命力。但以上所述内容表明，这种观点如果不是出于政治偏见，就是对美国政治文化发展史的误读。如果你承认美国文化虽然起源于欧洲，却是美国独特自然与社会环境的产物，那么，你就无法否认美国左翼传统源远流长的自源性这一历史事实。

---

① Doug Rossinow, *Visions of Progress: The Left-Liberal Tradition in America. Philadelphia: University of Pennsylvania Press*, 2008, p. 10.

② Daniel Bell, *Marxian Socialism in the United States.* New Jersey: Princeton University Press, 1967, p. 5.

第二章　战后美国左翼政治文化的崛起

一　战后美国社会变迁与冷战背景

1. 从工业时代向后工业社会的转变

谈及第二次世界大战后美国的变化，人们往往会想到美国在国际舞台上的地位飚升，却不太会留意美国社会内在的变迁。众所周知，美国在19世纪末至20世纪初实现了社会的第一次转型：从一个落后的农业国变为发达的工业国，1925年，美国城市人口首次超过农村人口，美国成为统计学意义上的城市化社会。然而，到20世纪中后期，美国社会形态开始了第二次转型，从工业和城市化的美国向后工业和后城市化社会转变。美国激进经济学家约翰·加尔布雷思把这个新形态的社会命名为“丰裕社会”(affluent society)，历史学家罗斯托则称其为“消费社会”，社会学家贝尔则直接冠之以“后工业社会”的名称，在哲学和社会学等学科领域，当代西方马克思主义理论家詹姆逊则谓其为“晚期资本主义社会”，还有为数不少的西方学者视之为“后现代社会”。尽管说法不一，但无疑都承认这是明显有别于战前和传统工业时代的社会。

如果说第一次转型意味着农业社会价值观与生活方式向工业社会价值准则和生活方式让位，第二次则同样是工业社会价值体系和生活方式的动摇与后工业和后现代文化及生活方式的扶摇直上。贝尔认为，社会可分为社会结构、政体和文化三个部分，社会结构的变化最能反映社会变迁的深度与广度。社会结构包括经济、技术和就业系统三个部分，与战前相比，战后美国社会在这三个领域的变化十分明显。

从经济领域看，首先，美国变成了以“丰裕”为特征的消费社会。从第二次世界大战结束到70年代前期，美国国民生产总值年平均增长率约为3.6%，其中1955～1969年年均超过4%。[①]这一增长速度在同时期西方国家中并不是最快的，但它对美国社会乃至全世界产生的影响却是举世无双的。除钢铁、建筑和汽车等传统的支柱性产业继续谱写辉煌外，石油化工、天然气、飞机制造、计算机、原子能、宇航等产业茁壮成长，许多高精尖产品在生产规模和品质上遥遥领先于世界。农业则建立在高度现代化基础上：机械化、电气化、化学化、良种化和经营管理上的专业化与社会化达到了全球望尘莫及的水平。1970年，美国农业人口降低到总人口的5%以下，而农畜产品和出口量却居世界第一。进出口贸易在1970年前长期保持顺差，总量上领跑全球。按1982年国际市场美元价格计算，美国国民生产总值1950年为12037亿美元，1960年为16653亿美元，1970年达到24162亿美元，人均国民收入则从1950年的6216美元增至1970年的10455美元。[②]

战后美国社会经济的长期相对稳定的发展把美国打造成一个真正繁荣的国度。人们生活水平大幅度提高，电视机、电冰箱、洗衣机、家用轿车等昔日的高档商品纷纷进入寻常百姓家庭。1947年，全国电视机产量仅有7000台，到1971年，美国家庭拥有的电视机已经达到9000万台以上（其中黑白机6300多万台，彩色电视机2700多万台），平均每两个家庭有3台；从1940年到1970年，美国家庭汽车拥有量从2750万辆增至9000万辆，从平均5人一辆到2人一辆；1971年，拥有电冰箱的美国家庭达到6300万个，占美国家庭总数的99.8%；5900万个家庭拥有自动洗衣机，占总数的92%；2860万个家庭拥有衣服干燥器，占总数的45%；2600万个家庭有空调，占总数的40%；2000万个家庭有家用制冷器，占总数的31%；1700万个家庭有洗碗机，占总数的26.5%；1630万个家庭有处理废弃食物装置，占总数的25.5%。[③]生活水平的普遍提高最明显地表现在恩格尔系数的下

---

① 〔美〕H. N. 沙伊贝、H. G. 瓦特、H. U. 福克纳：《近百年美国经济史》，彭松建等译，北京：中国社会科学出版社，1983年，第500～501页。

② Peter B. Levy ed., *America in the Sixties-Right, Left, and Center: A Documentary History.* Westport, Connecticut: Praeger, 1998, p. 284.

③ 〔美〕阿瑟·林克、威廉·卡顿：《一九〇〇年以来的美国史》（中），刘绪贻等译，北京：中国社会科学出版社，1983年，第293页。

降，家庭开支中用于食物的部分 60 年代末已低于 20%，到 20 世纪末则低于 10%。传统工业社会普遍存在的饥寒交迫和流离失所等赤贫现象已基本消失，贫困的概念已不再是缺衣少食和无处容身的代名词，而是指与其他社会阶层相比，地位不平等，得不到尊重，较少工作机会，没有选择余地。[①]

其次，战后美国变成了一个公司化国家。20 世纪 50 年代，工业资本主义在美国被推进到了巅峰阶段，这就是“公司化国家”的出现。由几家、几十家企业合并组成的超大型公司以空前的生产能力和财力，在社会经济和人们生活的各个方面起着决定性的支配作用。1962 年，美国 5 家最大的公司拥有全国 12% 的制造业资产；50 家最大公司拥有全国 1/3 的制造业资产；500 家最大公司拥有全国制造业资产的 2/3；全美 80% 的制造业资产为 2000 家资产在千万美元以上的公司所有。[②] 1960 年，美国最大的 50 家工业公司平均拥有员工 8 万人，其中通用汽车公司的雇员接近 60 万人，而美国电话电报公司（T&T）的则达到 73.6 万人。[③] 以当时美国户均人口 3.3 人计算，靠通用和 T&T 这两家公司为生的人口达到了 440 万，比美国建国时期总人口还要多。

再次，美国走上了福利国家道路。罗斯福新政改革是美国社会经济生活发展史的里程碑，它使政府或国家权力从经济与社会生活的局外人变成全面的参与者，并逐步占据掌控经济活动的中心位置，通过联邦预算、税收、财政补贴等手段和国家对科学研究的大量参与强化对社会经济的干预与调控。政府在充当市场监管人的同时，根据凯恩斯经济理论中充分就业等原则，政府也成为社会成员拥有基本生存条件的责任人，故新政把美国引上了福利国家的航船。传统工业社会中激烈的阶级矛盾和冲突因此而走向缓和，社会动荡不安的工业时代逐渐为一个社会相对和谐与稳定的后工业时代替代。

从技术层面看，美国作为第三次技术革命的发祥地，最早表现出技术

---

① 〔美〕吉尔伯特·菲特、吉姆·里斯：《美国经济史》，司德淳、方秉铸译，沈阳：辽宁人民出版社，1981 年，第 818 ~819 页。

② Seymour Martin Lipset ed., *The Third Century: America as a Post-Industrial Society*. Stanford: Hoover Institution Press, 1979, p. 413.

③ 〔美〕丹尼尔·贝尔：《资本主义文化矛盾》，赵一凡译，北京：三联书店，1992 年，第 112 页。

应用上的后工业时代特征。根据贝尔的理论，农业社会主要是利用原料的技术；工业社会主要是能源技术；后工业社会则主要是信息技术。众所周知，现代信息技术的支柱是电子计算机，自 20 世纪 40 年代发明以来，经过一代代技术改进，到世纪末互联网在全球的普及，这一技术在人类社会经济、政治、军事、文化、日常生活等各个领域中日益成为不可或缺的存在。

从就业和社会结构看，美国产业结构和阶级结构发生了重大变化。随着第三次科技革命的不断深入，自动化、信息化、电脑化和系统化浪潮席卷经济各个层面。经济中心逐渐从钢铁、汽车、铁路等传统行业向原子能、生物工程、航天航空、信息技术等新兴产业转移；作为传统生产性部门的第一产业农业和第二产业工业日益萎缩，成为夕阳产业，在经济结构中日益边缘化；以服务和信息业为主的第三产业则蒸蒸日上，成为经济发展的主导力量。经济重心的非物质化和虚拟化带来一个重要后果是知识成为社会的核心力量。如果说传统工业社会是以资本为中心运转的，那么，后工业社会则是围绕"知本"运行的。工业社会虽然是机器生产，但繁重的体力劳动仍然是其中重要组成部分，即蓝领的工人阶级构成了劳动力的主体。新兴产业和服务业的崛起逐步改变了这一切，战后美国社会职业构成发生了革命性的变化：1957 年，美国白领阶层人数首次超过蓝领阶层，1965 年，白领阶层人数达到 4450 万，比蓝领阶层的 3670 万多出近 800 万人。[①] 这是美国进入后工业社会的重要标志之一。

作为社会结构中最小单位的家庭模式发生了重大变化。如果说前工业社会家庭模式的主体特征是大家庭结构，工业社会家庭模式是夫妻和子女组成的小型化核心家庭结构，那么，后工业社会的家庭模式则表现为十足的多元化特点。除了核心家庭外，还有未婚同居家庭、单亲家庭、独居家庭、群居家庭、同性恋家庭、丁克家庭等，不一而足。战后以降，美国婚姻家庭的稳定性几乎与经济繁荣的程度成反相关，离婚率逐年上升，家庭结构趋于解体。家庭模式到 70 年代已然呈现明显的多样化特征，到 70 年代末，高达 93% 的美国人已经与丈夫外出工作、妻子持家育子的传统工业社会小家庭生活无缘。[②] 这不仅是传统家庭职能不断外化和弱化的结果，也是

① John K. Galbraith, *The New Industrial State*. Boston: Houghton Mifflin, 1967, p. 267.

② 〔美〕阿尔温·托夫勒：《第三次浪潮》，朱志焱、潘琪、张焱译，北京：三联书店，1984 年，第 295 页。

社会剧烈变迁和工业社会危机的反映。

简单而言，20 世纪 60 年代是美国由现代性工业社会向后工业或后现代性社会转向的分水岭。以标准化、专业化、同步化、集中化、组织化、集权化、城市化以及好大狂构成的工业文明法则与小型化、分散化、个人化、多元化、郊区化、信息化等为特征的后工业文明间的对立意味着，以新教伦理为核心、崇尚生产、科技理性和进步的功利型美国主流文化传统同非理性、蔑视生产与进步、极度推崇个体自由权利的非功利型后现代文化之间冲突的不可避免。

2. 问题与挑战

但凡社会变迁剧烈时期，必然是社会问题集中高发期。战后美国社会由传统工业社会向后工业或后现代社会的转型，不可避免地同各种新旧矛盾与挑战交织在一起，在政治、经济、文化等层面形成一个个全局性的症结，这些症结又正好与冷战这一特殊时代困扰遭遇，带来了一系列问题与挑战。具体地说，主要表现在以下几方面。

第一，消费社会价值观念与工业社会清教传统之间的矛盾。正如前面相关章节内容所述及的，清教主义是美国主流文化的核心和基石，它在社会生活方面提倡节俭，勤朴戒奢，从殖民地时代到 20 世纪前期，一直是美国绝大多数人的基本生活信条。然而，随着生活水平节节上升，消费主义日益强化为社会强势导向，普通美国人的生活态度与生活方式发生了革命性变化，大胆追求物质享受和超前消费蔚然成风。从 20 世纪的历史视角考察，美国消费主义浪潮起于第一次世界大战后的 20 年代，受阻于大萧条和第二次世界大战，但在战后的 50 年代以难以逆转的趋势和力量迅速征服了社会各个角落和生活于其中的芸芸众生。大规模广告、信用卡、分期付款等把美国人打造为地球上最能最敢于花钱的民族。整个社会都学会了寅吃卯粮的生活，并对“用手中还没有的钱，买用不着的东西”习以为常。① 与此同时，经济规律和市场法则使“积少成多”的富兰克林式生活格言显得越来越不合时宜，因为积少不一定能成多：经济危机和通货膨胀每每使多年辛苦积蓄眨眼间急剧缩水，三文不值两文，甚至打了水漂，血本无归。

① Seymour Martin Lipset, ed., *The Third Century: America as a Post-Industrial Society*. Stanford: Hoover Institution Press, 1979, p. 413.

这一切逐渐“破坏着强调节约、俭朴、自我约束和谴责冲动的传统价值体系”①。节俭朴素的清教美德在享乐主义大潮的浸透下变得越来越模糊不清。简而言之，以清教主义为本源的美国工业社会主流价值体系与消费社会的现实之间的矛盾与冲突构成战后美国社会动荡的一个源头。

第二，公司化国家的出现在把工业资本主义推向巅峰的同时，也使其负面影响达到了前所未有的程度：一是异化或人的不自由状况达到前所未有的深度。在庞大的机器世界和自动化面前，一种无能为力和莫名其妙的恐惧感在人心中陡然而起，人的自主性和自由精神受到了打压和扭曲，越来越多的人体验到了人被物化和个性消失的感觉。随着机器化在生产与生活领域无孔不入的扩张，人与人之间的联系越来越多地被人与机器的联系所取代，以手工劳动为基础的人与人之间的深情厚谊在市场法则的冲击下早已成为记忆中正在消失的地平线。在技术作为基本社会控制工具的机器化世界里，人的非人化状况达到了触目惊心的程度：美国著名作家斯隆·威尔逊在其长篇小说《穿灰法兰绒西装的男人》中，生动地描绘了美国社会中异化了的芸芸众生。在其笔下，美国人只是机器和技术的派生物，人人穿灰色法兰绒西装，个个循规蹈矩，机械地扮演着社会强加于他们的角色，完全丧失了自我意识。另一位同时代的作家塞林格则在一部篇幅不大的小说《麦田里的守望者》中，通过对霍尔顿·考菲尔德这一主角——一位被学校四次开除的中学生——的塑造，以现实主义的笔触，精准而细致地展现了中产阶级青年苦闷与彷徨的精神世界，直陈当代发达工业社会严重的精神病状。二是自然环境的恶化严重危及人类的生存和未来。自启蒙时代以来，人与自然的关系方面，二者间一直被视为对立性的二元关系，理性的人能够以科技为武器，向自然开战，不断征服自然和改造自然。市场和经济活动的本质就是对自然资源的开发利用，并相信资源是取之不尽用之不竭的，由此造成两个明显的后果，对科技的盲目崇拜和对资源的滥用。美国学者吉尔伯特指出，绝大多数美国人相信，科学方法、科学共同体、科学伦理、科学实践和科学文本是改革社会和政治的最佳模式，科学与宗教分别构成美国物质主义和理想主义的源泉。② 至于科技在生产生活中

---

① 〔美〕丹尼尔·贝尔：《资本主义文化矛盾》，赵一凡译，北京：三联书店，1992年，第112页。

② James Gilbert, *Redeeming Culture: American Religion in an Age of Science.* Chicago: University of Chicago Press, 1997.

的滥用可能带来的危险则被完全忽视了。生产过程中惊人的浪费，向自然贪婪无度地索取造成不可再生资源的急剧减少和生态环境的严重失衡，经济周期性危机导致的巨大损失，等等，严重危及人类的生存和可持续发展。1962 年，卡尔逊《寂静的春天》一书问世，引发全社会热议，农业生产过程中化学农药的滥用对食品安全和健康的危害成为环境恶化的一个聚焦点。

第三，丰裕社会雄厚的物质财富背后存在触目惊心的贫困与不公正。正如著名经济学家约翰·加尔布雷思在他那本名为《丰裕社会》的严肃性著作中所描述的，由占世界一半的生产力支撑的空前经济繁荣使战后美国社会成为名副其实的“丰裕社会”。然而，让在制度民主方面极端自负的美国万分尴尬的是，丰裕背后严重的贫困和种族与性别歧视从内部无休止地撕裂着社会。美国社会党领袖迈克尔·哈林顿在 60 年代初推出的《另一个美国》一书中全面揭露了美国社会为人所视而不见的一面：大约 5000 万穷人生活在“看不见的土地”（invisible land）上。之所以看不见，是因为：美国的贫困地区大多远离交通主干线，并为自然美景所遮掩。在城市里，战后大规模城市改造使许多贫民区外观发生了较大改观，成为掩饰贫困的有效面具，此其一；其二，消费社会衣着界线的模糊化使人难以直接分辨谁贫谁富，“美国有着世界所不了解的穿戴最好的穷人”；其三，“发达国家社会生活中一个最为残酷的讽刺是社会下层一无所有者没有能力为自己说话”；其四，社会结构主体的中产阶级化使贫民区在政治议程中无法被集中关注，“政治家们真正无须去关心他们的［这一类］居民”。① 此外，虽然一个世纪前的内战结果终结了美国黑人的奴隶地位，获得了自由身份，但事实上，一百年来，黑人在经济、政治与社会生活等领域一直处于深受歧视的二等公民地位，受到极不公正的对待。

第四，核时代与冷战对抗导致的普遍性社会恐惧心理。第二次世界大战不仅作为人类文明史上空前规模和空前惨烈的战争载入史册，它更因为打开了恐惧与对抗交织的原子时代而让人经久难忘，而广岛核浩劫之后的惨景最令美国人记忆犹新。冷战开始后，美苏双方在全球范围内展开全面核竞赛，各种毁灭性武器不断出现和推陈出新，升级换代，核武器从早期

---

① Michael Harrington, *The Other America*: *Poverty in the United States*. New York: Macmillan, 1962; T. H. Breen, *The Power of Words*: *Documents in American History*, Volume II, From 1865. New York: Harper Collins Publishers, 1996, pp. 211 – 212.

的万吨级向百万吨乃至千万吨级发展，运载手段日益先进和多样化，到60年代和70年代，双方核武库的规模已经足以毁灭地球数十次。50年代，美国人谈论得最多的话题就是原子弹爆炸后放射性尘埃落地后的恐怖后果。以纽约为代表的美国各大中城市定期举行由市民参与的防核战演习，凄厉的警报声一次次折磨着人们的神经。正如后来的新左派领袖吉特林所指出的，“原子弹在两代人中间画出了一条明晰的界线”。因为当孩子们在空袭警报声中一次次钻入课桌下时，他们理所当然地不相信他们在其中出生的世界会持久存在下去。婴儿潮一代的父母们大多将战争的恐惧视为过去的记忆，婴儿潮的一代却从未来的想象中理解战争的恐惧。[①] 肯尼迪上台后，号召所有美国人建造防核辐射微尘掩体（fallout shelter）以应对随时有可能爆发的核战争，[②] 从战后初期的第一次柏林危机到60年代初的古巴导弹危机，美苏双方一次次剑拔弩张，人类社会被反复推向灭绝的险境。在美国，曾经让无以计数的人趋之若鹜的城市生活正让越来越多的人感到不安全，因为城市正在变为“死亡陷阱，并招徕攻击和敲诈”。[③] 作为科学成就引领的原子时代的到来，本应强化美国社会对科学万能的迷信，但由科技进步带来的对人类文明的威胁却让惶恐不安的美国人内心深处开始对科技崇拜产生疑虑，思想界的一些人开始质疑科技必然带来进步的观点，主张为了人类整体的生存和福祉，限制科技发展，还有一些人则从人性和道德立场出发，对科技大加挞伐，完全拒绝发展科技，所有这些逐渐汇聚成战后强有力的反传统与反现代文明思潮。60年代初，新左派代表人物汤姆·海登曾在《密西根日报》上就战后新激进派崛起的原因作出解释：冷战和原子弹威胁以及“迷失方向、了无决断、无道德意识的社会”唤起了致力于变革的一代新人。[④] 这一解释切中要津。

---

① Steven J. Kellor, *This Rebellious House*: *American History & the Truth of Christianity*. Downers Grove, Illinois: Inter Varsity Press, 1996, p. 262.

② James J. Farrell, *The Spirit of the Sixties*: *Making Postwar Radicalism*. New York and London: Routledge, 1997, p. 130.

③ Margot A. Henriksen, *Dr. Strangelove's America*: *Society and Culture in the Atomic Age*. Berkeley: University of California Press, 1997, p. 100.

④ James Miller, "*Democracy Is in the Street*": *From Port Huron to the Siege of the Chicago*. New York: Simom & Schuster, 1987, pp. 51 –52.

二 “老左派”政治文化兴衰的影响

1. 老左派的兴起及其组织分野

老左派的兴起

“老左派”一词，是20世纪60年代出现并盛行开来的一个政治与学术词语。所谓“老左派”，亦称为传统左派，是与战后的新左派等新激进组织或团体相对而言的，包括美国共产党、社会党、托派团体以及各种无政府主义组织。作为有组织的政治力量和运动，美国老左派组织大多起始于20世纪初，[①] 战前的20～30年代是其鼎盛时期。

传统左派兴起的背景主要有三个方面：一是欧洲具有马克思主义和其他激进思想背景的移民进入美国，把社会主义、共产主义等移植到美国大地。1848年欧洲革命失败后，加上自然灾害导致农业大幅度减产，引发一波向美国移民的狂潮，许多欧洲社会主义者和工人运动领袖随同移居美国，如德国的魏德迈等人。他们把欧洲社会主义思想和组织工人运动的经验带到了美国大中城市，在机器大工业的生产空间建立起美国早期的左翼群众组织——工会。内战后尤其是19世纪末期，来自东欧和东南欧国家的移民掀起了又一波移民美国的巨浪，新来乍到者中同样有不少政治立场激进或偏左的人，他们构成20世纪初美国左翼政治力量的中坚。二是苏俄十月革命的胜利的外在影响。1917年俄国十月革命的发生，震撼了全世界，通过约翰·里德等左翼记者的热情洋溢的报道，美国社会特别是美国工人阶级对俄国发生的事有了较多的了解，让其中一些人开始以俄国革命者的眼光来看待美国社会问题，来思考美国的未来。可以说，美国共产党等传统左翼政党的建立就是在这一背景力量激励下的必然结果。三是美国工业化特别是镀金时代社会大转折期社会黑暗面的深重以及美国文化中固有的理想主义内在动因。美国左翼作为一股影响美国社会发展的政治与文化力量进入大众视野，从时间上看，主要是19世纪末20世纪初，这正是美国社会由

① 美国波士顿大学政治学教授艾尔伯特·萨吉斯认为，美国历史上最早的左派可追溯到独立革命时期的托马斯·潘恩等人，而第一个左派政党是19世纪后期出现的“社会主义劳工党”。参见艾尔伯特·萨吉斯《当代美国左翼：分类及左翼组织同社会运动的关系》，《学术界》2000年第6期。

农业社会向工业和城市社会转变的大转折年代。这个阶段，具有大多数社会转型期很难避免的“变迁综合征”：市场无章、社会失范、经济不公、政治腐败等构筑起的阶级对抗基础广泛而激烈。所有这些说明了一点，即左翼政治在美国的兴起具有客观的历史必然性。

老左派组织分野

老左派组织众多，出于研究的需要，学术界一般采用两分法、三分法、四分法或五分法来加以类别化。两分法：以民主社会主义和共产主义为一类，无政府或无政府工团主义为另一类；三分法：把社会民主党与共产主义党分为两类，加上无政府主义和无政府工团主义；四分法：在共产主义类别中分出托洛茨基派为一类；五分法：在共产主义类别中进一步分出毛主义派别。[①] 笔者赞同三分法，理由是，在美国老左派组织中，共产主义和社会民主主义组织虽然在政治理念、行为模式上的界线已经十分模糊，但二者在对待资本主义制度的立场上还是有明显的差异，无法完全等而类之。

（1）最具影响力的社会民主主义政治组织

美国社会民主党（SDUSA）

前身是美国社会党（The Socialist Party of America），1972 年更名为社会民主党（Social Democrats，USA）。该党两主席之一的拉斯廷宣布，党在选举政治中的目标是把民主党改造为社会民主党。[②] 社会民主党召开过几次代表大会，专门就党的目标决议进行讨论与辩论，社会民主党甚至特别邀请了学界、政界和劳工界的领袖出席这些会议，这些讨论和辩论的内容部分写进了公开的宣言中。通过这些会议，政治活动分子与知识分子再次携手并肩奋斗，他们中一些人在一起共同奋斗了几十年。

美国社会民主党中的许多人都是其他组织特别是劳工组织的领导人。例如，贝雅德·拉斯廷是 A. 菲力浦·伦道夫协会会长，汤姆·卡恩是劳联－产联国际事务部主任，桑德拉·费德曼（Sandra Feldman）是“美国教

① 美国学者约翰·乔治和莱尔德·威尔克斯认为，美国共产主义群体可分为亲苏派、托派、毛派或独立派。见 John George and Laird Wilcox, *American Extremists: Militias, Supremacists, Klansmen, Communists & Others.* Amherst: Prometheus Books, 1996, p. 95.

② C. Gerald Fraser. “Socialists seek to transform the Democratic Party”, *New York Times*, September 7, 1974, p. 11. http://query.nytimes.com/mem/archive/pdf? res = F10A14FA3F59137B93C5A91782D85F408785F9.

师联合会”（AFT）主席，雷切尔·霍罗维茨是美国教师联合会政治部主任和全国民主协会董事会成员，其他成员大多是国际政治领域的专家。本恩·肯伯（Penn Kemble）在比尔·克林顿时期是美国信息署官员，此前的里根总统第一任期间则是美国派驻联合国人权委员会的代表。卡尔·格什曼则是全国捐助民主委员会主席。

美国民主社会主义党（DSA）

1973年初，因为在越战问题上与党的主流意见相左，哈林顿脱离美国社会民主党。当时社会民主党的立场是，要求停止轰炸越南，通过和平谈判结束越南战争，而哈林顿则号召立即停火并从越南撤军。事实上，早在1972年党代表大会召开前，哈林顿就已经辞去社会民主党荣誉主席一职。1973年春，哈林顿退出社会民主党，同年，哈林顿与其追随者组建“民主社会主义组织委员会”（DSOC），最初成员共840人，其中的2%构成全国委员会。该组织很快成为“社会主义国际”（Socialist International）成员。目前，其成员已经超过6000人，为全美最大的民主社会主义政治组织。1982年，民主社会主义组织委员会与源于新左派的“新美国运动”联合，建立“美国民主社会主义党”（DSA）。该组织一直在民主党和许多工会内部开展工作。

美国社会党（SPUSA）

1973年前，社会党中的德布斯派反对在选举中支持民主党候选人，他们开始在组织之外与“学生争取民主社会组织”（SDS）之类的反战团体合作。有一些地方分部通过投票通告告别了DCUSA，更多的人则直接退党。他们之后重组“美国社会党”（SPUSA），继续经营老德布斯派的报纸《社会主义论坛》（后更名为《社会主义者》）。该党继续参与地方和全国选举政治。1972年他们支持人民党候选人本杰明·斯波克角逐总统大位。2000年大选中则推出麦克罗伊兹为总统候选人。同年，他们宣称其成员已经达到1000人。

（2）最具代表性的美国共产主义政治组织

社会主义劳工党（SLA）

美国社会主义劳工党成立于1876年，致力于改革，是一个典型的改革党。1900年后开始信奉马克思主义理论，这种先天性矛盾导致后来成立的美国社会主义党（SPA）拥有诸多改革者的缺点。该组织热衷于选举政治，积极参与各种层次的政治选举。从1892年到1976年，几乎每一届总统选举都有该组织的候选人参与。该组织吸引了一大批进步知识分子，如作家杰克·伦敦和马克思主义理论家詹姆斯·康纳利[①]皆是其党员。2009年，该组织长期经营的刊物《人民》停刊。

美国共产党（CPUSA）

美国共产党是美国最大的马克思主义政治党派。1919年成立，在其鼎盛时期的1939年据称有党员10万人。直到二战后的1950年代上半期仍有5万名成员。然而，在麦卡锡主义、匈牙利事件、众议院非美活动调查委员会（HUAC）的打压等多种因素影响下，其规模急剧萎缩，1996年时成员有4000~5000人。[②] 1950年代建立了几个共产主义前沿组织，其中最著名的是：亚伯拉罕·林肯旅老兵组织、美国保护外国出生者委员会、劳工研究协会、美苏友谊全国理事会、美国和平理事会。此外，还有一些间接与美共相关联的组织，如全国律师公会、全国紧急公民自由委员会、宪法权利中心等。新左派的许多头面人物，例如“地下气象员”和“5月19日共产主义组织”的一些人都是全国律师公会成员。[③] 不过，美国共产党对新左派的影响总体上看是微不足道的。

美共出版的刊物有《人民的世界》和《政治事务》。1988年开始，美国共产党不再参与美国总统大选的角逐。1989年特别是苏联解体后，众多解密的档案证实，在美共的历史进程中，苏联一直在向它提供经费资助。[④]

社会主义工人党（SWP）

规模仅次于美共，是美国最大的托派政治组织。1996年，其成员已经不足千人。该组织是托派第四国际的成员。20世纪60年代，斯巴达克团和工人团从中析出。1970年，该组织成功地把实施反谍计划（COINTERPRO）

---

① 詹姆斯·康纳利（James Connolly，1868－1916），爱尔兰共和派政治家和社会主义领袖。出生于苏格兰爱丁堡，父母为爱尔兰移民。1916年因领导都柏林共和派复活节反英起义被英国当局处决。

② John George and Laird Wilcox, *American Extremists: Militias, Supremacists, Klansmen, Communists & Others.* Amherst: Prometheus Books, 1996, pp. 97－98；另据美共党员的说法，进入21世纪以来，美共组织有所发展，党员数量达到了15000人左右。

③ John George and Laird Wilcox, *American Extremists: Militias, Supremacists, Klansmen, Communists & Others.* Amherst: Prometheus Books, 1996, p. 99.

④ John George and Laird Wilcox, *American Extremists: Militias, Supremacists, Klansmen, Communists & Others.* Amherst: Prometheus Books, 1996, p. 105.

的联邦调查局（FBI）告上法庭。该组织也多次参与美国总统大选提名竞逐活动。

进步劳工党（PL）

1962年由前美共成员[①]发起成立，最初名称为“进步劳工运动”。该组织在反战运动和学生组织中为争夺影响力与美共和社会主义工人党展开激烈竞争。为此，专门成立“五月二日运动”作为其反战前沿组织。主要出版物有《进步劳工》和《马列主义季刊》等。后来，他们放弃了毛泽东思想，拒绝追随任何外国路线，1973年成立前沿组织“国际反种族主义委员会”（InCAR）。他们的大部分行动都具有暴力色彩，不是与新纳粹对抗，就是同三K党叫阵。1978年有成员1500人，1996年约有500人。[②]

工人世界党（WWP）

1958年，社会主义工人党中部分党员（不足百人）因不满党在纽约州选举中支持社会党候选人而退党，另立工人世界党。出版刊物《工人世界》。该党先是从托派党转变为毛派党，后又转变为独立马列党。他们支持所有信仰马克思主义的政府，并积极开展针对极右翼组织的有组织抗议活动。他们是当年埃塞俄比亚共产党政权的美国坚定支持者。20世纪90年代，其成员在200人左右。[③]

21世纪初，其前沿组织“现在就停止战争和种族主义”（A. N. S. W. E. R）组织最早的反伊拉克战争抗议示威，在战争爆发前就已经在华盛顿召集了成千上万的抗议者。然而，该组织在2004年发生分裂，部分成员脱离出去，另行成立“争取社会主义与解放党”，控制了A. N. S. W. E. R的领导权。工人世界党则建立“现在就撤军联盟”（Troops Out Now Coalition）进行应对。

斯巴达克团（Spartacist League）

社会主义工人党内因批评社会主义工人党采纳“小资产阶级意识形态”而遭到开除的成员在1966年建立了斯巴达克团。成立之初，约有成员75

---

① 他们因为在中苏论战中支持中国而被迫退党或被开除出党。

② John George and Laird Wilcox, *American Extremists: Militias, Supremacists, Klansmen, Communists & Others*. Amherst: Prometheus Books, 1996, p. 151.

③ John George and Laird Wilcox, *American Extremists: Militias, Supremacists, Klansmen, Communists & Others*. Amherst: Prometheus Books, 1996, pp. 153 – 154.

人，1969 年下降到 40 人，70 年代因为受中国外交政策改变而产生幻灭感的部分毛派加入，使其规模扩大到数百人。斯巴达克团虽然将苏联视为“畸形工人国家”，但仍支持苏联的某些政策。托洛茨基的“不断革命”（permanent revolution）论被其奉若神明。它拒绝毛泽东关于农民游击战争的理论和农村包围城市的革命模式。其出版物为《工人先锋》。大部分成员积极投身反对三 K 党和纳粹团体的斗争。

自由社会主义党（Freedom Socialist Party）

自由社会主义党成立于 1966 年，其前身是社会主义工人党西雅图支部，因在非洲裔美国人作用问题上与 SWP 意见不合而决裂。他们把非洲裔美国人的斗争视为革命的未来先锋队，强调妇女的权利，称之为“社会主义的女权主义”。克拉拉·弗雷泽（Clara Fraser）成为党的领袖，在她领导下组建了“激进妇女组织”。

革命共产党（RCP）

1969 年成立，初期名称为“（墨西哥）湾区革命联盟”（BARU）。到 1975 年，其成员超过 1000 人，分布在美国 25 个州。其创建人和长期的领导人鲍勃·艾维基安（Bob Avakian）是“学生争取民主社会组织”（SDS）的骨干分子，他在 SDS 期间曾领导激进学生有效地挫败了进步劳工党控制 SDS 的企图。该组织是坚定的毛派。通过美中人民友协的努力，该党安排许多美国人前往中国访问与考察。该组织的报纸《革命工人》曾发系列专题文章介绍和支持阿尔巴尼亚和朝鲜，但该党对美国校车接送、平权修正案（ERA）和同性恋权利等持敌视态度。到 1990 年代中期，其成员下降到不足 500 人。①

社会主义行动（Socialist Action）

成立于 1983 年，其成员几乎都是被社会主义工人党开除之人。他们忠诚于托派理论，包括已经被 SWP 放弃的“永久革命”论。对苏联和伊朗等政府的“独裁统治”进行强烈抨击，以极大热忱致力于第三世界国家的社会革命。例如，1984 年，在“克利夫兰紧急状态全国大会”上，社会主义行动表现十分积极，会议决定对美国的中美洲政策发起挑战。在一系列反对美国敌视尼

① John George and Laird Wilcox, *American Extremists: Militias, Supremacists, Klansmen, Communists & Others.* Amherst: Prometheus Books, 1996, p. 161.

加拉瓜桑地诺阵线的示威游行中，社会主义行动扮演了主要角色。

团结党［Solidarity（U. S.）］

由托派“国际社会主义者”发展演变而来。主办刊物为《反潮流》。

争取社会主义与解放党（PSL）

2004 年世界工人党分裂的产物。它所控制的 WWP 的前沿组织 A. N. S. W. E. R 在 2010 年墨西哥湾漏油事件发生后，发起了“逮住 BP”运动，要求美国政府控制 BP[①] 的资产作为偿付损害的信托物。

（3）无政府主义和无政府工团主义政治组织

在美国传统左派组织中，无政府主义团体一直是最引人注目的力量。无论是 60 年代在参与和影响青年反叛运动方面，还是 70 年代以来在各种新社会运动中的频频现身，无政府主义组织风头明显盖过其他左翼团体。它们在推动和促进性别、种族、阶级、和平、平等等领域的事业中取得的成就无可否认，其最大成就是有力地扩大了左翼政治文化的影响。代表性的无政府主义组织主要有以下几类。

世界产业工人联盟（IWW）。1905 年在芝加哥成立，德布斯、海伍德和德莱昂为共同发起人。该组织奉行开放式的组织原则，虽然声称信仰马克思主义，持反对资本主义立场，蔑视议会政治，却反对一切政治组织，主张把美国建成一个产业工人共和国，其政治主张具有浓厚的无政府工团主义色彩。经过几次分裂后，1920 年代开始走向衰落。

无政府共产主义者东北联盟（NEFAC）。成立于 2000 年，主要通过电子信箱进行联系和开展工作。

促成骚动组织（Bring the Ruckus）。美国反全球化激进团体，成立于 1997 年。

革命无政府主义集体联合会（FRAC）。成立于 2002 年，主要通过电子信箱进行联系并开展工作。

无政府沟通网络。成立于 2001 年，主要通过电子信箱开展工作。

无政府有色人种组织（APOC）。这是一个由个人、群体和团体共同组成的松散的反政府权威的有色人种组织网络。崇尚直接行动，主要通过网络开展活动。

① 英国石油公司（British Petroleum）的简称。

东南无政府主义网络。成立于 2004 年，主要通过电子信箱进行联系和开展工作。

以上团体虽然成立时间早晚不一，关注目标也各各不一，甚至在一些具体问题上存在分歧和争议，但有一点是不争的事实，即政治价值选择上的无政府主义。无论是历史上的政治社会运动，还是现今的弱势群体权利运动、多元文化主义运动以及反公司全球化运动，但凡较激进的主张与实践，多半与无政府主义组织分不开。

2. 传统左派政治影响的衰微

随着第二次世界大战的结束和冷战的到来，美国传统左派的命运急转直下，1956 年后陷入成员锐减、组织急剧萎缩以及不少党员转投自由派甚至保守派阵营的状态，政治影响力日趋衰减，如果说 20 世纪前期左派在美国政治生活中是一支令人难以忽视的力量的话，战后则真正沦为边缘化的力量。以美共为例，自 1919 年成立以来，进出其组织的人达百万之众，在 30 年代鼎盛期，党员人数一度达到 25 万，它在组织和领导工人罢工和工会运动、黑人争取自身权利的斗争、反对移民歧视以及在好莱坞电影产业和大萧条期间联邦文化项目等文艺领域中具有无可替代的影响力。然而，50 年代后期，其成员下降到不足 1 万人。1957 年，正式成员降至 3000 人。[①] 不仅组织严重萎缩，更为严峻的是，美共从美国政治舞台中心淡出：在战后美国总统选举中长期缺席，这是一个全国性政治党派衰微的典型象征。正如前美共党员、美国著名学者欧文·豪不失尖刻的评论：美共本身已经成为一种无所作为的残余存在。[②] 其他左派组织如社会党、托洛茨基派的"美国工人党"以及无政府主义、自由意志论者的激进团体也不同程度地走向衰落。与此同时，左翼知识分子群体内部发生了惊人变化，相当数量的人背叛了自己年轻时的政治理想与追求，抛弃了 30 年代的激进主义，转眼间变身为高度认同现存体制的保守主义阵营的吹鼓手。60 年代的年青一代人发现，昔日的左翼知识分子自进入 50 年代后越来越对社会变革持敌视态度，因心怀疑惧而对下层民众避而远之，无时不在为现行制度权威的衰落

① Guenter Lewy, *The Cause that Failed: Communism in American Political Life.* New York: Oxford University Press, 1990, p. Viii.

② Maurice Isserman, *If I Had a Hammer…The Death of the Old Left and the Birth of the New Left.* New York: Basic Books, 1987, p. 33.

忧心忡忡。[①] 事实上，战后的50年代被美国主流历史学家描绘为“和谐一致”（consensus）的虚假社会图景，在一定程度上折射出美国左翼沉沦的深重。前左翼知识分子丹尼尔·贝尔正是从这一保守图景中获得灵感，提出意识形态终结——西方深刻政治冲突的终结和试图重建社会激进乌托邦的终结——的观点。[②]

美国传统左派力量和影响何以走向衰落？美国学者理查德·E. 彼得森曾在60年代后期分析这一问题时，将之归咎于老左派自身的原因，认为是老左派严重的党派之见（factionalism）和僵化的理论教条所致。[③] 这个解释本身无可非议，但显然不充分。笔者认为，完整的答案要从主客观两个方面去寻找。

从客观方面看，主要有两个原因。其一，美国政府在冷战和麦卡锡主义影响下对共产党等左翼力量采取严厉的压制政策。事实上，自成立之日起，美共等左翼政治党派和团体就一直面对着联邦政府通过司法部、联邦调查局和各种各样的国会调查委员会所发起的合法袭击，这种攻击在各个时期都存在，唯一的区别在于激烈程度的不同。相对而言，罗斯福时代由于主要注意力集中于大规模经济社会改革以及战争，需要借重和联合包括左翼在内的各种政治势力，因而对左翼的态度比较温和，这是左翼在30年代力量和影响大飙升的重要因素。战后，随着美苏战时盟友关系迅速向敌对关系转变，美国政府和社会对以美共为代表的左翼的态度发生了根本变化。“国会调查委员会、报纸和好莱坞都把共产党描绘成颠覆分子，有时还视之为实质上的邪恶势力”,[④] 这种政治氛围加上希斯间谍案的渲染，一时间在美国形成了强烈的“恐惧红色”的社会心理，这种社会气氛为参议员麦卡锡反共歇斯底里的粉墨登场准备了幕景。在麦卡锡主义肆虐时期，美共等老左派组织受到前所未有的政治迫害。1940年通过的《史密斯法》规

---

① Neil Jumonville, *Critical Crossings: The New York Intellectuals in Postwar America*. Berkeley: University of California Press, 1991, p. 222.

② Daniel Bell, *The End of Ideology*. Boston: Harvard University Press, 1988, pp. 393 - 407; Christopher Lasch, *The Agony of the American Left*. New York: Vintage Books, 1969, p. 171.

③ Richard E. Peterson, “The Student left in American higher Education”, *Daedalus*, Winter 1968, p. 295.

④ Maurice Isserman, *If I Had a Hammer... The Death of the Old Left and the Birth of the New Left*. New York: Basic Books, 1987, p. 4.

定，任何团体在美国提倡或教导用暴力推翻政府和任何人参加此类团体皆属非法，皆为联邦一级的犯罪行为，这一法律遂成为对美共施行镇压的依据。据此法律，有一百余名美共领导人受到指控；还有更多人受到各州有关煽动叛乱法的起诉；另外有一些人则同时因同一"罪行"受到联邦与州法院的双重指控。例如，来自宾夕法尼亚本部的美共元老史蒂夫·尼尔森，在1952年以触犯宾州煽动叛乱法获刑20年，第二年又依据《史密斯法》被追加5年。美共党员发现，他们总是申请不到出国护照，他们的社会保险金和战争伤残保险金每每被拒付，数以千计加入或同情美共的人无缘无故地被政府部门、大学、公立学校以及私人企业开除。在纽约州，美共党员甚至连购买钓鱼许可证的权利也被剥夺了。①

自30年代以来，东部的纽约和西海岸的加利福尼亚等州一直是美国左翼力量最雄厚的地区，美共在这些地区的工会运动中具有举足轻重的作用，如新"产联"（CIO）的组建成功，美共就功不可没。然而，随着美共50年代备受打压和孤立，其领导和影响的11个工会组织被逐出CIO，生存也受到严重威胁。

总之，冷战开始后，意识形态因素在政治决策中所起的作用越来越大，几乎同时成为东西方划分敌友的基本准绳。作为敌对意识形态和制度信仰者的左翼受到严厉政治打压势成必然。这种来自国家权力的压制给左翼的生存发展带来了严重后果：一是左翼政治组织的合法地位受到威胁，许多组织成员为躲避迫害不得不隐姓埋名，东躲西藏，转入地下；二是政府的立场所产生的强大舆论导向作用使美共等陷丁孤立无援绝境；三是造成组织持续萎缩。尤其是麦卡锡主义横行之下形成的普遍恐慌使大批组织成员鱼贯而去。所有这些造成的后果是极为明显的：组织失去了代表社会批判力量发言的能力和权力。像欧文·豪之类的老左派，面对合法政治活动空间急剧被挤压缩小的严峻现实，不得不转身："当知识分子不能从事别的事情时，就转而办杂志。"②

其二，外部环境特别是苏联政治环境变化产生的负面冲击。1956年苏共在莫斯科召开第二十次全国代表大会，会上，苏共中央第一书记赫鲁晓

---

① Maurice Isserman, *If I Had a Hammer… The Death of the Old Left and the Birth of the New Left*. New York: Basic Books, 1987, p. 4.

② 〔美〕苏珊·桑塔格：《反对阐释》，程巍译，上海：上海译文出版社，2011年，第4页。

夫在各国共产党代表面前作了之后称为“秘密报告”的“秘密讲话”。1956年6月4日，美国各大报纸纷纷全文刊载了这一报告，美共机关报《工人日报》于6月5日刊发了一个26000多字的压缩文本，后又于星期天全文刊载。[①]这个报告把斯大林时代的种种恐怖、专制和黑暗抖搂出来，大白于天下，由此在全球开始了一场反斯大林运动。“反斯大林化危机”对老左派的“死亡”具有决定性的影响。

主观方面，主要表现在左翼组织内部的宗派主义和理论上的教条主义的作祟。首先，左派组织本身普遍存在的宗派主义形成内部冲突与斗争导致的长期性内耗。例如，美共本身就是社会党内部分裂的产物，从早期开始，美共内部在基本理论与战略、总体政策与策略等路线方针上的争论从未停止过。由于美共是共产国际的一个支部，因此其内部斗争常常与共产国际的方针政策纠缠在一起，剪不断，理还乱。从20年代在工会问题、统一战线问题和“美国例外论”问题上的激烈争吵，到30年代和40年代围绕战争与和平、改革与革命等问题展开的激烈辩论，再到战后在涉及组织生存发展问题上的纷争，对组织造成了一次次内部冲击，后果十分严重：(1) 由于受苏共传染，美共在组织生活中缺少民主机制，对不同意见者往往实行残酷斗争和无情打击政策，因而每次斗争的结果总是有大批成员被开除，如20年代洛夫斯通派的出局，40年代白劳德派的被逐，50年代盖茨帮的失势，每一次的驱逐就相当于撕裂组织肌体一次。(2) 过多过繁的内部斗争消耗了组织大量精力，也对组织形象造成了损害。60年代的学生反叛者普遍蔑视老左派，个中原因之一即在于，在他们眼中的老左派不过是一群只会口笔之争和窝里斗的家伙。60年代一位造反学生曾经以挖苦的口吻说道：“我们感兴趣的是具体的问题和直接投身到运动中去。我们不是在那里喋喋不休地争吵苏俄社会的本质，或者探究南斯拉夫是不是工人阶级的国家。”[②] (3) 由于内部争执频频，斗争不断，使组织成员间逐渐形成了过度重视理论争论而相对轻视实际行动的倾向，这一倾向使组织因闭门造

---

① Maurice Isserman, *If I Had a Hammer…The Death of the Old Left and the Birth of the New Left.* New York: Basic Books, 1987, p. 22；美共中央其实早在4月份就已经从苏联驻美国大使馆获得秘密讲话的副本，并在部分党员中作了传达，但规定不得对外泄露。

② Ayn Rand, *The New Left: Anti-industrial Revolution.* New York: New American Library, 1971, p. 21.

车和脱离实际而陷入危境。

其次，左翼政党理论上僵化的教条主义使其方针政策与美国现实国情严重脱节。老左派一般都自称信奉马克思主义理论，向往社会主义或共产主义，表示要为之奋斗到底，但他们对马克思主义及其相关概念的理解和解释上有明显差异，尤其是在实现这些目标的手段和方式上，有暴力革命论者，也有和平过渡论者，有急进论者，也有渐进论者，各各不一。以美国共产党为例，该党在理论和实践上的最大特点是，在把马克思主义教条化的同时，将俄国社会主义革命与建设的经验神圣化或绝对化为全人类的唯一选择。理论上的教条主义使他们忽视了自己国情的特殊性，未能把马克思主义的基本原理与美国社会的具体实际有机结合起来，虽然曾有一些人在这个问题上有过不失冷静的思考，并提出一些可以讨论的看法或主张，如洛夫斯通等人从实际出发提出的美国“例外论”观点，明确指出美国国情决定了欧洲社会主义的经验不适合于美国，美国必须走自己的路。遗憾的是，对美国社会缺乏深入全面了解的共产国际不容分说地将这一思想苗头一棍子打死。苏俄经验的神圣化和绝对化则使美共在国际国内一系列重大问题上成为苏共的尾巴，甚至把苏共的政策当作自己的政策，把苏联利益当作美国利益。特别是自 30 年代以来，美共总是根据苏共意旨行事，美共之所以政治主张和立场总是表现得前后不一，不仅缺乏连贯性，甚至自相矛盾，原因即在于此。例如，30 年代后期为建立反战的“人民阵线”，美共灵活地提出了“共产主义是 20 世纪的美国主义”的口号以争取主流教会、工会和政治领袖的合作，但同时又在宣传早期的“迈向苏维埃美国”的口号；刚刚还在痛斥法西斯的侵略，转眼间又为纳粹 - 苏联条约评功摆好；一面呼吁社会改革，一面又对罗斯福“新政”改革彻底拒斥，这让普遍受惠于“新政”纲领的普通美国人难以理解和接受，甚至让一些普通党员无所适从。伊塞尔曼曾经对美共这种思想混乱有过一针见血的评论：美共在 1936 年至 1939 年间的思想是一种民主与反民主的混合物。[①] 所有这一切对美共的政治生命造成了致命影响。影响之一是，在漫长的岁月里一直找不到符合美国国情的激进社会革命之路。影响之二是，僵化的理论导致

① Maurice Isserman, *If I Had a Hammer… The Death of the Old Left and the Birth of the New Left*. New York: Basic Books, 1987, p. 13.

僵化的政策和策略，使组织本身难以应对瞬息万变的时局。例如，1956年美共总书记尤金·丹尼斯曾经提出一个较有建设性的策略，通过与其他激进组织合作建立新的“社会主义群众组织”来挽救美共的危机。但党内以福斯特为首的元老派坚决拒绝了这一计划，使美共彻底滑向谷底。影响之三是，长期与苏共保持奉旨行事的上下级君臣关系，严重损害了组织的独立政治组织形象。在不少美国人眼中，美共就是外国利益的代理人，是对美国国家利益与安全的威胁。詹姆斯·温斯泰因指出，社会党和共产党等左翼党派与苏联的关系远远超过与美国工人和农民的关系。[①] 换言之，美共等左翼政党没有建立广泛而牢固的群众基础。1956年5月初，美共一位情绪激动的党员在其机关报《工人日报》发表公开信，指出这种自绝于人民的情况的严重性：党总是把其领袖称为“美国工人阶级的领袖”、“黑人领袖”、“妇女的伟大领袖”，等等，“如果这种自封的头衔是真的，我们的麻烦可能已经过去。事情的真相是，共产党领袖和官员绝大部分精力花在内部官员身上，孤立于人民，同人民的群众性组织没有组织上的联系”。[②] 60年代学生运动领袖、美国著名左翼学者理查德·弗莱克斯的说法更是入木三分：“（美国）共产党……不仅令其‘阶级’敌人恐惧，也让绝大多数劳动人民害怕。”[③]

美共为代表的老左派政治力量的式微和影响的衰减，为60年代新左派让出了舞台。正如伊塞尔曼所指出的，“共产党的不幸为竞争中的激进组织提供了千载难逢的机会”。[④]

三　“新左派”的崛起及其组织分析

1. “新左派”崛起的知识背景

如果说社会变迁是激进社会变革的客观前提条件，传统左派力量和影

---

① LeRoy Ashby and Bruce M. Stave eds., *The Discontented Society: Interpretations of Twentieth-Century American Protest.* Chicago: Rand McNally & Company, 1972, p. 101.

② Maurice Isserman, *If I Had a Hammer…The Death of the Old Left and the Birth of the New Left.* New York: Basic Books, 1987, p. 19.

③ Richard Flacks, Making History: The American Left and the American Mind. New York: Columbia University Press, 1988, p. 121.

④ Maurice Isserman, *If I Had a Hammer…The Death of the Old Left and the Birth of the New Left.* New York: Basic Books, 1987, p. 34.

响的衰微为新变革力量的走向前台让开了路，那么，战后各种社会批判理论与思想汇聚成的知识大潮则作为启蒙之涛声为新激进力量历史性演出揭幕启航。

参与战后新文化意识建构的名家众多，不仅有哲学社会科学方面的大师级人物，更有文学艺术领域的巨擘大腕和后起之秀。从哲学社会科学领域来看，自 19 世纪工业文明作为人类新的社会形态出现以来，对资本主义体系的批判同时成为现代性社会不可或缺的组成部分。对现代性的批判大致有两种思想轨迹或两种旨意迥然不同的路径，一种是以唯物辩证法和历史唯物主义为理论武器的马克思主义，另一种是起始于 18 世纪法国思想家卢梭和 19 世纪欧洲的浪漫主义，经过尼采到海德格尔的传承，再到 20 世纪后期的后现代主义的社会批判传统。这两种批判路径的最大差异在于：马克思主义以彻底否定的立场对待资本主义，并坚持一种源于启蒙运动的理性主义和进步主义观，把理想社会的大厦建基于被替代的客体之上，同时，其理论关注的重点放置在社会经济关系中人的地位和处境的不同；另一种批判路径虽然也完全拒绝现代性制度与生活方式，却视情感而不是理性为社会历史的真正动力，并将现代性社会之前的田园牧歌式生存形态视为理想社会图景，在社会批判上，他们把社会中人的精神状态作为分析现代性社会的切入点，把人性的自然状态和精神自由视为判断一个社会是否健全社会的基本尺度。可以说，马克思主义是一种积极的向前看的批判理论模式，浪漫主义及其后续形态的批判理论则是一种消极的向后看的理论模式。在两种批判路径中间存在一种对二者进行综合和兼容的理论武器，其中包括萨特等的存在主义、法兰克福学派的批判社会理论等西方马克思主义流派。虽然这些理论流派共同为战后新左派的崛起准备思想武器，但比较而言，源于浪漫主义的批判路径和居于中间的法兰克福学派的影响明显占据主导地位。

赫伯特·马尔库塞是法兰克福学派第二代领军人物，他对当代发达工业社会的激烈理论批判使他成为新左派的精神领袖，被誉为“新左派之父”。正如美国学者马丁·杰伊所指出的：“新左派甚至从他［指马尔库塞——引者］最悲观的著作中汲取营养。”① 战后，马尔库塞相继出版《爱

① Martin Jay, *Marxism and Totality: the Adventures of a Concept from Lucacs to Habermas*. Berkeley: California University Press, 1984, p. 221.

欲与文明》、《苏联马克思主义》、《单面人》、《革命伦理学》、《论解放》、《自由与历史使命》、《反革命与造反》等著作，建立了相对系统的社会批判理论体系。马尔库塞理论体系的特点是以人道主义为出发点，把马克思主义与弗洛伊德精神分析学说整合在一起，视“爱欲”（Eros）为人道主义的核心，认为现代工业社会的症结就在于压抑了人性或“爱欲”，导致人的异化。因此，现代发达资本主义社会是“病态社会”。在他看来，如果一个社会的基本制度和关系（它的结构）所具有的特点，使它不能以现有的物质手段和精神手段让人的存在（人性）充分地发挥出来，那么，这个社会就是有病的，战后“丰裕社会”的美国就是这样的社会。在这个社会里，人的思想和行为已经被雄厚的物质力量和发达的技术手段以及无处不在的市场关系所左右，在强大的现行体制面前，人逐渐失去了反抗能力，不知不觉中已然被现行制度同化，从具有肯定和否定双重能力的健全的人变为失去否定或批判能力的平庸的“单面人”（one dimensional man）。而一直被正统马克思主义当作现行制度对立面的工人阶级同样被现行制度整合，不再是社会历史变革的主体。以知识分子为主体的“新工人阶级”将承担起社会变革的重任，其超越现行社会的可行选择是实施“大拒绝”战略。由于第三章对马尔库塞社会批判理论有详论，这里不再赘述。

于尔根·哈贝马斯是当代西方马克思主义重要代言人，也是法兰克福学派在战后最知名的另一位理论家，虽然他公开反对60年代青年学生走出课堂上街扯旗造反，但他对资本主义社会异化现象的揭示与批判同样为60年代的激进政治提供了理论资源。在《大学生与政治》、《抗议运动与学校改革》、《文化与批判》、《晚期资本主义的合法化问题》等著作中，哈贝马斯对当代发达资本主义社会存在的诸多问题进行了深入分析，着重指出科学技术在发达工业社会不仅是生产力，也是一种强大的意识形态。这种意识形态在社会组织内部渗透和漫漶，成为控制自然的人的力量，成为人的解放与个人自由之阻碍；技术的合法性为统治的合法性提供了保护。在晚期资本主义社会，技术统治取代了以往的阶级统治与政治统治，科技的发明与应用取代工人劳动成为剩余价值的源泉，福利制度大幅度提高了工人阶级的生活水平，其生活、安全、教育等方面与社会上层比较，差异已经十分微小。因此，工人阶级的阶级意识已经被消费主义社会的较高物质生活水平淹没了，他们不再是“社会的批判力量”，社会批判的任务历史地转移到了青年知识分子的身上。

社会学领域的文化英雄是米尔斯。美国历史学家小巴西奥科认为，米尔斯对60年代青年反对派崛起的贡献比任何人都大。[①] 米尔斯著述甚丰，主要有《新掌权者》、《白领》、《权力精英》和《权力、政治与人民》等。在《权力精英》一书中，他对美国权力阶层进行了入木三分的深入分析和批判，认为美国权力结构的变动是由政治、经济和军事三大系统间的相互制衡来实现的，据此视角，美国政治史可分为五个时期：（1）从获得独立到约翰·亚当斯执政时期。社会和各系统间的表现为简单直接的方式，精英人士在高位随便调动，因为他们几无例外都是多面手。（2）内战前的19世纪前半叶。权力精英由许多较为松散的集团组合而成，各个集团成员存在跨集团重叠交织现象，没有任何集团能够单独控制统一的权力机器，结果只能是走向松散的精英联盟。（3）内战后至第一次世界大战前夕。经济界上升到支配地位，立法中心由政府转到大公司，军事机构从属于政治机构，政治机构从属于经济机构，个人经济权力凌驾于公共政治权力之上。（4）新政时期。政府为争取权力开始向大公司董事会提出挑战，权力精英集中在政界而不是经济界和军界。（5）战后时期出现新的趋势。经济界和军界急剧上升，政界相对下降。自第二次世界大战以来，政企关系日益密切，越来越多商界人士进入政界并在政府政治决策中与军界人士一同居于举足轻重的位置，“大公司的富豪和高级军人在利害一致的条件下统治着一切”。[②] 在米尔斯看来，中产阶级在美国政治生活中并没有多少地位，由白领组成的中产阶级从经济上看，依然是雇佣劳动者。传统的工人阶级早已安于现状，失去了变革社会的使命感与激情。社会变革的希望和使命落到了知识分子身上，尤其是青年知识分子成为当代发达资本主义社会推进激进变革的最直接和最有力的力量所在。

在哲学、社会心理学等领域，保罗·古德曼、埃里希·弗洛姆、马斯洛等学者对战后左翼文化的贡献同样是不容置疑的。古德曼是美国较有影响的“格式塔”（Gestalt）心理学家和社会学家，先后执教于芝加哥大学、

① Edward Bacciocco, Jr., *New Left in America: Reform to Revolution.* Stanford: Stanford University Press, 1974, p. 7.

② C. Wright Mills, *The Power Elite.* Cambridge: Oxford University Press, USA, 1956, pp. 276 – 277.

纽约大学和加利福尼亚大学，并是《解放》、《评论》、《抵抗》等激进刊物的长期撰稿人，有《变得荒唐》、《艺术与社会性》、《空想的论文与实际与建议》等著作问世。古德曼认为，美国人没有理由对美国社会财富的丰裕沾沾自喜，因为在社会财富大量增加的同时，人的异化也在深化。① 他特别指出，美国政治社会制度是一种压抑人的制度，这种压抑对青年人尤甚。在揭露社会制度的反人性本质的同时，他对替代性社会方案进行了长期思考与规划。早在战后初期的1947年，他在《社区》一书中构想了一个理想社会，1964年推出的《帝国城市》一书对未来社会蓝图进一步加以完善。他的未来社会无疑是一个具有浓厚乌托邦色彩的远景规划：城市生活充斥着浓郁的人情味，生动活泼，魅力无穷，是人类自由精神得以实现的乐园；在这个社会里，人人都有工作，真正实现了充分就业；整个社会的生活水平处于高端，几乎每个人的心理要求和个人愿望都能得到满足。

与马尔库塞和哈贝马斯一样，弗洛姆也是法兰克福学派的重要代表人物，他是美国20世纪较有影响的社会心理学家和哲学家，主要著作有《逃避自由》、《健全的社会》、《爱的艺术》、《革命与希望》等。在这些著作里，弗洛姆试图把马克思主义理论与弗洛伊德精神分析学说加以综合，通过这种综合为当代资本主义社会批判打造锐利的批判武器。其批判矛头同样直接对准资本主义社会的异化现象，他指出，在现代工业社会，“人没有情感，没有理性，没有爱情”，② 人已经异化为没有思想的机器。在不安全的社会无处不在的压抑下，人感到孤独和疏远，由此产生了虐待与被虐待，现代社会无休止的争斗和疯狂战争的根源即在于此。那么，人类的出路何在？弗洛姆为我们描绘了一个取代不健全工业社会的理想的健全社会：政治上，把社会划分为500人规模的小单位，充分发挥城镇议会职能，解决各种政治问题；经济上，实行雇工分红制，工人参与管理和股权计划；在社会生活上，500人小单位中不再有文盲，社交、娱乐、艺术享受荟萃一堂，“有相同兴趣的人将一起唱歌、一起散步、一起跳舞、一起欣赏”。③ 一句

① Irvin Unger, *The Movement*: *A History of the American New Left*, *1959 – 1972*. New York: Harper & Row, 1974, pp. 18 – 19.

② Erich Fromm, *The Sane Society*. New York: Fawcett Premier, 1955, p. 221.

③ 〔美〕爱·麦·伯恩斯：《当代世界政治理论》，曾炳钧译，北京：商务印书馆，1983年，第379页。

话，这是一种“公有社会主义”，是一个比现代文明更有教养、更先进、更健全的“真正人类之家”。

作为人本主义心理学家，亚伯拉罕·马斯洛提出的需求层次理论（Need-hierarchy theory）尽管自问世以来争议不断，但它对战后激进政治的影响却是无可争议的。马斯洛出身于俄国犹太移民家庭，在纽约布鲁克林长大，自青年时代起就是民主社会主义的信仰者和左翼领袖尤金·德布斯、诺曼·托马斯等人的崇拜者。在1943年出版的《人类动机的理论》一书中，马斯洛把人的需求从低到高分为五个层次：低层次的需要是生理需要，向上依次是安全、爱与归属、被尊重和自我实现的需要。自我实现指创造潜能的充分发挥，追求自我实现是人的最高动机。在马斯洛看来，生理需求是人类最基本的需求和欲望。人类不会安于底层的需求，较低层的需求被满足之后，就会往高处发展。满足生理需求之后就追求心理满足和社会认同，之后就想被爱，被尊重，希望人格与自身价值被承认。这五个方面揭示了人类共同的特性。结合人本主义心理学基本原理可知，[①] 需求层次理论的要津在于：其一，人类个体和群体绝对不会满足于低下层次需求的满足，追求高层次的心理需求的实现是天经地义的事，而战后美国丰裕形态的消费社会只是满足人的较低层次的心理需求，或如马尔库塞所说，发达工业社会以满足人低层次需求的方式阻止人对高层次需求的追求。其二，人本主义心理学家强调“此时”、“此地”，对个人而言，最重要的是当下的状态，当下个人高需求层次的遥不可及显然是对人本主义的背离，是人不自由状态的反映。其三，爱与被爱，尊重与被尊重，这是个体存在的不可或缺的需求，工业社会造成人际间关系市场化的结果就在于，冷漠与虚情假意盛行，以真心实意为基础的社会生活变成了一种奢望。要实现这一目标，需要每个人行动起来，每个人要对自己的行动负责。其四，自我实现是个体最高层次的需要，也是一个理想社会的基点。60年代反主流文化重要代表人物的阿比·霍夫曼指出：“马斯洛理论为六十年代乐观主义的崛起奠定了坚实的基

① 人本主义心理学基本原理：（1）强调此时此地，个人以当下形态为首要；（2）为实现精神健康，个人必须为自己的行为负责，不论结果是好是坏；（3）每个人都有内在的存在价值，任何负面的行为都无法抹杀作为人的价值；（4）生命的最终目标在于自我成长和自我理解，只有不断完善、理解自我才能让人获得真正的快乐。http：//en. wikipedia. org/wiki/Abraham_ Maslow.

础。存在主义、利他主义、乐观向上，他的教导变成了我的人格代码。”①

除了以上学术领域的激进思想外，文学领域的批判意识同样是孕育战后新社会变革主题的温床。从 50 年代“垮掉的一代”到 60 年代的“黑色幽默”和“荒诞派”，不仅标志着现代主义文学发展的新阶段，更是新文化意识和文化态度出现的标识，是构成战后新激进批判力量的重要元素。

“垮掉的一代”是美国现代文学中一个著名流派，它发端于战后初期，50 年代发展为一股文学艺术潮流，六七十年代演化为社会文化大潮。垮掉的一代的中坚人物有艾伦·金斯堡、杰克·凯鲁亚克、威廉·伯罗斯和尼尔·卡萨迪等人，他们几乎都是同性恋者，都有过吸毒经历。出于对美国社会消费主义盛行、物质享受主宰一切、精神文化空间被挤压和人性被扭曲的厌恶和失望，他们不约而同地以特立独行的生活方式和惊世骇俗的文学作品来对美国社会的清规戒律和市侩文化大加挞伐。他们通过毒品、爵士乐和性错乱来追寻极端个性自由，以怪异乖张的文字和情节将传统贬如粪土。他们是一群流浪者，流浪在现实的大地，流浪在精神的天地，在流浪中展现内心深处的痛苦与希望，在流浪中寻找打开当下困境的钥匙。他们彼此之间勇敢地裸露自己最深的隐私，最隐秘的情感。在他们那里，裸露既是一种行为方式，也是一种美学原则。裸露象征着对现代非人社会的反叛与否定，象征着具有自由精神的人性的回归与新生。“他们是一群怀抱救世思想的叛逆者，以天使般的恶作剧把现实的恐怖与丑陋抖搂出来，向人们展示摆脱冰冷的技术社会的可能途径。”② 美国学者斯泰特尔指出，垮掉派作家共同拥有“一种更加美好未来的统一理想，一种美国可能变革的理想”。因此，“垮掉派属于一种解放传统”。③ 这一判断是恰当的。

“黑色幽默”是“垮掉的一代”之后美国最重要的文学流派和思潮。代表作品有约瑟夫·海勒的《第 22 条军规》（1961）、托马斯·品钦的《V》（1963）与《第 49 组的呼叫》（1966）、约翰·巴思的《烟草经纪人》（1960）和《羊童贾尔斯》（1966）、库尔特·冯尼格的《猫的摇篮》

① Marty Jezer, *Abbie Hoffman: American Rebel.* New Brunswick, New Jersey: Rutgers University Press, 1992, pp. 22 - 23.

② 吕庆广：《60 年代美国学生运动》，南京：江苏人民出版社，2005 年，第 83 页。

③ John Tytell, *Paradise Outlaws: Remembering the Beats.* New York: William Morrow and Company, 1999, p. viii.

(1963) 和《第 5 号屠场》(1969)、肯·克西的《飞越杜鹃巢的人》(1962) 等。这些作品的共同点是，以荒诞的笔触描绘荒诞的社会，高度的荒诞意识是黑色幽默文学首要关注和表达的对象。[①] 虽然揭露社会的荒诞或非理性一直是现代文学的核心主题，但与传统现实主义或浪漫主义作品相比，黑色幽默作品所表现出的视角和方法可谓独出心裁。从人物和情节安排看，传统文学作品强调逻辑性与理性方式，以“高度明晰的形式与合乎逻辑的组织论证来表现荒诞”，黑色幽默文学则以荒诞的形式表现荒诞的主题，“力求对合理构思的任意抛弃和散漫的思考表达它的下述意识：人类境况无意义，用理性方式探讨是不适当的”。[②] 其基本特征是：荒唐可笑的事情，扭曲、夸张和漫画化的人物，被曲解的语汇、无意义的双关语、再三使用的空洞字眼，陈词滥调；夸张的比喻，蓄意张冠李戴的情节，并置怪异的细节，等等。[③] 这种超现实主义的手法表达了一种嘲弄、讽刺和玩世不恭的态度，由此表现出的悲喜剧性幽默较好地揭示了现实生活的疯狂、荒谬、绝望与残酷。这种幽默有如痛苦至极的仰天大笑，笑他人，也笑自己，笑非人力量摆布下人性的麻木不仁和人被命运压倒的无力境况，这种笑显然既是寒冷的，又是“黑色”的。文学评论家马克斯·舒尔茨指出，60 年代是对传统价值的信心降到新的低点幻灭与忧惧时期，黑色幽默就是这个时代身份的标记。[④] 黑色幽默小说具有明显的存在主义哲学的印痕。现代存在主义告诉人们：正在让人沦为工具和机器的技术世界是荒诞世界，人没有什么上帝可以依赖，人能依赖的只有自己！例如，阿尔贝·加缪就明确指出，荒诞的思想源自人类在一个非理性的世界寻找意义的渴望，荒谬产生于人的“呼唤和世界不合理的沉默之间的对抗”。[⑤]

与黑色幽默作品以小说的表现形式进入人们眼帘的同时，以舞台为依

---

① Alan R. Pratt, ed., *Black Humor: Critical Essays.* New York: Garland Publishing Inc., 1993, p. xxi.

② Charles B. Harris, *Contemporary American Novelists of the Absurd.* New Haven: Rowman & Littlefield, 1971, p. 20.

③ Charles B. Harris, *Contemporary American Novelists of the Absurd.* New Haven: Rowman & Littlefield, 1971, p. 22.

④ Max Schulz, *Black Humor Fiction of the Sixties.* Athens: Ohio University Press, 1973, p. 5.

⑤ 〔法〕阿尔贝·加缪：《西西弗的神话》，杜小真译，桂林：广西师范大学出版社，2002 年，第 21 页。

托展现的荒诞派戏剧呈现其独特的魅力。代表性的剧作家是爱德华·阿尔比，他的《动物园故事》（1960）、《美国梦》（1961）、《谁害怕弗吉尼亚·伍尔芙?》（1962）等作品已被公认为美国戏剧的现代经典。这些作品中塑造的主角无一不是发达工业社会中空虚、苦闷、孤独与压抑的芸芸众生中的一员，无一不是面对无边的荒诞无力自拔而深陷痛苦与绝望中的个体，无一不是苦苦挣扎渴望摆脱异化社会与异化之“我”的灵魂。例如，在《美国梦》里，阿尔比以一个标准的“美国式美男子”作为美国梦的象征，这个美男子内心已被“抽干、掏空、扯烂”只剩外形、躯干和脸，这一形象是对丰裕美国的自鸣得意、残酷无情、机能萎瘪和精神贫乏的无情嘲讽，当众戳穿了美国社会无不至善至美的神话。① 那么，如何冲破这一牢笼呢?阿尔比的策略是暴力与爱。

此外，虽然老左派的影响力在战后一落千丈，但其政治信仰与实践模式仍然直接为新一代变革者的成长提供了土壤。20 世纪美国左派历史研究领域的权威学者迪金斯认为，美国传统左派有如下特征：（1）主张变革，其中具有强烈的乌托邦和田园怀旧思想；（2）追求自由、正义、平等和民主的政治理想；（3）提倡经济民主；（4）继承并发扬清教徒奠基的异议传统；（5）崇尚理性主义，信奉对抗性意识形态。② 这些特征在战后特别是 60 年代及之后的新激进力量身上依然存在，尤其是变革、怀旧、自由、平等、正义、民主、异议、对抗一直是战后美国左翼政治与文化的群体标识。伊塞尔曼指出，老左派为新左派提供了全套政治语言，霍罗维茨同样明确认定，老左派为新左派“提供了动力意识、对其不满日益激进的解释以及相关的行动计划”。③ 换言之，新老现代左派之间在政治价值、社会理想和实践模式等方面存在广泛而深远的传承关系。

综上所述，无论是哲学、社会学，还是文学，都致力于揭示技术理性与物质至上主义蔓延带来的社会生活程序化、标准化、机器化和单一化与人性的自主、自由、多样性间的尖锐对立，原子时代的“恐怖和平”和生态失衡

① Ihab Hassan, *Contemporary American Literature, 1945 – 1972.* New York: Ungar, 1976, p. 151.

② John Diggins, *The American Left in the Twentieth Century.* New York: Harcourt Brace Jovanovich, 1973, pp. 3 – 14.

③ Helen Lefkovitz Horowitz, *Campus Life: Undergraduate Cultures from the End of the Eighteenth Century to the Present.* New York: Alfred A. Knopf, 1987, p. 229.

对人类生存的严峻威胁；对真正人性自由和社会自由的梦想显然成为社会普遍性的渴望与群体意识。这些构成了战后崛起的新变革力量的知识背景。

2. “新左派”组织分析

“新左派”组织众多，最著名的有“学生争取民主社会组织”（SDS）、“学生非暴力协调委员会”（SNCC）、黑豹党（Black Panther）、“青年社会主义同盟”（YSA）、“美国杜波依斯俱乐部”（The USA Du Bois Club）等，其中影响最大的是“学生争取民主社会组织”。SDS 的前身最早可追溯到 1905 年成立的“校际社会主义协会”（ISS），该组织在 1919 年更名为“争取工业民主联盟”（LID），其后不久又改称为“学生工业民主联盟”（SLID），很快发展为 20 世纪 20 年代美国最具号召力的学生组织，该组织中涌现出了一大批后来闻名于世的左翼知识分子和政治活动家，如沃尔特·卢瑟、悉尼·胡克、马克斯·莱纳等人。与此同时，学生工业民主联盟在政治思想上倾向于社会民主党和费边社会主义，并把为劳工组织、社会党和其他改革运动培养骨干和领袖作为其使命。[①] 1960 年春，SLID 进一步改组为“学生争取民主社会组织”，为 LID 的下属组织。最初，组织成员主要集中在密歇根大学和耶鲁大学，是一个思想和信仰混杂的政治团体。然而，在首任主席艾尔·哈伯和继任的汤姆·海登、托德·吉特林等出类拔萃的领袖领导下，组织发展迅速。1960 年，SDS 成员仅有 250 人，8 个分部；1968 年，成员超过 10 万人，分部达到 400 个。[②]

从新左派组织参加者的出身背景来看，绝大多数参与者的家庭属于社会中上阶层，这与传统左翼组织成员主要来自社会中下层大不相同。根据 60 年代末对 SDS 成员父亲教育、职业和收入的相关调查，拥有大学以上文凭的比例高达 49.2%，白领家庭比例为 92.5%，其中高级白领更是高达 56.8%，年薪在 1 万美元以上者则达到 57.8%，超过 90% 的 SDS 成员家庭收入在 6000 美元以上，这是当时白领与蓝领的分界线，蓝领阶层只有微不足道的 7.5%。[③] 而在职业方面，新左派青年父母由于普遍受过高等教育训

① LeRoy Ashby and Bruce M. Stave eds., *The Discontented Society: Interpretations of Twentieth-Century American Protest.* Chicago: Rand McNally & Company, 1972, p. 116.

② Kirkpatrick Sale, *SDS.* New York: Random House, 1973, pp. 663 – 664.

③ Richard G. Braungart, *Family Status, Socialization, and Student Politics.* (dissertation) Penn State University, 1969, pp. 326 – 336；转见 David L. Westby, *The Clouded Vision: the Student Movement in the United States in the 1960s.* p. 44。

练，故职业大多为工程师、教授、律师、医生、政府官员，高学历、高收入和高级职业构成新左派家庭的共同点。中上阶层和大多数人共有的知识分子家庭出身背景造就的必然是具有十足个性特征的一代新反叛者。因为，无论是什么时代、什么社会，社会个体总是通过所属群体学会感知现实，学会理解和阐释生存于其中的世界，家庭则是这一群体的起点和基本支点。从中产阶级家庭与传统工人阶级家庭子女成长环境的差异中不难理解独特的家庭和阶级背景对社会群体行为模式型塑过程中的决定性影响。首先，中上阶层家庭教育中较少采用暴力和强制，而工人阶级家庭则相反。一般说来，社会经济地位低下的蓝领阶层，由于生活压力大，文化教育程度相对较低，家庭教育中普遍倾向于强制和体罚，中上社会阶层特别是知识分子家庭则多半倾向于诱导和讨论等方法。美国社会学家阿诺德·格林指出，中产阶级家庭大多采用言语和行之有效的技巧来让孩子听话，最典型的技巧是通过直观的示爱与否来表达对孩子的奖罚，这在工人阶级家庭中却不多见。[①] 两种不同家庭教育中成长起来的人，其价值观和行为方式不相同。在强制和体罚中长大成人者，一般较容易接受暴力和专断，在非暴力和非强制中长大的人则不然，普遍对民主与和平模式有天然的亲和力。其次，社会中上阶层家庭出身的人，成长过程中未经历经济困厄，故经济意识相对匮乏。长期以来，社会经济地位不公问题一直是政治社会力量获取灵感和动力的源泉，因为激进力量的主体一直是以工人阶级为核心的社会中下层，来自这个阶层的人，对经济困境有切身体会，对经济问题格外敏感，对以经济平等为方向的社会政治运动有浓厚的兴趣，对与经济问题无密切关系的社会文化政治则每每显得麻木和冷漠，对反物质文明的社会运动更是持本能的抵制态度。中产阶级子女则相反，由于成长过程中没有衣食之忧，故对经济问题的重要性缺乏切身感悟，这使他们关注点集中在政治文化领域，而非经济公平上。再次，中上知识分子家庭大多政治立场偏向激进和进步，对社会怀有不同程度的批判精神。相关研究表明，SDS 成员的父母在政治态度上不是左派就是自由派，[②] 他们关于社会变革的主张和所持的

① Arnold Green, "The Middle-Class Male Child and Neurosis", in N. W. Bell and E. P. Vogel eds., *A Modern Introduction to the Family*. Glencoe, Illinois: Free Press, 1960, pp. 563 – 572.

② Kenneth Keniston, *Young Radicals: Notes On Committed Youth*. New York: Harcourt, Brace & World, Inc., 1968, p. 217.

政治异议立场对其子女政治倾向的形成无疑具有潜移默化的影响。正如社会学家李普曼所说的，60年代的年轻造反派似乎比其父辈激进得多，“但父子双方都位于光谱的同一边”，虽然年青一代似乎比其父辈更有理想和社会责任感，“但基本在同一个方向上。”[①]

除了家庭环境外，各种社会关系和社区生活环境也是培植年青一代左翼力量成长的重要因素。首先，与家庭关系密切的亲朋好友的直接间接影响。在新左派组织中，以基蒂·史密斯、特里·科克、罗里·埃林杰和辛迪·德克尔等为代表的为数不少的SDS成员承认，自己进入激进政治阵营，亲戚和朋友的引导和榜样作用比父母更大。这些亲戚朋友不是社会主义者或自由派，就是无神论者或无政府主义者。其次，学校教育的影响。教师、课堂、书籍和学校中不时举办的政治辩论等，在塑造年青一代激进政治抱负上有着至关重要的意义。新左派知名成员伯纳德·多恩就公开承认是一位中学政治老师把她引上了政治行动主义道路的。再次，长途旅行等个人经历中的所见所闻同样是培育变革意识所不可或缺的。如特里·科克就是通过与家人长途旅行中发现了令人震惊的不公平的社会现实。[②] 最后，社区特有的相同政治文化群体的影响。美国的城市社区，通常情况下都能反映社会经济收入的层级差异，即不同收入层次的人一般不会居住于同一社区，中产阶级社区与蓝领阶层社区之间泾渭分明。社区不同，生活方式、政治倾向、文化态度也大不相同。在同一社区内，政治文化上具有同大于异或趋同的特点。例如，SDS成员珍妮所生活过的纽约布朗克斯区，政治上一直是民主党的地盘，居民政治热情较高，政治参与和行动主义传统极其深厚，生活于其中的人，对政治行动具有积极态度就是不难理解的。

新左派成员具有的独特的出身和成长背景必然要给组织打上烙印。其一，把保障和扩大基本人权作为政治纲领的核心。无论是参与民权运动和反贫困运动，还是投身反战和平运动，抑或是卷入激进政治文化运动，无不以追求人的基本权利和尊严为出发点。例如，SDS首任主席哈伯在评论格

① S. M. Lipset, "The Activists: A Profile", in Bell and Kristol ed., *Confrontation: The Student Rebellion and the Unversities.* New York: Basic Books, Inc., Publishers, 1969, pp. 51 – 52.

② 〔美〕理伯卡·E. 卡拉奇：《分裂的一代》，覃文珍、蒋凯、胡元梓译，北京：社会科学文献出版社，2001年，第64页。

林斯波罗四名黑人大学生静坐示威事件时指出，静坐抗议具有十分重要的政治意蕴和文化内涵："午餐服务台丝毫没有内在的重要性。要求的既不是争取平等权利和宪法保障，也不是法律保护。它要求的是争取与种族无关的人格平等和尊严。"①

其二，实行高度自由与开放的组织原则。以 SDS 为例，其组织章程虽然把自身规定为左翼青年的协会，但对入会资格方面的规定却十分宽松，它不仅没有一般政治组织那种严格的门户之见和强烈的排外独尊倾向，反而具有兼容并包的特点。这种海纳百川的松散组织结构虽然为组织发展留下了内部冲突和矛盾的内耗隐患，但不可否认是组织迅速发展的重要原因。

其三，具有灵活机动的政治策略与方针。从 SDS 来看，这种灵活性是其能在同类组织中脱颖而出的重要原因。从以下一些事例中不难看出这种策略方针的灵活性：（1）根据现实情况的变化对章程不断加以调整和修改，以适应组织发展的需要。1962 年通过的章程一直在修改中，到 60 年代末仍保持原状的条文只剩下不足 1/4。（2）大胆进行自我更新，不仅敢于改变组织名称，更敢于改变组织性质。组织成立初期，被定义为教育性团体，后来改为左派青年组织，后期则定性为文化变革组织。（3）与时俱进，勇立潮头。当民权运动演变为举国瞩目事件时，SDS 组织迅速作出战略调整，把民权目标作为自己的政治任务。随着越南战争升级，1965 年后，组织又敏锐地把反战作为自己的中心工作，把领导反战作为责无旁贷的事。

其四，不同激进团体间存在合作与矛盾的双重关系。SDS 成立后不久就与 SNCC 等民权组织建立起合作关系。SDS 中不少成员曾经是 SNCC 成员，在双方合作过程中加入 SDS 中的。两个组织的合作非常紧密，一方面，SDS 在许多方面对 SNCC 全力模仿，后者的非暴力主张、静坐示威等抗议方式以及深入底层社会发动草根民主运动等对 SDS 产生了深远影响；另一方面，双方之间采取一种组织内合作的方式向共同的目标迈进。这导致两个组织的差异变得越来越小，二者间在价值诉求、组织形式和行为方式上高度相似，以至美国学者伯恩斯要断言 SDS 已经成为"SNCC 的白人版本"。② 总

① James J. Farrell, *The Spirit of the Sixties: Making Postwar Radicalism*. New York and London: Routledge, 1997, p. 138.

② Stewart Burns, *Social Movements of the 1960s: Search for Democracy*. Boston: Twayne Publishers, 1990, p. 56.

体上看，不同激进组织间的合作主要有两种形式，一是交错型合作，即两个以上组织间成员相互进入对方组织中的内部合作，SDS 和 SNCC 之间的合作是典型；二是临时性的遇事协商型合作，即两个或两个以上组织间为实施某个特定计划或采取某种特别行动而临时协商的偶发性合作。这方面的例子很多，如 1965 年 4 月，SDS 在华盛顿发动有 2.5 万人参加的反战大示威，得到了“非暴力行动委员会”（CNA）、学生和平联盟、“反战同盟”（WRL）、“妇女和平工作团”（WSP）等十多个政治团体的临时性合作和支持。

事物都是矛盾的统一体。左翼组织间存在普遍的紧密型或松散型合作，自然也存在种种矛盾和冲突，这种不和谐关系首先表现在新左派组织与老左派团体之间的紧张和对立。例如，SDS 与 LID 和 PLP（进步劳工党）之间的较量最具代表性。SDS 与 LID 之间是控制与反控制的斗争，因为直到 1966 年获得独立前，SDS 一直是 LID 的附属组织并得到后者经费支持，而 LID 则一直在组织发展方向、政治纲领和具体行动方式等问题上对 SDS 指手画脚，横加干涉。SDS 与内部代表老左派的“进步劳工党”之间的冲突则后果十分严重，它最终导致 SDS 走向解体。PLP 由进步劳工运动（PLM）发展而来，是正统的老左派组织，其核心成员几乎都是 60 年代初退出或被清洗出美共的前美共党员。1964 年正式成立进步劳工党，之后不久，它通过在哈佛、伯克利等高校组建的“五月二日运动”（M2M）和“到古巴旅行学生委员会”等反战学生团体顺理成章地进入了 SDS。作为极端传统的老左翼组织，虽然因为反战这一共同目标与新左派走到了一起，但在价值判断、政治主张和行动方式等方面，双方的共同语言实在是少之又少。PLP 试图改变 SDS 的政治方向并从内部控制它，特别是 SDS 在 60 年代后期逐渐走向反主流文化之路，日益引发 PLP 的恶感。他们认为，SDS 与嬉皮士合流是资产阶级的堕落与颓废的表现，是不为工人阶级所欢迎的。[①] 而新左派奉为圭臬的新工人阶级理论与实践更被他们视为荒谬至极之物，同样，新左派人士也对 PLP 的各种主张与做法十分不满。这种矛盾到 1968 年达到了白热化，最终导致 SDS 在 1969 年彻底解体。

除了与老左派之间的矛盾外，新左派白人组织与黑人组织间的隔膜也

① Kirkpatrick Sale, *SDS*. New York: Random House, 1973, p. 264.

是不可否认的存在。以 SDS 和 SNCC 合作关系的终结为例，二者间虽然合作良好，但从一开始就存在阻碍合作深入和持续的因素。SNCC 虽然提倡非暴力原则，但黑人迅速激进化催化了一种狂热的暴力信仰，这与 SDS 和平主张间形成了对立，此其一；其二，黑人社会具有深厚的反犹意识，这使黑人激进派潜意识中对有强烈犹太色彩的白人青年激进派抱有戒心，这种不信任成为破坏合作的隐形杀手；其三，黑白激进分子在关注的议题上存在差异，黑人主要考虑的是与黑人权利相关的问题，而白人则相对宽泛，这也是影响合作的客观存在的不利因素。黑人激进派后来之所以要提出“黑人权力”，在一定程度上反映了黑人对白人激进派的失望和不满。以种族利益为首要目标的黑人激进派和以全面社会变革为使命的白人激进派之间越来越话不投机的结果是，双方的合作只能是昙花一现。到 60 年代末，黑白激进派的联合早已化为无形。

尽管“新左派”学生组织内部和与其他激进团体之间存在一系列问题，甚至是矛盾冲突，但正是在这样的紧张关系中，60 年代激进政治的多样性议程得到了实施。从早期参与促进南方民权事业的“自由乘客”运动，维护南方黑人政治权利的选民登记运动，到 60 年代中期投身作为“伟大社会”改革中的底层民主与社区改革实践，再到以伯克利校园为代表的校园改革斗争，进而到中后期波澜壮阔的反战和平运动和激进的“文化革命”实验，谱写了美国左翼政治文化史的辉煌篇章，这些方面将在第三章中详论，这里不再赘述。

四　后“新左派”政治文化的兴盛

1. 新左派的落幕与新美国运动的兴起

1969 年夏，新左派的核心组织“争取民主社会学生组织”（SDS）解体，象征着反叛的 60 年代进入尾声。1970 年 12 月，“地下气象员”发布一则题为《新早晨——变化的气候》的声明，承认在美国还没有进行武装革命的可能性，把扔炸弹和拿起枪视为唯一的革命行动是“军事错误”。[①] 该

① Roger G. Betsworth, *The Radical Movement of the 1960's*. Metuchen, New Jersey: The Scarecrow Press, 1980, pp. 302 – 303.

项声明和同年5月由俄亥俄肯特州立大学国民警卫队枪杀示威学生引发的有全美半数高校卷入的抗议活动，共同构成60年代激进政治终结的标志。“60年代”激进反叛的突然终局，原因是多方面的。首先是外部客观因素的作用，即来自权力机构的压制与镇压、资本主义制度本身所具有的对异议力量的强大吞噬力、经济状况的趋恶、越南问题最终解决的明朗化、美国保守主义群众基础的深厚，等等，所有这些因素产生的合力使激进政治的社会运作空间大大缩小。不过，最根本的原因是“新左派”自身的缺陷，如组织上的松散无力、内部矛盾冲突造成严重内耗、青年造反派的新工人阶级理论在工人和学生间竖起了隔离墙、后期的暴力偏好使造反者陷入孤立、对田园乌托邦的执迷不悟，等等，使青年激进派陷入进退维谷之境，特别是对现代文明的抛弃和回归农业文明的实验，对自小在丰裕生活中成长的婴儿潮（Baby Boom）的一代人，田园生活的艰辛是他们难以想象和承受的。

60年代激进派的退场宣告左翼政治新阶段的到来。1971年12月，在艾奥瓦州达文波特市，一批激进派在此召开大会，发起“新美国运动”（New American Movement），力图把它建成第二个SDS。新美国运动的主要发起人是“越南战争反对者”（OWV）组织中朝气蓬勃的政治积极分子迈克尔·莱纳（Michael Lerner），但组织建立后的领袖是洛杉矶美共支部负责人多萝西·赫利之子理查德·赫利（Richard Healey）。[①] 他们把“新美国运动”建成一个论坛，就激进政治的发展方向和策略方针等展开讨论。在组织成立后的最初几年里，新美国运动较多采用“新共产主义运动”（NCM）[②] 的政治架构，但是，它并没有接受后者关于把组织建成“先锋队”的战略。

新美国运动成立后，在全美各地相继建立了一些分部，分部承担了组织的绝大部分事务。具体说来，分部日常工作的内容包括：学习和研究马克思主义理论，讨论当下的种种问题，支持地方劳工运动，投身社区组织与发展工作等。其特点是，无论是开展社区组织工作，还是进行理论学习研讨，都采取分小组集中的集体组织方式，而理论研讨的内容除了马克思

① 1973年，多萝西从美共辞职，翌年加入新美国运动。1975年加入NAM的全国过渡委员会，1982年成为新组建的美国民主社会党副主席。

② 由1969年SDS分裂出来的“革命青年运动（乙）”发展而来，推崇俄国十月革命、中国革命、古巴革命的经验，把马克思主义、列宁主义和毛泽东思想作为其行动指针。

主义的经典著作外，美国和欧洲女权主义的经典文献也是重要论题。组织创办的《运动继续》（*Movin' On*）和《激进美国》以及《社会主义革命》等相关刊物为讨论提供了平台。进入80年代后，随着政治气候的改变和组织减员的增多，新美国运动也从原先较为激进的立场转向相对温和的社会民主主义立场，这一改变使它与迈克·哈林顿领导的“民主社会主义组织委员会”（DSOC）有了相近政治主张。1982年，两个组织合并，组建“美国民主社会党”（DSA）。

在组织建立后的十余年间，新美国运动把扩大和维护弱势群体权利作为组织的基本任务，例如发布反种族主义公告、支持妇女拥有避孕和堕胎的权利，1979年特别出版《妇女组织》刊物，致力于妇女组织问题的研究，等等。然而，虽然他们矢志不移地坚守变革社会的信念，但由于其组织发展十分缓慢，人数太少，[①] 加之迟迟不能摆脱理论教条的束缚，终未能对美国现实政治产生决定性影响。不过，它作为一种过渡性因素在60年代左翼平等政治向20世纪最后20年差异政治的转变中所起的承接作用却是不言而喻的。

2. 文化左派及其抱负

1968年是战后美国左翼政治文化史的重要转折点。这一年，60年代激进运动达到了潮顶，之后迅速潮落。运动的参与者逐渐向不同方向分流：大部分人迫于现实生活压力，屈服于循规蹈矩的中产阶级社会，少数人继续投身以正义为目标的政治行动和社会运动，而为数不少的左翼分子则将全部或大部分身心转向理论研究或文化领域，成为学术界的文化左派。虽然有人称他们为学院派，但他们其实与沉迷于深奥晦涩的抽象理论研究和意识形态辩论的传统学院左派有很大不同。例如，60年代的学生领袖、SDS组织的骨干分子吉特林、奥格尔斯比等就是文化左派中的代表人物。他们通过大学讲堂和著述来取代街头政治，用充满激情的教学和情感充沛的文字继续释放青春的冲动与活力。他们既是学院派，又是文化左派，甚至还是偏好街头行动的社会左派。

---

① 1982年与“民主社会主义组织委员会”合并时，其党员仅有2500人。Mike Davis, *Prisoners of the American Dream: Politics and Economy in the History of the U.S. Working Class*. London: Verso: 1986，转引自“New American Movement”，http://en.wikipedia.org/wiki/New_American_Movement。

此外，与政治上的激进抗争不同的是，文化领域的激进主义在60年代高潮过后，并没有落潮。自70年代以来，它一直呈现一种方兴未艾的态势。笔者曾经在拙著《60年代美国学生运动》中指出，60年代的青年反叛运动“不仅是一场政治运动（支持民权运动、反对越南战争运动，暴力倾向与恐怖主义歧途），也不仅是一场社会运动（反贫困和社区改革运动以及大学改革运动），更主要的是一场文化运动（嬉皮士怪异生活方式与公社实验等）”，[①] 因为深受马尔库塞社会批判哲学熏陶的年轻反叛者们深信，现代工业社会的问题不仅仅是其政治经济和技术力量强大到了前所未有的失控的程度，更重要的是，它的文化力量早已渗透到人的灵魂深处，成为整个现代资本主义合法性的源泉。要实现社会变革，把美国变为一个合理、有序与和谐的社会，老左派念念不忘的政治经济基础革命不仅已经显得文不对题，而且也无法实现变革使命。革命只能从政治经济基础之下的基础，即文化或心灵中开始。如果说战后初期的50年代，老左派被迫从现实政治领域转向文化象征领域，并把这种转移视为左翼事业的失败，60年代的文化新左派则主动选择文化领域为主战场，将之视为现代非人性社会的命门所在。60年代嬉皮士反主流文化遂成为整个战后文化变革的揭幕战，60年代成为起点，70年代以来的文化左派沿着这条道路信步前行，美国政治学者埃通加·曼格尔在论述当代非洲问题时说过一句名言“文化为体制之母”，[②] 这其实用来概括文化左派的文化政治思想再合适不过了。

在20世纪最后30年和21世纪的头十余年里，我们不难发现，文学和艺术众多领域中的左翼个体和群体坚定不移地沿着60年代文化变革的路径前行。其“文化革命”路线遵循两个逻辑性理路：其一，以新保守主义为正统的统治话语推崇一种单一或一元文化霸权主义，认为美国主流文化在历史进程中以特有的熔炉功能把进入美国的各种族群及其文化熔为一炉，铸成一个统一的美国文化，这种一元文化论实际上是为美国资本主义的一元统治提供文化理由。文化左派的对策必然是强调美国文化多元主义的客观性、现实性和必然性。其二，新保守主义不仅大力鼓吹美国文化一元论，而且还有意无意地宣扬文化等级论，一方面，出于冷战和全球霸权战略需

① 吕庆广：《60年代美国学生运动》，南京：江苏人民出版社，2005年，第397页。

② 〔美〕塞缪尔·亨廷顿，劳伦斯·哈里森主编《文化的重要作用——价值观如何影响人类进步》，程克雄译，北京：新华出版社，2002年，第119页。

要，在跨国层面上制造美国文化全球优越的神话；另一方面，出于维护主流文化政治统治的需要，在国内制造主流文化高雅的论调。文化左派的战略则是非常具有针对性：打破文化雅俗之间的界限，以文化相对主义否定文化等级论。通过把60年代所追求的个体和群体权利平等战略转向追求族群间文化差异的承认战略，使左翼政治文化重心从平等政治转变为差异政治，左翼的后现代主义和多元文化主义话语无论是论及女性权利、同性恋权利、少数族群权利，还是涉及环境、经济、和平等议题，多元平等与差异承认始终是核心原则。

在文学创作与文艺评论领域，以玛丽·麦卡锡和苏珊·桑塔格等为代表的左翼知识分子在揭露和批判美国保守主义政治文化在高雅掩盖下的虚伪和霸权本质时，彻底消解高雅与通俗之间的文化界限，把大众文化推上美国文化高堂，并对其中蕴含的“新意识”或“新感受”大加褒扬。以往的左翼文艺强调文艺或美学要反映社会现实，要体现政治，在桑塔格等人那里，美学本身就是政治。左翼作家们尽管热衷于后现代意识和表现手法，但对现实的批判传统从未丢失。美国作家和文学评论家雷蒙德·费德曼曾经作出这样的评论：“当代小说作品常常令人感到不安……它动摇了文化价值和审美价值评判的传统根基。”它们让读者感受不到“文学是具有文化意义的”。[①] 因为在这些作家看来，让人异化的美国社会现实“已无法理解”和描绘，因为它“令人麻木、恶心、恼怒；人的想象力在它面前显得异常贫乏，微不足道”。[②] 这样的社会现实毫无意义和价值可言，它的扭曲与无意义只有扭曲和无意义的文艺表现形式才有可能描绘。在前面论及“黑色幽默”和荒诞派文学提到的海勒、托马斯·品钦、约翰·巴思以及诺曼·梅勒等现代主义作家那里，这种后现代叙事手法已经被用得得心应手了，也正因为这一点，国内外不少论者都把他们归入美国后现代作家群，他们的作品与高尔·韦达、罗伯特·库弗、托马斯·博格、E. L. 多克托罗以及众多边缘群体作家的后现代作品之间很难画出清晰的界线。左翼后现代小说虽然内容和形式千奇百怪，但政治性和批判性隐匿于文字中却是显而易

① Raymond Fedeman, *Declaration of Postmodernism*. New York: Columbia University Press, 1978, p. 9.

② Philip Ross and Malcom Bradbury, *Contemporary Fiction: Contemporary Writers on Fiction*. London: London University Press, 1977, p. 34.

见的。以历史话语主题的表现为例，其政治与批判性最突出的特点是：通过理性的人在理性制度下荒诞的生存境况揭示自由个体的不自由；通过历史虚构实现历史的解构，颠覆官方历史权威，重建平等的历史叙事；通过反叙事等方法建构一个批判晚期资本主义的自由空间；通过美国历史重大事件虚实相间的重构终结美国例外论神话，并为被历史淹没和被剥夺话语权的弱势群体主持公道；通过虚拟的情节和内容深度剖析现代权力特别是媒体权力控制机制；通过诗意的安排想象充满希望的未来。[①]

在诗歌和音乐等领域，激进之声自从60年代的鲍勃·迪伦发出以后，一路号角声声，嘹亮高亢。不仅像琼·贝丝这样的60年代激进"民歌皇后"自70年代以来仍然以其歌声为投枪，直指美国和全球的种种不正义，因为她认为"歌曲不是用来娱乐的；而是能让人欢笑、哭泣和愤怒的，能让人认识这个世界的真实残酷，让人愿意起身奋斗"。[②] 就连60年代只梦想爱与和平却拒斥革命的约翰·列侬，进入70年代后也转而热情讴歌革命。60年代末他为《给和平一个机会》而高唱，70年代他为把流行音乐与革命政治结合"推动一场全国性的革命"而放声，以致联邦调查局曾将其视为"国家的敌人"。1980年列侬在杀手的枪声中倒下后，以音乐为武器的激进政治传统继续在帕蒂·史密斯、布鲁斯·斯普林斯汀、比利·布雷格身上闪光。史密斯的《民众拥有力量》已然成为90年代以来抗议歌曲的经典，它告诉大众相信自己，他们拥有可以改变这个世界和让地球天翻地覆的力量；斯普林斯汀则以沉郁的歌声揭示许诺之地的幻灭；布雷格则是20世纪末至今最具影响力的左翼歌手，是"全球化时代中，最能用一把吉他狠狠穿透资本主义的歌手"。[③]

在影视界，好莱坞的新激进主义具有极大的政治能量。在一般人眼中，好莱坞只是坐落于洛杉矶城北的一个跨国娱乐综合体，它以商业运营方式将电影的生产、购买、分配和展示联结在一起，其间起作用的是利润动力机制。而演员、导演和政治活动家罗宾斯（Tim Robbins）更是认为，好莱

---

① 参见王建平《美国后现代小说与历史话语》，北京：中国人民大学出版社，2012年。

② 张铁志：《时代的噪音：从迪伦到U2的抵抗之声》，桂林：广西师范大学出版社，2010年，第101页。

③ 布雷格虽然是英国歌手，但他在英美左翼眼中是美国早期工会领袖乔·希尔和美国左翼民谣之父伍迪·格斯里这两位最伟大斗士的精神传承者。张铁志：《时代的噪音：从迪伦到U2的抵抗之声》，第212页。

坞并非自由之城，但事实并不完全如此。早在60年代，导演韦克斯勒（Haskell Wexler）拍过一部反映1968年警察与反战抗议者之间冲突历史的电影《冷媒体》，对艺术家在现代社会中的角色进行了严肃探讨。为数不少的编剧、导演、演员和出品人秉持进步立场，在成功制作商业影片的同时，创作了大量探讨反人道的美国社会问题的电影。可以说，美国好莱坞电影具有悠久的左翼政治传统，这一传统可以追溯到大萧条后的1930年代。[①] 在1970年代，华尔街出手买下了华纳兄弟、米高梅与20世纪福克斯三大公司，80年代里根总统又通过减税和出台相关有利政策支持华尔街大亨们，结果是左翼政治影响在好莱坞边缘化。左派只能通过一些个人方式对里根的中美洲政策表示抗议，《华尔街》成为里根时期唯一代表左翼立场的影片。90年代后期至21世纪初，反全球化和反战浪潮重新点燃了好莱坞左派的政治激情。这个时期，许多独立电影生产商或制作人纷纷把反公司资本主义的一些抗议者作为英雄置于影片主角位置，如《战斗俱乐部》等影片就是代表。[②] 好莱坞左派已经成为当代美国左翼政治文化中不可或缺的力量。

在反全球资本主义化运动中，文化左翼提出了一个响亮的口号——“另一个世界是可能的”，这个口号以最简练的语言回答了我们一直迫切想要知道的答案：通过文学艺术来理解世界、来弘扬正义和创造更加美好的生活，这就是文化左派的政治抱负。为更加美好的社会和更加和谐的真正人性化的理想乐土而奋斗，这其实是美国左翼的历史传统，是各种类型的左派共同的使命，因而也是我们理解60年代以来美国左翼政治文化发展进程的串联线。

---

① Chris Robè, *Left of Hollywood：Cinema, Modernism and the Emergence of U.S. Radical Film Culture.* Austin：University of Texas Press, 2010.

② Ben Dickenson, *Hollywood's New Radicalism：War, Globalisation and the Movies from Reagan to George W. Bush.* London, New York：I. B. Taris, 2006, pp. xv-xvi.

第三章　批判与超越："60年代精神"及其主流化[①]

一　病态社会论：对现代性社会的激进诊断

1. 马尔库塞对现代发达工业社会的批判

无数的历史经验证明，任何大规模的社会运动的发生和演进总是离不开某种或某几种政治社会理论的支撑，或者可以说，这些理论本身构成了运动不可或缺的组成部分。在社会运动风起云涌的20世纪60年代，年轻的造反者为了表明自己"革命"的彻底性和独具性，其激进领袖总是声称他们"拒绝"以往的一切思想，但其实无论是当时或之后，他们不得不承认这场运动实际上仍有意无意地服膺于以往和当下种种激进理论的指导。在与这场运动关系密切的思想家中，法兰克福学派第二代理论家赫伯特·马尔库塞对"新左派"批判哲学的贡献和对造反者的影响堪称最大，他本人更是60年代造反运动的参与者，并被西方视作60年代激进派的哲学宗师和精神领袖，被誉为"新左派之父"。"新左派甚至从他最悲观的著作中汲取营养"。[②] 马尔库塞逝世后，一位名叫罗纳德的前造反派以缅怀的笔触写道："在60年代，马尔库塞证明我们有理"，"马尔库塞为我们所有不同的说不清的幻想和爆炸性的主张提供了哲学和历史证明。他为我们建立了一种切

---

① 本章节内容主要参考拙著《60年代美国学生运动》相关章节写成。

② Martin Jay, *Marxism and Totality: The Adventures of a Concept from Lucacs to Habermas*. Berkeley: California University Press, 1984, p. 221.

实可行的真正另类的学术文化、思想方式以及观念和著作宝库。”[①] 换言之，马尔库塞实际上是60年代左翼运动的代言人，其社会批判理论构成60年代左翼激进社会批判精神的核心。

赫伯特·马尔库塞（Herbert Marcuse，1898～1979），德裔哲学家、社会学家和政治理论家。出生于柏林一个犹太富商之家，先后在柏林大学和弗莱堡大学主攻哲学。参加过德国社会民主党。授业于哲学家胡塞尔和海德格尔，1933年加入法兰克福研究所，成为法兰克福学派第二代中坚人物。30年代为躲避纳粹迫害，移民美国。第二次世界大战期间曾在美国军事情报部门工作。二战后先后在哥伦比亚大学、哈佛大学、布兰代斯大学和加州大学圣迭戈分校执教。从50年代初开始，他逐渐对现实社会问题产生了兴趣，把哲学研究同社会问题联系起来，相继发表了《爱欲与文明》（1955）、《苏联马克思主义》（1958）、《单面人》（1964）、《否定：批判理论论文集》（1968）、《论解放》（1969）、《反革命与造反》（1972）等著作，逐步建立了一个社会批判理论体系。马尔库塞社会批判理论的出发点是人道主义，他对马克思主义的修正亦以此为依归。这种人道主义植根于弗洛伊德精神分析理论，其核心为“爱欲”（eros）。在他看来，现代工业社会是一个病态社会，因为它有着自身无法克服的根本弊端：对人性或“爱欲”的无所不在的压抑，使人异化。他指出，一个社会的基本制度和关系（它的结构）所具有的特点如果不能以现有的物质手段和精神手段让人的存在（人性）充分地发挥出来，那么，这个社会就是有病的，而“丰裕社会”的美国就是这样的病态社会。

作为社会学家，他认为社会控制理论是分析和批判“病态社会”的最好视角。所谓社会控制，是指用一定的方式和手段来规范和约束人们的行为，把人们的社会生活限制在某种社会秩序的范围之内。然而，马尔库塞不是简单地应用社会控制这个概念，而是把它同弗洛伊德的本能压抑概念联系起来，以此作为深刻揭示发达资本主义社会特有的社会控制新形式的路径。

作为一位新弗洛伊德主义者，马尔库塞把发生在个人心理结构之内的

① Douglas Kellner, *Herbert Marcuse and the Crisis of Marxism*. London and Berkeley: Macmillan and University of California Press, 1984, p. 376.

"超我"与"本我"、"现实原则"与"快乐原则"的对立视为社会与个人的对立，在"现实原则"对"快乐原则"、"超我"对"本我"的压抑与社会对个人的控制之间画上等字符。他借鉴弗洛伊德关于人类文明起源于压抑与控制，控制与压抑是人类文明中的普遍现象的观点，断定一切文明社会都是压抑人的社会，人类的文明史就是"快乐原则"与"现实原则"冲突的历史。压抑集中表现在对人的本能的压抑。本能即爱欲，爱欲通过压抑升华表现为各个文明时期的创造性劳动、发明和文学艺术的创作，等等。[①] 在继承弗洛伊德学说的基础上，马尔库塞提出了"额外压抑"等概念对弗洛伊德理论进行修补。"额外压抑"是与"基本压抑"相对应的概念。后者指为消除匮乏，组织生产以满足人的生存需要而对人的本能施加的压抑，与此相应的社会控制是必要的、合理的；前者顾名思义指的是，超出基本压抑之外的、统治者为维护其特殊利益而施加的压抑，与之相应的社会控制则是不必要的、不合理的。

从受控领域看，社会控制可分为政治、经济、思想和舆论四种形式；从实现机制和控制力量的来源看，社会控制可分为内在控制和外在控制两种。内在控制即个人的自我控制；外在控制即社会力量对个人行为的规范和约束。然而，马尔库塞却提出，发达工业社会出现了新的控制形式：技术控制或工艺控制。他认为，随着发达工业社会科技的发展，产生了两种互为关联的后果，一是使生产突飞猛进，生活水平大幅度提高，出现了像美国这样的"富裕社会"；二是日益发展的机械化、标准化使全社会越来越紧密地结成一个机械—技术统一体，从而大大加强了社会对个人的控制。

首先，他从控制与自由的关系上对发达工业社会进行批判。何谓自由？自由就是摆脱控制。因为控制和压抑所针对的是人的快乐本能，快乐即满足，即自由。合理的控制并不妨碍个人的意志自由，反而使它成为可能。但在压抑性文明社会，社会控制表现为人的自由的丧失。发达国家自封为"自由社会"，实际上是不真实的。按自由的传统定义，当代发达资本主义似乎是自由的：在这一社会里实施"普遍民主"，保障"议论自由"，提供

① 在一些出版物中，常把马尔库塞的爱欲（Eros）与性欲（Sexuality）相混同，把爱欲文明说成性欲文明，甚至把西方的性泛滥现象归咎于马尔库塞，实为误解。事实上，马尔库塞既反对性压抑，也反对性放纵。因为性欲仅只是两性关系特化的欲望，而爱欲则是包含性欲在内的人的全部欲求。故性解放不等于爱欲的解放。

企业活动自由。然而，传统的自由定义是一定历史阶段的产物，是发达工业社会意识形态的一部分，对它固守不放，本身就是不自由的表现。因此，必须对自由作新的规定。经济自由意味着摆脱经济力量和经济关系的控制，意味着摆脱日常的生存竞争，摆脱谋生操劳的自由；政治自由意味着个人从个人无法有效控制的政治中解放出来；思想自由则意味着恢复被大量宣传和思想灌输所同化了的个人思想，意味着取消社会舆论及其制造者。他认为，当代资本主义社会的政治和思想已失去了批判功能，它否定变革社会现实，具有顺应和肯定资本主义制度的性质。仅存的一些反抗活动只从反面考验、动员和加强着现存的统治机器，因而为现行统治所容忍。自由竞争、出版自由是垄断价格钳制下处在被审查中的自由。自由是消除或减少社会对个人的控制，但事实上发达工业社会却全面地加强了对人的控制。

由于控制的主要手段发生了变化，发达工业社会里的不自由也具有新的特征。他认为，经济自由是基础，是实现其他自由的必要条件。经济不自由是前工业社会的特征，在以美国为代表的“富裕社会”里，免于匮乏的经济自由正在逐渐变为现实的可能性。因此，同过去比，资本主义社会确实提供了许多新自由。但是，发达国家工业社会在解除人们饥饿之苦，使人们获得低层次的自由的同时，以技术控制手段把人们紧紧拴在资本主义生产机器之上，扼杀了高层次的政治、思想自由。全面自由是人的本质要求，而“富裕社会”中人只获得经济上的片面自由，因而具有单面性。此外，决定自由程度的关键是性质而非范围。发达工业社会确实提供了更多的选择自由，然而说到底，也只不过是选择新商标、新产品、新主人的自由。一句话，在“先进的工业化文明世界”流行的是“一种舒适、温和、合乎情理且民主的不自由”。①

其次，从控制与需要的角度展开又一个批判面。需要表明人的欠缺、不满足和不快乐，它引起人对所需事物的渴望和追求。人是有目的的动物，行动为了满足需要，控制人的行动必然与控制人的需要相关。在匮乏社会，统治者主要以胁迫和诱骗为主要手段来直接控制和压抑需要，“富裕社会”则是以技术手段即间接方式控制需求。需要有真实和虚假两种，前者指无

---

① 〔美〕H. 马尔库塞：《单面人》，左晓斯译，长沙：湖南人民出版社，1988 年，第 1 页。

条件地要求满足的、生命攸关的需要，如食品、衣物及住房等等；后者指有条件的需要，是统治阶级为维护统治，加强社会控制而施加于人的。其有条件性表现在某物是否成为需要，取决于它对现行社会机构和利益是否必不可少。为防止高层次需要产生，垄断资产阶级大力发展技术，制造虚假需要。个人需要被引诱到现存制度可以接受和满足的方向，从而消除反抗动机——不满，从根本上扼杀革命。最有效的形式便是牢固树立物质和知识的各种虚假需要，使人们为满足需要而进行的奋争永恒化，把人们淹没在虚假需要与虚假满足的无底深渊。个人对社会制造的需要和满足津津乐道，说明社会控制已"潜入"人的本质结构，外在的控制变成了自觉自愿的内在控制，强制被当作自由。现存制度通过大量强制性消费措施，如赊购、分期付款和信用卡制度，等等，让产品进行思想灌输和控制，把统治阶级的需要潜移默化到个人身上，从而把他牢牢拴在资本主义机器之上。

最后，马尔库塞认为，这个社会不仅控制了个体，也控制了个体之外的自然。这种控制表现在使自然环境屈从于"一种适应于资本主义要求的技术的、工具主义的合理性"。[①] 结果自然被严重污染，被极端商品化与军事化。现代技术社会不仅造成生态环境的严重失衡，也打破了自然所拥有的宁静和谐，对自然的控制成为扩大对人的控制的一个因素。

基于以上分析，他指出，当代社会的控制已达到使人无法反抗的程度，物质满足和福利的发展使人明显感觉不到这种控制日益进入了人的日常工作和生活。社会控制的触角借助于科技已深深进入闲暇时间，控制了人的思想和行为。各种各样的娱乐活动，瘟疫般的商业广告杂志、广播、电影、电视，等等，充斥社会各个角落，越来越成为人们日常生活的主宰。人们用时髦的工业化语汇交流，用同一种逻辑思维。时空观念的同步化和行为标准化形成了一种被普遍遵循的现实伦理模式，相对独立自由的"私人空间"为技术世界现实所打破，个人被大规模生产和分配全部占有。在各种不断重复而定型为机械反应的过程中，人们不是考虑怎么做，而是直接模仿。一种单面思想与行为模式就诞生了：人被现存社会同化，失去了超越其所生活的社会的能力，从具有肯定和否定能力的健全的人变成了失去否

① 〔美〕马尔库塞等著《工业社会和新左派》，任立编译，北京：商务印书馆，1982年，第127页。

定能力的平庸的“单面人”（one dimensional man）。

工人阶级对立的地位和形象的改变与丧失最能说明这个问题。其主要根源在发达工业社会劳动过程的影响：第一，机械化日益减少花费在劳动中的体力的量和强度，改善了被剥削者的地位和态度。技术用精神努力代替了肌体劳累，标准化消除了生产性和非生产性工作间的差异，使发达自动化工厂的工人与办公室打字员、银行出纳员、电台播音员无甚区别；第二，职业层级上出现了同化趋向。非生产性工人（白领）迅速增长，工人阶级已不占人口大多数。机器日益代替人成为生产要素，这就似乎取消了剩余价值学说，因为“生产率‘由机器而不是由个人的输出’决定”；第三，劳动者的意识和态度发生了变化。工人日益对工厂利益感兴趣，对把自己的智慧用于解决生产和技术问题极富主动性和热情；第四，新的技术劳动领域削弱了工人阶级的否定地位，工人阶级已被现存社会“融合”，成为肯定和维护当代资本主义制度的力量。“既然在现存制度内，工人阶级能够丰衣足食，并在获得自己的住宅、汽车、电视机等方面有了保证，那么怎会感到有进行革命的必要呢?”[①] 马尔库塞相信，工人阶级被同化到资本主义社会，不是表面现象，而是扎根于垄断资本的政治经济之中：工人阶级从超额利润、殖民剥削、军火和政府的巨额津贴中分得好处，与资产阶级同流合污，成为资本主义制度的自觉的辩护人。

此外，发达工业社会在加强控制和压抑爱欲的同时，扩大了对非升华满足的许可范围。社会为许多刺激性的行为方式发放了通行证，性满足不再需要采取隐蔽的升华形式，而是表现为直接的非升华的满足。这种非升华严重冲击着现代社会的伦理道德，但仍是肯定的因素，因为它扩大了表面的和形式上的自由，却加强了内在的控制。这种非升华的满足并非快乐原则的加强，而是与爱欲升华相悖的对现实原则的加强和屈从。因此，这种非升华形象无论怎样野蛮、淫荡和不道德，它总是能够被容忍，因为它具有麻木人们意识的功能，让不幸的人们把被控制和压抑状态当作幸福状态，对社会统治秩序本身有百益而无一害。

因此，当代资本主义社会是异化社会。马尔库塞断定，马克思用以批判资本主义的基本概念是异化劳动和私有财产，这两个概念的实质就是人

① 岳麟章主编《当代西方政治思潮》，西安：陕西人民出版社，1988 年，第 49 页。

的本质异化。自由和需要构成人的本质规定与内在结构，自由的丧失和需要的扭曲意味着人的本质异化。技术革新社会控制、压抑和操纵人的需要，限制并剥夺人的自由。当个人认为自己同强加在自己身上的存在是一致的，并从中得到满足，这不表明异化的消失，而是表明异化的深重。一句话，异化是压抑性社会控制的实质和根源，压抑性社会控制则是异化的结果和表现。

从以上分析和批判中，不难看出，现代资本主义社会的基本矛盾是物质文明的充分发展与人类精神的扭曲之间的矛盾，是迅速扩大的生产力和丰富的物质财富同二者的浪费以及破坏性使用的矛盾。在现代资本主义社会，人性日益丧失，与制度对立的阶级被有同化作用的生活和权力方式所调和，反抗精神泯灭在以接受非暴力的、舒适的、控制和奴役及充分满足为心理基础的妥协之中。然而，对爱欲的压抑并未消除，社会异化还在不断加深，而人们很少能意识到这一点。这个社会是一个扩大了的集中营，生活在里边的人已经习以为常了。因此，他指出，"资本主义的现状不仅具有经济和政治危机的特点，而且标志着一场危及人的本质的大灾难；这种观点从一开始就宣告了各种单纯的经济或政治改革的失败，并且无条件地要求通过全面的革命来超越现状。"① 即进行总体革命——性的、道德的、理智的和政治的全面反抗。

2. 乌托邦革命论

自托马斯·莫尔的《乌托邦》问世以来，乌托邦概念便一直紧紧地与美好和理想的社会制度联系起来。C. 赖特·米尔斯在《给新左派的信》中指出："现在的'乌托邦'是指超越分散的个人的封闭性环境的任何批判或方案。男男女女能直接了解这个环境，他们并且能够合理地希望直接改变它。在此精确意义上，我们的理论工作确实是乌托邦。"② 马尔库塞与米尔斯不谋而合，认为乌托邦不是空想，而是理想的同义语。他指出，传统的乌托邦概念指那些不可能实现的社会方案，这些社会方案的不可能性是相对于现阶段的现代社会而言的，它们与现实社会大相径庭，完全对立，这正是其超越现实的表现。随着时间的推移，不可能就会成为可能。"当一个

① H. Marcuse, *Studies in Critical Philosophy*. Boston: Beacon Press, 1972, p. 29.

② Priscilla Long, *The New Left: A Collection of Essays*. Boston: Porter Sargent, 1969, pp. 20 - 21.

时代幻想之梦境在物质（即经济和技术）上变得切实可行时，它们就转变为历史的可能性。”① 由此，他指责马克思的社会主义理想不够激进不够乌托邦。② 他认为，马克思的弱点在于太注重未来社会的可预测性、科学性和必然性。但必然性和科学性并非确定的真理，通往社会主义的道路可能是从科学到乌托邦，而不是相反。因此，他指出，当今发达工业社会需要有一个从“马克思到傅立叶……从现实主义到超现实主义的理论和实践的运动”③。马尔库塞在50年代曾花了很多时间潜心研究傅立叶，他作出了惊人结论：法郎吉中包含着弗洛伊德的心理动力学。他由此断定，一个更美好的未来社会不只是表示政治经济方面的变革，更重要的是本能结构和文化结构的变革，即解放爱欲。“爱欲的解放能够创造出崭新和永恒的劳动关系。”④

有鉴于此，马尔库塞在《爱欲与文明》中以爱欲为基石绘出了第一份乌托邦蓝图。这份蓝图实际上是弗洛伊德文明理论与傅立叶空想学说的拼合，具有明显的神话浪漫主义特征。众所周知，弗洛伊德对人类未来持悲观立场，认为文明与爱欲形同水火，非压抑性文明的不可能性是其全部理论的基石。相反，马尔库塞则相信非压抑性文明并非不可能。他借用古希腊神话人物来代表理论概念，代表不同的生活类型。认为普罗米修斯是苦役、生产和由压抑而进步的文化英雄，他的世界容不下快乐。与之相对的是俄耳浦斯和那喀索斯，这两个形象象征着解放、快乐、歌唱与和平，“它们象征一种释放的（和不接受压抑的）爱欲，一种和平美妙的状态。”⑤ 这是一个阳光明媚的极乐世界，一个诗情画意的伊甸园。“到处都是秩序和美妙、舒适、幽静和美感”，⑥ 这个天堂般的乐土是对丑陋不堪的现实世界的

① Peter Clecak, *Radical Paradoxes: Dilemmas of the American Left, 1945 – 1970*. New York: Monthly Review Press, 1973, p. 184.

② Nicolas Lobkowicz, *Marx and the West World.* London: University of Notre Dame Press, 1967, p. 413.

③ H. Marcuse, An Essay on Liberation. Boston: Beacon Press, 1969, p. 22.

④ 〔美〕H. 马尔库塞：《爱欲与文明》，黄勇、薛民译，上海：上海译文出版社，1987 年，第249页。

⑤ Douglas Kellner, London and Berkeley: Macmillan and University of California Press, 1984, p. 175.

⑥ 〔美〕H. 马尔库塞：《爱欲与文明》，黄勇、薛民译，上海：上海译文出版社，1987 年，第140页。

绝对否定和超越！在这片净土上，人与自然、主体与客体的对立消失了，人和动植物都体现了自身的样子——美。动物世界充满了友爱，羔羊与狮子、雄狮与人和睦相处，自然界的僵化被打破，森林和岩石也分享到了快乐。

然而，在 1964 年发表的《单面人》一书里，他悲观地发现，当代社会已强大到消除了对立面，一切否定因素都被现存制度所吸收，压抑性文明似乎正在变成永恒物，建立乌托邦的可能性似已荡然无存。不过，他最终还是从现代技术社会强大的控制体上找到了一条"裂缝"，从中透出了一丝超越现代社会的希望之光。

增长着的生产力和增长着的破坏力的结合，玩弄毁灭性的边缘政策，思想、希望及恐惧屈从于当局的决定，面对空前的健康而维持着苦难，所有这些构成了最正义的控诉——即使它们不是该社会存在的理由而只是其副产品：提高效率和促进增长的蔓延开来的理性，本身是反理性的。[①]

这种反理性隐藏着历史替代之可能性。

60 年代下半叶，美国社会造反运动风起云涌，进入了高潮，使年迈的马尔库塞再次热血沸腾，重新投入绘制乌托邦的工作。他的理想形象不再是奥林匹斯山上快乐的歌唱家和自恋的美少年。他开始把叛逆青年与其乌托邦神话英雄联系起来。在其乌托邦新图景里，朗朗的爱欲天空飘荡着虚无主义云雾，爱的旗帜在其中迎风飘扬。"爱情克服了时间和空间，爱情避开了灭亡。"[②] 一句话，这个乌托邦是爱的涅槃境界，一个非生非死、不寂不灭的虚无主义世界！

既然现代资本主义社会已消除了对立，包容了变革，并全面加强了对人的本能的压抑与控制，那么，克服这场危及"人的本质的灾难"的革命必须是"总体革命"，即政治、经济和文化意识的革命。它不是出于对基本生存权利的要求，而是出于人道主义的"对无人性、非人化以及所谓消费社会的无节制的消费的憎恶"，[③] 革命的目的在于建立一种人类有史以来最

① 〔美〕马尔库塞：《单面人》，左晓斯译，长沙：湖南人民出版社，1988 年，第 4～5 页。

② 〔美〕马尔库塞等著《工业社会和新左派》，任立编译，北京：商务印书馆，1982 年，第 178 页。

③ 〔美〕马尔库塞等著《工业社会和新左派》，任立编译，北京：商务印书馆，1982 年，第 72～73 页。

崭新的生活方式。但是，当代社会的控制已潜化到人的心灵深处，革命被扼杀于心灵中。因此，革命的起点不是政治经济制度，而是人的本能，即革命主要是“意识革命”和“本能革命”。“反抗的任务首先是解放我们自己的社会集团之外的人们的意识。”① 总之，革命将从改变人本身、人的生活方式和文化着手。

意识革命主要方式是自我反省和教育，随之而来的实践是“大拒绝”。②“大拒绝”就是抛弃现代社会的一切行为准则，拒绝接收该社会的工作和生活模式，在一切方面同现存社会唱反调。“只有混乱的、无政府主义的反对派，政治的和道德的、理性的和本能的反对派，拒绝参加罪恶的把戏，厌恶任何繁荣，才能毁灭这个制度。”③ 马尔库塞进一步认为，只有暴力挑衅迫使统治者诉诸暴力，才能撕开民主面纱，暴露当代社会的法西斯面目，使人民觉悟。为此，他甚至希望麦卡锡主义的恐怖在美国重现。④

3. 对马尔库塞社会批判哲学的几点评论

无须否认，马尔库塞的社会批判理论，其体系之恢宏，结构之庞杂，逻辑之缜密，结论之果敢，影响之广远，政治感召力之强大，在战后以来的西方思想界不说绝无仅有，至少也是屈指可数。然而，60 年代激进运动最后走向瓦解的结局充分说明其理论诸多论点非常值得讨论。

首先，当代资本主义社会已达到了消除物质匮乏的程度，工人阶级被富裕社会“养肥”，成了既得利益者，失去了革命性，现存制度的罪恶就在于物质和技术对人性的控制与压抑。根据这一论断，不难从逻辑上推论出，美国已经消除贫困现象，但事实是，60 年代造反的一个重要根源就在于贫困的大量存在。连约翰逊总统都承认，贫困仍是美国的一处创伤。以“向贫困开战”为核心的“伟大社会”改革的深得人心从反面说明了贫困问题的严重性。至于说工人阶级成为现存社会的既得利益者的主要论据是，生活水平的同一化和工人持股现象的增生弱化了传统的社会阶级间的差异，消除了对抗。的确，战后美国工人家庭生活水平有了大幅度提高，在基本生活设施上，老板和雇员之间的界线已经十分模糊。雇主和雇员可能同时

---

① H. Marcuse, *Five lectures: Psychoanalysis, Politics, and Utopia.* Boston, 1970, p. 93.

② H. Marcuse, *An Essay on Liberation*, Boston: Beacon Press, 1969, p. 53.

③ 徐崇温：《西方马克思主义》，天津人民出版社，1982 年，第 359 页。

④ Irving Howe, *Beyond the New Left.* New York, 1970, p. 163.

看同一种电视，读同一种报纸，开同一型号的汽车，甚至一同出现在某一观光胜地，但这并不能证明他们之间不平等关系的终结，因为消费的同一不等于生产资料占有的同一。虽然工人普遍持股现象并不假，但其持股数量还远未达到能使生产资料占有状况发生质的变化的地步。更何况，消费同一也是不真实的，因为双方的收入差距悬殊。工人阶级被养肥的结论显然是神话。至于说工人阶级变成反动势力的观点，主要依据就是工人持股现象和部分工人听信宣传，支持政府的战争政策和投保守派政治家的票。以上论断疑似以部分代替整体的错误所致。

其次，他断定马克思批判资本主义的理论核心是异化，"全部马克思政治经济学批判和革命理论是建立在一种肯定的人性概念及其基本权力之上的。"①他一方面把马克思早期的异化概念当作马克思理论的最高点和核心内容，另一方面则将马克思的劳动异化视为人性异化。其实，马克思从未把异化概念同人性或人的本能联系起来。马尔库塞的异化概念实际上源于存在主义。30年代初，马尔库塞与存在主义巨擘海德格尔分了手，但并未向其思想告别。从1941年《理性与革命》到1955年《爱欲与文明》出版的十多年里，他仅有的著述是有关萨特和加缪的评论。众所周知，人性异化正是存在主义批判现状的出发点。

再次，失之幼稚的变革途径与斗争策略。总体革命源于罗莎·卢森堡，意识革命则主要来自青年黑格尔派，本能革命则是马尔库塞自己的弗洛伊德-马克思综合物。马尔库塞相信，变革的关键在于大多数人的觉悟，因此特别强调意识和本能革命，似乎一俟意识革命完成，其他问题就迎刃而解了。这样，他把马克思的革命论首尾倒置起来。他的意识革命与19世纪鲍威尔等人的"批判的批判"宣传的只要工人思想上铲除资本这个范畴就消除了真正的资本的主张毫无二致。难怪英国学者林德在其著作中强调马尔库塞是青年黑格尔派。② 由于他否认传统工人阶级的革命性，他一直在为他的社会变革苦苦寻找变革者，事实上，这正好说明他的理论存在严重"症结"，因为只有书斋里天马行空虚构出来的变革理论才会找不到变革者。

在马尔库塞看来，民主制度是维护资本主义价值的手段，反对派若采

① Douglas Keller, London and Berkeley: Macmillan and University of California Press, 1984, p. 81.

② Peter Lind, *Marcuse and Freedom*. London, 1985, p. 11.

取合法行动就是遵循了统治集团的“比赛规则”，无异于投降。政治战略和斗争策略将是：其一，以暴力挑衅迫使统治集团采取武力，从而暴露民主伪装下的法西斯面目；其二，一切反对派的联合“大拒绝”。此战略使西欧学生“恍然大悟”，迅速走向暴力，美国青年激进派则将之具体化为大规模的“嬉皮士”运动。然而，历史已证明这一战略及其指导下的造反“与其说是革命运动还不如说更像儿童十字军”。[①] 这种战略只是一种冒险主义的游戏，它全然不顾变革的主客观条件的成熟与否，一心指望靠无政府主义的少数青年学生用幼稚可笑的“大拒绝”来获致真正的民主，这说明理论本身的幼稚。而且，马尔库塞把资本主义社会的基本民主权利和社会福利当作权力精英加强控制的手段加以否定，这是危险的思想。因为民权和福利的扩大是人民长期斗争的基本成果，决非精英阶层的统治预谋。马尔库塞的观点必然会扰乱人们对民权和福利的注意力。

最后，虚无缥缈的未来世界。马尔库塞的乌托邦蓝图虽然不断涂改变更，听起来美妙浪漫动听，却是真正意义上的空想，因为在他的爱的阳光普照的太虚幻境中缺少的恰恰是最根本的东西：新社会的经济制度。由于他忽略了经济关系，他的“新人”仿佛都成了不食人间烟火的“神”。一句话，这个新社会也只是一个乌有之乡。

二　天下为己任：锐意改革与社会变革精神

正如我们在第二章中所作的分析，20 世纪 60 年代的新左派青年，绝大多数出身于中上阶层家庭，在战后的繁荣背景下无忧无虑地长大，家庭中的左翼政治倾向和社区的激进氛围直接或间接地培育了他们的社会正义感与责任意识。50 年代黑人民权运动的爆发和大面积贫困现象的揭露使他们看到了美国社会的另一面，而冷战的紧张局面更令他们为人类的命运也为自身的未来忧心忡忡。1960 年 11 月，充满蓬勃朝气的民主党人约翰·肯尼迪在大选中胜出，他号召美国年青一代承担起责任，投身改革，向未知的“新边疆”进发，“不要问你的国家能为你做些什么，而要问你能为你的国

① 〔英〕阿·麦克伦泰：《“青年造反哲学”创始人——马尔库塞》，詹合英译，长沙：湖南人民出版社，1988 年，第 110 页。

家做些什么"，年青一代变革社会的激情和使命感由此苏醒。

1. 新左派与 60 年代自由主义改革

20 世纪 60 年代，肯尼迪－约翰逊政府发起了一轮可以比肩 30 年代"新政"改革的"伟大社会"自由主义改革运动，这场改革把美国族群平等与经济社会公正的正义事业推进到了一个新阶段。

"伟大社会"改革纲领与实践包罗万象，主要包括以下几方面：（1）以种族平等为宗旨的民权立法。这方面的成果主要表现为三个法案：1964 年民权法、1965 年选举权法和 1968 年开放住宅法。前面两个法案的主旨是禁止在公共场所、联邦财政援助计划、就业领域和选举过程中因种族、肤色、宗教和来源国而出现歧视，所追求的是通过法律保障平等权利，第三个法案规定，在联邦拥有的住房和联邦确认抵押的集体公寓内，禁止基于种族、肤色、宗教或来源国在租金、广告或住房资助方面发生歧视，所追求的显然是实际生活中的平等地位；（2）消除匮乏为宗旨的向贫困宣战运动。1964 年 3 月，约翰逊总统向国会递交向贫困宣战咨文，正式发起反贫困运动。政府的反贫困计划涉及政治、经济和文化三大领域，政治领域主要是追求贫困人口的机会均等与"最大化参与"；经济领域则是通过收入转移进行收入再分配；文化领域则是通过教育等路径进行改造，消除贫困文化。（3）示范城市运动。20 世纪 50 年代，美国出现史无前例的郊区化或逆城市化运动，其最为直接的负面后果是中心城区因税源萎缩而趋于衰败，贫困率和失业率高居不下，社会矛盾严重。通过示范城市计划推动城市改革以缓和城市危机是"伟大社会"改革的重要组成部分。1966 年 11 月，示范城市与大都市法生效，主要内容为：由联邦政府拨款 80%，地方政府提供 20% 配套资金，对城市环境进行彻底改造。迄 1972 年止，这一计划共遴选了 150 个示范城市，年均预算拨款达 3.9 亿美元。[①]（4）医疗卫生与教育改革运动。1965 年 7 月，《医疗保险与援助法案》经总统签字后生效。这一法案主要内容如下：首先，联邦为所有 65 岁以上老人提供 60 天住院治疗服务，出院后 60 天医疗保险，240 天上门关照服务，大部分费用由政府通过提高社会保障税来埋单；其次，支持个人购买医疗保险，个人承担 1/3 保

① Carl Abbott, *Urban America in the Modern Age*: 1920 *to the Present*. Illinois: Harlan Davidson, 1987, p. 124.

费，其余2/3由政府补贴；再次，政府无条件为无力支付医疗费用的穷人（主要是低收入者和弱势群体）支付医疗账单；最后，大幅度增加医疗机构设施改造与建设以及医疗人才培养等方面的投入，使医疗服务更加现代化与合理化。在教育方面，约翰逊认为，教育机会不平等是贫穷的重要根源，“失去工作和金钱的主要原因不在于贫困，这仅是表象，失败的深层次原因就在于没有给他们一个发展个人能力的平等机会，在于教育与训练的缺少。”① 1965年4月和12月，联邦中小学教育法和高等教育法分别生效，成为美国政治社会生活史上的重大事件。法案从反对不平等和反对歧视出发，通过联邦拨款援助贫困家庭学生、各级学校建设、教育研究、向高校学生提供奖学金等，打破联邦不能资助教育的传统，全面干预教育事业，使教育向公正目标迈进了一大步。（5）提高生活质量运动。约翰逊总统作为一位政治理想主义者，他明确表示要把美国建成一个高水平生活质量的国度，“丰裕本身不是目的，我们关心的是全民的生活质量。”②“伟大社会”改革纲领中涉及这方面的内容较杂乱，主要包括环境与自然保护、消费者权益保护和联邦对艺术和人文科学进行资助等。

1968年，代表政治保守势力的共和党人尼克松在大选中胜出，预示了“伟大社会”改革半途夭折的命运，1973年1月，尼克松政府宣布取消142项“伟大社会”计划，伟大社会改革正式终结。尽管如此，“伟大社会”改革的成就仍然不容低估。其公认的成就有三：一是大大促进了美国民权的进步；二是明显改善了美国社会贫困状况；三是使美国福利国家建设上了一个新台阶。“伟大社会”改革的发动和推进，虽然与肯尼迪和约翰逊个人的政治自由主义理想分不开，但60年代左翼所施加的政治压力和推波助澜更是功不可没。美国学者罗斯瑙指出，二战后，由于冷战的影响，左派与自由派之间渐渐形同陌路。言下之意，战后改革是自由派独自进行的。不过，他同时又承认，左派与自由派之间在战后的冷战时代所致力的目标毫无二致，即把美国资本主义经济制度的福祉扩及仍未受益的社会群体。③ 事实上，从某种角度看，60年代的自由主义改革就是自由派政府和左翼社会

① Lyndon B. Johnson, “State of the Union Message”, *New York Times*, January 9, 1964.

② 刘绪贻主编《当代美国总统与社会》，武汉：湖北人民出版社，1987年，第222页。

③ Doug Rossinow, *Visions of Progress: the left-liberal tradition in America*. Philadelphia: University of Philadelphia Press, 2008, pp. 9 - 10.

运动之间互动的产物。在约翰逊执政的五年多时间里，美国国会通过的改革法案数量之多，堪称空前绝后，仅环境保护立法就超过 100 个，如果没有左翼社会运动力量的支持与配合是难以想象的。改革伊始，包括迈克尔·哈林顿在内的一批左派人士被请到华盛顿成为座上宾，为改革出谋划策。SNCC、SDS 等"新左派"学生组织亦在华盛顿派驻代表，参与改革规划。约翰逊总统本人则经常前往"新左派"云集的威斯康星大学等高校与师生就改革政策进行沟通，请校园学生组织参与城市反贫困等改革计划的实施等，而"新左派"青年则在总统大选和国会就改革议案进行表决时实施街头行动形成政治压力，以对约翰逊及其政府提供有力的政治支持。例如，1964 年大选，约翰逊正是由于得到年青一代人的支持获得 61% 的选票，创造了进入 20 世纪以来美国总统选举史上最高得票率记录。

在左翼社会运动走向激烈化的 60 年代中后期之前，约翰逊政府基本上把以促进公民权利为主旨的激进社会运动视为推进改革议程的盟友和支持力量，而"新左派"同样很清楚，他们所追求的公民政治、经济、文化教育和社会生活各个层面的平等权利目标的实现，最终还是有赖于拥有巨大资源的政府的政治和法律行动。可以说，正是"挽起袖子，改造美国"的理想冲动和共同的改革目标把双方距离拉近，走向合作。"新左派"与自由派的合作开创了战后美国左翼政治实践的新模式。由于民主党善于吸收左翼社会运动的政治诉求，自 60 年代以来，包括美共在内的越来越多的左翼政治组织把民主党视为改革党，不仅在大选中多半选择支持民主党候选人，甚至像以民主社会主义为政治目标的美国社会民主党（SDUSA）自 1972 年成立以来就一直在民主党内活动，稍晚成立的美国民主社会党（DSA）也同样名列民主党内，[①] 民主党对左翼政治党派持开放立场，而左派团体则把民主党作为实现自身政治目标的平台。

2. "新左派"的变革行动

"新左派"的变革宣言

1962 年 6 月，SDS 全国代表大会在底特律以北 40 英里的休伦港召开，出席会议的代表有 59 人，大会通过了著名的《休伦港宣言》。《休伦港宣言》以尖锐的笔触对美国现行制度和社会进行了全面分析和不失深刻的批

---

① "Leftist Parties of the USA", http://www.broadleft.org/us.htm.

判，并就社会理想和行动战略展开了全面系统的讨论。这一划时代的文献不仅是新左派的政治宣言书，也不仅是战后美国激进社会运动的一个制高点，更是美国社会文化史上的一座丰碑，它表达了年青一代人的心声。也正是这个宣言，把 SDS 推向新左派政治舞台的中心。宣言文本中对美国社会的病态进行了条分缕析，以之作为社会变革的理由。（1）美国广大南方和北方大城市黑人在种族歧视下的苦难处境揭露了“人人生而平等”国度的虚伪性；（2）原子弹对全人类生存和文明发展的毁灭性威胁让现今一代人可能成为进行生存实验的最后一代人；（3）人们正在饱受无意义的工作与失业之苦；（4）社会经济处于严重不公状态，“当 2/3 的人类正在挨饿时，我们的社会上层却在丰厚的利润中作乐。”（5）地球自然资源在不受限制的开采中濒于枯竭；（6）美国“民有、民治、民享”的政治制度实际上只是少数权势统治阶层权术和冷漠的体现；（7）无政府状态的世界混乱无序，没有大国愿意出来承担责任，领导前行；（8）技术力量对社会结构的破坏有增无减；（9）随着对人的控制不断增强，人日益陷入不自由状态，日益被贬损到物的地步；（10）社会政治惰性不断发展构成了对改革或者变革的阻力。为了改变这一切，创建一个真正民主的、公正的和个人得到充分自由的理想社会，必须进行变革。①

变革的起点和核心是价值观的建构，它包括人类的概念、人际关系和社会制度三个领域。在人的概念方面，相信人具有未完全实现的理性、自由与爱的宝贵能力，具有自修、自导、自知和创造力的潜能，具有并非出于自私自利的独立性。在人际关系方面，友爱和诚实是其要津，它是消除当今造成人与人之间巨大距离的孤独、疏离和孤立的良药。在社会系统方面，要以植根于爱、反思性、理性和创造性的权力和唯一性取代植根于财产、特权和境遇的权力，要在个人参与决策的基础上建立参与民主的政治制度。经济生活中同样以民主为依归。作为大学中的“新左派”，将义不容辞地担负起变革社会的重任，以大学为基地，通过校外的和平运动、民权运动、劳工斗争和理论创新，一个真正民主的社会的实现将不会再让人感到是虚无缥缈的事。

① “Port Huron Statement”, http://www2.iath.virginia.edu/sixties/HTML_docs/Resources/Primary/Manifestos/SDS_Port_Huron.html.

底层民主与社区行动

《休伦港宣言》问世后，SDS 在继续参与民权运动和和平运动的同时，开始把注意力集中到底层社会的扶贫助困上来，中心工作是建立"跨种族穷人运动"。1963 年 8 月，制定了"经济研究与行动计划"（ERAP），一大批 SDS 成员组成小组，深入芝加哥、克利夫兰、纽瓦克、巴尔的摩和其他北方大中城市黑人和白人街区，开展社区组织工作，目标是反对经济剥削与种族歧视，改善底层社会普通人的生活，使北方城市基层社会力量与南方民权运动相联系，最终实现社会变革与正义。美国历史学家布瑞因斯指出，"经济研究与行动计划"在新左派发展历程中具有十分重要的意义，它提出了改革主张，讨论了改革与革命之间的关系问题，揭示了 SDS 对待社会问题的真实立场。①

ERAP 由一系列各具特色的城市社区计划构成，巴尔的摩、波士顿、芝加哥、克利夫兰、费城、纽瓦克、切斯特、特伦顿、路易斯维尔等城市成就最为突出，特别是巴尔的摩和芝加哥的"现在就增加就业与收入"（JOIN）计划和纽瓦克与克利夫兰等地的"现在就移走垃圾并增加收入"（GROIN）计划最为红火。不过，从实施结果看，切斯特堪称成功的榜样。切斯特是一座位于宾夕法尼亚州东南部的小城市，人口不过 63000 人，其中黑人占到 40% 以上，经济上一直处于落后状态，政治上则是共和党的传统地盘。SDS 与当地的斯沃斯摩尔学院中的"政治行动俱乐部"（SPAC）密切合作，为促进这里的种族关系的改善和经济发展作了不懈努力。到 1964 年，切斯特实现了黑人对社区的控制，成立了三个大型社区组织，使民权和经济问题的解决被置于组织系统化的推动之下。然而，ERAP 在大多数地方实施的结果却是令人失望的，很多城市社区计划都是虎头蛇尾，最后草草收场。到 1965 年后，除个别地方还在坚持外，这一项目基本上都被终止了。失败原因是多方面的，其一，SDS 内部存在严重分歧，在项目上没有形成共识；其二，新左派青年学生的无匮乏成长背景使他们难以同匮乏状态下的社会阶层真正沟通；其三，计划参与者陷入激进社会变革抱负与依靠现行制度的实践之间的两难困境；其四，社区行动计划的恢宏与经费短缺

① Wini Breines, *The Great Refusal: Community and Orgnization in the New Left: 1962 - 1968.* New York: Praeger Publishers, 1982, p. 123.

之间的巨大鸿沟无法填平；其五，校园政治和越战升级转移了大多数人的视线；其六，运动后期出现的平等主义和反等级制意识与 ERAP 等级结构之间的矛盾；其七，计划参与者把占人口少数的底层社会作为社会变革的主体，显然脱离了美国社会实际。

尽管如此，新左派的社区行动计划所产生的影响仍然是不可低估的。首先，它程度不等地改变了为之奋斗过的城市社会生活；其次，自下而上看世界的低层眼光逐渐成为新左派的核心话语；再次，“让人民决定”的格言使基层民主成为60 年代新左派留给美国社会的重要精神资产；最后，社区行动计划的实践经验把新左派的社会变革行动推向更高阶段。事实上，正是 ERAP 计划的失败使年轻的变革者们把视线逐渐从制度内改革转向了抗议制度的方向。因为，他们感觉到，指望依靠现行制度的权力机构来为底层社会实现美国梦是不切实际的事，“地方当局的冥顽不灵教会了他们必须对抗，而不是试图在控制美国生活的体制内部进行改革。”[①] 虽然他们还没有走向制度的对立面，但对制度的不满意识已破茧而出。

校园激进政治与高校改革

1964 年秋，伯克利加大校园爆发自由言论运动（FSM），拉开了高校激进校园政治运动的帷幕。

1964 年 9 月 14 日，秋季学期开始的第一天，加州大学伯克利校区教务主任凯瑟琳·陶尔代表校方发布了一系列禁令，禁止学生在校园范围内从事校外政治活动，禁止在选举中持有党派观点，禁止募捐和招募成员等。[②] 这一禁令的出台，点燃了自由言论运动的导火线。从 1964 年 9 月中旬到 1965 年 1 月初，学生通过静坐、游行示威、罢课、占领校行政大楼等方式与校管理层、校警乃至州市当局对抗，由于得到大部分教师和社会进步力量的声援和支持，以克尔校长为首的加大行政当局被迫节节退让，最终取消了禁令，广大师生员工不仅在校园内的言论自由与政治活动自由权利得到了保障，还获得了参与学校管理与决策以及学校制度改革的权利。

正如伯克利一位教授所说，自由言论运动不只是争取言论自由权利的运动，实际上是对美国社会发起挑战：“现在他们所攻击的并非伯克利加州

---

① Stuart Burns, *Social Movements of the 1960s: Searching for Democracy*. Boston: Twayne Publishers, 1990, p. 60.

② http: //sunsite. berkeley. edu: 2020/dynaweb/teiproj/fsm/brk…/@ Generic_ BookTextVie.

大学，甚至于也不是加州大学九个分校，他们根本不是针对美国的大学，而是针对美国的生活方式，是这种生活方式的核心而非它的外围。"① 在自由言论运动参与者眼里，当代美国社会是非人的冷冰冰的机器控制的官僚社会，它最大的症结就在于剥夺人的自由。因此，在运动中他们发誓"与其成为标准化、可置换、无关联的东西，勿宁死"。② 自由对抗机器是运动参与者对自身与大学和社会之间关系的主要想象，这种想象本身毫无疑问是"对生活质量、现代美国价值观本质以及社会制度本身的挑战"。③ 他们明确主张，为了人的尊严与自由，有必要让机器停止转动。这一主张表达了一种模糊的彻底否定态度，它表明，60年代后期反主流文化的"大拒绝"意识在此已露出冰山一角。

反战运动及其激进化

20世纪50年代初，法国自东南亚撤退。美国迅即接手越南事务，因为美国决策阶层相信，如果放弃越南，听任共产党人占有它，可能引起多米诺骨牌效应，危及冷战大局。因此，自一开始，美国就对西贡南越政权倾力扶持，除提供源源不断的美元和物资外，还派出为数不少的政治军事顾问。进入60年代后，由于南越政权境况不妙，美国逐步加大卷入越南事务的力度。1963年前，美国给予南越的经济援助年均不超过1.5亿美元，1965年增加到3亿美元，1966年进一步提高到5亿美元。④ 1963年底，美国在越军事人员只有1.6万人，但到1965年11月却猛增到20万人。⑤ 随着越战升级和越来越多的大学生接到征兵通知，越南问题成为社会聚焦点，反战也很快成为新左派运动的核心内容。

1963年底，反越战运动之帏幔悄然开启。1964年夏，老左派阵营的"进步劳工党"（PLP）发动了一场持续数月的反越战运动，11月，又发动

---

① 转引自南方朔《愤怒之爱：六〇年代美国学生运动》，台北：久大文化股份有限公司，1991年，第89页。

② Mitchell Cohen and Dennis Hale eds., *The New Student Left: An Anthology*. Boston: Beacon Press, 1967, p. 257.

③ P. Jocobs and S. Landoau, *The New Radicals: A Report With Documents*. New York: Random House, 1966, p. 62.

④ Paul S. Boyer, *Promises to Keep: the United States Since World War II*. Boston: Houghton Mifflin, 1999, p. 287.

⑤ Massimo Teodori ed., *The New Left: A Documentary History*. Indianapolis: Bobbs Merrill, 1969, p. 55.

了“我们不愿去”运动，参与者基本上是适龄兵役的大中学生。由于进步劳工党只有区区200人，运动规模较小，影响也十分有限。1965年春，越战升级，约翰逊政府决定大幅度增加美国在南越的军事力量，使驻越美军猛增800%，越来越多的大学生接到征兵通知。4月17日，SDS组织了25000人前往华盛顿进行抗议大示威，上演了60年代大规模反战示威的第一场戏剧。之后，反战示威规模越来越大，到1967年秋天，出现了人数多达10万之众的反越战大示威。尤其重要的是，进入1965年夏季后，SDS组织中的大部分成员在无意中接受了一种简单却不失独特性的二元对抗性政治思维：世界一分为二，一边是“运动”，另一边是“制度”或“既成体制”。[①] 可以说，直到自由言论运动发生前，绝大多数SDS成员都一直对“在美国政府形式上的代议制框架内进行变革的可能性”深信不疑，而今，这种对制度的信心已逐渐湮灭于反战浪潮中，对抗或反叛之火在越来越多的年轻心灵中燃烧。“新左派”组织中一部分倾向政治革命的人逐渐向街头暴力或城市游击战方向发展，更多的人则在“大拒绝”战略的引导下走上了反主流文化的“文化革命”之路，60年代新左派运动由此进入高潮。

三　异托邦激情：参与民主与田园社会理想

1. 反主流文化运动的兴起与基本思想

随着反战运动的不断推进，运动参与者的思想与行为越来越激进，SDS等激进组织开始向准革命团体演变，这种变化最集中地体现在新理论主张的提出和传播上。例如，《激进美国》等左翼刊物大张旗鼓地宣传马尔库塞等人的“新工人阶级理论”，[②] 知识分子一改传统左派理论中不是革命对象就是处于新旧力量夹缝中摇摆的尴尬形象，第一次被视为社会变革的主力军，这无形中为青年知识分子的革命幻想和冲动打开了闸门。然而，正像

① Richard J. Ellis, *The Dark Side of the Left: Iliberal Egalitarianism in America*. Lawrence, Kansas: University Press of Kansas, 1998, p. 130.

② 这一理论最早于60年代初由法国社会学家S. 马勒等人提出，认为随着资本主义的发展，工人阶级这一概念在不断扩大，今天的工人阶级不仅包括农业、林牧业、工厂、矿山、建筑业等行业的劳动者，即传统工人阶级，还包括工程师、经理、研究人员、医生、教师等知识分子群体，后者已经取代传统工人阶级成为新工人阶级的核心和主体，是未来社会变革的希望所在。

革命主体与以往大不相同，其革命也将迥然有异于过去，因为在新左派理论家马尔库塞等人看来，当代发达工业社会是高度技术化控制的社会，这种控制早已深入社会生活的每个角落，深入人的无意识之中，有如一条看不见的锁链缠绕在人的心灵深处，传统的政治经济反抗已经无法撼动它。因此，可能的变革路径必须以意识革命为起点，进行总体革命，即抛弃现代社会的所有规范与准则，拒绝当下的工作与生活方式，在方方面面同现代社会背道而驰，实施大拒绝战略。简言之，变革从改变人本身入手，以改变生活方式和文化为着重点。这一理论把青年造反运动引向了反主流文化的方向。

60年代中后期的青年文化反叛大致沿着以下路线图展开：一是通过暴力行动挑战现行制度和秩序的方式实施"文化革命"，1969年在SDS分裂过程中形成的"气象员"组织就是代表，"气象员"组织在60年代末通过城市游击战和恐怖行动把激进派的暴力哲学演绎到了极致，不过，选择这一路径的人是少数。二是通过摇滚乐、毒品、性放纵、群居、宗教生活等介质来取代美国中产阶级价值观和生活方式，谋求在社会实验与和平的基础上建立替代性的新型文化与生活方式。几乎与越战全面升级同步，60年代中叶起，美国青年激进派的主体日益向嬉皮士方向转化。1967年，SDS组织中选择嬉皮士生活方式的成员占到总数的90%。[①] 到60年代末和70年代初，则有数以万计的美国青年激进分子云集到美国东西海岸和中西部山野，以极大的热忱投身到乌托邦实验公社运动中。这些实验无一例外地都以"参与民主制"作为新型政治经济与社会生活的基本原则，例如，在政治制度上，现代代议制民主模式被视为技术专制特权的工具被彻底唾弃，取而代之的是人人参与和一致同意基础上的直接民主或绝对民主；经济生活方面则有五大取向：其一，分散化，垄断型的大公司企业完全让位于小型生产单位；其二，效率在生产过程中不再具有决定意义，人的价值被置于首要地位；其三，物物交换成为公社之间劳动交换的基本形式；其四，在生产目标和规模上以自给自足为准则，拒绝物质主义和消费主义，反对奢华，提倡俭朴；其五，提供充分的闲暇是生产和生活的中心。显然，反主流文化追求的是一种田园式的乌托邦幻境，力图通过对前工业时代的浪

① Kirkpatrick Sale, *SDS*. New York: Random House, 1973, p. 352.

漫怀旧来为危机中的工业文明寻找出路。

“反主流文化”（Counter culture）一词，由美国学者罗斯扎克于1969年首创，用以指代60年代青年文化反叛。如前所述，反主流文化的弄潮儿几乎无一不是来自中产阶级家庭，他们中不少人具有多重身份，既曾是黑人民权运动中的积极分子，又曾是坚定不移的社会改革者和校园造反者，既是街头反战斗士，又是群居村隐士。他们相信躲开现代社会的压迫和获得真正自由的方式就是，采取赤足、长发、奇装异服、群居、裸身、粗言秽语、吸毒、滥交、痴迷于摇滚乐和东方哲学与宗教教义以及拒绝工作等与主流社会格格不入的生活方式来反对主流文化，这种生活方式体现的价值观有如下一些：安于贫困、崇尚异国情调、东方神秘主义与遁世、田园诗般的纯朴风尚、自由之爱、花力（鲜花象征美、明静、野性、原始、开放、自然。在60年代中后期，嬉皮士常常把花插在发间、别在耳后，或在街头巷尾向行人献花致意。花力，即和平与爱的权力之意）、追求自我的内心生活（冥思）、以个人主义为原则：做你自己的事。[①]在他们看来，这是一场绝大多数人还不能理解的革命：爱、花力、群居公社将把早已失去的人与人之间的真情实意找回来；乖戾的言行是对现代社会道德观念的蔑视和个人自我意识的回归；尖厉刺耳的音乐能震醒麻木不仁的心；大麻和迷幻药能使人忘却现实这个肮脏之地；禅宗的沉思冥想是使精神得以“升华”的避难所。自我在毒品、音乐、性放纵的麻醉和宗教的了悟中实现彻底的退出，进入臻于完善、自由和幸福的乐土。

在罗斯札克眼中，反主流文化是具有创造性的青年文化与保守的成人社会之间的对抗性反映。它的出现具有历史必然性，除了前面提到的反叛文学的榜样性影响外，马尔库塞、诺曼·布朗、古德曼、阿兰·瓦茨等思想家以及幻觉剂实验研究者蒂莫西·里瑞的榜样行为起到了催生导航的作用。[②] 这些思想家从不同领域、不同视角对启蒙运动以来形成的对科技与理性大加推崇的传统观念进行了全面批判，进而否定了以科学技术为主导的现代社会存在的合理性。与60年代前期学生行动分子相信参与民主制基础

① Lyman Tower Sargent, *New Left Thought: An Introduction.* Homewood, Illinois: The Dorsey Press, 1972, pp. 119 – 120.

② Theodore Roszak, *The Making of a Counter Culture: Reflections on the Technocratic Society and Its Youthful Opposition.* New York: Doubleday & Company, 1969.

上的改革将是治愈病态社会的良方相反，后期文化激进派和嬉皮士认为，只有消除现代社会的"客观意识"，才有可能消除技术对社会的控制，而消除"客观意识"的起点就在每个人的心灵之中，即一旦个人灵魂深处来自技术社会的种种外在价值被清除掉，一个真正的人间天堂就会如期降临。摇滚歌星约翰·列依曾以《革命》一曲来回答英国激进分子约翰·荷伊兰关于以破坏手段彻底摧毁现行制度的主张，这首歌曲较好地诠释了社会变革始于个人心灵的思想：

> 噢，你知道，
> 我们都想改变世界。
> 但当你谈论破坏，
> 你可能不知道你得把我排除在外。
>
> 你说你将把宪法更换
> 噢，你知道
> 我们都想让你的头脑改变。
> 你告诉我说要改变的是制度，
> 噢，你知道
> 你最好让你的心灵无拘无束。①

从灵魂深处拒绝现存社会的一切而不是外在的物的破坏是这场文化"革命"的必由之路，具体方法就是无政府个人主义的群居公社生活，这是一个无为而治的社会，它与中国道家"绝圣弃智，天下大治"思想不谋而合。在这个社会，科学技术从中心退入边缘，退入可有可无之境。

反主流文化的另一位诠释者查尔斯·莱克在《美国的青春化》一书中分析了美国社会的三类意识：第一类是自利意识，以农民、小企业主和想向上爬的工人的传统世界观为代表，经过一系列社会改革运动，这在事实上已经成为不可能。第二类是公利意识，是有组织社会的价值观，它的产

① Keith Melville, *Communes in the Counter Culture: Origins, Theories, Styles of Life*. New York: William Morrow & Company, 1972, p. 55.

生与罗斯福“新政”改革直接相关。这一类意识相信，解决美国所有问题的正确路径是，让个人或企业团体承担起更多公益责任，条件是全面扩大和加强政府的社会计划与管理职能。然而，这带来了一个意想不到的后果：个人在有组织的社会中丧失了自我。第三类是解放意识，这是青年一代的意识。这种意识认为社会中每个人，每个自我都有其绝对价值，生活中敌对和竞争毫无必要。这一意识的出现代表着美国的生机。“它从大财团社会的荒地上萌芽，就像花朵在人行道的水泥地上成长。”[①] 作者相信这种意识革命将从个人和文化中产生，并终将改变政治结构。它的成功不需要暴力，而暴力也挡不住它。它将把所有青年、所有美国人纳入其中。

2. “文化革命”的社会实验路径与模式

在反主流文化的实践层面上，摇滚乐、毒品、性自由、群居公社和东方宗教与哲学代表着反叛的一代对通往新文化之路的基本认知模式。

（1）摇滚乐是60年代反叛文化的灵魂。20世纪80年代初，美国摇滚乐评论家西蒙·弗里思（Simon Frith）指出，摇滚乐是政治上和美学上制造完全的生活意识的唯一中介。[②] 在60年代，摇滚乐在反叛运动中的地位是公认的，美国有学者认为，摇滚乐和越战，是对60年代最有影响的两大因素。[③] 这个结论是公允的，从某种程度上看，正是摇滚乐为由于越战而怒火中烧的年青一代提供了自我表达和宣泄的途径。

摇滚乐兴起于50年代，是美国南方黑人音乐和美国西部乡村音乐的一种混合体。黑人音乐包括布鲁斯和福音音乐两种，富于节奏感，具有明显的伤感性质。西部乡村音乐则指源于英国乡村的民间音乐和美国西部音乐。1955年，歌星比尔·哈利的一首《昼夜摇滚》轰动了美国。这首歌重节拍，演唱时配以明快有力的舞蹈和抒情动作，激情洋溢。纽约电台一位唱片音乐主持人将歌曲名简化为“Rock”（摇滚，在黑人俚语中有“舞蹈”和“性爱”的含义），摇滚由此得名。“猫王”爱尔维斯·普雷斯利领导了50年代摇滚乐的第一次浪潮。

---

① Charles A. Reich, *The Greening of America: How the Youth Revolution Is Trying to Make America Livable.* New York: Random House, 1970, pp. 24 – 26.

② Lawrence Grossberg, *We Gotta Get Out of This Place: Popular Conservatism and Postmodern Culture.* New York: Routledge, 1992, p. 131.

③ “Hippie History”, http://www2.netdoor.com/~greenlee/hiphistory.htm.

60年代初，来自英国利物浦的"甲壳虫"（或"披头士"）乐队在美国的演出征服了千百万青少年，掀起了远盛于50年代的第二次摇滚浪潮，使摇滚乐成为整整一代人的通用语言。鲍勃·迪伦、滚石乐队、金斯顿三人组、玛丽三人组等进一步把摇滚乐推向了巅峰，成了"疯狂的摇滚乐"。如果说50年代是语言和形式的时代，那么，60年代便是浪漫、自由和表现的时代。摇滚乐是这个时代的集团宗教——音乐、语言、舞蹈、性、毒品的枢纽。1965年，迪伦在新港民歌节上接通一只电吉他，宣告了摇滚乐时代的真正到来。

鲍伯·迪伦无疑是摇滚乐发展史上最重要的人物。1976年，一位作家在《电视指南》上称迪伦是"对他那一代人产生了最大文化影响的唯一人物"。①

鲍伯·迪伦原名罗伯特·齐梅尔曼，1941年出生于明尼苏达州杜卢斯一个犹太家庭。少年时代曾多次离家出走，高中毕业后到明尼阿波利斯上大学后更名鲍伯·迪伦。1961年前往纽约格林威治村，与一群先锋诗人结识，开始了文化与政治抗议和反叛的生活。尽管1964年后他完全脱离了直接的政治抗议运动，包括琼·贝丝在内的一些人指责他背叛，但他其实并没有真正离开，他以他的音乐参与着一代人的反叛。1965年开始，结婚后的他较长时间住在纽约乡下，虽然后来又住到城里，但他的生活方式和理想诉求基本上是田园式的。事实上，迪伦较早实现了从政治抗议者向文化拒绝者的过渡，他的作品充分证明了这一点。60年代中叶的1965年、1966年，鲍勃·迪伦发表了三部令世人震惊的专集：《席卷而归》《重访61号公路》和《无数金发女郎》，这三部巨人般的作品被许多评论家认为是鲍勃·迪伦的巅峰之作。从此迪伦不再被认为仅是一位优秀的民歌手，而是一名伟大的诗人、音乐革命家、让人崇拜的精神偶像。他所演唱的抒情歌曲虽然具有强烈的个人色彩，而且大多晦涩难懂，但这些歌曲合在一起便"构成了一幅腐败和混乱的美国的绝好拼图"，从中传递出一代人的反叛意识。②例如，在《61号公路》歌曲中，美国被描绘成通向战争之路的废旧汽车垃圾场；《玛吉农庄》则以遁世者的蔑视态度告别刻板的现实世界；《孤独之

① Klaus Mehnert, *Twilight of the Young: the Radical Movements of the 1960s and Their Legacy*. New York: Holt, Rinehart & Winston, 1976, p. 252.

② Allen J. Matusow, *The Unraveling of America: A History of Liberalism in the 1960s*. N. Y: Harper & Row, 1984, p. 295.

伍》中图绘出一个不健全的人统治下的不健全的社会；《瘦子之歌》以同性恋的想象力描述了一个被剥夺了理性的世界里知识分子的慌乱无措；《伊甸园之门》则神秘地刻画出了超越意识、超越自我的理想王国，在这个王国中存在着永恒的现实。[①]《像块滚石》一歌弹指一挥般将物质名利弃如粪土：一无所有的人不会失去一切。《忧郁宝贝，全都过去了》似乎是同一位女孩分手，但更深层思想是向一种生活诀别。[②]

进入70年代，沉浸于田园生活的迪伦对宗教产生了浓厚兴趣，他的歌曲中开始出现表现宗教主题的内容。"《旧约》对于他正在变得越来越有意义。"可以说，是鲍勃·迪伦把摇滚乐变成了"文化革命"的媒介。迪伦本人个人生活从政治抗议到文化大拒绝进而到田园生活的三部曲经历则是60年代大部分学生反叛者共有经历和梦想的缩影。

摇滚歌曲基本上都是有关青年人生活的，如学校、恋爱、毒品、汽车，等等。演奏者高昂的情绪，强有力的节奏和震耳欲聋的打击电子乐器使年轻人的满腔愤怒找到了发泄通道。爆炸般的噪音使人感到音乐似乎发自人的体内而不是体外，仿佛从一个人的五脏六腑中发射出来。渐渐在耳鼓进入麻木状态，声音也随之减弱，变成了幻想曲。而精心布置的舞台场景与灯光，在音乐的节奏中起伏，在一个吸足了毒品的人眼中，迷幻的色彩和高分贝的乐器击打声造成了一个包罗万象的环境，一个完全虚幻的空间。不可抗拒的节奏常常引人入胜地表达出一种强烈的性的需要。

法国学者和政治家贾克·阿达利指出，"音乐是宗教和政治权力的一种表征，它意味着秩序，但同时也预示了颠覆。"[③] 因为音乐是对噪音的调谐与包容，而噪音乃是暴力、杀戮和死亡拟象，是精神高涨的来源。[④] 摇滚乐所表现出的强烈噪音特征，不仅象征着暴力的纾解和吸收，而且意味着对和谐音乐所隐含的政治经济秩序的反叛，"噪音的存在有其道理，有其意

---

① Allen J. Matusow, *The Unraveling of America: A History of Liberalism in the 1960s*. N. Y: Harper & Row, 1984, pp. 295 - 296.

② Klaus Mehnert, *Twilight of the Young: the Radical Movements of the 1960s and Their Legacy*. New York: Holt, Rinehart & Winston, 1976, p. 256.

③ 〔法〕贾克·阿达利：《噪音：音乐的政治经济学》，宋素凤、翁桂堂译，上海：上海人民出版社，2000年，第3页。

④ 〔法〕贾克·阿达利：《噪音：音乐的政治经济学》，宋素凤、翁桂堂译，上海：上海人民出版社，2000年，第34～35页。

义。它使得在另一种层次的体制上创造新秩序，在另一个网络上创造新符码成为可能。"①

嬉皮士们经常举办各种类型的摇滚音乐会和文化集会（Be-in），并让每一个音乐会和集会都变成节日。最著名的是1967年夏天的"爱情之夏"和1969年的伍德斯多克音乐节。1969年8月15~17日，在纽约州伍德斯多克附近的一个农场，45万多人从全国各地汇集到这里，在雨水和泥泞中狂歌乱舞，赤身露体，自我放纵，吸毒做爱，倾听喧嚣的音乐，以一身泥巴表示对大自然的认同。在伍德斯多克聚会期间，几乎全美有影响的歌星和乐队都露面了。据《分裂的民族》（1984）一书作者克拉克·道根（Clark Dougan）统计，参加演奏的乐队和演唱的歌星共有32个，其中包括阿罗·古思里尔、琼·贝丝、詹宁斯·乔普林、吉米·亨德里克斯、奎尔、拉维·桑克尔、杰弗逊·艾普兰、蒂姆·哈定、乡下人乔与鱼、感恩而死（Grateful Dead）、淘气与斯通家庭（Sly & Family Stone）、十年后、乐队、血甜与眼泪、沙－纳－纳（Sha-Na-Na）等。② 一种所谓"伍德斯多克民族"的乌托邦意识油然而生。虽然这一乌托邦神话只存在了4天，但它足以成为这个时代的标志。

摇滚乐为青年一代提供了一种共通的世界语。从北美到欧洲，从欧美到日本，以学生为主体的成千上万的年轻人在披头士和其他许多乐队创造的韵律和节奏中生活和成长，他们从中找到了表达和交流思想与感情的介质，在北美和欧洲许多国际性嬉皮士聚居地，来自四面八方不同国度操不同语言的嬉皮士之所以能和谐相处，顺利沟通，主要不是靠语言，而是摇滚乐和毒品。1971年苏联《新世界》杂志第7期登载了苏联驻日内瓦记者罗森塔尔对瑞士洛桑附近的一个嬉皮士营地的采访记。一位名为巴利的嬉皮士告诉记者，"我知道我们中间有美国人、法国人、斯堪的纳维亚人，但我们互不认识。我们没有认识每一个人的愿望，但我们仍互相进行交流。""你们的巴甫洛夫把言语称作第二信号系统，而我们嬉皮士互相间的交流靠的是第三信号系统"，"音乐，这是第三信号系统。""音乐把我们汇集到一

① 〔法〕贾克·阿达利：《噪音：音乐的政治经济学》，宋素凤、翁桂堂译，上海：上海人民出版社，2000年，第43页。

② "Woodstock", http://library.thinkquest.org/27942/woodstock.htm.

起”。①

（2）毒品是反主流文化的能源和逃离现实和通往乌托邦精神彼岸的桥梁。其实，吸食毒品是人类最为古老的经验之一。1954 年，英国作家阿尔都斯·赫克斯利所著《感觉之门》一书问世。② 作者在书中以诗化的语言描述他在吸食古代美洲印第安人毒品所感受到的愉悦，吸引了无以数计的读者。书中提到的毒品酶斯卡林（Mescaline）——又一种合成致幻剂——在美国邻国墨西哥的花园里随处可见。1960 年，哈佛大学的蒂莫西·里瑞和理查德·阿尔贝特两位教授开始在犯人和学生志愿者身上试验。由于受到社会舆论的强烈批评，哈佛大学于 1963 年将两人开除。他们于是去了墨西哥，在私人捐款的帮助下，建立起“争取内心自由国际联合会”（International Federation for Internal Freedom）。遭到墨西哥政府驱逐出境后，他们把组织搬到纽约州，更名为“卡斯塔尼亚基金会”（Castalia Foundation）。里瑞终因在行李中夹带大麻而被判刑入狱，但他对青年文化对抗的影响却是无可代替的，作为 60 年代毒品文化的先知，他为整整一代反叛青年吹响了搭乘毒品之舟向想象的自由王国进发的号角。

无独有偶，当哈佛的里瑞在他人身上进行试验时，在西海岸的旧金山斯坦福大学，年轻的先锋作家肯·克西则在自己身上试验。正因为如此，肯·克西成为最早明白毒品的意义的人之一。他与一些志同道合者住在斯坦福大学附近的佩里巷（Perry Lane）波希米亚住地，除 LSD 外，他们还广泛试验了包括牵牛花籽、梅斯卡林、墨西哥致幻毒蘑菇（psilocybin）等在内的各种药物。克西发现，LSD 为被压制的感觉开了禁锁，使使用者迷失了自己的身份从而达到自我与世界的同一，或者说自我被“溶解”掉了。“随着酸剂的服下，我突然转换到我能看到的地方，一个我曾经全然正面注目的世界。”③

正是在墨西哥致幻仙人掌（peyote）和酸剂的相对影响与作用下，1962 年，克西推出了他的惊世之作《飞越杜鹃巢的人》。在以后的动荡年月，他

① Klaus Mehnert, *Moscow and the New Left*. Berkeley: University of California Press, 1975, p. 190.

② 书名来自威廉·布莱克的诗句：“假如清洁了感觉之门/ 万物的本来面目/ 就会在人前展现/ 绵绵不断”，该书名成为60 年代 Doors 摇滚乐队之名的来源。参见 David Farber, *The Age of Great Dreams: America in the 1960s*. New York: Simon and Schuster, 1994, p. 180.

③ Peter Joseph, ed., *Good Times: An Oral History of America in the Nineteenth Sixties*. N. Y: William Morrow & Company, 1974, p. 382.

成为西海岸一个专门从事酸性物质试验巡回表演团体的领袖，该团体名为"快乐的捣蛋鬼"（Merry Pranksters）。与此同时，他还组织了穿越全国的公共车迷幻之旅，倾力于嬉皮文化运动的组织宣传，这些使他成为60年代反主流文化运动中影响最大的七君子之一。① 美国著名作家汤姆·伍尔芙和反主流文化研究学者彼得·惠特默认为，里瑞和克西分别是东西海岸反主流文化的代表，② 这一论断已为世所公认。

1938 年，霍夫曼博士合成了 LSD，并通过在他自己身上的试验发现了它所具有的致幻特质。LSD 致幻作用的发现，在促进人类精神现象临床研究的同时，也为社会上一些边缘群体提供了虚幻的精神乐园。六七十年代，千千万万嬉皮士通过吸食 LSD 沉迷于"精神之旅"。据统计，60 年代末，大学生中有 5% ~6% 的人使用幻觉剂。在哈佛、耶鲁、芝加哥、斯坦福、伯克利、密西根、威斯康星、加州理工学院和麻省理工学院等一流大学中，吸毒者在 10% ~50%。其他如俄亥俄州立大学和俄勒冈大学之类的学校学生吸毒者也在 5% ~20%。③ 不管是在校园、街头，还是在农场群居村，不管是在诗歌朗诵会，还是在摇滚乐演奏会，不管是在狂舞乱扭之时，还是在宗教冥想之际，毒品都是不可缺少的。1967 年，蒂莫西·里瑞在西海岸提出了"幻觉，协调，遁世"（Turn on，Tune in，Dropout）的口号，使吸食大麻、LSD 等毒品以寻求精神历险的人员剧增。

旧金山海特－阿什伯瑞区位于金门公园边上，这里环境幽静，多种族杂居，且房价低廉，节日气氛浓厚，吸引了大批艺术家和嬉皮士，很快成为反主流文化的飞地和嬉皮士最集中的城市社区。自然，这里成了幻觉剂等毒品的王国。这里不仅是嬉皮士寻求药物刺激的理想场所，还是地下毒品实验、加工和交易的中心。以号称"旧金山非官方市长"的化学家奥斯利为首的一批实验人员在地下实验中提炼出了更纯的 LSD：一种黄色晶体物质。这不仅使他们从向黑市大量供货中发了大财，最重要的是大批量生产

---

① 另外六人是：威廉·伯罗斯、艾伦·金斯堡、蒂莫西·里瑞、诺曼·梅勒、汤姆·罗宾斯、亨特·S. 汤普逊。参见 Peter O. Whitmer, *Aquarius Revisited: Seven Who Created the Sixties Counterculture That Changed America*. New York: MaCmillan publishing Company, 1987。

② Peter O. Whitmer, *Aquarius Revisited: Seven Who Created the Sixties Counterculture That Changed America*. New York: MaCmillan publishing Company, 1987, p. 9.

③ Kenneth Keniston, *Youth and Dissent: The Rise of a New Opposition*. New York: Harcourt Brace Jovanovich, Inc. 1971, pp. 232 –233.

导致价格大幅度下降，按零售价计算，任何吸食者只要花上两美元就可在精神世界来回“旅行”一次。[①] 每“旅行”一次，嬉皮士似乎就从痛苦的现实中逃亡了一次，反叛了一次。因此，一次两次是远远不够的，“幻觉，协调，遁世”的里瑞式心灵之旅在大部分文化反叛者身上反复发生，毒品支撑起一片太虚幻境引诱着正处在如梦年华的知识青年们。如果没有了毒品，理想的世界也就不存在了。一家地下报纸《另一个东村》曾经这样问道：没有幻觉剂的世界能活吗？[②]

除 LSD 外，大麻（marijuana）和主产地在墨西哥主要用于麻醉的药物——致幻仙人掌是 60 年代文化反叛者普遍使用的毒品。MC－5 乐队经理、白豹党信息部长约翰·辛克莱曾著有《大麻革命》一文专门谈大麻对于吸食者本人和社会的影响。在他看来，大麻对于吸食者自身的身心影响可简单用一句话概括，这句话是：它让人兴奋至极。它很容易消化，容易迅速吸收进入血液，较快为大脑摄取，并“转变为快速传达到吸食者全身的欣快力量”。它的最大特点是增加人的自我意识：使人更加意识到自己的身体，意识到自己的心理劳作过程，意识到在其中找到自己的直接环境。它使人的感觉敏锐起来，“它使人感到更自然，就像一种行走在大地上的动物，而不是……机器上的一个小齿轮。”[③]

从社会效果看，西方严重反享乐倾向的支配文化受到了强烈震撼，大麻作为一种享乐动力，它通过让人兴奋的功能把吸食者置于与主导文化对抗的地位。吸食、买卖、私藏大麻等为主流社会和文化所不容，视之为违法犯罪。当吸食者因此受到警察迫害和法庭惩罚时，一种“逃犯意识”便相应产生了，这种意识导致对现行政治和社会体制的深度质疑：把如此美妙快乐的行为视为犯罪的国家的本质及其合法性便出现了危机。人们最终将认识到，“如果你想要 high 你就得战斗。”

　　正在吸食大麻和正在 high 的西方青年准备马上进入新世界，他们

① Martin A. Lee and Bruce Shlain, *Acid Dreams: the CIA, LSD and the Sixties Rebellion*. New York: Grove Press, 1985, p. 146.

② Martin A. Lee and Bruce Shlain, *Acid Dreams: the CIA, LSD and the Sixties Rebellion*. New York: Grove Press, 1985, p. 155.

③ “Marijuana”, http://www.luminist.org/Archives/marijuana.htm.

> 在很短的时间里已经发展了一种新世界意识和新世界文化……如果变革明天来临，他们将是未来的首批公民……由于他们在旧世界存在，在旧世界背景里活动，他们使用大麻使他们与旧秩序的控制因素发生冲突，并使他们明白必须绝对拒绝和消除匮乏制度与文化，用一种后匮乏后西方的全新社会制度——建立在能源和物品自由交换以及人们完全自决的基础之上——取而代之。[①]

1966年10月6日，地下刊物《神谕》（*Oracle*）杂志在金门公园附近的潘沃德尔组织了一次名为"爱之露天集会"的室外活动。聚会上，宣读了题为《独立宣言预言书》的声明，"我们相信这些真理是不言自明的：人人生而平等，造物主赋予我们某些不可让渡的权利，其中包括：身体的自由、快乐的追求以及意识的扩展……"[②] 实际上，这是一份反对禁毒的宣言，它把毒品视为实现肉体快乐和精神自由为基本内容的人的"不可让渡权利"的手段。

然而，嬉皮士们怎么也不会想到的是，成也萧何，败也萧何，其反叛精神既成于斯，又亡于斯。

（3）性自由是反主流文化的交往仪式。性爱，在美国清教徒传统中一直是公开场合忌讳谈论的话题。进入20世纪20年代，由于弗洛伊德理论的传入和消费社会的形成，这一禁忌方被打破。第二次世界大战后，金赛的性学研究进一步揭开了性爱的神秘面纱。文学作品对性的大胆探索潜移默化地改变着人们的性观念。《北回归线》、《洛丽塔》、《查特莱夫人的情人》等小说的开禁充分说明欧美社会性观念令人瞠目的变迁。1910年以前，你如果称赞一位女士很性感，她会认为是在侮辱她。半个世纪后，她不仅珍视你的恭维，甚至会对你秋波频送。与此同时，《花花公子》（*Playboy*）和《阁楼》（*Penthouse*）等色情刊物在五六十年代也相继堂而皇之地走入千家万户。性已成为公众日常生活中的一个重要话题。1960年春，女用口服避孕药首批投放美国市场，它的出现，为六七十年代性解放的春潮暴涨提供了安全阀。

---

① "Marijuana", http://www.luminist.org/Archives/marijuana.htm.

② Martin A. Lee and Bruce Shlain, *Acid Dreams: the CIA, LSD and the Sixties Rebellion*. New York: Grove Press, 1985, p. 149.

在60年代文化反叛者眼中，性的放纵不仅是对主流社会伦理道德观念的嘲弄和否定，更是创建一个非压抑性文明的必要手段。嬉皮士们公开喊出“要作爱，不要作战”的口号，这个口号变成了一种意识形态，人人都竭尽全力将之付诸实践，在实践中坚信这样的生活准则：“因为我存在，所以我要性交。”① 因此，60年代流行一种说法，人人都在性交，所以你也不能例外。只有与任何认识或不认识的人自由做爱，你才能获得真正的解放。② 像摇滚乐、毒品是“革命”一样，人们相信性革命同样在灵魂深处改造着世界。

在性革命中，传统的婚姻家庭观念土崩瓦解，一夫一妻制被看作技术文明控制自我的重要手段而被决然抛弃。

其实，60年代的性革命与70年代相比，还是比较拘谨的。70年代女权主义和同性恋解放运动的高涨，使性解放运动进入了高潮。不仅参加的人数众多，社会基础广泛，而且理论和实践都超过前一个时代。如女权主义者对有关性的理论研究，同性恋者对政治和法律的挑战构成了一种独特的激进文化景观。

当然，建立性爱理想国的幻想和实践早已有之。19世纪除摩门教社区的多妻制外，新英格兰的奥奈达公社可能是最著名的群体性爱社团。

奥奈达公社位于纽约州北部，占地面积275英亩。公社的一切，包括人的身体都是公有的。男女一同工作，一同生活，有规律地轮流做爱，反对专有，所有成人都是全部孩子的集体父母。创建人约翰·诺伊斯认为，群体性爱是爱的分享而非单纯的寻欢作乐，对性欲的压抑违背自然本性，性欲不是原罪。只有最快乐的人才是最优秀最善良的人。因此，能充分享受性爱之乐的生活才最自然、最符合上帝旨意。③

60年代的许多性爱理想主义者在创建一个个群居村时，基本上与诺伊斯是同一个思路。如约翰·威廉斯在洛杉矶附近山中建造“性爱山庄”——“沙石隐居所”的动机就不比诺伊斯高明多少。他把性自由作为

---

① 〔美〕詹姆斯·克利夫德：《从嬉皮到雅皮：昔日性革命亲历者自述》，李二仕等译，西安：陕西师范大学出版社，1999年，第4页。

② 〔美〕詹姆斯·克利夫德：《从嬉皮到雅皮：昔日性革命亲历者自述》，李二仕等译，西安：陕西师范大学出版社，1999年，第4页。

③ Keith Melville, *Communes in the Counter Culture: Origins, Theories, Styles of Life.* New York: William Morrow & Company, 1972, pp. 45 – 47.

摆脱美国现代生活对人性的践踏、恢复人的精神世界尊严和凝聚群体的纽带，他的性爱山庄实质上也只是一个群婚制小社会，虽然他相信他们在"改造人类"。

诺曼·布朗的《生死对抗》和《爱的身体》等著作在性革命方面的作用不逊于马尔库塞的《爱欲与文明》。和马尔库塞一样，布朗的理论也建立在弗洛伊德精神分析学基础之上，不过，他与马尔库塞之间有明显区别。马尔库塞理论具有强烈的政治社会批判导向，而布朗则把视角深深集中于内在文化层面，对其他领域较少关注。他认为，文化领域的斗争是核心，其他领域的较量是外围的和次要的。在他看来，压抑概念是理解人性及其内在冲突以及人类文明史的关键，文明的产生发展乃是人类快乐原则（爱欲）受压抑下升华的结果。现代人的快乐本能不断受到压制，结果是引起普遍的人类神经症。"人优越于其他动物之处在于他能够患神经症，而他这种能够患神经症的能力，只不过是他能够创造和发展文化的另一种说法而已。"[①] 换句话说，受压抑的爱欲是人类据以创造历史的动力，而人类永不停息地追求所带来的进步，事实上反过来成为压制人的力量。因此，人类只有意识到这一点，去享受生活而不是去创造历史，才有可能消除压抑状态。他认为，一个真正健康的社会不会压制人的种种本能，只会对它们进行综合。"伟大世界需要的是多一点情爱，少些奋争。"多一些诗歌，少一些推销术，多一些哲学，少一些政治才干。[②] 非压抑的社会和文化状态构成了一种理想图景。虽然他对现代社会里作为个人的生活和作为社会成员的生活之间冲突的根本解决并不很乐观，但他还是相信"多态反常"（polymorphous perversity）的自然欲望的广泛放纵是唯一的希望。这种多态反常包括退回到无忧无虑的非压抑性的童年时代和沉醉于未受文明污染的肉体快感，"肉体的复活"是最后的出路。"所有反对和对立原型就是性。"[③]

和马尔库塞一样，布朗身后也有着大批学生追随者，尽管到 60 年代中

---

① 〔美〕诺尔曼·布朗：《生与死的对抗》，冯川、伍厚恺译，贵阳：贵州人民出版社，1994 年，第 9～10 页。

② David Steigerwald, *The Sixties and the End of Modern America.* New York: St. Martin's Press, 1995, p. 172.

③ David Steigerwald, *The Sixties and the End of Modern America.* New York: St. Martin's Press, 1995, p. 173.

叶，布朗本人对学生运动和自己的著作都显得了无兴趣，但他的著作毫无疑问在许多年轻性革命者心中占有较大分量。

（4）禅宗冥思与瑜伽。文化变迁的规律告诉我们，当一个成熟的文化体系内出现异己力量时，挑战者用作武器的诸多资源中，神秘的异质文明往往是最具诱惑力的宝藏。如果考察一下西方文明史，我们会发现，对东方文化的兴趣其实是欧美一个悠久的传统，尤其是在社会大转折时期，诸多欧美文化人往往把眼光投向东方，竭力从东方哲学、宗教、政治理念和艺术等领域挖掘能对西方文明起到医治和补救的材料。从 17～18 世纪欧洲启蒙思想家对中国制度文化的膜拜到 20 世纪初欧美思想界对中国和印度文化的迷恋，构成一条扎根于历史深处伸向深远未来的文化链，从莱布尼茨、伏尔泰、歌德到庞德和汤因比，众多文化大师构成这一条链上的一个个节点。60 年代的美国主流文化反对派显然继承和发扬了这一文化传统，以禅宗为代表的东方宗教和《易经》为标志的东方哲学成为反文化青年寻找心灵之家和灵感的精神洞天。

在指引学生反叛者走向东方之旅的人中，阿兰·瓦茨在理论上的贡献在同时代人里无出其右者。戴维·斯特伊格瓦尔德认为，美国人对禅宗的兴趣始于瓦茨。[①] 1950 年代初，当诗人加里·斯奈德和艾伦·金斯堡在西海岸开始学习禅宗教义时，已离开西北大学的阿兰·瓦茨正在旧金山亚洲研究学校任教，此时的他已是 7 本有关禅宗和神秘宗教著作的作者。19 岁时（1934 年），他已是佛学研究刊物《中庸之道》（*The Middle Way*）的编辑，23 岁时，他成为“东方智慧”系列丛书的编辑之一。他与铃木（D. T. Suzuki）一道，通过电视讲座、著作、私人授课，使禅宗在美国的影响不断扩大。大多数美国年轻人不是直接从他们两人那里就是间接从受到他们影响的作家和艺术家那里了解或认识东方宗教。[②] 瓦茨在把禅宗和道教的洞见翻译成西方科学和心理学语言上作出了重大贡献，而他的许多论文和著作如《心理治疗东西方》在理解禅宗的清贫、朴素、冥思的心理学意义和社会功能方面代表了同时代美国宗教学界的最高水平。瓦茨认为，禅

① David Steigerwald, *The Sixties and the End of Modern America*. New York: St. Martin's Press, 1995, p. 176.

② Theodore Roszak, *The Making of a Counter Culture: Reflections on the Technocratic Society and Its Youthful Opposition*. New York: Doubleday & Company, 1969, p. 132.

宗扫除了阻碍人们过"真正的"生活的虚假差别，在基督教把日常生活与拯救、灵魂与环境严格区分之处，禅宗关注的却是无我无他的和谐。基督教文化中的人独立于自然界：人与自然处于互相你推我攘的对抗和不自由状态。而禅宗、易经、瑜伽等东方文化所折射出的是人与外部世界相通相融的心灵自由。对于历经精神紧张折磨的年青一代美国知识分子，东方宗教哲学所饱含的非压抑性精神世界的魅力显然是无法抗拒的。1968年，当佛学大师马哈里西·马赫什·瑜伽（Maharishi Mahesh Yogi）前往美国发起冥思运动时，一时之间，从者蜂涌而至，很快超过两万人。这从一个侧面说明东方文化在年青一代心目中的号召力。

旧金山湾区的"太平洋禅宗中心"（Pacific Zen Center）是试图在美国土地上"为现代美国寻找到一种移植和发展古代东方退隐和回归传统"的精神中心，无论从规模还是影响上看，它都是遵循禅宗教义的典型。"太平洋禅宗中心"创立于1958年，是日本禅宗组织出于在日裔美国人中扩大禅宗影响而派人向美国发展的结果。但从60年代伊始，该中心就与垮掉派和先锋派的文化激进运动日益紧密地联系起来。1966年后，大批年轻人——大部分是嬉皮士——进入中心，中心开始向社会开放并集资用于开办退隐的庙中静修（retreat）。该中心共有300名稳定的学生成员，还有数百名临时性成员。学生成员中一半以上具有犹太背景。除旧金山城区的总部外，中心还在郊区农场和附近山区有几个分部。中心以公社式的原则来运转：共同过一种原始朴素的生活，共同从事非技术性的简单劳动，所挣的钱上交庙里或中心所属农场。中心所有成员每天基本上都按严格的程序生活，从凌晨3:45分起床到晚上9:30分入睡，坐禅、步禅、佛事、静习和劳动成为全天生活的基本内容。① 他们过着典型的佛教徒生活，除休息、劳动和吃饭外，他们的任务就是事佛思禅。佛事禅思与劳动时间各占一半，都在6小时上下。

众多青年之所以痴迷于禅思佛法，其主要原因是，禅宗佛教的基本教义似乎提供了对现实的解释并为人们指点了迷津：现实即苦海，四大皆空，皈依佛门，冥思向禅是与佛心灵沟通，彻底摆脱俗世，臻于涅槃境界的必

① Steven M. Tipton, *Getting Saved From the Sixties: Moral Meaning in Conversion and Cultural Change.* Berkeley and Los Angeles: University of California Press, 1984, p. 97.

由之路。它对现实生活的强烈排斥，以及它的独特宗教教义彰显出它对现代社会具有不容置疑的否定态度，这是一种有章可循的大拒绝。当被问到禅为何物时，中心的许多年轻成员大多以此作答：禅是一种启蒙体验，一种正确的生活方式，一种反正统主义的伦理实践，它的一日不劳动一日无饭吃的原则体现的是一种互相帮助的劳动伦理——劳动是一种自由的表现形式，而不是强制或压制下的无奈。总之，正如一位禅宗学生所说，禅宗蕴含着反主流文化的核心精神。[①]

（5）群居公社是反主流文化的社会模式。青年亚文化的建设者们认为，现代技术社会的权力结构既是人性的敌人，又是自然的敌人，取而代之的应该是个体自由组合的共同体，应该是与自然融为一体的乡村公社。在充满田园风情的公社里，所有成员自由平等，个性与自尊得到完全保证，自我拥有充分发展的空间。这是一种十分奇特的激进实验。据统计，到 1970 年，嬉皮士在美国建立的群居村超过 200 个，成员在 4 万人以上。这些群居村主要分布在西海岸的加州和东海岸的纽约。仅加州就有 100 多个。[②] 群居村内普遍实行财产、子女和性爱公有，注重教育与环境保护。毒品、音乐、舞蹈、禅思是公社生活的基本内容。当然，各实验公社的主张和强调的重点各不相同，按照美国学者克劳斯·梅耐特的说法，找不出两个完全一样的公社。如有的实行群婚制，有的仍坚持传统婚姻；有的倾向于同性恋，有的维持异性恋传统，有的同异性恋并存；有的吸毒，有的反对吸毒；有的公社仍迷恋城市的便捷，更多的则对乡村田园风光心驰神往；有的沉醉于东方宗教和哲学，有的则服膺于欧美反技术文明传统。

在数以百计或千计的实验公社中，以下几个是公认为最有代表性的公社。

阿南达合作公社（Ananda Co-operative）。该公社位于锡拉斯山脚，有数十名年轻成员，其领袖是一位名为克里雅南大（Kriyananda）的瑜伽学者。他在一本名为《合作共同体——怎样开始和为啥开始》的小册子里号召人

① Steven M. Tipton, *Getting Saved From the Sixties: Moral Meaning in Conversion and Cultural Change*. Berkeley and Los Angeles: University of California Press, 1984, p. 171.

② 另外一些材料认为，1970 年美国的实验公社数估计在 2000 到 3000 之间。见 Klaus Mehnert, *Twilight of the Young: the Radical Movements of the 1960s and Their Legacy*. New York: Holt, Rinehart & Winston, 1976, p. 224。

们快快到乡村去，认为前往乡村是每个人诚实地负起社会责任的开端。其基本观念是，一切善事皆来自人的内心，因此，“自我实现”的个人将是追求全人类更大生活中善的力量。在阿南大公社里，为鼓励自我实现，专门为外来者设有默思中心。禁止吸食和种植毒品。成员们在树林里拥有两座巨大的圆顶建筑和一些金字塔结构的房子。

以社会变革为天职公社（Vocations for Social Change）。在加州奥克兰附近的山中树林里，两幢褐石房屋中住着13位年轻人，他们的主要工作是处理信息、制订计划和从事其他工作。在每月的时事通讯中以温和词语表达激进观念。房屋和其他金融资产为全体成员共有。在每周举行的会议上，每个成员都要谈自己的问题和体验。一位成员对此作出如下解释：“我们需要了解我们每个人所处的位置，不然的话，我们永远不可能一起生活并一天二十四小时内互相关心。”①

家庭公社（the Family）。该公社由纽约布朗克斯数十位高中生建立，是布朗克斯一个早已废弃不用的堆满垃圾的公园的一部分，共有三间由草皮和砖块筑成的棚屋，每天的情形是，一些成员在棚屋中睡觉，另一些成员则聚在一起从事各种活动。他们的生活方式极端原始。“家庭”的存在自然引起官方的注意，公园管理部门的一位发言人说，如果我们对他们听之任之，就会使这座城市成为棚屋城市。虽然奉命前来捣毁“家庭”的警察以万分崇敬的语气称棚屋为碉堡（bunkers），这些棚屋最后还是被彻底摧毁了。

伯克利妇女集体公社（Women's Collective）。由参与学生运动具有共同经历和观念的7位女青年组成。她们年龄都二十岁刚出头，除共同的生活事务外，她们整天关注和讨论广泛的政治问题。

传递爱能公社（TransLove Energies）。由密歇根州安阿伯市兄弟会的三幢维多利亚式建筑物和摇滚乐团MC5组成。房屋按功能分为多间：办公室、录音室、卧室、餐室、媒体与信息中心以及乐团练习室。公社成员、白豹党创建人约翰·辛克莱说，“我们是一个艺术家和情人的意识共同体，我们一起生活，一起工作，共享一切——一起吸毒、一起跳舞和性交、并通过我们的工作、我们运动的自由、我们的音乐和舞蹈、我们的经济、我们的

① Keith Melville, *Communes in the Counter Culture: Origins, Theories, Styles of Life*. New York: William Morrow & Company, 1972, pp. 24-25.

人类社会形式、通过我们在这个星球上的每一次呼吸传播每一种使我们能够聚在一起的话语。”①

东方晨星公社（Morningstar East）。该公社位于新墨西哥州陶斯以北一个台地的最高处。东方晨星是西南地区嬉皮士乡村公社环路的终点。公社成员们住在由公社生产的泥砖建造的棚屋里，共同拥有一个厨房，共同从事田间劳作。生活方式倾向于原始状态：没有电和电器，大小便就在门外野地里进行。大量使用毒品，崇尚神秘主义。

此外，在东部，还有比较引人注目的马萨诸塞州“莱顿公社”。这个群居村发起人是7个辍学的大学生。他们生活朴素，男女分居，以土豆、玉米、大豆为主食，饮沟中溪水，以断树朽木为燃料，劳动与休闲交叉进行，张弛巧妙结合。以“团结”为共同生活的原则。

从年龄上看，公社实验运动的参加者大都在20至30岁之间，但也有少量中年人，如洛杉矶一对名叫莉莎·劳和汤姆·劳的中产阶级夫妇的故事很有代表性。他们住在一栋被称作“城堡”的住宅里，积极参加反战和反主流文化的活动，与嬉皮士艺术家、诗人、作家、学者等社会文化反叛分子交往密切。1968年，他们告别都市的繁华，远走新墨西哥州，加入一年前建成的“新布法罗公社”。他们到达目的地后，自己动手，建造住房，开垦土地，春播秋收，集体练习瑜伽，打坐沉思，男女同沐温泉，巡回演出反战剧，到毗邻的印第安人部落中宣传其生活方式。他们把信奉非西方宗教、吸毒、沉溺于东方文化作为扩展个人意识的必要手段。在公社里，毫无隐私可言，人与人之间都开诚布公地友好相处。1971年，《时代》周刊登出了对劳夫妇的农场专访报道，一时间，全国各地前往该农场访问和参观的人络绎不绝。

公社在规模上大致可分为两种，平均成员为8～10人的小型公社和成员在20～40人的大型公社。各个公社获得土地的方法也是各不相同，但大体上也可分为两种形式，一是购买。具体而言，土地购置方式至少有三种：（1）个人买下一块地后，邀请别人来共同拥有它，如“楼·戈特里布晨星农场”（Lou Gottlieb's Ranch）即是典型；（2）由富有的成员或同情者买下土地后捐献给公社使用，如陶斯地区的部分公社土地就是几位嬉皮慈善家

① Keith Melville, *Communes in the Counter Culture: Origins, Theories, Styles of Life*. New York: William Morrow & Company, 1972, p. 26.

所捐赠；（3）由最初的成员使用集体积蓄一次性买下或按月分期付款逐渐购得。二是占有公有土地。在美国西部许多州，仍存在相当数量的公有土地，故《宅地法》依然具有法律实效。①

公社运动的参照系有三：一是美国历史和现实中的公社实验传统；二是以色列的基布兹模式；三是美国印第安人部落文化。正如导论中所指出的，公社实验运动是美国激进文化传统的一个重要特征，直到今天，在美国仍然能够看到零星的公社在顽强地生存着。据不完全统计，从1663年到1984年（成立期截至1937年），共有277个不同性质的公社出现在美国，其中有49个是1900～1937年建立的。公社最多的州有俄亥俄（29）、纽约（27）、宾夕法尼亚（18）、南达科他（18）、加利福尼亚（15）、爱奥华（14）、马萨诸塞（12）、印第安纳（12）等。从性质上看，绝大多数公社不是怀抱宗教理想就是倾向于原始共产主义信念。在277个公社中，宗教公社127个，原始共产主义或空想社会主义公社103个，其余为无政府主义或其他类型的公社。② 在战后的50～60年代，这一强大的公社实验传统通过历史记录和鲜活的存在为寻找大拒绝实践方向的学生反叛者们提供了灵感和榜样。以加利福尼亚为例，这里由于是美国本土最后的边疆，故它的公社实验运动起步较晚，一半出现在19世纪末期，一半出现在20世纪前期，几乎都可划入现代时段。对于旧金山湾区的"文化革命"者而言，在探索新生活方式的过程中，他们会很容易从这些公社实验的活教材中发现它的政治参照价值。

以色列的基布兹运动被公认为美国之外对美国60年代公社运动影响最大的社会模式和生存方式。基布兹（Kibbutz）是以色列农业的一种组织形式。以色列农业主要采取合作的组织形式，这种形式有二：摩夏夫（Moshav）和基布兹。虽然二者都属于合作组织，但在某些原则上存在明显差异，无论是发展速度还是影响力基布兹都大大盖过摩夏夫。基布兹本意即合作社，第一次世界大战前由著名犹太社会学家佛朗茨·奥本海默草拟出，20世纪二三十年代被犹太移民带到巴勒斯坦付诸实施，到1977年，全

① Keith Melville, *Communes in the Counter Culture: Origins, Theories, Styles of Life*. New York: William Morrow & Company, 1972, p. 137.

② Yaacov Oved, *Two Hundred Years of American Communes*. New Brunswick, New Jersey and London: Transaction Publishers, 1993, pp. 485 – 493.

以色列共有226个基布兹，成员约10万人，占全部以色列人口的3%强。基布兹公社的基本原则是：土地和生产资料等财产公有，成员不得拥有私有财产（日常用品如家具、书籍和半导体等除外）；劳动力、收入、开支由基布兹统一管理；成员不发工资，由基布兹供应生活所需物资；基布兹排除了专制和官僚政治的可能：由成员轮流掌控整个组织的运作；父母在孩子教育中的传统垄断地位被剥夺：孩子从幼年起就在独立的孩子专用房间里长大。[①] 基布兹从一开始就是一个乌托邦实验，在它作为一种犹太传统移植到巴勒斯坦的过程中，马丁·布伯的《乌托邦之路》所起的思想影响是无可替代的，而这一书名无意中画龙点睛似地揭示了基布兹的理想社会性质。然而，也正是由于它的乌托邦性质，自40年代中叶起，欧美无数的人文社会科学学者被它迷倒，如爱娃·罗森菲尔德、梅尔文·斯皮罗、S. 戴尔芒德等人把全部身心都投了进去，形成了基布兹研究热潮。[②]

60年代的学生造反者大体上从三种渠道接触基布兹运动。第一个渠道是媒体上有关以色列的报道和大学以及研究机构的相关研究成果。以色列作为国际法律文件“强制”创造出的国家，从成立伊始就处于阿拉伯世界的重重敌视之中，并在短短不到20年的时间里就发生了三次阿以战争，这本身就是重大新闻热点，更何况以一个人口和幅员和其对手比远不成比例的弹丸小国能以中东强国身份脱颖而出屹立于地中海之滨，这足够引起媒体驻足而观的兴趣了，而学术界则多出于对一个古老民族生存方式的兴趣及其政治再生实验的关注而集聚起众多研究视线。第二个渠道是直接到以色列的基布兹公社参观。在学生行动主义者中有一些人因种种原因到过以色列，有的完全是由于基布兹实验的吸引而去，有的则是由于自己的犹太身份而对以色列抱有特殊感情或希冀而去，还有的则是为着接近和学习第三世界民族解放运动经验的目的而去，尽管出发点有别，但亲临现场所受到的耳濡目染却是相同的。第三个渠道则是从日本等国外学生激进组织间接了解基布兹实验。日本的“曾格库伦”（Zengakuren）是60年代对基布兹最痴迷的学生激进组织，该组织把基布兹移植到日本，进行了一系列实验，

① Klaus Mehnert, *Twilight of the Young: the Radical Movements of the 1960s and Their Legacy*. New York: Holt, Rinehart & Winston, 1976, p. 223.

② Yonina Talmon, *Family and Community in the Kibbutz*. Cambridge, Massachusetts: Harvard University Press, 1974, pp. v-vi.

这些实验使日本成为仅次于以色列的第二基布兹实验基地。在反战运动兴起后，美国有许多学生抗议或抵抗组织领袖和成员前往越南了解情况，其中一些人中途到了日本，从日本同道那里了解到基布兹运动的情况。另外，1965 年后，在金斯堡等人的影响下，越来越多的人前往喜马拉雅山麓的尼泊尔、印度以及东亚的日本和东南亚等东方世界寻求"救世"之道，与日本新左派学生团体的接触更加频繁，这种情形使这一渠道的影响远远超过直接源于以色列的渠道。当然，60 年代后期美国反传统的公社运动中并没有直接冠以基布兹名号的公社，其原因主要在于，以色列政府与美国政府之间结下的依赖与扶持关系以及以色列对巴勒斯坦人的迫害使激进学生渐渐把"以色列"和"美国"一同归类为侵略者或压迫者，普遍存在潜在的抵触心理。因此，基布兹运动的影响主要表现为内在的形式。

美洲原住民的原始生存方式对众多公社实验者有着磁石般的吸引力，他们的观念、制度和精神常常受到广泛模仿。斯坦福大学生物学专业一位名为斯特沃尔特·布兰德的学生从生态学角度出发，宣称"美国需要印第安人"，"美国需要印第安感官"，[①] 这是通向新生活之旅的重要途径。在他后来编写的旨在为人们提供在美国过新生活的工具指南《全球目录》(*The Whole Earth Catalogue*) 中，北美原住民文化被置于主导地位。

虽然各个实验公社皆有其独到之处，都有不同侧重点，但它们的目标毫无疑问都是相同的，探索新的可能性，创建一个另类社会，一个远比现存社会完美的乌托邦理想国。投身公社实验的千千万万激进学生和嬉皮士把公社当作躲避机器社会和城市化世界压制的世外桃源，在绝大多数参与者心目中，公社就是避难所。由于公社基本包容了前面几个实践层面，公社实验事实上就是在创造一个整体的文化模式，一个另类空间。

四 个人即政治："60 年代精神"的主流化

1. 60 年代精神与婴儿潮一代的生活态度

60 年代以学生运动为代表的左翼政治文化最具深远意义的影响在于，

---

① James J. Farrell, *The Spirit of the Sixties: Making Postwar Radicalism*. New York and London: Routledge, 1997, p. 226.

它为美国社会留下了一笔丰富的精神遗产，这笔遗产被一些学者誉为“60年代精神”，它不仅直接激发了其后40年来的种种社会运动，而且还广泛渗透到政治机制、经济活动、文化教育、价值观念以及社会生活的方方面面，于无声处悄然改变着人们的思想、言论和行为。

首先，决定性地影响着婴儿潮一代的政治态度、工作伦理和生活方式。虽然婴儿潮一代的年轻造反派在70年代告别了60年代的异托邦生活，回归了主流社会与文化，但不等于他们抛弃了过去的一切，“你在二十岁时相信的东西，会在你的生活世界观中留下其标记。”[①] 以文化反叛彪炳史册的整整一代人带着他们特有的价值观和生活方式回归主流社会，采取妥协方式化解二者的矛盾。因此，反主流文化的影响事实上一直存在。据调查，70～80年代已步入中年的昔日的梦想家们虽然大多已是雅皮士身份，但仍然在或试图在反主流文化背景中生活，有些人甚至仍在某种公社或集体安排中生活和工作。而且，无论是在硅谷、好莱坞，还是在华尔街，他们中使用可卡因者十分普遍。[②] 这从一个侧面反映出婴儿潮一代的前激进派仍同主流社会保持相当的距离，或者说他们在用自己年轻时的信仰悄悄中和或改变着主流文化。弗吉尼亚州一位中年保险代理人说，在他工作的公司里，“他们［指非婴儿潮出身的上层管理人员］看数字，而我们看人的态度”。[③] 具体来看，这种由日常生活所反映出来的意义深远的影响主要表现在以下几方面：（1）政治态度方面，虽然大多属于保守派阵营，却普遍持有远比其父辈深厚的不信任政府思想，对大政府、大企业和其他大型机构持敌视立场。[④] 80年代中期一项调查表明，60%的人认为大公司不能实现个人的需要，只有21%的人持肯定态度，19%不置可否。他们认为，“大公司完全是政治”，根本不能依赖。[⑤] 这种反巨型物意识不是源于传统保守主义思想，

① Myron Magnet, *The Dream and the Nightmare: the Sixties' Legacy to the Underclass.* New York: William Morrow and Company, Inc., 1993, p. 18.

② Myron Magnet, *The Dream and the Nightmare: the Sixties' Legacy to the Underclass.* New York: William Morrow and Company, Inc., 1993, p. 18.

③ D. Quinn Mills, *Not Like Our Parents: How the Baby Boom Generation is Changing America.* New York: William Morrow and Company 1987, p. 163.

④ David Boaz ed., *Left, Right & Baby Boom: America's New Politics.* Wasington D. C.: Cate Institute 1986, p. 3.

⑤ D. Quinn Mills, *Not Like Our Parents: How the Baby Boom Generation is Changing America.* p. 163.

而是60年代学生运动中反巨型体制，提倡小型质朴美文化理想的再现。因此，他们对"大"的否定与保守主义的同一否定有着质的差异，但由于符号意义上的类似，他们之间自然产生了某种共同语言，这是昔日的造反派集体性选择新保守主义并毫不迟疑地把选票投给罗纳德·里根的原因所在。(2) 社会生活方面，坚持为独立的个体保存个性化的空间，特别强调个人自由在工作伦理中的首要地位。由于他们认为现代大公司束缚个人自由，非人化，他们竭力利用自身的地位和影响力来促使企业向有利于个体发展的方向改变。例如，80年代中叶，有一家陷入困境的大公司召集了麾下一百名来自全美各地的中青年经理开会，商讨对策。这些年轻雅皮士提出的建议明显反映了他们一代人的价值观。建议要点如下。

(1) 公司应该熟悉在公司中工作的每个人及其家庭，防止把员工视为仅仅是一个抽象的数字符号；

(2) 公司应该为每个员工提供教育与培训，让他们拥有充分发展和展示自我的条件与机会；

(3) 行政主管应该准确地告诉每一个下属在公司中的位置，让他们感受到自己在公司共同体中并非可有可无之人；

(4) 公司必须倾力创造愉快的工作环境，让工作变得有意义并成为一种享受；

(5) 公司应该成为"家庭式"组织，让工作于其中的人有归宿感，在浓郁的温馨气氛中工作必然不会有异化和孤立感产生；

(6) 以信任为人际关系的基础，上层管理者必须信诚守诺；

(7) 公司应该打破现代社会分工对人的束缚，不断地给每个员工分派不同职能的工作，以充分自由发挥其才能。①

显然，由政治浪漫主义的学生反叛者、嬉皮士或易皮士转变为保守务实雅皮士的人们，他们的生活方式并未真正告别曾令他们青春之血沸腾的理想价值。70年代末、80年代初，美国大地悄然掀起一场重塑企业文化浪潮，其中心内容是使企业管理从以物和过程管理的传统模式中跳出来，转向以人为中心的企业经营导向。出现这一浪潮的原因很多，但雅皮士自由

① D. Quinn Mills, *Not Like Our Parents: How the Baby Boom Generation is Changing America*. New York: William Morrow and Company, 1987, pp. 182 - 183.

化生活方式及其以人为本、充分尊重个性自由发展的观念无疑是其中一个十分重要的动力。

2. 60 年代精神与黑客文化的兴起

然而，70 年代以来最集中体现反主流文化精神的可能是计算机领域中黑客文化的蓬勃发展。一般认为，黑客最早出现在 50 年代的麻省理工学院人工智能实验室。60～70 年代，“黑客”一词极富褒义，用于指代那些独立思考、奉公守法的计算机迷，他们智力超群，对电脑全身心投入，从事黑客活动意味着对计算机的最大潜力进行智力上的自由探索，为电脑技术的发展做出了巨大贡献。1970 年春天，伯克利加大计算机专业一批参加过反战运动的研究生离开了校园。在日常的政治聚会和讨论中，他们痛心地发现，几乎控制了所有重要技术的军事工业集团现在又垄断了计算机行业以牟取更大的利润和权力。以“蓝色巨人”IBM 为首的大公司控制了大型机时代的信息技术与资源，成为服务于巨大社会体制的工具和压迫与剥夺个人自由的象征。1972 年出版的激进计算机迷报纸《人民的伙伴计算机》中旗帜鲜明地宣告“计算机基本上是被用来反对人民而不是去帮人民，它被用来压制人民而不是去帮助人民。改变这一切的时机已经来临——我们需要……人民的伙伴计算机”。这些走出校园的年轻造反者坚信：他们从事的事业掌握着信息这把进入民主政治的钥匙。在 Yippie 组织的倡导和参与下，他们建立了一个“社区计算机公用设施”，取名为“资源一号”。几年后，“资源一号”的成员进一步认为必须打破限制走入社区、家庭，让人民有机会使用这种神奇的机器以获得上一代人流传下来的经验。一项名叫“社区记忆”的项目出现了，它将把整个旧金山海湾地区的小型微机连成网络。每个终端都和“资源一号”的中央数据库和数据处理装置连接，免费向公众开放。一些激进成员甚至提出更加雄心勃勃的计划：利用 AT&T 的长途电话线路将全美的城市和大学连成一片，创造一个“直接利用信息的民主体系”。与此同时，嬉皮士出身的史蒂夫·乔布斯等人同样在反主流文化的民主理想激励下，在卧室和车库中创立了苹果电脑公司，使计算机从少数人和少数群体专有的封闭式大型机的贵族时代转向开放性个人机的平民时代，打破了巨无霸 IBM 一统天下的局面，几乎是于无声中酝酿出了一场 PC 革命，它的成功改变了世界。

如果说打开个人计算机时代的乔布斯等属于第二代黑客的话，创造了软件业奇迹的比尔·盖茨等则是第三代黑客，第四代当属众多网络精英。因此，在某种意义上，黑客的历史就是一部计算机发展史。推动一代代黑客在计算机领域查缺补漏从而进一步促使计算机技术不断推陈出新的动力在于黑客所共有的文化。根据美国学者史蒂夫·利维的总结，黑客的基本价值观是：通往电脑的路不止一条，所有的信息都应当是免费的，打破电脑集权，在电脑上创造艺术和美，计算机将使生活更美好。[①] 从这些价值判断中可以读出黑客文化的精髓：无拘无束的自由精神，反传统、反权威和反集权的反体制精神，极其自负的英雄主义冲动，不失浪漫的技术乌托邦意识。显而易见，这一文化主旨的确与 60 年代精神一脉相承，国外不少研究者断定，黑客文化即反主流文化或 60 年代反叛文化的继续，不无道理。[②]

3. 60 年代精神与美国社会民主的推进

另外，60 年代精神直接或间接地促进了美国政治与社会的改革和进步。美国企业研究所的研究员威廉·施尼德认为："在这个国家，所有成功的政治创新都是由反现行体制的情感促成的。"[③] 从 60 年代末开始，美国许多自由派政治家和团体对社会抗议示威和激进文化反叛事件进行认真研究思考，进而对美国政治法律机制加以全面而深刻的反思，寻求完善之道。如联邦大法官道格拉斯和芝加哥大学校长赫钦斯等人即是代表。他们对大学和政治法律的批评性思考引起了制度自我完善的种种行动。如国会、政府和法院在制定、实施和维护一系列保护和扩大个人与群体自由的法律法规上一直在进行不懈的努力，其成果是无可置疑的。其显著标志有两个方面，一是有力地推动了社会多元化和基层民主参与进程。特别是克林顿时期，美国社会多元化与基层民主的发展出现了前所未有的势头，联邦政府把这两个方面当作不可逆转的社会潮流而大力倡导。[④] 二是促使社会抗议全面制度化。1996 年，民主党全国代表大会再度在芝加哥举行，和 28 年前一样，会场外面聚集了无数抗议者，其中包括参加过 1968 年芝加哥示威的一批老激

① Steven Levy, *Hackers: Heroes of the Computer Revolution*. Sebastopol, CA.: O' Reilly Media, Inc., 2010, pp. 28 – 34.

② "Counterculture", http: //www. tranquileye. com/hackerculture/approaches/approaches06. html.

③ David Boaz ed., *Left, Right & Baby boom: America's New Politics*. Wasington D. C.: Cate Institute, 1986, p. 6.

④ Alvin J. Schmidt, *The Menace of Multiculturalism: Trojan Horse in America*. Westport, Connecticut, London: Praeger, 1997.

进派如德林杰等人。1968 年，警察在未受到挑衅的情况下野蛮攻击抗议者，进行大规模逮捕。“1996 年的抗议者发现很难被捕，甚至在有预谋的挑衅后亦如此。”[①] 整个大会期间，芝加哥警察总共只逮捕了 7 人，与 1968 年数以百计的人被捕形成了鲜明对照。1999 年的西雅图抗议、“9·11” 后左派的大规模反战示威以及 2009 年爆发的 “占领华尔街” 运动，示威者的暴力挑衅比起 1968 年有过之而无不及，但警方的反应却是较为理性和冷静。所有这些说明现行制度和主流社会对社会抗议行动已具有远比过去更大的容忍度。而且，在过去 40 多年间，一种被称为 “公共秩序管理系统”（POMS）的机制使抗议行动和警察行为变成了一种程式，这种程式必然包括谈判、政府计划和抗议者对计划的鼓励等原则，其结果是抗议事件在未发生前其影响和后果已在较大程度上被纳入可预知范围。[②] 换言之，通过把抗议行动制度化，抗议行为成了现行体制的有机组成部分。“抗议者的权利现今在美国得到了更广泛的保护，但这些保护与向政府广泛授权限制抗议的时间、地点和方式一道被制度化了。”[③] 一方面，警方会为抗议的实施提供保护，抗议者并可就抗议计划与警方进行协商，而警察也会在受到挑衅时限制使用暴力。另一方面，抗议组织在就抗议细节与警方协商中也持合作立场。“结果，今日的绝大多数抗议比以往更加有序和程式化了。”[④] 这一方面说明当代美国社会制度所具有的吸纳能力；另一方面也能说明美国学生造反者所以失败，其中一个重要原因就在于他们所面对的体制具有十分强大的自我调节和修正机制。因此，辩证地看，抗议的制度化既象征着社会政治的进步，又意味着制度力量对异己力量控制的进一步加强。

4. 媒体、影视文化与 60 年代精神

此外，经过 60 年代运动的洗礼，美国文化变得更加丰富多彩。以大众生活层面为例，被公认为当代美国文化表征的诸多方面大多是 60 年代的专

---

① David S. Meyer and Sidney Tarrow eds., *The Social Movement Society: Contentious Politics for a New Century*. Lanham, Maryland: Rowman & Littlefield Publishers, 1998, p. 84.

② David S. Meyer and Sidney Tarrow eds., *The Social Movement Society: Contentious Politics for a New Century*. Lanham, Maryland: Rowman & Littlefield Publishers, 1998, pp. 91 – 92.

③ David S. Meyer and Sidney Tarrow eds., *The Social Movement Society: Contentious Politics for a New Century*. Lanham, Maryland: Rowman & Littlefield Publishers, 1998, p. 108.

④ David S. Meyer and Sidney Tarrow eds., *The Social Movement Society: Contentious Politics for a New Century*. Lanham, Maryland: Rowman & Littlefield Publishers, 1998, p. 108.

利。摇滚乐直到今天仍长盛不衰，不仅新人新作辈出，旧曲老调依旧脍炙人口，不仅摇滚歌星麦当娜谱写着新时代的歌坛神话，宝刀不老的 60 年代文化英雄鲍伯·迪伦也在不时掀起热潮。[①] 摇滚乐不仅令年轻人为之着迷，甚至不少中老年人也为之倾倒，尖锐刺耳的音律和节奏让无数麻木的心重新振奋，让年长者回味逝去的青春岁月。衣着时尚领域的无冕之王毫无疑问当属牛仔衣裤，自 60 年代以来，它经过嬉皮士的“革命”洗礼，已从下层劳动者的不起眼工装变成风行全美和全球的永远的时尚。下至普通蓝领，上到亿万富豪和总统等政要，无不是这一普通蓝色时装的热情追捧者。“主要时装业巨头们现在都迎合嬉皮士［风格］”。[②] 另一个被造反者推广开来的是夹克外套。反战运动中的许多学生身着军用夹克，脚着军用皮鞋，行进在大街上，从而使夹克和夹克式服装渐渐流行起来。不过，服装业受到的最根本的影响是服装设计理念。学生行动主义者在衣着方面所表现出来的反正统、标新立异、回归原始和自然、寻求视觉震撼等直接间接地为时装业提供了灵感，无论是在纽约，还是在巴黎和米兰，年复一年不断地推陈出新，虽然花样百出，令人目不暇接，其创意和思路却基本上遵循着这些原则。

与此同时，60 年代反叛意识作为一种文化思想在消费社会市场法则的推演下在电影电视等媒体中不断展现出来，与 60 年代街头政治为社会聚焦点不同，70 年代开始，大众传媒和文化艺术领域构成了社会批评的主要舞台，文化左派担当起引领社会批判的主力军角色。一般认为，媒体大体上通过以下四种形式坚守对抗性世界观并制造舆论氛围：（1）为国内外社会批评提供时间和空间；（2）永不停息地通报美国社会的匮乏和种种社会问题；（3）不断提醒观众，美国社会理想价值和希望与现实之间存在矛盾和差异；（4）向观众广泛披露坏新闻或各种各样的否定性信息。[③]

从媒体普遍遵循的价值判断来看，作为多元文化主义理论基础的文化相对主义——一切文化体系都是相对的，文化没有高下优劣之分——具有

① 1994 年，几十名歌手云集纽约，举行纪念迪伦从艺三十年义演。迪伦最后唱道：“昔日我曾苍老，今日我却风华正茂。”1997 年，鲍勃·迪伦推出了“久违了的日子”（TIME OUT OF MIND），该唱片赢得了当年度格莱美唱片大奖。参见 http：//www. bobdylan. com/。

② “Hippie”，http：//www. devo. com/tft/hippie/essay4. html.

③ Pall Hollander, *Anti-Americanism：Irrational & Rational.* New Brunswick（USA）：Transaction Publishers, 1995, p. 221.

最基本的指导意义。绝大部分媒体都采取一种冷眼旁观的态度对待政府政策和欧美价值观，甚至对制度和社会持一种退出来置身事外的立场。“电视节目在一个宽广的领域通过具有严格内容分析的资料和不经意的观察中的洞见传达敌对的信息与暗示。”如 20 世纪 80 年代广受欢迎的电视节目“迈阿密恶行”（Miami Vice）中，节目制作者就有意地把美国社会内部事务与美国对外政策批判性地组合在一起。而在公共电视每周文献性的“前线”系列中，拉美反共游击队及其美国支持者被刻画为恶贯满盈的索摩查的走狗。PBS 电视系统的一个有关危地马拉的文献纪录片中说：“美国和危地马拉军队在音乐会上采取行动屠杀无辜人民；获得正义的唯一道路是武装的革命。”而在专门为纪念古巴革命 25 周年制作的文献片中，对古巴的制度和社会生活充满了溢美之词，认为“大多数人在古巴生活得很幸福”。在由波士顿 WGBH 电视台制作并获奖的文献电视片《越南：一部电视历史》中，美国几乎是一种被告的角色。战争造成的平民伤亡全部归咎于美国，越共一方的责任只字未提。所有这一切都是一种有选择的文化相对主义影响下的产物。①

电影是现代社会极其重要的媒介，它在传达否定性信息和影响社会行为选择方面的功能与电视难分轩轾。吉特林就承认，电影在培育他和他那一代人的反叛意识上的作用比里斯曼、米尔斯和加缪等人的著作大得多。50 年代由詹姆斯·迪安和马龙·白兰度等影星塑造的具有反叛特征的人物形象潜移默化地影响着婴儿潮一代的社会态度。② 自 70 年代开始，一种被称为反现行体制或敌对电影的制作变成电影界的一股热潮。

反体制电影大致可分为三类。第一类为揭露美国在国外如越南和中美洲等地的犯罪行为的影片，如代表作品《回家》（1978）、《现代启示录》（1979）、《全金属夹克》（1987）、《野战排》（1986）、《生于七月四日》（1989）等，以高超的写实手法逼真地再现了越南战争的恐怖场面，从而对当年美国政府的越南政策予以无情鞭笞。在电影《失踪》（1982）一片里，全面揭露中央情报局参与推翻智利阿连德政府的活动及与之相联的恐怖主

① Pall Hollander, *Anti-Americanism: Irrational & Rational.* New Brunswick (USA): Transaction Publishers, 1995, pp. 224 - 226.

② Todd Gitlin, *The Sixties: Years of the Hope, Days of the Rage.* New York: Bantam Books, 1987, p. 31.

义。《萨尔瓦多》和《烈火之下》（1983）几乎是从桑迪诺阵线的立场批评美国的中美洲政策。《美国航空公司》（1989）则揭露中央情报局在东南亚参与非法毒品交易勾当。

第二类是揭露美国生活和国内制度腐败的电影。《全是总统的人》（1976）戏剧化地再现了水门事件；《权力》（1985）描绘了大公司对政治和舆论的操纵；《中国综合征》（1979）、《丝木》（1983）揭示了核能的危险和核能生产企业内部的冷酷与腐败；《边界》（1982）、《玛丽亚》（1985）、《河流》（1984）、《乡村》（1984）则分别对军队、政府部门的腐败和专制进行了入木三分的刻画；《华尔街》（1987）揭露了金融界的种种黑幕；《候选人》（1972）揭露选举过程中的非法勾当；《飞越杜鹃巢的人》（1975）以对一个精神病医院的描述影射整个社会对人性的压抑。

第三类则是把 60 年代的运动和理想浪漫化和为之正名的电影，也可称之为 60 年代怀旧电影。比较有代表性的是：《大冷却》（1983）、《在空无之中奔跑》（1988）、《真正的信仰者》（1989）、《1969》（1990）、《60 年代的伯克利》（1990）。《真正的信仰者》的主题是，通过主人公（80 年代一位律师）重新发现了 60 年代他信奉过的原则来证明他们的"价值观从未改变"。《在空无之中奔跑》讲述的是一对校园激进分子的故事，他们在 1971 年的反战抗议中炸毁了一座建筑物，最后走入地下，建立了一个温馨家庭。该剧的一位制片人阿米·罗宾逊承认，他们是以同情的态度来看待故事主角所代表的那一小群人的命运的。电影剧本作家、1968 年哥伦比亚大学研究生内奥米·方纳在该片上映后公开表示，她对"为某项事业而愿意舍弃一切"的地下激进派深表敬佩。[①]《1969》以反战为背景，描述一位为美国卷入越战摇旗呐喊的二战硬汉子老兵与其反战的儿子之间的矛盾冲突。影片歌颂了反战运动的光荣，对美国卷入越南事务进行了激烈批评。《60 年代的伯克利》是一部文献电影，它叙述和展示了以自由言论运动为中心的伯克利校园学生运动参加者的理想主义信念及其行动，指出自由言论、平等、正义是学生理想信念的核心。该片告诉人们，"许多学生激进分子……现今在从事教师、作家和社区组织者的工作，仍然在实践他们

① Pall Hollander, *Anti-Americanism: Irrational & Rational*. New Brunswick (USA): Transaction Publishers, 1995, p. 238.

所宣传的主张。”①

最值得一提的是，一些带有意识形态色彩的电影也得到了充分肯定。如由位于新泽西韦恩市的新日电影公司制作的《看见红色——美国共产党人的故事》一片，在得到学院奖提名的同时，还受到教育电影图书馆协会和《纽约时报》等社会文化机构和媒体的高度赞扬，并赢得了几项奖励。

此外，从报刊来看，由于主流媒体逐渐吸收了60～70年代地下报纸或另类新闻的诸多价值与信仰，另类报刊与主流媒体间已很难划清界限。另类报刊的核心信仰是：核能是最无效最危险的能源；日益增长的大公司力量正在威胁人们的生活；非等级结构应该在政府、工厂和个人生活中占优势，美国社会是种族歧视、性别歧视和暴力的社会。②事实上，美国大多数媒体的内容程度不等地体现着这种信仰。特别是在互联网迅猛发展的今天，“60年代精神”的传播犹如插上了双翼，正在迅速扩张其传输速率。

从以上所述可知，“60年代精神”不仅没有随着60年代的逝去而消散，反而在新的历史阶段在更广阔的领域以新的形式和姿态继续存在和发展。简单说来，所谓“60年代精神”，主要有以下几个方面：社会批判立场，自由与平等，民主参与，底层眼光，多元主义，维护人格尊严，社会责任感和理想主义情怀等。所有这些方面可概括成一句口号，这就是：个人即政治。这一口号使日常生活具有了政治意义，换言之，政治是个人的事，个人的日常生活皆具备政治含义，都能产生政治影响力。反过来说，社会的变革和进步取决于每个人的思想、态度和行为的变化。它让每个人对自我存在的价值获得了内在的肯定，相信自我的积极行动对社会会产生有益影响。可以说，60年代精神已经内化为现代美国的核心精神，自70年代以来美国左翼的种种理论探索与政治实践，正是对这一遗产的全面继承与发扬光大。

---

① Pall Hollander, *Anti-Americanism: Irrational & Rational*. New Brunswick (USA): Transaction Publishers, 1995, p. 239.

② Pall Hollander, *Anti-Americanism: Irrational & Rational*. New Brunswick (USA): Transaction Publishers, 1995, p. 246.

第四章　底层社会变革：70年代的激进政治实验

一　新左派的历史观与底层力量的被发现

1. 新左派的底层历史观与70年代底层力量的苏醒

如何理解历史？历史的真实主体是什么？历史的动力何在？历史应以谁为书写对象？对这些问题的不同回答划分出了不同的历史观。如果说美国传统的主流理论是一种精英和上层在创造和决定历史命运中占主导地位的历史观的话，60年代新左派则建构了一种新的理论话语，主张从社会下层中去挖掘历史发展的源泉，去寻找社会变迁之动因。在他们看来，以路易斯·哈茨、丹尼尔·布尔斯廷、戴维·波特和理查德·霍夫斯塔特等为代表的新保守主义历史学家们，不约而同地把美国历史进程描绘为由一致性、稳定性与连续性构成的和谐图景，这不仅与美国充满矛盾冲突的历史实际不符，而且这种描述有意无意地对社会中下层的历史活动视而不见，根本性地把他们的不幸与奋争排除在历史之外，结果是，新保守派的美国历史的和谐叙事实际上只不过是社会上层“和谐”状态的解读。美国社会现实的百病丛生和冲突不断在一定程度上见证了新保守主义历史解释的主观臆想性，“如此不完美的国家，怎么会有如此完美的过去呢？”[①] 新左派学者认为，包括新保守主义在内的以往的历史研究视角都是自上而下的，而事实上历史的真正力量在社会底层，自下而上（from bottom up）的视角是

① Iring Unger ed., *Beyond Liberalism*: *The New Left Views American History*. Waltham, Massachusetts: Xerox College Publishing, 1971, p. xiv.

正确理解历史发展和把握社会脉动的要津。著名新左派史学家杰西·莱米什（Jesse Lemish）指出，新保守派史学家只是一味地考察统治阶级，他们“或者让一个精英的观点代表大多数人的看法，或者根本忘记了他们并不了解大多数人心里在想什么。”[①] 事实上，从底层角度书写的历史比从社会上层角度书写的要更加接近事实。另一位专攻南方奴隶制问题的新左派史学家尤金·吉诺维斯在底层研究上堪称楷模。他坚决拒绝把狭隘的传统政治史方法作为了解一个国家和民族历史的通途，因为建基于“杰斐逊—杰克逊—罗斯福自由传统”的研究框架是典型的精英史思路，其中没有下层民众的影子和话语。他毫不动摇地坚持“自下而上”的方法论，把研究的视线聚焦于底层社会。在他的著作中，奴隶们是主角，种植园奴隶主只是配角。[②] 一大批新左派历史学家或研究工作者立足于不同的研究领域，通过对大量过去未给予重视的新材料的发现、梳理和解读，以及对众所周知的旧史料的重新审视与解释，书写了一部另类的美国政治社会史。

“自下而上”不只是一种研究方法，实际上还是一种政治战略，一种变革社会的理论武器。70 年代以来，尽管新保守主义思潮在美国全面拥有思想文化领域的主导权，但新左派的底层意识并没有消退，在各种社区改革实践中，在后殖民批评和激进多元文化主义的理论建构中，在后现代主义对元叙事的解构中，在跨国联合的全球正义运动的演进中，这种意识不断得到强化，在著名左翼学者斯皮瓦克和阿普尔等人的鼎力推动下，从为底层人代言到让底层人讲话，以底层的视角重新书写历史，让历史最接近真实地再现，底层研究几乎已经成为左翼学术的一个基本标识。从这种学术理论出发，左翼政治越来越深地向草根社会寻找力量之源，这与整个底层或边缘群体权利和权力意识的觉醒构成了同气相形的关系。

经过 60 年代疾风暴雨的社会运动的洗礼和激进变革思想的熏陶，70 年代开始，美国社会草根阶层的力量和意识有了长足的发展，在参与和影响社会政治民主进程方面的力度与日俱增。70 年代以前底层社会无力发出自己声音的情形已悄然改变，从少数族裔权利到女性权利、从移民权利到同

① Jesse Lemish, “The American Revolution Seen From the Bottom Up”, in Barton J. Bernstein ed., *Toward a New Past: Dissenting Essays in American History*. New York: Vintage Books, 1969, pp. 3–29.

② 吕庆广：《美国奴隶制史学家尤金·吉诺维斯》，《世界史研究动态》1989 年第 6 期。

性恋少数群体权益、从反核诉求到废除监狱主张、从绿色运动到社区改革、从多元文化主义到抵抗全球新自由主义，等等，标志着后 60 年代的争取公平正义的事业如百川归海，在新社会运动的统一标识下，在众多领域发出自己的强音。

2. 致力于社会变革的新政治路线图

如果说 60 年代的社会运动以追求平等为目标，以民主、自决和非暴力为主要路径，后 60 年代的新社会运动则以追求差异为目标，并同样以民主、自决和非暴力为其路线图。这一路线图的实施起点是始于 60 年代甚至是之前的基层民主与社区改革行动。

美国社区改革实践的理论基础是阿林斯基的社区激进主义。索尔・D. 阿林斯基（Saul Alinsky，1909～1972），俄罗斯犹太移民后裔，出生于芝加哥，芝加哥大学考古学专业毕业，30 年代参与“产业工会联合会”（CIO）的组织工作。同时作为一名刑事学家，他越来越多地投入芝加哥乃至全美各地的贫困社区组织实践中，这使他成为 20 世纪中后期美国最具影响力的现代社区组织家与政治活动家。他不仅毕生从事底层社区改革与激进民主实验工作，其中重点是帮助非洲裔美国人贫困社区脱贫和提高生活水平的改革，而且还通过著述把激进社区行动主义的种子播撒进美国一代又一代年轻人的心灵中。他相信，基层社区变革是更大的社会变革的基础，这是美国的独特社会阶级结构决定的。在他看来，美国阶级结构由三大群体构成：第一个群体是“富有者”或上层阶级，他们是现状的坚定维护者，因为现状带给他们金钱和权力。他们人数很少，但权力很大，因为他们握有巨大的可充分利用的资源；第二个群体是“所得不多却想得到更多”的中产阶级，他们构成人口的最大部分。这个群体最具有潜在力量；第三个群体是美国的穷人阶级，他们“一无所有”（have-nots），较不稳定，却较容易组织起来。在 1971 年出版的《反叛手册》（*Rules for Radicals*）一书中，阿林斯基开宗明义地写道：“以下内容是为那些想把世界从现样改变成他们相信应该是的样子的人们所写的。马基雅维利的《君主论》是为富人如何执掌权力而著；《反叛手册》则是为穷人怎样搬开权力而作。”① 他告诉年轻

① Saul Alinsky, *Rules for Radicals: A Pragmatic Primer for Realistic Radicals.* New York: Vintage Books, 1989, p. 3.

的激进派，作为基层社区组织者，他或她的主要工作就是要采用有效的策略来调动或引诱权力集团把抗议者视为“危险的敌人”而采取公开的攻击性行动，权力集团的歇斯底里式应激性反应不仅会为社区组织者的激进行动提供合法性依据，还会自然而然地扩大其影响。

2008 年，巴拉克·奥巴马在祭出“变革”大旗时，就明确指出，变革不可能来自上层，只可能自下而上，这种观点是典型的 60 年代遗产。这足以说明，阿林斯基的社区变革理论不仅为 60 年代左翼激进政治提供了行动指南，甚至还对民主党的执政理念产生了深刻影响。事实上，自 1960 年代青年反叛者深入城市社区参与反贫困和社区重建运动开始，作为现代左翼核心政治诉求之一的基层民主和社区改革一直在向深度和广度推进。在 20 世纪 70～80 年代，美国左派的基层社会变革实践具有目标指向多元化特征，它把个体自由、族群平等、女权、同性恋权利、生态保护等诉求纳入社会整体变革议程，立足于底层社会，以颇具实验色彩的方式实施其理想主义的政治方案。在此我们选择 20 世纪 70 年代最具代表性和影响力的“争取新社会运动”、废除监狱运动、国内非殖民化运动为考察对象，通过理论与实践两个层面的论述，系统探索这个时期左翼激进实验运动的创新与特色。

二　争取新社会运动：预示政治的理论与实践

1.“争取新社会运动”的由来及其政治愿景

虽然 60 年代的激进社会运动在 1968 年后逐渐烟消云散了，但左翼理想主义者的理想并未随风而逝，它在 70 年代得到了承续与发展。在 70 年代最初的几年里，在处于政治变革的左翼阵营中，有一群年轻的非暴力人士正在致力于把其核心主张与 60 年代斗争中涌现的政治与策略创新结合起来以复兴美国激进和平主义传统。他们的努力在“争取新社会运动”（MNS）中得到了最有效的实现。“争取新社会运动”成立于 1971 年，总部位于费城，总部成员超过百人，通过全美各地的分部发展成了一个集体网络组织。它把 60 年代的革命非暴力实践继承下来，薪火相传到今天。在这一历史进程中，它把生态学、女权主义、无政府主义等理论与学说有机地混合在一起，它所改进的从事激进政治的新方法已经成为现今反专制社会运动的核心方法。它还推广了共识决策，并为美国左翼活动分子引进了“理事发言”的组织方法，是美国最早倡导“预示”政治（*prefigurative politics*）[①] 的团体。该组织成员在美国和世界各地的基层社区通过组织大规模非暴力直接行动、为活动分子建立支持社团以及向基层组织者提供政治教育和技能培训等，给予反战、反核、女权主义、同性恋解放和生态保护等运动以实质性的帮助。

“争取新社会运动”的前身是一个成立于 1966 年名为“贵格派行动组织”（AQAG）的基督教反战团体，不过，它所奉行的却是贯穿于整个 20 世纪的激进和平主义准则与传统。第一次世界大战初期，激进和平主义者为实现传统左派的进步社会变革主张，提出了一套另类的理想与方法。虽然他们坚持经济正义的信仰，并且大多数人是社会党党员，但他们并不主张把阶级置于政治的中枢位置。相反，他们追求一种更具普遍意义的人类“伙伴关系”（fellowship），终结战争和包括资本主义在内的以战争为支撑的社会制度。他们在方法上与其他左派政党也明显有别：他们强调目的与手段密不可分，鼓励人们尽可能以类似于他们所追求的理想社会生活方式时髦地生活。[②] 1940～1960 年代，他们通过荷兰无政府和平主义者巴特·德·莱特（Bart de Ligt）和美国著名无政府主义反战活动家阿芒·亨纳西（Ammon Hennacy）以及《反击》杂志编辑保罗·古德曼等人的著作而沾染了无政府主义色彩。1942 年，激进和平主义者创立了“种族平等大会”（CRE），该组织在把参与协商模式和甘地非暴力战略向包括小马丁·路德·金在内的民权运动领袖和“学生非暴力协调委员会”（SNCC）成员进行“传输”上居功至伟。而“学生争取民主社会组织”（SDS）正是在 SNCC 的参与结构和反主流文化的精神基础上描绘出了新左派的两个决定性主张：实施参与民主制与克服异化文化。[③] 60 年代后期，一方面因压制而伤心沮丧；另一方面又因国内外左派的胜利而兴高采烈的黑人和学生运动积

① 预示政治是指这样的原则：活动分子和社会变革组织应该在其当前工作与生活中身体力行，在较广大的范围内成为他们所提倡的新价值观、制度和社会关系的楷模，这是实现变革战略的重要组成部分。参见 Wini Breines, *Community and Orgnization in the New Left*, 1962－1968: *The Great Refusal*. New Brunswick, NJ: Rutgers University Press, 1989, p. 6.

② Marian Mollin, *Radical Pacifism in Modern America*: *Egalitarianism and Protest*. Philadelphia: University of Pennsylvania Press, 2006.

③ Francesca Polletta, *Freedom is an Endless Meeting*: *Democracy in American Social Movements*. Chicago: University of Chicago Press, 2002, pp. 120－148.

极分子，逐渐从有别于自由主义和马克思主义的无政府政治空间撤退。“如果把参与民主制、预示政治、文化变革一同视为一个正要落下去的球，新社会运动就是为之飞身而下、刻苦工作以保持其飞行的最重要的组织之一。”①

美国激进和平运动虽然历史悠久，并且拥有德林杰（Dave Dellinger）之类德高望重的职业和平主义者及其强大感召力，但存在的问题也是显而易见的：组织结构上官僚化，策略上谨小慎微，在群众动员等方面竭力避免对抗性的直接行动。贵格派行动组织成立后，以行动向年轻人证明它没有这些弊端。它把协调创造性的冒险“见证”战争的破坏性作为目标，认为这种破坏性会“掏掉政府合法性的根基”，而冒险“见证”会使主流媒体发现，再要掩盖这种破坏性将困难重重。为此，1967～1968 年，该组织成员曾经驾驶一条长 50 英尺、满载捐助药品的“凤凰”号货船，三次驶向南越和北越水域。② 然而，1966～1970 年美国内外发生的诸多事件使贵格派组织成员感到再仅仅把结束越南战争作为唯一奋斗目标已不合时宜，还应该把重构美国全部生活领域作为基本的追求。1968 年后，组织成员大多具有了这样的共识：反战运动与其他形式的正义斗争密不可分。基于这样的认识，该组织在 1971 年 3 月的“美国之友服务委员会（AFSC）第 80 届代表大会”上发表一个声明，号召制定一个广泛的计划来与生态破坏、穷兵黩武、“公司资本主义”、种族主义、性别歧视作斗争。声明简明扼要地列出了创造“基本社会变革”的新愿景：

> 我们希望催化一场争取新社会的运动，这场运动将勾勒出新社会理想的特征，以及实现它的方法；对美国政治经济制度的批判性分析；以扩展意识为着重点，组织中产阶级通过非暴力斗争向基本的变革迈进，并经常性地与其他变革运动进行协调；组织与发展作为地方、全国和国际层面上的可持续斗争基地的非暴力革命团体与生活中心；为

① Dan Benger ed, *The Hidden* 1970*s*: *Histories of Radicalism*. New Brunswick, New Jersey: Rutgers University Press, 2010, p. 232.

② Dan Benger ed, *The Hidden* 1970*s*: *Histories of Radicalism*. New Brunswick, New Jersey: Rutgers University Press, 2010, p. 233.

非暴力斗争进行培训；［制定］一个植根于变革生活与变革价值观的计划。[①]

这一声明获得了相当多的人的赞同，于是，其中的几十个成员决定将组织更名为“争取新社会运动”。这一新组织的成立虽然没有得到 AFSC 的正式同意，但它仍然得到贵格教派现有机构网络的支持以发展会员。除位于费城的总部外，在加利福尼亚、俄勒冈、伊利诺依等州，在较短的时间里建立起了分部。

“争取新社会运动”坚持用一种“宏大”的社会关系观点来解释不同类型的不公正是如何联结在一起的，在运动沿着认同和策略发展的大部分时间里，力图应用多角度的革命战略把直接行动的激进分析与团体的建设结合起来。它的总体的和个人的革命变革主张吸引了许许多多被 60 年代激进运动的缺点和踌躇不前折腾得筋疲力尽和心灰意冷的活动分子。

2. 宏观理论分析

在整个 70 年代，MNS 以创造性的直接行动战略对美国帝国主义、核武器、原住民主权、生态、女权等问题作出回应，通过这些回应形成了具有个性的政治分析与计划。这种政治分析的形成是一个过程，有着客观基础与条件：其一，组织中的一些领袖如比尔·莫耶斯、理查德·泰勒等人曾参与 60 年代民权与反战运动，有较好的理论素养；其二，国外经验的启迪，如乔治·雷克伊曾于 1969 年花大量时间熟悉欧洲新左派运动的理论；其三，苏珊·高万、乔治和莉莉莲·维娄夫比夫妇等理论研究者的严谨工作与奉献，直接成果是两本书：《革命：贵格派致病态社会的药方》、《活的革命战略》，成为 MNS 最初政治声明的基础。此外，费城的一群积极分子开设了一个长期的集体性“宏观分析研讨班”（seminars），该研讨班每期长达 24 周，内容涉及理想和战略分析的一系列阅读与讨论。

革命的非暴力构成 MNS 政治分析与战略的基石。他们相信，战争是资本主义固有的，社会不平等本身就是由压迫性国家暴力威胁维持的一种暴力形式。这就要求那些道德上拒绝暴力的人变成社会革命家。组织中成员

① Dan Benger ed, *The Hidden 1970s*: *Histories of Radicalism*. New Brunswick, New Jersey: Rutgers University Press, 2010, p. 233.

把这些核心原则与左派新近的思想发展有机综合到一起。首先，接受了那时正出现的生态学和环境可持续性原则，把美国与非工业化世界的关系定义为新殖民关系，这是它指控当代社会的中心内容。它主张美国和其他资本主义国家需要“逆发展”（de-develop），因为这些国家的人的生活水准是世界绝大多数人口难以企及的，也是超出生态限度而不可持续的；其次，受早期妇女解放运动影响，MNS一开始就把对性别主义的批判与对种族主义的指控结合起来；最后，它把甘地派、无政府主义者、各种各样的民主社会主义者的理论融合在一起，提出了“非集中化社会主义”的观念，这种观念与同一时期其他激进派提出的“分享经济学”（participatory economics）大同小异。一本介绍性的小册子解释说：“经济企业，如我们所见，将为社会所有，非集中性和民主控制，政治决定通过分享手段作出，从最小型的公民面对面社区起步，扩展到全球层面。众所周知的民族国家将不复存在，由区域集团或者那些有共同经济利益的集团取而代之。”①

在介绍性的小册子里，MNS宣称，它反对“从ITT［现今的AT&T］到PTA［家长与教师协会］的传统组织形式……因为它们展现了我们正要排除的性别主义和威权主义。我们的目标必须与我们进行组织的方法相结合。这样，我们建立的运动必须是平等主义和非集中化的”。② 为此，该组织在荷兰无政府主义组织萨洛姆（Shalom）的直接影响下发展出了一种网络结构。在新左派“参与民主制”构想和妇女运动平等主义诉求的影响下，MNS采用一种规范的共识程序来进行几乎所有决策，这种共识程序明显源于贵格派传统，当然也借鉴了一些早期成员作为职业调解人所熟悉的冲突解决技巧和经验。

3. 实践模式

虽然MNS的预示理论盛行于组织的各个层面，但如何实施这一原则却在组织网络内争论不休。预示思想在MNS的命令中经常表述为一句话：“现在就过革命生活”，这是甘地对其信徒的一句经典教导“成为你希望看到的

① Dan Benger ed, *The Hidden* 1970*s*. New Brunswick, New Jersey: Rutgers University Press, 2010, p. 236.

② Francesca Polletta, *Freedom is an Endless Meeting*. Chicago: University of Chicago Press, 2002, pp. 6 – 12.

变革”的翻版。然而，在早期的声明中，MNS 却很清楚“过革命生活”只是多元革命战略的一个实践层面。像许多 70 年代初的激进理论家一样，MNS 的发起人相信，到 20 世纪末，结构性矛盾将会在美国创造出革命条件，MNS 成员将充当一种因应危机而生的大众社会运动的“面包中的酵母”，为他们提供他们会需要的工具和非暴力原则以有效制造一场社会革命。在短期内，MNS 相信激进派在以激进原则为基础建立另类制度的同时，需要发展战略性的直接行动运动以赢得改革，因为其目标需要经过持之以恒的长期斗争最后才能获得成功，活动分子需要训练，需要有支持他们工作的新型社区的历练。

直接行动

1971 年 7 月，刚成立不久的 MNS 组织人员乘一条橡皮艇进入巴尔的摩港，对正在装载军用物资的一艘巴基斯坦轮船进行封锁。这种对抗来自开始研究美国政策与国外商业关系的影响的“研究行动队”。他们决定把重心放在尼克松政府对巴基斯坦军事独裁的财政与军事支持上。虽然他们最初阻拦武器装运的试图被警察和海岸警卫队破坏，他们的船也被拖离港口水域予以扣押，但这次行动却引起全国报纸、电台、电视的广泛关注和报道。MNS 并不满足于此，而是决定扩大运动。他们与“费城东孟加拉之友”联合，向“国际码头工人协会”发出呼吁，劝导该工会拒绝巴基斯坦装载军事物资。一个月后，他们发现另一条巴基斯坦船在费城港口装载物资，立即再次动员进行海上封锁，这次得到了码头上组织纠察线的配合。而 MNS 的船则巧妙避开了警察的船，横拦到了货船的通道上。同时，码头工人则拒绝穿过 MNS 的纠察线。28 小时后，巴基斯坦货轮“艾哈迈迪”号被迫空船离去。

值得一提的是，1972 年 4 月，MNS 与“越南老兵反战组织”（VVAW）和贵格派地方组织联手，围困运载军火前往东京湾的“USS Nitro”号轮船，尽管最终未能成功围堵该船，但陆地和海上的小规模冲突却鼓舞了货轮上的一些船员，“Nitro”号上有 5 位船员飞身跳入 MNS 的橡皮艇，加入抗议者一方并肩作战。[①] 而当联邦官员力图用暴力驱逐聚集在受伤之膝的印第安运

① Dan Benger ed, *The Hidden* 1970*s*, New Brunswick, New Jersey: Rutgers University Press, 2010, pp. 234 - 235.

动积极分子时，MNS 设置了一棵电话树[①]联系网络中的参与者。麦迪逊、明尼阿波利斯、密尔沃基、丹佛、波特兰、费城等地的分部的反应是，组织车队在两天内把活动分子运送到受伤之膝。到达目的地后，MNS 组织“观察队”横插在印第安抵抗者和联邦武装之间。1979 年，MNS 还发动过针对三里岛核灾难的全国性协同抗议。[②]

预示社团

从发布第一次集体声明开始，MNS 就强调其计划的主要部分是创建活动分子的意向性社团。其最初的设想是：这一运动将由 6～12 人组成的非暴力革命团体（NRGs 或“能源”）构成，这些团体作为团队在地方性、区域性或全国性层面上相互联系，共同就地方问题开展工作。一份建立团队的声明解释说：“通过 NRGs，个人能够通过放弃自由活动的分散特性——这种分散特性导致了零碎的自我和无灵魂的组织——追求现在就过革命生活，并且能替代集中化和社区。”在 NRGs 云集的地区，运动致力于生活中心的发展，这是“为进行训练和直接行动运动所作的较大规模的集体生活安排”。[③] 在萨凡纳和西雅图这样的大城市以及安阿伯和麦迪逊那样的小城镇，组织成员过起了集体生活。他们住在集体安排的房屋里，参加一项或多项集体活动，如参与直接行动、训练、宏观分析讨论班等。城市会议和非正式社会集会把集体集结在一起。成员虽然分散在各个地方，但通过生动活泼的内部通信，他们能够交流和分享思想与经验。这些内部通信名称繁多，如《蒲公英酒》（*Dandelion Wine*）、《葡萄酒》（*The Wine*）、《葡萄藤》（*Grapevine*）等等，按月出版，由内部收集信息，按年在 MNS 不同城市分部间轮流主办。每年召开一次长达一周的全网络会议，就社会化、战略实施和消除影响整个组织的政策进行讨论。70 年代中期的全网络会议荟萃了 100～120 名行动分子，通常而言，他们中间有一大半人参与了组织一整年的活动。

虽然许多城市都在发展生活中心，但真正上规模和具有较强稳定性的

① Phone tree，由一人打电话联系多人的方法。

② Dan Benger ed，*The Hidden* 1970*s*，New Brunswick，New Jersey：Rutgers University Press，2010，p. 235.

③ Dan Benger ed，*The Hidden* 1970*s*，New Brunswick，New Jersey：Rutgers University Press，2010，p. 237.

是费城的一处。1976 年 1 月，根据一项非正式的普查结果，费城西部有 10 个街区成了每户有 4～11 人的 19 个集体家庭所在地，它们的名称包括“聚会”（The Gathering）、“酷滚石亚马逊”（Kool Rock Amazons）、“向日葵”（Sunflower）等。其成员分属于 22 个各不相同的 MNS 集体，其中包括女权集体、训练组织集体、朴素生活群体、和平兑换 B－1 炸弹集体等。[①] 无论是在选择成员方面，还是在购物以及决定成员要负担多少房租方面，各个家庭完全独立行事。家庭文化丰富多彩，一些家庭开展宗教活动，另一些家庭则实行全部收入共享。直到 80 年代中叶，MNS 成员为运动进行的工作都是义务的，分文未获。成员被鼓励做兼职挣所需的“饭钱”和每月的家庭开支以及个人开销。一些人不时会在合作企业打零工，而另一些人则要么到建筑工地劳动，要么到社区学院授课，或者到与贵格教派相关的组织中做工作人员。

MNS 把以平等和反资本主义价值观作为模式的另类制度创建置于战略优先地位。例如，费城的 MNS 成员就创建了工人所有的印刷所和由成员经营的食品合作社。后来，MNS 出版委员会成立了一家商业性出版社：新社会出版社。这些事业单位为成员提供了工作，也为组织和邻里的人们提供了服务。在组织成员生活的费城西部街区发生系列强奸案后，他们帮助组织起街区协作防范犯罪活动。这种街区协作通过支持由住户组织携带气喇叭的巡逻队而拒绝了在街区增加警力的建议。这一协作还包括对受害者进行安慰，认为安慰“有助于防止较长期的过度反应”。因为费城西部是种族混合区域，许多居住于此的人深受犯罪恐惧症困扰。另类制度意味着示范：激进活动能够在人们日常生活中产生立即的和真正的进步，在组织的建立者看来，这种进步不仅能够增强活动分子的信心，而且更有可能吸引邻里和那些仍未激进到加入 MNS 而是把 MNS 视为遥不可及的乌托邦愿景的人。

除了作为另类制度的基地外，集体生活意味着允许成员“简单”而低廉地生活，允许他们把更多时间投入运动的工作中去，同时减少对环境的影响。而且，人们还希望社区生活能够促进 MNS 成员个人的成长。这种关于个人改变的主张或许是 MNS 计划中最容易引起歧义的方面，就像它当时

---

① Dan Benger ed, *The Hidden 1970s*, New Brunswick, New Jersey: Rutgers University Press, 2010, p. 238.

通过形形色色的激进治疗实践急切地把精神上的个人授权锻炼与对压抑行为的反学习结合起来一样。最初，成员的个人成长主张意味着参与如瑜伽或者成为主动的“听者”等自助和个人授权活动，这些活动被认为有助于帮助他们在日常生活和组织工作中变得更有效率。然而，在组织的第一年里，费城的 MNS 成员开始在组织内部和成员生活中对性别主义展开刨根问底的讨论与分析，之后又扩大到同性恋恐惧症、阶级偏见和种族主义。随着讨论的深入推进，个人成长就意味着清除内化于个人的不公正社会的种种非难——种族与老年人歧视、性别角色的父权评判以及资产阶级的“困境”（ hang-ups）。由于 MNS 把个人的看作是政治的，所以它支持个人在个性方面的发展。

这些日益复杂的方方面面是绝大多数 MNS 成员共同经历的“激进疗法”实践，其中最有吸引力的是再评估咨询（RC，亦称相互咨询）疗法。再评估咨询由原共产党人哈维·杰金斯首创，目的是通过在非专业个人训练中的治疗性心理咨询过程来克服压抑。该理论认为，所有的人都是压抑的，克服它的办法是远离个人痛苦和耻辱的经历，包括童年时期的经历，以便相互咨询者能搬开情感“障碍”，建立起完全理性的思考。杰金斯相信，在解决了所有这些障碍后，实践者就能进入一种孩童般快乐与纯真状态。

尽管治疗运动具有明显的等级制结构特征，而且真相揭示杰金斯追求与女性相互咨询者建立不适当的性关系模式，但再评估咨询语言和实践仍然在 MNS 工作中传播开来。例如，当考虑情感问题时，成员们会相互提醒，“跟着感觉走”是对的，而“跟着让好思想无光的痛苦走”则毫无助益。在一些充满争执的会议中，运动的引导者常常呼吁停止让成员成双结对参与小型咨询会议。之后，在 MNS 内部，甘地的格言——革命者会因为他或她改变了社会而改变自身——与对大众心理学、新时代精神以及精神领袖有增无减的兴趣相结合，俘虏了 70 年代许许多多激进派的心灵。对个人发展的强调如果没有使 MNS 成员像同时代许多人那样非政治化的话，至少也让 MNS 的工作走向一种更加个人和更加关注内心的方向，这对组织将来的岁月产生了重要影响。

除进行个人技能训练外，MNS 各社团还倾向于通过改变参与者相互间的互动来建构运动文化。在对当代诸多激进创议中的尖锐模式进行修正的尝试中，MNS 寻求以一种激进政治形式为模型，该模型避开侵略与自私行为并把对同志的情感支持包括在社会变革使命的中心，这种支持文化在许多方面昭示了它自身：通过拥抱和依偎的柏拉图式或浪漫式的身体之爱；在集体之家的集体唱歌和其他自我娱乐活动；在冗长的会议期间，开展似乎是儿童游戏的“轻松活泼”的集体活动（类似今日的“破冰船”游戏）以保持精力和提振精神。概而言之，MNS 把其集体生活形式既视为在提高觉悟群体中所从事工作的延伸，又视为实现个人自我潜能最大发展的民主理念的中心。1974 年，《蒲公英》刊物上一篇名为《MNS 支持社团》的文章解释说：“随着成员们自身逐渐从相互关联的压抑性角色和范式（即从性别主义、老年无用主义或种族主义状况）中解脱出来，他们为别人提供了更加平等与开放的氛围。加入社团的新成员在不断强化的创造性环境中发现了自我，在这种环境中，他们通过与他人进行简单互动受到‘问候’而完全成为自我，完全成为理性与可爱的人。”①

非暴力训练与反核能运动

MNS 成员集中于费城西部街区的客观条件使该地的生活中心发展为世界各地的活动分子的培训中心提供了可能。MNS 对 1970 年代社会运动的首要的和持续性的贡献在于，它在民主组织过程、战略运作计划制订以及直接行动策略等方面为活动分子提供了训练。集体培训开设了一系列教育讲习班，时间跨度从一天到两周，到一整年住在生活中心不等。另外一些培训者则周游于全美各地，为某种特殊目标一起工作或只是住在同一城镇的非暴力活动分子的组织提供“4 × 4”的讲习班（两个 4 天的课程，中间有一个间隔休息时间）。尽管 MNS 只是把培训视为一种让活动分子通过自学掌握所需要的工具以便有效开展地方工作的手段，但培训作为 MNS 招徕新成员和传播该组织变革理想的重要手段也发挥了应有的功能。

在 70 年代中叶反核能运动爆发后，MNS 做了两方面的工作，一是为行动参与者提供培训，二是鼓励运动以“直接民主发言理事会”为协调手段，以分散的亲和组织为基础谋求自身发展。民主发言理事会的方法是 MNS 从一个瑞典激进分子那里借鉴来的。在一场大规模的抗议新罕布什尔州希布

---

① Dan Benger ed, *The Hidden* 1970*s*, New Brunswick, New Jersey: Rutgers University Press, 2010, p. 240.

鲁克核电厂开工的非暴力直接行动后，反核能运动引起了全美上下普遍的关注。1977 年初，MNS 的培训者走遍了新英格兰地区，为东海岸最大反核组织“蚌壳联盟”（Clamshell Alliance）的成员和支持者开办非暴力直接行动讲习班。4 月 30 日，将近 1400 人占领了计划选定的核工厂基地，有 1000 多人对这一行动表示支持。占领者于 5 月 1 日全部被捕并关押在附近的 5 个军械库内。

大规模的占领期间，没有发生暴力和伤害，其组织技能本身令人震惊。而在长达两个星期的关押期间，MNS 成员和其他行动协调人一道工作，一是达成内部团结以就获释条件进行集体谈判，二是为被拘的抗议者建立小型平等社团。通过实施以委员会发言的合法战略为基础的集体决策、主持培训、鼓励举办舞会和其他庆祝活动等，MNS 帮助成百上千被拘禁者消除了一度出现的丧失抵抗勇气的沮丧现象，恢复了活力、斗志，形成了有组织的网络。希布鲁克占领标志着三种有组织的反权威大众行动要素——亲和组织、发言理事会、共训过程——首次一并应用于美国。希布鲁克占领事件之后，MNS 培训者继续在美国巡游，为各种反核武器组织进行培训，并向他们介绍和推广采用在新罕布什尔州表现不俗的发言理事会模式。

4. 走向衰落及其影响

然而，由于总体政治氛围的不利变化，成员的工作热情，长远的理想，内部的凝聚力和组织的影响力都不断衰退，最终导致组织在 1988 年解散。不过，它所追求的多元化激进目标不仅没有随着它的落幕走向消失，恰恰相反，激进生态运动、反核反战和平运动、女权运动、同性恋权利运动等在进入 80 年代后已经成为美国政治舞台上举足轻重的力量。以女权主义为例，在 70 年代激进女权运动的冲击下，在过去的 40 年间，美国社会在两性关系方面发生了深刻变化，这种变化主要体现在两个方面，其一，女权主义组织已经成为对美国选举和议会政治具有重大影响力的压力集团，对妇女政治地位的提升具有至关重要的作用；其二，男女平等的观念在社会各个领域不断渗透，明目张胆的性别歧视已经不多见。例如，在媒体和教育等文化领域，词语的变化生动地反映出这种变化的深度：为与 Mr（先生）对应，Ms（女士）一词应运而生；一些带有男性痕迹的字眼被改造成中性词，Chairman（主席）变成 Chairperson，Businessman（商人）变为

Businessperson，Salesman（销售员）变为 Salesperson，Newsman（记者）变为 Newsreporter，Policeman（警察）变为 Policeofficer，Congressman（议员）变为 Congressmember，等等。与此同时，教科书、公文、报纸、期刊等书面语中，He/She 或 He or She，his/her，his or her，He（She），his（her）连用现象比比皆是，以示对女性的尊重。虽然这些成就与左翼女权主义所追求的两性真正平等的理想社会目标仍差之遥遥，但它们至少佐证了 70 年代以来的左翼女权主义已然是美国社会进步的重要政治推手。

三　废除监狱运动：保守主义时代的激进冒险

1. “阿提卡暴动”与废监运动的缘起

1971 年 9 月 9 日至 13 日，美国纽约州阿提卡矫正机构中的犯人集体占领该机构长达 5 天，进行被称之为废除监狱的改革实践。领导和参与这一行动的囚犯分别来自黑豹党、青年洛德党（Young Lord）[①]、黑色穆斯林和其他白人激进组织。他们为保证这次行动的成功打造了一个十分有力的联盟。暴动者自称阿提卡兄弟，他们从每个狱牢选出两个人组成谈判代表团与当局谈判。他们在谈判中提出的基本要求是：改善条件，实施复原计划，政治与宗教自由，免于肉体伤害，并在最初的要求中提出“取消快捷而安全的运输工具输出到非帝国主义国家的禁令”。[②] 9 月 10 日晚，囚犯所要求的观察组抵达阿提卡，谈判开始。到 13 日早晨，谈判队伍与纽约州监狱局负责人拉塞尔·奥斯瓦尔德之间未能达成协议。州长纳尔逊·A. 洛克菲勒下令州警察进攻监狱。5 分钟后，警察开火，29 名囚犯和被控制为人质的 43 名狱警中的 10 人死于非命。[③]

阿提卡事件充斥报纸、电视和另类出版物长达数月，成为囚犯、左翼组织和监狱职员与主管部门官员谈论的焦点。主流媒体对阿提卡对抗性事件的系统报道唤醒了美国各地监狱囚犯的激进意识。在上纽约州，囚犯把

---

① 说西班牙语的美国激进青年组织。

② Tom Wicker, *A Time to Die: The Attica Prison Revolt*. Lincoln: University of Nebraska Press, 1994, p. 28.

③ Dan Benger ed, *The Hidden 1970s: Histories of Radicalism*, New Brunswick, New Jersey: Rutgers University Press, 2010, p. 22.

阿提卡事件与自己所在监狱的斗争联系起来。“阿提卡是每个监狱，每个监狱都是阿提卡”成为一种共识，正如“保卫阿提卡委员会”的口号所言，“阿提卡就是我们大家，阿提卡意味着反击。”在组织华波尔附近的州监狱囚犯过程中，马萨诸塞州的“多切斯特囚犯集体之家与友人”组织把监狱描绘成美国权力与压迫的微观世界，他们在通讯中写道：“在这个国家，华波尔［监狱］并非制度化非人性的唯一象征。”① 全国各地的监狱运动积极分子越来越多地认同这一观点。

阿提卡的暴力经历在全美对许多相似行动起到了催化作用。各种各样的囚犯联盟纷纷出现。阿提卡之前，广泛性的囚犯运动已经推动了改革，但收效甚微。经历了对改革的失望后，无论是站在阿提卡权势一边还是站在囚犯一边的活动分子，都开始相信不彻底废除美国的监狱制度不足以解决问题。监狱内外的囚犯权利组织者提出一种拒绝监狱制度的政治主张，认为人际和社区伤害，以及种种社会问题都根源于贫穷、种族主义、结构性和人际间的暴力，监狱作为一种暴力手段，显然不是有效的建立和维护良性社会秩序的工具。一批有同情心的法官和监狱官员为这些组织者提供了某些帮助。

阿提卡有组织的国家暴力产生了一个出人意料的后果，美国历史上一场前所未有的以废除监狱为目标的激进政治大幕由此徐徐拉开。

2. 废除监狱运动的时代背景与理论主张

70 年代废除监狱运动的发生具有多种原因。从社会现实这一层面看，主要有四方面的原因：第一，战后社会变迁和 60 年代激进社会运动的影响。第二次世界大战后，美国由生产导向的工业社会逐渐向服务和消费导向的后工业社会转型，相应地带来了社会价值观念的变化，平等、自由等价值成为婴儿潮一代人社会理想主义的支点，这些价值在面对成熟消费社会背后冷冰冰的科层制理性折射出来的种种导致异化的非理性时，迅即转化为暴戾的社会变革冲动。60 年代新左派拒绝现行制度与生活方式的“文化革命”态度最为集中地反映了这种冲动的巨大能量。

第二，美国左翼战略经过 60 年代的实践，从传统的整体社会批判转向

① Dan Benger ed, *The Hidden 1970s: Histories of Radicalism*, New Brunswick, New Jersey: Rutgers University Press, 2010, p. 22.

草根社会，他们断定社会历史变革的伟力存在于广泛的社会底层。囚犯群体被视为这一群体最典型的象征。70 年代许多参与废除监狱运动的骨干都是 60 年代运动的活跃分子，废监运动中的一些核心组织如黑豹党、青年洛德党、黑色穆斯林等都是 60 年代的激进组织，这在一定程度上说明，正是 60 年代的激进运动为 70 年代的废除监狱运动创造了必要条件。

第三，战后美国种族、性别和阶级等方面存在的严重不公所营造的不自由感为废除监狱运动准备了土壤。战后美国是资本主义世界的标杆性国家，它自喻为自由民主的灯塔和榜样，然而，令美国无地自容的是，美国却是西方国家中种族、性别和阶级不平等状况最严重的国度。直到 20 世纪 60 年代，黑人在美国作为人口仅次于白人的族群，一直在种族隔离政策之下过着二等公民的生活，60 年代的三个民权法案使其状况大为改观，但距离真正平等的目标依然遥远。严重的种族歧视、性歧视和经济不公等在美国孕育了一种激进的社会变革冲动，这种冲动被法兰克福学派著名理论家马尔库塞命名为“大拒绝”战略：拒绝当下制度和全部生活方式在内的一切，以一种乌托邦的“文化革命”热情建构一个新型的真正自由民主的理想社会，这个理想社会是不存在监禁制度和监狱系统的。

第四，美国监禁体制和监狱本身存在一系列严重问题，这些问题把左派和自由主义改革派推向同一方向，组成联盟共同推动囚犯权利运动从改革向废除监狱方向发展。美国战后监禁系统和监狱存在的问题主要有三：（1）监禁系统不断扩大，日益成为维护社会秩序的重要手段和政治统治和压迫的工具。战后特别是 60 年代开始，美国联邦和州政府对监狱设施的投入不断加大，以应对冷战背景下国内社会冲突和社会运动带来的种种挑战。自 50 年代伊始，监狱囚犯中政治犯的比重不断扩大。先是麦卡锡时代大批美共党员被捕入狱，50～60 年代的激进学生反战和激进民权运动又让更多的激进知识分子进入大牢，这些人成为 70 年代监狱囚犯权利运动的生力军；（2）黑人仅占总人口的不到 10%，黑人囚犯却占囚犯总数的一半以上。虽然囚犯主体由白人变成了黑人，但监狱中直到 60 年代一直实行严格的种族隔离政策，这种政策在囚犯中表现为明显的差别待遇：白人囚犯总是比黑人囚犯受优待。这样做的结果是，监狱中种族关系分裂和紧张，常常在犯人中引发暴力对抗。而这正好为监狱管理方所利用。（3）监狱中对囚犯进行肉体和精神虐待现象司空见惯。激进的囚犯，特别是有色人种犯人往往要承受额外的肉体和精神虐待，如殴打和长期单独关禁闭。在包括静坐示威和罢工在内的抵制行动结束后，参与者通常会受到肉体上的责罚。① 被认定为领袖或政治煽动者的犯人大多被隔离或转移到单独的囚室中。出于防范囚犯特别是黑人囚犯中各种激进化组织出现的考虑，监狱官员时常会剥夺犯人权利，对来往邮件进行检查，禁止书籍送达被视为活动分子的囚犯之手。（4）美国监狱系统中普遍存在对囚犯劳动的强制与剥削，被普遍遵循的最低工资标准被挡在监狱墙外。60 年代初开始，美国监狱发生多起罢工事件，主要就是由经济原因所致。从全美各地监狱的情况看，绝大多数狱犯劳动所获报酬远低于最低工资标准。从 60 年代中叶到 70 年代中期，加利福尼亚、密歇根、纽约、俄亥俄、华盛顿特区、新英格兰、北卡罗来纳、明尼苏达和华盛顿等州和地区囚犯工会纷纷建立，为维护受到联邦和州政府剥削的囚犯权利进行斗争。用新罕布什尔州犯人的话来说，就是“当犯人造反并要求受到人道的对待时，他们不仅在与非人的环境作斗争，他们也在同维持这种环境以便掠夺我们每日劳动成果的国家斗争。”②

监狱系统存在的问题早已引起社会关注，为改善囚犯生存条件和促成政策的改变，一些人道主义和自由主义团体自 60 年代起一直在致力于监狱改革。以政策改变为例，这些团体为谋求改变或终止不定刑期判决制度进行了不懈努力。一些自由派监狱管理者试图推行源于当时盛行的“复原”矫正思想的改革，例如增加接受教育和技能培训机会以及组织“牢友不平理事会”等。从设计上看，这些改革很少触及现存制度，而是相反，经常被用来抵挡更加激进的批评。例如，在马萨诸塞州，致力于缩小监狱规模的改革立法通过步进式的“行为修正计划”把州监狱与工作和社区设施的增加连接起来，结果反而导致监狱实质性的扩大。前青年服务部主任杰罗姆·米勒承认，这些社区矫正设施只是监狱制度的补充物而不是替代物。即便是反对不定刑期判决制度的运动甚至也未否定这一制度本身。在这场运动中，支持这一制度的改革者认为 1870 年起始的不定刑期判决是让犯人回归社会的“进步”方法。但是在具体执行过程中，它成为假释裁决委员

① Eric Cunmins, *The Rise and Fall of California's Radical Prison Movement.* Stanford, CA: Stanford University Press, 1994, p. 80.

② Dan Benger ed, *The Hidden* 1970*s*: *Histories of Radicalism.* New Brunswick, New Jersey: Rutgers University Press, 2010, p. 26.

会行使自由裁量权把人长期关押于囹圄的工具。

从理论层面上看，经过 60 年代激进运动的洗礼，70 年代激进废监理论逐渐成型。这些激进理论大多来自马尔科姆·艾克斯、马克思、切·格瓦拉、弗朗茨·法农和毛泽东等人的著作。其内容和特点如下：（1）监狱改革无用论。按照前黑豹党人阿山蒂·阿尔斯顿的说法，监狱是“一种压迫设施，是资本主义社会那个更大［压迫］社会的一部分”。联合囚犯同盟在其宣传品中写道：“为微不足道的改革进行斗争是显而易见的政治错误，因为即便这些改革付诸实施，为威胁统治阶级的人们准备的集中营（Koncentration Kamps）仍在那儿。”[①] 改革只是完善监禁制度的功能，强化资本主义社会对囚犯阶级的压迫，与人和社会的自由目标南辕北辙。阿提卡囚犯明白无误地宣告，现行监狱改革不仅远远不够，而且毫无成效，唯一可行的选择是通过革命性变革完全搬掉监狱和警察制度。[②]

（2）囚犯阶级论。到 60 年代末，在美国和世界其他地区持续发展的第三世界运动思想的影响下，一些激进囚犯产生了这样的看法，即囚犯构成一个在共同政治和经济利益之上的独立的阶级，这个阶级一直处于“贫困、监禁、假释和更加贫困的持续循环中”。[③] 例如，1970 年成立的“联合囚犯同盟”（UPU）组织就致力于把囚犯作为一个被判罪阶级组织起来以打破这种循环。囚犯阶级论的提出主要是出于一种战略需要，因为美国监狱中最突出的问题是囚犯的种族多样性，这常常在监狱中引发矛盾与冲突，左派和改革派希望通过这囚犯阶级战略打破种族界线，实现囚犯之间的跨种族团结。

（3）监禁非人道论。这种观点最早在 60 年代的反主流文化运动中就被提了出来。1963 年先锋戏剧《双桅船》上演，该剧的主题是通过对黑暗、令人心悸和幽闭症式的监狱恐怖仪式的描绘揭露监狱的不道德和反人道。先锋戏剧导演朱迪斯·马利纳曾因参与和平运动被捕入狱，对监狱中的非人道情形深有感受，他指出，这部戏隐含的政治愿景是为人类建立一个没

① Dan Benger ed, *The Hidden* 1970*s*: *Histories of Radicalism*. New Brunswick, New Jersey: Rutgers University Press, 2010, p. 27.

② Dan Benger ed, *The Hidden* 1970*s*: *Histories of Radicalism*. New Brunswick, New Jersey: Rutgers University Press, 2010, p. 21.

③ Dan Benger ed, *The Hidden* 1970*s*: *Histories of Radicalism*. New Brunswick, New Jersey: Rutgers University Press, 2010, p. 25.

有监狱、警察和战争的美好世界。监狱很快成为60年代激进派关于社会现实的隐喻，监狱是有形的小社会，社会是无形的大监狱，彻底废除大小监狱和监禁成为实现理想社会的前提，成为众多激进分子的共同愿望。

(4) 囚犯社会变革主体论。这一理论主要源于马尔库塞的乌托邦革命论。马尔库塞认为，在现代发达工业社会，工人阶级已经被制度“融合”，成为资本主义的辩护人。社会变革主体由工人阶级转移到非生产的和被剥夺了权利的阶层——由流浪汉、大老粗、被剥削被压迫的其他人种和其他有色人种、失业者和不能受雇者组成的下层社会。虽然他后来放弃了下层社会，把希望寄托在知识分子身上，但他对下层社会的厚望并未根本改变，这对美国左派的理论影响极大。加州索利达德监狱囚犯、前黑豹党军事领袖和废监运动主要领导人之一的乔治·杰克逊在其《索利达德兄弟：乔治·杰克逊狱中书简》中反复再三强调，囚犯是潜在的革命宝库。[①] 70年代初，囚犯已经被视为美国社会变革的主体力量进入左翼政治议程中心。

3. 废监运动的组织基础

参与和支持废除监狱运动的力量具有多元特征，除监狱中的黑白激进囚犯外，还有囚犯工会、囚犯支持团体、左翼激进组织、和平人士以及少数持同情态度的法官和监狱管理官员。从团体层面看，主要有两种，一是监狱外面的各种左翼团体，二是自由派改革组织。从前者看，全国性的团体主要有黑豹党、青年洛德党、黑色穆斯林、美国印第安人运动、褐色贝雷帽组织以及一些左翼工会组织，特别是前面三个组织在推动废监运动向前发展方面具有不可替代的作用。在各个地区还有一些较有影响的激进组织，例如“亚拉巴马囚犯行动组织”（IAA）、“多切斯特囚犯集体之家与友人”、“联合囚犯同盟”（UPU）、“监狱研究与教育行动计划”（PREAP）。其中最值得一提的是黑色穆斯林。黑色穆斯林是60年代囚犯权利最早最重要的鼓吹者。特别是其分支“伊斯兰民族”（NOI）组织，在维护黑人囚犯权利方面从思想到组织进行了不懈努力。黑色穆斯林从一开始就超越追求个人境况的改善目标，把监狱犯人的整体权利和自由作为其使命。由于早期民权运动的引领作用，黑色穆斯林一直在寻求法庭的矫

① George Jackson, *Soledad Brother: The Prison Letters of George Jackson*. New York: Bantam Books, 1972.

正。从 1961 年到 1978 年，联邦法院有 66 个决定与监狱中的黑色穆斯林所追求的宗教与种族自由相关。在此之前，法院很少就监狱环境和犯人待遇问题作出判决。①

自由派团体则主要有这样一些："全国囚犯改革协会"（NPRA）、"美国之友服务委员会"（AFSC）、"新英格兰囚犯协会"（NEPA）、"狱犯团结委员会"（PSC）、"东北监狱改革临时委员会"（AHCPRN）、"牢友行动会"（IFA）等。这些团体自 60 年代以来一直在为维护狱犯权利和监狱改革进行和平抗争。以美国之友服务委员会为例，这是美国贵格派和平与社会正义组织，贵格派是美国历史上最早从事监狱改革的民间力量，1791 年，他们发明了教养所制度，成为监狱改革的领导力量。该组织为监狱改革实施了一项"刑事正义计划"，提倡用危机中心和授权社区替代监狱以彻底揭示人们经历和承受的伤害，改善生存条件并帮助人们寻找工作与教育机会。他们建议实行"对监狱中和街头巷尾所有的人以志愿为基础的全方位的有效免费治疗、咨询建议、心理与教育服务"。

极具广泛性的废监政治为黑人民族主义者、武装自卫倡导者和白人激进和平主义者提供了一个共同的想象与实践空间。废监主义者自认为他们自身是直接与 19 世纪废奴运动相联系的"生机勃勃的社会正义传统"的一部分。在他们看来，现今的监禁一词只是不同形式的奴隶制而已。70 年代令人失望的改革现实推动左派和自由派走向合作，合作的政治基础就是共同拥有的激进目标：废除监狱。

阿提卡事件后，废除监狱的呼声同其他如犯人个人防卫委员会、监狱中止组织、立法努力和暴动呼吁等诉求混杂在一起，传遍美国大地。左翼媒体中如 KPFA 电台（设在加州太平洋岸帕西非卡市）的"珍贵无比"节目在其中起着推波助澜的作用。② 上述团体和个人从不同角度和层面积极探索有效废除监狱的计划与路径，其中最大众化的方法是直接宣讲监狱乃社会不平等和人际与制度暴力的根源。1971 年，女囚安吉拉·戴维斯（Angela Davis）指出："当人们开始严肃对待废除监狱的可能性时，阿提卡

① James B. Jacobs, "The Prisoners' Right Movement and Its Impacts, 1960 – 1980", *Crime and Justice* 2, 1980, pp. 433 – 434.

② "Nothing is More Precious Than…", http://www.Freedomarchives.org.

暴动成为这个国家历史上一个标志性的时刻。”[1] 在阿提卡暴动之后，一些人的看法是：最好的监狱就是完全没有监狱。

4. 废除监狱的路径与实践

70 年代废除监狱运动具体表现在三个方面：（1）直接同监狱系统对抗。首先，囚犯尝试抵抗监狱当局镇压的方式之一是锻造一种团结文化。建构这种团结文化的主要障碍是种族间的紧张关系。通过监狱内外废监人士的努力，在犯人中有一种日益增长的认知，即种族分野阻碍着实现有效变革的组织工作的开展。种族间的冲突，如 1967 年在圣昆廷发生的冲突，通过黑白领袖间的休战和公开承诺为共同目标一起工作而开始获得解决。[2] 在马萨诸塞州华波尔州立监狱，一位名为鲍比·德勒洛（Bobby Delelo）的白人囚犯得出这样的结论：“没有种族平等的改革是行不通的。”政治意识较强的犯人认为，种族团结对监狱官员构成了威胁，原因正如印第安纳州特瑞豪特（Terre Haute）监狱中的黑豹党囚犯罗伦佐·C. 艾尔文所说，“所有监狱官员都知道，如果种族主义被战胜，暴动将不可避免。”他认为，白人激进派和黑人革命派之间的关系在消解特瑞豪特监狱三 K 党影响方面起着决定性作用。[3] 在各地监狱中的犯人组织者和政治鼓动者经常不遗余力地号召加强团结，跨种族间的囚犯团结局面的出现，为他们就某个特殊目的或要求组织和发起成功的斗争和抗议准备了坚实的基础。

其次，有组织的罢工。全美各地的狱犯不仅用罢工来赢得收入的提高，生存条件的改善，以及集体谈判的权利，而且还用它来表达对国内外发生的其他的激进行动和事件的支持。1965 ~ 1975 年，有包括亚利桑那、俄亥俄、内布拉斯加、印第安纳、新泽西、俄克拉荷马在内的 10 多个州发生了狱犯罢工事件。在一些女子监狱发生的罢工，不仅针对劳动条件，还直接指向对女犯囚室和身体的搜查问题，如 1971 年春天发生在加州弗隆提拉女子监狱的罢工即是例子。罢工不仅让囚犯认识到了自身作为劳动者的力量，而且对囚犯劳动是无偿的和可剥削的主张发起了挑战。一些工会采用了对

---

① Dan Benger ed, *The Hidden 1970s: Histories of Radicalism*. New Brunswick, New Jersey: Rutgers University Press, 2010, p. 28.

② Eric Cunmins, *The Rise and Fall of California's Radical Prison Movement*. Stanford, CA: Stanford University Press, 1994, p. 91.

③ Dan Benger ed, *The Hidden 1970s: Histories of Radicalism*. New Brunswick, New Jersey: Rutgers University Press, 2010, p. 25.

抗策略，另一些则走法律路线。虽然方式有别，但理论上他们都持有一种激进的立场，把监狱犯人劳工置于美国资本主义的中心，对监狱当局设置的障碍持续发起冲击。例如，在马萨诸塞州华波尔州立监狱，“全国囚犯改革协会”因获得 80% 以上工会签名囚犯的支持而有效发挥集体谈判单位的功能，确定了具体的目标是“在监狱中实行自决，并宣示监狱本身是不必要的”。[①] 该组织并在 1973 年在狱警因犯人进行激进抗议而拒绝工作后实施接管监狱长达 3 个月的激进计划，他们所实施的制度被看作是仁慈的监狱管理政策。

最后，进行暴力反抗。监狱暴动从 1967 年的 5 起增加到 1968 年的 15 起，1970 年 37 起，1971 年 37 起，1972 年 48 起，这在美国历史中是前所未有的。[②] 这些都是由跨种族联盟组织发动的，这从一个侧面说明狱犯整体的激进政治意识达到了较高水平。

（2）进行替代监禁制度的实践探索。首先，明确废除监狱的必要性和必然性。在左派和改革派眼里，现代监狱是“穷人的库房”和“种族大屠杀”的武器，它压迫个人和社区而非增进安全。美国监狱的功能是维持种族和阶级等级制度的工具，现行的改革只不过是“不威胁制度稳定的创新”和“掩盖旧现实的新语言”。[③] 因此，唯一的结论是废除监狱，建立全面处置社会伤害根源性原因的新结构。“索利达德兄弟”之一的约翰·克鲁切特在给一位支持者的信中写道：“有一件事势在必行——大修！［改革］意味着改变墙的结构而非图纸本身。”[④] 左翼政治活动分子贝蒂娜·阿普特克指出，虽然废除监狱是“一种只有随着资本主义的废除才能最终成功的努力”，但“对包括维持监狱制度在内的（全部设想中的）总体基础进行攻击”是极具重要的。[⑤]

---

① Jamie Bissonette, *When the Prisoners Ran Walpole: A True Story in the Movement for Prison Abolition.* Cambridge, MA: South End Press, 2008, p. 89.

② Bert Useem and Peter Kimball, *Stages of Siege: U. S. Prison Riots 1971 – 1986.* Oxford: Oxford University Press, 1991, p. 18.

③ Jerome G. Miller, *Last One Over the Wall: The Massachusetts Experiment in Closing Reform Schools.* Columbus: Ohio State UniversityPress, 1991, p. 4.

④ Dan Benger ed, *The Hidden* 1970*s: Histories of Radicalism.* New Brunswick, New Jersey: Rutgers University Press, 2010, p. 27.

⑤ Angela Davis et al. eds. , *If They Come in the Morning: Voices of Resistance.* San Francisco: The Third Press, 1971, p. 57.

其次，把终止监狱建设作为实现废监运动目标的第一步。在1971年关于美国监狱状况与刑法制度的报告中，AFSC号召通过基金向教育、工作、住房、卫生照顾等领域投资，同时要求立即中止监狱建设，终结非定刑期判决："如果在他们现在是囚犯和完全不是囚犯之间进行选择，我们会立即选择后者。我们相信，最好现在就拆除所有的监狱，而不是让非人道和恐怖以社会的名义继续在监狱高墙后横行。对于我们的社会，监狱之存在与其说是一种保护或者是犯罪问题的一种解决，不如说是一种负担和耻辱。"[①]为终止监狱建设，废监人士提出了一系列具体改革措施，如扩大以社区为基础的服务、资助住房和就业计划、改进监狱探视政策，等等。他们在一些社区为解决性暴力等问题进行探索与实验，如建立强暴危机中心、提供自卫辅导、对所有年龄和性别的人进行反强暴教育。狱犯也组织起来以防止性攻击。弗吉尼亚和华盛顿特区的"狱犯反强暴组织"则把消除强奸作为目标，重点放在提高觉悟、政治教育和自助上。华盛顿州瓦拉瓦拉监狱的同性恋狱犯组织"反性歧视男人帮"（Men against Sexism，MAS）把性歧视、同性恋恐惧症、种族主义与组织反监狱中盛行的性暴力相联系，他们出版了一份报纸《女士手指》（*The Lady Finger*），向人们介绍应对性攻击的防身技巧，并为同性恋狱犯权利进行抗争。

再次，剥夺监狱系统权力，向社区授权。废监人士相信，向社区授权不仅有利于扩大运动的基础，而且是最为快捷地减少监狱数量的方法。在这个过程中，教育是关键，教育不仅是一种自我良性发展的手段，更是洗心革面的重要步骤。在华波尔，NPRA和"黑非洲民族走向统一组织"（BANTU）组织开设黑人历史课、读写算补课以及为入狱的高校学生开设课程。BANTU组织者拉尔夫·哈姆回忆道："黑人狱犯在监狱高墙后的人数已经远超预期地减少，已经进入众所周知的全面反转。我们作为受教育者回到我们各个社区并为社区成员的提高觉悟运动贡献力量。我们致力于有意义的职业与教育计划以把我们改变成生产性的人。"[②]

最后，提出一系列减少监狱依赖的反监禁战略。除了反对未定期刑和

① AFSC, *Struggle for Justice: A Report on Crime and Punishment in America*. New York: Hill & Wang, 1972, p. 23.

② AFSC, *Struggle for Justice: A Report on Crime and Punishment in America*. New York: Hill & Wang, 1972, p. 130.

假释、主张缩短审判时间、组织社区恢复计划等战略外，废除主义人士还提出一些减少依赖监狱的方法补充进反监禁（decarceration or excarceration）战略中，这些方法包括吸毒和卖淫非罪化、降低保释金、建立社区争议与调解中心、帮助受害人与罪犯和解计划、替代审判政策、以社区组织执行的缓刑代替缓刑官员的“矫正”缓刑。计划的组织者巧妙利用一些监狱管理者和政府计划来达到废监主义者的目的。在马萨诸塞州，矫正委员会委员约翰·布恩支持发展替代监禁的社区计划；在华波尔监狱，虽然没有持续性，但也曾帮助和支持囚犯和社区导向的改革。

（3）尝试解决现行司法制度无法解决的社会问题。在 1976 年问世的废监主义者的圣经《代替监狱》（*Instead of Prisons*）手册中，和平主义的废监主义集体组织“监狱研究教育行动计划”（PREAP）把犯罪定义为“深深植根于社会结构的问题，不只是一系列个人问题，与惩罚个人行为者相比，更需要对根源性原因作集体回应。”那么，根源性原因有那些呢？他们认为，根源性原因包括产生自社会和国家的种族主义、贫困、性别歧视和同性恋恐惧症，它们导致仅仅造福于极少数人的权力和财富的不公平分配。监狱被用来维持这种失衡，不仅不能使公众更加安全，反而使社区陷于危险境地。在 PREAP 看来，改变自由只有自由者享有、正义只属于一些人、而不平等却指向全体大众的美国自由体制的有意义的方法是实行权力分配。[①] 亚拉巴马州囚犯组织“牢友行动会”（IFA）与其监外同盟组织“伯明翰囚犯支持委员会”（CPSB）也持有同样的观点，他们把废除监狱与变革社会的需要联结在一起。与 CPSB 一同工作的前 IFA 会员马方迪（Mafundi）这样写道：“没有社会——它的价值观、道德、优先次序等——的重构，在扫除这个国家的犯罪和罪犯方面永远不会取得实效。”[②] 而新罕布什尔州“新英格兰囚犯协会”成员也认为“最终和最重要的目标是废除监狱以及培育它们的制度”。基于这种共识，PREAP 提出一个包括三项内容的废监议程：（1）实现每个人的经济与社会公正；（2）关心所有受害者；（3）在关爱社区推行和解而不是惩罚。提出这三条的用意在于，为以社区

① Prison Research Education Action Project (PREAP), *Instead of Prisons: A Handbook for Abolitionists*. Oakland, CA: Critical Resistance, 2005, pp. 20 - 45.

② Dan Benger ed, *The Hidden 1970s: Histories of Radicalism*. New Brunswick, New Jersey: Rutgers University Press, 2010, p. 29.

为基础的社会变革模式提供战略基础，这种社区变革模式把革命的社会变革和个人与社区的改变较好地联系在一起。

废监人士虽然都明白无监狱社会的实现任重道远，但他们仍然倡导迅速和大规模的变革，他们希望在较短时间内“在美国完成、促进和引起创造性的、现代的、进步的、非暴力的监狱改革”。

5. 运动衰落原因分析

到70年代末，废监运动明显走向衰落。这种衰落主要表现在两个方面，一是运动的目标无一实现，二是左翼与自由派的联盟解体，运动陷于停滞。究其原因，主要有如下几方面：其一，运动目标过于超前。监禁制度和监狱系统作为阶级统治工具和社会控制的重要手段，是人类文明的重要成果，它的存在具有历史的必然性和现实的合理性，虽然长远看，它终将消亡，但在20世纪70年代提出来，显然不具有可行性，也不可能赢得广泛支持。

其二，70年代的政治环境与60年代相比，已经今非昔比。尼克松上台后，一改60年代民主党执政奉行的相对宽松与自由的政治策略，力行“法律与秩序”战略，以强硬姿态对付社会运动，监狱和警察是其核心支柱，故与美国社会政治向新保守主义转向同步的是，监狱建设力度进一步增强，监禁制度功能进一步强化，最突出的例子是1976年美国重新引入死刑。激进的废监运动因与政府政策背道而驰而受到严厉打压。惩罚性判决有增无减，加上70年代毒品问题上升为严峻的社会问题，日益扩大的禁毒战争使投进牢房的人数达到前所未有的水平。

其三，运动参加者背景复杂，对废除监狱目标的含义并未真正形成共识。1971年初，政策研究所的阿瑟·瓦斯科号召在2000年到来前不再有监狱和牢房，这虽然是一个非正式的建议，但还是刊登在《星期六评论》上。稍早一些时间，美国前司法部长拉姆西·克拉克在1970年出版了一本书，许多记者和其他相关人士认为这本书是在呼吁废除监狱。[①] 不过，瓦斯科和克拉克的主张却受到一些废监人士的质疑和指责，如著名监狱调查记者和畅销书作者杰西卡·米特福德就认为他们的主张不仅失之浅薄，缺乏深思

---

① 参见 Ramsey Clark, *Crime in America: Observations on Its Nature, Causes, Prevention and Control.* New York: Simon & Schuster, 1970。

熟虑，而且他们的一些建议是对废监事业的背叛。[①] 这充分说明，对废监主义这一概念的理解上存在明显差异，不存在统一的清晰无误的认知。

其四，他们不同程度地犯了把狱犯理想化的错误。狱犯终归是狱犯，希望依靠他们来承担变革社会的重任，难免过于一厢情愿和奢望了。面对运动获得的支持十分有限的现实，一些运动的积极分子承认，他们把狱犯理想化了，在“法律与秩序”的氛围下，废除监狱运动的政治主张很难得到大众的理解与支持，而且过于强调战略优先而不能对突发性危机作出合理反应，不少组织在某种程度上主要依靠战略和关键人物如法官和监狱管理者对囚犯的同情和支持开展工作。然而，同情监狱运动的官员终归是少数。

其五，废监运动的一些设想和改革成果最终变为现行体制社会控制的手段。例如，向社区授权的结果，不是社区取代监狱，而是监禁制度从监狱扩展到了社区，扩展到绝大多数穷人和黑人中，使政府巧妙实现了“扩展社会控制网络”的长期政策目标，它把政府惩罚与控制的哲学取向充分展现出来。

然而，70 年代废监运动虽然走向式微，但并未死亡，它在 21 世纪初重新抬头。近 30 年来的权威的统计数字表明，美国严重刑事犯罪率虽然呈现不断下降趋势，但美国监禁的人数却直线上升，其中绝大多数是黑人和拉丁族群，2012 年被判终身监禁者是 1984 年的 4 倍，为在监犯人的 1/9。[②] 《替代监狱》一书 1976 年首版问世时，美国监狱关押犯人为 20 万人左右，2005 年该书再版时，美国监狱关押犯人已经超过 200 万人，增加 10 倍不止。正如该书再版导言所说，虽然他们为之奋斗的反监禁目标的氛围已经确定无疑地发生了变化，但替代监狱永远及时和必要。[③] 20 世纪末和 21 世纪初，由于国内监狱状况趋恶、美军在国外虐囚丑闻频发和左翼力量逐步复苏，废监话语再度引起关注。

---

① 米特福德认为，瓦斯科和克拉克建议把社会越轨者关到封闭式农场，这与关进监狱在目的性上没有本质区别，因此，这种建议毫无疑问是对废监主义原则的背叛。

② “New Publication: Life Goes On: The Historical Rise in Life Sentences in America”, November 20, 2013, http://www.sentencingproject.org/detail/news.cfm?news_id=1636&id=107.

③ Prison Research Education Action Project (PREAP), *Instead of Prisons: A Handbook for Abolitionists*. p. iii.

四　国内非殖民化运动：对美国主权的挑战

1. 美国原住民权利问题的由来：土地、种族与文化

众所周知，民族解放运动是20世纪中后期席卷全球的历史事件，是亚非拉广大的第三世界国家民族和人民在经历西方殖民主义长期统治与奴役后觉醒并挣脱锁链的正义行动，在这一非殖民化浪潮中，先是亚洲后是非洲，一大批前殖民地半殖民地国家纷纷获得独立，使近代以来通过枪炮和十字架建立起来的全球殖民统治体系土崩瓦解，彻底改变了世界历史的进程。受此鼓舞，美国国内一些争取自身合法权益的群体不仅把自己的斗争与国外第三世界民族的命运联系起来，而且直接采用拿来主义，把自己的事业视为反对国内殖民主义的民族解放斗争。这些群体主要包括黑人、印第安人、墨西哥裔、波多黎各人等。"在为数众多的活动分子甚至是学界同道和其他观察家看来，号召非殖民化似乎是对美国黑人、原住民、墨西哥人、波多黎各人面临的政治、经济、文化与地理压迫的必要回应。"[①] 下面仅以印第安原住民权利运动为个案，对这一问题加以探讨。

自哥伦布时代以来五个世纪的历程中，印第安人与白人间构成了一幅恩怨交错的关系图。首先，被征服与分离。众所周知，哥伦布的探险本身就是征服活动，他每到一个地方，就首先插上西班牙国旗，宣布此地主权为国王和王后所有。[②] 哥伦布为之后欧洲列强在美洲的扩张拉开了帷幕。葡萄牙、荷兰、英国、法国紧跟西班牙而来，在美洲展开一场场厮杀，卷入其中的印第安部落无论站在哪一方，代价都是十分巨大的：不仅大量部落成员葬身战场，而且还因美洲的殖民地划分而分裂为不同部分。他们原本是这块大陆的主人，现在成了被征服者。其次，被"文明"与基督教化。最初，欧洲白人在接触印第安人时因为以下几个因素而不承认印第安人是人：一是印第安人的原始生活状态；二是印第安人的无文字状态；三是更主要的，即欧洲权威典籍特别是圣经中根本没有涉及印第安人的字眼。印

① Dan Benger ed, *The Hidden 1970s: Histories of Radicalism*, New Brunswick, New Jersey: Rutgers University Press, 2010, p. 57.

② W. E. Washburn, *The Indian and the White Man.* Garden City, N. Y.: Anchor Books, pp. 3 - 5.

第安人在“基督教文学中没有被提到源于亚当与夏娃，更不用说出自诺亚方舟了”。[①] 基督教经典的真理性是不容置疑的，不是上帝忘了告诉欧洲基督徒和宗教领袖们印第安人的事就是印第安人根本不是上帝的子民，围绕这些问题，在欧洲知识分子和政治领袖中展开了许多争论。争论结果是承认印第安人是人，只不过是未被基督之光普照到的一个人类群体。为此，欧洲基督教世界有责任帮助他们走向文明，成为基督徒。“教皇把这一责任分派给欧洲王室，他们成了‘新世界’土著人民的卫士。在欧洲的这种护卫下，原住民作为欧洲人的监护对象的观念变成了现实。”这种宗教关系构成了一种关于印第安人的长期政策主张。再次，被边缘化。无论是北美还是南美，无论是从历时性角度还是共时性视角看，在社会政治、经济和文化生活中，印第安原住民都属于弱势群体，远离中心，处于社会边缘位置。工业化和城市化大潮带给他们的除了损害，还是损害。最后，悠久的历史被否定。长期以来，西方世界占据主导地位的观点是，在欧洲人“发现”美洲之前，西半球的部落原住民是没有“历史”的，印第安人之所以没有历史，是因为他们没有文字语言。在欧洲人心目中，口述传统之于历史是不足为凭的。因此，印第安人历史只能以哥伦布及其文字为始。显然，这种历史观深深植根于欧洲中心主义，具有浓厚的殖民霸权主义色彩。简言之，欧洲白人的到来和对美洲的征服与殖民统治彻底打断了印第安文明发展的进程。大多数部落及其文化毁灭了，只有少数在坚持和维护自身传统生活方式上苦苦挣扎。他们在工业化和城市化的滚滚洪流中被边缘化，逐渐成为被遗忘的少数群体。[②]

从美国的具体情况看，印第安人的历史遭遇之惨状比他们在美洲其他地区的同类有过之而无不及。“发现”美洲的时代，在今天美国大地上的印第安部落超过500个，按照美国学者坎布里奇的看法，这些部落已经拥有自己的主权、领土、政府、文化、宗教和语言。一开始，他们向许多初来乍到的欧洲定居者伸出援助之手，为他们提供生存所必需的保护与食物。

① Charles Cambridge, “American Indians: The Forgetted Minority”, p. 196, in Larry Naylor ed., *Cultural Diversity in the United States.* Westport, Connecticut: Bergin & Garvey, 1997.

② Charles Cambridge, “American Indians: The Forgetted Minority”, p. 196, in Larry Naylor ed., *Cultural Diversity in the United States.* Westport, Connecticut: Bergin & Garvey, 1997, pp. 195 – 210.

然而，随着欧洲人口和定居点数量的与日俱增，他们对印第安人土地和资源的要求有增无减，冲突和战争在所难免。最常见的是，印第安人卷入欧洲大国间的战争，在这些战争中，针对印第安人的灭绝人性的大屠杀是司空见惯的事，印第安诸部落人口因之大幅度减少。除了战争外，欧洲人带来的天花、梅毒等疾病在批量“清除”印第安人口方面也可谓功莫大焉。

从总体上看，美国历史上印第安人最为紧迫的问题是，几个世纪的条约与战争导致的土地沦丧与众多人员死亡以及文化传统的湮灭。

(1) 种族屠杀与领土主权沦丧。地理大发现时代美国土地上原住民人口有多少已不可考，一些人类学家估计有2.5亿人，而另一些人类学家则估计只有1百万人。前一个数字可能失之过大，后一个则明显低估了。美国独立革命胜利后，脆弱的新政府很快意识到印第安人是其生存的一大威胁，虽然疾病和战争已经让印第安部落人口大减，但东部地区的印第安部落无论人口还是军事能力皆保持强势，特拉华、易洛魁、阿尔贡和许多别的部落在东部森林地带安营扎寨，欧洲人与这些部落间通过条约确定了相互间的关系。通过这些条约，印第安人的土地转变为欧洲人所有被赋予了合法性。美国建立后，美国人承认了印第安人是这块土地的占有者或所有者，土地所有权的变更需要通过条约和购买来实现，这是对印第安部落主权的绝对承认。然而，随着白人移民有增无减地到来，这一政策面临越来越大的压力。1828年，安德鲁·杰克逊当选美国总统。在其任内，为满足白人对印第安人土地的强烈要求，他致力于把东部所有印第安部落全部迁移到西部的计划。1830年，国会通过了《印第安人迁移法》，授权总统把东部印第安部落迁往密西西比河以西的地区。1832~1843年，以阿帕奇人为代表的绝大多数东部印第安部落失去了自己的土地，被迫西迁。最初，他们迁到了阿肯色、堪萨斯、艾奥瓦、伊利诺依、密苏里和威斯康星州，后又被迫再次西迁到著名的印第安人领地俄克拉荷马。一路上，死于饥饿和疾病者无以计数，这就是有名的“血泪之路”。随着加利福尼亚发现黄金，有人甚至提出要把印第安人从美国撵走，因为他们相信印第安人领地下埋藏着黄金。[1]

---

① Charles Cambridge, "American Indians: The Forgetted Minority", in Larry Naylor ed., *Cultural Diversity in the United States.* Westport, Connecticut: Bergin & Garvey, 1997, p. 198.

1871 年，美国国会决定，美国政府不再把印第安人部落视为独立国家，印第安人不再被看作是一种军事威胁，美国政府与印第安人的条约时期因之结束。联邦政府的政策从征服独立印第安部落转向对所有被征服印第安人的管理问题。这种管理政策由数以千计的法律法规组成，其目标是通过对印第安人的掠夺"解决印第安人问题"，这从下面几个著名法规不难看出。

1887 年的《道威斯法》(Dawes Act)。该法亦称《总分配法》(General Allotment Act)，它宣布印第安人面积广大的土地为剩余财产转归美国所有；每个印第安男子被分配给一块土地、一辆马车以及种子。如果印第安农民被证明既勤劳又有竞争力，他就会获得美国公民权和土地的合法所有权。这后一项给予公民权的安排实际上是为了解决印第安人土地的转让问题。毫无疑问，公民权的授予带有强制性，并未得到印第安部落的认可。1924 年，《美国公民资格法》使印第安人公民权问题获得了解决。1926 年，关于联邦政府印第安政策分析的梅里亚姆报告出台，该报告非常直率地指出美国印第安计划乏善可陈，其结果是促使美国印第安政策的大规模改变。梅里亚姆报告的一个直接后果是 1934 年《印第安重组法》(IRA) 的通过。该法案使美国印第安人政策转向了相反的方向：减缓实施把印第安人同化到美国社会的政策。执行这项联邦新政策的是印第安事务专员约翰·科里尔，他安排了几位人类学家参与指导新政策的实施。在科里尔领导下，部落开始扩大保留地，其所拥有的土地不再流失。他还鼓励部落政府与政治结构的发展，这与以往的政府政策完全唱反调。

1953 年，根据参众两院第 108 条共同决议案（即《终止法案》），美国国会开始终止联邦关于印第安人的计划和对印第安部落的控制。《终止法案》结束了部落的合法存在，部落不再受监护，部落成员被授予美国公民权。100 多个部落作为合法主权实体的历史终结了。在终止时刻，部落资源被出售和分配给部落成员，保留地被部落成员分割或出售给外人，部落成员由于部落消失而不再被看作是有别于美国公民身份的印第安人。根据 50 年代通过的《印第安人再安置计划》，许多印第安原住民被有计划地迁移到洛杉矶、旧金山湾区、凤凰城、达拉斯、丹佛、芝加哥和克利夫兰等都市，他们加入了城市贫民区，与非洲裔美国人、奇卡诺人和贫穷白人一道为谋职而奔波。①

（2）强制性同化。由于许多印第安人拒绝加入美国社会，强制性同化遂成为美国官方的政策选择。在几个世纪的历程中，最极端的同化方法是印第安人寄宿学校。教育成为毁灭印第安人部落文化的工具。印第安人教育发端于1819年联邦对“文明基金会”的资助。该基金会以联邦10000美元拨款起步，具体工作由一些基督教组织成员承担。后来，该基金会变成联邦政府中的开化处（Civilization Division）。1884年，开化处变为印第安人教育处。开办印第安寄宿学校的用意在于：通过让印第安孩子脱离其家庭和部落来开化印第安人。1879年，第一所印第安寄宿学校在宾夕法尼亚州卡利斯勒一处废弃的军事基地建立起来。这所学校远离印第安人部落所在的保留地，印第安父母要去看望孩子将是十分艰难的事，更何况校方从未给探访的父母好脸色。寄宿学校与其说是教育印第安孩子的学堂，不如说是军营甚至是监狱。一些学生最后选择逃走，而校方却只对他们作缺课而非除名处理。许多逃跑的印第安学生死于前往家乡的路途中。所有这些寄宿学校中最可怕最有失公正的是俄克拉荷马州奇洛科的印第安事务局奇洛科印第安寄宿学校。在这里，有许多孩子因违反校规被学校开除，同时，施虐成为一种维护校纪的常用措施，例如，不时有年轻学子被捆住双手吊在横梁上鞭打，还有人被关进单人禁闭室，堪比监狱中的虐待狂式的惩戒。当有人问奇洛科寄宿学校负责人，如果给他更多的钱，他会做什么时，他回答说，会建一所监狱，雇更多的卫兵。在寄宿学校里，不允许印第安孩子使用他们部落的语言，只准说英语。学校再三向学生灌输印第安部落语言丑陋无比的观念，如果发现有学生说部落语言，学校当局会加以严厉惩罚。另外，寄宿学校不注重教学质量，其文凭唾手可得。结果，绝大多数寄宿学校毕业生所受到的教育几乎只相当于九年级生的水平。②

寄宿学校的负面影响是明显的，一是印第安年青一代因低质教育在社会竞争中处于被动地位，二是因文化根基被夷除而陷入文化无根的迷惘与

---

① Donald L. Fixico, *Termination and Relocation: Federal Indian Policy, 1945 – 1960*. Albuquerque: University of New Mexico Press, 1984.

② Charles Cambridge, "American Indians: The Forgetted Minority", in Larry Naylor ed., *Cultural Diversity in the United States*. Westport, Connecticut: Bergin & Garvey, 1997, pp. 199 – 200.

痛苦之境。

（3）现实生活中无处不在的种族歧视和经济政治文化上的不利处境。美国白人主流社会最为人所诟病的地方是它那根深蒂固的针对黑人、印第安人、西班牙裔人和亚裔等有色人种的种族主义。印第安人是美国境内与白人最早打交道的少数族群，在几个世纪的白人－原住民关系发展史中，由于种族、生活方式、宗教、社会发展阶段的差异，挟带着欧洲文化优越至上观念的白人把原住民置于仅仅高于黑人的种族阶梯底层，视为异类和障碍，当白人利益与之发生冲突时，以压倒性的先进技术力量无情地毁灭他们就不会让白人产生罪恶感。在白人关于印第安人起源的诸多宗教文化想象中，印第安人往往被视为魔鬼的化身或信奉者。例如，19 世纪初摩门教创造的宗教神话就直接把印第安人描绘为异教徒、残忍、恶魔形象，[①] 作为信仰上帝的基督徒消灭异教徒或让异教徒改宗是神圣使命。

除了宗教文化上把印第安人妖魔化外，在现实生活中，在教育工作机会等领域的歧视可以说无处不在。迄今为止，美国印第安人生活于城市的约为其总数的 10%，90% 仍然生活在条件恶劣的保留地。[②] 在城市生活的印第安人在经济、政治、文化等领域的成功者可谓凤毛麟角，主流社会文化对印第安人的歧视是造成他们通往成功的道路上机会不公的重要原因。至于非城市印第安人的生活，更是长期处于贫困线之下，为美国弱势群体的代表。

总之，如果说 19 世纪美国政府通过武力、公司、白人定居者直截了当地征收了原住民的土地与资源，通过直接的军事进攻、白人移民攻击和白

① 这则神话大致内容为：摩门教创立时，上帝选择了约瑟夫·史密斯来接待一位来访者昂格尔·莫洛尼，在这次会面中，莫洛尼给了史密斯几张上帝用自己的语言写成的黄金表（golden tablets），要求将其内容翻译成英文。内容是关于美洲古人历史的。翻译完成，其成果就是《摩门经书》（*the Book of Mormon*），它描绘了古代希伯来部落离开耶路撒冷前往北美洲东海岸的历程。摩门教对早期关于印第安人起源于以色列失踪的十个部落的理论进行了曲解，认为远古时代，亚特兰提斯大陆因大地震沉没后，两个对立的希伯来群体——白种的尼菲特人和印第安拉曼尼特人移民到了新大陆，前者是善良、勤劳和宗教信念的真正信仰者，后者则衰弱并堕落到持久性的罪恶和异教徒文化的异教境地。结果，两个集团间爆发了战争，印第安拉曼尼特人毁灭了尼菲特人，仅少数人得以逃生。不久后，一批来自耶路撒冷的新移民恢复了尼菲特文化，战争再次爆发，罪恶的拉曼尼特人再次摧毁善良的尼菲特人的家园与文化。因此，史密斯确定摩门教徒的责任就是向印第安人展示耶稣的神圣并为他们赎罪。他相信，尼菲特人的力量会逐渐增强，并最终摧毁拉曼尼特人的文化。参见 Charles Cambridge，“American Indians：The Forgetted Minority”，pp. 200－201。

② 这些保留地分布在全美 26 个州。

人的令人难以启齿的疾病和不道德行为使原住民被灭绝和被驱散，从而为美国经济发展提供了领土基础，那么，20世纪60年代末以前印第安原住民的处境依然悲惨不已：强迫生育控制与绝育，形形色色的强制同化，印第安孩子被强行从家庭和社区带走送进寄宿学校，环境遭到破坏，在各种各样的国家和保留地“发展”名目下，水和自然资源被盗采。在美国全部人口中，原住民社区工资最低；失业率最高（保留地失业率高达80%）；预期寿命最短；婴儿夭折率高居全美首位；普遍营养不良，相关疾病特别是糖尿病盛行；酗酒和自杀率居高不下；卫生、教育和住房状况之恶劣令人震惊。[①] 60年代后期，面积在5000万英亩以上的印第安保留地互不相连地分布在全美20多个州，大多干旱贫瘠。印第安原住民被解除了武装，被限制在保留地上，未经许可，不得离开。年满6岁的儿童则被强行送进政府办的寄宿学校长达十余年。几代印第安原住民“被插在深深的殖民化中，孤独、饥饿、无望”。[②]

2. 印第安人运动组织及其土地战略

如前所述，第三世界国家的民族解放运动对发达国家内部的争取正义的社会运动和斗争产生了直接间接的影响。对美国影响最为直接的是越南战争。“美国在海外的力量与政策在激进分子中灌输了一种信念：美国帝国主义是最大敌人，应通过国内外民族解放斗争的联合奋斗击败它。”[③] 与此同时，城市化的进程使大批原住民和黑人一样离开乡村、保留地、南方农业区，移居北方城市成为工人阶级劳动者。战后时期城市原住民人口的增长与南方和西南城郊精英力量的成长几乎是同步的，这种同步增长的影响力从60年代中叶的城市暴动可见一斑。这些有组织的暴动——导致无数人员伤亡、数以千计的人被捕、数百万美元的损失和众多城市国民自卫队陈兵街头——多半由警察暴力和贫困引发，许多参与或见证了这些暴动事件的人把城市视为战场，认为城市住着大量有色人种居民，据此建立战略基地的价值自不待言。如黑豹党等激进组织痴迷于城市斗争，认为城市是

① Andrea Smith, *Conquest: Sexual Violence and American Indian Genocide.* Cambridge, MA: South End Press, 2005.

② Charles C. Geisler and Frank J. Popper eds., *Land Reform, American Style.* Totowa, NJ: Rowman & Allanheld, 1984, p. 155.

③ Dan Benger ed, *The Hidden* 1970*s*: *Histories of Radicalism.* New Brunswick, New Jersey: Rutgers University Press, 2010, p. 58.

“黑人的土地”。[①] 他们为实现对城市的政治控制而积极行动：进行广泛的基层动员，参与市长和议员选举，发起和推动福利改革运动，等等。然而，以原住民激进派为代表的另一些人则作出相反的选择。他们认为，城市是当局压迫势力最为集中之地，难以为激进的事业提供长期的基地。他们把眼光从城市转向乡村，把激进事业与其祖先联系起来，相信广袤的乡村是获取权力的最佳场所。[②]

在乡村第一个采取激烈行动的并不是原住民，而是西班牙裔美国人。1967年，在新墨西哥州，在一位名为雷耶斯·洛佩斯·提赫里纳的福音派牧师和农场主率领下，一群长期从事收回土地权利的激进分子武装占领了位于提耶拉－阿马利拉的里奥－阿里巴县法院。当然，这次袭击的直接意图是以此换得其被捕成员的释放，但真正目的是通过对地区法官执行“公民的逮捕”来通知美国政府，该地区的所有权属于当年由西班牙给予土地权证的墨西哥农民的后代，这实际上否定了美国的主权。提赫里纳的激烈行为最终为自己换来了两年的牢狱之灾。然而，这一鲁莽举动却被许多人视为占领美国内部殖民地的壮举，不是争相模仿就是从中获得启迪。他们得出一个重要结论：政治权力出自土地主权。这一思想成为引导印第安原住民激进派创立激进政治组织的关键因素。

印第安原住民的代表性政治组织有“全国印第安青年运动”（NIYM）和“美国印第安运动”（American Indian Movement，AIM）等，但最有影响力或媒体曝光率最高的是“美国印第安运动”。该组织成立于激进社会运动臻于高潮的1968年。几乎与激进黑人活动分子在底特律成立“新非洲共和国”（the Republic of New Afrika，RNA）同时，印第安原住民中的左翼年轻知识精英在明尼苏达州圣保罗市建立了自己的组织。组织成立之初，完全以城市为活动舞台，但不久后，该组织很快就把注意力转向都市之外的广大地区，如南方、西南、西北和大平原区所有还未成为激进主义堡垒的区域。

该组织的建立通过关于土地、自决和自由权的主张为原住民的抵抗确

① James Boggs, *Racism and the Class Struggle: Further Pages from a Black Worker's Notebook*. New York: Monthly Review Press, 1970, p. 50.

② 在这一点上，他们直接受到毛泽东农村包围城市理论的启迪。美国印第安运动的骨干分子对毛泽东的著作和中国革命的历史有比较深入的了解。

立了方向与空间。这些主张中最核心的内容是土地问题。在好斗的激进派看来，土地对于印第安人既是关乎生产与生活的经济问题，又是事关人权的社会问题。转向土地不是革命的退却而是革命的巩固。放弃城市转向农村，这一转变标志着通过拒绝美国政治结构来实现社会变革，通过拒绝美国公民权来建构权利的框架。美国印第安运动的政治和战略方向很明确：在伸张权利的土地上发展另类治理结构以从美国控制下“解放”出来。这一诉求以质疑美国权力的合法性和边界的稳定性寻求与美国分道扬镳。这种主张即便在城市里从事大规模激进运动、向政府发起挑战的激进派看来也是过于大胆的。

美国印第安运动组织声称，他们的斗争只是对祖先传奇性事业的继承和发展，他们像祖先一样“以疯马精神”（the spirit of Crazy Horse）战斗。他们认为，印第安原住民是反抗殖民主义的民族，美国系统性地践踏了它与土著民族订立的数百个条约，这些条约公开承认土著民族对这些土地的所有权。印第安人运动就是要恢复这些条约，重新控制印第安国家（Indian Country）已被确认的区域（保留地）和有待确认的区域（美国的其余地区）。美国印第安运动把收复土地视为在国内殖民地界域内瓦解美帝国的主要手段，这不仅使它成为70年代激进主义的前哨，而且大大影响并帮助了70年代激进主义核心信念的建构。这种影响在激进女性主义者、同性恋激进派、奇卡诺运动分子、波多黎各独立派等政治群体的新诉求中随处可见。可以说，印第安人运动表达了70年代左派的关切：拒绝美国政治异议的传统界限，为设想中的即将来临的革命建立一个力量基地，通过获得尽可能多的人支持的意识形态来发展政治，以第三世界的斗争为模板塑造其战略，所有这一切都以赞扬与美国政府的激烈对抗为精神支柱。

以上激进计划的中心在于，通过与美国剥离并剥离美国从原住民或其土地上榨取的财富来使美国非殖民化。应用民族解放的政治逻辑，印第安人运动把直接行动与尼基尔·辛格（Nikhil Singh）从埃尔德里奇·克利维尔①那里推断出来的“主权计划”与国际法结合起来，该“主权计划”是一种对抗性话语和实践，它揭露美国霸权的缺陷，挑战其普世性，想象开辟一个

① 埃尔德里奇·克利维尔（1935～1998），黑豹党领袖，1975年从流亡中回归美国，被捕入狱。著有自传《冰上灵魂》。

与众不同的空间。[①] 他们试图通过他们所追求的自决行动来保障自决。为此，他们建立了许多具有自由治理因素的协会以取得独立。可以看出，印第安人运动的主张包含了两个指向：一是以保卫民族领土为基础，二是通过对全球去殖民化行动的诉求同步寻求国际支持。

从一开始，早期民权运动和更早期的劳工运动所共有的入座策略就被原住民所采用，根据恢复土地目标的需要重新作了解释。占有、收复或保卫土地的战略从 60 年代后期开始实施，持续到 80 年代，创建了一系列军事营地社区，其中一些变成了半永久性的。例如，位于纽约州的奥卡特拉茨（Alcatraz，1969～1971）和亚奎沙斯尼（Akwesasne，1974～1977，在 70 年代中叶出现后引起关注长达 20 年之久）以及加州戴维斯附近的印第安－奇卡诺免费教育机构——德干纳维达－奎查尔考特（Deganawidah-Quetzalcoatl，1971～2005）或 D-Q 大学就在成立后存在了数十年。从 60 年代末到 70 年代，印第安原住民在美国制造的争取自身权利的事件多达数十起，遍布美国各地。引起媒体和政界的高度重视，以至连尼克松总统都在 1970 年 7 月谈论起印第安人自决问题。[②]

3. 原住民收复失地的斗争及其国际化

这个时期印第安人权益运动之所以高潮迭起，与联邦和州政府印第安政策的变化密不可分。这些政策试图终止原住民的土地基础，终结其提出领土主张的司法能力。《1971 年阿拉斯加土著权利要求解决法》（ANCSA）是这些联邦政策中最早出台的一个。该法案否决了阿拉斯加州所有原住民的土地要求，它创建了 12 个区域公司和大概 200 家原住民村庄公司，只给阿拉斯加原住民留下原土地基地的 1/9。公司完全按照现代商业公司模式组织，原住民作为股东而非公民分享石油生产股份。

深受年轻好斗的土著激进派尊敬与推崇的年长的传统领袖谆谆教导年轻人，土地与自决是印第安人生存的必需条件。在年长的领袖领导下，由从越南归来的印第安兽医、EX-CONS、学生、工人、酗酒者甚至“想做嬉皮者”等各种各样的人汇集而成的队伍，构成了抗议的主力。1972 年，原

① Dan Benger ed，*The Hidden 1970s：Histories of Radicalism.* New Brunswick，New Jersey：Rutgers University Press，2010，p. 60.

② James M. Naughton，“President Urges Wider Indian Role in Aid for Tribes”，*New York Times*，July 9，1970.

住民活动分子及其盟友从旧金山出发，循着当年一个个撕毁条约地点串联起来的道路徒步走向华盛顿。他们在华盛顿占领印第安事务局达一周之久，并将其更名为“本土人美国大使馆”（Native American Embassy），发布了一个“20点计划”（20 Point Program），强调土地、资源和自决，还有联邦政府的责任。该计划主要关注原住民民族与美国政府间的条约，它成为印第安运动积极分子的主体宣言。运动中的好战派特别强调土地问题，要求进行“土地改革，恢复原住民11000万英亩的土地基地”。

> 下届国会和行政当局应该承担起责任，通过法令的贯彻落实和行政的或政府的行动使全国性的承诺得以兑现，在1976年7月4日前恢复永久性不再逐步减少的不少于11000万英亩的本土美国人土地基地。该土地基地及其被隔离的各个部分，应该给予永远不得征税的权利与条件，自治的和拥有主权的印第安权力机关除外，并将永远不再许可本土美国人或印第安人所有权和控制权的转让。①

在向华盛顿进军之后，原住民权利运动的组织者们回到了自己的社区。美国印第安人运动的创建者之一的拉塞尔·米恩斯，来自南达科他州松树岭希奥克斯印第安人保留地，但他的家庭在第二次世界大战期间已经被重新安置到旧金山湾区国防工厂工作。1973年2月，他只身来到松树岭保留地以响应年长领袖的恳求，让AIM帮助把腐败暴虐的部落主席理查德·威尔逊及其名为“奥格拉拉民族卫士”（GOONs）的黑帮团伙撵走。来自四面八方的援助力量齐集在“受伤之膝”基地，② 在这里，他们面对包括联邦调查局和国民警卫队在内的联邦政府大规模的进攻，勇敢地抵抗了71天，获得了广泛关注，为AIM赢得了来自世界各地的最为广泛的同情。在把随之

① http：//www. aimovement. org/ggc/trailofbrokentreaties. html 2012 - 1 - 23.

② 受伤之膝（Wounded Knee）是南达科他州松树岭拉科他印第安保留地附近一条溪流的名字。1890年12月29日，曾经发生过一场针对希奥克斯部落的野蛮大屠杀。是日，由陆军少校萨缪尔·惠特赛德指挥的美第7骑兵师的一支分遣队到达溪流边的保留地，对手无寸铁的部落居民大开杀戒，部落男女老幼死于非命者不少于150人，伤者达51人，由于印第安人的反抗和骑兵间近距离开枪造成的误伤，骑兵队伤亡也超过了60人。这一事件成为印第安原住民历史记忆深处抹不去的创痛。参见“wounded knee mascre”，http：//en. wikipedia. org/wiki/Wounded_ Knee_ Massacre。

而来的法律程序视为进一步促进主权问题的机会后，他们组成“受伤之膝法律攻防委员会”发起支持被捕的“受伤之膝”成员的运动。

“受伤之膝”常被描绘为土著民族战斗精神的天鹅之歌，它是 AIM 转型而非衰落的标志。在此之前，AIM 还只是一个地方性的城市组织，就像 1968 年前洛杉矶的“奇卡诺褐色贝雷帽”或奥克兰的黑豹党一样。当它对松树岭希奥克斯－奥格拉拉原住民民权组织的邀请作出积极回应时，城市原住民激进青年通过“受伤之膝”与来自全美各地的传统保留地组织汇集到了一起。老一辈——30～40 年代拒绝承认美国政府或部落政府权威的战士——与民族主义的城市青年结盟成为原住民斗争的新范式。印第安人，无论是传统的还是城市的，老的还是年轻的，纷纷前往受伤之膝，返回家园后立即组织动员对被围困同胞的支持。AIM 各分部，还有受伤之膝团结组织，在各地迅速扩展开来。

结束围困受伤之膝的谈判后不久，拉科他（希奥克斯）运动就把收复失地的要求抬上了桌面。其聚焦点在 1868 年美国与希奥克斯民族签署的《拉雷米堡条约》。该条约保证所有希奥克斯人拥有一块包括圣地黑山在内的连绵不断的土地基地。然而，在黑山发现金矿后，它们被非法占用了。大批白人定居者涌入，经营起农场与牧场，希奥克斯人的土地被不断蚕食鲸吞，最后还在原住民手中的土地变成七残八缺互不相连的岛状孤地。美国法院判决用金钱来补偿印第安人因黑山被非法占有的损失，但希奥克斯人拒绝了这一判决，继续要求收回这一失地。

在“受伤之膝”事件一年后的 1974 年，AIM 主持成立了“国际印第安条约理事会”，该机构申请并获得了美国相关人权（包括自决权）部门的咨询性非政府地位。它的成立文件，《继续独立宣言》，宣称要团结第三世界的民族解放运动，特别强调要团结“正在为从同一个美国独立而斗争的被殖民化的波多黎各人民”。[①] 该宣言的动议逐渐向西半球和全球扩散，随着在联合国强力展示，它演变为全球泛原住民运动，其诉求于 2007 年被铭刻在《联合国土著民族权利宣言》中。

印第安激进派的好斗立场自然引起美国权力机构在法律等多个层面上

① Dan Benger ed, *The Hidden 1970s*: *Histories of Radicalism*. New Brunswick, New Jersey: Rutgers University Press, 2010, p. 63.

敌意的增强。进入1980年代，像这个时期绝大多数权利运动组织一样，外部压迫和内部争议决定性地削弱了美国印第安运动组织。这种外部压迫不仅来自政府权力机构，也来自同时期其他民族权利运动组织。因为，不仅印第安原住民在为土地而斗争，黑人和西班牙裔也在声张土地权益。当印第安原住民权利运动把整个美国视为他们的祖传领土时，必然与黑人和奇卡诺人的主张冲突，这种冲突时至今日仍不时发生。例如，2001年，印第安切诺基活动分子帕米拉·金费舍就对"新非洲共和国"的一群活动分子说过，"你们可以有骡子，但40英亩土地是我们的"。[①] 尽管如此，印第安人运动帮助推进的政治远景和战略途径仍然受到遵从，如1980年在鹿特丹召开的"第四届美洲印第安人权利拉塞尔论坛"上，亚利桑那州西部大山[②]的纳瓦霍人（Navajo）代表对美国痛加指斥。同时，保留地上的纳瓦霍人与霍皮（Hopi）印第安人继续保护其土地，坚守其生活方式，拒绝1974年国会的一项重新安置印第安人并没收保留地的法案。可以肯定，在原住民与美国政府之间，围绕土地权利的斗争仍将是美国政治一道绕不开的路障，同时也是美国左翼政治无法回避的课题。

五　20世纪70年代激进政治文化的基本特征

综上所述，我们会发现，70年代左翼政治文化具有如下特点，这些特点决定了左翼政治在80年代后的发展方向。

1. 个人主义与无政府主义的耦合

个人主义是美国民族文化和价值观的基石，无政府主义则是美国左翼传统中最突出的特征。二者之间关系十分密切，美国个人主义一向对政府权力持敬而远之的不信任立场，而无政府主义则把个人自由和利益置于至高无上地位，战后美国左翼政治中出现这二者的契合显然是意料之中的事。这在60年代的反战和民权运动中已经表现得十分明显，进入70年代，无论是争取新社会运动和废除监狱运动，还是原住民权利运动和女性权利运动，从理论到实践，无政府主义和个人主义的特征无处不在。个人主义构成了

---

① Andrea Smith，"Reparations and the Question of Land"，*Union Seminary Quarterly*，http：//www.aclu.org/hrc/NativeRights_ AndreaSmith.pdf，July 23，2009.

② Big Mountain，美国西南部纳瓦霍保留地的一部分。

政治无政府主义的价值基础，无政府主义则成为个人主义的政治表达方式和目标。在 70 年代的激进运动中，60 年代“个人即政治”的哲学被发挥到了极致，表面上似乎都是集体行动，但参加运动的人绝大多数都是由自我意志驱动的，而非受到严格组织规则的驱策。

2. 具有明显的反智主义或民粹主义倾向

所谓反智主义（anti-intellectualism），也称作反智论，是一种存在于文化或思想中的态度，而不是一套思想理论，它是美国民粹主义传统的独特表现形式。反智主义可分为两大类：一是对于智性（intellect）、知识的反对或怀疑，认为智性或知识对于人生有害而无益。另一种则是对于知识分子的怀疑和鄙视。1962 年，美国历史学家理查德·霍夫斯塔特出版了《美国生活中的反智主义》一书，在书中作者对美国社会生活中的反智主义现象从传统的角度进行了历史分析，认为美国反智主义的根源有三：其一，来自美国的清教徒文化传统。第一批来到这片土地的白人移民都是没有受过什么教育的贫苦农民。他们看重实践知识，不看重书本知识。1642 年，当时的某位牧师写道：“你越聪明有知识，你越适合撒旦的需要。”其二，美国是商业国家，美国本土哲学思想是实用主义。任何不能立刻应用的思想，不能产生实效的理论，对很多美国人来说都没有意义。特别是开发西部的拓荒者精神深深塑造了美国的民族性格。拓荒不需要哲学头脑而需要强健的体魄。虽然现今的美国与 150 年前拓荒者的时代已经天差地远，但美国人是拓荒者后裔的事实是无法改变的，绝大多数美国人仍然以自己是拓荒者的后代而自豪，仍想象自己具有拓荒者的精神。如共和党政治家、阿拉斯加州州长佩林就自封是这种精神的代表，显然是为了迎合普通美国人对自我身份的想象。其三，美国虽然是最发达的国家，但在对自己的民族想象上，普通美国人依然坚守农业时代独户小镇的田园理想。不少美国人即便家里电脑、电视、冰箱、空调，样样不缺，还享受着政府的福利，心灵深处还是把小镇的生活视为国，田野里独户的房屋即是家。这种对家和国的理想使很多普通老百姓不信任城市，认为城市是罪恶的渊薮；不信任知识分子，认为读书太多就是四体不勤，五谷不分。在这种文化传统中，有头脑不是什么光荣的事，有臂力才值得夸耀。这种反智主义传统在政治上集中表现为浓厚的民粹主义意识。所谓民粹主义，是指把底层民众力量完美化、神圣化和绝对化的主张与思想。在 1960 年代新左派的社区行动和公社实验中，反智主义和民粹主义倾向已经相当明显，70 年代的激进派则使之更趋普遍化。无论是对少数族群权利的伸张，还是对女性权利的诉求，或者是对囚徒权利的支持，民粹主义情结随处可见。80 年代后，多元文化主义的崛起也多少可以由此找到其深层的动力源所在。

3. 致力于全球合作或交政治诉求国际化

自 20 世纪 70 年代以来，美国左翼政治实践上目标和主题复杂多样，除了加强国内力量的整合外，越来越重视利用国际力量和机制来推进所追求的目标，无论是女权组织，非洲裔美国人权利群体，还是印第安原住民或拉美裔团体，在跨国界合作问题上一直从战略高度加以重视。对全球合作的重视具体表现在以下几个方面。

其一，与国外左翼或激进组织加强理论、组织和方法等沟通，相互借鉴，取长补短。美国左翼激进组织中，理论上进行跨国界交流最多的当属女权主义者、反战反核的和平主义者以及环境主义者，他们通过网络在线、学术会议、学术期刊等与欧洲乃至世界其他地区的左翼人士时时保持联系与对话，或以一些知名媒体或论坛为平台，与圈中同行就某个或某些问题展开讨论、辩论或争论，进而促进双方在理论与实践层面更上层楼，美国女权主义团体与法国和英国等伙伴的关系如此，和平主义团体和环境主义团体亦然。这是 70 年代美国左翼和特殊群体权利组织能够在新保守主义高压下，逐步走出困境演变为 20 世纪末期美国重要压力集团的原因之一。

其二，支持或声援国外特别是第三世界国家人民的正义斗争，并借此扩大自身的国际影响力。70 年代的左派大多是 60 年代反战运动和争取公民权利运动的参与者，他们知道，60 年代的一个重要经验是，与国外的促进正义的力量建立联系，支持并参与国外的斗争，对国内自身的运动目标的实现具有不可或缺的作用。除了继续支持越南的反美斗争外，他们与亚洲其他地区、拉美和非洲一些国家的反殖、反帝、反霸、反专制独裁的斗争密切合作，如印第安人运动与拉美波多黎各独立运动之间的密切关系就是最好的例子。①

其三，召开国际性会议，使自身的政治目标变为国际社会关注的热点。

---

① Andres Torres and Jose E. Velazquez eds., *The Pueto Rican Movement: Voices from the Diaspora*. Philadelphia: Temple University Press, 1998.

努力把自身权利的追求列入国际组织及其下属部门的工作目标。例如，美国原住民收回土地所有权问题之所以进入国际视野，一个重要原因就是通过国际会议与跨国合作，它终于成为联合国人权机构格外关注的对象。2012 年 5 月 4 日，英国《卫报》报道，联合国明确要求美国政府把过去窃取的土地归还印第安部落，“以作为消除持续不断的、系统性种族歧视的一个举措。”① 这不能不说是印第安人在争取自身权利道路上的一大突破。

4. 左翼的政治战略重心开始偏移

60 年代的民权运动、社区与校园改革运动以及反战运动，其战略重心是，在政治经济等领域和国际上实现法律基础上的个人权利平等，当三个民权法案相继通过，加上美国从越南撤退的前景渐渐明朗，越来越多的运动参与者就失去了激情，这是 60 年代激进运动在 1968 年高潮之后迅即走向落幕的重要原因。从上面的论述中不难发现，70 年代的左派仍然以群体平等权利为政治使命，然而，这种追求已经逐渐向差异政治方向转变，这从女性主义和同性恋权利在争取新社会运动中的纲领化可见一斑。毫无疑问，70 年代左翼政治的理论与实践已经昭示了多元文化主义大潮到来的不可避免。

① “US should return stolen land to Indian tribes, says United Nations”, http://www.guardian.co.uk/world/2012/may/04/us-stolen-land-indian-tribes-un? INTCMP = SRCH.

第五章　多元文化主义：左翼的文化政治

一　美国历史视野中的主流文化霸权

1. 主流文化的傲慢与文化冲突

作为典型的移民国家，多元性构成美国社会文化的基本表征。然而，多元性只是一种表态描述，从历史的视野审视会发现，号称瓦斯普（WASP）的主流文化在千姿百态的美国拼盘色拉文化图景中一直占据制高点，以君临天下的姿态对数以百计的少数群体文化形成威压，使它们自有空间不断被压缩，主流文化与少数群体文化之间的矛盾与冲突不可避免地贯穿美国既往历史的始终。

主流文化的傲慢首先表现在欧洲移民与北美原住民之间历史性关系的建构过程。人类过去5个世纪的文明进程贯穿着一条欧洲文明不断蚕食和侵入其他异文明的趋势线，北美洲印第安人文明与欧洲文明之间的相遇、冲突、抵抗与征服的历史成为这一趋势线上的重要组成部分。

自早期英裔基督教徒踏上北美洲东海岸开始，逐渐反客为主的白人移民从未以平等心态对待印第安原住民，虽然后者为他们的生存提供了雪中送炭般的帮助，但在新来后到者眼中，外貌特征、生活方式、价值观念等皆与其明显有别的土著居民只是他者，是异类，是不能与他们这些文明人相提并论的野蛮人。美国革命元勋本杰明·富兰克林对原住民的评价可以称得上是这种白人文化傲慢的生动体现。富兰克林曾公开指责印第安人是“一打仗就高兴，杀了人就自豪的野蛮人”，他极其轻蔑地用这样一些词语来形容印第安人：无知、愚蠢、不懂礼貌、天生懒惰。然而，印第安人却拥有许许多多肥田沃土，这成为白人进一步开发新土地的拦路虎，阻碍了白人成功、结婚、生子的机会，无异于“杀死我们成千上万尚未出生的孩子”，印第安人罪莫大焉。[①] 在托马斯·杰斐逊那里，我们能看到他对印第安人的独立与自由精神的褒扬，但他仍然把印第安人视为需要白人进行教化以进入文明状态的野蛮人。从殖民地时代到建国后的一个多世纪里，白人与印第安人之间的冲突不断，表面上的确与争夺西部广袤土地资源这一物质利益紧密联系在一起，但在利益动机背后却是文化差异因素在起作用。

白人与非洲黑人两大种族群体间的历史遭遇最深刻地揭示了英裔文化群体的傲慢。自从17世纪40年代伊始，黑人作为会说话的工具被贩卖到北美，黑白两大族群间的历史纠葛就拉开了帷幕。富兰克林和他的同时代人在肤色方面的敏感性影响着以后一代又一代的美国白人，他们以肤色深浅度的不同构建了一个种族等级的观念体系，肤色最亮的位居种族等级阶梯的最高级，肤色最黑的自然处于等级阶梯的底层，红皮肤的印第安人、黄皮肤的蒙古人与马来人则位于中间。“每一种肤色暗指一种身体的、心智的与道德的水平，而美洲的白人当之无愧地自封为衡量他人的标准。”[②] 在美国，伊丽莎白时代有关非洲黑人的种族偏见长盛不衰：黑皮肤或深黑皮肤的非洲人无不是下贱与罪恶之类，在道德上和审美上与作为美德、美丽与纯洁象征的白人完全相反。[③] 无论是内战前还是内战后直到20世纪60年代的历史时期，白人在黑人问题上表现出来的文化优越感几乎无处不在，黑白族群之间的经济政治矛盾实质上只是文化冲突的外在表现形式。

正如前面相关章节内容所论及的，美国主流文化的基础是欧洲基督教中的清教主义，清教秉承了基督教信条中最具核心的方面：对异己信仰的非宽容性。基督教作为宗教具有的强烈排他性和种族优越感相结合，使美国欧裔文化群体不仅以一种俯视的立场看待原住民文化和非洲黑人文化，更油然而生一种以自身文明同化异文明者的抱负和冲动。杰斐逊就曾认真

① 〔美〕迈克尔·H. 亨特：《意识形态与美国外交政策》，褚律元译，北京：世界知识出版社，1999年，第51－52页。

② 〔美〕迈克尔·H. 亨特：《意识形态与美国外交政策》，褚律元译，北京：世界知识出版社，1999年，第53页。

③ 1620年，一位英国诗人在诗中描绘黑白之间的差异：非洲人是“黑色的丑陋的鬼怪”，白种英国人则是“像上帝本人”一样。Winthrop D. Jordan, *White Over Black: American Attitudes Toward the Negro, 1550－1812*. Chapel Hill, N. C.: University of North Carolina Press, 1968。

思考过如何帮助印第安人从游牧状态跃升到现代农业文明，因此，通过实施教育、改信基督教、变狩猎为农耕等途径使印第安人部落融入现代生活一直是美国政府和教会始终如一的目标。如果说白人把美洲土著视为野蛮人需要西方文明加以开化的话，非洲黑人则被视为人形工具，很少被当作有尊严的人看待。美国建国后，虽然黑奴对于南方种植园经济具有决定性作用，但南方人并未因此给予黑人以基本的人格尊重，北方同情黑人处境的人却更多思考的是，怎样帮助黑人逃离南方，逃离美国，让他们重返非洲。[①] 即便是内战后，对待法律上获得自由的黑人的方式也没有根本改观，南方粗暴的种族隔离制度的合法性存在充分揭示了主流文化的这种傲慢。

另外，白人群体的文化优越感在对原住民和非洲裔的蔑视和厌恶中不断强化，化为一种普遍性的社会心理。即使是经济境况与黑人没有本质区别的19世纪南方贫穷白人也因为这种优越于黑人的心理而获得莫大自信，而他们则为南方流行的将黑人视为半个人的制度提供了强有力的社会支持；19世纪后期出台的“隔离但平等”法律之所以能持续到20世纪50年代，白人群体的种族和文化优越心理是一个十分重要的因素；文明的白人每每以极端不文明的手段对付印第安“野蛮人”，其心安理得的根源同样在于这种文化优越意识。

无论是殖民地时代还是建国以来的历史时期，白人与黑人之间和白人与印第安人之间的关系不时发生激烈对立与冲突，这些历史事件在证明主流文化群体对居少数的弱势文化群体进行残酷的经济剥削和政治压迫的同时，也充分揭示主流文化对其他族群文化的文化压迫和来自后者的反抗和抵制。

2. 制度、语言、习俗与“熔炉”论

主流文化的傲慢不仅反映在主流文化群体的大众心理方面，更多地由政治、经济、法律制度、语言霸权、强制同化观念等体现出来。首先，国家的政治、经济、法律制度紧紧追随欧洲道统，这一道统建基于欧洲中心论之上。自欧洲人来到北美那一天开始，白人就一直以一种居高临下的心态看待美洲原住民和非洲黑人，白人与非白人群体间的关系被简化为文明

① 19世纪20年代，门罗政府在西非购下今利比里亚之地，就是为了将美国黑人移出美国。这一事件暗含着一种逻辑：由于黑人在智力和文化上无法成为合格的美国人，将他们送回非洲将是最适当的选择。

与野蛮的对立关系。这种文明与野蛮二元论的源头最早可追溯到古希腊时代，[①] 到近代，特别是启蒙主义时代，抱有文明－野蛮对抗思想的学者如过江之鲫，数不胜数，如孟德斯鸠、黑格尔、蒙田等人就是代表。在他们眼里，非洲和美洲的“野蛮人”是没有历史的，迄今为止对人类文明没有任何贡献，在未来只是文明民族的教化对象。这种观念带给北美历史进程的一个突出现实后果是，从一开始，北美制度与文化的建构与发展将原住民和其他非欧裔群体的制度与文化彻底排除在外，这些由相异肤色和文化信仰组成的“他者”尽管是历史进程的参与者，却被身份错置为历史的旁观者。

其次，通过认定英语为官方语言，大力推进唯英语运动，不断挤压其他少数族群语言文化的生存空间。还在殖民地时代和建国初期，以英语一统北美天下就已经成为无数政治家和学者为之不懈奋斗的目标。例如，革命元勋富兰克林就为宾夕法尼亚德国移民不讲英语而耿耿于怀，不惜出资办英语培训学校来同化德国移民；[②] 语言学家韦伯斯特则预见未来北美洲将“居住着一亿人，所有的人都讲同样的语言”。历史学家布尔斯廷后来在谈及美国语言的一致性时，更是将之视为美国的一大优越性。[③] 其实，一个国家和文明社会选择某种语言为官方语言或国际交流语言，这本身无可厚非，因为如若不然，社会就会因缺失共通的交流工具而陷入混乱，甚至分崩离析。问题的关键在于，在一个多种族和多民族社会，如果无视语言文化多样化的现实，通过赋予单一语言以合法性从而剥夺众多少数族群语言文化的合法生存空间，势必造成一种事实上的文化群体间的制度性不公，而文化不公又必然带来政治、经济诸多层面的不平等问题。最让少数文化群体精英忧心忡忡的是，英语霸权带来的最为严重的现实后果是，一是少数群体语言的被迫遗忘，二是建基于语言之上的文化传承将因失去语言土壤而枯萎衰亡。例如，非洲黑人被贩卖到美洲后，其语言遗失了，由语言所承载的非洲传统也大多消亡，存者十不足一。通过唯英语运动，有计划地消

① “野蛮人”（barbarians）一词即源于希腊语，指那些说话不能为希腊人理解的外国人。例如，欧里彼得斯就认为，这一概念有三层含义：（1）无法被理解；（2）非希腊国籍的；（3）外国的或下等的。

② James Crawford, “Anatomy of the English-only Movement”, http://ourworld.compuserve.com/homepages/wcrawford/.

③ 〔美〕丹尼尔·布尔斯廷：《美国人：殖民地历程》，上海：上海人民出版社，第360页。

灭非白人民族的语言与文化，以最终实现文明强制同化的战略目标，这方面最典型案例是19世纪下半叶以来美国政府的印第安人语言与文化政策。

一直以来，美国政府对印第安人的政策可分为两条路线，美国著名历史学家弗朗西斯·普鲁查将这两条路线表述为“负面限制”（negative restriction）和“正面造就”（positive construction）两个概念，前者指的是武力消灭或征服，后者指以基督教文明和白人文化进行同化。19世纪中叶之前，武力消灭是首选，之后，迫于社会和国际舆论压力，文化同化逐渐成为主导性政策，而文化同化的关键就是语言。在美国白人政治精英看来，文化的一致来自语言的一致，英语在同化印第安原住民上具有非同寻常的重要性。为此，美国联邦政府内政部下属的印第安事务局在19世纪80年代先后颁布了四个法令，1890年又出台了一项规则，规定无论是教会学校，还是政府学校，只能用英语教学，不得用印第安语，如有违反，停止政府拨款。1885年上任印第安事务局长的约翰·D.C.阿特金森，大力推行唯英语教育，严厉禁止印第安学校使用非英语教材。① 这项政策一直持续到20世纪30年代。

再次，制造并不断传播关于“熔炉”的神话。自美国立国伊始，有关美国民族性的讨论就已存在。法裔美国人克雷弗柯在《一个美国农人的信札》中最早提出了“熔炉论”的思想，认为美国人是欧洲各国的血缘混合体，“在此各民族的人被熔铸成一个新的种族”。② 19世纪末，特纳的边疆学说进一步发挥了“熔炉”思想，强调西部边疆将无数移民熔为一个民族。20世纪初，犹太剧作家赞格威尔在名为《熔炉》（*Melting Pot*）的剧本中，把美国喻为将欧洲民族熔为一体的伟大熔炉。熔炉论由此正式得名并迅速传播开来。不难看出，“熔炉论”的创造者和信奉者所认同的能够被熔合的各个民族显然仅限于欧洲英裔为核心的白人民族，而且，这一理论的要津在于强调美国文化传统的一致性和一元性，这种一致性的基础是英裔移民的历史经验和价值取向。在这种民族同化理论的影响下，第一次世界大战前后，美国出现了一场强求来自东南欧的新移民放弃母国文化传统的“美

① Francis P. Prucha, *Americanizing the American Indians*. Cambridge, MA: Harvard University Press, 1973, pp. 119 - 121.

② Arthur M. Schlesinger, Jr., *The Disuniting of America*. New York: W. W. Norton & Company, 1992, p. 138.

国化运动”。虽然以首创“文化多元主义”（Cultural Pluralism）概念闻名的犹太学者霍勒斯·卡伦等人曾对此持强烈批判态度，认为这一运动把非英裔移民视为低人一等，它有违美国平等的政治理想。[①] 但是，以同化为指向的“熔炉论”在相当长的时期内占据着美国文化解释的正统位置，几已成为一种意识形态。自 20 世纪中叶伊始，“熔炉论”受到越来越多的挑战。在许多文化左派眼中，“熔炉论”是美国文化帝国主义政策的最为生动和极具说服力的注解。在他们看来，“熔炉论”完全是主流文化集团的政治臆想和杜撰，早在 1963 年，内森·格莱泽和丹尼尔·莫伊尼汉就曾直截了当地宣布，“关于熔炉的要旨在于……它并没有出现”。[②]

最后，二战后的美国尽管在立法领域促进族群平等方面取得了突出成就，明目张胆的种族歧视在政治正确原则面前已不多见，但这并不意味着欧裔文化霸权的终结，许多欧裔美国人虽然不支持种族歧视言行，但在他们心灵深处并没有消除对其他亚文化的戒心，非白人文化群体依旧是异类和他者。在经济、政治和文化教育等领域，事实上的歧视依然像“看不见的敌人”一样普遍存在。其实，美国社会多样化的极端种族主义组织的广泛和长期存在在一定程度上揭示了主流文化霸权培育的负性社会土壤之深厚。根据美国学者皮特·西米和罗伯特·富特瑞尔的调查，当今美国宣扬白人至上的极端种族主义组织大致有四类：（1）已经具有一个半世纪历史的三 K 党；（2）基督教身份教派（Christian Identity）和新异端种族主义者；（3）新纳粹；（4）种族主义光头党。[③] 这些组织虽然形成的背景各不相同，但都不约而同地把维护白人特权作为目标，都毫无二致地敌视非白人群体的政治经济和文化权利。当三 K 党人把黑人、犹太人和其他“杂种”（mongrel）群体视为威胁美国白人种族统一性的“外来人”而施加私刑暴力时，1974 年出现的基督教身份教派如“雅利安民族”或“耶稣基督教教会”等极端组织，公开声称黑人、拉丁裔、亚洲人以及其他非白人族群是

① 1924 年，H. Kallen 首次提出“文化多元主义”（Cultural Pluralism）一词，意指“所有民族间的民主，而不是某一民族对其他民族的绝对统治”。

② Nathan Glazer and Daniel Moynihan, *Beyond the Melting Pot.* Cambridge, Mass.: MT Press, 1963, p. v.

③ Pete Simi and Robert Futrell, *American Swastika: Inside the White Power Movement's Hidden Spaces of Hate.* Lanham, Maryland: Rowman & Littlefeld Pubishers, 2010, p. 10.

低级的亚种群（subspecies），不是完整的人。[①] 形形色色的新纳粹团体和光头党同样把白人的种族纯洁性看得高于一切。无论是1958年成立的美国纳粹党，1974年成立的“全国联盟”，抑或是2001年建立的“抵抗唱片公司”，2002年组建的“白人革命”团体，还是70年代末至80年代中后期在西弗吉尼亚和拉斯维加斯等地出现的新纳粹光头党，无不以宣扬白人种族优越论为使命。这些极端组织正在美国各地稳步增长。据美国南方贫困法律中心估计，2008年，三K党在全美的分部多达143个。[②] 基督教身份教派在全美36个州建立了组织，而新纳粹组织在许多州成为日益抬头的政治势力，仅“白人革命”团体就在16个州有组织存在，1974年由美国纳粹党分离出来的“国家社会主义运动”（NSM）的分部则多达56个。[③] 奥巴马大选获胜和成功连任后，美国互联网上出现了种种带有煽动性的暴力威胁论调，这些论调大多源于上述白人极端组织。

二　作为文化政治要津的多元文化主义

1. 多元文化主义的由来及其内涵

如上所述，不同文化群体间的不平等构成多种族美国的一大顽症，主流文化对其他亚文化群体独特性的蔑视或平等地位的拒绝承认，成为众多社会问题的源头。左翼和其他进步力量始终如一地为实现美国社会种族和谐与文化平等的目标不懈努力，但无论是第二次世界大战前相关社会保障立法，还是战后60年代的三个民权法案的通过，都未能从根本上解决问题。70年代以来，已经习惯于60年代新左派激进“文化革命”思维的文化左派，无意中发现了多元文化主义这一利器，力图通过它来推行“文化政治”，使美国社会平等事业跃上一个新的台阶。所谓文化政治，在文化左派看来，是指文化在形构政治、经济和社会生活中具有决定性作用，包括民族文化、通俗文化、大众媒介、民间文化和艺术等在内的文化不是附属物，

① Pete Simi and Robert Futrell, *American Swastika: Inside the White Power Movement's Hidden Spaces of Hate.* Lanham, Maryland: Rowman & Littlefeld Pubishers, 2010, p. 12.

② Southern Poverty Law CENTER, “Hate Map”, http://www.splcenter.org/intel/map/hate.jsp (1July 2009).

③ Anti-Defamation League, “Extremism in America-National Socialist Movement”, http://www.adl.org/Learn/Ext_ US/nsm (June 2009).

而是社会、经济、政治价值观念和思想得以创造和竞争的舞台。社会最为深刻的变革不是政治经济的改变，而是文化转变。一旦文化变革的目标实现，政治经济制度的转变就是水到渠成的事。文化政治的中心主题是什么呢？平等。从学术研究角度看，无论是通俗文化、数字文化、社会抗议运动文化，还是环境正义文化与跨学科文化，所关注和探究的对象，种族、阶级、性别、性、全球权力、生态、后殖民主义等，不平等是贯穿于其中的问题墨线。平等成为左翼文化政治的锁钥。

多元文化主义（Multiculturalism），由文化多元主义（Cultural Pluralism）发展而来。文化多元主义是19世纪末20世纪初东南欧大规模移民美国浪潮的产物，包括查尔斯·皮尔斯、威廉·詹姆斯、乔治·桑塔亚纳、霍勒斯·卡伦、约翰·杜威、杜波依斯和阿兰·洛克在内的一大批哲学家、心理学家、历史学家和社会学家成为文化多元主义的坚定倡导者与支持者。他们相信，文化多元主义是建构哲学与社会人道主义的关键，后者则是建立更加美好和平等的社会的基石。[①] 现代文化左派对多元文化主义的看法与这些前辈们的观点几无二致，唯一的区别是他们不仅仅强调文化间的平等地位，他们更重视的是文化的差异性，他们把对差异的承认和尊重作为文化政治的核心推崇备至。正如罗伯特·贝拉所指出的，多元文化主义的潜在含义是，我们必须尊重“我们各不相同，我们独一无二”这一事实。[②] 在文化左派看来，多元文化主义隐含着某种颠覆逻辑，充分展现了左翼的批判、抗争与解放的多元传统，正如芝加哥大学激进学者霍米·K. 巴巴所指出的，对差异的承认会影响到知识和惯例等的分配，使跨文化间的商谈成为必然。[③] 差异政治是种族主义流毒不尽的美国社会的最佳解毒剂，是晚期资本主义的美国通往良善社会的必由之路。

2. 文化相对主义：颠覆文化等级价值观的利器

文化相对主义是一个人类学概念，其思想最早由美国著名人类学家弗兰茨·博厄斯提出。他认为，任何文化都是相对的，而非绝对的，“我们的

① “Multiculturalism”, http://psychology.wikia.com/wiki/Multiculturalism.

② Irene Taviss Thomson, *Culture Wars and Enduring American Dilemmas.* Ann Arbor: The University of Michigan Press, 2010, p. 100.

③ Homi K. Bhabha, *The Location of Culture.* New York: Routledge, 1994, p. 164.

思想和观念真正的只远及我们文明所及之处”。[①] 美国人类学家露丝·本尼迪克特在20世纪30年代出版的《文化模式》一书中对这一概念作过系统阐释。本尼迪克特认为，每种文化内部都达到了一定程度的整合，都有某种主导目的和内在结构，都是实现人的潜力的制度化途径，因而，各种文化都是有效的，多样性是不可避免的。因此，她主张，在当今这个时代，在反对生物决定论的同时，要坚决反对文化等级论，赞同文化相对性，“没有什么事情比充分地记下关于文化相对性的描述更加重要了。”[②] 本尼迪克特对种族主义偏见深恶痛绝，她的文化相对主义正是直接针对种族中心论而阐发的。简单地说，文化相对主义的基本含义是：文化无高下优劣之分，不同文化之间是相对的、平等的，这一思想50年后变成了多元文化主义的基石，了解到这一点，我们就不难理解为什么美国学者克里斯托夫·香农要把多元文化主义者视为本尼迪克特“理智上的后人”了。[③]

文化相对论并非没有反对者。《文化与无政府状态》的作者马修·阿诺德和《对文化定义的断想》的作者T. S. 艾略特以及威尔纳·雅格尔等一大批古典主义学者对文化相对论和文化平等主义的新观念不以为然。他们认为，文化属于教养、艺术与进步领域，文化相对论会导致一种毫无意义与价值的“同等化”的描述。不过，支持文化相对论的人明显要多得多：左派分子、自由主义者、社会学家、心理学家和人类学家不约而同地站在反对等级文化观的立场上。比如，前面提到的美国20世纪上半叶闻名遐迩的文化人类学家弗朗茨·博厄斯及其学生们就一直强烈主张，人类的差异是文化的，而不是生物的。这种思想对以生物学为基础的种族主义是当头一棒。

文化相对主义所蕴含的自由主义与平等主义产生了一个重要后果，这就是文化丧失了其种别性（specificity）。美国著名文化人类学者克鲁伯和克

---

① 博厄斯最早提出文化相对主义的思想，但不是这一概念的创始人。这一概念的首创者是哲学家和社会理论家阿兰·洛克（Alain Locke），他在1924年使用“极端文化相对主义”来描述罗伯特·洛威尔（Robert Lowie）的《文化与民族学》一书。http：//psychology. wikia. com/wiki/Cultural_ relativism。

② 〔美〕露丝·本尼迪克特：《文化模式》，孙志民等译，杭州：浙江人民出版社，1987年，第239页。

③ Christopher Shannon，“A World Made Safe for Differences：Ruth Benedict's The Chrysanthemum and the Sword”，*American Quarterly*，Vol. 47，Iss. 4，December 1995，pp. 659 – 680.

拉克洪承认，当文化被定义为“工具、符号、仪式、行为的全体”时，不仅每个民族拥有一种文化，而且每一个团体或“亚团体”也拥有“文化”。文化不再是民族活动的“集合”，而是任何团体的任何活动都可能形成一种文化或亚文化。甚至可以说，任何事物都可能构成一种文化，这一论说毫无疑问为多元文化主义的政治文化诉求提供了理论支持，多元文化主义的倡导者们正是在这个泛文化的立场上来理解文化和应用文化这一武器的。多元文化主义者之所以把女性、同性恋者视为与种族和民族同等的文化群体，其理论源头即在于此。

3. 沉默的大多数与失语者权利

如果从种族、性别、性取向、宗教、阶级的宏观角度衡量，处于边缘和屈从地位的弱势群体或亚文化集团都占了人口的最大多数，但在主导文化群体的强势权力面前，他们大多处于失语状态，成为沉默的大多数。以斯皮瓦克和阿普尔为代表的美国左翼学者一直在为让失语的大多数能够自由主动发出自己的声音进行不懈努力与探索。佳亚特里·斯皮瓦克，美国哥伦比亚大学教授，比较文学与社会中心主任。在当今美国和西方理论界，特别是在文化研究领域，她是继赛义德之后最负盛名但也最具争议性的一位左翼知识分子和后殖民理论批评家。作为印度裔美国左翼学者，她一直对发展中世界底层社会沉默的大多数人的权利的表达方式抱有极大的政治与学术旨趣，为这些人尤其是其中的妇女平等权利的伸张而不懈努力。

斯皮瓦克深受德里达解构主义方法论影响，反复用解构主义的“策略”来对文学、历史、伦理和政治文本进行解读，其典范就是对“底层人”（Subaltern）① 的研究。她认为，广大底层社会表现出普遍的失语状态，这些沉默的大多数并非不能为自己说话，而是在主流社会结构中他们没有话语权。以印度妇女为例，印度独立并未改变她们受男权社会压迫的历史命运，她们依旧靠劳动力和身体维持生存。在印度民族独立运动中，妇女不仅是参与者，她们还以自己的方式为自身的解放而斗争，然而，妇女的

① Subaltern 一词在中世纪晚期指的是流民和农民，18 世纪时，开始指军队中的低阶官兵。20 世纪 30 年代，安东尼·葛兰西在监狱中写作《狱中札记》，为躲避监狱文字审查，特意使用该词来指代产业工人和农民。20 世纪 60 ~ 70 年代，这一概念因《狱中札记》广为传播而成为历史研究、文化研究、后殖民主义研究、教育批判理论研究、社会学研究、政治哲学研究等学术领域广泛应用的专有名词。

"解放话语"却湮灭在男权社会的民族解放话语之下。换言之，独立话语以男权世界的真实解放掩盖了妇女仍受压迫与剥削的残酷现实。与此同时，以女权主义者和女性主义批评者为代表的西方激进知识分子表面上一直在为非西方主体说话，自恃为非西方世界底层社会的代言人，但这种代言却是对第三世界底层社会话语权利的剥夺，使后者陷于沉默状态。而且，代言者有意无意地把代言对象变为作者表达其欲望的替身，[①] 他们所采用的修辞甚至可能给被代言者造成伤害：底层人的反抗会因此被主导政治再现过滤掉。通过对印度殖民地时期历史的研究，她发现，被压迫的底层人特别是女性群体"无法发出自己的声音"。因为"如果没有有效的制度背景，抵抗就不会得到承认"。[②] 为此，斯皮瓦克主张，当代进步知识分子的使命是，追溯底层社会被涂抹掉的历史踪迹，归还给他们物质的和文化的历史，换言之，从当下的物质和政治语境中"恢复"过去被剥夺的权利，重现过去被压抑的声音。[③]

迈克尔·W. 阿普尔，威斯康星大学麦迪逊分校教授，在教育与教育政策研究领域声名卓著。作为左翼学者，阿普尔和斯皮瓦克一样，一直高度关注美国弱势群体或底层社会的境况，把维护和扩大他们的政治文化权利作为自身义不容辞的使命。在他看来，知识左派要做的是，为被压迫者提供一个说话的空间，对他们的话加以记录和批判，让他们的声音和真知灼见不被教育者、学者、政策制定者和政府官员等所漠视。阿普尔指出，自20世纪70年代以来的数十年，美国保守主义甚嚣尘上，但其他群体并不是被动和无所作为的。"一系列社会运动都指向权力不平等的社会关系。"从家庭、学校、公共汽车、街道、田野至法庭、公司、军工系统，无不被一种声音所震撼，一种敦促阶级主义者、种族主义者、父权主义者、异性性取向主义者以及非残疾者改变观念和态度的声音。[④] 以身份认同为核心的文化政治催化了众多新研究领域，它带来了学术上的重要进展，如"新史学"的出现。它秉承新左派"自下而上"的研究视野与后现代主义关于身份认

① Stephen Morton, *Gayatri Chakravorty Spivak*. New York: Routledge, 2003, p. 57.

② 〔美〕佳亚特里·斯皮瓦克：《从解构到全球化批判：斯皮瓦克读本》，陈永国等主编，北京：北京大学出版社，2007年，第412页。

③ 〔美〕佳亚特里·斯皮瓦克：《从解构到全球化批判：斯皮瓦克读本》，第13页。

④ Michael W. Apple, Kristen L. Buras eds., *The Subaltern Speak: Curriculum, Power, and Educational Struggles*. New York: Routledge, 2006, p. 17.

同与文化的本土性、独特性、不可整合性和来源的差异性的立场，非洲裔美国人研究、美国原住民研究和女性研究等使“美国的历史被重塑了”。[①]

阿普尔发现，主导文化与少数族群文化间的冲突集中体现在教育领域和教育过程中，由白人至上、英语至上、资本主义和科学万能等建构的美国主导文化在知识形式等方面从来没有给予其他文化以尊重。例如，美国的西裔群体很早就被美国主流文化拥护者界定为“欠缺文化”者，西裔文化中“社区和家庭的知识是通过传说、corridos 和讲故事的方式传递给下一代的”，这样的认知在主流文化体系中根本不被接受。[②] 结果是，主流文化主导的美国教育制度导致少数族群个体在自我身份认同上陷入一种痛苦的撕裂状态。在学校，西裔学生明显分裂为两个部分，一部分学生认同自己的种族与文化身份，另一部分学生则不认同。包括阿普尔在内的一些左派学者相信，身份认同困境背后隐藏着一个密切相关的问题：“谁的知识最有价值?”在课程的生产、传播与接受循环过程中，保守主义政策制定者的政治图谋昭然若揭。一方面，核心课程的具体内容和形式是由一种“选择性传统”决定的，是主流文化群体的某些人选择认定合法知识和文化的范围，它实质上反映的是“一个群体的文化资本对另一个群体的文化资木的奴役”。[③] 美国自由主义者对待多元文化主义的态度似乎十分积极，他们把多元文化主义置于决策过程的指导思想位置，但事实上他们只是将弱势群体的文化置于主流文化的补充物地位，根本就没有平等对待的想法。正如左派学者迪米特里阿蒂斯和麦卡锡在对这种“霸权方法”进行批判时所指出的，这是一种“添加取向”，“通过简单地添加一些经过选择的、无冲突的来自少数民族和被压迫群体的文化和经验”来保持课程中欧洲中心以及核心知识的地位。[④] 另一方面，许多保守主义组织在策略上十分高明，它们表面上拒绝向那些自以为处于统治地位的文化传统妥协，同时致力于与草根式的、边缘化的社会群体结盟，以少数族群语言文化为媒介来“完成普及

---

① Eric Foner, *The New American History*. Philadelphia: Temple University Press, 1997, p. ix.

② Michael W. Apple, Kristen L. Buras eds., *The Subaltern Speak: Curriculum, Power, and Educational Struggles*. New York: Routledge, 2006, p. 23.

③ Michael W. Apple, Kristen L. Buras eds., *The Subaltern Speak: Curriculum, Power, and Educational Struggles*. New York: Routledge, 2006, p. 127.

④ G. Dimitriadis and C. McCarthy, *Reading and Teaching the Postcolonial: From Baldwin to Basquiat and Beyond*. New York: Teachers College Press, 2001, pp. 117 - 118.

英语和灌输核心知识的双重目标”。例如，小赫什（Hirsch E. D. Jr.）的核心知识基金会（Core Knowledge Foundation）就是把西班牙语作为捍卫主流文化统治地位的一种手段，其策略相当成功。[①] 此外，以宗教狂热分子和新教主义者为代表的保守主义势力，给自己贴上“新的被压迫者”标签，指责媒体和学校忽视并攻击他们的文化和身份认同，进而从国家学校系统退出，发起和参与“在家教育运动”，[②] 希冀下一代人能担负起以保守主义改选美国和世界的宗教使命。所有这些方面，构成了阻遏和扰乱底层社会讲话的隔音壁。

如何打破主流文化群体的压制和屏蔽，让被压迫者或底层文化群体自由表达呢？斯坦利·阿罗诺维茨认为，被压迫者的团结并行动起来是首要条件：“被历史性排除在外、不能参与到民族国家各个层次中去的人们最终都应加入推翻令他们不堪重负的统治和剥削的自主行动中去。”他同时呼唤一种和资本跨国化相匹敌的真正的跨国社会运动的到来。[③] 阿普尔则提出在教育改革中推进“反压迫教育”，让被压迫群体学生明白“现在正在学的东西是怎样使他们这些群体处于不利地位，以及我们怎样来改变此类事情？”[④] 路易斯·A. 甘迪和克里斯汀·L. 布诺斯等人着重强调全球性反新自由主义教育政策的经验和跨国合作的重要意义。甘迪以巴西东南部阿雷格里港（Porto Alegre）实施的公民学校计划展示，虽然被压迫者的声音一直被主流话语淹没，但经过不懈努力，一群被压迫者发出的声音在地方政府政策中获得了一席之地。这一公民学校计划的基础是带有乌托邦色彩的全民管理构想，通过全民参与学校教育管理，作为新生活方式的源泉，建构一种“新的道德生活”，“建构一种新的关于国家和社会的表述”，从而引发社会运动和公民对新秩序的自觉。[⑤] 布诺斯明确指出，多元文化主义要成为一个真正具有改造性和解放性的事业，就必须超越国界立足于全球视野。因为，

① Core Knowledge Foundation. http://www.coreknowledge.org.

② 1996 年，估计全美国有近 130 万儿童在家接受教育。

③ Michael W. Apple, Kristen L. Buras ed., *The Subaltern Speak: Curriculum, Power, and Educational Struggles.* New York: Routledge, 2006, pp. 177 – 193.

④ Michael W. Apple, Kristen L. Buras ed., *The Subaltern Speak: Curriculum, Power, and Educational Struggles.* New York: Routledge, 2006, p. 174.

⑤ Michael W. Apple, Kristen L. Buras ed., *The Subaltern Speak: Curriculum, Power, and Educational Struggles.* New York: Routledge, 2006, p. 219.

在当今全球化时代，包括文化不平等在内的不平等越来越表现出明晰的跨国化特征。发达国家内部的多元文化主义斗争一旦与发展中国家的后殖民主义运动结盟，必将获得如虎添翼的动力。

4. 政治正确

“政治正确”（political correctness，PC）是与“政治不正确”（politically incorrect）相对应的概念，最早出自“全国妇女组织”主席卡伦·德克罗（Karen de Crow）1975 年的一次讲话，① 在多元文化论者的推动下，只用了短短几年时间便成为美国家喻户晓的概念，成为美国社会的政治文化新规范。所谓“政治正确”，就是指人们在日常工作和人际交往中，在口头表达或书写方面，不能使用带有侮辱和歧视性的词语，要尽可能使用中立的字词，以避免冒犯他人，其出发点是保护性别、种族、民族、宗教、特殊性取向和残疾方面的弱势社群或亚文化少数群体的政治、经济、社会文化权利与尊严。在 PC 语汇表中，大量语词被禁用，代之以别的词语或新词。如出于性别平等考虑，chairman 等含 man 的合成词多半将 man 替换成 person，mankind（人类）被 genkind（人类）替换；受种族平等思想与法律影响，negro（黑鬼）之类的词被废止，甚至连 black（黑人）也被换成 Afro-American（非洲裔美国人）；许多贬义或中性词则换成较高雅的词语，如 prostitutes（妓女），bums or hobs（流浪汉），sodomy（鸡奸），pets（宠物）等分别被换成 sex workers（性工作者），homeless people（无家可归者），same sex（同性爱），animal companions（动物伙伴）；许多被主流文化否定的事物和行为在 PC 中被充分肯定，而被前者肯定的则被否定，如爱国主义被视为沙文主义，资本主义被视为魔鬼，焚烧国旗、拆毁建筑物上的基督教标志、在学生宿舍放置避孕套、攻击 WASPs（白种盎格鲁 - 撒克逊清教徒）和白人男性、支持妇女参军和军中同性恋、阻止在公立学校祈祷、将宗教经典中的 God the Father 改为 heavenly Parent 或将上帝变为阴性等被视为 PC 行为②。多元文化主义者把政治正确原则作为文化教育和社会生活领域保护多元文化主义成果和实现理想的多元文化社会这一政治目标的重要手段，或者反过来说，政治正确为左翼多元文化主义者提供了追求承认政治的有

① 另一说法是，Political correctness 一词最早出现在 20 世纪中叶，当时美国共产党和社会党之间围绕政治路线和方针问题展开激烈的政治辩论，辩论过程中创造了这个词语。

② *The Atlantic Monthly*, February 12, 1996, p. 75.

力武器。主张政治正确的左派大多是语言决定论者，在他们看来，对社会弱势群体的歧视本质上是文化歧视，而语言作为文化的主要载体和符号，自然成为主流群体和社会贬损他者的宣泄渠道，语言文字中一个个贬词有如主流文化霸权打下的一根根桩。政治正确就是通过中性语词战略拔除文化歧视的根基，在此基础上形成支撑文化平等或承认文化身份多元化的包容性语言，使人们获得重新审视和评判自己同与他人和异文化间关系的良性文化始基。政治正确作为文化政治的重要策略，显然受到社会学标签理论的启迪。

三　作为左翼新社会建设指南的承认政治

1. 承认政治的含义与思想源头

所谓承认政治，是与身份认同相关联的概念，是多元文化主义运动中左翼所追求的社会正义目标之要契，虽然当代社会批判理论家对这一概念的具体内容有不同的诠释，但在基本概念上仍有着高度共识。承认（recognition）是一个政治哲学和道德哲学概念，基本含义为，个体与个体间、个体与群体间、不同群体间在平等基础上的相互认可、认同与确认，与此同时，它也强调个体和群体在平等对待要求基础上的自我认可与肯定。

从理论谱系上考察，一般认为，承认理论最早可追溯到黑格尔。[①] 德国学者路德维希·谢普（Ludwig Siep）在《作为实践哲学之原则的承认》一书中认为，黑格尔的承认理论涉及三个层面：个体与全体的承认；个体与社会制度之间的承认；社会制度中反映的个体自身及其利益。[②] 20 世纪 70 年代以来，随着西方世界多元文化主义思潮的勃兴和多元文化主义公共政策实践的发展，以承认为主旨的身份或认同政治蔚成主流，绵延不绝。正如政治哲学家查尔斯·泰勒所说，“对承认的需要，有时候是对承认的要求，已经成为当今政治的一个热门话题。”[③] 1992 年，阿克塞尔·霍奈特推出《为承认而斗争》一书，标志着以法兰克福学派为代表的传统社会批判

① 加拿大学者查尔斯·泰勒则将之追溯到卢梭以及 19 世纪德国哲学家赫尔德。

② 参见丁三东《“承认”：黑格尔实践哲学的复兴》，《世界哲学》2007 年第 2 期。

③ 〔美〕查尔斯·泰勒：《承认的政治》，见汪晖等编《文化与公共性》，北京：三联书店，1998 年，第 290～337 页。

理论正式介入承认理论研究，自该书问世以来，围绕承认这一主题的广泛讨论和争论从未消停过，承认理论俨然已经成为社会批判理论第三代的学术标签。

霍耐特为法兰克福大学哲学系社会哲学教授，曾经担任过哈贝马斯的助教，2000 年起为法兰克福大学社会研究所所长，是法兰克福学派的正宗传人。他把黑格尔早期的承认理念赋予现代意义，将现代的承认形式归纳为爱、权利和团结三种，爱和亲密关系能让人获得“情感承认”，社会成员间平等权利和同等尊严关系能让人获得“法律承认”，群体中的价值共同体能让人获得“团结承认”。在一个好社会中，个人能够从这三重承认中获得自信、自尊与自豪。如果缺乏这些相互关联的承认经历，社会成员要获得完全的“自我实现”，或者说要成为最想成为的人，实现自己想要的生活，几乎是不可能的事。“对于霍耐特来说，不承认或错误承认造成的伤害是最严重的社会不正义。”① 因此，承认是一个社会的基本正义诉求，它本质上反对任何形式的蔑视。在当代发达资本主义社会，对于各种弱势的社会边缘群体，争取实现自我文化身份获得承认的斗争成为整个社会进步的大方向。

2. 为获得承认和维护边缘权利而斗争

在美国文化左派看来，美国社会边缘群体文化身份与独特生活方式的被承认是最具核心的政治诉求，也是左派在当代推动社会进步的政治议程中居于首要地位的战略目标。虽然左派也很少有人否认美国社会经济不平等依然是一大制度弊病，但随着传统工人阶级或蓝领阶层日益萎缩，中产阶级占据社会分层的主体，同时福利国家制度在战后的建构与不断向纵深发展，经济不公问题有所缓和，而比经济平等更高层次的文化平等或身份平等自然提上了议事日程。文化平等的前提和基础有二，一是一种文化系统对异文化系统秉持平等而非居高临下的心态，二是不同文化间对差异的承认和文化特性的尊重。泰勒指出，承认不仅仅是人们之间相互赋予的一种礼貌，而且是一种“不可或缺的人性需要”，这种需要建立在人生是“对话性的”这一事实基础之上，因为根据社会学的符号互动理论，无论个体

---

① 〔美〕尼古拉斯·孔普雷迪斯：《关于承认含义的斗争》，载凯文·尼尔森编《伤害 + 侮辱——争论中的再分配、承认和代表权》，高静宇译，上海：上海人民出版社，2009 年，第 292 页。

还是群体的自我身份的界定都是通过与他人的联系来实现的。可以说，他人的承认是社会生存的必要条件。然而，不幸的是，美国社会的现实境况是，“对承认的需要”远不能得到满足。不承认或“误认”（misrecognition）随处可见，这种误认给人造成的伤害比“失敬”（disrespect）要严重得多，它“使其受害者背负令人失去斗志的自我憎恨”。

因此，为获得承认而斗争是左派责无旁贷的重任。在激进的多元文化主义者看来，对“平等的承认”是自由主义的基本承诺，是不难实现的目标，而多元文化主义所追求的是“差异的承认”，是一种建立在“本真性时代”（age of authenticity）基础之上的“差异的政治”（politics of difference）。所谓本真性，按照泰勒的解释，就是指这样一种观念，“存在着做人的某种方式，那就是我的方式。我被号召按照这种方式生活……对我自己真实就意味着对我自己的创造力（originality）真实。”[①] 这种差异政治与自由主义的政治理念之间存在冲突，因为，自近代以来，自由主义一直把平等的承认作为核心目标，以平等否定或忽略阶级、性别与种族差别。这种否定差异的平等实际上不是真正的平等，它在客观上有利于主流文化对其他文化的霸权统治。因此，左翼多元文化主义者相信，真正的多元文化主义应该是反霸权的，实现对差异的承认和尊重是其基本使命。从政治视阈看，承认政治就是要求权力在不同文化集团间的重新分配，就是各文化群体成员平等地参与政治、经济和社会文化生活，让各不相同的族群文化同等地享有参与建构一个开放社会文明进程的机会。

3. 承认政治与再分配政治的争议

虽然承认政治在20世纪末期成为美国左派的核心诉求，但内部仍存在不同的声音，从1995年南茜·弗雷泽发表《从再分配到承认?》一文起始，这种内部不同声音演化为一场长达12年的论战。论战中各种不同观点争相涌现，一是以弗雷泽为代表的学者断定，1968年后，再分配与承认这两个正义概念开始分道扬镳。争取承认成为20世纪末政治冲突的主要形式，民族、种族、性别和酷儿（queer）等不同群体在“差异承认”的旗帜下为身份政治而斗争，压倒或掩盖了争取经济正义的斗争。由于不正义的主轴分

① 〔美〕拉塞尔·雅各比：《乌托邦之死：冷漠时代的政治与文化》，姚建彬译，北京：新星出版社，2007年，第88页。

别根植于政治经济和身份秩序中，争取正义的斗争自然也是二维性的，即只有把经济再分配的政治与文化承认政治结合起来，才有可能赢得胜利。更何况，“这种关于经济不正义与文化不正义的区分是在理论上的，实际上，两者是相互交错的。”[①] 为此，她号召各自为政的左翼团体联合起来，为“经济上的社会主义”和“文化上的解构”而斗争。她特别指出，争取经济与文化正义的斗争长期被置于民族国家视阈内，在目前的后社会主义时代，这显然不利于目标的实现。要把争取经济再分配与文化承认两方面的斗争结合起来，就需要在全球而不是国家层面把政治代表权问题重新摆上桌面。[②] 二是以艾利斯·扬为代表的一些学者不承认左派群体内存在再分配与承认的分野，坚信后新左派时代争取进步的斗争模式总体上是没有问题的。三是以理查德·罗蒂为代表的社会左派的一些人对承认政治持怀疑态度，认为只关注文化承认的左翼政治是步入死胡同，前景堪虞。左派的聚焦点应该回到社会民主主义，以阶级政治和分配正义为优先。四是利奥纳德·费尔德曼等不接受弗雷泽正义具有经济与文化二维性的观点，即再分配与承认并不能涵盖正义的全部，第三维度的政治不可或缺。其他一些学者如安妮·菲利浦斯等人则是采取折中立场，对弗雷泽的观点部分支持，部分反对。

在这场旷日持久的争论中，左翼学术群体对当前热点的政治和理论议题开展了多维考察与研究，不仅对左派的政治经济诉求与文化诉求之间的关系有了更深入全面的理解，更重要的是，还把争论主题与进一步的社会改造相联系，作了有意义的思考。例如，弗雷泽在一个矩阵分析中指出，作为肯定方案的再分配对应的是自由主义福利国家，承认对应的是主流多元文化主义，自由主义福利国家能够实行现存产品在现存群体中的表面上的再分配，支持差异；主流多元文化主义支持群体差异，在现存群体的现存身份中对尊重进行表面上的再分配；作为改造方案的是社会主义和解构，前者对应自由主义福利国家，进行生产关系的深层重构，模糊群体差异，消除某种形式的错误承认；后者对应主流多元文化主义，承认关系的深层

① Nancy Fraser, “From Redistribution to Recognition? Dilemmas of Justice in a ‘Post-Socialist’ Age”, *New Left Review* 1/212, July-August 1995.

② Nancy Fraser, “Reframing Justice in a Globalizing World”, *New Left Review* 36, November-December 2005.

重构，动摇群体差异。在肯定方案与改造方案之间存在明显的冲突或矛盾。虽然社会主义和解构的模式问题较少，但它只有在社会大致平等的基础上才有可能产生，因此，解构的文化政治和社会主义的经济政治毫无疑问远离了发达国家大多数人当下的利益与身份认同，不过从长远的角度看，这却是矫正社会不正义的大方向。

这场不失激烈的争论说明，美国左派群体内部并不缺乏对当下理论和实践策略的深刻反思者。以南茜·弗雷泽为代表的一批学者对左翼强调文化政治忽视经济公正的倾向的不安和批评并非空穴来风，自 20 世纪 90 年代以来，美国社会收入差距不断拉大，不仅美国低收入群体与高收入群体的差距迅速拉大，广大中产阶级与富有的上层之间的差距也呈逐渐扩大之势，“占领华尔街”运动的出现充分揭示了这一社会问题的严重性。以促进社会公平正义为己任的左翼群体，如果只在文化平等和差异政治上做文章，对经济社会不公的现实视而不见，不但无法真正全面推进平等的事业，还会在客观上起到进一步拉大左派与普通民众之间距离的反面作用，对于社会中下层而言，与相对虚幻的文化尊严相比，经济利益更具现实性和切身性。还有，虽然承认政治的确可以视为治疗美国多元化社会的一剂良药，但如果只一味强调并执迷于身份政治，会让人以为，左派不是理论上幼稚，就是为掩盖经济社会不公的现实而与统治集团唱双簧。因此，承认政治与再分配同等并重的观点对美国左派事业的未来无疑是建设性的见解。

四　多元文化主义与反多元文化主义论争

自 20 世纪 80 年代末以来的整个 90 年代，美国社会被一场骤然而起的关于多元文化主义的学术论争风暴席卷。根据对多元文化所持的不同态度，大体上可把论战双方划分为多元文化主义者和反多元文化主义者。多元文化主义者的中坚力量毫无疑问是美国的文化左派，而新保守派则充当了反多元文化主义阵营的主力。前者把多元文化主义当作美国社会进步的必由之路，后者则视之为危及美国社会生存的洪水猛兽。时至今日，这场论战依然方兴未艾，成为今日美国文化战争的前沿。论战本身既反映了 60 年代以来美国社会变革进程的深广，又揭示了在新保守主义大行其道的社会氛围中，美国文化左翼的文化政治策略面对着强大阻力以及本身存在着严重问题。

1. 双方争论的主要问题

一般认为，90 年代多元文化大论战的起点是 1987 年艾伦·布卢姆（Allan Bloom）《美国精神的封闭》和小赫什（Hirsch，Jr.）《文化扫盲：普通美国人需要知道的事》等著作的问世，1991 年历史学家小施莱辛格《美国的分裂》一书出版，则使争论急速升温，愈演愈烈。这些著作的基本观点是，多元文化主义的理论与实践侵蚀着美国文化的基础，美国文化正在变成“巴比伦塔”。在美国大学教育中，西方文化传统正在被肢解和割断，而以提高少数群体的自尊为目的的心理冲动导致伪造和篡改历史。为此，他们呼吁维护美国的共同文化身份和文化认同。[①]

当反多元文化论者举起文化冷战大旗时，多元文化主义者则站在妇女、男女同性恋者、黑人等少数族裔和其他边缘群体的立场，抗议传统教育方式忽视了他们的利益，将他们置于边缘地位，这其中甚至包括曾经是主流文化的福音基督教会在内。[②] 虽然他们在多元文化主义的理论诉求上不尽一致，甚至相互矛盾冲突，但他们大都认为，美国是由来自世界不同地区的不同民族的人们构成的移民国家，其文化是一种多元文化；由于种族/民族、性别和文化传统的差异，美国人的美国经历各不相同。因此，美国的传统不能以某一个民族或群体的经验为准绳；美国社会必须正视群体认同与群体权利的现实。通观美国历史，针对新移民和少数群体的偏见充斥各个时期。在当今人类经济文化交往日趋频繁的世界，美国只有学会以平等态度对待外部世界与文化，才有可能拥有未来。正如日裔美国历史学家罗纳德·高木（Ronald Takaki）所说，只有承认文化多元的现实才可能实现“合众为一”的梦想。[③] 因此，从教育入手，培养具有多元文化意识的新一代美国公民是美国社会的当然选择。

多元文化主义论争涉及的内容和层面十分广泛，大到历史传统和政治经济，小至具体政策和个别计划，几无不包。从多元文化论者来看，他们

① Paul S. Boyer, *Promises to Keep: The United States since World War* Ⅱ. Boston: Houghton Mifflin Harcourt Publishing Company, 1999, p. 472.

② Paul S. Boyer, *Promises to Keep: The United States since World War* Ⅱ. Boston: Houghton Mifflin Harcourt Publishing Company, 1999, p. 472.

③ Paul S. Boyer, *Promises to Keep: The United States since World War* Ⅱ. Boston: Houghton Mifflin Harcourt Publishing Company, 1999, p. 473.

力图从各自角度为人们描绘一个理想的没有歧视与偏见的美国的美丽图景，这一图景的文化基础是所有种族及其文化的平等和相交互融。基本方法是通过揭示欧美文化之“丑恶”和褒扬非欧美文化之优异来弘扬各少数族裔的文化价值观，并培育年青一代的文化自我意识和文化多元观念。反多元文化论者一方则竭力使人们相信多元文化主义同美国“合众为一”的政治文化传统格格不入，其目的是“合众为众”，使美国成为四分五裂的国度。因此，多元文化主义的胜利就是美国的失败。①

虽然多元文化主义者及其对手主张五花八门，不一而足，其中最具争议的观点却集中在如下几个问题上。

其一，非洲中心论。许多黑人学者在批判欧美文化霸权时，不约而同地把非洲视为颠覆主流价值观的文化力源和美国黑人文化认同之所在，竭力提升和挖掘非洲历史文化的非凡意义，为此甚至不惜曲解和杜撰历史。例如，纽约城市学院黑人教授杰弗里斯（Leonard Jeffries）发明的冰人与太阳人理论最具轰动效应。他认为，欧洲白人是冰人，成长于寒冷的山洞，带给世界3个D：统治、破坏和死亡，② 黑人是太阳人，温厚、人道与合群，因为他们生长在阳光灿烂的世界，皮肤里有较多的黑色素。③ 另一位黑人学者希利阿尔德（Asa Hilliard）则断言“非洲是西方文明之母”，古代非洲黑人通过埃及到希腊的路径把发达的科学、哲学、医学和艺术等传入欧洲；许多欧洲艺术家如白朗宁和贝多芬等实际上是非裔欧洲人；早在哥伦布之前数千年黑人就已发现美洲；大西洋的原名是埃塞俄比亚洋，等等。④ 这些论断根本没有充分的历史依据，大多是臆想的结果。而且，非洲文化是什么？非洲中心论者恐怕没人能够答得上来。因为非洲黑人分属于850多种不同语言、不同宗教信仰和习俗的民族，其中的差异和相互间的冲突十分严重，根本不存在一个明确统一的非洲文化。美国有人在过一种名为卡伦加（karenga）的非洲节日（12月26日至1月1日），据查非洲根本没有这一节

① Arthur M. Melzer et al. eds., *Multiculturalism and American Democracy.* Lawrence, Kansas: University Press of Kansas 1998, p. 155.

② Arthur M. Schlesinger, Jr., *The Disuniting of America.* New York: W. W. Norton & Company 1992, p. 67.

③ “A Deafening Silence”, *National Review*, September 9, 1991.

④ Arthur M. Schlesinger, Jr., *The Disuniting of America.* New York: W. W. Norton & Company, 1992, pp. 69 – 70.

日，它其实是1966年加州大学黑人学者卡伦加（Maulana Ron Karenga）所创。非洲中心论的核心人物、坦普大学教授阿桑特说，告诉美国黑人拒绝西方观念和精神并以非洲观念取而代之，人们就会明白“后现代历史中黑人的中心地位”。[①] 这才是非洲中心论的旨趣所在。显然，非洲中心论所追求的已不仅是文化平等，它更主要的是致力于与主流文化的决裂。在非洲中心论中隐含着一种或明或暗的黑人优越论，难怪一些学者批评非洲中心论是新种族主义，类似希特勒的种族优越论。“如果非洲中心论继续增长和势头不减，美国的种族关系就只会倒退，自布朗诉教育委员会案（1954年）和《民权法案》（1964年）以来在种族融合方面所取得的进步将毁于一旦。”[②]

其二，双语制。语言是文化的载体，在多元文化论者眼中，作为美国官方语言的英语是美国文化帝国主义的典型标志，推翻英语的独尊地位，让各弱势语言抬起头来是多元文化主义的基本诉求。西裔美国人是美国仅次于黑人的第二大少数民族，主要分布在南部和西南地区，故西裔学者对双语论最为执着。他们从政治、法律平等和个人与文化自由选择等角度论证在教育、传媒、政治经济活动等方面打破英语垄断地位的必要性。他们认为，根据平等自由原则，各种母语都有在美国生存的权利。美国应该像欧洲一样拥有多样化的语言。1968年，联邦参众两院通过了《双语教育法》，作为对《1965年基础教育法》的修正，从而为双语教育提供了法律保障。在多元文化主义者压力集团的影响下，法案在70年代又几度修改，大大推动了双语教育的实践。根据法律，各级学校必须尽力实施双语教学。推而广之，广告招贴、交通指示牌、选票等也照此办理。在佛罗里达等双语制的实施最用力的地方，英语作为官方语言的地位受到了严重挑战。例如，在迈阿密，英语已沦为次要语言，一个人若想在此谋职，就必须熟练掌握西班牙语，否则只有离开一途。

反对双语制的人认为，《双语教育法》的通过反映了立法者的无知，他们投双语教育的票等于播下了国家分裂的种子。[③] 纽约州一位议员在法案通

---

① Molefi Kete Asante, *Afrocentricity*. Trenton, N. J.: Africa World Press, 1989, p. 6.

② Alvin J. Schmidt, *The Menace of Multiculturalism: Trojan Horse in America*. Westport, Conn.: Praeger, 1997, p. 70.

③ Alvin J. Schmidt, *The Menace of Multiculturalism: Trojan Horse in America*. Westport, Conn.: Praeger, 1997, p. 112.

过后表示："我认为我们放弃了熔炉哲学""我们接受了提高、加强和保护［人们的］差异的新价值观念。"[①] 双语制实践的危害很多，从教育上看，它严重制约着学生学习能力的发挥和生存能力的培养，从社会来看，则是严重毁坏了熔炉的同化进程，使国家部落化。

其三，配额制。肯定性行动计划是60年代改革的重要成果，它确立了入学和就业等方面的强制性配额原则，是多元文化主义的重要支柱，深得多元文化论者的支持，被视为维护社会平等的基本要求。反对者则认为，配额制出发点是公平，而实施结果却刚好相反，产生逆向歧视，形成对白人及其子女的新的不公。的确，美国许多大中学校在招生时都实行按肤色和种族区别对待的原则，如得克萨斯大学商学院1993年录取分数线就以种族标准来定，黑人190分，西裔189分，白人则至少不得低于199分。[②] 其实，当白人愤愤不平时，少数族裔也并非齐声叫好，因为它既损害了白人的权利，又侮辱了少数族裔的尊严。对于整个社会，"一个配额就是一个社会分裂者，一个种姓制造者。"到90年代后期，以加州为代表的一些州开始讨论并采取行动来纠正肯定性行动和配额制的不公正。

其四，政治正确。通过词语和行为的禁忌以及词语替换，挑战主流文化的多元文化主义得到了较好体现。然而，政治正确在法律上明显与言论自由原则相抵牾，在政治上则有违民主精神。由此不难理解，反对政治正确的人要指责政治正确是法西斯主义，荒谬绝伦，是对美国社会性别、种族、人际关系健康和正常发展的严重威胁了。事实上，对政治正确原则不以为然，认为这是思想和言论钳制的普通美国人并不在少数。

2. 重大理论问题上的对立

围绕以上具体问题和观点的争论，双方在下面几个重大问题上形成了泾渭分明的立场。

首先，在文化观问题上，多元文化论者从文化相对主义出发，相信一切文化都是真善文化（bona-fide cultures），都是平等的。如1993年纽约市提出了一项被称作"彩虹课程"的包容性课程计划，主持人力图让校方和

---

① Alvin J. Schmidt, *The Menace of Multiculturalism: Trojan Horse in America*. Westport, Conn.: Praeger, 1997, p. 112.

② Alvin J. Schmidt, *The Menace of Multiculturalism: Trojan Horse in America*. Westport, Conn.: Praeger, 1997, p. 71.

家长相信，所有的文化，包括男女同性恋等亚文化群体在内都应该平等纳入教学内容中，因为它们在价值上是平等的。[①] 这种源于后现代主义和后结构主义的文化生而平等论否认任何价值体系优越于其他价值体系。持此论调的人认为，从文化人类学的角度看，文化是人们为适应特定环境解决特定问题而逐渐形成的特殊信仰、思维模式和行为方式，文化间的差异反映了生存环境和经历的不同，不存在高低优劣之分。根据这种观点，世界上将不存在客观的认知标准，在一种文化中被珍重的东西，在另一种文化中往往不值一提。如在欧洲文化中举足轻重的荷马，在别的文化中或许根本就没有意义。不仅如此，甚至个人主义、自立精神和民主理念也只不过是欧美文化的产物，"并不一定符合自然和思维的规律"。这在实际上否定了以盎格鲁－撒克逊传统为核心和奉欧洲文化为圭臬的美国主流文化在美国社会中的主导地位。

反多元文化论者正好相反，他们认为所有的文化都不可能平等，文化间不可能平等论成为反多元文化论者的理论基石。布卢姆在批判文化相对主义时指出，"文化意味着对无序的战争，对其他文化的战争。"[②] 文化相对主义否定了文化的共性和参考系，导致文化的价值评判失去依据。伊利诺学院社会学教授阿尔文·舒密特通过印度教火殉寡妇、缅甸长脖妇女、美拉尼西亚巫术崇拜、非洲部落的缝阴习俗等文化现象，说明文化价值平等的谬误。他指出，如果文化的确平等的话，逻辑上人们就不会拒绝三 K 党的行为、纳粹的暴行和印度的寡妇殉夫。[③] 乔治城大学的伯恩斯（Walter Berns）、杜克大学的费什（Stanley Fish）和罗杰斯大学的麦克威廉斯（Wilson Carey McWilliams）等人也认为，如果所有文化都是平等的话，那么，人们就必定会接受某些文化所崇奉的种姓制度、种族歧视、支配统治、性别歧视和其他形式的不平等，就会接受霍梅尼对作家拉什迪的处死令。还有人认为，拉丁美洲自然资源丰饶程度远甚于北美，它们进行移民开发的时间相同，但北美发达而繁荣，拉美却落后而贫困，原因在于文化的不

---

① Alvin J. Schmidt, *The Menace of Multiculturalism*: *Trojan Horse in America*. Westport, Conn.: Praeger, 1997, p. 33.

② Allan Bloom, *The Closing of the American Mind*. New York: Simon & Schuster, 1987, pp. 202－203.

③ Alvin J. Schmidt, *The Menace of Multiculturalism*: *Trojan Horse in America*. Westport, Conn.: Praeger, 1997, pp. 33－40.

同。这种不同说明文化有优有劣。他们断定，如果美国接受文化平等论，将意味着美国300年文化及其世界影响的消解，意味着“美国的终结”。[①]

其次，对传统“熔炉论”的不同看法。多元文化主义者认为，熔炉理论是一种十足的文化帝国主义，它把英裔以外的其他民族文化当作征服对象，即便像威尔逊总统、布兰代斯大法官和哲学家杜威等进步人士提倡种族平等时，其心目中想到的也仅是欧洲民族，黑人、印第安人等其他少数族裔被完全遗忘了。[②] 在当今多元文化社会，“同化”一词早已被扫进历史的垃圾堆，“美国化”则归入了贬义词之列，至于“熔炉”，也不再是美国社会一致接受的词语。[③] 美国社会文化的历史和现实是，美国是拼盘色拉式的多元文化社会，而不是熔炉式的一元文化社会。同化论的根本问题是，它强调社会特权集团的观点而不考虑少数民族的主张，相形之下，多元文化模式显得较合理，它较好地反映了美国有增无减的民族多元化现实。多元文化取向必将增强美国社会的功能。[④] “世界是多元文化的，因为它包容着许多文化。美国是多元文化的，因为它也包容着许多独特的文化。”[⑤]

反对多元文化论的人则坚信“熔炉论”最符合美国历史和现实。美国大熔炉不仅把千百万移民及其子女变成了美国人，还把其中无数的人造就成全国性的知名人物和民族英雄，潘兴和艾森豪威尔将军是极好例子。他们祖籍德国，但这并不影响他们在战场上同德国人作战，他们“是被彻底同化了的美国人，是熔炉的产物”。[⑥] 在美国大熔炉里，移民的同化进程是不可阻挡的，至迟不超过第四代，移民就会脱胎换骨成为真正的美国人。至于多元文化论者以白人与非白人间通婚比例不高为由说明同化的虚妄，

---

① Alvin J. Schmidt, *The Menace of Multiculturalism: Trojan Horse in America.* Westport, Conn.: Praeger, 1997, p. 40.

② Arthur M. Melzer et al. eds., *Multiculturalism and American Democracy.* Lawrence, Kansas: University Press of Kansas 1998, pp. 21 – 26.

③ Arthur M. Melzer et al. eds., *Multiculturalism and American Democracy.* Lawrence, Kansas: University Press of Kansas 1998, p. 15.

④ Larry L. Naylor ed., *Cultural Diversity in the United States.* Westport, Conn.: Bergin & Garvey 1997, p. 32.

⑤ Larry L. Naylor ed., *Cultural Diversity in the United States.* Westport, Conn.: Bergin & Garvey 1997, p. 22.

⑥ Alvin J. Schmidt, *The Menace of Multiculturalism: Trojan Horse in America.* Westport, Conn.: Praeger, 1997, pp. 106 – 107.

不仅混淆了文化同化与生物学上的融合的不同概念，而且与事实不符。从1970年到1993年，美国跨种族通婚人数由310000对增至1195000对，有增无减。① 美国社会学家理查德·阿尔巴在研究了大量统计资料后断言，熔炉的作用依然如故。另一位学者本杰明·舒瓦茨则指出，美国从来就不是各民族的胡乱混合，而是经过美国化的洗礼成为美国人，在大熔炉的同化过程中百炼成金。多元文化教育所提倡的双语制、贬西方文化、扬少数民族文化等，使熔炉变成了沸锅（Boiling Pot），是对美国文化认同的严重挑战。

再次，对美国历史和主流文化的不同态度。主张多元文化的人认为，传统的美国历史研究与教学并未反映历史本身的实际与全貌，它通常是对WASP主流文化的赞美和颂扬，是对欧洲中心观基础上的西方文化霸权的阐释的辩解，它掩盖了白人主体民族及其文化对非白人民族和文化的压迫与残害，忽略了其他族裔和群体在美国社会发展中的巨大贡献。因此，美国历史研究和教学必须重新谋篇布局，以多元文化主义的新思维新视野来重新解释和建构美国的过去。在这种思想影响下，越来越多的历史学者投入创建多元文化主义历史观的浪潮中，在传统史学中几无地位的妇女和少数族裔等边缘群体进入研究的中心视野。与此相关著作和教材的共同点是，着力渲染弱势群体的历史苦难，揭露美国历史的“丑恶”，对许多公认的事件和人物的评价予以全盘推翻。例如，哥伦布转眼间从航海英雄和新大陆发现者变成了“灭绝种族”和“毁坏生态”的罪犯，杰斐逊等成了劣迹累累的奴隶主，西进运动则成为白人对印第安人大屠杀的同义词。在否定美国传统历史观的同时，提出“非洲中心论”等种族中心主义论调以提高少数族裔的文化地位。以高木为代表的一批多元文化论者认为，美国的未来取决于以多元文化主义作为历史的视镜这一前提。

持传统观点的学者则从不同角度提出了针锋相对的批评。弗朗西斯·福山指出，美国事实上是一元文化社会，正是WASP文化霸权构成了美国世界霸权的基础。《纽约时报》记者理查德·伯恩斯坦和宾州大学教授沃尔德·麦克杜格尔等人认为，多元文化历史观把非白人的苦难史等同于美国史，无异于“刻意的宣传鼓动”和注释掩盖下的诡辩。历史失去了客观性。著名历

① *Statistical Abstract of the United States*. Washington, D. C.: U. S. Department of Commerce, 1994, p. 56.

史学家小施莱辛格认为，把历史作为一种武器是对历史的滥用，历史的目的既不是表现自我，也不是维护身份，而是认清复杂性和寻求知识。[①]

又次，多元文化与民主社会的关系问题。绝大多数多元文化主义者认为多元文化主义是促进和完善民主的力量。北卡罗来纳大学哲学教授伯纳德·伯克希尔（B. Boxill）认为，多元文化主义是保障宪政民主基本目标——防止多数人暴政的一种手段。在日益多元化的社会，法治虽能保障人们的基本利益，但多数统治的民主却否定文化的少数获得丰衣足食和直接参与立法的机会。机会不平等是产生共同文化意识的障碍。[②] 宾州大学政治学教授诺顿（Anne Norton）也认为，多元文化主义不仅为从宪法上防止多数暴政作出了贡献，还培育了对于一个健全的民主社会不可或缺的责任、独创力和基本的批评精神。“多元文化主义有助于保障民主的美德，有助于消除民主之恶”。“多元文化主义有可能使我们恢复某些为民主所忽视了的德行：高尚、友谊和学识”。[③] 此外，一些较激进的学者还认为，美国是个由不平等构建的层级社会，社会各阶级和集团在经济资源、政治地位和社会声望的享有上大不相同，无论是平等机会法还是肯定性行动计划都不可能为处于劣势的群体改变现状。[④] 因此，唯有文化上的多元化变革才是根本出路。

持相对立观点的学者则认为多元文化主义有违民主原则。有的学者认为多元文化主义与使民主成为可能的立宪论格格不入，一些多元文化论者把宪法看作白人男性霸权的工具是十分危险的。弗吉尼亚大学的希塞尔（James Ceaser）教授指出，多元文化主义在概念和道德上毫无连贯性，在政治上是对自由民主的威胁。它把人类分为“霸权者”（Hegemon）和“他者”（Other）两类，前者指受自由政治秩序保护的欧洲白人男性，后者指受前者压迫的所有其他文化。这种划分是对美国文化的歪曲，它无视欧洲内

① Arthur M. Schlesinger, Jr., *The Disuniting of America*. New York: W. W. Norton & Company 1992, p. 72.

② Arthur M. Melzer et al. eds., *Multiculturalism and American Democracy*. Lawrence, Kansas: University Press of Kansas 1998, pp. 112 - 119.

③ Arthur M. Melzer et al. eds., *Multiculturalism and American Democracy*. Lawrence, Kansas: University Press of Kansas 1998, pp. 135 - 136.

④ Larry L. Naylor ed., *Cultural Diversity in the United States*. Westport, Conn.: Bergin & Garvey 1997, p. 12.

部文化的差异和多样性，把美国白人主流文化（WASP）视为犯罪。这些观点正好揭露了多元文化主义的丑陋。[①]

最后，在教育思想方面，多元文化主义者主张在学生和教师的结构、教材内容、课程设置以及教学语言等方面应充分体现美国社会文化的多样性特征，教育的宗旨是适应美国社会多元化的变革趋势，造就没有文化和种族偏见的新一代美国公民。在文化多样性最为显著的纽约和加州，早在1987年就已开始推行多元文化主义教育计划：大大压缩欧美文化课程，广泛建立非欧美文化学科。在人文和社会科学学科方面，许多被多元文化论者称为DWEM（已故欧洲白人男性）著作的欧洲经典名著已从必读书目中消失。而西裔最集中的西南和南部一些州的学校，在推行双语教学方面用力最多。他们认为，传统的以欧美文化为核心的教育严重损害了美籍亚非拉和印第安青年的心灵。[②] 只有多元文化教育才能纠正这种偏差，恢复文化少数的自尊和自信。

绝大多数反多元文化论学者对多元文化教育的理论和实践持否定态度。一些人认为，多元文化教育事实上产生了它所批判的旧一元文化教育的毛病，它是用一种狭隘的、地方的和肤浅的观点的多样性取代一种狭隘的、地方的和肤浅的关于历史和文化的观点。它的强制性特征使它在消解旧的文化歧视的同时，制造出了新的反向歧视。如根据“肯定性行动”原则在入学和就业等方面实行的优先照顾妇女和少数民族的政策反过来使许多白人及其子女受到不公平对待，从而形成了变相的种族主义。同时，公正、平等、自由和个人主义等政治理念也因此面临挑战。

3. 几点评论

事实上，论战双方甚至各自内部对多元文化主义这一概念的理解和认识差异很大，有人把它与文化多样性（cultural diversity）混同，左派方面一些人把它视为新时代的改革和社会变革哲学，保守派阵营的一些人则断定它是左派的阴谋。支持多元文化主义的人并非都赞同多元文化主义的所有主张，反对者中不少人都表示并不一概反对文化的多样性。一些人认为多

---

① Larry L. Naylor ed., *Cultural Diversity in the United States.* Westport, Conn.: Bergin & Garvey 1997, pp. 8 - 9.

② Arthur M. Schlesinger, Jr., *The Disuniting of America.* New York: W. W. Norton & Company 1992, p. 67.

元文化既不多元，亦非文化，另一些人则认为多元文化有两种，一是浅表性的自由派的“时装店多元文化主义”（Boutique multiculturalism），二是左翼的“强势多元文化主义”（Strong multiculturalism），前者在美国是现实的存在，后者则不可能。① 显然，这种认识上的差异不仅造成了论争双方彼此间的不可说服性，而且使“多元文化主义”一词成为莫衷一是的模糊用语，作为时髦标签在商业社会的炒作对象。

这场围绕多元文化展开的论争虽然仍处于方兴未艾中，它对美国社会的影响和在美国文化史上的重要性却已昭然若揭。首先，论争发生在冷战结束后的世纪之末，反映了美国思想界面对神秘莫测的未来对有关美国自身命运和前途的不同思考，这种思考具有强烈的忧患特征。提倡多元文化主义的人担心的是，60 年代以来美国社会多元化趋势有增无减，传统的以熔炉论为基础的 WASP 一元文化模式早已过时，它与美国多元化现实格格不入，对它死抱不放将会使美国种族关系等社会问题成为解不开的死结。欧裔文化霸权将使平等自由和民主精神受到挫伤，最终使美国发展的内在动力趋于消解。相反，反多元文化主义者相信多元文化会使美国丧失文化凝聚力，走向分崩离析。当哈佛大学政治学教授塞缪尔·亨廷顿怒气冲冲地指责“国内的多元文化主义威胁着美国和西方”，“多元文化主义者想把美国变得像世界一样”四分五裂时②，布热津斯基教授也同样直截了当地断定多元文化主义是使美国走向分裂的潜在因素，“通过蓄意贬低共同语言、共同历史传统和政治价值观念的民族统一和社会平等的作用，它可能使多民族的美国巴尔干化。”③ 前者担心美国失去力量，后者担心美国瓦解，忧患意识殊途同归。事实上，忧患精神是美国文化的重要传统，自建国以来的两百多年里，它作为社会进步的动力时隐时现，对社会发展起着导航纠偏的作用。多元文化论争是这一传统在新时代背景下的特殊表现。

其次，论争双方的观点都有相当的现实性。60 年代以来的美国在人口结构、种族构成、生活方式等方面的确发生了不同于以往的变化，这一变

---

① Arthur M. Melzer et al. eds., *Multiculturalism and American Democracy*. Lawrence, Kansas: University Press of Kansas 1998, pp. 69 – 84.

② Samuel P. Huntington, *The Clash of Civilizations and the Remaking of World Order*. New York: Somon &Schuster 1996, p. 318.

③ 〔美〕兹比格涅夫·布热津斯基：《大失控与大混乱》，潘嘉玢、刘瑞祥译，北京：中国社会科学出版社，1995 年，第 118 页。

化具有显著的多元化特征。以人口结构为例，总趋势是白人比例下降非白人比例上升，这一趋势在大都市区最为明显。据 1990 年人口调查统计，全国 10 个最大城市中的 6 个、50 万以上人口城市中的 14 个白人居少数。2000 年，哥伦比亚特区、夏威夷和加州非白人比例估计会分别为 73%、69% 和 43%。[①] 到 2050 年，拉丁裔、非洲裔和亚裔人口比例大幅上升，白人将首次成为少数。这种变化必然影响到白人主流文化与少数族裔亚文化之间互动关系变化。社会学家格莱泽（Nathan Glazer）认为，美国“熔炉”的丰功伟绩主要限于文化相近的欧洲各民族，对非白人民族尤其是黑人收效不大。黑人因与白人甚至其他“有色”人种的差异而在这个国家经历了歧视和偏见的历史，这一历史并未被否定，这是主张多元文化主义和抵制美国教育与美国社会同化趋势的最强大的力量。[②] 90 年代以来发生的几次黑白种族冲突事件客观上为此结论提供了佐证。当然，人口结构的变化和白人数量优势的逐渐消失危及美国文化认同的忧虑也并非多余，据调查发现，在拉丁裔等少数民族聚集地区，绝大多数人首先认同于本民族，其次才认同于美国。在与墨西哥接壤的几个州，一些激进的拉丁裔组织公开拒绝与美国同化，不承认美国西南边界，主张收复 1848 年的失地，将加州等地变成“阿兹特兰国”。他们在等待不被同化的墨西哥人构成数量优势后以民主手段实现目标。[③]

再次，论战双方各自的局限。多元文化主义者最大的问题是，为了强调多元而否定了一元，强调独特和差异，忽略了共性和相似，在客观上使美国历史妖魔化，并走向了“族裔崇拜”。多元文化主义的出发点是要把美国改造成为一个种族真正平等与和谐的美好家园，但其主张和实践却造成了新的不平等和不民主，导致了新的种族分离。历史已经证明，种族分离和没有共同文化身份的社会必然与仇恨和冲突结伴。至于反多元文化主义者，其问题主要在于过分夸大了多元文化主义的负面影响，以点代面，进而予以全盘否定，不肯承认多元文化主义积极的内涵和不愿正视美国主流文化本身存在的症结，这些症结和多元文化一样都是美国的现实存在。

---

① R. Farley ed., *State of the Union America in the* 1990*s*. New York: Russell Sage 1995, p. 141.

② Arthur M. Melzer et al., eds., *Multiculturalism and American Democracy*. Lawrence, Kansas: University Press of Kansas 1998, pp. 15 – 34.

③ Brent Nelson, *America Balkanized*. Monterey, Va.: American Immigration Control Foundation, 1994, p. 32.

最后，这场论争的激烈程度证明，美国社会自60年代以来在性别、种族/民族和文化平等方面取得了长足的进步，而作为主流文化卫士的新保守主义的强势反弹同样预示着美国传统价值体系的深厚根基之牢不可破。

五　多元文化主义的兴盛与左翼的困境

1. 多元文化主义蔚成大潮的原因及其影响

上述围绕多元文化主义展开的激烈论争以及以之为中心的文化战争的愈演愈烈充分说明，多元文化主义在美国高歌猛进已经是不争的事实，它将无可置疑地成为型塑美国社会未来的决定性力量。那么，多元文化主义蔚成大潮的原因何在？

首先，多元文化主义是以美国多元文化社会现实作为客观前提的。从种族和民族上看，美国是一个典型的移民国家，从早期移民时代至今，来自不同国家和民族的人们，汇聚成一波又一波移民浪潮涌入美国，不断改变着这块土地的面貌。虽然共同生活在同一面国旗下，而且许多人与自己的祖居国隔了好几代人，但沉淀于血脉中的母国文化根深蒂固，难以彻底拔除，这就造成美国社会在文化上呈现一幅马赛克或拼盘色拉的图景。而自战后的60年代开始，美国迎来了新一轮移民浪潮，这一浪潮把数千万新移民送进了美国。2000年，在美国居住的外国出生者人数超过3100万，为美国总人口的11%，虽然这一比例低于1910年14%的峰值，但就数量而言，绝对是美国历史上前所未有的。如果说以往的移民大潮主要来自文化相近的欧洲的话，战后的移民潮主体则是具有明显文化差异的拉美和亚洲各国，“新移民的到来改变了美国的宗教和种族版图”。1961年至2000年的40年间，有约2400万人移民到美国，其中拉丁美洲移民占近1/2，亚洲占32%，欧洲则仅占16%。新移民在美国的城市和郊区聚集，发展起一个个文化特性鲜明的社区。不仅东西海岸城市如此，连美国广大内陆地区那些曾经是完全同宗同族文化的城市社区也被新移民带来的文化多样性所改变。例如，在宗教方面，2000年，美国的穆斯林人数超过了300万，佛教信徒人数也越过了100万关口。至于在亚裔群体、西裔群体和非裔群体这些概念各自后面包含着的文化多样性与差异则更是无可争辩的事实。

与此同时，从社会性别上看，在战后女权主义运动的推动下，过去男性一统天下的局面已然打破，在政治、经济、文化教育等领域，女性的地位在逐步上升，加上男女同性恋运动的发展，少数群体的性取向权利被承认与尊重渐成趋势，这些进展是不以人的意志为转移的，其结果是以往单一的盎格鲁-撒克逊文化以及父权或男权文化走向衰落。这样一个社会现实为苦于新保守主义政治文化挤压下的当代左派提供了重新夺回政治话语权的机会。

其次，多元文化主义与美国主流文化传统的内在合拍性。美国不少知名社会学家敏锐地发现，多元文化主义与美国主流文化中的个人主义直接相关。例如，詹姆斯·D. 亨特就认为，多元文化主义不仅不挑战“激进个人主义”，反而加强它。多元文化主义等同于“个人选择的伦理”文化，而个人主义则是“美国的范例”（paradigmatic）。罗伯特·贝拉也持有类似看法。他认为，多元文化主义意识形态起着美国主流文化代理人的作用：“在美国变得广受欢迎的多元文化主义是主流文化同化进程的组成部分。”① 因此，虽然如前文所提及的，信奉平等理念和反对特殊与差异的自由派在理论上会拒绝多元文化主义，但在政治文化现实中，却有众多的自由派成为多元文化主义的坚定拥趸。其根本原因即在于二者共同具有的个人主义精髓。

再次，自20世纪60年代以来美国左翼群体的不断推动。如前所述，60年代激进社会运动的基本理念是：现代发达资本主义社会是一个病态社会，因为这个社会现行制度通过发达的技术和服务于它的文化对人的控制达到了前所未有的程度，人的异化不断加深，要把人从这种不自由状态解放出来，就必须从人的灵魂或意识深处入手，实行“大拒绝”战略，进行全面的“文化革命”，把现有的处于统治地位的单一文化模式推翻或改变，以多元自由文化模式取而代之。既然推崇多元，理论上就自然要提倡差异和独特性，就要肯定不同文化身份之间的平等关系。自60年代以来，无论是种族关系问题，还是两性关系问题，抑或是全球视野下的南北关系问题，美国左翼政治文化的前行路径始终未脱离这一轨迹。阿瑟·梅尔泽等美国学者认为，要对多元文化主义作出恰当的评判，就必须把它置于美国政治

① Irene Taviss Thomason, *Culture Wars and Enduring American Dilemmas.* Ann Arbor: The University of Michigan Press, 2010, p. 100.

“激进传统”的语境中，尤其是60年代各种解放运动的语境中。二者间存在一种亲缘或承袭关系。①

最后，众多发展中国家战后以来在国际政治经济舞台上的崛起和影响力的不断增强构成了美国社会内部多元文化主义产生发展的外部推力。例如，20世纪50~60年代，亚洲、非洲众多国家摆脱殖民统治，以独立的政治经济主体身份出现在国际视野中，在美国引起的直接反应是美国激进社会运动的勃兴和第三世界政治斗争模式在美国的被模仿与复制；70~80年代，日本和亚洲四小龙等国家和地区经济迅猛发展，亚洲经验引发美国掀起重构企业文化精神的热潮；20世纪末中国快速崛起，“中国制造”风行全球，中国元素在美国政治、经济、国防、文化教育等领域成为核心要素。所有这些，一方面让美国人对多元化的世界有了更多的认识，另一方面则刺激了美国不同族群自我文化意识的觉醒。

在此，还有必要指出的是，多元文化主义真正迎来高潮是在20世纪80~90年代，这是冷战终结前后的敏感时期，因此可以肯定，左派对多元文化主义产生浓厚情结与冷战背景的变化是分不开的。东欧国家戏剧化的政治转向和苏联出人意料的垮台令众多左派目瞪口呆，难以置信。伴随社会主义运动落入低谷，左派整体上相应地选择理论上撤退，即从全面社会变革的大舞台退入局部性变革或进步的场域，多元文化主义就是他们发现的最佳作战场地。

左翼倡导和推动的多元文化主义对美国社会产生了深远的影响。首先，美国是一个多元文化社会的观念逐渐扩散凝聚成新的社会意识。同70年代以前比较，美国坚持一元文化的人大大减少，接受多元文化观念的人明显增加。21世纪初的相关调查发现，仍然抱有熔炉立场的人降至38%，持多元文化立场的人达到32%，29%为处于二者间的不表态者。在语言上，虽然63%的人主张以英语为美国官方语言，但只有37%同意选票上仅使用英语。② 最重要的是，绝大多数反对多元文化主义的人并不反对多元文化社会

① Arthur M. Melzer, Jerry Weinberger, and M. Richard Zinman eds., *Multiculturalism and American Democracy*. Lawrence, Kansas: the University Press of Kansas, 1998, p. 2.

② Jack Citrin, David O. Sears, Christopher Muster and Cara Wong, "Multiculturalism in American Public Opinion", *British Journal of Political Science*, 31, 2001, pp. 247 - 275. In Irene Taviss Thomason, *Culture Wars and Enduring American Dilemmas*. Ann Arbor: The University of Michigan Press, 2010, p. 7.

本身，他们反对的是极端化的多元文化主义，他们支持一个社会统一体内部的多元化，而不是社会共同体的替代。一个最能见证社会新意识形成的事例是2000年的一次国会立法投票，60%的民主党人和44%的共和党人投票支持同性恋入伍。① 美国现在已经有超过10个州承认同性恋婚姻合法，这种进步是观念改变使然。

其次，多元文化主义发展为联邦和地方决策的重要政治指南。尽管多元文化主义还远未成为美国国家层面的首要政策，但经过20世纪60年代以来左翼群体的不懈努力，它已然成为美国联邦和州政府在教育、就业、媒体等领域立法的重要理论依据。虽然围绕肯定性行动计划、配额制和双语教育法等在内的一系列政策和立法的争议从未中断，但这些政策和立法所包含的建立以平等为基石的和谐社会宗旨却鲜有反对者，它们的实施强有力地推进了平等的事业。

再次，多元文化主义对美国极度张扬的个人主义在一定程度上起到了纠偏和平衡作用。正如我们在第一章中所论及的，个人主义是美国文化最鲜明的价值取向，伍德罗·威尔逊总统曾经指出，“如果你认为自己是在群体中，你就不可能变成完全的美国人。美国不是由群体构成的。”② 一位对多元文化主义持反对态度的学者强调，“我们是个人第一，美国第二，群落第三。”③ 然而，美国社会历史和现实中一系列社会顽症的存在正是源于这种过度张扬的个人主义，最突出的顽症是导致群体利益和大多数人利益为个人和少数人利益让位与牺牲。特别是经济个人主义，在美国社会历史上引发无数的纷争，“经济个人主义所摧毁的和我们宗教个人主义之善所无法恢复的是团结，此乃共同体成员的意识”。④ 以迈克尔·沃尔泽为代表的一些学者认为，多元文化主义及其相关政策对美国极端个人主义起到了解毒作用。多元文化主义代表集体与个体的对抗，它有助于实现群体多数与个体之间或社区与男女个人之间的平衡。⑤

① Irene Taviss Thomason, *Culture Wars and Enduring American Dilemmas.* Ann Arbor: The University of Michigan Press, 2010, p. 8.

② Jeffrey Hart, “What Is an American?” *National Review*, April 22, 1996, 52.

③ Robert Brustein, “On Cultural Power”, *The New Republic*, March 3, 1997, 31 - 34.

④ Irene Taviss Thomason, *Culture Wars and Enduring American Dilemmas.* Ann Arbor: The University of Michigan Press, 2010, p. 101.

⑤ Michael Walzer, “Multiculturaliam and Individualiam”, *Dissent* 41, 1994, 188.

最后，多元文化主义为美国社会建设指明了中长期的目标与方向。移民国家的特性决定了美国现今和未来社会建设的目标与方向，即为族群和文化多元的社会培育真正和谐共生的社会文化土壤。虽然从表面上看，最近几十年来多元文化主义思潮的发展和多元文化政策的推行把美国带入了“文化战争”，但其实通过历史的纵向比较不难看出，美国文化的包容度不断提高，社会整体上日益向相对和谐的方向演进，多元文化主义在其中所起到的积极作用不容置疑，因为它找准了美国社会建设的命脉：根据法国社会学家涂尔干的看法，集体良知是社会团结的纽带，以文化为核心的族群平等就是美国社会的集体良知，就是把美国社会凝聚在一起的向心力，这是缺乏共同历史血脉的美国社会未来安身立命之本。

2. 左翼多元文化主义的困境

还在20世纪末，美国总统克林顿就明确指出，多元文化主义代表着美国的未来，30或40年后，美国将成为一个真正的多元文化社会，美国应该从现在起就要为之作好准备。很多左派和自由派人士更是为多元文化主义的浪潮迭起兴高采烈，如以《美国精神的开放》一书为世人知晓的学者劳伦斯·勒温就曾热情满怀地宣称“我们已经重新发现了这种激动人心的观念，即这种关于尚未实现的可能性的观念”。[①] 而内森·格莱泽更是底气十足地宣布“我们如今全都是多元文化主义者”，多元文化主义已经赢得了完全的胜利。[②] 事实上，左翼在多元文化主义上面的热情过度在某种程度上正好映射出其进退维谷的政治窘境。

美国学者拉塞尔·雅各比认为，左派沉迷于多元文化主义，在某种程度上反映了左派在全面变革社会理想遇挫后的大踏步后退，“多元文化主义成了幻灭的知识分子们的鸦片，即没有意识形态的时代的意识形态”。[③] 这一评价是否中肯可以讨论，但他认为，为数众多的左派似乎把多元文化主义视为能解决所有社会问题的灵丹妙药，将之推崇至神话的地步，不仅反映出左派政治上的窘困，而且是十分危险的，因为“除了希望在课程体系

① Lawrence Levine, *The Opening of the American Mind: Canons, Culture, and History*. Boston: Beacon, 1996, p. 139.

② Nathan Glazer, *We Are All Multiculturalists Now*. Cambridge, Mass.: Harvard University Press, 1997, p. 7, p. 160.

③ 〔美〕拉塞尔·雅各比：《乌托邦之死：冷漠时代的政治与文化》，姚建彬译，北京：新星出版社，2007年，第52页。

中纳入更多的声音或者在办公室吸收更多不同的面孔之外，多元文化主义不能推动任何远景。"[①] 这一批评并非无的放矢，而是戳中了文化左派的软肋。此其一。其二，多元文化主义者误以为文化就是一切，普遍忽略了极其重要的经济与政治。多元文化主义者仅仅看到文化，对经济律令几乎不予关注，殊不知，离开了劳动与财富的生产，文化何以能继续存在？也正是因为这一点，我们就不难明白为何左派的多元文化主义图景在社会中下层普通民众中没有引起所希冀的任何积极回应，最终成为少数左派和自由派知识分子的自说自话了。南希·弗雷泽正是因为看到片面强调文化的承认政治的负面影响而主张文化政治与经济上的分配政治同等并重，但她的社会主义色彩的多元文化主义似乎又过于脱离美国社会实际，导致其理论有成为空中楼阁之虞。其三，多元文化主义者彻底否认"熔炉"的历史和现实存在，使多元文化主义在面对美国社会现实时往往难以自圆其说。如果不承认"熔炉"的历史存在，很难解释二百多年美国历史进程中是什么力量把由不同质的移民构成的美国社会凝聚在一起。众多的研究表明，美国不同文化群体间的差异呈日渐消弭趋势，美国社会的同质化势头有增无减。美国社会学家斯蒂芬·斯坦贝克和理查德·阿尔巴在他们各自的独立研究中不约而同地发现，美国种族独特性越来越模糊，种族文化总体上表现为萎缩和衰亡的症候。[②] 在消费主义无孔不入的现代工业与后工业社会，大众传媒、流行文化和物质主义的生活方式等，把美国不同种族和文化背景的人塑造成十分相似的同质群体。最后，多元文化主义对全球化大趋势带给文化的深广影响缺少足够深入的反思，只在多少带有假设性的描述中"看到"大量独特的"文化"构成了美国社会，却对这样一个严峻的现实视而不见："世界与美国正在毫不留情地在文化上变得越来越同一，而不是多样化。"[③] 他们机械地把文化看作界线分明和固化不变之物，把文化的"不可译性"奉若神明，有意无意地忽略文化间沟通交往和文化川流不息的特

---

① 〔美〕拉塞尔·雅各比：《乌托邦之死：冷漠时代的政治与文化》，姚建彬译，北京：新星出版社，2007 年，第 53 页。

② Stephen Steinberg, *The Ethnic Myth: Race, Ethnicity, and Class in America.* New York: Beacon Press, 1981; Richard D. Alba, "Assimilation's Quiet Tide", *Public Interest*, Vol. 119, Spring 1995.

③ 〔美〕拉塞尔·雅各比：《乌托邦之死：冷漠时代的政治与文化》，姚建彬译，北京：新星出版社，2007 年，第 76 页。

性与现实。左翼多元文化主义政治的反保守主义立场由于这些弊病的存在，显得并不比保守主义高明多少。

还有一个让左派尴尬万分的事是，当左派在大力倡导多元文化主义之时，保守派也在为之摇旗呐喊。例如，跨国资本集团在把产业向发展中国家和地区转移过程中，在大力抢占发展中世界市场和以强势资本与技术击败这些国家和地区民族经济脆弱的抵抗过程中，往往把多元文化主义作为其应对国内外批评的挡箭牌，亦即让多元文化主义充当国内失业以及掠夺第三世界资源和剥削广大劳工的替罪羊。结果是，被左派视为奇珍异宝的多元文化主义，普通大众却冷眼相看，左翼对多元文化主义的热情拥抱，换来的不是与民众距离的拉近，实际情形正好相反。左派如果把多元文化主义作为一个阶段性目标来追求，与其前途无大碍，但若将其视为事业的全部或大部，那么，多元文化主义很有可能成为隐伏在左翼政治文化复兴道路上的特洛伊木马。

第六章　晚期资本主义：左翼的后现代文化透视

一　后现代主义的颠覆性与建设性取向

1. 反主流文化与颠覆性的后现代主义

笔者曾在拙著《60 年代美国学生运动》中指出："60 年代激进运动在文化领域的最大遗产可能是直接间接地促成了后现代主义的崛起。"[①] 尽管后现代主义的思想起源最早可追溯到 19 世纪的浪漫主义和韦伯、尼采等人，甚至更早可追溯到启蒙时期的思想家卢梭，但作为一种社会文化思潮，它的兴起几乎与 60 年代激进运动的出现同步，这至少在某种程度上说明它与后现代社会的到来之间存在紧密的联系。美国著名社会学家丹尼尔·贝尔被看作与阿诺德·汤因比、哈贝马斯、马克斯·韦伯齐名的后现代思想先驱和重要代表人物，[②] 在他和其他一些理论家眼中，60 年代反主流文化就是后现代文化，因为后现代时期是对本能、冲动和意志的解放。[③] 后现代纪元表现为反叛、反资产阶级、无道德标准、享乐主义等各种冲动的扩张，是艺术领域中现代主义运动及其波西米亚文化的延续。[④] 反主流文化虽然坚守现代性的自由、解放和自决政治立场不动摇，却旗帜鲜明地拒绝作为现代

① 吕庆广：《60 年代美国学生运动》，南京：江苏人民出版社，2005 年，第 382 页。

② Bryan S. Turner, *Theories of Modernity and Postmodernity*. London: Sage, 1991, p. 3.

③ 〔美〕丹尼尔·贝尔：《资本主义文化矛盾》，赵一凡译，北京：三联书店，1992 年，第 98 - 100 页。

④ 〔美〕道格拉斯·凯尔纳、斯蒂文·贝斯特：《后现代理论：批判性的质疑》，张志斌译，北京：中央编译出版社，2001 年，第 17 页。

性黑暗后果的异化、过度控制的技术文化、普遍的社会暴力以及生态破坏。其基本诉求与后现代主义高度相似，绝非巧合。这充分证明，60 年代激进运动与后现代主义的兴起之间具有密切的联系。为此，笔者认为，不仅后现代主义的一些早期思想为 60 年代激进社会运动提供了动力，而且更重要的是，激进社会运动这一社会现象所引起的思索和运动所追求的理想信念和价值观念同样为后现代主义思潮的勃兴提供了资源和导向。

什么是后现代主义？迄今为止，学术界在这一问题上仍是见仁见智，没有形成共识，更没有得出公认的一致性答案。有人认为是指一个特殊的历史时期，是现代工业文明之后的时代，可称之为后工业时代。如社会学家丹尼尔·贝尔、未来学家阿尔温·托夫勒和约翰·奈斯比特等人就是代表；另有人认为是指资本主义发展的最后阶段，如美国左翼理论家詹姆逊就明确认定它是晚期资本主义；法国哲学家利奥塔等人认为，后现代主义是知识的集中体现，其根本特征是对“元叙事”的怀疑和否定；还有人仅是在文学艺术的表现手法和形式的层面理解后现代主义概念。一般认为，后现代主义是有别于现代主义的思维方式、理论话语和文化模式。从总体上看，后现代主义既是一种新的文化思潮，又是新的文化运动。

后现代主义的思想体系十分庞杂，充满种种矛盾，其中包含的人物和派别之间往往持针锋相对的观点和立场，如法兰克福学派的哈贝马斯等人在 20 世纪 80 年代对利奥塔、福柯和德里达理论的诘难就是一例。① 部分学者据此把法兰克福学派的社会批判理论排除在后现代话语之外，其实，二者间虽然有着明显差异，但它们之间的相似之处却是很多的。“批判理论与大部分后现代理论在一些重要方面都是一致的”。② 诚然，像贝尔之类的学者是否能划入后现代思想家阵营则是有争议的。不过，思想的矛盾不一、理论的复杂多样以及系谱的模糊不清对我们了解后现代理论的基本精神虽然存在一定困扰，但并非不可逾越的障碍。根据美国著名学者道格拉斯·凯尔

① 1976 年，丹尼尔·贝尔《资本主义文化矛盾》问世，书中对后现代主义理论与文化引起社会混乱予以强烈谴责，哈贝马斯对此作了积极回应。1980 年代初，他先后发表论文《现代性：一项未完成的工程》和主题为《现代性对后现代性》的演讲，对他眼中的“老保守派”贝尔和“年轻保守派”福柯、德里达等法国学者左右开弓，一时之间，德法学者就后现代主义之争掀起的热潮成为全球瞩目的焦点。

② 〔美〕道格拉斯·凯尔纳、斯蒂文·贝斯特：《后现代理论：批判性的质疑》，张志斌译，中央编译出版社，2001 年，第 279 页。

纳和斯蒂文·贝斯特的研究，后现代话语从源头上看，大体上可划分为肯定性（建设性）和否定性（颠覆性）两种互相矛盾的话语，前者以德鲁克、埃茨奥尼、桑塔格、哈桑等人为代表，赋予后现代这一术语以肯定的色彩，后者以汤因比、米尔斯、贝尔、鲍德里亚等人为代表，坚持一种否定性立场。肯定性主张包括社会话语和文化话语两翼，社会话语的代表人物有德鲁克、埃茨奥尼、费雷等，他们与后工业社会的理论家和未来学家一样，几乎都感染上了一种50年代式的乐观主义情结，在对技术和现代化进程将有可能使人们同陈旧的过去决裂坚信不疑的同时，同样深信当代资本主义已经克服了危机趋势，柳暗花明，正在走向建设一个伟大社会的康庄大道。文学评论家桑塔格和哈桑等为代表的文化话语一翼则通过肯定新的文化形式、通俗文化、前卫主义和新的后现代感受所具有的解放性质，从另一个方面补充了这种赞誉。如果说肯定性的话语的重要贡献在于“为80年代人们接受后现代话语作好了准备”的话，否定性话语则反映出人们对现代社会发展轨迹的悲观情绪。在米尔斯、贝尔、欧文·豪和其他一些人看来，由于受到来自变化和不稳定性以及新的大众社会与大众文化发展的威胁，西方社会与文化正在不可避免地走向衰落。以此为据，否定性的后现代话语为处在现代世界终点上的西方文明构想了一种危机。这种危机为80年代新保守主义对当代文化的攻击提供了口实。结果是，在后现代主义于20世纪80年代形成高潮之际，其最为明显的特征是表现为两种不同取向：一是谴责新发展的文化保守主义，二是颂扬有了新发展的前卫主义。①

后现代主义在整体上是与现代主义相对应的概念，是对现代主义的否定与超越。因此，要理解后现代话语，就必须首先分辨现代性与后现代性的区别。所谓现代性（modernity），既是指紧随“中世纪”或封建主义时代而来的历史时期，又是指与该时期相对应的文化态度与生活方式。作为启蒙运动核心价值的理性法则在现代性话语中据有无可争议的主导地位，它不仅在美国、法国和其他一些国家的资产阶级民主革命中为致力于建立体现社会进步、公正平等的合理社会秩序的革命者和理想主义者们提供了强有力的理论武器，而且它也为科学技术的发展打下了思想基础。与此相应

① 〔美〕道格拉斯·凯尔纳、斯蒂文·贝斯特：《后现代理论：批判性的质疑》，张志斌译，中央编译出版社，2001年，第18～20页。

的是，人第一次被给予了主体和中心地位，从与自然、与他人、与社会的关系中解放出来，被视为万物的尺度与自然的主宰。在社会政治经济领域，人获得了充分的自主性或者自由。而人所独有的主体性和理性尺度则决定了现代性必然是一个不断更新和不断自我实现自我超越的过程。我们用来衡量一个社会进步程度和发展水平的“现代化”概念事实上就是这样一个动态过程，“现代化”包含有个体化、世俗化、工业化、商品化、城市化、文化分化、科层化和理性化等内容，它们共同构成了现代性世界。简而言之，现代性的特点不外乎三个方面：一是持续不断的革新与变动，即超越现实的解构精神；二是对人的主体性与人的权利的张扬；三是对理性与科学的膜拜及其在社会生活中的决定性影响。

然而，现代性毫无疑问是一个包含着无以计数的苦难与不幸的过程。仍立足于传统农业生存方式的农民和手工匠人以及被动地卷入工业化大潮的无产者，还有占人口半数的妇女以及被殖民化过程毁灭的众多种族群体不同程度地成为现代性的牺牲品。自以为对自然拥有特权的人对自然无节制的掠夺和征服造成了自然环境与资源的日益严重的破坏。而理性取代宗教成为社会新的支配性的力量的结果是，它把人从神权奴役下解放出来，摇身一变成为人身上的新枷锁，成为使人和社会异化的力量。所有这些事实都指向了一个无法回避的问题，即现代性本身就是一个悖论，其内部从一开始就处于激烈的矛盾冲突中，这种冲突集中表现为人的主体自由所要求的无限度的求新求变冲动与理性所要求的相对稳定的结构和状态之间的对立，这种对立对人类的生存与发展构成了严重威胁。

后现代性是现代性矛盾与冲突的产物，是对现代主义进行全面批评和否定的结果。后现代性的主要精神要旨表现在如下几个方面。

（1）不确定性。所谓不确定性，是一个由间断性、模糊性、多元性、反中心、零散化、反正统、异端、差异、分裂、反叛、倒置、消解、反讽、移置等概念构成的范畴，是对西方文化矢志不移追求确定性传统的抛弃。自然不再有规律，历史不再有因果，二者都只是一种杂乱无章的不确定性的存在。

（2）片断性与零散性。后现代主义坚决反对任何整体化尝试，对有序性、完备性、整体性、全面性的世界观嗤之以鼻，认为世界只是无数碎片的无序组合，分散化和片断化是其本原。

（3）反权威与反中心观。后现代主义对启蒙话语持全然否定立场，废除元叙事或宏大叙事，颠覆权威，摧毁宗教信仰、科学理性和自我创造能力等被神圣化的事物。从“上帝之死”、“作者之死”到“父亲之死”等口号的提出，彰显后现代主义对权威和权力极尽嘲笑和消解之能事。

（4）消解主体性，拒绝崇高。自近代以来，主体和自我一直是西方社会的核心话语，然而，在后现代思想中这一话语被从整体上予以消解，即主体与自我不再是关注的焦点，不再是高扬的旗帜。由此出发，拒绝偶像崇拜，拒绝伟大与崇高，着力表现人性中的卑微面，成为后现代文学的基本出发点，可以说，是否具有明显的自贬倾向是判断一部文学作品是不是后现代作品的重要标准。

（5）行动性与参与性。这在艺术领域表现得最为突出。如果把后现代艺术更名为行动的艺术或参与的艺术，相信不会引起争议。通过个体的行动与参与，打破了艺术与非艺术、专家和外行之间的界限，让个体和事物在行动和参与中表现出存在的活力，进而实现自我发现和自我陶醉的目标，这就是后现代艺术的未作公开宣示的使命。

（6）反讽与戏谑以及模仿与拼贴的游戏态度。后现代思想家在创作中大量采用模仿与蒙太奇、反讽与戏谑、拼接与拼贴等表现手段——这些手段的广泛应用使文学作品大都呈现鲜明的黑色幽默特征，其意图是以荒诞的手法来揭示现实的不确定性、虚无性和荒诞性，表达对当下存在状况的怀疑与否定。

从上可知，解构和摧毁是后现代精神的核心，不确定性、虚无、抽象和荒诞成为其基本指向。虚无和荒诞特征主要体现在无中心、无历史、随遇而安的游戏态度以及从破碎而荒诞的生活中寻找诗性快乐的黑色幽默风格中。然而，正是这种对荒诞的荒诞表现手法实现了对现代性统治话语的颠覆。在哲学上，从后结构主义的立场入手，通过尖锐批判西方理性主义的传统思维方式与观念而否定了西方文化赖以建立的思想基础及其合法性依据；在宇宙自然观上，否认世界的发生发展有符合逻辑的因果与目的。在文学中，宇宙规律与世界秩序已消失不见，剩下的只有不可理喻的荒诞；在社会历史观方面，全然抛弃历史合理性的所有设想，主张把关注焦点从抽象的历史目的转向具体的人类生存，从人类集体的遥远事业转向个人的当下不幸；不承认人类有能力认识社会和世界并通过理性的认识能力推动社会历史的进步。后现代主义认为，人的许多行为只是一时的冲动而非理性的产物，所谓理性认识能力只是一种自我欺骗的假设。人不能认识世界，也不能认识自己，理性与科学只能使人被愚弄和被欺骗，造成自我的根本异化；传统理性主义所追求的改造自然征服自然而获得的社会繁荣、历史进步只是一种片面的畸形的世界目的，人类根本不可能从中获得人生幸福；在政治思想和文化观上是一种多元主义的价值选择。无我、无中心、反崇高、分散化和碎片化等，使现代主义一元论思想的支配统治失去了合法性。没有了整体性，没有了中心，没有了伟大与崇高，也没有了意义，一切都平面化了，多元化成为唯一真实的写照。

正是这种颠覆和彻底否定态度揭示了后现代主义与反主流文化之间一脉相承的联系。

2. 建设性的后现代主义

尽管颠覆性是后现代主义的核心，但后现代主义并不像一些学者所论定的，只具破坏性，无建设性，或只有解构，却无建构。就像反主流文化一样，不仅颠覆现有体制结构，也同时对替代性的结构进行理论探讨。后现代主义既有否定性的特征，也有建设性的趋向。后现代主义的建设性主要表现在以下几个方面。

其一，后现代理论具有突出的创造性取向。正如中国学者王治河先生所说："在后现代主义多声部的大合唱中，创造的旋律始终占据着一个十分重要的地位，可以说，倡导创造性是后现代主义的一个极为重要的特征。"[①] 绝大多数后现代理论家最推崇的不是摧毁，而是创造，在他们看来，"创造性"是人类的基本特质，是人性的主要立面。美国后现代思想家大卫·格里芬指出：人类是创造性的存在物，每一个人都体现了创造性的能量，人类作为整体最大限度地体现了这种创造性能量。每个人都从他人那里接受了创造性的奉献，同时，每个人又在创造性地对他人作出贡献。这是人类本性中一个基本方面。[②]

其二，对多元主义的倡导。后现代思想家对多元主义的倡导与他们对

---

① 王治河：《后现代主义与建设性》（代序），见大卫·雷·格里芬《后现代精神》，王成兵译，北京：中央编译出版社，2011 年，第 3 页。

② 大卫·雷·格里芬：《后现代精神》，王成兵译，北京：中央编译出版社，2011 年，第 213 页。

“本体论的平等”信仰密不可分。这种信仰告诉人们，“任何存在的东西都是真实的，一个人（不管是伟大的还是平凡的），一种思想（不论是伟大的还是平凡的），都是真实的。没有东西比别的东西更真实。一个实在并不比另一个实在少点或多点实在性。”[①] 简单地说，本体论的平等原则要求“接收和接受一切差异”，摒弃所有的歧视，接受有区别的事物。

其三，对世界的关爱。针对现代世界人与人、人与自然关系中的冷漠与迟钝，福柯等后现代思想家充分肯定现实关怀的价值。福柯十分推崇一向被基督教和传统哲学蔑视为“邪恶”的“好奇心”（curiosity）。他认为，这个词意味着某种不同的东西：它唤起关心，唤起对存在着的事物和可能存在着的事物的“关心”。它使人们对现实敏感，带来新的发现，新的时代。美国后现代思想家戴维·格里芬把福柯的这种憧憬加以具体化，认为后现代主义具有三大建设性特征：首先，与现代主义视个人与他人、他物的关系为外在的、偶然的和派生的相反，后现代主义强调内在关系，认为个人与他人、他物的关系是内在的、本质的、构成性的：“个体与其躯体的关系、他（她）与较广阔的自然环境的关系、与家庭的关系、与文化的关系等等，都是个人身份的构成性的东西。”[②] 其次，后现代精神提倡有机论（organism）。与信奉精神－自然二元论的现代人不同，后现代人并不感到自己是栖身于充满敌意与冷漠的自然之中的异乡人，相反，他们把其他物种看成是具有其自身的经验、价值和目的的存在，并能感受到他们同这些物种之间的亲情关系。再次，具有一种新的时间观。后现代主义倡导对未来和过去加以关怀，这与现代主义不同。以个人主义为支柱的现代主义最初是以拥抱未来的方式或以面向未来的名义使人们摆脱过去，但结果是“最终削弱了人们对未来的关注，使他们毫不夸张地说是自我拆台式地专注于目前。”[③] 后现代精神并非要回到现代之前，它只是恢复了人们对过去的关注与敬意。

其四，后现代主义的否定性本身含有肯定性的意蕴。无须否认，后现

---

① 王治河：《后现代主义与建设性》（代序），见大卫·雷·格里芬《后现代精神》王成兵译，北京：中央编译出版社，2011 年，第 6 页。

② 〔美〕大卫·雷·格里芬：《后现代精神》，王成兵译，北京：中央编译出版社，2011 年，第 38 页。

③ 〔美〕大卫·雷·格里芬：《后现代精神》，王成兵译，北京：中央编译出版社，2011 年，第 39 页。

代主义具有否定主义、怀疑主义和虚无主义倾向，但是，其“解构”、“摧毁”、“否定”的倾向不等于就是否定主义、怀疑主义和虚无主义，因为，一方面，否定主义的否定是为否定而否定，否定就是目的，否定就是一切，后现代主义的否定主义则不同，它反对任何假定的大前提、绝对的基础、唯一的中心、单一的视角、旨在向迄今为止主宰人类的一切权威和认知体系挑战，其目的性非常明确，即解放人的思想，拓宽人的视野，实现和扩大人的自由。另一方面，从方法论上看，否定主义的否定是绝对的拒斥，而后现代主义的否定则是一种辩证否定。

二　晚期马克思主义与凯尔纳的后现代观

1. 凯尔纳与晚期马克思主义

道格拉斯·凯尔纳（Douglas Kellner，1943— ），当代美国马克思主义批判理论家，左翼政治学者。青年时代参加过激进学生运动，后先后留学德国和法国，深受法兰克福学派社会批判思想的影响。1972 年回国后，受聘于得克萨斯大学奥斯汀分校从事哲学研究与教学工作。凯尔纳著述甚丰，自 1970 年代初以来，先后出版《马尔库塞与马克思主义的危机》、《批判理论、马克思主义与现代性》、《批判理论读本》、《激情与反叛：表现主义的遗产》、《后现代主义·詹姆逊·批判》、《让·鲍德里亚：从马克思主义到后现代主义及更远》、《后现代理论：批判性的质疑》、《后现代转向》、《后现代历险》、《媒体文化》、《媒体奇观》和《从“9·11”到恐怖主义战争：布什遗产的危险性》等多部研究著作。

凯尔纳的学术生涯根据其思想轨迹可分为两个阶段：20 世纪 60 年代末到 80 年代末为第一阶段，这是他的理论准备阶段，主要潜心于德法哲学研究；第二阶段为始于 90 年代初至今的时期。主要研究重心在于媒体文化，实属理论应用阶段。如果说第一阶段倾力于研究法兰克福学派马尔库塞和后现代主义学派的鲍德里亚等人的理论和思想的话，第二阶段则是建构自我独特理论体系的阶段。凯尔纳著述丰厚，思想散乱，并被人诟病有“多神来之笔，少理论建构”之嫌，即缺乏理论创新性，特别是他的后现代三部曲，[①] 无法

① 即《后现代理论》（1991）、《后现代转向》（1997）和《后现代历险》（2001）。

与众多后现代经典理论并列。[1] 其实，这种看法显然是有失公允的。除了早期对他人理论的缺少原创的评述外，凯尔纳后期的理论建构过程是不缺乏原创性的，这体现在他的后现代理论中隐伏着的理论抱负和政治诉求：重建批判社会理论、促进社会民主变革和推动激进政治的发展。[2]

从总体上看，凯尔纳的理论接近于或可归类为晚期马克思主义。何谓晚期马克思主义？晚期马克思主义（Late Marxism）一词最早由詹姆逊提出。詹姆逊论及阿多诺和后现代主义的关系时指出，阿多诺的马克思主义十分独特，是“我们当今需要的东西”，为区别起见，称之为晚期马克思主义。[3] 也正因为如此，学术界通常把晚期马克思主义等同于詹姆逊版本的马克思主义。晚期马克思主义在理论立场和逻辑基础上与传统马克思主义较为接近，其基本特征是：坚持历史唯物主义的世界观和方法论，强调当前社会的资本主义性质，坚信马克思主义依然充满生命力，仍然是有效解读和解决资本主义社会症结的钥匙。作为西方马克思主义多元化发展的重要后果之一，晚期马克思主义的秘密在于，以西方马克思主义的理论架构来分析资本主义社会的当下状况和新趋势。正如张一兵教授所说：晚期马克思主义者指的是那些“活跃在当前西方左派学界中的一群至今坚持主张以历史唯物主义的生产方式构架来重新解决当代资本主义发展新问题的马克思主义者”。[4]

具体而论，晚期马克思主义的理论特点可从以下三个方面管窥一斑：首先，对当今时代和资本主义社会的基本判断与认识。一般认为，晚期马克思主义出现在 20 世纪 80 年代，而此时正是后现代主义蔚成大潮的时代，因此，二者间有着密不可分的联系，正如有论者所指出的，“正是在后现代

---

① 颜岩：《批判的社会理论基础及其当代重建——凯尔纳晚期马克思主义思想研究》，北京：人民出版社，2007 年，第 13 页。

② 凯尔纳的理论抱负和政治诉求显然深受马尔库塞影响。在《马尔库塞与马克思主义的危机》（1984）一书中，凯尔纳高度评价马尔库塞，认为马尔库塞理论上有三大贡献：（1）在哲学和社会理论上的贡献；（2）提出一种社会政治变革的谋划；（3）关于人类解放和替代社会的方案或设想。他明确指出，马尔库塞是法兰克福学派唯一始终不渝地坚持激进政治立场的理论家。

③ 颜岩：《批判的社会理论基础及其当代重建——凯尔纳晚期马克思主义思想研究》，北京：人民出版社，2007 年，第 17 页。

④ 张一兵：《何为晚期马克思主义？》，《南京大学学报》2004 年第 5 期。

背景下，晚期马克思主义的重要意义才充分凸现。”[①] 可以说，晚期马克思主义产生的时代背景与之基本相同，但理论主张和立场却正好相反。不过，不能因此就说晚期马克思主义是反后现代主义的，因为正如后现代主义内部充满矛盾对立一样，晚期马克思主义也是十分庞杂的理论思潮。以詹姆逊为代表的一些晚期马克思主义者在事实层面上承认后现代已然来临，但在价值层面上却不承认其理论意义，认为后现代主义不过是晚期资本主义或全球化资本主义的文化逻辑，是资本主义发展的附属物。哈维更是将后现代主义视为某种历史－地理状况，是灵活积累的后福特制在经济上的反映。而凯尔纳和贝斯特等学者则无论是在事实层面还是价值层面均不承认后现代的合法性：“在这样一个时刻就贸然声称我们已经完全进入了一个新的后现代场景，未免有些为时过早。”[②] 在他们眼中，目前的时代是一个正向后现代转向的特殊历史时期，但总体上看仍是现代时期。

对于当前资本主义社会性质的判断方面，晚期马克思主义完全不同于后现代主义。晚期马克思主义者认为，当代资本主义虽然与马克思时代相比有了较大变化，差异明显，但其根本性质并没有改变。换句话说，马克思关于资本主义的基本判断仍然有效，生产－资本逻辑依然是统治这个社会的主导力量。就像哈维所指出的：“资本主义生产方式的基本规律继续在历史的－地理的发展中作为一种不变的塑造力量在起着作用。”[③] 凯尔纳在这个问题上持有相似看法：资本主义的生产关系仍是建构当前社会活动的主导力量。社会、文化和政治理论不能脱离资本主义理论，不能脱离“对资本主义不同层级之间的系统关系的分析以及对资本主义制度的分析”。[④]

其次，对马克思主义的态度。坚持马克思主义在当今时代的有效性是晚期马克思主义的显著特征。凯尔纳指出，“只要我们继续生活在资本主义世界中，马克思主义就始终和我们相关。”[⑤] 那么，他们所坚持的马克思主

① 亦思：《作为晚期资本主义条件下解放议程的晚期马克思主义》，《福建论坛》2000 年第 4 期。

② 〔美〕道格拉斯·凯尔纳、斯蒂文·贝斯特：《后现代理论：批判性的质疑》，张志斌译，北京：中央编译出版社，2001 年，第 358 页。

③ 〔英〕哈维：《后现代状况》，阎嘉译，北京：商务印书馆，2003 年，第 121 页。

④ 〔美〕道格拉斯·凯尔纳、斯蒂文·贝斯特：《后现代理论：批判性的质疑》，张志斌译，北京：中央编译出版社，2001 年，第 336 页。

⑤ Bernd Magnus and Stephen Cullenberg eds. , *Whither Marxism*? London: Routledge, 1995, p. 26.

义具体指什么？大体上，晚期马克思主义者重点强调的是马克思主义的核心理论与根本方法，如马克思的政治经济学、经济的首要性原则、物质生产概念、辩证法与历史分析方法等。无论是詹姆逊还是凯尔纳，都反复强调经济分析在理解当代资本主义社会中具有首要的意义。当然，由于时代差异等种种原因，晚期马克思主义与马克思主义之间仍然存在明显的区别。其一，在有关社会主义的理论认知方面，晚期马克思主义者普遍把社会主义不是视为乌托邦理想就是视为民主制度。凯尔纳认为，社会主义概念的重要性在于促使人们追寻更加激进的民主政治制度。社会主义思想能够用于在“民主资本主义社会中改善政策以及满足具体政策要求的实际指导”。[①]这种观点固然不错，但也暴露了其偏差：只注意到社会主义在政治上和生产资料分配上更加公正和民主，却忽视了社会主义能够比资本主义创造更多更好的物质财富，更能促进生产力的发展的社会主义在经济层面的优越性，这一偏差显然是传统西方马克思主义影响的折射。其二，在社会变革路径上，晚期马克思主义基本上不再承认马克思“暴力革命”的可能性，而把解放看作人们争取自由民主社会的斗争。当后现代主义者声称要“告别革命”时，晚期马克思主义者则主张“重新发明革命”（reinventing revolution）。凯尔纳和詹姆逊、哈维等人一样，把革命问题定位在文化层面，相信通过对资本主义社会的组织形式保持一种文化批判的张力和开放的视角，能够推动社会进步和推动人类的解放。其三，在社会变革主体问题上，晚期马克思主义者全盘继承了传统西方马克思主义的理论立场，不再把无产阶级或工人阶级视为历史主体。凯尔纳在一篇学术论文中明确表示：“未来的马克思主义将不得不使自己远离它的无产阶级概念，远离把工人阶级特别地看作革命和社会主义建设的主体的思想。”[②] 其原因有如法兰克福学派的马尔库塞所言，丰裕的消费社会优厚的物质生活水平使工人阶级成为资产阶级的同路人或共谋者，丧失了作为社会变革主体的资格。变革的主体只能到工人阶级之外去寻找，70 年代以来出现的“新社会运动”蕴藏着这样的力量，值得马克思主义者高度重视。

---

① 〔美〕凯尔纳：《正统马克思主义的终结》，见俞可平编《全球化时代的“马克思主义”》，北京：中央编译出版社，1998 年，第 32 页。

② 〔美〕凯尔纳：《正统马克思主义的终结》，见俞可平编《全球化时代的“马克思主义”》，北京：中央编译出版社，1998 年，第 32 页。

再次，结合时代特征提出新的和独特的理论与主题。晚期马克思主义作为一种学术思潮，其最大特点在于紧紧扎根于当代资本主义日益发展变化的社会现实，如影随形地提出自己的新观点与新主张。无论是詹姆逊从文化角度提出后现代主义构成全球跨国资本主义的文化逻辑理论，抑或是哈维从经济学角度提出福特主义（Fordism）向后福特主义（Post-Fordism）转变带来资本主义生产方式改进与重组的观点，还是凯尔纳从新技术与全球化视角提出“技术资本主义”理论和批判的全球化理论，无一不是面对变化的现实理论求新求变的表现。

2. 后现代与激进政治

解码“后现代”

如前所述，“后现代”是一个极其复杂的术语，几乎是有多少后现代的评论者就有多少个后现代概念。由于这一概念与“现代”概念紧密相关，故从现代概念入手是了解后现代概念的不二途径。与“现代”一词相关的学术热词有“现代化”、“现代性”、“现代主义”等。所谓“现代”，按英国学者罗斯（Margaret Rose）的看法，是指从文艺复兴至今的历史时期。而“现代性”则是现代、现代化、现代主义的统称。[①] 美国学者卡林内斯库（Matei Calinescu）认为，现代性包含时期、特性和经验三种用法或三种视角。他选择了第一种角度，明确指出现代性是一个时间和历史概念。[②] 凯尔纳采纳了这一观点，认为这是个历史断代术语，指“中世纪”或封建主义时代之后的时代。至于现代化概念，则是指现代性借以产生一个新的工业与殖民世界的动态过程。[③] 现代主义（modernism）则有广义与狭义之分。狭义上是指文学艺术和建筑领域的风格和运动，广义上是指整个现代性所包含的文化。前者如艾略特、乔伊斯、伍尔芙所代表的现代主义文学运动，塞尚、马蒂斯、毕加索所代表的艺术运动；后者则几乎涉及现代文化的所有方面。

大部分后现代理论家如鲍德里亚一样断定人类已然告别现代时期进入了后现代社会，而以哈贝马斯为代表的现代理论家则坚信，当前社会的巨

---

① 〔美〕罗斯：《后现代与后工业》，张月译，沈阳：辽宁教育出版社，2002 年，第 1 页。

② 〔美〕马泰·卡林内斯库：《现代性的五副面孔》，顾爱彬、李瑞华译，北京：商务印书馆，2003 年，第 48、336 页。

③ 在凯尔纳看来，现代化就是对现代世界的标示词，而现代世界是由个体化、世俗化、工业化、文化分化、商品化、城市化、科层化和理性化等过程共同构建的。见道格拉斯·凯尔纳、斯蒂文·贝斯特《后现代理论：批判性的质疑》，第 2 ~ 3 页。

大变化并不足以证明新的时代已经到来，现代性仍是具有生命力和未完成的方案。凯尔纳的看法接近哈贝马斯。

对后现代群英之评述

凯尔纳通过对欧美主要后现代理论家的理论进行评述来建构自己的理论。首先，对福柯之现代性批判之批判。凯尔纳认为，福柯的著作对现代性和人本主义进行了创造性的全面的批判，加上他对社会、知识、话语和权力的新解读，使之成为后现代思想的一个重要源泉。对现代性持敌对立场成为福柯作品中最突出的后现代特征之一。在福柯眼中，现代理性不仅与自由无关，相反是压迫性的力量。现代理性倾向于把知识和真理视为中立的、客观的和普遍的推动进步与解放的力量，实际上它们是权力和统治的基本成分。它导致了政治上对多元性、多样性和个体性的压制，助长了顺从性和同质性。因此，福柯著作深层的主导动机就是要“尊重……差异”。凯尔纳指出，福柯著作中“最具价值的一面，就是使理论家们注意到了权力动作的无所不在性，并且凸显了理性、知识、主体性以及社会规范的产生等所具有的成问题的或可疑的方面。他以翔实的分析说明了权力是如何渗透到学校、医院、监狱及社会科学之中，同社会及个人生活的所有层面交织到一起。”[①] 福柯沿着尼采开辟的道路，对启蒙时代以来几乎所有形式的貌似有益的思想和价值提出了质疑，并引领或迫使人们去重新思考它们。虽然福柯对现代性进行了严厉批判，但其著作显现出的缺陷也是十分突出的。如他虽然在晚年开始走向承认启蒙理性的某些积极方面，但未能用这种态度去评判现代制度和技术；他对现代性的批判存在片面性；他看到了权力统治孕育了抵抗，但对抵抗策略缺乏深度和细致的研究；对国家和资本等宏观权力的重要作用缺少分析；他的分析常为一些相对立或冲突的理论所困扰。例如，他在摧毁主体和重建主体之间摇摆不定，在全盘攻击启蒙运动和现代理论与肯定启蒙运动的进步遗产之间徘徊不前。

其次，对德勒兹和加塔利的几点批评。凯尔纳指出，德勒兹和加塔利尽管未采用过后现代话语，甚至攻击后现代话语是犬儒主义和保守主义浪潮，[②] 但他们为创立一种新的思维形式、写作形式、主体性形式以及政治形

① 〔美〕道格拉斯·凯尔纳、斯蒂文·贝斯特：《后现代理论：批判性的质疑》，张志斌译，北京：中央编译出版社，2001 年，第 88 页。

② Felix Guattari, “The Postmodern Dead End”, *Flash Art*, No. 128, May/June 1986, pp. 40 – 41.

式所进行的后现代冒险，对统一、等级制、认同、基础、主体性等现代信仰的否定，对理论、政治和日常生活中多样性与差异性的颂扬，无不表明他们所持立场的后现代特征。与福柯对现代性进行总体化批判相比，他们肯定现代性积极的和解放性的方面；由于他们侧重于批判资本主义社会，其分析更依重于马克思主义范畴。从《反俄狄浦斯》（《资本主义与精神分裂》第一卷）内容上看，他们力图从历史的和唯物主义的立场出发，从资本主义、家庭和精神分析等层面对现代性展开批判。然而，这种批判所展示的马克思主义只是在尼采和弗洛伊德框架中转译过的马克思主义，因为其中只谈力比多的“社会机器”而不讨论生产方式，只分析“社会流”而不分析结构关系。在《资本主义与精神分裂》第二卷《千高原》中，他们提出了“块茎”（rhizome）概念，以此为基础论证了多样性的后现代理论。在此基础上对微观政治和激进政治进行了讨论。

再次，博德里拉后现代理论的盲点。博德里拉作为最为旗帜鲜明的后现代思想家和超级理论家，被追随者誉为后现代世界的“守护神”。[①] 博德里拉在后现代理论中占据着至关重要的地位，在对后现代性的阐释上，他比所有后现代学者都要走得远。他的理论建构也是从对现代性的分析和批判开始的，这种分析和批判集中体现在他对消费社会的剖析中。在他看来，前现代社会是由符号交换建构起来的，现代社会则是由生产建构起来的。“资本主义政治经济系统构成了与复杂的符号交换系统之间的根本性断裂并带来了一种依照市场法则进行的、由交换物的数量多少来决定的商品交换。”[②] 随着资本主义政治经济系统的扩张，整个世界便按照资本积累的律令变得理性化、功能化。个人则被交换价值系统制造出的理性化的需求与客体系统整合进了资本主义社会秩序之中。博德里拉断定，对现代性或围绕生产组织起来的资本主义经济体系的超越，马克思的方案是行不通的，因为马克思主义并未能同资本主义生产主义决裂，它所希冀的只是一种更加有效公正的生产组织。唯一可行的路径是回归符号社会，进行第二次决裂，以符号交换理想来反对支配着资本主义（和社会主义）的生产逻辑、

① 〔美〕道格拉斯·凯尔纳、斯蒂文·贝斯特：《后现代理论：批判性的质疑》，张志斌译，北京：中央编译出版社，2001 年，第 143 页。

② 〔美〕道格拉斯·凯尔纳、斯蒂文·贝斯特：《后现代理论：批判性的质疑》，张志斌译，北京：中央编译出版社，2001 年，第 147 页。

统一逻辑和工具理性逻辑。1976年以后，博德里拉的著述通过把政治经济、媒体和控制论三者结合，向人们展示了一个充满幻象和新技术的世界：一个全新类型的后现代社会。在1987年问世的《忘了福柯》一书中，他提出了历史的终结思想：人类已经退出了历史，进入了一种新的后历史存在方式。① 西方因此进入一个新的没有未来的未来，因为一切已经完成，一切已经完美无缺，注定的只是无休止的重复，这就是西方的命运。凯尔纳指出，作为激进理论家的博德里拉，当他提出历史终结论时，无意中加入了为现实做消极辩解的保守主义者行列，与新保守主义代表人物福山等形成了和鸣。② 后期的博德里拉政治倾向上几乎与新保守主义分子毫无二致。正如凯尔纳所不无讽刺地指出的，虽然博德里拉常常被视为一名左派分子，但他到底是左派还是右派实在难以确认！③

又次，利奥塔后现代游戏的困境。利奥塔作为公认的后现代杰出理论家，正是他的《后现代状况》（*The Postmodern Condition*）一书使得“后现代”一词变得家喻户晓。他的许多观点对于后现代理论具有极其重要的意义。他早期的著作揭示，他是马克思、弗洛伊德和尼采思想的追随者。在1968年后的几年里，他以“左”的或极“左”的方式应用马克思主义话语，并对致力于颠覆占统治地位的话语、实践和制度的左派大加辩护与赞扬。然而，进入70年代特别是80年代以来，利奥塔逐渐对批判性、否定性以及解构性的革命话语采取批判立场。与传统激进政治理论决裂后，他通过提出一种肯定性的欲望哲学和微观欲望政治——颂扬流通（circulation）、流动、强度及欲望能量的释放，与理论、理性和现代性话语分道扬镳。这在他十70年代发表的著述中随处可见。④ 不过，70年代中期后，他放弃了微观欲望政治，逐步向后现代转向。在80年代出版的《后现代状况》等著述中，利奥塔极力推崇“小叙事”

---

① Jean Baudrillard, *Forget Foucault*. New York: Semino-text（e）, p. 67.

②〔美〕道格拉斯·凯尔纳、斯蒂文·贝斯特：《后现代理论：批判性的质疑》，张志斌译，北京：中央编译出版社，2001年，第174页。

③〔美〕道格拉斯·凯尔纳、斯蒂文·贝斯特：《后现代理论：批判性的质疑》，张志斌译，北京：中央编译出版社，2001年，第185页。

④ 例如，1974年出版的《里比多经济学》就是典型。该书是利奥塔企图超越先前所有理论、发展一种全新理论、开辟新的理论空间的最极端尝试。在这部著作中，利奥塔攻击了从黑格尔和马克思起，经由符号互动论到鲍德里亚的现代理论。由于作者以马克思来反对弗洛伊德，以弗洛伊德反对马克思，又以尼采来反对二者，不仅最终漂离了马克思，漂到了尼采的生机论（vitalism）中，而且使其陷于一系列经不起推敲的观点之中。

和多元化叙事，将攻击矛头对准“元叙事”或“宏大叙事”。例如，他明确表示，马克思主义和其他启蒙理论都是历史性傻事，本身不是历史的基础或真理。由于“理论本身就是一种隐蔽的叙事”，马克思的元叙事成了证明现存共产主义政权合法化的理由。[①] 因此，他反对宏大的和总体性的公正诉求，主张一种微观和多元的公正游戏。至于后现代状况，在他看来，就是指“高度发达社会的知识状况”，或者是指“19 世纪末以来随着科学、文学、艺术等游戏规则之转变而出现的文化状况”。[②] 事实上，正如凯尔纳所指出的，利奥塔与其说是在研究后现代状况，不如说是在研究后现代知识状况。其焦点更多集中在对现代知识的批判以及对新知识的呼吁上，而不是集中在对后现代社会或文化形式的分析上。由于他未能对现代性这一社会经济现象提出批评，未把现代性视为一个历史过程，使得其后现代理论脱离了社会分析和社会批判而成了与社会现实和社会问题无关的抽象的哲学。凯尔纳指出，利奥塔的理论把总体化理论视为还原主义的、简化的和“恐怖主义”的大师叙事而予以拒斥，认为它以一元化压制了差异，并为极权主义提供了合法性。然而，利奥塔自己的后现代概念本身就包含有某种大师叙事和总体性概念的预设，这使其理论从一开始就走向了困境。而缺乏切实可行的社会理论和政治理论成为利奥塔后现代理论中最为深层的问题。

最后，对拉克劳与墨菲后马克思主义的评论。凯尔纳认为，拉克劳与墨菲的理论路径是：沿着激进的多元民主路线，将后结构主义理论应用于对马克思主义的批判和对政治与实践的反思。在他们看来，无论是在理论上还是政治上，从马克思到葛兰西再到阿尔都塞的整个马克思主义都为一种还原主义逻辑所害，这种逻辑妨碍了人们对分化且多元的社会性质的理解，对各被压迫群体的自主性的理解以及对一切政治认同和斗争之开放性与偶然性的理解。虽然他们同哈贝马斯一样，认为现代性是一项未竟事业，但仍然极其严厉地批判启蒙运动的普遍主义和理性主义，力主用后结构主义和后现代主义理论来重建现代政治。拉克劳和墨菲认为，战后新的商品化、科层化和同质化等带来的历史巨变使马克思主义遭到了巨大挑战，但

① Jean-François Lyotard, *The Lyotard Reader*. London and Cambridge: Basil Blackwell, 1989, pp. 128 – 130.

② Jean-François Lyotard, *The Postmodern Condition*: *A Report on Knowledge*. Minneapolis: University of Minnesota Press, 1984, p. xxiii.

资本主义生产关系向个人生活领域和社会生活领域的延伸，凯恩斯式福利国家的出现与发展，大众文化和媒体力量的骤然增长，等等，所有这些，产生了新的抵制与对抗形式，即形形色色新社会运动的出现。这些运动主体的诉求的多样性充分证明，阶级立场和生产主义逻辑无法也无力对此新政治现象加以强有力的论说。相形之下，对左派而言，霸权概念是一个十分有用的政治分析工具。[①] 什么是霸权？作为霸权概念的发明人，葛兰西把这一概念用于描绘资本主义维护自身统治的文化维度与文明形态。在当代资本主义社会，统治阶级及其精英集团采用两种方式维护其主导地位，一种是统治或强迫，另一种是知识和道德领导，后者构成了文化霸权的重要方面。[②] 文化霸权主要通过教育、宗教、学术机构等在内的市民社会来实现。正如乔尔所指出的，“对于葛兰西来说，一个政治阶级的霸权是指：那个阶级成功地说服社会其他阶级接受自己的道德、政治和文化标准。”“霸权表现了从属集团在一个社会中对统治集团话语权威的认同。”[③] 因此，居于从属地位的社会集团推翻占统治地位的霸权，确立自身的霸权，其必然路径就是组织从属性的社会集团的广泛统一战线，先夺取市民社会，进而夺取国家政权。拉克劳与墨菲认为，霸权理论蕴含着一种反本质主义逻辑，它对马克思主义具有决定性的解构作用。它所拥有的民主多元性遗产使之成为一种替代性的激进民主理论。凯尔纳指出，拉克劳与墨菲的理论是一种改良主义，他们没有意识到其激进民主最终会被权力壁垒所阻挡，因为权力是不可能和平地放弃其地盘的。

通过以上评论，凯尔纳明确无误地展示了其理论立场：不同意当今社会已是后现代社会的基本判断，认为后现代性不过刚刚露出苗头，现在依然是现代性一统天下的时代。后现代理论是一种存在严重缺陷的不成熟理论，这种缺陷表现在三个方面：其一，缺乏系统的社会理论；其二，忽视国家、资本和政治经济学；其三，夸大历史的断裂性。这些缺陷和不足使后现代理论无法有效揭示当今时代的特征，自然也无力为社会变革指出可

---

① Ernesto Laclau and Chantal Mouffe, *Hegemony and Socialist Strategy: Toward a Radical Democratic Politics*. London: Verso, 2001, p. 193.

② 付文忠：《新社会运动与国外马克思主义思潮：后马克思主义研究》，济南：山东大学出版社，2009 年，第 6 页。

③ J. Joll, *Gramsci*. London: Fontana, 1977, pp. 99, 101.

行之路。因此，马克思主义依旧是有效的思想武器。

激进政治

作为早年参加过1960年代学生运动的左翼理论家，凯尔纳一直对激进政治情有独钟。这首先表现为他严肃批判对激进政治持悲观态度的主张和理论。这种批判以对博德里拉理论的批判最具典型性。博德里拉后现代理论中提出三个核心概念：类象（simulacrum）、内爆（implosion）、超真实（hyperreality），通过这三个概念，[①] 博德里拉为人们描绘了一幅神奇的后现代社会图景：主体、政治、经济、真理、意义、社会事物以及真实事物都销声匿迹了，一切对立、矛盾和危机最终随着社会一起消失了。阶级、解放、进步等所有这一切都在后现代的大众社会这个无差别的“黑洞”中消失，这个黑洞“将所有的意义、信息、通讯吞并，使它们变得毫无意义。”[②] 在他眼中，一切传统的革命策略均已过时，人民大众早已是被动的存在，拒绝参与集体政治社会抵抗行动。凯尔纳以不无讽刺意味的笔触称这三个概念为“神圣的三位一体”！博德里拉的由三个概念所描绘的后现代世界是个虚无主义的世界，如果说尼采的虚无主义还是带有积极因素的，博德里拉的则是消极悲观的，“博德里拉的虚无主义没有欢乐，没有活力，没有对美好未来的期望”。[③] 更有甚者，博德里拉津津乐道于其抽象的符号景观，其符号世界却抹杀了人类的痛苦：

> 他匆匆地穿过美国的荒漠，只看到一些从他身边飘忽而过的符号。他看到电视上的里根，却只看到他的微笑。他出没于南加利福尼亚，却得出结论说美国是一个“已经实现了的乌托邦”。他压根没有看到那

---

① 博德里拉认为，如果说现代性是一个由工业资产阶级控制的生产时代的话，后现代则是个由模型、符码和控制论所支配的信息与符号的类象时代。在类象社会，拥有生命的符码、模型和符号等组成了新的社会秩序，而模型与真实间的差别也被销蚀掉了。他借用麦克卢汉的“内爆”概念来说明类象与真实之间界限消融的状况，这是一种导致各种界限崩溃的社会熵增加的过程。“超真实”一词就是指真实与非真实之间的区分变得模糊不清的状况。见道格拉斯·凯尔纳、斯蒂文·贝斯特《后现代理论：批判性的质疑》，张志斌译，北京：中央编译出版社，2001年，第153～158页。

② Douglas Kellner, *Jean Baudrillard: From Marxism to Postmodernism and Beyond*. New York: Polity Press, 1989, p. 85.

③ 〔美〕道格拉斯·凯尔纳、斯蒂文·贝斯特：《后现代理论：批判性的质疑》张志斌译，北京：中央编译出版社，2001年，第164页。

些无家可归者、穷困潦倒者，未看到到处存在的种族和性别歧视，以及死于艾滋病者和受压迫的外来移民……①

因此，凯尔纳认为，博德里拉的许多观点不仅失之肤浅与平庸，甚至可谓荒谬绝伦与麻木不仁。

其次是表现为他对激进政治路径的探索。如前所述，凯尔纳认为现今依然是资本主义的现代性时期，马克思主义为代表的宏大叙事并未过时，当然，这个时代与以往相比发生了深刻变化，马克思主义需要与时俱进地发展，传统社会批判理论需要修正和重建。凯尔纳认为，重建的社会批判理论是为后现代激进政治服务的，这就需要首先了解后现代政治的内容与特点。如果说现代政治是以自由、平等、正义为目标，以联盟和集体斗争为手段的话，后现代政治则强调碎片化和个体化的斗争，其表现形式有四种：以博德里拉为代表的反政治，对革命和社会变革持绝望和愤世嫉俗态度；以福柯和利奥塔为代表，反对现代性“解放”话语与大规模社会变革的乌托邦企图，主张部分改革和局部斗争；以拉克劳和墨菲为代表的折中主义，既反对现代理论中的本质主义、简约主义和基础主义倾向，又试图在后现代的环境中重构现代价值和社会主义政治，既拒绝马克思主义的激进政治，又不放弃激进政治的可能性；由新社会运动建构的“身份政治”，是目前处于支配地位的政治形式。凯尔纳对这四种后现代政治形式都不满意：第一种反政治对激进政治危害最大；第二种就是刷新的改良主义和自由主义；第三种由于拒绝了马克思主义，注定是无效的；第四种有孤立性和片面性，不利于联盟政治的发展。凯尔纳认为，激进政治的最佳路径是：把以马克思阶级政治为代表的现代政治与以差异政治和身份政治等为标志的后现代政治相结合，把宏观政治与微观政治相结合，把现代理论与后现代理论相结合，为当前复杂的社会提供一幅精确的分析“地图”，这幅地图就是重建的批判社会理论。

3. 技术资本主义：对资本主义社会的新图绘

20 世纪 60 年代以来，资本主义社会发生了深刻的变化，对于这个变化

① 〔美〕道格拉斯·凯尔纳、斯蒂文·贝斯特：《后现代理论：批判性的质疑》张志斌译，北京：中央编译出版社，2001 年，第 179 页。

了的社会，不同理论家有不同描绘，丹尼尔·贝尔称其为后工业社会，詹姆逊称其为“晚期资本主义”，德里克称其为全球资本主义，哈维称之为后福特主义，此外还有高技术社会、信息社会、知识社会等，不一而足。这些描绘，不只是对当下资本主义社会现实的宏观判断，还是种种系统或不系统的理论言说。凯尔纳作为马克思主义批判理论家，同样提出了自己的独立的理论描述，这就是“技术资本主义”理论。

“技术资本主义”是凯尔纳对当代资本主义的理论图绘，但这一概念并非凯尔纳首创，美国和欧洲不少同时代学者都使用过它。[①] 然而，大多数学者都是从经济学的角度来解释和使用这一概念，凯尔纳是较早从政治社会学的视角来使用这一概念的学者。从根源上看，技术资本主义概念显然受到马克思和马尔库塞相关思想的影响，同时还受到20世纪末方兴未艾的技术社会构成论（the Social Shaping of Technology，SST）的启迪，二者都强调社会与技术的互动关系。马克思十分重视技术作为生产力对社会发展的影响，马尔库塞亦然。[②] 凯尔纳认为，对技术的社会影响的理解必须坚持辩证的立场，既要反对仅强调技术积极面的技术治国论，也要反对片面强调技术消极面的技术恐怖论。事实上，技术不可否认地具有一种乌托邦的解放潜能，但同时也内含着统治与压迫的消极因素；技术之发展虽然受到种种社会因素的制约与影响，但亦可以用于改造（毁灭）世界。[③] 凯尔纳采用技术资本主义这一概念的目的在于，他不同意信息社会、媒体社会、高科技社会等提法，认为这些提法掩盖了当今社会的资本主义性质，成为现行体制的帮凶，而传统的民主政治和社会批判理论在发生了巨大变化的社会现实面前早已露出苍白无力之象，技术资本主义这一全新概念则能够有力地应对这一理论挑战，重建社会批判理论，承担起传统理论无法完成的社会

① 如加利福尼亚大学的路易斯·苏亚雷斯-维拉（Louis Suarez-Villa）教授在专著《创造力与技术资本主义的出现》（*Invention and Technocapitalism*）中对技术资本主义的概念、表现形式、社会影响等进行了较为系统的分析。

② 马尔库塞认为，作为生产力的技术将构建整个文化与历史总体——一个世界，将成为统治精英社会控制和追逐利润的工具。Douglas Kellner，*Herbert Marcuse and the Crisis of Marxism*. London and Berkeley and Los Angeles：Macmillan and University of California Press，1984，p. 264.

③ 颜岩：《批判的社会理论基础及其当代重建——凯尔纳晚期马克思主义思想研究》，北京：人民出版社，第244页。

批判与变革任务。

凯尔纳与詹姆逊和哈维等人的最大区别是：他虽然承认资本主义社会发生了重大变化，但拒绝承认资本主义已经进入了后现代时期或晚期资本主义这样一个新阶段，他提出的“技术资本主义”是资本主义发展的新形式，不是新阶段。特别是晚期资本主义这一概念，最早由桑巴特提出，[①] 一度被法兰克福学派引入社会批判理论但最后又被放弃，因为这一理论意示着资本主义行将灭亡，而现实情况却不然。凯尔纳显然认同法兰克福学派的判断，资本主义不仅没有衰败，反而在大踏步迈向全球化。在凯尔纳看来，技术的影响力已经越出经济领域，向政治文化领域扩展，导致技术政治与技术文化现象的产生。技术政治（techno-politics）和技术文化（techno-culture）构成技术资本主义理论的两个核心概念。凯尔纳认为，技术文化是技术变革和资本主义管理的产物，它的产生前提是：首先，文化不再由宗教、社会习俗、伦理规范等因素决定，而是由科学技术决定；其次，建立在家庭和邻里基础上的直接的人际关系被数字化或电子化的虚拟交流方式取代；最后，由多样化的社会经济关系决定的技术日益成为社会变化的驱动力，一切固定社会关系都被技术推翻。[②] 如何判断一个社会是否为技术文化社会呢？他指出，一个拥有发达技术文化的社会必然表现出以下特征：（1）技术通过机器渗入日常生活并干预和改变人与自然、社会和其他事物之间的关系。（2）机器通过自动化的不断升级不断取代人成为越来越多工作空间的主宰。（3）技术意识（technoconsciousness）发挥着重要的霸权或意识形态功能。（4）技术文化和虚拟社区代替了人们的真实生活。当技术渗透到政治中时，形成了技术政治。所谓技术政治，“意指政治被诸如通信媒体和互联网等技术所中介……它泛指一切与政治斗争有关的技术扩散”。[③] 以计算机和媒体技术为标志的现代技术对政治的影响主要表现在两个方面：一是赛伯空间培育出了新的公共领域（Public Sphere），二是媒介对激进民主政治的促进。“公共领域”是哈贝马斯在60年代初提出的一个概念，指

① 维尔纳·桑巴特曾将资本主义划分为早期资本主义、高度资本主义和晚期资本主义三个阶段，晚期资本主义暗指资本主义失去活力的最后阶段。

② Steven Best, Douglas Kellner, *The Postmodern Adventure*. London: Guilford Press, 2001, p. 215.

③ Douglas Kellner, *Globalization*, *Technopolitics and Revolution*, http: //www. gseis. ucla. edu/faculty/kellner/kellner. html.

与私人领域相对应的社会空间。在自由资本主义时代，公共领域为人们提供了影响社会和政治秩序的有效途径，但自19世纪末以来，随着国家和私人企业力量的介入，公共领域和私人领域间的界限日益模糊，公共领域蜕变为统治领域，人们亦逐渐蜕变为纯粹的消费者，昔日对民主政治的激情也逐渐转变为对自我利益的关注。凯尔纳虽然充分肯定哈贝马斯公共领域概念的思想内容，但不同意他对资本主义社会的美化，更不同意他的悲观主义。因为新技术的发展已经创造了一个新的民主政治的公共领域。至于媒介对政治的影响，哈贝马斯一直从负面的角度进行评判，认为媒介对民主政治起着阻碍作用。① 凯尔纳拒绝这种论调，认为媒介对民主变革起着积极作用。他指出，“用新技术来连接信息和实践，传播斗争，对于政治斗争来说既不是无关紧要的，也不仅仅是乌托邦式的空想。”② 当然，前提是媒介本身必须民主化，其路径是在主流媒体之外发展一种替代性的批判性新媒介，这个新媒介的形成和对主流媒介的替代将是一个缓慢的过程。

技术资本主义理论在三个方面体现了晚期马克思主义意蕴：一是对资本主义所持有的批判立场；二是方法论上的辩证观；三是对马克思主义核心理论的应用与拓展。③ 这三个方面实际上是贯穿凯尔纳全部学术研究的一条红线，它体现了一位坚定的马克思主义理论家最基本的政治态度。

三　詹姆逊与晚期资本主义的文化逻辑

1. 詹姆逊与后现代主义研究

在老一辈左翼政治与文化批评家如阿多诺、萨特、马尔库塞、汉娜·

① 哈贝马斯在此问题上显然深受米尔斯影响。米尔斯认为媒体的作用主要是消极的，因为：当代媒体已经成为少数精英欺骗公众的工具，其传递的信息不再有客观性；现代媒体阻止反馈，以单信道信息传递方式湮没民主的公共领域；很少鼓励人们参与政治活动。Douglas Kellner, *Habermas, the Public Sphere, and Democracy: A Critical Intervention.* http://www.gseis.ucla.edu/faculty/kellner/kellner.html.

② Douglas Kellner, *Techno-Politics, New Technologies, and the New Public Spheres.* http://www.gseis.ucla.edu/faculty/kellner/kellner.html.

③ 颜岩认为，晚期资本主义的总体特征有三个：（1）坚持马克思主义核心理论原则，如历史唯物主义、剩余价值学说等；（2）坚持马克思主义方法论，如辩证分析法、历史分析法和阶级分析法等；（3）坚持在新形势下发展马克思主义。颜岩：《批判的社会理论基础及其当代重建——凯尔纳晚期马克思主义思想研究》，第252~253页。

阿伦特、威廉斯等人谢世后，在冷战后的西方理论界，弗雷德里克·詹姆逊已然成为最具影响力的马克思主义理论家。他深深卷入了自后结构主义崛起以来西方理论界的一系列论争，在许多重大理论领域和问题上有力地或深刻地留下了自己独具创造性却也不断引起争议的理论印迹。自 1982 年发表《后现代主义与消费社会》一文以来，詹姆逊一直是后现代主义理论争锋的重量级斗士。1984 年，他在《新左派评论》上发表了极富影响力的论文《后现代主义，或晚期资本主义的文化逻辑》（1991 年出版同名著作），书中提出的后现代的到来是晚期资本主义文化逻辑的表现的新形式的论题构成了詹姆逊"所有著作的基石"。[①] 凯尔纳认为，詹姆逊的这篇文章代表着詹姆逊后现代主义研究的最高成就，"为当代社会理论提供了部分必不可少的方法、框架和理论分析"[②]。在这篇文章中，詹姆逊立足于马克思主义的理论高度和西方世界纷繁变化的社会现实，借鉴和吸纳了当代社会研究的诸多理论成果，对当代资本主义社会或后现代社会提出了独特的理论阐释。他把当代社会界定为特定历史变化的结果：从国家或垄断资本主义的具体的民族体系向多国资本主义连锁体系转变。在这个晚期资本主义时期，资本主义本身由于消费、信息、形象、传媒和高科技等因素的叠加强化而表现出与以往明显不同的特点，其背后的推手是跨国资本的无限度扩张和强有力的渗透。这种变化必然引起社会思想文化意识领域的变化，这种变化不仅表现为人的情感与心理的变化，也表现在人对自然、世界、历史、自我等看法的改变，所有这些变化反映到文化艺术上，便带来了艺术观念、手法、形式和实践等各个层面的巨大变化，这些各不相同的具体门类的变化折射出整体文化变迁的趋向。

80 年代是詹姆逊对后现代主义倾力研究的时期，这个时期同时又是美国社会新保守主义大行其道、社会理想主义退潮、社会重新复归平庸格外讲求实际的时代，尽管美国社会在阶级、性别、种族等领域的不公，特别是经济领域巨大的分配不公依然如故，但全社会各个阶层却对现实持比较满意的态度，对未来信心十足。这种乐观的社会现实成为詹姆逊构建理论架构的客观语境。进入 90 年代，冷战终结，对资本主义扩张的抵制力量趋

① 英国著名马克思主义理论家佩里·安德生（Perry Anderson）对这一著作的评语。转见詹姆逊《文化转向》，胡亚敏等译，北京：中国社会科学出版社，2000 年，第 1 页。

② Douglas Kellner ed., *Postmodernism*, *Jameson*, *Critique*. Washington: Maospmmeive Press, 1989, p. 2.

于弱化，资本主义全球化大潮在全球高歌猛进，资本主义的经济政治模式以及文化价值观在全球呈席卷之势。詹姆逊敏锐地抓住这一巨变及其带来的社会文化变化，从后现代主义的二律背反的路径来阐释后现代主义文化。1994年，《时间的种子》问世，1998年，《文化转向》出版。这两部著作集中反映了他在后现代主义问题上最新的思考。安德森在《文化转向》的前言中对此予以高度评价："詹姆逊的著作，犹如夜晚天空中升起的镁光照明弹，照亮了后现代被遮蔽的风景。后现代的阴暗和朦胧霎时变成一片奇异和灿烂。"① 这一评价并不为过。因为詹姆逊的后现代批评不仅是勇于面对现实问题和理论命题进行探索的结果，还是成功应对重大挑战的产物。挑战至少来自两个方面：其一，论域扩大的挑战。詹姆逊早期主要学术研究领域是文学理论和文学批评，现在则扩展到绘画、建筑、电影、音乐等更广泛的文化领域，所面对的挑战是不言而喻的；其二，打破马克思主义与后现代主义不同知识谱系间差异的挑战。马克思主义与后现代主义分属不同的知识谱系，它们之间的矛盾、分歧、差异十分明显，詹姆逊试图将对立的二者进行调和，如将阿尔都塞与卢卡奇、结构主义与黑格尔式的马克思主义、马克思主义与后结构主义结合起来。亦即要在坚持马克思主义立场的同时，成功有效地吸纳现代社会理论的成果，使二者有机协调与融会，无疑是理论上的巨大挑战。凯尔纳认为，詹姆逊对挑战的应对非常出色："詹姆逊逆'后马克思主义'或'反马克思主义'潮流而动，坚持马克思主义并介入了后现代主义论争，他通过反对后现代主义和后结构主义的攻击捍卫了马克思主义理论，这些理论攻击马克思主义是过时的、总体论的、生产性的简化论话语，它们不能概括当代后工业社会出现的特征。"②

1. 詹姆逊后现代主义研究的理论视野

理论的生命力和价值就在于不仅能够对变化无穷的现实提供有说服力的解释，还能够立足于历史和现实，把握社会矛盾和文化状况的内在发展脉动与趋势，提出具有建设性的解决方案，对未来产生良性影响。詹姆逊的后现代研究具有强烈的现实关怀，他明确拒绝就后现代文化进行道德评判，主张以冷静和辩证的眼光看待社会变化，并作出准确诊断。他对后现

① 转见詹姆逊《文化转向》，胡亚敏等译，北京：中国社会科学出版社，2000年，第1页。

② Douglas Kellner ed., *Postmodernism, Jameson, Critique*. Washington: Maospmmeive Press, 1989, p. 23.

代主义研究的理论格局或视野涉及如下几个方面：其一，按照资本主义经济秩序本身的客观变化来定位后现代主义：后现代性不再是纯粹的美学冲突或认识转变，而是主导性生产方式在一个新的历史时期的文化表征；其二，根据客观世界的变化探讨主体在特定历史时期的心理变化：新的主体性标志着"主体之死"导致的历史感丧失、时空失衡导致的"歇斯底里式的崇高"以及"情感消逝"导致的主体的无深度性；其三，跨越整个艺术光谱从不同侧面抨击有关艺术的大多数话语，扩大文化研究领域：主要有建筑、电影、电视、绘画、音乐、广告等；其四，在全球规模上探讨后现代主义的社会基础和地缘政治结构：后现代社会中阶级结构的变化、世界市场的全球性统一和高雅文化与通俗文化之间界限的消除等；其五，依据经典马克思主义把后现代主义等同于资本主义的一个新阶段：把总体化地认识新的无限度的资本主义确定为马克思主义在新时期的任务。①

历史分期中的后现代主义

既然把后现代主义理解为晚期资本主义的文化逻辑或文化表现形式，那么詹姆逊后现代主义研究的一个不可回避的课题是，如何理解资本主义的发展进程及其动力？在这方面，恩斯特·曼德尔（Ernest Mandel）的历史分期理论对詹姆逊具有直接的影响。曼德尔在《晚期资本主义》一书中，从机器促进生产进步的角度对资本主义的整体进程进行了历史分期：（1）18世纪末至1847年，以手工业或工业制造的蒸汽机的使用为标志；（2）1847年至1890年代，以机器制造的蒸汽机的普及为标志；（3）1890年代至第二次世界大战时期，以电和内燃机的普遍应用为标志；（4）第二次世界大战结束以来的时期，以电子仪器和原子能为标志。显然，曼德尔是把科技视为社会进步的主导力量，并以此来对资本主义进行整体性解析。由此，他把资本主义按时间顺序分为市场资本主义、垄断资本主义或帝国主义、多国或后期资本主义三个阶段。詹姆逊多次表明他对曼德尔观点的接受，完全采用了曼德尔的历史分期法，把资本主义划分为三个阶段：市场资本主义时期、垄断资本主义时期、跨国资本主义时期。与三个阶段相对应的主导文化分别为现实主义文化、现代主义文化和后现代主义文化。"无论如何，我

① 这五个方面为安德森所总结。转见陈永国《文化的政治阐释学》，北京：中国社会科学出版社，2000年，第256页；李世涛：《重构全球的文化抵抗空间：詹姆逊文化理论与批评研究》，北京：社会科学文献出版社，2008年，第11页。

自己在对文化分期作阐述时所提出的三分法（现实主义—现代主义—后现代主义），也正是从曼德尔的三分模式中得到启示、得到印证的。”[①] 不过，与曼德尔侧重机器生产进步的视角不同，詹姆逊立足于马克思主义立场，从资本发展入手，以资本主义生产方式和社会结构变化为依据来理解资本主义的发展。可以说，詹姆逊改写了曼德尔的阐释主符码，以资本的运作代替了技术发展，牢牢扎根于生产方式变迁这一马克思主义的基本理论立场，力图就晚期资本主义的文化模式、特征等作出较具说服力的解释。

后现代主义的“文化主导”性

马克思主义认为，文化属于建基于经济基础之上的上层建筑，其发展受经济基础的制约，但是，文化本身的发展又具有相对独立性。正是由这一观点入手，詹姆逊把晚期资本主义时期的种种文化现象与这一时期的社会、经济诸因素联系起来进行研究。不过，詹姆逊并没有完全按照马克思主义生产方式的理论来解释后现代社会文化问题，而是借用了阿尔都塞的“结构因果律”来分析经济基础与上层建筑以及政治、经济、文化等层面之间的关系。传统马克思主义理论认为，由生产力与生产关系构成的生产方式在社会结构中是最终起决定性作用的因素，但在阿尔都塞看来，生产力与生产关系的作用虽大，但仍是有限的。它们只作用于生产方式（结构）的某个特定方面或层次，它们与其他层次间相互区别，又相互联系和相互作用，共同构成了总体性结构，成为整体社会系统发挥功能的不可或缺要素：“每一个层次现在已不再是单独的层次了，而是一个亚系统。每一亚系统（subsystem）都必须在某种程度上用其自身的词汇来形容，自己按照其自身的原动力来发展，但它自己又是与所谓复合性多元决定结构性总体相联系的；于是我们可以说每层次都具有半自律性（semiautonomy），也就是说每一个层次都拥有我们必须尊重的某种自律性。”“每一层次都有自己的辩证的规律。”[②] 在詹姆逊看来，这些相互作用的层次间需要文化这一半自律性的力量来充当中介，虽然经济深深渗透到后现代文化中，使文化严重商品化，商品也成为文化的组成部分，亦即文化与商品间的界限已完全被

---

① 〔美〕詹明信：《晚期资本主义的文化逻辑》，陈清侨等译，北京：三联书店，2003 年，第 484 - 485 页。

② 〔美〕杰姆逊：《后现代主义与文化理论》，唐小兵译，北京：北京大学出版社，1997 年，第 83 页。

打破，但文化在后现代社会中的主导性却是明显不过的趋向。

詹姆逊关于“文化主导”的概念显然直接来自罗曼·雅各布森（Roman Jakobson）和雷蒙·威廉斯（Raymond Williams）。[①] 特别是詹姆逊关于生产方式的认识、对后现代主义文化分期以及具体内容的分析，二者的影响不可谓不深。詹姆逊之所以把后现代主义视为一种文化霸权，与他对“文化主导”概念的深入理解和对文化要素的丰富性及其差异的认知密切相关。詹姆逊认为，只有透过“文化主导”的概念来掌握后现代主义，才能更全面地了解晚期资本主义这个历史时期的总体文化特质。[②] 当然，詹姆逊的“文化主导”概念外延十分丰富，既可以用于对总体文化状况的描述，又可以用于对具体艺术门类、观念等的分析，形式虽然各个不一，但其中却存在共同和一致的特征，具有共同的价值观念、共同的时代特征。例如，在文学艺术领域，20 世纪 40 年代以前，毕加索、乔伊斯等巨匠所代表的现代主义不被认同与接受，被丑化、排斥、打压而边缘化，但进入 40 年代后，情况发生了戏剧性变化：现代主义作品及其创造者大受追捧，占据了社会意识的中心，作品成为经典，作者成为大师。然而，进入 50 年代后，随着新人新作品的不断出现，现代主义又逐渐从受人顶礼膜拜的神圣殿堂滑落，风光不再。西方文化出现了某种程度的断裂：长期占据主导地位的精英文化随着现代主义落潮而日暮途穷。以注重个人瞬间体验和审美通俗化倾向为特点的后现代主义文化汹涌而来，很快占据了资本主义文化的制高点。在詹姆逊看来，要全面理解后现代主义文化，就必须将“文化主导”概念与历史分期相结合：在不同的历史阶段总是存在多种文化力量，其中必然存在一种主导文化，在晚期资本主义社会，后现代主义构成这个时期的文化主导力量，但由于现代主义与相应的生产方式仍然存在，且后现代主义与现代主义之间具有连续性的一面，在后现代文化中自然存在诸多现代主义文化的特点。当然，后现代主义与现代主义在语境和与现实的关系等方面具有明显的差异性，宏观上看，现代主义文化与资本主义现实

① 雅各布森最早提出“文化主导”概念，这一概念最初用于指那些在艺术品或艺术形式中起核心作用的因素，后逐渐应用于文艺史或文化史的分期。威廉斯则从文化变迁的角度使用和发展了这一概念。参见李世涛《重构全球的文化抵抗空间：詹姆逊文化理论与批评研究》，北京：社会科学文献出版社，2008 年，第 17 页。

② 〔美〕詹明信：《晚期资本主义的文化逻辑》，陈清侨等译，北京：三联书店，2003 年，北京：三联书店，2003 年，第 427 页。

之间的距离拉得较开，因为现代主义文化本身源于对资本主义体制下人的异化状态的焦虑和抗议，但在晚期资本主义社会，随着商品生产和商品观念的不断扩展和渗透，文化日趋成为一种产业，成为商品生产和消费的延伸和有机组成部分，“文化生产和商品生产之间的共谋关系销蚀了文化的半自治性，使后现代主义文化与晚期资本主义现实之间的关系更加密切，甚至第三世界、美学和无意识领域都被商品化了。”①

后现代主义社会的变迁

詹姆逊后现代主义理论并非空中楼阁，或放任思想天马行空的产物，而是扎根于西方社会现实的深厚基础之中，尤其是战后以来欧美社会转型引发的社会各个层面的变迁之上。反过来说，正是社会经济、科技和社会生活诸方面日新月异的变化直接间接地催生了詹姆逊的后现代主义理论。

从经济上看，晚期资本主义的突出特征是资本的跨国流动与扩张。在这种跨国资本扩张过程中，实力超群的跨国公司以不可阻挡的势头席卷世界市场，平行或立体的国际分工不断向纵深扩展，金融日益全球化并在全世界震荡起一波波强风暴。这些境况使以往以民族国家为界域的经济活动和资本运行模式被彻底打破，因为跨国公司经营活动地理空间的不断扩大，使得它与原在国的密切联系弱化，其自由度大大增加，对自身利益的追求成为其最基本的行为动机，为此，它“可以在任何地方设立企业，剥削任何一个国家，包括它自己的国家”。② 可以说，跨国资本的利益已超越于单个民族国家利益之上，无坚不摧的全球资本主义扩张使资本的内在逻辑以一种难以察觉的方式成为全球性支配力量。资本主义生产方式必然因之发生重大变化，这一变化自然要在文化领域中反映出来。在晚期资本主义时期，商品观念和商品意识已经渗透到世界所有角落，甚至连长期在商品经济和世界市场中处于边缘的第三世界也卷入绿色农业浪潮中。商品生产的逻辑已然成为人类全部生产活动的逻辑。

从科技上看，机器生产和再生产过程在晚期资本主义社会备受重视。电脑、互联网等电子媒介所起的作用越来越大，在此技术支持下，大批量

① 李世涛：《重构全球的文化抵抗空间：詹姆逊文化理论与批评研究》，北京：社会科学文献出版社，2008 年，第 20 页。

② 王逢振：《全球化、文化认同与民族主义》，王宁、薛晓源主编《全球化与后殖民批评》，北京：中央编译出版社，1998 年，第 93 页。

复制使形象的生产和再生产成为现实，电影、电视、录影、录音推动了全社会的文化消费上升到了一个以往难以想象的水平。市场上充斥着大量没有本源的仿像（stimulation）产品，这反过来对文学艺术产生了影响，二者相互作用，从而建构起一个由形象、幻象叠加出的景观社会，一个虚化的后现代空间。在这个由高科技型塑的后现代空间中，人们对世界的感知发生了变化，或者说人们感知社会现实的能力因之悄然沦丧。因此，詹姆逊虽然不认为科技对社会具有决定性作用，但在看到电子媒介对人的感觉之塑造和对现实的歪曲后，在后现代主义研究中对此给予了充分重视。

从社会生活领域看，发端于20世纪20年代的消费社会在战后以不可逆转的趋势向前推进，这是一种与早期资本主义社会有着明显区别的新生活方式与生活态度，它与之前社会的差异集中由社会思想和社会政治文化中的较量、矛盾和种种社会运动风暴折射出来。1960年代，欧美国家出现了普遍性的社会政治与文化危机：反战运动与黑人等少数族裔的民权运动、妇女运动、学生运动、新左派激进政治运动、嬉皮士反主流文化运动、环境保护与生态运动等叠加在一起，把西方社会搅了个天翻地覆。詹姆逊认为，所有这一切标示出一种明显的"断裂"，60年代因而具有了资本主义发展史上独特的分水岭意义：后现代主义文化主导的晚期资本主义阶段由兹肇始。

丹尼尔·贝尔在《资本主义的文化矛盾》中把这个由高科技推动下出现的阶段称为"后工业社会"，它与詹姆逊所说的晚期资本主义社会是可相互置换的词，它还可换成媒介社会、消费社会、信息社会、景观社会、电子社会、高技术社会等。这是资本主义发展过程中科学技术发展最鼎盛的阶段，科技不仅极大地推动了生产力的进步，而且日益走向家庭和日常生活，对社会成员的生活产生了全方位的影响。一句话，高技术的发展不仅有力地促进了社会经济领域的持续增长，更为重要的是，它改变了人们的观念和日常生活，带来了巨大的社会变革。因此，詹姆逊认为，消费社会是后现代主义文化产生和存在的基础，后现代主义文化因此可称之为晚期资本主义的消费文化。在消费社会中，大批量生产支撑着不断膨胀的消费、服务和闲暇；种类繁多的符号商品、影像、信息生产呈现爆炸性的增长势头，消费完全成为社会生产与再生产的牵引力，其表现为："新的消费类型；人为的商品废弃；时尚和风格的急速变化；广告、电视和媒体以迄今为止无与伦比的方式对社会的全面渗透；城市与乡村、中央与地方的旧有的紧张关系被市郊和普遍的标准化所取代；超级公路庞大网络的发展和驾驶时代的来临——这些特征似乎都可以标志着一个与战前社会的根本断裂……”[①]简单地说，消费社会的到来，意味着消费成为社会的中轴，成为生产之目的，MTV，卡拉 OK，VCD 等娱乐形式潜移默化地影响和有效地操纵着文化的发展，大规模生产使文化边际无限扩大，似乎一切都被包融进文化之中，“文化不再局限于它早期的、传统的或实验性的形式，而且在整个日常生活中被消费，在购物，在职业工作，在各种休闲的电视节目形式里，在为市场生产和对这些产品的消费中，甚至在每天生活中最隐秘的皱折和角落里被消费，通过这些途径，文化逐渐与市场社会相连。”[②] 结果是，文化的精英主导特性日渐消解，大众化、通俗化、时尚化和快餐化悄然间已成为其主导趋向。总体上看，消费文化具有以下几方面的特点：其一，在晚期资本主义社会里，消费文化在整个文化格局中居于强势地位，广受欢迎，在与精英文化的较量中优势明显；其二，消费文化具有直接性与无方向性特征，这源于消费文化本身接受方式上的即时性、便捷性和内容的相对无深度性；其三，消费社会中以消费为价值取向的直接后果是，文化被泛化，进而导致生活审美化，艺术与生活间的界限趋于瓦解，通过艺术家、知识分子和媒体间的共谋，文化与生活不断走向融合，二者相互作用，使文化与社会生活间通过商品逻辑连为一体。

在政治方面，战后第三世界在国际舞台上的政治影响力日渐增强，相应的，发达资本主义国家的政治也出现了重大变化。自第二次世界大战结束以来，随着亚洲和非洲等殖民地和半殖民地国家与民族的不断觉醒，全球殖民主义体系土崩瓦解，获得独立的第三世界国家在政治和经济上走向联合，成为战后国际政治格局中举足轻重的力量。但是，由于历史和现实的原因，第三世界国家的独立与发展面临前殖民宗主国家和现代霸权国家的新殖民主义威胁，这种威胁有三方面：一是经济发展上无力摆脱外国资本挟持下的依附性发展；二是政治上遭受强权政治的排挤和压迫；三是文

① 〔美〕詹姆逊：《文化转向》，胡亚敏等译，北京：中国社会科学出版社，2000 年，第 19 页。

② 〔美〕詹姆逊：《文化转向》，胡亚敏等译，北京：中国社会科学出版社，2000 年，第 108 页。

化上阻止不了欧美文化的渗透。这构成晚期资本主义时期全球资本主义一个重要的政治景观。与此同时，资本主义国家内部则出现对抗性力量弱化和“意识形态终结”观念盛行的政治潮流。

2. 詹姆逊关于后现代主义文化基本特征的分析

在詹姆逊看来，与现代主义文化相比较，后现代主义文化具有如下突出特征：深度的削平、历史感断裂、主体消逝、情感丧失。[①]

所谓深度削平，从文学艺术领域看，主要表现在五种深度模式被打破。其一，内部和外部相区别的模式，即把事物的内部与外部特征孤立起来对待或处理。其二，辩证法关于本质和现象的区分，表里对立的预设每每让人抛却现象和感性之物，追寻隐匿在表层下面的深层次的规律性的东西，后现代主义文艺则视此种思维方式为弊端，专注于事物之表象，认为表象即本质，否定传统上奉若神明的本质霸权。如后现代主义文学就专注于文本表层，拒绝挖掘文本的象征、寓意层面和文本背后的意义。其三，弗洛伊德表层－深层心理分析模式，这在现代主义文艺批评中是最有影响力的理论架构，即深层次的或潜意识中的压抑反映人的心理真实，文学艺术的使命在于揭示这种内在的真实，但后现代主义反对这种理论，拒绝去发掘受压抑的文本的深层内容。其四，存在主义关于异化与非异化、真实与非真实、确定性与非确定性的区分。后现代主义不承认这种区分，认为真实和确定性是不存在的，迷恋并追求确定性是无视生活的变化莫测，与追求虚幻无异。至于异化观念更被完全否定，理由是主体本身已经残片化，不再存在，何来主体异化？或者原本就不存在真正的自我，何来表现真正自我？其五，语言学家索绪尔式的能指与所指之区分，后现代主义文化拒绝这一区分。没有这一区分，意味着文本只是能指的无穷游戏，文本的深层意义消失。[②] 深度模式被打破的结果是，具体文本不再具有可解释性，文本只涉及经验，所谓阅读就是对这种经验的体验。文字之后没有深层的意义，无须去探究和解析意义。詹姆逊通过不同时期艺术家的作品间的比较来说明这种无深度或平面化问题。在他眼中，现代主义在艺术领域的重要代表人物梵高和蒙克等人的作品是具有深度的，而后现代主义艺术家安迪·沃

---

① 李世涛：《重构全球的文化抵抗空间：詹姆逊文化理论与批评研究》，北京：社会科学文献出版社，2008 年，第 29 页。

② 〔美〕杰姆逊：《后现代主义与文化理论》，唐小兵译，北京：北京大学出版社，1997 年。

霍尔的作品则类似于广告画——留给人的印象是平面感、无深度感、表面感。

历史感断裂，主要表现为对当下经验和意义的强调与重视，否定或漠视历史与现实之间不可切割的关系。在现代主义语境下，历史意识在社会整体意识中占有重要位置，因为它是人类对于自身和历史事件及其发展的看法，如果说个体的历史意识表现为个体的记忆的话，人类群体的历史意识通常表现为某种文化传承，代表一定时期人们对历史的态度。现代人的历史意识主要表现在理解和把握历史的方式上，而对历史发展的认知又能够直接影响到人们对现实的理解与把握。相比之下，在后现代主义时期，厚今薄古已经成为一种大趋势："当代社会系统开始渐渐丧失保留它本身的过去的能力，开始生存在一个永恒的当下和一个永恒的转变之中，而这把从前各种社会构成曾经需要去保存的传统抹掉。"① 尽管现代主义文艺立足于当下，但当下是建基于个人记忆和文化传统之上的。而后现代主义文化则不承认历史规律，认为那不过是利用权力话语进行虚构的幻想物。历史其实只是纯粹偶然的片断，沉醉于与历史无涉的现时体验的愉悦之中是人的真实写照，可以说历史感缺失是后现代主体的最为基本的特征。历史感缺失带来的一个直接后果是人们的时间意识发生了变化：在现代主义文化中，时间被理解为一种承续性——过去、现在、未来，现在是过去的未来并呈现出来的结果，现在又指向未来，三者按照时间顺序井然展开，但在后现代主义文化中，历史意识的消解导致时间的连续性被彻底打断，过去和未来从时间之链上失踪，正如拉康所说，这种时间连续性的丧失使后现代主义文化带给人的是一种精神分裂式的感受。"精神分裂的感受是这样一种有关孤立的、隔断的、非连续的物质能指的感受，它们无能于扣连一个连续的系列。"② 历史感的沦丧导致一种"景观文化"的出现："过去"在后现代文化中被悬置起来，变成文本或图片，借助于怀旧心理把人的注意力引向对事物形象的欣赏，好莱坞的怀旧影片在这方面堪称范例，"这些所谓的'怀旧电影'从来不曾提倡过什么古老的反映传统、重视历史内涵

---

① 〔美〕詹明信：《晚期资本主义的文化逻辑》，陈清侨等译，北京：三联书店，2003 年，第 418 页。

② 〔美〕詹明信：《晚期资本主义的文化逻辑》，陈清侨等译，北京：三联书店，2003 年，第 410 页。

的论调。相反，它在捕捉历史‘过去’时乃是透过重整风格所蕴含的种种文化意义；它在传达一种‘过去的特征’时，把焦点放在重整出一堆色泽鲜明的，具昔日时尚之风的形象，希望透过掌握30～50年代的衣饰潮流、‘时尚风格’来捕捉30～50年代的‘时代精神’”。[①] 由于仅仅记忆和体验孤立的现在，后现代的时间体验具有突出的精神分裂特征。以后现代小说为例，零散、破碎、片断偶然组合等等充斥其间，时间顺序、叙事逻辑全部被无序打乱，甚至基本的语言和句子结构也变成多余，当下的个人体验被无意识地随意组合，直接呈现体验的无意识状态。结果是，后现代文本几乎无一例外地成为拼凑之物。与此同时，历史因素在思维和意识中的缺席，导致时间的连续性转变为空间上的并列，产生了新的空间形式。

主体消失是后现代主义文化的一个极其明显的特征。主体消失主要表现为主体的零散化和自我的彻底缺失，表现为自我、感情、个性和风格的消失。导致主体消失的原因，除对主体的解构带来的“人的死亡”外，主要与后现代人的体验相关。在后现代社会，高强度和快节奏的工作对人的身心造成极大的损耗，普遍存在一种“耗尽”体验。不仅如此，在后现代社会政治经济体制下的个体，不同程度地存在身心分裂、自我被撕裂的感觉。完整的世界与自我被扭曲的世界和幻游状态的非我取代，非完整性造就了非中心化的主体，人具有了类似于吸毒者的体验：自我零散且无中心，自我身份丧失，自我的碎片化产生的痛苦令人陷入普遍焦虑之中。此外，主体性的消失还带来了人感知世界方式的变化。由于与主体相关的人在世界的中心特权地位随着主体的消解而瓦解，人沦为物，其主观能动性、创造力和感受能力都大为减弱，只能被动地感受非真实的世界与自我。物的世界的冷漠通过人再现出来。人不仅失去了主体性，甚至失去了情感，人在表现世界时特有的感情维度已变得踪迹难寻。情感消逝成为后现代的典型体验，经过文化工业复制过程，主体与情感都荡然无存了，被表现对象变为只是纯粹商品化过程的产物。当然，“情感的消失”并非是指人的所有情感的消逝，主要强调的是，由于主体和自我消解而导致传统意义上的情感无法生成、无法存在和无法表现，人无法真实地认知自我与

① 〔美〕詹明信：《晚期资本主义的文化逻辑》，陈清侨等译，北京：三联书店，2003年，第458～459页。

客观世界。

3. 詹姆逊对后现代主义的批判

詹姆逊从意识形态的视角对后现代主义进行了全面深入的剖析与评判。他认为，后现代主义文化与晚期资本主义文化扩张间存在十分密切的关系。众所周知，在前资本主义时代和资本主义前期，西方发达国家在处理与广大非西方世界的关系中，通用的手段是政治殖民主义，即以武力征服和直接占领殖民地国家领土的方式实现对非西方世界的统治。进入垄断阶段或帝国主义时代后，经济殖民主义成为西方在亚非拉不发达国家和地区实现自我利益的主要方式。晚期资本主义时期，全球化从经济领域迅速向政治文化诸领域蔓延，促进了世界各国间和区域间关系的密切化，为了维持西方固有的全球霸权地位，文化殖民主义成为西方发达国家制定对发展中国家政策的理论基础。在当代世界，人类面临的诸多挑战中最核心的和根本的挑战是发展，是共同发展。对发展的强调客观上弱化了不同意识形态间的对立与冲突，不同思想和文化间的交流与融会有增无减，加上大众传媒的快速发展有力地推动了信息传播在深度和广度上的扩展，打破了人类生存时空的限制，大众文化与消费主义社会的不断成长更是大大拓展了文化发展的空间。所有这些造成一种不争的现实，一种单面化的物质与社会文化生活。这种建基于技术进步之上的单向度社会物质文化生活强化了人们关于社会和谐稳定的太平盛世印象，殊不知这是一种掩盖真实的表象，这一被掩盖的真实包括生产关系状况、文化问题和道德问题诸领域。在表面光鲜的文化霸权后面是“流血、痛苦、死亡和恐怖”。在詹姆逊看来，晚期资本主义虽然是灾难，但毫无疑问也是进步，后现代主义文化具有现实的合理性。但是，由于后现代主义文化“迫使我们把后现代‘时刻’作为我们自己的‘现在的时刻’，作为我们必须与之斗争的主导文化形式”,[①] 必须与之进行斗争，斗争的方法不是采用否认和抛弃战略，而是应用或借用种种对立策略。

在欧美学术界，在后现代主义的评判方面存在一种道德化倾向：不是过度赞美后现代主义文化开创了“后工业社会”的新天地，就是横加责难

① Douglas Kellner ed. , *Postmodernism*, *Jameson*, *Critique*. Washington: Maospmmeive Press, 1989, p. 114.

后现代主义的平庸性。詹姆逊对这两种倾向都不以为然。他认为，对后现代主义文化的开创性的赞誉实际上是过度夸大高科技的作用，是对技术能够让世界从困境中脱身的盲信。反之，从道德立场对后现代主义进行非难也没有实际意义，因为，旧的意识形态的道德说教在后现代或晚期资本主义社会的现实面前，其效能已经深可置疑了。詹姆逊认为，后现代主义文化最无可争议的对现存体制的支持作用在于，通过技术手段把社会现实转化为形象，这种形象文化不仅印证了晚期资本主义的文化逻辑，而且还强化了这种逻辑。它制造的形象文化让人沉醉于幻想过去的形象之中，把人的注意力引向对形象、文本和陈规旧矩的改造上，从而忘却现实的斗争，无意中把改造文本或形象等同于改变社会现实，结果使人沉溺于行动的幻觉中，丧失真正行动的意志。可以说，站在道德立场进行评判和说教的人其实是已经深陷后现代主义文化之泥潭而不能自拔者，他们已在无意识中被同化了。那么，如何看待后现代主义文化呢？

詹姆逊的态度非常明确，就是要以马克思对待资本主义的辩证方法来对后现代主义进行评判。一方面，要充分认识后现代主义的消极面：后现代主义具有突出的“谬误瞬间”。所谓谬误瞬间，指的是在后现代社会世界中，包括批评距离在内的距离差异在后现代空间渐趋于消逝，同时，跨国资本主义对边缘地区社会的自然和无意识领域不断强化的渗透，作为主流意识形态对立面的文化对抗力量之对抗功能已然失效，而且反过来已经成为整个现行体制有效运转的重要支撑力量。詹姆逊一针见血地指出：“后现代主义的种种姿态，我们今天的群众不但易于接受，并且乐于把玩，其中的原因，在于后现代的文化整体中早已被既存的社会体制所吸纳，跟当前西方世界的正统文化融成一体了。”[①] 此外，后现代社会的新空间本身还是资本主义新扩张浪潮的表现形式，后现代主义文化是对这种意识形态的真实反映：它既让人脱离现实，又掩盖现实中存在的不可调和的矛盾。为此，詹姆逊指出，必须把批判矛头集中指向后现代主义文化的各种缺陷，这些缺陷包括：（1）表达方式上艰深晦涩；（2）性欲描写上的夸张渲染；（3）心理刻画上的肮脏鄙俗；（4）发泄针对政治与社会的不满时表现出单

① 〔美〕詹明信：《晚期资本主义的文化逻辑》，陈清侨等译，北京：三联书店，2003 年，第 429 页。

刀直入式的明目张胆。所有这些，彻底超越了现代主义时期所展现的最极端、最反叛、最惊世骇俗的文化特征。[①] 另一方面，也要看到后现代主义具有不容置辩的积极面，因为从“谬误瞬间”中能够辨识出“真实瞬间”。亦即，后现代主义文化真实地表现了晚期资本主义社会及其主体的真实境况，这不仅有助于人们正确了解和深化对资本主义历史进程的认知，而且，后现代主义对现代主义的反叛和纠正也有重要意义：首先，它对通俗性和形式民主的注重以及对流行文化的借鉴等，全面扩大了接受者；其次，与现代主义相比，后现代主义的概念是否定性的，但它同时它又是具有积极意义的。这种积极意义表现在：后现代主义最终是积极的描述，它不是为了在任何价值意义上进行评判，如后现代主义比现代主义“更好”之类，而是把现代主义作为自身的一种新的文化逻辑，“当然它反对现代主义在博物馆、大学、音乐厅中被体制化，也反对一些建筑的神圣化。”[②] 简而言之，詹姆逊以辩证的手法来处理后现代主义这一重大课题，在批判其破坏性和倒退的同时，又充分肯定其积极的可能性，并在此基础上找到新的文化与政治战略，这种理论立场及其实践使其后现代主义研究具有了无与伦比的阐释力和影响力。

四　现代性危机与后现代社会治理方案

1. 现代性的危机

自 19 世纪以来，关于现代性及其症结的思考已经是诸多思想巨匠和大家系统理论的重要组成部分。马克思断定，现代工业社会带给人类的痛苦有肉体和精神两个方面，前者是经济剥削与政治压迫导致的物质层面的不公正，后者是工业资本主义生产过程和整个社会制度施加于个体的精神摧残，由这两个方面得出一个逻辑性的结论：支撑现代性的制度本身极其不合理，以激进的革命或社会变革终结它实为历史发展的必然。马克斯·韦伯则通过对法理型社会的审视，发现科层制或官僚制为基础的现代性社会

---

① 〔美〕詹明信：《晚期资本主义的文化逻辑》，陈清侨等译，北京：三联书店，2003 年，第 429 页。

② Douglas Kellner, ed., *Postmodernism, Jameson, Critique.* Washington: Maospmmeive Press, 1989, pp. 43 – 44.

的悖论：形式上的合理性与实质上的非理性。另一位德国社会学家齐美尔则深刻剖析了资本主义文化的内在矛盾：客观性与个性、人与社会之间的矛盾，或者说文化的发展与人的异化构成现代性的内在截面。法兰克福学派在开展对工业社会的批评时，异化成为一个核心主题。如对战后美国左翼思想产生重大影响的马尔库塞，其社会批判理论的一个重要支点就是现行体制下人的异化问题。

绝大多数美国左翼学者认为，当下存在的种种症结根源于现代性本身，现代性危机是一种总体危机，需要采取总体性治理路径或方案。具体而言，现代性危机主要体现在以下几方面。

首先，现代性危机是一种文化危机。美国学者乔·霍兰德指出，当代分析家把世界分为三个世界，虽然有粗糙之嫌，却不失为较有效的分析工具。第一世界对应的是以美国为核心的西方资本主义工业世界，第二世界对应的是苏联为首的工业化社会主义国家，第三世界指亚非拉广大正在进行工业化的国家和地区，如果说第三世界的问题主要是经济发展问题，第二世界主要是政治自由问题，那么，第一世界则主要是文化问题。这三者之间关系十分密切，无论是第三世界的经济剥削问题，还是第二世界的政治压迫问题都与第一世界的现代文化不可分割，这是由第一世界在全球的扩张进程所决定的。这种扩张使第一世界在全球现代化中处于特殊地位："在许多方面，第二和第三世界国家都完全不加批判地接受了占统治地位的西方技术进步模式。"① 第三世界力图摆脱西方经济或财政控制，行使其经济自主权，第二世界则图谋摆脱世俗理性主义政权，获取政治与宗教自由，双方需要的不仅仅是经济与政治革命，还有针对现代性基础的"文化革命"。在霍兰德眼中，起始于16世纪的西方主导的现代文明作为一种文化模式，它所追求的是最终将人类从自然和宗教束缚下解放出来，建立一个完全自动化的科学世界。在这种文化语境下，科学技术变成了世俗宗教，成为人类心目中应对所有挑战的万能钥匙，其结果是，理性主义大行其道，经济被置于科学之下，传统被取缔；宗教被私有化，成为无关紧要之物；政治集权化；国家军事化；传统社区社会变成了大众社会（mass society）。

① 〔美〕大卫·雷·格里芬：《后现代精神》，王成兵译，北京：中央编译出版社，2011年，第73页。

其次，现代性危机是一种西方精神危机。现代文化无论如何都植根于西方宗教传统中，由于现代性打破了西方宗教主导社会生活的传统，由此引发的西方精神危机的实质在于，人类的创造精神越来越多地表现出一种负面效应：危及人类生存的破坏力。在霍兰德看来，现代文明向大众社会的转变以及它对生态的破坏都同精神与女性象征的脱离有着密切的关系。自古希腊时代以来，女性在西方文化中往往是自然的意象符号，"作为生育中明显的一方，妇女仍然被看作是肉体束缚的象征，自然之根的象征，社区传统的象征。"① 女性属于自然，而男性则属于文明，女性无法脱离自然自身，男性则不然。男性能够脱离自然束缚而升华成圣。古典西方生物学不理解生育的双极性（bipolar），把男性视为生命之唯一本源，这可能是父权制社会产生和维系的心理或价值基础。如果说对由女性象征的自然的逃离在古代社会更多停留在意识层面的话，在现代世界却以技术的形式得以实现，结局却是灾难性的。以往人们通过宗教沉思来超越自然，对自然本身没有实质性的消极影响，现今，借助科学技术手段，西方文化精神中对超俗境界的追寻逐渐转向对生态的野蛮破坏。在启蒙运动之前，西方把自然视为可尊敬的和令人爱戴的慈母，之后却被视为应被惩戒和强暴的女巫或处女。弗朗西斯·培根就曾公开把他对自然的探索喻为强奸。

最后，现代性危机是一种生存危机。生存危机表现在两个层面：其一，人类基本生存环境的恶化。科技崇拜带来的最为严重的后果是，人类社会的生存空间遭到了严重污染与破坏，到 20 世纪末现代文明已经走向了穷途末路，"现代性以试图解放人类的美好愿望开始，却以对人类造成毁灭性威胁的结局而告终。"② 资源枯竭、生态失衡、核泄漏等，使人类社会患上了普遍性的末日恐惧症。其二，人的异化。这种异化表现在以下几个方面：（1）人被自身创造的机器主宰，成为现代工业机器上的一个附件；（2）人创造了理性化的社会制度，人反过来被所创造之物奴役；（3）劳动为人之天然属性，现代劳动直接间接的强迫性使人失去了愉悦；（4）人属于自然，

① 〔美〕大卫·雷·格里芬：《后现代精神》，王成兵译，北京：中央编译出版社，2011 年，第 77 页。

② 〔美〕大卫·雷·格里芬：《后现代精神》，王成兵译，北京：中央编译出版社，2011 年，第 74 页。

却与自然严重二元对立。(5) 消费和生活方式的异化。

2. 可行性选择与出路

面对现代性危机造成的人类生存困境，左翼或偏左的组织和学术精英们从不同角度提出了对策或方案。美国激进绿色运动组织“通讯委员会”提出了一个十点方向性建议：(1) 生态智慧；(2) 基层民主；(3) 个人责任与社会责任；(4) 非暴力；(5) 权力分散化；(6) 社区性经济；(7) 后家长制价值观；(8) 尊重多元性；(9) 全球性责任；(10) 未来焦点。该组织相信，这十点是克服现代性危机进而建立一个理想的后现代社会所不可或缺的价值基础。

包括戴维·R. 格里芬等人在内的一些后现代学者主张，克服现代性危机的首要前提是，以后现代精神取代现代精神。后现代精神的第一个特征是强调内在关系的实在性。现代精神和现代社会以个人主义为中心，人与他人和他物的关系被视作外在的、偶然的、派生的。后现代思想家则断定，这种关系是内在的、本质的和构成性的。后现代精神的第二个特征是对有机主义的强调。后现代精神在这一点上超越了现代主义的二元论和实利主义。与信奉二元论的现代人不同，后现代人并不感到自己是栖身于冷漠和敌意的自然之中的异乡人，相反，他们在后现代世界中拥有强烈的家园感，他们把其他物种看作是具有自身价值、经验和目的的存在，能感受到与这些物种间有一种亲情感。这种家园感和亲情感使他们与自然间的关系平等与和谐。同时，后现代思想拒斥支撑现代社会政策的实利主义以及被这种实利主义信条所驱动的追求无限增长的经济政策。后现代精神的第三个特征是后父权制。在后现代思想家心目中，现代性是父权制的极端表现形式，后现代精神是对父权制的根本性超越。

美国学者里查·A. 福尔柯认为，规范性观点和个人的特性共同构成了在世界上的行为基础。后现代的同一性是由与他人的深切统一感以及与自然的深切统一感组合而成的。因此，后现代社会必然具有与现代社会不同的伦理基础，尽管它可溯源到远古时代的智者贤人如苏格拉底、耶稣、佛陀等人。后现代伦理学大体上由以下几方面的准则构成：(1) 反对不可容忍的事情。人们有对个人或社会目标保持不同意见的自由，有充分的理由去反对一切蓄意制造痛苦和苦难的行为；(2) 拒绝说谎或对他人不信任；(3) 把个人关系看作一个良好社会的雏形；(4) 未来即是现在，假想未来就在眼前，并据此来行动，这会有助于实现希望中的变革；（5）良心的首要性，鼓励非暴力的、富于斗争性的抵抗，促使人们，尤其是那些握有权柄者对其自身行为负责，同时要对包括政府在内的周围事物采取批判态度；（6）未来之旅，可以模拟未来，但不能因此忽略现实中的苦难和统治结构，助长逃避现实的幻想；（7）响应女性意识的召唤；（8）培养公民流浪者理想。流浪者（pilgrim），不是指乞讨者，而是指在时空中漫游、企图寻找一个美好与神圣家园的人；（9）没有救世主。①

在赫尔曼·E. 达利看来，现代性社会最大的经济问题是对增长的痴迷。要克服这一弊病，需要发挥生物物理和社会伦理的抑制作用，这种后现代社会伦理包括四个方面的内容：（1）为了给后代人留下更多的机会，必须限制以地理和生态资源消耗为代价的经济增长欲望；（2）为了给其他物种留下足够的生息繁衍地，扭转次人类物种数量上锐减和灭绝的趋势，必须限制人类增长的欲望；（3）累积增长会自行抵消个人福利，因此，这种增长必须受到限制；（4）经济增长对于道德资本具有腐蚀效应，例如经济增长带来了自私自利和技术统治主义的盛行，因此，这种增长的欲望应该受到限制。

3. 一个理想的后现代社会

格里芬承认，由于以后现代的洞察力对人类社会秩序进行严肃、持久的思考只是不久前才开始，故关于全球政策在内的社会政策的后现代思想还远不成熟，所有的探讨都是方向性的。虽然如此，这些讨论仍然勾勒出了一个理想的后现代社会的大致轮廓。霍兰德从经济、政治和文化三个领域勾画了后现代社会的略图：经济领域表现为适当的技术和社区合作；政治领域集中体现为社区化和网络化；文化领域则是对现代文化的机械主义根基的否定，以创造性的、生态的和女权主义的观点为根基。小约翰·B. 科布则对后现代社会政策进行了粗线条的勾勒：首先，要理解后现代社会政策，就要认识作为后现代社会政策前提的两个后现代观点：人类参与的社会并不仅仅是由人类组成的；尽管人类（和其他非人类生命）是社会产物，但并不只是产物。以这两个观点为基础，可以从下面几个方面

① 〔美〕大卫·雷·格里芬：《后现代精神》，王成兵译，北京：中央编译出版社，2011 年，第 138 ~ 141 页。

认识后现代社会政策：（1）后现代经济政策的基础是共同体经济学。它的出发点是，如何组织好经济基础，以便加强人类与土地之间、工人之间、邻里之间的联系，在土地可承受并让所有方面都能最大限度参与的基础上发展生物区经济，以取代现今不可持续的全球经济模式；（2）共同体政治是后现代政治政策的基础。共同体政治直接建基于共同体经济政策之上，因为生物区经济的区域不仅是国内的，往往还是跨越国界的，涉及两个或两个以上国家。共同体政治会加强这些区域的社会，它将在补充和检验由生物区经济所带来的地方主义（regionalism）的同时，削弱现代国家主义。[①]共同体是成员高度参与的社会，与公正的论题相比，参与在后现代社会政策中扮演着更重要的角色。（3）从全球角度看，由于存在无数个由个人参与组成的社会，在这些社会间建立全球性协调成为必然。（4）后现代的生活方式将与现代社会再不相同。城市建设将遵循这样一些原则：尽可能少占耕地；将以更有利于居民之间交流与沟通为设计之准绳；让居民最大限度地享受到自然建筑的自然之美；将交通或出行时间与费用降至最低；充分利用自然条件使城市基础经济在独立和节俭的原则下运行。

针对现代性社会经济生活中片面追求增长的“癖性”，赫尔曼·E.达利开出了一个后现代良方：稳态经济—人口和人工产品总量保持恒定的经济。在稳态经济中，由于人会死亡，人工产品会折旧，故而需要以生育来抗衡死亡，以生产来补偿折旧，当这种输入和输出速度保持在低水平的稳态时，物质—能量的输入量与输出量相等，这个吞吐过程类似于有机体的新陈代谢过程：消耗—生产—折旧—污染，在稳态经济中，这一吞吐量被限制在生态系统的更新和同化能力之内。稳态经济建立在质的增长而非量的扩张上，这必然以知识和技术为支撑力量。此外，稳态经济的运行需要以三种限制为基础：一是限制人口数量；二是限制人工产品成本数量；三是分配不公的程度。稳态经济理论矛头直接指向自由主义经济学，认为它的增长无限理论是荒谬的，因为地球及其资源是有限的。

在现代社会经济中，农业一直是十分重要的部门，也是问题层出不穷

① 〔美〕大卫·雷·格里芬：《后现代精神》，王成兵译，北京：中央编译出版社，2011 年，第 156 页。

的领域。美国学者 C. 迪恩·弗罗伊登博格就后现代社会的农业问题进行了较深入的探讨。他认为，无论是从技术和经济的角度看，还是从社会和精神的角度看，现代农业完全陷入了全球紊乱状态。这种紊乱状态的最重要的根源在于，现代农业技术的运作几乎完全仰赖矿物燃料和石化产品等不可再生的有害物质的大量投入。在他看来，现代农业已经步入死胡同：从环境方面看，土壤和食物系统毒性不断积累、大气中二氧化碳含量不断增加、大量氮肥在土地上的使用对臭氧层的破坏日益严重以及土地的贫瘠化等，是现代农业经营方式带来的主要负性后果。同时，森林锐减、物种数量以惊人的速度递减和土壤表层的加速流失和大面积沙漠化，也直接与农业生产活动相关。可以说，现代农业生产已然成为人类对生态环境最具破坏性的活动。“它的严重性赶得上一场核冬天所带来的威胁。”[①] 从经济上看，现代农业已经破产。由于片面强调技术在提高农业生产力中的不可替代的唯一性作用，忽略或轻视了许多其他重要因素，从而导致全球各地农业陷入凋零衰败的困境。从社会角度看，全球特别是广大后发国家和地区乡村社区呈现贫困化趋势。从精神角度看，现代农业也已经破产了。因为它的目的已经异化，增进财富和权力变成了它的根本目标，粮食已经变成一种政治经济手段和武器。因此，从现代农业转向后现代农业势成必然。

弗罗伊登博格指出，后现代农业是一种自力更生的再生性农业，它的运行严格遵循下面三个原则：（1）将可再生能源的使用限制在既定生物区域的再生能力范围内；（2）对所有重要的不可再生之物加以重新利用；（3）将生物圈内所产生的废物量限制在生物区域的水解范围之内。具体来说，后现代再生性的自力更生农业包括以下内容：每个国家必须使其确立的农业生产目标限制在所辖区内微型生物群落的再生性承载能力之内；再生性农业系统要求由社会来承担生物—阳光集约型农业体系的生产费用；各国必须优先考虑通过国际合作来建立一个再生性的自力更生的粮食生产系统，以代替旧的殖民地式的作物种植体系；停止把农业用地改作他用；全球农业研究机构、农业教育机构和农业推广机构构成研究和设计生态农业的中心；微生物群落的多样性和人口数量之间形成一种协调；在培养乡

① 〔美〕大卫·雷·格里芬：《后现代精神》，王成兵译，北京：中央编译出版社，2011 年，第 183 页。

村社区基础上培养农业同自然系统之间的共生和互补关系；后现代农业意味着价值基础的转变：农业不再以生产财富为首要目标，其首要关心的是，对负责任的社会承担责任的自由价值观、工作和生活的意义、所有生命的神圣性、后代人的福祉以及他们生存模式的神圣性。[①]

被众多批评现代性的学者大加挞伐的科学技术在后现代的命运如何呢？美国学者弗雷德里克·费雷在《走向后现代科学与技术》一文中对这一问题作了初步探讨。通过比较分析，他指出，前现代技术的关键是“实用理性”，它由试验和错误中获得，凭借传统和日常经验传播，普遍的不精确，它所依靠的是知其然不知其所以然的实用知识，其理论总是落后于实践而不是引导实践。现代科学则不然，其本身是思想与实践的混血儿。它与前现代技术的最大差别有三：其一，它使实证性理论开始引领技术实践。人们从事理论学习，对自然秩序内部的节律与机制进行研究，探索驾驭自然的方法，所有这些活动无不是出于实用的目的；其二，它追求精确性理论而非模糊性理论。制造具有百分之百效能机器、追求对投入的百分之百回报等不可能实现的理想成为这种精确性的具化表现形式；其三，发明了发明方法。技术不再是出现危机和需要后、由于某种偶然的幸运发现才产生，而是通过理论推演能够被预见和制造出来。例如原子弹的问世，爱因斯坦只是简单地描绘了用新能源制造一种威慑性武器的可能性，结果却引出了曼哈顿计划和核时代的到来。在费雷看来，后现代时代，后现代科学与现代科学将在思维模式上表现出其独特性。新兴的生态科学就包含着全新的科学思维方式的种子。

在一个由众多国家、文化和民族构成的世界上，生活方式的差异、价值理念的迥异、实际的和想象的利益冲突等，使人类社会不同群体间的对立成为常态，和平与和谐不是成为转瞬即逝之物，就是成为一种代价不菲的梦想。在对17世纪以来充满对立与冲突的现代性世界进行鞭挞的同时，大卫·格里芬就后现代范式对世界和平的促进问题进行了探讨。他认为，作为世界观和指导我们生活的伦理观，现代范式对于世界和平具有四个灾难性特征：其一，它使强制性的力量成了一切变化的基础。在现代性的第

① 〔美〕大卫·雷·格里芬：《后现代精神》，王成兵译，北京：中央编译出版社，2011年，第187～189页。

一阶段（有神论阶段），不仅神学家们在鼓吹上帝的全知全能，众多思想家和科学家如笛卡尔、波义耳、牛顿等都将运动的源泉归诸上帝，上帝依靠赤裸裸的力量创造和控制着世界。借助这种神学信仰，现代人不仅把强制性的力量作为与他人、与其他家庭、与其他公司、与其他国家以及与其他宗教间关系的基础，而且还由此出发形成了一种不宽容的态度。因为这种上帝是全知全能的信仰带来了一种启示：正确的方法是唯一的，其他方法都被解释为虚假甚至是亵渎。在现代性的第二阶段是无神论阶段，以理性和经验为基础的科学被视为法宝。不过，力量依然是世界运转的原因。其二，它奉行冷冰冰的唯物主义自然观。这种观点把自然理解为无生命的物质构成，缺乏任何经验、情感、内在关系，更不具有目的性，没有任何内在价值的僵死之物。用马克斯·韦伯的说法，这是现代世界的“祛魅”。唯物主义自然观产生了一种人与自然主客体对立的二元世界观，它带来了三个后果：一是掠夺成性的人类中心主义伦理学，二是把妇女和有色人种视为可以任意侵凌的“他者”和客体。三是产生了把真实的等同于物质的思想倾向。其三，信奉片面的人性观。格里芬指出，“现代思想以各种还原论的抽象方式来看待人性。”现代性社会广为流行的观点之一是来自弗洛伊德的精神分析理论，该理论把性本能或性欲视为驱动人们行为的唯一真正原因，而建基于古典经济学之上的功利主义则认为经济动机是决定人一切行动的力量。简言之，性与经济动机的结合构成人类行为的动因。这种观点显然是以接受性价值观为其依归的。接受性价值观认为，人首先是一个被动的享乐接受者。人所需要的一切就是有足够的食物、住所、技术设备和性刺激。这种观点与那种把世界视为被动的、无生命的物质所构成的现代世界观存在逻辑相承性。当把接受性价值视为唯一重要物时，对人性的片面理解将直接导致对人的创造性本性的忽视，导致决策偏差和失误的出现。例如，在企业管理领域，长期存在一种理论假设：工人一旦能够得到足够的工资而又不必付出艰苦的劳动，他们就会感到满意。结果是管理政策制定过程中根本就不考虑工人对创造性地工作的本质性需要。在国际关系领域则表现为对他国自尊和自豪感的伤害以及对它们谋求创造性地维护独立地位和为世界和平作出积极贡献的无视。其四，它秉持非生态论的存在观。生态论的观点是：个人彼此之间存在内在的关系，或每个人都内在地由他与人的关系以及他所做出的反映所构成。现代性社会拒绝这种观点。自 17

世纪以来，以笛卡儿为代表的现代思想家们把构成自然的基本成分视为完全独立的实体，这种实体是“不需要任何事物就能成为它自己的东西。”人类的灵魂也是这样的实体，人是完全独立自主的个体，可以离开他人或群体而实现和保证自身利益。在竞争性的现实生活中，这变成了一条公认的信条：通过打败别人的利益来实现自我利益！在国际政治中以零和博弈理论来处理国家间关系遂成为天经地义的选择。

相比之下，后现代范式则不然。首先，后现代思想把人们赖以生活的基本关系描述为非强制性的互助与合作关系。当然，后现代社会也存在强制性关系和竞争现象，但它们是从属性的和派生性的，非强制性和合作互助意识建构起一种新型的社会伦理观：拒绝将暴力作为实现目标的最佳手段。其次，它实现了对世界的返魅（reenchantment of the world）。这显然是对工具理性主导的充满人类中心主义傲慢和主客二元对立的现代性的否定与矫正。美国左翼人士大多是激进或深层生态论者，他们主张用非人类中心的生态意识取代现代性的人类中心主义的进步叙事。他们相信，随着宇宙起源于大爆炸的假设为基础的宇宙进化叙事逐渐被人们接受，人类能够实现这样的意识转变。因为宇宙进化进程在有效破除人类中心迷魂阵的同时，也让人类生命的潜在意义得以恢复。[①] 再次，反对片面地理解人性。与现代性理论只强调人性具有接受性价值一面不同，后现代思想认为，除了接受性价值外，人还具有成就价值、自我实现价值和奉献价值。人作为创造性的存在物，每个人都体现出创造性的能量，通过创造最大限度地发掘自身潜力，对他人或社会作出贡献，这种创造性是人之真正本性。最后，奉行生态主义的存在观。后现代观念中极其重视的一个信条是，人与人之间是相互依存的，个人利益与群体利益密不可分。只要拥有这种观念，“人们就会立刻意识到：为他人的利益、为整体的（社会的、国家的、世界的）利益工作，就是在为自己的利益工作”。“由于认识到了我们每个人老师彼此的伙伴，后现代伦理学直接鼓励我们遵守《圣经》的训谕：‘像爱我们自己一样去爱他人’。”[②]

---

① Michael E. Zimmerman, *Contesting Earth's Future*: *Radical Ecology and Postmodernity*. Berkeley: University of California Press, 1994, pp. 184 – 185.

② 〔美〕大卫·雷·格里芬：《后现代精神》，王成兵译，北京：中央编译出版社，2011 年，第 215 页。

后现代思想是彻底的生态主义的，反过来说，生态主义构成了后现代新文化范式的基础。“就像占有和统治自然的欲望一直是现代世界公民的驱动力一样，这种新的伦理观将成为后现代人的宗教基础。”① 在格里芬看来，拥有这种态度的人将会有更好的机会享受平静的生活并与他人和平共处。这种新型伦理道德将成为规范个人、社区、国家及国际关系的基石。

① 〔美〕大卫·雷·格里芬：《后现代精神》，王成兵译，北京：中央编译出版社，2011年，第217页。

第七章　控诉帝国：美国左翼反全球化的理论与策略

一　全球化浪潮与新自由主义的弥漫

1. 全球化浪潮及其特点

何谓全球化？从词源学的角度看，全球化（globalization）一词的英语词根是 globus，其意思相当于 sphere，有“球”、“球体”、“范围”等含义，早在近代之初的 17 世纪，globe 一词被用来代指人类生存于其上的蓝色行星。至于“全球化”概念的出现和普遍使用则是第二次世界大战之后的事。1960 年，英国《经济学家》杂志在报道意大利汽车进口配额增加一事时使用了 globalization 这一词语。虽然权威的韦氏大词典在 1961 年已经把“全球性”和“全球化”收入其中，但根据美国社会学家罗兰·罗伯逊的考证，学术界直到 1985 年才开始意识到全球化概念的重要意义。1985 年，经济学家提奥多尔·拉维特发表《市场全球化》一文，用“全球化”概念来描述商品、服务、资本和技术在全球性生产、消费和投资领域扩散的状况。[①] 1990 年后，全球化概念成为学术出版物中广受追捧的对象。[②] 世界各地的经济学、政治学、社会学、法学、国际关系学等领域的专家学者纷纷著书立说，从各自的立场和视角对全球化进行研究和解读。围绕全球化定义的争论充分展示了这些解读的多样性和差异性。经济学家争论的主要视点在于全球性市场的自由发展，社会学家的眼光则主要放在全球市民社会的趋向

---

① 另有观点认为，首次使用 globalization 一词来描述经济领域一体化趋势现象的是 20 世纪 80 年代中后期联合国首席经济学家 S. 奥斯特雷。

② M. Waters, *Globalization*. London and New York：Routledge，2000. pp. 4 – 5.

上，政治学者则重点关注全球经济进程与国家权力弱化之间的关系，国际关系研究者的兴趣主要在全球化进程对传统国家间关系的影响和全球治理的可能性，等等。然而，不管学者的旨趣如何各不相同，关注点如何千差万别，论争本身至少说明了一个问题：全球化趋势已经是人类社会面临的一种客观现实，一个社会事实。

当然，一些学者对全球化趋势持否定或怀疑态度，如德国学者马丁和舒曼在《全球化的陷阱》一书中的主张、英国学者 A. 鲁格曼在《全球化的终结》和 G. 汤普森在《文化帝国主义》等著作里的立场，以及 P. 赫斯特和 L. 韦斯等人在相关论著中的观点，几乎不谋而合地都以怀疑眼光看待全球化进程，断定全球化只不过是国际化，经济活动的基础和管理者依然是民族国家，少数发达国家依旧主导着世界经济活动；认为民族国家主权或权力弱化的观点不仅与事实不符，而且显然带有意识形态偏见。与此同时，还有一些学者不仅认为全球化是一个“神话”，甚至认为是一个阴谋，是代表跨国金融资本和跨国公司利益的西方自由主义人为制造出来的口号，目的是通过制造一个全球化符号信仰让美国主导的跨国资本横行世界，最大限度地攫取全球资源和财富，法国社会学家布迪厄堪称代表。他断定全球化“是一个十足的神话，一种强势言论，一种强力观念”，“其功用是让人们接受一种复辟，回归到一种野蛮无耻但理性化的资本主义。”[①]

那么，全球化是“神话”“阴谋”“陷阱”，还是对人类社会的现状和发展趋势的客观描述呢？答案是肯定的。全球社会的现实性不难从以下几方面感受到。首先，生产和消费的全球一体化趋势的不可逆转。早在 20 世纪中后期的人们就已经能明显感受到商品跨国界生产的奔涌潮流。例如，美国波音公司的民用飞机生产，从设计到组装完成下线，分散在全球各地，由全球 48 个国家协作完成。不仅像飞机这样的大型复杂商品如此，就连小小的芭比娃娃的生产也是一样。虽然全球一半的生产厂家集中在中国大陆，但该玩具生产涉及的国家和地区却不少。1996 年，美国《洛杉矶时报》曾算过一笔账：一个芭比娃娃在美国售价为 9.9 美元，其中美国境内的运输、广告和商家利润占 7.9 美元，剩余的 2 美元中，原材料占 65 美分，中国厂

① 〔法〕布迪厄：《遏止野火》，见河清《全球化与国家意识的衰微》，中国人民大学出版社，2003 年，第 113 ~ 114 页。

家劳务成本占35美分，香港中转玩具商家获得10~20美分。原材料中，石油产自沙特，美国得克萨斯州等地的煤油厂精炼成乙烯，中国台湾地区加工成塑料颗粒用于制造娃娃的身体，日本负责提供尼龙制的头发，美国则承担生产硬纸包装盒。类似的情况在其他产品领域比比皆是。商品生产的跨国化使传统的双边贸易计算方法日渐失去意义。[①] 跨国生产的发展使跨国公司雨后春笋般地涌现，控制全球生产的一半以上。更加重要的是，跨国公司的活动逐渐推动经济向无国界方向发展，传统的国别经济体制因之受到严峻挑战。如2011年名列财富500强之首的沃尔玛公司在全球一百多个国家开展经营活动，2010年全球分店已达到8500家，员工超过210万，年销售额超过4200亿美元，并仍在以10%的速度增长。[②] 在消费方面，全球化特征更为明显。以人们日常生活中所消费的物品为例，人们的衣食住行和休闲娱乐几乎所有方面都直接或间接地与全球化生产和消费链连在一起，从普通家庭常见的电视、电话、空调、冰箱、洗衣机、电脑到品牌服装，从全球性连锁超市、洋快餐、进口果蔬饮品到好莱坞大片，从网络冲浪、名牌轿车再到出境游，等等，不仅意味着生活水平的普遍提高，更揭示了一种明显有别于传统封闭式生活方式的开放性生活方式的出现。其次，由信息技术为标志的新科技革命推动下的跨国化新生活方式的发展。其一，飞机、高速公路和跨境快速列车等便捷的交通工具为人们远足提供了便利，越来越多的人频繁地进行跨国旅游、交往、工作、学习甚至迁移，全球出境游和移民他国的热度长盛不衰是最好的证据。其二，互联网的飞速发展使跨国界交往的成本大大降低，电脑对人的思维习惯和时空观念的改变产生了极其深远的影响。其三，同步化的卫星通信系统使地理空间不再成为人际交往的障碍，天涯变咫尺，更加便捷开放。其四，跨国界组织的迅猛发展。自第二次世界大战结束以来，国际组织的发展十分迅猛，迄今为止，影响较大的国际组织已经在4000个以上，其中政府间国际组织超过500个，它们中只有10%左右是20世纪之前的产物。到21世纪初，非政府间国际组织（INGO）的数量已达到近3万个。[③] 尽管它们在规模、宗旨和层次上

---

① *Los Angeles Times*, Sept. 22, 1996.

② 近十年来，除个别年份外，沃尔玛一直高居500强榜首，2012年为第三名。http://money.cnn.com/magazines/fortune/global500/2011/snapshots/2255.html.

③ 如果把许多国内NGO算进来，全球NGO的数量十分庞大，仅美国就有200多万个。

各不相同，但大多与全球或地区性问题相联系。其五，全球意识的提升。这不仅表现在思想界对人类未来共同体的设想与追求的百折不挠，也不仅表现在全球治理的政治观念和建立全球伦理的文化主张正在得到越来越多的人的认同，更重要的还表现在越来越多的国家正在通过自上而下的教育等手段强化公民的全球意识，培养年青一代的全球观念。

当今全球化大潮主要有以下几方面的特点：首先，作为一个客观的社会发展进程，全球化呈现历史性的不可逆转趋势。最具流行性的观点认为，全球化起始于1500年前后的地理大发现，经过5个多世纪的风雨历程，以资本和技术为核心的市场力量攻克了一个又一个农耕文明的田园堡垒，终结了游牧文明数千年的马背信步，甚至让仍在密林中过着茹毛饮血生活的原始族群三级跳，一跃而进入功利社会。人类各不同群体逐渐从各自相对孤立和封闭的生存状态走出来，相互交往与沟通，相互理解与兼容，在充满和谐与冲突的持续不断互动中冲破了原有的文明小群体意识，构建起整体文明大群体认同。“地球村”、“人类共同体”等概念不再是早期思想家、未来学家和预测学家们的梦想，而是一种正在变得真切的社会存在。

其次，全球化从经济生活开始，强有力地推动人类社会在经济、政治、文化诸领域的深刻变革。全球化导致的全球社会大变革及其趋势可以分别从经济、政治、法律和文化等方面进行考察。在经济领域，全球性生产立体分工格局日益突显，除少数极度落后和自我封闭的经济体外，几乎所有民族国家都日益紧密地加入并成为国际分工体系中的一个结点。任何力图脱离或孤立于全球体系独自发展的想法或计划不是不切实际就是愚不可及，如果强制性割断与全球社会的经济联系纽带，其结果往往不是造成停滞和衰退，就是走向崩溃。在政治领域，自18世纪开始，民主、自由、平等、公正等政治理念逐渐成为全人类共同的理想和追求，相应地，专制、独裁、特权、不公早已成为贬义词并为现代文明社会所不齿。尽管在民主含义的理解上仍广存争议，但很少有人敢于公开否认民主的合理性与进步性，毫无疑问，民主已经成为一种普世价值，占据了现代文明的核心。文化方面则主要体现在数以百计的不同民族文化之间的交融日益深化，文化平等思想和全球文化多元主义获得越来越多的人的认同。与政治文化紧密相关的法律领域，法哲学和法律规范的跨民族性特别在国际法层面最为集中地得到反映。尤其是在国际贸易领域，世界贸易组织及其相关贸易法规在全球范围内权威地位的确立，在一定程度上折射出全球化在政治法律领域推进的深度和力度。

再次，全球化的发展具有明显的非均衡性特点。全球化虽然是对当代人类社会发展趋势的整体描绘，但并不意味着它在任何地方都是齐头并进的。就像有人为之欢呼喝彩，有人对它百般诅咒一样，围绕全球化所展现出来的立场是大相径庭的，这是全球化在人类认知领域非均衡性的体现。显然，持肯定态度的人眼中看到的是全球化的积极面，而怒气冲冲的反全球化斗士特别是左翼人士则更多地看到它的阴暗面。在经济文化的全球参与度上，全球两百多个民族国家的差异性和层次性无须赘言。部分国家（主要是欧美发达国家）在全球化进程中在生产、流通、投资、分配和消费等领域的国际化水平较高，从而占据了较有利的位置，从全球化中获益甚丰；大部分国际参与度相对较低的国家和地区，主要是第三世界国家或南方国家，它们从全球化中获益有限甚至失多于得，这是反全球化运动中的一些理论家特别是当代欧美众多“西方马克思主义”学者把全球化等同于“美国化”的根本原因所在。其实，全球化的非均衡性本身是十分正常的现象，因为人类历史或文明本身的进程就从来没有均衡过，发展有先有后，有快有慢，有高有低，先进者或发展层次与水平较高者比后进者或水平层次较低者拥有种种优势是必然的，人类文明史充分证明，人类社会的进步就是在不同人类群体间先进与后进的追赶及其竞赛中获得动力的。

虽然全球化无可争议的现实后果和日益彰显的大趋势是加速全球性社会变革的进程，使人类向真正意义上的全球社会迈进，但布迪厄的论断也并非为主观臆想，它揭示出全球化本质性的另一面，这是问题的关键所在：当代国际经济体系的演进是与资本主义的全球扩张进程结伴相生的，这个全球经济体系全方位体现的是资本的扩张逻辑，这个逻辑又建立在主体和客体二元对立的认知基础之上，它把最大化自身利益的目标建立在牺牲“他者”（竞争对手、他国、自然界）生存条件的基础之上，世界经济的这种二元结构最突出地体现在以欧美发达地区组成的中心地区同广大欠发达国家和地区组成的边缘地带之间不合理的分工和经济关系，这种分工与关系表现为中心对边缘的控制与掠夺，彰显出世界经济体系的极其不公正与不合理。美国著名左翼理论家伊曼纽尔·沃勒斯坦在其现代世界体系理论中一针见血地指出，“现代世界经济体是而且也只能是一个资本主义世界经济体。”[①] 因为它由中心、边缘、半边缘国家构成，中心（发达资本主义国家）和边缘（经济技术等落后的国家）之间由不平等的劳动分工和经济交换关系连接在一起。欧美新自由主义却为这一体系和机制评功摆好，在理论上予之以合法性，这成为左翼反全球化的理论着眼点之所在。

2. 新自由主义及其弥漫

所谓新自由主义（neoliberalism），是指建基于新古典经济学理论之上、以市场驱动为要津的经济社会理论与政策，强调私人企业、自由贸易和相对开放市场的效率，并因此在决定国家公私事务优先顺序中最大限度地发挥私营部门的作用。从政策层面上看，新自由主义致力于以私人部门替换公共部门对经济的控制，认为这将促使政府更加有效率，并促进国民经济的健康发展。[②] 1989 年，英国经济学家、地处华盛顿的国际经济研究所研究员约翰·威廉姆森将新自由主义的政策主张概括为十条，统称为“华盛顿共识”（Washington Consensus），[③] 其基本原则概括起来就是：贸易经济自由化、市场自由化、价格市场化、反通货膨胀与私有化。[④] 这些政策主张主要来自国际货币基金组织（IMF）、世界银行（WB）和美国财政部。美国经济学家、诺贝尔经济学奖得主约瑟夫·斯蒂格利茨认为，“华盛顿共识”的教条核心点是“主张政府的角色最小化、快速私有化和自由化”，这一评价不失敏锐和精准。

在政治上，新自由主义秉持传统自由主义的自由观，把政治自由与经济自由紧密联系起来。在 1962 年问世的《资本主义与自由》一书中，经济

① 〔美〕伊曼纽尔·沃勒斯坦：《现代世界体系》第一卷，罗荣渠等译，北京：高等教育出版社，1997 年，第 464～465 页。

② Cohen, Joseph Nathan, “The Impact of Neoliberalism, Political Institutions and Financial Autonomy on Economic Development, 1980－2003”, Dissertation, Department of Sociology, Princeton University, 2007.

③ “华盛顿共识”的十条政策标准：（1）金融政策原则：避免与 GDP 相关的大规模财政赤字；（2）公共开支重点从补助（特别是非歧视性补助）转向经济增长效益高的领域以及促进民生的领域（如初级教育、卫生和基础设施建设）；（3）税制改革，扩大税基，降低边际税率；（4）利率市场化；（5）采用具有竞争力的汇率或浮动汇率；（6）贸易自由化：进口自由，特别要取消大量的限制性政策，在贸易保护方面实施统一的低关税率；（7）外国直接投资自由；（8）国有企业私有化；（9）放松政府管制：取消那些阻碍市场进入和压制竞争的管制；（10）保护私有财产。

④ 〔美〕乔姆斯基：《新自由主义和全球秩序》，徐海铭、季海宏译，南京：江苏人民出版社，2000 年，第 3 页。

学家米尔顿·弗里德曼发展了经济自由的理论，他认为，经济自由是人类整体自由中极其重要的部分，是政治自由的必要条件。他断定，对经济活动的集中控制总是与政治压迫结伴而行。在他看来，在不受节制的市场经济中，所有交易行为的自愿特性和它所允许的广泛多样性是对压迫性政治领袖的威胁，会大大减少权力的强制性。通过取消对经济活动的集中控制，使经济力量从政治力量中脱离出来，经济力量就能够对其他力量形成牵制。弗里德曼相信，竞争的资本主义对少数群体尤其重要，因为不具人情味的市场力量保护人们在经济活动中免于与其生产力无关的理由的歧视。

在论述经济自由之于政治自由的重要性时，新自由主义学者常常引用智利的例子来佐证。众所周知，智利在 20 世纪 70 年代初发生军事政变，民选的阿连德政府被推翻，成立了以皮诺切特为首的军人独裁政府。但这个政府虽然政治上不民主，经济上却奉行新自由主义，为之后智利经济的快速发展奠定了坚实基础。今天的智利，人均 GDP 高居拉美之首。更重要的是，自 1990 年代以后，智利彻底摆脱了军人独裁政治，民主政治运转良好。智利成为“断言经济自由对于繁荣的重要性甚于政治自由的凭证。同时，随着时间的流逝，越来越多的经济自由不断对独裁政治施加压力，并使政治自由增加”。①

从历史来看，新自由主义的出现具有一定的历史必然性。首先，它是凯恩斯主义的副产品。凯恩斯主义无疑是西方经济思想史上的一座丰碑，自 1930 年代作为一种反危机理论问世以来，它成为越来越多欧美国家政府制定经济政策的理论基础。它改变了起始于亚当·斯密的古典经济学反国家干预思想，使国家从市场活动的局外人变为经济领域中的强有力监督者、参与者和调节者。凯恩斯理论不仅为政府干预提供了合法性，而且还成为战后福利国家发展的重要理论依据。然而，随着时间的推移，政府干预与市场自由间的协调渐渐出现了问题，其根本症结是干预过多，市场自由弱化，连年赤字财政累积，日益成为经济发展不可承受之重。其次，它是 70 年代开始的长期经济危机或困境的产物。进入 1970 年代后，由于越南战争的沉重负担、西欧与日本经济崛起的严峻挑战、国际市场因石油危机引起

① “Neoliberalism”，http：//en. wikipedia. org/wiki/Neoliberalismhttp：//en. wikipedia. org/wiki/Neoliberalism（30 November 2012）.

的剧烈动荡、固定汇率制的负面效应等因素，美国经济出现严重的滞胀和长期疲弱状态，政府干预虽然有增无减，但效果乏善可陈，最根本的依然是市场自由度受到抑制的问题。再次，70～80年代，社会主义国家的经济与政治困境引起的针对国家干预经济活动政策的全面反思。1970年代，中国因“文化大革命”和计划经济模式的弊端，经济走向崩溃边缘，不得不改弦更张，启动市场化改革的大幕；苏联东欧社会主义国家则经济发展越来越丧失动力，进入80年代后更是陷于停滞不前困境，市场改革的呼声已时有所闻。

新自由主义的发展可分为两个阶段，第一阶段为20世纪80年代，主要政治推手是美国总统里根和英国首相撒切尔夫人；第二阶段则为20世纪90年代以来时期，政治上的标志性人物是美国总统克林顿和英国首相布莱尔。

在里根和撒切尔时代，新自由主义成为美英两国制定经济政策的基石。

1979年，保守党政治家撒切尔夫人入主唐宁街10号首相府。她根本性地改变了战后以来英国执行的强化国家干预的经济政策，奉行减少国家干预、更多的市场和更多的企业家精神。她曾在主持智囊团参与的影子内阁会议上把哈耶克的《自由宪章》往桌上一拍，说：“这就是我们所相信的。”[①] 她发誓要结束政府对经济的过多干预，并以国有企业的私有化来达到目的。在卡拉汉之后，英国政府逐渐意识到，凯恩斯主义的需求满足理论已经不再灵验，改弦更张势在必行。但是，撒切尔夫人明白，经济是不会自动恢复的，必须主动行动。她首先把治理通货膨胀作为第一要务，通过提高利率、减少货币供应量和降低通货膨胀启动了全面改革。为减少政府干预，她全面缩减公共开支，特别是住房和工业补贴，限制货币印制，对工会活动进行法律限制等。到1982年1月，通货膨胀率已经从18%的最高点回落到8.6%。到1983年，经济整体走势非常强劲，而通货膨胀率和抵押率却维持在70年代以来的最低水平。正是在这一背景下用以概括撒切尔政策和主张的撒切尔主义（Thatcherism）一词在80年代不胫而走，成为西方家喻户晓的概念。这一概念的基本内容包括：道德绝对主义、民族主义、实现整体的和不容妥协的政治目标的焦点在个人而非社会。1983年大选获胜后，保守党势力进一步扩大，使撒切尔继续推行其自由主义政策有

① “Neoliberalism”, http://en.wikipedia.org/wiki/Neoliberalism (30 November 2012).

了稳定的社会基础。英国政府出售了绝大部分国有大型企业，使私有化成为撒切尔主义的核心内容。1983～1992年，英国工党在经济政策上日益右转，向撒切尔主张靠拢。托尼·布莱尔政府被敏锐的评论家称为"新撒切尔派"，绝非戏言。2001年，布莱尔的密友、工党议员彼得·曼德尔逊宣称"我们现在都是撒切尔派"，[①] 是对这一评论的最好证明。至于2010年上台的卡梅伦政府则是公认的新自由派组合。可以说，撒切尔自由主义构成了当今英国政治文化生态的温床。

1981～1989年的里根政府时期，出台了一系列促进经济自由化的经济政策，这些政策被称为"里根经济学"。里根经济学的理论来源于供应学派，该学派认为，要降低价格促进经济繁荣，政策应该倾向于生产者而不是消费者。在里根任期内，GDP以年均2.7%递增，人均GDP从1981年的25640美元增加到1989年的31877美元，增长了24%。失业率比1983年的最高点有所下降，通货膨胀则大幅度减轻。然而，实际工资却裹足不前，社会不平等却自1920年代以来首次拉大。虽然像威廉·尼斯坎宁之类的一些保守派会以两个事实来进行辩驳，一是整个80年代工人的报酬（工资加附加福利）一直在增加，二是社会的每个层级在80年代都在经济上表现不俗，但里根的政策仍被人们戏称为"滴入式经济学"（Trickle-down economics）。由于对高级别税收进行重大削减，冷战中与国防相关的开支大量增加，结果造成巨大的预算赤字。而对外贸易赤字则引发了储贷危机。为应付联邦新预算赤字，美国在国内外大举借债，国债从7000亿美元猛增至30000亿美元。美国因此由全球最大债权人变为世界最大债务国。[②] 伦敦城市大学已故左翼国际政治学者彼得·高安指出，美国是新自由主义在世界其他地区蔓延的主要背后推手，由于美元是主要世界储备货币，使得美国银行在与非美国银行的竞争中处于优势，因为它们无须直接以美元去放贷而冒外汇风险。[③]

对于世界上绝大多数经济社会发展仍处于落后状态的国家，以发达国

① Matthew Tempest, "Mandelson: we are all Thatcherites now", *The Guardian*, June 10, 2002.

② "Reagan Policies Gave Green Light to Red Ink", *The Washington Post*, June 9, 2004. http://www.washingtonpost.com/wp-dyn/articles/A26402-2004Jun8.html.

③ 高安认为，由于美元是国际外汇，绝大多数国际储备都采用美元，石油、天然气等大宗商品都以美元来定价，至少在短期内持有美元比持有其他货币的总体风险要低。因此，一旦美国让其金融市场自由化并控制银行业，其他国家就只能亦步亦趋了。

家经验为参照，找到经济快速发展的可行路径是带有紧迫性的使命，而冷战时期美国为首的西方把其现代化经验塑造成一种意识形态话语，即西方的经验是后发国家的唯一选择。冷战时期，美国社会科学领域一大批知名学者如罗斯托、白鲁恂（Lucian Pye）、丹尼尔·勒纳（Daniel Lerner）、加布里埃尔·阿尔蒙德、詹姆斯·科尔曼等人①从各自的学科领域提出了一系列理论假设以论证美国发展道路的普适性。这些假设主要有：传统社会与现代社会截然对立；经济、政治、社会诸方面的变化相互结合、相互依存；人类社会发展趋势是沿着共同的直线性方向向现代国家迈进；发展中国家能够通过与发达社会交往而加速前进。在他们的假设中，美国作为现代国家的代表，处于历史发展的最高阶段，“美国以往的历史经验展现了通往真正的现代性的道路”。② 因此，当美国里根政府和英国撒切尔内阁向全球大肆宣传新自由主义哲学与政策主张时，第三世界国家能冷静面对并作出理性抉择的不多，相反，大多如获至宝，群起效尤。自 80 年代以来，新自由主义甚嚣尘上的地区，除讲英语的美国、英国、加拿大、澳大利亚、新西兰、南非诸国外，还包括北欧斯堪的纳维亚国家以及亚洲的日本、韩国、中国香港、新加坡等国家和地区，以及进入 90 年代后的苏联和东欧转型国家，而最典型的是拉丁美洲国家。拉美虽然左翼力量强大，政治上有强烈的反美传统，但经济理论和政策上却大多奉英美自由主义为神明。总之，自 70 年代末以来，新自由主义在全球泛滥，新自由主义精英在许多国家政治文化领域占据了核心位置，影响甚至左右着政府政治、经济和文化政策的制定与实施，主导着媒体和大公司的战略规划与执行。正如英国左翼学者哈维所说，“从苏联解体后新成立的国家到老牌社会民主制和福利国家，几乎所有国家都接受了某种形式的新自由主义理论。”③

毋庸讳言，三十年来，新自由主义作为西方占据主导地位的统治性话语，其自我伸张的合法性依据或理由之一就是全球化。尽管全球化是人类经济社会发展的必然结果与趋势，但新自由主义却巧妙利用这一客观存在，

① 他们中不少人在肯尼迪时期成为重要幕僚或决策过程中的核心人物，如罗斯托就是肯尼迪内阁的要员。

② 〔美〕雷迅马：《作为意识形态的现代化：社会科学与美国对第三世界的政策》，牛可译，北京：中央编译出版社，2003 年第 7 页。

③ 〔英〕大卫·哈维：《新自由主义简史》，王钦译，上海译文出版社，2010 年，第 3 页。

把其主张与欲求同全球化之间建立起因果联系来，可以说，新自由主义以全球化的名义行全球资本扩张之实，通过将全球化与其全球野蛮性资源和市场掠夺行为捆绑在一起而让其行径被洗白，全球性反全球化运动之所以都把全球大公司作为众矢之的，其主要原因即在于此。

二　美国文化左派的反全球化理论

尽管新自由主义的政治家和学者利用所掌控的强大政治场域和统治性话语工具，为新自由主义大唱赞歌，但新自由主义作为一种政治哲学和政策理论，却难以避免地存在严重缺陷，这为左翼批评提供了箭靶。美国左翼学者在全球化批判方面最具影响力的理论有帝国理论、生态马克思主义理论、资本主义反生态理论、全球化与民主理论、全球化与安全理论等。

1. 帝国理论

帝国理论由美国学者麦克尔·哈特和意大利学者安东尼奥·奈格里一同提出，在美国反全球化的左派理论阵营中占有重要位置。2000 年，《帝国——全球化的政治秩序》一书问世，哈特和奈格里在书中大胆断言，伴随着全球市场和生产的全球流水线的形成，全球化的秩序，或者说是一种新的主权形式——帝国，正在出现，它“有效地控制着这些全球交流，它是统治世界的最高权力”。[①] 在这个过程中，民族—国家对经济和文化交流的控制力不断减弱，民族国家主权尽管依然有效却无可避免地走向衰落成为新的帝国正在降临的一个突出征兆。与旧式帝国主义相比，新的帝国是一个无疆界、无中心的统治机器。它通过开放的和不断扩展的边界加强对整个全球领域的统合。在这个统合过程中，帝国虽然在埋葬帝国主义和殖民主义的进程中发挥了积极作用，但它同时又建立起它自己的以剥削为基础的权力关系，“在许多方面新权力关系比已被摧毁的旧权力关系更野蛮。现代性辩证法的终结并未带来剥削辩证法的终结。”[②] 在帝国内部，财富越来越多地控制在越来越少的人手中，贫富分化越来越趋向极化，贫困的大

① 〔美〕麦克尔·哈特、〔意〕安东尼奥·奈格里：《帝国——全球化的政治秩序》，杨建国等译，南京：江苏人民出版社，2003 年，序言，第 1 页。

② 〔美〕麦克尔·哈特、〔意〕安东尼奥·奈格里：《帝国——全球化的政治秩序》，杨建国等译，南京：江苏人民出版社，2003 年，第 49 页。

众在权力结构中则自然处于边缘位置。在哈特和奈格里看来，事实上，正是被压迫大众自19世纪以来在公平与正义的乌托邦激情鼓舞下遍及全球的抗争构成了帝国形成的重要推动力之一。在帝国体系中，对帝国生存发展具有不可或缺作用的构件有二：一是司法结构和宪制力量，二是由全球化的生产主体和创造主体构成的民众复合体，后者的“创造动力带给帝国一种新的存在感”。[①] 亦即，民众的创造运动内在于帝国之中，推动着帝国的构造向前发展。

从主权角度考察，后现代主义和后殖民主义理论的兴起揭示了现代主权范式向帝国主权范式普遍性转变的到来。现代主权的世界是一个二元对立的世界：自我与他者、白人与黑人、内部与外部、统治者与被统治者，等等，父权统治、殖民主义、种族主义是这种二元逻辑的典型理论载体。后现代的差异政治、反中心、碎片化、零散化等话语不仅对这种二元逻辑提出挑战，也对极权主义、统一化话语和权力结构发起挑战。通过这种挑战以抗争现代主权、现代民族国家及其等级结构。后殖民主义研究中也提出了全球差异政治的主张，与后现代主义形成了理论共鸣。这集中反映在霍米·巴巴的著述中，[②] 从这些著述里我们会发现，拒绝二元分裂成为霍米·巴巴全部后殖民主义工程的中心任务。构成世界的不是两大对立阵营或相互依赖与矛盾的中心与周边，而是无数不完整的、流动着的差异。

此外，20世纪最后一二十年间基要主义或原教旨主义的崛起从另一个层面预示了迈向帝国的这一历史性转变。基要主义或原教旨主义虽然种类繁多，但它们共有的一致性特征在于，它们一般都被视作反现代化运动，被理解为原始同一性和价值观的回归，被理解为历史之倒退，一种去除现代化的进程。例如形形色色的宗教激进主义就坚决把自己置于现代性的对立面，力图把自身从全球现代性之流中分隔出来，创设一个严格的宗教社会；而美国的基督教基要主义也同样持反社会现代化立场，试图以圣经文

① 〔美〕麦克尔·哈特、〔意〕安东尼奥·奈格里：《帝国——全球化的政治秩序》，杨建国等译，南京：江苏人民出版社，2003年，第67页。

② 在《文化的定位》（Homi Bhabha, *The Location of Culture*. London: Routledge, 1994）一书中，霍米·巴巴选择从殖民关系和移民角度对民族国家这一现代性的基本单位进行解构。而在《后殖民与后现代：中介问题》《新东西怎样进入世界：后现代空间、后殖民时间和文化翻译的试验》《种族、时间和现代性的修订》等文中，专门探讨了后现代与殖民问题，参见赵稀方《后殖民理论》，北京：北京大学出版社，2009年，第110~118页。

本为基础重造昔日社会结构。[①] 基要主义的兴起无疑是对帝国这一新秩序产生发展的逆向回应。

帝国是一个将君主制、贵族制和民主制三者融为一体的独一无二的具有绝对统治权的主体，它能有效地包容和处理体制内部的差异。也正是因为如此，它虽然解构了民族国家疆界及其主权，但民族国家的功能和权威并未就此消失。民族国家在管理货币、经济流通、人口迁移、法律规范、文化价值等方面的基本功能依然存在，只不过在全球化进程中改头换面了而已。[②] 然而，作为一个超国家的新型权威，帝国在政治领域必然带来"民主的赤字"。从理论上讲，现代民族国家主权的基础是人民主权，政治一般表现为大众统治权形式，政策制定过程必须围绕人民的利益和意志展开。但在全球化状态下，帝国主权和人民主权是相冲突的。例如，国际货币基金组织（IMF）、世界银行（WB）和世界贸易组织（WTO）作为当今世界经济三大制度性支柱，它们发挥作用的必需条件是"剥夺民族国家制定经济和社会政策的权力"。[③] 这些超国家的经济制度没有也不可能代表人民，这种缺陷就连为全球化大唱赞歌的一流自由主义理论家都无法否认，如罗伯特·基欧汉、约瑟夫·斯蒂格里茨、戴维·赫尔德、乌尔里希·贝克等人就明确主张改革全球体系以增强民主规则和机制的力量。但他们提出的透明度、责任感、全球治理等概念，在增强民主方面似乎空泛无力。可以说，全球民主在帝国世界只是一个难以企及的宏伟目标。

除了民主赤字外，帝国还把现代性中的种族主义推进到了一个新阶段。如果说现代时期的种族主义是以生理差异为基础的话，帝国世界里的种族

① 宗教激进主义的典型是霍梅尼于 1979 年发动的伊朗伊斯兰革命，这场革命的宗旨即在于复活古代秩序，反转社会现代化进程。美国的基督教基要主义最引人注目的社会议程在于缔造稳定的、具有等级关系的核心家庭，这种家庭结构被认为存在于过去。因此，美国基要主义者在最近几十年中发起了一场反对堕胎和同性恋的十字军东征，同时也为白人在种族等级秩序中的霸权而奋斗。当然，美国基督教基要主义如果追根溯源的话，完全可追溯到 17 世纪美国的宗教乌托邦理想：在北美大地建立一个有别于欧洲基督教社会、也不同于异教徒世界的和谐至善的基督教共同体。这是后来推动美国走向独立的重要精神动力。

② 〔美〕麦克尔·哈特、〔意〕安东尼奥·奈格里：《全球化与民主》，斯坦利·阿罗诺维茨、希瑟·高特内主编《控诉帝国：21 世纪世界秩序中的全球化及其抵抗》，肖维青等译，桂林：广西师范大学出版社，2004 年，第 169 页。

③ 〔美〕麦克尔·哈特、〔意〕安东尼奥·奈格里：《全球化与民主》，斯坦利·阿罗诺维茨、希瑟·高特内主编《控诉帝国：21 世纪世界秩序中的全球化及其抵抗》，肖维青等译，桂林：广西师范大学出版社，2004 年，第 171 页。

主义则是建立在文化差异之上的。文化虽然是流动性的，文化间可以相互沟通、借鉴、融会，但文化间的差异是很难从根本上予以消除的。帝国种族理论使种族霸权成为一种自然而然的事：美国亚裔学生历来比非裔学生学习成绩优秀，不是源于种族生理之劣根，而是缘于文化之不同。事实上，在哈特和奈格里看来，由于帝国消除了内外之别，包容了一切，维持多样性和差异性遂成为其实现社会控制的路径之一。从控制手段来看，帝国至少包括三个阶段：第一阶段是全面包容时期，以和平方式将一切同质或异质的力量包容进帝国体系；第二阶段是区别阶段，承认差异，维持并利用现有差异，使之不对帝国体系中的广泛共识构成威胁；第三阶段为操控阶段，通过对不同民族群体的有效操控，确保不同群体居住在分隔开的社区中，保持各自差异，进而维持体系的稳定与和谐运转。简而言之，这是一种近乎分而治之的控制策略。具体而言，这种控制体现在政治和法律领域的警察与军事控制、经济或市场领域的金融控制、思想文化领域的意识形态控制等方面，而炸弹、金钱、无线电则是帝国进行全球控制的三种专制手段，这是帝国治理不可或缺的内容。

帝国虽然是巨大的压迫性的和毁灭性的力量，但它依然为自由力量提供了新的可能性。首先，帝国体系中剥削的更深更广的存在必然在生产网络中引发全球性对抗，这与对帝国监控的抵制一道在体系内各个节点上孕育危机，危机同资本主义生产的后现代的整体共同扩张，“随着社会被真正吸纳到资本之下，社会的对抗力量可以在每一时刻、在交际性生产与交换的每个阶段作为冲突爆发出来。”① 其次，帝国中腐败无处不在。不仅个体选择的腐败，如带有黑社会色彩的日常的小型权力暴力随处可见，而且生产秩序中形同剥削的腐败同样司空见惯，甚至在意识形态领域也能发现它的魅影。另外，在帝国统治实践中滥用恐怖威胁手段以解决有限或地区冲突，无疑是权力滥用的表现形式之一，也是权力腐败的典型。再次，帝国体系中个体、群体和人口不停地流动具有不可估量的影响。“通过流动，民众重新夺取了空间，将其自身组成一个积极的主体。”② 这个主体是深受资

① 〔美〕麦克尔·哈特、〔意〕安东尼奥·奈格里：《帝国——全球化的政治秩序》，杨建国等译，南京：江苏人民出版社，2003 年，第365 页。

② 〔美〕麦克尔·哈特、〔意〕安东尼奥·奈格里：《帝国——全球化的政治秩序》，杨建国等译，南京：江苏人民出版社，2003 年，第 376 页。

本剥削其劳动的全体合作的民众，是与现代大工业工人阶级明显有别的新无产阶级。

那么，对全球帝国的反抗之现实手段是什么呢？哈特和奈格里提出了三个概念：抵制、暴动和制宪权。他们认为，这三者是一个不可分割的进程，“这三者水乳交融，成为一种完整的抗衡权力，最终成为一个新的社会替代形式。”① 抵制行为、集体的反叛行为以及共同创造一个新的社会和政治宪章这三者通过无以计数的微观政治循环在帝国机体中注入了一种新的抗衡力量，“它是一种反对帝国的活生生的东西”，一种新的幽灵、野蛮人和漂亮巨人。这种抗衡力量本身能迸发出巨大的创造力，“创造一种新的民主，即绝对民主，它没有疆界，不可度量。”②

2. 生态危机与反资本主义

詹姆斯·奥康纳与生态马克思主义

詹姆斯·奥康纳（James O' Connor），美国左翼学者，生态马克思主义的重要领军人物。主要著作有《自然的理由：生态学马克思主义研究》（1998）等。他在揭露和批判资本主义的反生态本质方面，提出了一个较具个性化特色的理论解释架构。在他看来，资本主义社会存在双重矛盾与危机。第一重矛盾是马克思所揭示的生产力与生产关系之间的矛盾，该矛盾运动造成因需求不足而导致的生产过剩的经济危机；第二重矛盾则是资本主义生产力、生产关系和生产条件之间的矛盾，这种矛盾导致的是人与自然关系的紧张以及由之而来的生态危机。在奥康纳看来，如果说马克思时代主要凸显的是第一种矛盾，那么，今天的资本主义则主要凸显的是第二种矛盾。第一重矛盾侧重于揭示资本主义社会内部矛盾的运动，第二重矛盾则着重揭示资本主义生产同外部自然之间的矛盾。奥康纳格外重视和强调第二重矛盾的重要性，理由有二：一是资本主义生产建基于能源和复杂的自然与生态系统之上，意味着资本主义生产和生态系统间存在着相互作用与相互制约的关系；二是由于马克思和恩格斯低估了资本主义的历史

① 〔美〕麦克尔·哈特、〔意〕安东尼奥·奈格里：《全球化与民主》，斯坦利·阿罗诺维茨、希瑟·高特内主编《控诉帝国：21世纪世界秩序中的全球化及其抵抗》，肖维青等译，桂林：广西师范大学出版社，2004年，第180页。

② 〔美〕麦克尔·哈特、〔意〕安东尼奥·奈格里：《全球化与民主》，斯坦利·阿罗诺维茨、希瑟·高特内主编《控诉帝国：21世纪世界秩序中的全球化及其抵抗》，肖维青等译，桂林：广西师范大学出版社，2004年，第182页。

发展所带来的资源枯竭和环境破坏的严重程度，建构一种清晰的全球环境问题的资本主义理论势成必然，而第二重矛盾理论就是这样的理论。所以，奥康纳指出，生态学马克思主义的出发点在于，揭示资本主义生产力、生产关系和生产条件之间的矛盾运动引发的生态危机，这与传统马克思主义揭示资本主义基本矛盾引发经济危机这一核心目标是完全不同的。

奥康纳认为，资本主义是以追求经济无限增长为目标的自我扩张系统，但自然界既无法进行自我扩张，其发展周期和节奏也不同于资本运作的周期和节奏，其结果是，生态环境被破坏，进而导致资本诸要素成本的节节上升，最终引发经济社会危机。具体而言，资本主义必然导致生态危机的结论是由以下几个方面的分析得出的。其一，资本主义的积累必然会破坏生产条件，造成生态危机。因为资本主义积累是建立在生产率不断增长和把工人阶级再生产出来的成本降低的基础之上。由于资本自我扩张具有无限性特点，结果是，经济不断增长，对原材料的需求亦不断增加，原料在商品价值中所占比重将不断增大，而资本亦相应地会增加对资源开采领域的投入，在这种情况下，往往会使生产成本和积累一同增加，利润率下降。如果资本采用节约性地高效率使用资源进行生产，使原材料价格和成本价格一并下降和平均利润率上升的话，则会因原材料价格相对低廉而带来对资源需求的加快和积累的增加，加快资源消耗的速度。因此，资本主义生产过程的必然结局是对自然资源有增无减的耗费和对环境日益严重的污染与破坏。[①] 生态危机的加深反过来又会由于增加资本成本和环境问题进一步加重经济危机，最终导致资本主义的自我否定："资本在损害或破坏其自身的生产条件的时候，便会走向自我否定。在这一意义上，生态危机和经济危机是由自身所导致的，并且，环境的和社会经济的革新运动是这同一总体过程的两个不同方面。"[②] 其二，资本主义不平衡和联合的发展必然会导致生态危机。奥康纳眼中的"不平衡发展"和"联合的发展"是何意思？根据奥康纳的观点，"不平衡发展"主要是指各种产业以及政治结构在空间

① 王雨辰：《生态批判与绿色乌托邦》，唐正东、臧佩洪译，北京：人民出版社，2009 年，第 104～105 页。

② 〔美〕詹姆斯·奥康纳：《自然的理由：生态学马克思主义研究》，唐正东、臧佩洪译，南京：南京大学出版社，2003 年，第 294 页。

分布上的失衡状态。它包括两层含义，一是指“发达”与“欠发达”地区间的关系，同弗兰克、多斯桑托斯和阿明等人提出的“依附理论”关于欠发达的分析相似；二是指全球资本主义体系中城乡间、帝国主义与殖民地间、中心与外围间的剥削和被剥削的关系。不平衡发展带来的生态危机极其严重，首先，土地的肥力被破坏。其次，森林被乱砍滥伐。再次，矿物或化石燃料被快速开采。最后，不发达地区人口和资源向发达地区移动，致使传统的经营方式难以为继。联合发展同样有两种形式：一是欠发达的南方国家农业人口向城市和向发达国家迁移，二是工业和金融资本以及相关资本和技术向具有市场和廉价劳动力潜力的落后国家和地区输出，这些目标国普遍不重视环境保护。联合发展导致发达国家被禁止的污染产业转移到落后国家。“联合的发展意味着污染的出口以及危险性产品的出口”。[①]一句话，无论是不平衡发展还是联合发展，都不可避免地给发达国家城市和欠发达国家和地区造成环境污染和资源枯竭的后果，而且，资本的积累率和利润率的高低与生态危机和环境恶化的程度呈现正相关关系。

除以上讨论外，奥康纳还通过对资本主义体制下生态可持续发展的不可能性的分析来论证资本主义制度的反生态本性。他指出，要让生态可持续性发展，就必须代之以绿色财政政策，[②] 但在资本主义国家，这种绿色财政政策是很难被执行的。因为，绿色经济或生态可持续性的论题是由环保运动所创议，但环保运动对西方政治的影响因其力量弱小而受限，很难真正影响经济决策过程，此其一；其二，资本为获取更多更大利润，对环保运动予以资助，把自己打扮成绿色话语的支持者，使环保议题难以落到实处；其三，绿色环保运动所提倡的生态可持续发展模式，实际上是一种在稳态经济条件下的“维持式发展”，这与资本的扩张本性是完全相悖离的，它使资本将无利可图。

福斯特对资本主义的反生态性之批判

约翰·贝拉米·福斯特（John Bellamy Foster），美国俄勒冈大学社会学

① 〔美〕詹姆斯·奥康纳：《自然的理由：生态学马克思主义研究》，唐正东、臧佩洪译，南京：南京大学出版社，2003年，第317页。

② 绿色财政政策的主要导向是，对那些过度消耗原材料和自然资源的产业以及高污染行业征收重税；将资金投向清洁能源，如太阳能、风能、潮汐能等的开发利用；投入资金改善人们的生活和工作条件，以保障人们的健康与安全。参见王雨辰《生态批判与绿色乌托邦》，第111~112页。

教授，当代西方生态学马克思主义的代表人物。主要著作有《脆弱的星球》(1994、1999)、《马克思的生态学》(2000)、《生态危机与资本主义》(2002)、《金融大危机：原因和结果》(2008)、《生态裂痕：资本主义对地球的战争》(2010) 以及《无尽的危机：垄断金融资本怎样产生从美国到中国的停滞与动乱》(2012) 等。在这些著作中，福斯特旗帜鲜明地拒绝西方学术界把全球生态危机主要归咎于人类固有本性、现代性、工业主义和经济发展本身的流行性观点，而是以大量的证据说明环境危机的祸源在资本主义制度本身，唯有进行根本的社会变革，人类“才有可能与环境保持一种更具持续性的关系”。①

之所以把生态危机与资本主义制度联系在一起，是由资本主义的本质决定的。在福斯特看来，资本主义经济的首要目标是无限度地追求利润增长，这直接导致资本主义经济增长以牺牲世界上大多数人的利益为代价，不惜一切代价的增长使环境恶化成为必然。1970 年代由罗马俱乐部引发的关于“增长的极限”的大辩论中，以诺贝尔经济学奖得主罗伯特·索洛(Robert Solow) 为代表的传统增长理论鼓吹者们对经济无限增长与资源有限性之间的矛盾视而不见，对主张限制增长或可持续增长观点的厌恶和愤懑，从一个侧面见证了利润动机驱使下谋求增长的强大惯性。此外，一如资本主义毫无节制的经济扩张一样，它投资的短期行为也是大问题。“资本的拥有者在评估投资前景时，总是计算在预计的时间内（通常在很短时期内）得以回收投资以及今后长久的利润回报。”② 即便是在采矿、油井等自然资源领域里的投资，回报周期一般也不会超过 10～15 年，而且回报率十分可观。但在生态保护领域则不然，回报周期至少在 50 到 100 年间，其他如水资源保护与分配、非再生资源保护、废物处理、人口影响和工业选址等涉及几代人的可持续发展问题，这些是冷酷的资本短期回报法则所根本不予考虑的。特别值得一提的是，许多环境与生态保护和可持续发展的构想和安排，在不同程度上都与第三世界国家相关，维护第三世界生态平衡的主张与资本投资于第三世界谋求短期回报的要求是格格不入

① 〔美〕约翰·贝拉米·福斯特：《生态危机与资本主义》，耿建新、宋兴无译，上海：上海译文出版社，2006 年，前言。

② 〔美〕约翰·贝拉米·福斯特：《生态危机与资本主义》，耿建新、宋兴无译，上海：上海译文出版社，2006 年，第 3 页。

的。《京都议定书》等国际节能减排计划之所以难以落实，其根本原因即在于此。

福斯特特别分析了资本主义生产方式同生态危机的内在联系。他认为，资本主义生产方式是一种“踏轮磨坊的生产方式”，其运行逻辑如下：“首先，由金字塔顶部的极少数人通过不断增加的财富积累融入这种全球体制，并构成其核心理论的基础。第二，随着生产规模的不断扩大，越来越多的劳动者由个体经营转变为工薪阶层。第三，企业间的激烈竞争必然导致将所积累的财富分配到服务于扩大生产的新型革新技术上来。第四，短缺物质的生产伴随着更多难以满足的贪欲的产生。第五，政府在确保至少一部分市民的‘社会保障’时，对促进国民经济发展的责任也日益加大。第六，传播和教育作为决定性的手段成为该生产方式的一部分，用以巩固其优先的权利和价值取向。”[①] 其基本特点有三：其一，呈现金字塔形结构，处于顶端的是极少数资本拥有者，位于底层的主要是工薪阶层；其二，在资本追逐利润的本性和市场竞争的共同作用下，其生产规模具有不断扩大和日益集中趋势；其三，为巩固和发展资本主义生产方式，资产阶级大力宣扬与之相应的文化价值观。可以看出，资本主义生产方式运行的方向明显指向与地球生态循环相协调的反向。虽然一些自由派学者开出了自然资源资本化的“妙方”，即把自然资源转换为一种生产成本以解决生态问题，无须改变资本主义生产方式，[②] 福斯特等左派学者对此的回答是，这一方案是似是而非的。因为这会造成环境质量可以通过购买获得的错觉，使已经严重的生态危机更加恶化。“把自然和地球描绘成资本，其目的主要是掩盖为了实现商品交换而对自然极尽掠夺的现实。”[③] 和左翼学者布雷德福·迪龙一样，福斯特认为，正是资本主义带来的经济与生态矛盾的聚合引发了当今“划时代的危机”——第二次大萧条。资本主义制度本身已经无力从根本上治愈这样规模的危机，划时代的危机必然带来划时代的革命，当然，这场

① 〔美〕约翰·贝拉米·福斯特：《生态危机与资本主义》，耿建新、宋兴无译，上海：上海译文出版社，2006 年，第 36 ~ 37 页。

② 代表人物有托马斯·普拉夫等人。Thomas Prugh, *Natural Capital and Human Economic Survival.* Solomons, Md.: International Society for Ecological Economics, 1995.

③ 〔美〕约翰·贝拉米·福斯特：《生态危机与资本主义》，耿建新、宋兴无译，上海：上海译文出版社，2006 年，第 28 页。

革命的希望就寄托在“环境工人阶级和生态农民群众的身上”。[①]

柏克特的生态经济学

最近几年，美国生态学马克思主义发展出了一个新的理论论域，即生态经济学。在这个领域的研究方面，除了福斯特的讨论外，最引人注目的是印第安纳州立大学教授保罗·柏克特（Paul Burkett）的论述。柏克特在其新著《马克思主义和生态经济学：通向一种红绿的政治经济学》中指出，马克思在政治经济学批判中分析了劳动生产和商品的二重性，由于具体劳动生产出来的使用价值作为物质和能量变化的结果，体现的是人与自然的新陈代谢的关系，而抽象劳动生产出来的交换价值体现的是资本家阶级与工人阶级的社会关系，因此，马克思实质上是将社会与自然、社会实践与自然规律内在地连接在了一起。由此不难推断，马克思的政治经济学体系不是一般意义上的建构，事实上，它在将社会问题纳入理论范式的同时，也将自然和生态问题一并纳入其中，从而阐发了一种生态经济学的观点。在柏克特看来，正是强调从阶级分析的视角理解种种生态问题这一立场，构成了马克思生态经济学最突出的特点，这为当今生态经济学的发展提供了极有意义的启迪。特别值得一提的是，当人们普遍地将积累增长危机（包括经济和生态危机）与阶级割裂开来思考生态经济学的问题时，对马克思的经济学观点进行深度的解读和理解，显得尤为重要。[②] 柏克特与福斯特还撰文指出，马克思与恩格斯并不是像有些论者所认为的那样，脱离了当时自然科学的发展，而实际上，他们对当时的自然科学发展及其成就高度关注，并积极地将其中的重要成果纳入他们的理论建构之中。一个显而易见的事实是，他们将热力学理论整合到政治经济学的研究中，从而在19世纪创造出一套与众不同的政治经济学理论体系，进而也为生态经济学提供了深厚的理论基础。[③]

总之，资本主义所崇尚的是以获取最大利润为目的的经济理性，它与

---

① J. Bradford Delong, “The Second Great Depression”, *Foreign Affairs*, July-August 2013; John Bellamy Foster, “The Epochal Crisis”, *Monthly Review*, Vol. 65, Iss. 05, October 2013, http://monthlyreview.org/2013/10/01/epochal-crisis#en1.

② Paul Burket, *Marxism and Ecological Economics: Toward a Red and Green Political Economy.* Chicago: Haymarket Books, 2009.

③ John Bellamy Foster and Paul Burkett, “Classical Marxism and the Second Law of Thermodynamics”, *Organization & Environment*, Vol. 21, Mar. 2008.

主张可持续发展的生态理性完全对立，这种对立反映了前者的工具理性与后者的价值理性间的泾渭分明，作为工具理性的经济理性严格遵循“核算和计算”原则，力求越多越好，作为价值理性的生态理性则奉行生态原则，力求够了就行，更少但更好。在制度不变革的条件下，这两者间的鸿沟是难以逾越的。

3. 全球化与民主

全球化的发展促进世界各国经济上日益趋于一体化，民族国家对国民经济的主导地位日渐弱化，资源越来越在全球市场而不是国内市场的平台上配置，经济的变化必然会在社会政治文化生活层面上反映出来。理论上讲，经济运行空间的放大也会带来政治空间自由度的提高，但事实并非如此。和哈特与奈格里一样，美国左派学者威廉·迪法齐奥（William DiFazio）认为，现代代议制民主在拓展全球自由方面留下的是失败的记录，因为全球化时代地方与全球经济和社会的不平等阻碍了大众对民主的参与。① 虽然已故美国政治学家亨廷顿断言民主化的第三波自 20 世纪 70 年代以来以不可逆转的力量向世界各地推进，但世界政治的现实证明，全球化与民主并不同步。不仅广大发展中国家在民主建设上问题成堆，即便是发达国家也存在各种反民主的事件。例如，2011 年“9·11”事件的发生，不仅仅是国际社会生活中的一件大事，也是美国社会政治生活中的一件影响深远的事件。从国内来看，事件产生的最大影响有二，一是行政权力的急剧膨胀。左翼学者迈克尔·拉特纳指出，“9·11”后美国通过新反恐怖主义法，导致行政部门权力迅速扩大，“总统可以在没有国会授权的情况下，向任何目标发动战争；可以在没有法院允许的情况下，窃听律师和他们委托人之间的交谈；只要得到司法部长的命令，就可以无限期地监禁非美籍人士（即便他们从未有过犯罪记录）；成立军事法庭，甚至可以在无须事先得到允许的条件下宣布某人死刑。”② 二是国家和市民社会在个人基本民主

① 〔美〕威廉·迪法齐奥：《时间、贫困与全球民主》，载斯坦利·阿罗诺维茨、希瑟·高特内主编、麦克尔·哈特、安东尼奥·奈格里等著《控诉帝国：21 世纪世界秩序中的全球化及其抵抗》，桂林：广西师范大学出版社，2004 年，第 231 - 257 页。

② 〔美〕迈克尔·拉特纳：《我们失去了自由——这是反恐战争还是反自由战争?》，载斯坦利·阿罗诺维茨、希瑟·高特内主编、麦克尔·哈特、安东尼奥·奈格里等著《控诉帝国：21 世纪世界秩序中的全球化及其抵抗》，桂林：广西师范大学出版社，2004 年，第 70 页。

权利方面采取限制性措施时的不谋而合。美国社会学家科里·罗宾指出，在美国，当公民自由特别是言论自由受到侵犯时，国家和市民社会之间就会产生一种职能分工。即不仅仅是国家或政府压制言论自由，非政府组织、社会机构和个人也在扮演这种压制者的角色。[①] 这种压制特别针对美国有中东和穆斯林背景的少数群体，致使这些群体中的一些个体和家庭人心惶惶，坐卧不安，甚至有人承受不了巨大心理压力而“逃离”美国。美国国家安全部门以国家安全为理由，不仅在机场、码头、车站、宾馆和众多公共场所加强监控，而且还名正言顺地对公民的往来电子邮件、电话、传真、网络聊天室等隐私空间进行监听和管控，对基本人权中的个人隐私权造成极大威胁，由此造成一种社会性的心理压力与恐惧，并带来诸多社会问题。

在国际上，反恐战争本身就是一个与民主原则唱反调的事件。首先，战争未得到联合国合法授权，有违国际法准则。其次，作为战争理由的先发制人战略表现出霸权国家赤裸裸的强盗逻辑。再次，战争期间发生严重违反人权事件：虐待囚犯。最后，发动战争的理由并非如美国官方宣称的反恐那么简单，实质上是垄断资本利益集团为控制中东石油、天然气资源和市场的利益动机在背后起作用。可以说，新自由主义的全球化带来的是全球民主的停滞与倒退。

4. 资本主义全球化与人类黯淡前景

美国左翼学者中不少人认为，资本主义主导的全球化不可能给人类带来光明未来。伊曼纽尔·沃勒斯坦指出，全球化跨国公司的车轮，将资本剥削雇佣劳动的事实推广到全世界，结果是，全球化给占世界总人口不足20%的中产阶级带来了自由与繁荣，给其余80%的人带来的则是灾难。而且，全球化过程中不可避免地会带来民族主义和原教旨主义这些“反体系力量”；[②] 乔姆斯基在分析作为全球化的意识形态基础的新自由主义的特征和本质时断定，新自由主义具有明显的美国化与扩张性特征，它暗含有三重性质：经济强制力、政治权力和文化意识形态霸权，美国正是借助全球

① 〔美〕科里·罗宾：《恐惧：美国的方式——“9·11”之后美国的公民自由》，载斯坦利·阿罗诺维茨、希瑟·高特内主编、麦克尔·哈特、安东尼奥·奈格里等著《控诉帝国：21世纪世界秩序中的全球化及其抵抗》，桂林：广西师范大学出版社，2004年，第87页。

② C. P. Rao, *Globalization, Privatization and Free Market Economy*. USA: Greenwood Publishing Group, Inc., 1998, p. 15.

化图谋实现在全球的经济、政治与文化单极霸权，让世界美国化；无独有偶，美国左翼学者爱德华·鲁特瓦克也看到了全球美国化的危险：现存体系将会导致法西斯主义重现。他警告人们："如果不能出现新的政治经济力量来瓦解资本主义的新势力，那未来的趋势将是民粹主义；教育程度低下的人将反对精英规则、精英理念、精英价值观和精英管理经济的共识。"著名哲学家理查德·罗蒂更是作出预言，全球化将带来一个由高层世界人掌控的经济体系，在这个体系中，"任何想要帮助工人摆脱不幸的国家都可能使工人陷入失业的困境中。"①

总体上看，美国左翼学者对新自由主义全球化批判的主要论点如下。

（1）新自由主义的全球化会颠覆民族国家的自决能力。在全球化条件下，民族国家主权的独立与完整性受到了挑战，特别是经济主权。参与全球化进程，客观上要求民族国家让渡部分主权出来，如成为 WTO 等相关国际机构成员国后，就必须履行作为成员国的义务，其经济决策不得与该机构的章程相冲突，民族国家势必因此弱化其自我保护的能力，这在经济社会发展起步较晚的第三世界尤其突出；

（2）作为一种资本主义形式的新自由主义虽然增加了生产力，但却侵蚀了生产赖以长期维持的条件，即资源或自然，新自由主义的资本主义需要不断扩大的自然作为前提，因此，在有限的世界地理空间内的这种经济活动方式是不可持续的；

（3）新自由主义经济学加剧了剥削。剥削的加剧不仅表现在跨国公司在世界各地的经营活动中对员工的压榨，更表现在跨国公司以其压倒性的经济技术优势对所在国相关商品和资源定价权的垄断上；

（4）新自由主义政策带来的最大否定性经济后果是产生不平等。新自由主义的最大症结在于，过于强调了市场机制与效率，不仅对激烈竞争造成社会两极分化的严重后果不以为然，更对现今世界市场结构本身的非公正性视而不见。不管是发展中国家，还是发达国家，过去 30 多年来一个最基本的趋势是，社会财富分配上的马太效应愈演愈烈，贫者愈贫，富者愈富，社会阶级关系表面安宁，内部紧张；

---

① 〔美〕约翰·迈克斯威特、爱德瑞恩·伍德里奇：《现在与未来——全球化的机遇与挑战》，盛健、孙海王译，北京：经济日报出版社，2001 年，第 330 页。

（5）与自由主义相反，新自由主义使经济和政府政策的目标变为增加公司权力和为上层阶级谋福祉。在当今世界，以美国为代表的西方发达国家政府，其经济决策基础很早就转到了企业尤其是大公司上面，一方面，政府决策部门的人员大多数来自社会上层；另一方面，精英集团早已形成一种思维惯性：大公司的利润率构成经济健康与否的晴雨表，确保大公司运转自如和利润率上扬成为内在的决策导向，例如，2007 年金融危机发生后，美国联邦政府出台的量化宽松等一系列政策就是以挽救华尔街一些大公司为出发点的；

（6）存在地区性和全社会的反新自由主义的群众基础，因为城市居民正日益丧失塑造日常生活条件的能力。从西雅图大规模反全球化抗议到遍布全球的占领华尔街运动，参与者的数量和身份的多样化在一定程度上证明了这一点，绝大多数参与者生活和工作于城市，新自由主义的市场法则无孔不入地占领了城市的每一个角落，使城市越来越失去灵性和人情味，越来越令人了无兴趣，这或许是越来越多的人试图逃离城市相同缘由；

（7）以交易为导向、不受管制的经济活动和国家对污染管制的放松导致环境的退化或恶化。人类生产生活对环境的影响已经成千上万年，但环境的恶化却是最近几十年人类经济活动的直接结果，它已经对人类的生存构成了现实的威胁；

（8）劳动力市场监管的取缔产生了劳动的不稳定化（flexibilization）和雇佣临时化，非正式雇佣越来越多，工伤事故和职业病同比高发。

从这些论点可以看出，与其说左翼反对全球化，不如说反对资本和跨国公司借助全球化之名行全球扩张之实，反对新自由主义肆虐带来生态环境的恶化、南北差距极化和社会政治生态退化。也正是因为这一原因，在对反全球化运动这一现象的认识和理解上并没有形成共识，这从对运动的五花八门的称谓上不难看出。在西方学术刊物和媒体上，有人称之为反资本主义运动，有人称之为反全球化运动，有人则称其为全球抗议运动，还有名之为“全球民主运动”“全球正义运动”“世界公民运动”“超越全球化的运动”“社会公正运动”“反公司运动”，等等，不一而足。[①]

① 向红：《全球化与反全球化运动新探》，北京：中央编译出版社，2010 年，第 65 页。

三　左翼反全球化运动的策略与实践

1. 反全球化运动的历史回溯

一般都把 1999 年西雅图抗议示威视为反全球化运动的起点，其实不然，如果说全球化不是一种当下现象或结果，而是一种历史进程，那么，反对这一进程的行动和思想早已有之。当 500 多年前欧洲殖民者与美洲原住民因强迫贸易和掠夺而发生冲突时，反全球化的意识就已经油然而生。研究反全球化运动的著名学者阿默里·斯达认为，当代反全球化运动至少可以追溯到 1972 年，因为这一年召开的美洲理事会上，探讨的主题就是如何应对“反公司主义”挑战。[①] 1994 年元旦，墨西哥恰帕斯州农民为反对《北美自由贸易协定》正式生效剥夺他们公有土地使用权利，揭竿而起，组成萨帕塔民族解放军，打响了发展中国家人民反击西方资本主义全球化扩张的群众性抗议的第一枪。墨西哥政治分析家将此事件称为“21 世纪的首次革命”，故有不少学者视之为反全球化运动的真正起点。[②] 其实，在西雅图抗议示威之前，能够与反全球化挂钩的事件很多，如 1994 年世界银行庆典成立 50 周年之际，西班牙首都马德里发生了抗议国际金融组织的活动，这一活动并不局限于欧洲和北美，在拉美、非洲和亚洲也在同步进行；[③] 1995 年年底，法国巴黎发生长达一个月的大罢工，法国《世界报》认为这是反全球化的第一次起义；1996 年 11 月，亚太经合组织会议在菲律宾举行，马尼拉有 10 余万人加入抗议示威的行列；1997～1998 年的东南亚金融危机，导致越来越多的人看到了全球化背光的一面，抵制意识不断增强；1998 年有 29 个最富裕国家参加的旨在启动多边投资协定（MAI）的秘密谈判，因遭到法国否决和大规模抗议示威活动而流产，被视为成功阻击新自由主义全球扩张的一个重要时刻；1999 年 6 月 18 日，工业七国首脑会议在科隆召

---

① A. Starr, *Naming the Enemy: Anti-Corporate Movements Confront Globalization.* New York: Pluto Press, 2001, p. 5.

② 〔英〕阿列克斯·卡利尼科斯：《反对资本主义宣言》，罗汉、孙宁、黄悦译，上海：上海世纪出版社，2005 年，引言第 6、7 页；〔美〕戴维·C. 科顿：《当公司统治世界》，王道勇译，广州：广东人民出版社，2006 年，第 389 页。

③ R. Robertson and K. E. White, *Globalization: Critical Concepts in Sociology.* London: Routledge, 2003, p. 390.

开，由此引发一场遍及伦敦、旧金山、马尼拉、东京、利马、中国香港等地的“反对资本的狂欢节”抗议浪潮。

西雅图抗议示威虽然不是严格意义上的反全球化运动的起点，但在现代反全球化运动进程中却是无可争辩的转折点或里程碑。在这之前的抗议活动无论是规模还是范围都是十分有限的，且大多表现为单个国家内部的政治事件，而西雅图抗议活动却是真正具有国际色彩的大规模政治抗议事件，这一事件更是当代美国左派重建公共形象与影响力的大胆尝试。

2. 美国左派与反全球化运动

美国左翼与全球反全球化运动的关系

美国左翼力量不仅为反全球化运动提供了理论武器，他们还是反全球化运动实践的重要参与者，在全球各地发生的各种反全球化抗议行动，或多或少都有美国左派人士的影子。美国左派在实践层面的最大贡献是：（1）为运动提供了极其重要的非暴力抗议策略。除了极少数的激进团体主张暴力行动外，① 美国绝大多数左派组织都提倡遵循20世纪60年代以来美国左派非暴力斗争的优良传统，主张对话而非血腥的暴力对抗，希望通过和平方式表达全球性正义的诉求，通过全球性合作形成政治压力，促成不合理不公正的经济政治秩序得到改变；（2）在加利福尼亚和加拿大西南地区的卡尔加里为运动建立了两个运动人才培训中心。前者由美国著名的无政府主义团体组织骚动协会（Ruckus Society）负责，主要致力于培训示威者的非暴力斗争技巧；后者由联合行动组织（Co-Motion Action）负责，着重于训练示威者并传播有关组织管理的经验；（3）美国左派构成全球反全球化运动的核心力量。例如，2010年6月22～26日，被公认为世界反全球化运动大本营的“世界社会论坛”在底特律开会，与会者超过2万人，他们大多是进步的积极分子、艺术家、学生、移民和普通公民，美国左派在其中占有相当的比重，仅从此次会议主题“另一个世界是可能的，另一个美国是必要的”就不难看出美国左派在其中所具有的能量

① 例如，2003年夏，美国萨洛尼卡市亚里士多德大学哲学系激进分子不仅打出“和平、爱和汽油弹”、“极端怀疑论万岁”、“中产阶级战争”、“诅咒这个世界，破坏一切东西”等口号，而且还试用燃烧瓶，试戴防毒面具，他们普遍对警察充满仇恨，在自己身体上留下伤疤，准备以暴力伤人。见C. Esche and B. Maiguashca, *Critical Theories, International Relations and "the Anti-Globalization Movement"*, *The Politics of Global Resistance*. New York and London: Routledge, 2005, p. 174.

和影响力。与此同时，与会者的规模和国际性特征又向人们揭示了这样一个事实：有共同的话语和使命把众多的人集合到一起，这一话语和使命就是反击资本主义一统世界的企图，为一个更加公平合理的美好世界梦想而奋斗。

美国左派理论上的探索和实践层面的作为有力地揭示了一个事实：左翼不仅理论上在进行批判与重建，实践上也在为把理论落到实处而积极行动。

从“西雅图风暴”到“占领华尔街”运动

西雅图风暴

1999 年 11 月，世界贸易组织（WTO）年会在西雅图召开。来自全球的 10 余万抗议者云集于此，通过抗议行动表达各种各样的反资本主义全球化立场。这场超大规模的抗议活动造成西雅图交通瘫痪，街头骚乱和示威者与警察之间的肢体冲突，最终导致世界贸易组织部长会议草草收场。领导和参与这场风暴的美国左翼组织主要有“美国钢铁工人联合会”（USWA）、“全球正义动员”（MGJ）和“直接行动网络”（DAN）等，它们的政治主张各不相同，如作为西雅图抗议运动头号组织的“美国钢铁工人联合会”，反对全球化的理由是，世贸组织的贸易自由化规则促进了跨国公司的全球野心，从而牺牲了母国工人的工作机会。[①] 而 MGJ 之所以在西雅图大显身手，则是出于这些想法：（1）IMF 和 WB 的理事会议应该对公众和媒体开放；（2）取消贫穷国家的债务；（3）停止强加给受灾国有害的经济条件；（4）停止资助有害于环境和社会的项目。[②] 而 DAN 则出于其无政府主义理想反对资本主义全球扩张的逻辑而行动。他们从反对独裁的立场出发，要求对世贸组织进行调整与改革。

以斯坦利·阿罗诺维茨为代表的一大批美国左翼学者对西雅图事件予以高度评价，认为这是历史的重要转折点，是 1848 年马克思和恩格斯号召“全世界无产者联合起来！”以来全球正义力量的第一次联合。[③] 这一评价是

① L. A. Zagorin and S. Frank, “Rage against the Machine”, *Time*, December 13, 1999.

② http://www.globaljusticeecology.org/.

③ 〔美〕斯坦利·阿罗诺维茨、希瑟·高特内主编，麦克尔·哈特、安东尼奥·奈格里等著《控诉帝国：21 世纪世界秩序中的全球化及其抵抗》，肖维青等译，桂林：广西师范大学出版社，2004 年，第 2 页。

中肯的，纵观历史，反资本主义力量的全球合作和协调行动，一直是自马克思恩格斯以来无数怀抱社会主义理想的思想家和政治活动家的梦想，在西雅图风暴中，这一梦想得到了初步实现。美国另一位左翼学者、加利福尼亚美洲研究中心（CENSA）主任罗杰·伯尔巴赫（Roger Burbach）不假思索地断定，西雅图风暴的性质是，全球被剥削者和被压迫者反对跨国资本主义和代表他们利益的世界贸易组织的一场阶级斗争。①

进入21世纪以来，美国左翼和全球其他反资本主义力量一同把反全球化运动打造成接纳几乎所有正义诉求的展台。在遍布全球的一系列抗议运动中，与资本主义相关的一个个镖靶被竖了起来，跨国公司首当其冲地成为运动攻击的首要目标。在反对跨国公司的人看来，以下几方面是跨国公司无法否认的劣迹：（1）大公司权力越来越大，已经不仅仅是商品和服务的提供者，它们正在不断接管政府退出领域的空白地带，其影响力日益渗透到日常生活的方方面面，政府逐渐沦为其工具。因此，全球化的本质就是试图对全球经济进行重构以维系公司的利益。②（2）跨国公司贪婪无度。为追求最大化的利润，大公司不仅竭力维持较低的工资水平，甚至更加普遍的情形是，到发展中国家廉价雇佣劳工进行超经济剥削、③大肆掠夺资源、破坏森林植被、提供最低健康条件、滥用农药、发展转基因农作物、侵犯人权、与专制政府勾结，等等。美国沃勒冈州Eugene Lang College大学生就曾为此发动抗议示威活动，矛头直指孟山都、沃尔玛、麦当劳等大公司。（3）公司全球化产生了新型帝国主义。美国学术界一些激进学者认为，麦当劳就是这种新型帝国主义的典范，它比旧式帝国主义更成功，其全球扩张强度、速度和规模都是前所未有的。（4）跨国公司缺乏社会责任感，它对许多发展中国家经济社会结构的扭曲负有部分不可推卸的责任，比如奢靡浮华风气盛行和腐败高发，与跨国公司的行径密不可分。（5）跨国公司危及民

① Elton V. Smith, *New Perspectives on Globalization.* New York: Nova Science Publishes, Inc., 2007, p. 91.

② Jonathan Neale, *You Are G8, We Are 6 Billion: the Truth Behind the Genoa Protests.* UK: Biddles Ltd., 2004, p. 204.

③ 许多大公司在本国和他国都有血汗工厂，自20世纪80年代末开始，美国左派发动的主要由激进学生参与的反血汗工厂运动就一直是美国队反全球化运动的重要内容。Tom Mertes, *A Movement of Movements: Is Another World Really Possible?* London and New York: Verso, 2004, p. 199。

族文化传统的生存发展。例如，麦当劳等代表的美国消费主义文化席卷全球，对众多国家的传统生活方式产生了强烈冲击。欧洲、中东和亚洲不少地方发生冲击麦当劳店的事件，在一定程度上说明这一问题的严重性。[①]

世界贸易组织（WTO）、世界银行（WB）和国际货币基金组织（IMF）成为反全球化运动指斥的重要对象。反全球化人士公开否定 WTO 的合法性，提出“不要 WTO”的口号。否定 WTO 的理由主要有三：其一，WTO 是全球资本主义尤其是美国公司利益的工具。自布雷顿森林体系建立以来，以 WTO 为代表的世界贸易组织体系一直沿着美国和其他西方发达国家利益轴心运行，现今它仍然在为新自由主义的全球帝国秩序的建立创造条件，例如它的不合理的多边贸易体制规则完全是发达国家成员国制定的。其二，WTO 推动的贸易全球化侵蚀了部分国家权力，严重破坏了发展中国家文化的多样性和社会稳定。其三，WTO 是“推动现行全球化模式的一台主要发动机”，它对“第一世界”80% 的社会中下层生活水平“第三世界化”负有不可推卸的责任。此外，WTO 还对环境保护以及劳工、消费者、妇女等人权议题麻木不仁。至于反对 IMF 和 WB 的理由也大同小异：美国加州大学博士、全球交流组织创办人之一的凯文·丹纳赫尔（Kevin Danaher）认为，IMF 和 WB 的政策给全球社会带来了社会不公、环境被破坏、道德败坏等恶果，特别是财富分配上的两极化极端严重。在美国，20% 的人占有社会总财富的 86%，80% 的人只拥有剩余的 14%。5% 最富有的人拥有公司股票的 81.9% 和美国净产值的 57.4%，其余 95% 的人只拥有 18.1% 的股票和净产值的 42.6%。[②] 彻底废除这两大机构将会是最好的选择。

美国霸权构成反全球化运动的靶心。美国是当今世界资本主义国家的领头羊，也是资本主义全球化的最大推手，全球化进程在经济、金融、政治、文化等层面无一不受到美国霸权的控制与主导，以至人们很难说清楚全球化与美国化之间有何区别。正如弗里德曼所说的，“全球化长了一张美国面孔，有着一副美国神情，充满了美国味道。”[③] 所谓美国化，就是指美

---

① Leslie Sklair, *Globalization and its Alternatives*. USA: Oxford University Press, 2002, p. 79.

② Kevin Danaher, *Ten Reasons to Abolish the IMF & World Bank*. New York: Seven Stories Press, 2001, p. 30.

③ 〔美〕托马斯·弗里德曼：《世界是平的》，何帆、肖莹莹、郝正非译，长沙：湖南科学技术出版社，2006 年，第 373 页。

国制度、价值观和生活方式在全球的扩散及其对其他地方文化与生活方式的威胁。其最终目的是让世界与美国同质化，实现美国对全球的霸权统治。在一些美国左派人士眼中，全球化是美国试图根据其意愿强制性重新塑造世界的一个大阴谋。其实，1991 年，美国总统乔治·布什提出，要让 21 世纪成为“美国世纪”，要利用海湾战争的胜利去建立“世界新秩序”，美国的战略意图就早已公之于众。尽管克林顿之后执掌白宫权力的小布什政府在追求全球美国化战略目标上过度崇尚武力，更多的美国新保守主义和自由主义右翼势力却推崇软实力渗透的更具持久性和隐蔽性的手段。约瑟夫·奈和布热津斯基等学者或政治战略家明确指出，美国在全球的优势地位主要是由文化为核心的软实力达成的，它远比武力更重要。这种文化力量就是借助全球化的扩张而在全球蔓延开来的。此外，美国激进学者迈克尔·赫德森认为，金融霸权是美国全球霸权的重要组成部分，其支柱是占据世界货币地位的美元帝国主义统治。① 美国通过操纵美元和主要国际经济机构等，控制全球原料产地和市场，并向全球转移或输出其国内经济和金融危机，这是世界金融动荡和经济发展失衡的重要根源之一。美国在全球追求政治、经济、金融、文化和军事霸权的结果是什么？答案是：美国霸权严重危及世界上众多国家政治社会稳定和文化主权安全，并造成世界经济发展的极度不平衡和世界政治和平民主进程的阻力重重。左翼的反全球化矛头直指美国霸权，势属必然。

“占领华尔街”运动

2011 年 9 月，纽约爆发震惊世界的“占领华尔街”大规模民众抗议运动，其矛头直接指向美国乃至全球资本主义中枢的华尔街金融中心。这一运动随着经济阴霾的迟久不散，民生困顿的不断加深，逐渐从纽约祖科蒂公园向全美乃至全球蔓延。在运动中，抗议者打出的主要口号是“我们代表社会的 99%，不再忍受那 1% 的贪婪与腐败”。之所以在华尔街进行抗议活动，基本理由如下：其一，政府削减财政赤字的做法，让穷人最先蒙受了损失；其二，金融投机带来巨大的市场动荡，获利来源主要是中产阶层，投机者利用中产阶层的无知或者无助，夺走他们的财富；其三，联邦储备银行以刺激经济为

① 〔美〕迈克尔·赫德森：《金融帝国：美国金融霸权的来源和基础》，嵇飞等译，北京：中央编译出版社，2008 年，第 4 页。

理由，超大规模地增发货币，悄然无声地侵蚀中产阶级的储蓄，直接导致其购买力的下降。在美国以外如伦敦等地发生的抗议示威、骚乱以及“占领”运动模式在欧洲乃至全球的蔓延，目标和理由与美国无异。

“占领华尔街”抗议活动表面上看是国际金融危机席卷社会领域的剧烈反映，但它实际上折射出了美国社会分裂的深层问题。美国社会财富分配上的巨大差异使美国成为发达国家中经济上极其不公的典型。著名经济学家、诺贝尔经济学奖得主约瑟夫·斯蒂格利茨在美国《名利场》杂志上发表的《1%有，1%治，1%享》文章中指出：“美国上层1%的人现在每年拿走将近1/4的国民收入。以财富而不是收入来看，这塔尖的1%控制了40%的财富。25年前，这两个数字分别是12%和33%。”“在过去的十年间，上层1%的人收入增加了18%，而中产阶层收入实际上却下降了。对于只有高中学历的人，收入下降得最明显：25年间下降了12%。”过去几十年来的经济增长成果都归诸上层的1%。当第三世界如拉美诸国程度不等地在缩小收入差异上获得进展，美国却让其贫穷群体有增无减。[①] 除了严重社会不公外，美国内在的制度性矛盾的难以克服也在这次抗议中表露无遗。以两党制为例，无论是民主党还是共和党，无不与华尔街金融寡头有着千丝万缕的联系，因为两党的政治活动离不开财团的支持，庞大的竞选开支、造势、媒体宣传等都需要巨额投入。因此，两党政治家鲜有敢于和愿意从根本上触及金融寡头利益者。与此同时，两党之间本质上是一种零和关系，执政党的失败就是在野党上台的机会，两党之间很难进行真正的合作，相互拆台成为常态，导致种种社会问题迟迟不能解决，以致积重难返。例如，奥巴马打着“变革”的旗帜上台，但几年下来，其实施步履维艰，结果乏善可陈，个中原因是多缘于此。另外，美国选举政治的特点是政治家为胜选，往往漫天许诺，承诺增加民众收入和降低税收等自相矛盾的保证，政府上台后为兑现承诺，不得不借贷度日，结果是政府债台高筑，民众超前消费，产业空壳化，经济虚拟化，步入不可持续的道路，最终带来严重政治后果，占领华尔街抗议从某种程度上看就是民众对这种体制无能极度失望的反映。

毫无疑问，美国左翼力量是“占领华尔街”运动的重要组织者与参与

---

① Joseph E. Stiglitz, “Of the 1%, by the 1%, for the 1%”, *Vanity Fair* 5, 2011, http://www.vanityfair.com/society/features/2011/05/top-one-percent-201105.

者。表面上看，运动的发生并非左派有组织的预谋的结果，而只是加拿大“广告克星”网站偶然倡议下大众群起响应宣泄愤怒与不满，但其实它的出现和发展与左翼的思想启蒙和积极参与密不可分。越来越多的资料说明，这一运动的兴起经历了较长的酝酿过程。随着金融危机的不断深化，以大卫·德格瑞为代表的一些思想敏锐的社会活动家积极承担起启蒙大众觉悟的工作。早在2010年初，德格瑞就撰文分析美国陷入金融危机的根源，号召99%的美国人积极行动起来，建立致力于深刻政治改革的共同阵线以抵抗金融寡头掠夺中产阶级财富的金融战争。他的观点在各大网站风传，点击阅读量超过了500万。正是在德格瑞思想影响下，2011年春，“99%美国人联合阵线”建立，该组织成立后，公开表示要以和平方式终结美国两党制，废止美联储和国际货币基金组织、国际清算银行和世界银行等金融垄断组织，要对引发危机的制度根源发起反击。[①] 运动开始后，各种左翼团体和个人踊跃参与其中，成为运动的中坚力量。例如，《每月评论》杂志的编辑就承认，从一开始，杂志编辑和作者们就积极投身到这一场代表99%大多数的占领运动中，他们认为这是阿拉伯之春在全球扩展的结果，这是历史的重要转折点。他们相互支持，加强合作，把运动从纽约扩展到美国其他大中城市，扩展到全世界。[②]

有论者认为，占领华尔街运动只是一场宣泄不满的自发性抗议运动，参与人群错综复杂，诉求五花八门，没有明确一致的目标，混乱无序，对美国政治和社会发展的影响有限。其实不然，参与者通过集体的“占领”行动表达了一种显而易见的政治态度：现行制度是为1%的人谋利的，99%的大众要主宰自己的命运就要行动起来，创造自己想要的生活。这场运动具有如下几方面的特点：首先，它把矛头明确指向了资本主义制度本身，整体性地否定了现行制度的合法性，这是战后以来美国社会运动发展的新趋向，一定程度上揭示了资本主义体制危机的严重性；其次，它明确提出99%的大众要靠自己的力量创造一个真正平等公正的社会和理想的生活，美国左翼社会理想主义激情再次被点燃；再次，无政府主义、草根民主和一

① 杨斌：《从“占领华尔街”抗议运动看美国民主模式的弊端》，见杨斌、茅于轼《占领华尔街之争》，北京：中国社会科学出版社，2013年，第29~32页。

② Notes from the editors, *Monthly Review*, Vol. 63, Iss. 07, December 2011, http://monthlyreview.org/archives/2011/volume-63-issue-07-december-2011.

致决议机制基础上的参与民主制构成运动的基本组织原则，它昭示着60年代精神的回归；最后，非暴力与多元化构成运动的基本策略，这一策略一方面能最大限度地把各种抗议力量集合起来形成强大合力，另一方面能降低与权力部门发生激烈冲突导致运动夭折的风险。

占领运动在美国社会抗议史上书写了不朽的一章。《Yes!》杂志编辑团队认为，占领华尔街运动具有十大影响：（1）它指明了99%大众所面临问题的根源在于华尔街和大财团的贪婪以及对政治体制的操控；（2）99%的大众可以建立一个造福于每一个人的新世界；（3）它设立了公开辩论的新标准：政策和提案以造福99%大众为依归；（4）解决问题的出路是：让政府和社会从企业财团统治下解放出来；（5）它提供了一个具有极大包容性的政治空间；（6）它为每个人提供了改变现状的机会；（7）它是一场运动，而不是一系列要求；（8）它将本土与国际有机结合，具有全球性视野；（9）它为尝试民主和社区团队提供了道德规范并就此进行了实践；（10）它将转型变革的希望从政客和领袖转到自身。①

占领华尔街运动是反资本主义全球化运动中明确反对现代资本主义经济、政治和文化制度的抗议运动，这是冷战结束以来资本主义所遭遇到的最大规模和真正全球性的挑战，全球性左翼反公司资本主义扩张的斗争因之进入了一个崭新时期。

3. 2007年金融危机与左翼对资本主义危机的分析

除了直接参与和组织“西雅图抗争”和“占领华尔街”抗议等直接行动外，左翼更重要的贡献是在理论上展开了对当前资本主义制度性危机的揭露与分析，对西方主流意识形态主导的决策机构将2007年起始的金融危机定性为短期危机进行了批判。美国著名左翼学者、社会学家沃勒斯坦认为，此次金融危机不是短期金融危机，而是500年一遇的资本主义体系性终结危机，“我们的现存制度（我所说的资本主义世界经济）已经存在了大约500年，涵盖全球也至少有100年。……唯一确定的就是，当前这套制度无法继续下去”。② 他给出的理由是，在过去30年里，人员成本、投入成本和

① 〔美〕莎拉·范·吉尔德、Yes！杂志社员工：《占领华尔街：99%对1%的抗争》，嵇飞等译，北京：中国商业出版社，2012年，第17～19页。

② 〔美〕伊曼纽尔·沃勒斯坦：《资本主义世界经济不会复苏》，《环球视野》第342期；转引自刘元琪《论当前资本主义危机的性质和前景》，《马克思主义与现实》2012年第4期。

税收成本作为每个资本家不得不支付的三种基本成本，一直在稳步上升，导致资本主义体系大大偏离了平衡，而且这种平衡已经难以恢复。[①] 这种偏离将在未来资本主义世界引发更多经济、政治和社会文化的无序波动，这些波动是无法通过公共政策加以控制的。因此，他明确指出，现在的政治斗争不是考虑资本主义能否生存下去的问题，而是围绕哪种制度将取代资本主义这一课题展开。“目前有两种选择，一是建立一套新制度，这套新制度将复制现行制度中的等级体系和两极分化等关键特征；二是建立相对民主平等的制度。”[②] 沃勒斯坦的这些分析不失深刻与洞见，但其论述不够缜密和逻辑连贯性，他常常借用康德拉季耶夫长波危机理论来论证其论题，在一定程度上说明他的资本主义危机分析理论还不完全成熟。

如果说沃勒斯坦的观点代表的是阶段模糊型根本制度危机论，那么，罗伯特·布伦纳和大卫·科茨等人则认定这是非根本性的调节制度危机。其中，布伦纳将这场危机归因于资本主义生产过剩与过度竞争。在他看来，自 20 世纪 60 年代末以来，世界资本投资回报率一直处于持续性的深度下滑状态，其主要根源在于产能持续过剩。在全球制造业市场上，德国、日本、亚洲四小龙、中国等新角色先后涌现，导致世界市场上一个又一个产业领域出现供过于求的情况，使利润率不断下降。[③] 结果是，公私债务高涨、金融化和国际金融危机发生。布伦纳显然不认同经典马克思主义以雇佣劳动为资本主义制度根本和以垄断为根本的资本主义观，而是把竞争视为资本主义的核心。他认为，只要竞争存在，资本积累的规律就会占据主导，而在世界市场日益开放的条件下，垄断不可能成为资本主义的发展趋势。[④] 由于把过度竞争视为危机的原因，其解决思路自然是通过调节缓和竞争，即无须超越制度的变革就能克服危机。

科茨的看法是，2007 年爆发的这场危机不是普通的商业周期性危机，而是积累结构型危机，是由新自由主义导致的。他指出，1973 年前后，战后社会积累结构步入危机阶段。“新自由主义的社会积累结构在 20 世纪 80

① 〔美〕伊曼纽尔·沃勒斯坦：《国际金融危机与美国霸权危机》，《国外理论动态》2010 年第 6 期。

② 〔美〕伊曼纽尔·沃勒斯坦：《资本主义世界经济不会复苏》，《环球视野》第 342 期。

③ “Overproduction not Financial Collapse is the Heart of the Crisis: the US, East Asia, and the World”, http://www.japanfocus.org/-S_ J-Jeong/3043.

④ Robert Brenner, “Competition and Class”, *Monthly Review*, December 1999.

年代早期完全建立起来。”这种积累结构的特征是：“清除商品、服务尤其是资本在全球经济内自由流动的障碍；政府不再扮演引导和调控经济的角色；国有企业和公共服务私有化；削减政府的社会福利计划；向累退的税收政策转变；从劳资合作转变为在政府帮助下的资本单方统治；以自由放任的竞争模式代替大企业间合作式竞争模式。”① 简而言之，新自由主义在对自由市场顶礼膜拜的同时，对政府对经济的任何积极干预政策持拒斥态度。正因为这一原因，2007 年开始的金融危机与 1929 ~ 1933 年的大萧条较为接近，较难克服。危机一拖长，必将召唤出社会运动。科茨的这一看法一定程度上为“占领华尔街运动”所证实。

克里斯·哈曼、尼克·比姆斯和约翰·贝拉米·福斯特等坚持经典马克思主义经济学的学者则是垄断资本晚期危机论的代表。他们认为，这场金融危机是资本主义在 19 世纪末进入垄断资本主义这一腐朽、垂死和危机阶段的新发展，或者说是 20 世纪 70 年代初开始的资本主义长波萧条阶段的结尾期。因此，目前的危机是根本性的制度危机。

垄断资本晚期危机理论虽然在政治谱系上属于经典马克思主义，但具体而言有两个源头：一是比利时马克思主义理论家欧内斯特·曼德尔的思想影响。克里斯·哈曼、尼克·比姆斯、洛仁·戈尔德纳、亚历克斯·卡利尼科斯等人就不同程度地服膺于曼德尔的理论。曼德尔在一系列著作中毫不动摇地认定，凯恩斯主义挽救不了垄断资本主义垂死的命运，马克思主义危机理论依然是真理，垄断资本主义继大萧条后必将爆发严重危机。受此影响，哈曼把此次金融危机与大萧条联系起来，他认为，大萧条期间倒闭的主要是中小企业，大垄断企业则通过降低开工率、解雇工人和政府的支持渡过难关。现今情况不同，采用资本间相互吞并的方式应对危机很难再取得成效。② 此次危机虽然由于政府及时干预而避免了大萧条式的崩盘，但由于现代工业与金融公司规模远比战前大得多，政府的调控和救助负担十分沉重，超过了它能承受的限度，危机呈现向慢性萧条演变的趋势。作为资本主义体系中心的美国则毫无疑问地会利用其力量优势以及在世界金融体系中的主导地位，将危机带来的损失转嫁到世界其他弱小国家。与

① 〔美〕大卫·科茨：《金融化与新自由主义》，《国外理论动态》2011 年第 11 期。

② Chris Harman, “The Slump of the 1930s and the Crisis Today”, *International Socialism*, Issue 121.

此同时，哈曼相信，在垄断资本造成的慢性萧条面前，无论是新自由主义还是凯恩斯主义，或者是二者的结合，都无法有效克服危机。戈尔德纳的看法与哈曼基本相同，他认为资本主义基本上没有走出20世纪70年代初以来的长波萧条阶段。美国的繁荣只不过是这一长波萧条背景下的一个偶然现象。60年代末，资本主义已经陷入生产过剩、利润率下降的过度积累危机，但垄断资本并未采用熊彼特方案——通过强制性危机使多余资本破产——来应对，反而采用经济金融化和泡沫化的饮鸩止渴措施处置，结果使危机变得长期化。在戈尔德纳看来，资本主义生产方式自1914年开始就进入了衰落阶段，20世纪最后30年则是进入慢性持久危机阶段。因为“在这个由资本主义制度统治的世界上，劳动力的总的生产率已经太高了，它已经无法在资本主义的形式下继续了。过去通过崩溃、紧缩、萧条、复苏和繁荣周期循环来实现的资本扩张现在要求在大得多的规模上进行实际的物质销毁，这既包括技术，也包括工人阶级。”① 这一过程与地缘政治相交织。在19世纪，可以通过毁灭过剩资本、技术、人口和旧霸权国家重启增长，但在20世纪后期已经不可能。因为生产力已经发展到了这样的高度，所涉及的人力物力极其庞大，大规模毁灭往往意味着人类社会整体性的毁灭，垄断资本集团无法再用两次世界大战那样的方式来再创增长的辉煌，长期萧条难以避免。如何结束这一危机呢？戈尔德纳开出的处方是：终结以价值规律统治人类生产的历史是摆脱危机的根本出路，“如果能爆发一场从资本家手中将经济与政治权力夺取过来的革命，资本主义的价值规律对现存技术和劳动力的统治立即就能结束，同时也可以迅速过渡到一种新的生产阶段，它从生产的资本主义形式中解脱出来并能更快地创造实际财富，并将继续过渡到一个完全不同类型的生产活动和财富形式上去。”②

尼克·比姆斯的理论不仅受曼德尔影响，而且还受到了托洛茨基格外重视世界历史进程与民族国家之间矛盾的倾向的感染。在他看来，战后生产方式日益国际化，但世界政治的主体依然是民族国家，这一基本框架中存在的矛盾产生了诸多问题，其中最突出的问题是，美国作为国际政治中

① 〔美〕洛仁·戈尔德纳：《当前金融危机与资本主义生产方式的历史性衰落》，《国外理论动态》2009年第9期。

② 〔美〕洛仁·戈尔德纳：《当前金融危机与资本主义生产方式的历史性衰落》，《国外理论动态》2009年第9期。

心协调国家的实力不断衰减，这可从其战后霸权发展的三个阶段不难看出：全面优势下的霸权——金融掠夺式霸权——军国主义或战争式霸权。战后初期，美国经济、军事和政治等领域拥有的巨大实力优势成为维系世界资本主义秩序最重要的客观条件，而今，美国实力下滑，为挽回霸权颓势，美国日益追求扩大全球经济不平衡的单边主义，结果使美国从过去全球稳定的力量一变而为国际政治中最不稳定的爆炸性因素。而世界资本主义也因失去了稳定的中心，整体上陷入了历史困境。

二是保罗·巴兰与保罗·斯威齐思想的影响。福斯特无疑是接受这一影响最多的学者。根据斯威齐的理论，垄断是当代资本主义的根本趋势，它已超越国界表现出全球化特征。垄断的深化带来的直接后果是，投资出路和有效社会需求不断减少，生产能力持续过剩，物价水平不降反升，整个社会面临长期停滞和危机的趋势，这一趋势导致金融化的产生和破产。福斯特指出，早在1966年问世的《金融资本》一书中，巴兰和斯威齐就已经预示到了当今全球性金融危机出现的必然性：金融化和长期停滞带来两种可能性，一是“全球债务危机和债务—通货萎缩”形式的主要金融与经济危机；二是垄断金融资本制度化停滞—金融化关系的延期。虽然垄断资本主义阶段拥有的技术优势使它轻而易举地生产出堆积如山的消费品，但它并未能满足真正的需求，只是满足了人为制造出的需求。垄断资本主义制度本身已经无力克服市场饱和的慢性趋势。①

从上可以看出，垄断资本晚期危机论显然最接近马克思主义的基本理论。马克思认为，当资本发展为总体，亦即世界市场阶段，所有的矛盾都集中爆发了，因为，资本发展到世界市场阶段，意味着其扩张在时间和空间上都已接近极限，商品化和私有化覆盖了一切领域和人类生活的全部地理空间。许多早就存在的矛盾和问题日益激烈和严重，例如资本与生态环境之间的冲突在早期资本主义时代就已经暴露出来，但只是到现在才发展到对人类社会的存在构成严重威胁的程度。

尽管垄断资本晚期危机论在宏观理解资本主义基本趋势上无可指责，但断定垄断资本主义已经病入膏肓，无药可救则有可能失之过急。在这一

① John Bellamy Foster, “the Age of Monopoly-Financial Capital”, *Monthly Review*, Volume 61, Issue 09 (February) 2010.

点上，布伦纳等人显然不失冷静之处，他们把当今的全球性经济危机看作是资本主义体系的调节机制出了问题，通过再调整与改革能够缓和与克服。换言之，资本主义虽然问题重重，甚至积重难返，但还远未到垂死的程度。虽然有论者认为这是布伦纳等人理论上错误之所在，[①] 笔者却不敢苟同。的确，此次金融危机之严重堪比30年代大萧条，在一定程度上揭示了垄断资本主义制度危机的深重，但很难因此就可轻易得出资本主义大限已至的结论，资本主义自二战以来积累了丰富的自我调适经验，历史进程验证了这些经验较具有效性，无论是经济还是政治，资本主义内部形成了一套行之有效的自我修复机制，这一机制迄今为止仍然比较灵验，这在一定程度上可以预见，资本主义在看得见的将来仍然具有较强的生命力。

4. 美国左翼反全球化斗争的策略

反全球化运动之所以自20世纪末出现，在短短十数年间就迅速遍及全球，与左派采取的运动策略的有效密不可分。

（1）直接行动政治。直接行动（direct action）政治是美国政治社会运动实践中历史悠久的一大传统，这个词最早出现在1910年芝加哥工会组织“世界工业工人”工会（IWW）发动的大罢工中，[②] 其主要含义是指通过激进和温和的方式来揭示现存的社会问题，阻止或推动权力机构在某项个目标方向上采取行动，一般而论，它对选举投票、外交、谈判和仲裁等典型的间接行动持否定立场。它主要表现为这样一些相对激烈的形式：罢工、占据工作地、破坏怠工、静坐、蹲踞、革命、游击战、游行示威、黑客攻击、经济破坏或者涂鸦。相对温和的形式则有联合抵制、建立激进社区团体以及在街头上演舞台剧等。其中一些显然是违法的，但绝大多数都是合法行为，所以非暴力是其基本特征。在20世纪六七十年代的民权运动、反战运动、女权运动、环境运动、同性恋权利运动等寻求社会正义的运动中，以非暴力的公民不服从为特征的直接行动成为一种通行模式。在反全球资本扩张的全球正义运动中，美国左翼组织极其熟练地运用直接行动来表达其政治诉求。1999年的西雅图抗议运动可谓美国左派策划与实施的直接行动的杰作，在这场由美国左翼组织主导上演的“西雅图风暴”中，反全球

---

① 刘元琪：《论当前资本主义危机的性质和前景》，《马克思主义与现实》2012年第4期。

② “Direct Action”，http：//en. wikipedia. org/wiki/Direct_ action.

化斗士们的直接行动模式成为之后众多反全球化抗议的坐标，以至有西方媒体给反全球化人士取了个恰如其分的称号："西雅图人。"[①] 每一个地方的抗议者都希望创造"下一个西雅图"。[②]

左派为何如此重视直接行动并将议会政治视如敝屣呢？美国纽约大学教授、著名的左翼理论家詹姆斯·佩特拉斯（James Petras）认为，虽然选举是开展反全球化抗议的一个现成渠道，但在阻止和限制全球主义政策的制定和运用上，它并不是最有效和最可行的渠道。因为，反全球化的人在议会中会受到种种法律法规的约束，难以施展身手，再加之又处于少数，很难撼动大公司利益集团对决策过程的政治掌控，此其一；其二，中左派即使在议会中获胜，执掌了权力，也会屈服于国际国内政治经济的强大现实压力，接受全球主义意识形态，这已经是全球政治中屡见不鲜的事情。[③] 其实，佩特拉斯还忘了一点，这就是，战后以来西方世界普遍存在日益严重的政治冷漠症，民众对政治参与的热情逐年减退，选民不仅参与投票的人数比例不断下滑，而且对选举和议会争论中的众多议题表现出麻木不仁的态度，这在一定程度上反映了议会政治中的弊端在民众中产生的负面影响不浅。

（2）和平与非暴力主义。虽然美国左翼在致力于反大公司全球资本扩张的斗争中对现代资本主义制度持否定立场，甚至每每不乏使用比较激烈的言辞，而受大公司操纵或立场倾向于大公司的媒体以往往以"暴力"之类的形容词来描述反全球化运动，如"暴力抗议者"、"暴力抗议"、"暴力冲突"等就是美国媒体最乐此不疲地使用的词语，但事实上在其直接行动政治实践中很少有激烈和违法行动，和平与非暴力是他们遵循的基本原则。稍显激烈的方式至多是在街头十字路口手挽手组成人墙障碍，或朝大街上投掷油漆弹，砸碎商店或汽车窗户玻璃等，此类情形往往与警察暴力相伴随。[④] 当然，反全球化运动的参加者背景十分复杂，其中的确存在一些提倡

① 向红：《全球化与反全球化运动新探》，北京：中央编译出版社，2010 年，第 177 页。

② 〔美〕曼纽尔·卡斯特主编《网络社会：跨文化的视角》，周凯译，北京：社会科学文献出版社，2010 年，第 378 页。

③ 〔美〕罗纳德·H. 奇尔科特主编《批判的范式：帝国主义政治经济学》，施杨译，北京：社会科学文献出版社，2001 年，第 287 页。

④ Tom Mertes, *A Movement of Movements: Is Another World Really Possible?* London and New York: Verso, 2004, p. 207.

或倾向暴力的团体，如某些无政府主义组织。根据西方一些媒体的分析，“西雅图人”大体上可分为四类：红、黄、蓝、黑。红、黄军团是运动主体，尽管常常“全副武装”出场，但和平是其行动的主要方式；[①] 蓝黑军团则具有程度不同的暴力偏好，许多抗议示威中发生的打砸抢烧事件大多是他们所为。[②] 其实，即便是无政府主义组织，其暴力倾向也是比较有限的，例如，美国“直接行动网络”组织就明确杜绝任何对人类身体有直接伤害的行为，在环境保护领域不失激进的美国环境保护主义组织“全国奥杜本协会”（National Auduben Society）和“塞拉俱乐部”（Sierra Club）都坚决反对采取暴力行动。[③] 这种非暴力与和平主义是美国激进政治文化传统的重要组成部分，美国反全球化运动的左派团体对此有天然的倾向性。

（3）跨国力量整合与合作。由于资本主义的全球扩张带来的是危及全人类生存和发展的环境恶化、贫富悬殊、社群对立和民族文化消亡等严重威胁，反全球化遂成为世界各地不同文化背景以及不同政治抱负的人们共同的话语，这种话语逐渐燎燃成一种跨国社会政治思潮，在全球范围内唤起各种各样的反抗力量，团结起来，向共同的目标迈进。从每一次全球抗议运动的参加者身份的复杂多样可知，全球正义运动显然是一种统摄性的社会运动，它把各种各样的特殊群体的合理诉求统摄于正义的旗帜下，成为跨国进步力量整合与合作的思想基础。与此同时，当代资本主义通过强大的技术手段和文化力量不断强化对人类经济、政治和社会生活各个层面的直接与间接控制，各自为政的抗议组织长期以来单打独斗的不尽人意的结果早已说明，超越国界的全球合作是推动人类反资本主义事业真正取得实效的必要条件。借助现代高度发达的通信和交通工具，在全球范围内的远程交往与沟通早已不是问题。合作的方式很多，如在某个抗议行动的策划、实施方面进行合作，或通过“世界社会论坛”等全球性 NGO 对相关理论问题或未来战略与议程展开讨论，达成共识。此外，不同团体间通过合

---

① 红色军团大多身着白色制服，头戴安全帽，手持盾牌与木棍；黄色军团装备更强，往往带着仿制的古代战争中常见的撞城槌、弹射器以及用废旧轮胎制成的“冲锋战车”和“皮筏”。然而，这些东西与其说是武器还不如说是街头表演的道具。

② 宋健：《“八国航船”遭遇“西雅图风暴”》，《参考消息》2001 年 7 月 5 日。

③ Tom Mertes, *A Movement of Movements: Is Another World Really Possible?* London and New York: Verso, 2004, pp. 205, 209.

作实现信息与经验共享更是自不待言的事。

（4）充分有效利用网络传媒工具。美国学者杰弗里·S. 朱瑞斯认为，反全球化运动是一场网络化的全球正义运动，全球通信网络为这一运动提供了基础设施，“提供了生产的舞台、竞争的舞台和特定运动演说和实践的舞台。”① 在他看来，反全球化运动有三个明显特征，其一是全球性。全球性自不待言，世界各地的运动参与者虽然具体目标不尽一致，但都认同全球正义是事关人类未来的共同事业，需要通过跨国网络进行协调与沟通，“参加者认为他们从属于全球运动，逐项地将他们的地方抗议和活动与各地的多样化斗争联系起来。”② 其二是信息性。抗议者采用多样化的抗议策略吸引大众媒体聚焦，然后通过媒体消费形式向亿万受众映射无数震撼心灵的戏剧性图像：巨大人偶与街头剧院，移动街区狂欢节，白色装备和防护屏的抗议者，戴黑色面具的城市武士，成千上万的米奇林人（Michelin Men），③ 机器战警（robocops），桑巴舞者和投石车等，加上手持盾牌和警棍的警察队伍，类似的图像通过全球网络传播，它们不断被复制、转换，并向远域发送。其三是分散性。如前所述，反资本主义全球化的力量分散于全球各地，但通过信息资本主义的组织逻辑，它们被灵活有效的分散性网络组织起来了。这三个特征毫无疑问地都与跨国信息网络密切相关，都离不开以计算机信息技术系统支撑的互联网平台。

（5）充分发挥NGO和论坛等独立组织的职能。战后特别是冷战结束以来，美国社会发展中的一个重要特点就是，各种类型的NGO雨后春笋般地茁壮成长起来，从政治学的视角看，它们构成了国家与公民社会之间的第三空间。形形色色的NGO无论是区域性、全国性还是国际性的，都有其明确的经济、政治或文化目标，都拥有某种理念与价值，代表着某个或某些社会群体，反映他们的主张与欲求，作为美国政治中压力集团的组成部分，它们对美国政治议程和政府决策甚至国际组织的议题都有着巨大影响力。1999年的西雅图事件中，参与抗议斗争的NGO达到1300个，正是由于以

① 〔美〕曼纽尔·卡斯特主编《网络社会：跨文化的视角》，周凯译，北京：社会科学文献出版社，2010年，第375页。

② 〔美〕曼纽尔·卡斯特主编《网络社会：跨文化的视角》，周凯译，北京：社会科学文献出版社，2010年，第380页。

③ Michelin是一家有百余年历史的汽车轮胎生产商及其品牌名称。

美国劳工组织为代表的民间非营利组织的强烈反对，迫使克林顿政府拒绝在WTO谈判协议上签字而导致西雅图会谈流产。美国学者杰西卡·T. 马修斯认为，政府在NGO压力下不得不让步，这反映了冷战结束以来一个以政府为中心的、等级制的、命令式的统治结构逐渐走向消解的新趋向，即一个“权力转移”的新现实：民族国家政府“正在同商界、国际组织、以非政府组织而闻名的众多公民团体分享处于各种主权核心的各种权力，包括政治、社会、安全角色”。[①] 灵活应用美国压力集团政治机制，以NGO同政府打交道的常用方式来推进目标议程，同时高度重视各种网络论坛的功能，如以“世界社会论坛”为代表的网络化平台在集合分散的反抗力量上的高效率使之成为全球正义运动的总部，这是反全球化运动的一大创举。

四　美国左翼反全球化运动的是与非

1. 反全球化运动的性质与意义

沃勒斯坦认为，当前方兴未艾的反全球化运动实际上是20世纪60年代末以来继毛主义运动、新社会运动和人权组织运动之后的第四波反体系运动。[②] 这场运动的出现具有十足的必然性，它是新自由主义全球化导致的全球性危机的产物。危机主要表现在四个方面：其一，社会不平等加剧。21世纪之初，诺贝尔奖获得者阿马蒂亚·森指出：“尽管全球化经济毋庸置疑地对推进世界繁荣做出了巨大贡献，但我们不得不面对……国际层面和国内层面日益扩大的不平等现象。与全球化相关的最实在的争论，最终并不在于市场的效率，也不在于现代技术的重要性，而恰恰在于权力的不平等。”[③] 很多观察家早已发现，现代世界经济正在向一种赢者通吃的经济模式转变，无论是国内经济还是南北经济关系，富者愈富贫者愈贫的马太效应日趋严重。1999年，联合国开发计划署忧心忡忡地指出：“现在，全球生活标准方面的不平等已经达到荒唐的程度：世界各国最富与最穷的1/5人口

---

① Jessica T. Mathews, “Power Shift”, *Foreign Affairs*. January/February, 1997.

② 〔美〕伊曼纽尔·沃勒斯坦：《新的反体系运动及战略》，《国外理论动态》2003年第4期。

③ Amartya Sen, *Observer*, 25 June 2000；转引自刘金源、李义中、黄光耀《全球化进程中的反全球化运动》，重庆：重庆出版社，2006年，第60页。

之间的人均收入（GNP）差距从1960年的30:1扩大到60:1，1995年达到74:1，而且最不发达国家的边缘化仍在继续。”① 以美国为例，2000年，美国最富有的20%人口拥有美国全部收入的49.7%，而收入最少的20%人口却只占总收入的3.6%，1979～1991年，二者的收入差距从9:1变成了15:1。从全球来看，20个最富有国家的平均收入是最穷的20个国家的37倍，比40年前翻了一番。② 这种差距还在不断扩大。在拉美、东欧、亚洲和非洲许多发展中国家和地区，基尼系数更是有增无减。其二，生态环境严重恶化。战后世界经济在半个世纪中增长了20倍，工业生产增长了50倍，人类社会整体技术能力和物质文明有了惊人提升，然而，这一切在很大程度上是建立在牺牲环境的基础上获得的，水土流失、温室效应、资源枯竭、土地沙漠化、水与空气被污染、生物多样性下降等，成为片面追求增长收获的恶果。其三，新自由主义推动的资本全球化导致全球经济震荡频仍。新自由主义对市场监管持严厉批评态度，主张最大限度地给市场活动以自由，结果是不可避免地给金融投机开了方便之门。20世纪末和21世纪初相距10年间，因过度投机导致的全球性金融危机就发生了两次，给相关国家乃至全世界造成了难以估量的损失。其四，西方经济与文化霸权的强化与非西方社会生存发展的困厄。战后世界经济体系是西方大国霸权力度的产物，它整个制度架构无疑是不利于后发国家和地区的。20世纪六七十年代出现的“依附论”之所以在今天反全球化运动中仍然被奉为圭臬，在某种意义上说明这一理论揭示的境况与现实间存在极大的吻合性。80年代成为第三世界“失去的十年”，90年代以来仍然有众多发展中国家发展举步维艰，政治社会动荡不已，究其原因，以美国为首的西方资本主义国家的经济支配、政治操控与文化渗透是不容否认的一个十分重要的原因。

以美国政治和文化左翼为中心的反全球化运动具有重大的理论和现实意义。

首先，运动所揭露的人类社会生存状况和黯淡前景说明，全人类行动起来共同努力改变现状，已经刻不容缓。左翼反全球化运动在理论和实践两个方面所作的探索，其目标就明确指向这里：资本主义制度是当前人类

① UNDP，1999 *Human Development Report*，http：//hdr.undp.org/en/media/HDR_1999_EN.pdf.

② The World Bank，“World Development Report-2003”，http：//wdronline.worldbank.org.

生存发展的最大敌人，反全球化的目标是反资本主义一统天下的图谋。无论现行体制的拥护者如何粉饰辩解，左翼理论家和行动主义者通过理论和运动实践两个方面的努力，一层层剥开了资本主义制度合法性的外衣，把这一百病缠身的制度推到了历史的审判席上。

其次，左翼通过全球化运动，在理论和方法上有了一系列创新与突破。从理论上看，这种突破有两点：一是以社会正义论为平台，在致力于整合阶级政治、身份政治和系统社会变革政治等政治诉求上取得了初步的进展；二是较为成功地在反对资本主义制度与反对全球化之间画上了等号。在方法上，创新点至少包括如下几方面：一是充分利用现代发达的信息技术在组织架构上让反全球化力量网络化，宣传与动员虚拟化；二是对抗性模仿战略的普遍性应用。例如，当 WTO 峰会或世界经济论坛举办之际，反全球化组织便举办完全针锋相对的全球性集会和论坛抗衡，其戏剧性效果产生的影响十分深远；三是通过定期举办的全球论坛明确每个阶段的目标和主题，加上运动人才培训基地的建立，使运动逐步具备了目标引领、人才支撑的长效机制。

再次，反全球化运动使战后逐渐分道扬镳的传统左翼工会政治与新左翼传承的左翼知识界重新走向联合。例如，在西雅图事件中，由工会成员和反资本主义激进知识青年组成的卡车司机—海龟联盟成了媒体追踪的焦点。类似的联合在反战、反华尔街金融霸权以及抗议移民政策新规等运动中比比皆是，这种联合对资本主义全球化形成了新挑战。

最后，左派通过全球正义运动，力图为人类社会找到替代资本主义全球化的新全球化方案。正如一些左翼人士所解释的那样，反全球化运动既是全球资本主义扩张背景下跨国管理中民主缺乏的信号，更是在同一背景下争取另类道德、价值观和习惯的激进社会实验。美国社会学家曼纽尔·卡斯特就认为，从反全球化的公共抵抗中，有可能产生另类的文化代码，并为全球文明社会播种。[①] 这充分说明，历经波折的美国左翼并没有丧失信心，他们秉承了美国政治乐观主义传统，深信全球正义运动会有一个令人神往的明天。

① Manuel Castells, *The Power of Identity*. Oxford: Blackwell, 2004.

2. 反全球化理论与实践中存在的问题

反全球化运动被众多左翼知识分子视为自身重建和政治复兴的新起点，然而，由于运动本身是一个无所不包的自由政治展台，使反全球化运动在理论上难以避免地存在一些极其明显的问题或缺陷。首先，受法国社会学家布迪厄等人理论的影响，美国不少左派人士拒绝承认全球化是经济发展的客观趋势，把它简单化为美国等资本主义国家和跨国公司的阴谋，不可避免地使左派理论家们遭遇理论与全球社会现实相悖离的尴尬；其次，在运动中提出许多不切实际的主张和目标，例如，废除 WTO、IMF 和 WB 的计划就显得过于极端，有点矫枉过正了。经济全球化的发展客观上需要有全球性的经济和金融机构起引领、监督、协调、管控和帮扶作用，取缔三大机构，等于让世界经济退回到前布雷顿森林体系时代；再次，虽然对美国为首的资本主义大国的霸权和干涉他国主权行径持严正对立立场，但他们常常首先走向这一立场的反面，例如，在对中国等发展中国家人权问题的指责上，美国许多左派比右派跳得要高，声音要响亮得多；最后，虽然对资本主义全球化的图谋进行了酣畅淋漓的揭露与批判，却仍然未能提出成熟的替代方案。

从实践方面看，存在的问题同样不少。首先，一些口号过于激进或极端化，不仅会被保守派别有用心地利用，还会使一些可以推进的议题无法展开或搁浅；其次，一些组织的暴力行动对运动的整体形象产生了消极影响。一些保守派或右翼媒体抓住这一点大作文章，对反全球化运动极尽妖魔化之能事；再次，网络手段的有效利用有利有弊，它效率高是没错，但它的虚拟化和匿名化导致的是松散化，一个过于松散的组织是难以持久性地发挥其积极作用的，要知道，60 年代美国激进运动的消散原因之一，就是组织的松散性和政见的多样性所隐伏的宗派主义分裂基因；最后，全然拒绝现代选举和政治渠道，虽然有种种客观现实理由，但在现代资产阶级民主体制内，在抛弃传统暴力革命路径的条件下，仅仅依靠抗议运动形成的压力是不可能完全达到目的的，充分利用现行制度手段来推进政治目标的实现应该是一个需要重点选择的必选项。

尽管如此，左派主导的反资本主义全球化运动是当今最具感召力的激进政治实践，也是对现代资本主义制度最具冲击力的政治抗争模式。2005 年，作为反全球化运动三位思想大师之一的乔姆斯基，在谈到“世界社会论坛”和其“另一个世界是可能的”口号时明确指出，这一口号不是乌托邦，在美国，它其实只是要求民主体制真正发挥作用，只是要求改变经济上严重不公的现象，只是要求终结美国帝国迷梦驱使下在全球实施国家恐怖主义政策带给人类的苦难和不幸。巴西是美国的榜样，因为巴西人民团结起来，选出了来自自己阶层的总统卢拉，美国的民众只要团结起来，也能做到。另一个世界是可能的，这实际上是当今美国左派充满自信的心声。

第八章　霸权与国家恐怖主义：左翼对美国对外政策的解读

一　学术左翼对战前美国对外政策史的解读

1. 老左派的反帝国主义观

在马克思与恩格斯的时代，资本主义还未进入帝国主义阶段，因而我们看不到他们对帝国主义的论述。1902年，英国学者霍布森（J. A. Hobson）出版《帝国主义：一项研究》专著，从经济、政治、文化等方面对殖民主义和帝国主义进行了全面而深刻的分析，成为20世纪有关帝国主义学术研究的里程碑。霍布森认为，"虽然骄傲、威望和好斗等各现实而有利的动机，和比较利他地自称文明的使命结合在一起被表明为帝国扩张的原因，但主导的直接动机却是各个帝国主义国家的出口阶级对市场和有利投资的需求。"[1] 霍布森敏锐地发现，帝国主义比殖民主义具有更加严重的掠夺性和破坏性，帝国主义国家之间的激烈竞争和冲突，不仅会毁灭人类文明组织，还会毁灭它自身。受到霍布森的启迪，列宁写下了《帝国主义是资本主义的最高阶段》一文，从经济、政治、阶级等角度对帝国主义的根源、性质、发展趋势等进行了系统研究。如果说霍布森是站在资本主义体系内反对帝国主义的话，列宁则是把帝国主义视为资本主义的一个阶段，即垄断资本主义阶段，反帝国主义就必须反资本主义，而且对帝国主义实质的分析建基于阶级分析之上，这是霍布森所不具备的。列宁的帝国主义

① 〔英〕霍布森：《帝国主义》（1938年版导言），纪明译，上海：上海人民出版社，1960年，第1～16页。

理论为全世界形形色色的革命者和左派理论家提供了理论工具。许多美国老左派学者也不例外，如方纳、欧文·豪、阿普特克等人，坚持传统马克思主义理论立场，对新老帝国主义行径予以严厉批判，这种批判围绕美国帝国主义政策的缘起等问题展开。

19 世纪末，美国的工农业总产值和人口快速增长，把英法等老牌资本主义国家甩到了身后，加上美国拥有辽阔的领土和日益壮大的海军，美国已经成为世界权力角逐场上一支令人无法不重视的力量。通过 1898 年的美西战争和 1899 年占领夏威夷，美国正式获得了帝国主义俱乐部的入场券。对于美国为什么会选择帝国主义的对外政策和战略的问题，早在 20 世纪上半期就已成为学术界特别是历史学界争论不休的话题。美国偏左的进步主义历史学派代表人物查尔斯·比尔德夫妇在《美国文明的兴起》中，从经济的视角或层面寻找原因并作出解释。[①] 他们认为，麦金莱总统之所以放弃克利夫兰总统的不干涉拉美政策，改为直接干预，是为了保护美国在古巴和加勒比海地区的投资和商业利益。可以说，美国商业利益集团在决定国家对外政策方面起着至关重要的作用。[②] 与比尔德夫妇不同，著名外交史学家萨缪尔·比米斯（Samuel Flagg Bemis）认为，美国在 19 世纪末寻求建立海外殖民帝国是一次“大越轨”（great aberration），因为战前并没有明确的针对菲律宾群岛的占有要求。然而，一场军事胜利煽起了帝国狂热，麦金莱虽然指出对菲律宾群岛的领土要求是“年轻人的不负责任”，却无力阻止军国主义情感的大爆发，美国毫无计划地被带进了帝国主义方向。[③] 另一位学者普拉特（Julius W. Pratt）也不同意经济解释。他认为把美国推入帝国主义扩张浪潮中的根本原因是思想和情感因素的作用。思想方面主要表现为社会达尔文主义的甚嚣尘上，物竞天择和适者生存的主张变成了流行的法则，在美国则由阿尔弗雷德·马汉的海权论和西奥多·罗斯福的大海军

① 比尔德夫妇在美国内政外交研究中的立足点是经济解释，这从一个侧面反映了 20 世纪上半叶美国社会矛盾的复杂尖锐和马克思主义理论影响的深广。

② Charles A. Beard and Mary R. Beard, *The Rise of American Civilization*, Vol. 2. New York: Lightning Source Incorporated, 2005, pp. 369 – 382; Gerald N. Grob and George Athan Billias eds., *Interpretations of American History: Patterns and Perspectives*. Vol. 2, since 1877. New York: Free Press, 1987, p. 174.

③ Samuel Flagg Bemis, *A Diplomatic History of the United States*. New York: Holt, 1955, pp. 463 – 475.

论唱和出美国腔调；情感方面表现为自建国以来美国一些人对把美国文明和生活方式带给世界其他地区人群和社会的自信与执着。普拉特特别指出，事实上，在战争之前，美国绝大多数商界人士反对战争，担心战争会延迟经济复苏的步伐。①

以上争论虽然各执一词，但其共同点是，都承认美国对外政策是内部因素的产物。这一思路对其后美国左派学者的思考具有不容否认的启迪意义。

2. 新左派与反殖民主义和帝国主义

提到新左派对美国对外政策的剖析，威廉·阿普尔曼·威廉斯（William Appleman Williams）的贡献无出其右者。

1959 年，威廉斯的《美国外交的悲剧》一书问世，成为美国左派学者在这一时期研究美国外交政策史的彪炳之作，对美国外交政策史的研究和写作产生了深远影响，尤其是大批新左派学者的研究，大多以威廉斯的解释框架作为支撑。威廉斯认为，外交政策是一个国家和社会结构与组织功能的体现。在 19 世纪 80～90 年代经济萧条期间，美国经济界已经得出这样的结论，国外市场对于美国具有极其重要的意义，它关系到美国的持续增长和福祉。因为海外市场有助于美国摆脱种种内部问题的纠缠，这种种问题多半是由于生产过剩导致经济停滞引发的。意识到外部市场重要性的结果是，国家对外政策发生了根本的转变：政策制定者采纳了著名的“门户开放”政策，“通过这项政策，美国压倒性的经济力量将进入并主导世界上所有低发展地区……门户开放政策事实上是一项杰出的战略行动，它引领美国经济与政治力量在全世界逐渐扩张。”② 威廉斯进一步指出，20 世纪美国绝大部分外交政策的目标都是直接以确保美国经济在全球范围内的优势为依归的。基于这一目的，美国两次卷入了世界大战，卷入了朝鲜半岛与越南的冲突，卷入了与苏联之间你死我活的冷战较量。换言之，自 19 世纪

① Julius W. Pratt, *Expansionists of 1898: The Acquisition of Hawai and the Spanish Islands.* Baltimore: Johns Hopkins Press, 1936; Julius W. Pratt, *America's Colonial Experiment: How the United States Gained, Governed, and in Part Gave Away a Colonial Empire.* New York: Peter Smith, 1950.

② William Appleman Williams, *The Tragedy of American Diplomacy.* New York: Delta Book, 1972, pp. 45 – 46; William A. Williams, *The Roots of the Modern American Empire.* New York: Random House, 1969.

末以来，美国对外政策的帝国主义性质是一脉相承的。

威廉斯断定，美国帝国主义的源头就在经济危机的19世纪90年代。在这个十年中，美国形成了一种举国一致的新共识：美国人不再争论是否要追求扩张主义的政策，他们争论的是用什么形式进行扩张。这种扩张主义政策建基于这样的信条之上：美国外交与繁荣紧密相关，它与世界市场不可分离，任何对美国商品和资本流的限制都会导致经济萧条和社会动乱。所以，对经济扩张的支持在参与美西战争和获取海外殖民地资产的争论中起着关键作用。威廉斯最后在书中得出结论，美国要摆脱帝国主义 的扩张政策，就必须实行根本性的变革，如结束冷战，通过联合国渠道提供发展援助，重新调整美国国内生活的秩序，等等。如果没有国内经济与政治的根本改变，美国外交政策就只能沿着既定的路线走下去。①

显然，威廉斯的历史解释不仅具有浓厚的比尔德进步主义历史观的色彩，而且还有明显的马克思主义理论的痕迹。他“随心所欲地汲取马克思主义理论”。② 其表现有四：其一，通过马克思主义理论对进步主义前辈们的见解加以提炼；其二，直接从马克思那里找到美国海外扩张根源：因生产过剩而引起社会动荡的危机迫使美国面向世界寻找市场；其三，通过马克思主义来解释经济需要和对外交政策的影响如何使社会上层不同利益集团达成共识；③ 其四，马克思主义帮助威廉斯就美国海外帝国主义扩张行为对经济不发达国家和地区造成的损害作出了不失深刻的分析。

1963年，另一位新左派学者拉菲伯（Walter Lafeber）出版《新帝国：1860—1898年美国扩张主义的解释》一书，对威廉斯的观点作出积极回应，给予强有力的支持。在这部著作中，拉菲伯明确提出，内战是美国扩张政策的分界线，内战前美国扩张主义限制在美洲大陆，它反映了农业社会寻求新的肥沃土地的欲望；1860年后的扩张主义则是被一种新的信条所驱动，这一信条是：国外市场对美国的福祉至关重要。到19世纪90年代，美国商界精英和政治决策者们得出了一致看法，国外市场“将解决由工业革命造

① William Appleman Williams, *The Tragedy of American Diplomacy*. New York: Delta Book, 1972, p. 210.

② 〔美〕迈克尔·H. 亨特：《意识形态与美国外交政策》，褚律元译，北京：世界知识出版社，1999年，第11页。

③ 进步主义时代的学者常常偏好用上层的阴谋论来回答美国统治精英为何形成共同扩张思想的缘由。马克思主义使威廉斯摆脱了失之简单化的阴谋说。

成的经济、社会和政治问题”。与此同时，欧洲新老帝国主义国家正在世界许多地区渗透和扩张，许多美国人认为，美国如果要在这场竞争盛宴中获得成功，就需要建立海外战略基地。19 世纪 90 年代的美国对外政策和 1898 年的美西战争无疑是这些欲求的产物。尽管这个时期存在帝国主义者与反帝国主义者之间的论争，但争论是有限的，二者间的区别在于手段不在于目标，即他们围绕美国应该使用什么战术手段或措施来达成其目标争执不下。拉菲伯得出的结论是：“到 1899 年，美国铸成了一个新帝国。美国政策制定者和企业家们在众多意图明确的争论中创造了这个帝国。帝国从 1861 年的大陆基地推进到 1895 年确保美国在西半球的优势地位。三年后，通过对西班牙宣战，帝国被从日积月累的经济政治困境中解救出来。在这场冲突及其之后，帝国越过夏威夷进入菲律宾，并随着门户开放照会的发布，宣示了它在亚洲的原则。”①

不仅坚信资本主义经济动机造就了美国的帝国主义扩张政策，拉菲伯还矢志不渝地坚持强调帝国主义是美国对外政策的基石。例如，在论及 19 世纪以来美国与中美洲关系史时，他指出，几乎自美国立国之日起，美国统治精英就被在中美洲地区增强美国资本主义利益的欲望所驱使，为此，他们铸造了一项以统治和剥削中美洲为目标的外交政策。其严重后果是，中美洲地区的土著民众生存境况日益恶化，而权力却被右翼独裁集团牢牢掌控。20 世纪 80 年代，中美洲地区社会动荡不安，其深层原因依旧是美国创建非正式的帝国主义帝国的欲求所致。②

除了威廉斯和拉菲伯外，新左派学术队伍中还有许多人选择站到威廉斯的旗帜下。如托马斯·麦考密克（Thomas MacCormick）1967 年出版的专著，着重讨论了 19 世纪末美国在华投资及其不断扩大的收益情况；③ 1971 年，弥尔顿·普利舒尔（Milton Plesur）则专门出书分析了 19 世纪 90 年代美国帝国主义“大政策”（large policy）的起源，他认为 1865 ~ 1890 年是其形成期。在他看来，美国对外扩张的新外交政策的基础是：种族与道德优

---

① Walter Lafeber, *The New Empire*: *An Interpretation of American Expansionism* 1860 - 1898. Ithaca: Cornell University Press, 1963, pp. 412 - 417.

② Walter Lafeber, *Inevitable Revolutions*: *The United States in Central America*. New York: W. W. Norton & Company Incorporated, 1983.

③ Thomas McCormick, *China Market*: *America's Quest for Informal Empire* 1893 - 1901. Chicago: Quadrangle Books, 1971.

越感、国家使命意识、战略考量、国家尊严的提升以及对在经济上排斥美国的世界性帝国主义的厌恶，这些使得新外交政策具有了充分的合理性。这一新外交政策虽然起初并不为美国寻求领土，却不允许其他大国危害美国视为其合法利益的禁脔。① 另一位名叫欧内斯特·鲍林诺的新左派学者则明确指出，早在19世纪60年代，国务卿威廉·西华德就已为美国扩张主义政策奠定了基础。②

威廉斯和拉菲伯的历史解释在60～70年代社会运动高潮时期所产生的影响绝对是其他外交史领域的研究者所望尘莫及的。尤其是随着越战升级，美国社会的幻灭感不断强化，越来越多的青年人和知识分子认同了威廉斯和拉菲伯的看法：国家的外交很少建立在利他主义、理想主义和反帝国主义之上，而是更多地建立在维护国际秩序安全以使美国保持经济优势的欲望之上。例如，冷战并非建基于守护自由以对抗共产主义的道德之上，而只是美国继续坚持沿着保护其自由资本主义霸权的路线建构一个世界秩序的产物。因此，由美国国内制度和发展所催化的外交政策对以大规模措施挑起并卷入冷战以及引发越南冲突负有不可推卸的责任。③

总之，在新左派历史学家看来，美国外交的基础不是利他主义、理想主义和反帝国主义，而是谋求保障使美国能够成为经济霸主的国际秩序的安全，这从冷战以自由主义对抗共产主义的表象道德基础下面隐藏着建构维系美国自由资本主义霸权的本质可见一斑。

二　冷战时代左翼视野中的美国对外政策

1. 美国学术界有关冷战起源的理论流派

在战后的美国历史学界，有关冷战起源的学术论争几乎从未有过消停。

---

① Milton Plesur, *America's Outward Thrust: Approaches to Foreign Affairs, 1865 – 1890*. DeKalb, Ill.: Northern Illinois University Press, 1971, pp. 235 – 236.

② Ernest N. Paolino, *The Foundations of American Empire: William Henry Seward and U. S. Foreign Policy*. Ithaca: Cornell University Press, 1973.

③ Walter Lafeber, *America, Russia, and the Cold War*, 1945 – 1966. *New York*: McGrawill, 1967; LIoyd C. Gardner, "American Foreign Policy 1900 ~ 1921: A Second Look at the Realist Critique of American Diplomacy", in Barton J. Bernstein ed., *Towards a New Past: Dissenting Essays in American History*. New York: Vintage Books, 1968, pp. 202 – 231.

无休止的争论形成了三个学派：一个是与官方解释保持一致的正统派或传统派，另一个是修正主义派，再一个是现实主义学派，与美国左派相关的是修正主义学派中的激进派，他们与新左派在理论立场上基本一致。

正统学派出现在20世纪40年代后期和50年代初，代表人物有赫伯特·菲斯（Herbert Feis）和乔治·凯南（George F. Kennan）。他们对冷战起源问题的解释基本上是政府官方解释的翻版。无论是菲斯还是凯南，都把冷战的发生主要责任归咎于冷战对手苏联一方。苏联行为的动机是一种传统的欲求，即对更牢靠的安全、更强的实力以及更广大的势力范围的追求，这导致苏联致力于一种扩张主义的对外政策。与这些旧式驱动力并行不悖的是，新的共产主义意识形态热情使苏联为其宏图大业雄心勃勃地投入革命与征服中。虽然在这一学派中，有的学者特别强调意识形态因素在苏联行为中的决定性作用，另一些学者则认为俄罗斯传统的帝国主义政策和国家利益的追求是苏联扩张主义的灵魂，但都没有争议地认定，苏联践踏了它与西方大国间签署的各种国际协定，其中就包括雅尔塔会议的协议。相比之下，美国外交政策则大不一样。在他们看来，这种差异首先表现在美国对战后世界和平寄予了厚望。“美国政治领袖们的行为都不出所料地服从于集体安全原则，他们寄望新生的联合国解决任何未来冲突。”[①] 然而，在苏联咄咄逼人的侵略态势下，美国被迫逐渐改变其观点与对外政策。为了阻止苏联在世界更大范围内扩大其影响，美国最终只能实施“遏制”政策。许多正统人士相信，如果没有遏制政策，苏联或许会成为整个欧洲的主宰，而不只是统治东欧。

正统学派的解释虽然不时受到訾议，它却是战后美国在冷战起源问题上占据主导地位的学派。不过，需要指出的是，该学派中并非铁板一块，观点相左者并不少见。例如，约翰·加迪斯作为传统派的重量级人物之一，就不同意由美苏双方的任何一方单独承担引发冷战的责任。他认为，冷战的主要责任在斯大林，因为与杜鲁门之于苏联外交政策相比，他更有机会修正美国外交政策。[②]

---

① Gerald N. Grob and George Athan Billias eds., *Interpretations of American History: Patterns and Perspectives.* Vol. 2, since 1877. New York: Free Press, 1987, p. 375.

② John Lewis Gaddis, *The United States and the Origins of the Cold War, 1941 - 1947.* New York: Columbia University press, 1972.

像正统派一样，修正主义派的理论解释也源于知名公众人物和学者的声明。冷战之初，美国前副总统亨利·华莱士曾就杜鲁门总统的国际形势分析提出质疑。1948 年，在谋求成为民主党总统候选人的竞选过程中，华莱士甚至表现出对苏联的同情，反对与苏联进行全面对抗。沃尔特·李普曼，美国著名公共知识分子，同样拒绝把国际紧张局势的责任加诸苏联。在 1947 年出版的《冷战》一书中，李普曼公开反对凯南关于苏联政策背后动机的解释，认为美国政客们扩大了攻击苏联在东欧核心利益的能力，并使俄罗斯人对其处境越来越深信不疑：一个资本主义同盟正组织起来以图摧毁苏联。修正派关于冷战起源问题上的看法不仅代表着对传统派理论的挑战，更是一种对立的理论立场。许多修正派人士得出的结论是，是美国及其政策而不是苏联和共产主义带来了冷战。由西方特别是美国引起的冲突威胁到了苏联，迫使他们作出防卫性反应。

当然，修正学派在理论上也同样地表现出复杂多样特征，尤其在解释重要历史事件中主角人物行为背后的动机方面，他们的答案各不相同。不过，绝大多数修正派学者都同意，由于战争的浩劫，1945 年后的苏联是弱者而非强者。以此为前提，他们断定，战后的苏联既不愿意也无能力追求一种侵略政策。一些修正派学者坚信，苏联人在对美国的技术优势和军事力量心怀畏惧的同时，仍把美国视为能够使他们从战争的灾难性后果中复兴的主要潜在助力。另外一些修正派学者则强调，斯大林统治下的苏联虽然喜好在意识形态修辞上虚张声势，但仅仅追求谨慎的、防卫性的和有限的对外政策目标。因此，修正派认为，传统学派深信不疑的世界性侵略政策不仅不符合苏联领导人的个性，也是他们的工具所不能负担的。在 20 世纪 50 年代和 60 年代，修正派出现了众多分支，一些学者试图对美国引发冷战的责任度进行评价，并力求对战争结束以来苏联的行为解释行为并予之以正当性；另外一些学者以分析美国的目标为重任，他们相信正是这些目标构成了战后分裂的基础。一些激进的修正主义者，尤其是与新左派关系密切的那些学者甚至更向前迈出了一大步：他们将美国视为不仅是第二次世界大战期间，而且是整个 20 世纪一支世界性的侵略力量。

在论及美国国际行为的动机时，修正派的解释也是多种多样。一些人认为，西方大国，尤其是杜鲁门政府，试图否认苏联在雅尔塔协定中的应得之物，他们相信，西方力图对这些历史记录的含义重新解释，拒绝承认罗斯福和丘吉尔为环境所迫在雅尔塔作出让步；另外一些历史学家则认为，被潜在的“天定命运”使命热情浸透的美国一直希望重构世界，使之符合代议制政府的民主原则；其他学者仍然强调经济扩张主题，这一主题建立在一个假设之上：战后美国外交政策的驱动力在于，控制世界市场，确立美国对全球的经济政治影响。某些历史学家的结论是，美国利用早期的核武器垄断和强大的经济实力恫吓其他民族国家，迫使它们屈从于华盛顿的领导权，杜鲁门政府战后拒绝向苏联提供经济援助以及出台马歇尔计划是最具说服力的例子。

虽然修正主义学派可分为温和与激进两大类，但在冷战发生的责任问题上，他们都不认为美国要负全责，他们一致认为，冷战冲突在很大程度上是由美国对苏联的侵略和威胁政策造成的，美国要负主要责任。在温和派中，丹纳·弗莱明（Denna F. Fleming）和加尔·艾伯罗维茨（Gar Alperovitz）最具代表性。在 1961 年出版的两卷本的《冷战及其起源，1917～1960》中，弗莱明研究的焦点放在杜鲁门身上，杜鲁门成为决定冷战到来的关键人物。他认为，在罗斯福逝世几周后，杜鲁门就戏剧性地倒转了美国外交政策的进程。众所周知，罗斯福是威尔逊“国际主义”的忠实信徒，他知道苏联是战后和平的关键，战后时代的任何新国际联盟不能没有苏联。因此，他为与苏联保持良好关系作了不懈努力。而杜鲁门一上台，立即对苏联实行粗鲁的政策，例如在 1945 年 4 月，刚继任总统大位不久，杜鲁门就以命令的语气要求苏联人改变在波兰的政策，不然美国就取消某项承诺的经济援助。正是因为这一原因，弗莱明断定冷战不是始于 1947 年的杜鲁门主义，而是发端于第二次世界大战后期的 1945 年。① 在 60 年代中叶出版的《原子外交：广岛与波茨坦》一书中，艾伯罗维茨认为，杜鲁门总统通过 1945 年下令投放原子弹开启了冷战。他同时还提出一个备受争议的新观点，即杜鲁门诉诸“原子外交”：凭借美国拥有的核武器垄断地位，杜鲁门对苏联采取强硬路线，逼迫苏联承认美国的战后计划。简而言之，杜鲁门玩起了近代欧洲的权力政治游戏，通过展示力量来将俄罗斯

① Gerald N. Grob and George Athan Billias eds., *Interpretations of American History: Patterns and Perspectives.* Vol. Ⅱ, Since 1877. New York: Free Press, 1987, p. 37. Gar Alperovitz, *Atomic Diplomacy: Hiroshima and Potsdam: the Use of the Atomic Bomb and the American Confrontation with Soviet Power.* New York: Pluto Press, 1965.

人逐出东欧。当然，在艾伯罗维茨看来，冷战的发生，俄国人也难辞其咎，因为俄国人的行为也毒化了战后时期的氛围，“冷战不能简单地理解为美国对苏联挑战的反应，更多是一种相互猜疑的具有潜在危害的互动，因之引起的责难必须大家共同分担。”

如果说正统派和修正派关于冷战起源的理论解释代表了一种相互对立的立场的话，现实主义学派在某种程度上则代表了一种中间立场。例如，现实主义者与修正主义派在对待“遏制”政策的态度上就大相径庭，修正主义者以否定的态度看待遏制政策，现实主义者则不然。在现实主义学者眼中，遏制政策不能取消，因为它代表一种对苏联扩张主义的必要反应。与此同时，他们毫不留情地批判传统派的解释，认为正统派学者的观点强调道德律令和合法性过了头。现实主义者更多倾向于从现实政治的角度看待对外关系，更多强调权力政治和冲突中的国家利益。他们对判定冷战的道德责任程度不屑一顾，他们关注的中心点是政策制定者面对的实用主义政治问题。追根溯源，美国现实主义史学起始于20世纪40年代末50年代初，当时存在一种批评罗斯福的潮流，这种批评把战后美国的所谓“弱势境况”归咎于罗斯福总统，认为罗斯福误读了苏联的意图，未能预见到美苏之间在目标和利益上的不可调和性，罗斯福对东欧被苏联征服的后果负有不可推卸的责任。新左派现实主义观就是在对这种指控进行回应中产生的。他们认为，罗斯福所面对的现实是，苏联在军事上已经稳稳地控制了东欧地区，留给罗斯福的外交选项是十分有限的。

总体上讲，对外政策研究中的现实主义派的观点是，冷战起源上，美苏双方都要受到责难，或者都无可指责，因为无论是美国还是苏联都不想挑起冲突。双方都曾希望在有望继续存在的同盟中进行合作，当然这种合作是按照他们自己的条件来，每一方都追求有限的目标并指望另一方能接受。要算特别的是苏联，它为恐惧所推动，为自身的安全利益而非任何扩张主义抱负采取行动。然而，无论何时一方为其有限目标采取行动，另一方都会将之视为对其存在的威胁而采取反制行动，这些对策则不可避免地导致对抗升级。结果是小的和其他方面的可以管理的外部危机却必然地导致广泛的冲突，这种冲突逐渐呈现全球性特征。简单地说，现实主义者发现，追求自身利益的美苏双方虽然所追求的是有限目标，但其实施的手段所带来的螺旋式放大效果却在不经意间化出冷战。值得一提的是，现实主义学派还把冷战视为传统的权力冲突而不是意识形态冲突。在绝大多数现实主义历史学家心目中，与以往欧洲多次出现的防止某个大国统治中东欧地区的斗争相比，冷战并无不同。其余学者甚至是以维持欧洲均势的那种陈年式战斗背景下看待冷战冲突。① 现实主义派对修正主义温和派和新左派都持反对态度，如现实主义大师汉斯·摩根索在评论科尔柯的《战争的政治》时指出，像正统派历史学把第二次世界大战和冷战在意识形态上并置在一起一样，科尔柯的修正主义也让新意识形态的冷静得以表达并正当化。② 摩根索认为，美国外交政策自建国伊始就具有明显的乌托邦色彩，只有到第二次世界大战后美国才变得越来越现实主义，即美国的对外政策才真正开始建立在权力政治与国家利益基础之上。③

2. 美国左派关于冷战起源的分析

绝大多数新左派历史学家由于意识形态的缘故，在对美国的批评上比其正统解释要猛烈得多，他们对美国社会性质在整体上持高度批判的立场，并因此对美国在国外所追求的目标毫不同情。与把罗斯福和杜鲁门视为带来战后时期灾难的有限理想主义者的修正主义温和派相比，新左派视野更加恢宏，在他们笔下，40～60 年代美国外交政策只不过是自 19～20 世纪之交的美西战争以来一种趋势的持续与扩展而已。以威廉斯为例，他虽然从未承认自己是新左派，但在 50 年代和 60 年代先后出版的《美国外交的悲剧》与《美国历史纲要》中，其学术意图一目了然：通过严谨的学术研究来证明这样一种充满刺激性的假设，即美国的扩张主义外交贯穿美国历史的全过程。从新比尔德派的观点出发，威廉斯指出，从 18 世纪 60 年代起，美国外交就表现出明显的扩张主义特征。自英国统治下赢得独立后，美国大力推崇一种独立的美利坚帝国观念，通过这一观念为成长中的新国家产品获取市场。在 19 世纪 90 年代之前，帝国主要着力于美国大陆西部，但在不断西移的边疆消失后，寻求市场导致了海外扩张。虽然在世纪之交存在帝国主义与反帝国主义之间的争执，但双方都同意，海外经济扩张关乎国

① Gerald N. Grob and George Athan Billias eds., *Interpretations of American History: Patterns and Perspectives*. Vol. Ⅱ, Since 1877. New York: Free Press, 1987, p. 385.

② Hans Morgenthau, "Historical Justice and the Cold War", *New York Review of Books*, July 10, 1969.

③ Hans Morgenthau, *In Defense of the National Interest: A Critical Examination of American Foreign Policy*. New York: 1951.

家的繁荣与未来。双方争论的是手段而不是目的。帝国主义者感到，像欧洲国家一样拥有传统殖民地对于美国将大有裨益；反帝国主义者则不以为然，他们相信，不用花费维持一个殖民帝国的昂贵代价，美国经济也能成功扩张到全世界。在威廉斯看来，门户开放政策是反帝国主义者们祭出的法宝，它最终成为美国未来外交政策的基石。这一政策虽然缘起于中国，但不久之后就在地理上覆盖了全球范围，成为美国全球投资和贸易扩张的工具。据此，威廉斯对冷战背景的看法与正统派迥然不同。在他眼中，战后时期作为美国所代表的东西并没有超出门户开放政策的扩张这一目标，出于为商品和资本寻找市场这一基本动机，满怀希望地在东欧和世界其他地区进行渗透。所以，美国显然是冷战的主要责任者，因为在谋求扩张经济影响过程中，美国采用了各种必然步骤来维持和强化那些能够与美国共事的政府的力量。正如克里斯多夫·拉什在60年代后期所说，不是遏制，而是制造一个让美国资本主义更加安全的世界的反革命架构，是隐藏在战后美国政策后面的主要动机。①

作为威廉斯的一位追随者，沃尔特·拉菲伯认为，美苏对战后的和平危局都有责任，他特别注目于两国外交政策形成的内部因素，因为他相信国内的种种发展在决定最终出现的外交政策上扮演了主要角色。在美国国内事件方面，总统大选，经济衰退，麦卡锡迫害时代，政府内部各个派别的夺权斗争，等等，对美国外交政策的缔造所起的作用不比外部事件小。在苏联内部，斯大林与赫鲁晓夫的阴谋诡计，问题缠身的苏联经济，共产党内部的权力斗争，为大多数外交政策的变化奠定了基础。拉菲伯发现，根据经济方面的分析，美苏双方对于开拓国外市场的兴趣难分轩轾，两国在制定战后政策之时，在它们认为与其经济和战略利益攸关的那些地区坚持行动自由的权利不放。由国内考虑引起的冲突导致美苏两国在全球各地陷入对抗状态达二十年以上。拉菲伯指出，美国外交政策建立在这样的假设之上：国家在国内政治、经济和心理上的需求决定着在国外的那些承诺。在1945～1953年，那些承诺是以欧洲为导向的，目的在于保持美国作为西方反对共产主义巨人（Monolith）的主要堡垒形象。50年代中叶后，美苏双

① Christopher Lasch, "The Cold War, Revisited and Re-Visioned", *New York Times*, January 14, 1968.

方的注目的焦点从欧洲转向了亚洲和非洲新生的民族国家，冷战也进入了第二阶段。在拉菲伯看来，越南战争在美国外交政策中代表着“失败”，因为美国用军事解决来回答新生国家提出的全球政治经济变革要求。由于美国人决定接受回答这种全球性挑战的责任，这一责任能追溯到1947年的杜鲁门主义，因此，美国的政策具有持续性。

威廉斯的学生劳埃德·加德纳（LIoyd C. Gardner）无疑深得威廉斯的真传，他强调美国领导自由世界的承诺之基础就是门户开放政策。经历过大萧条惊心岁月的那些政治领导人无一不把创造有利于美国资本主义和繁荣的世界经济作为矢志不渝的目标，而正是这种责任感导致了冷战，美国是引发冷战的主要责任方。60年代，加德纳的著作在修正主义派和新左派中拥有广泛读者。例如，新左派学者希奥哈里斯（Athan Theoharis）就接受了加德纳的论点：美国要对冷战的产生和发展负最大责任。在他看来，1945年，美国决策者面临的选择多种多样，不存在只能选取冷战这一选项的情形。例如，第二次世界大战期间，罗斯福所选择的是一种极其摇摆不定和模棱两可的外交政策。但在雅尔塔，罗斯福选择的是以接受苏联战后影响为基础的协调道路，通过协调避免不和谐与冲突。然而，他的过早逝世作为一种不确定因素改变了外交环境，最为重要的是，它把最顽固的反苏政客杜鲁门送进了白宫。在希奥哈里斯看来，杜鲁门承袭总统大位，为那些他们的建议在雅尔塔被忽视的政策顾问们打开了机会之门。其结果是，在雅尔塔出现的协调机会在杜鲁门领导下被彻底颠覆了，历史的舞台被冲突与对抗的岁月占领。[①]

与威廉斯、拉菲伯、加德纳等人在公开承认自己的新左派立场上闪烁其词不同，加布里埃尔·科尔柯（Gabriel Kolko）是公认的新左派历史学的领军人物之一，他早期研究主要集中在1900～1917年政治资本主义的起源问题上，他称得上是真正意义上的新左派史学流派的先锋人物。1968年，他的《战争的政治：世界与美国外交政策，1943～1945》一书问世。在这部严谨的著作中，科尔柯就冷战的起源问题在威廉斯和拉菲伯止步的地方进行了详致研究，他用一种较狭窄的叙事史框架来处理美国外交政策，考

① Athan Theoharis, “Roosevelt and Truman on Yalta: The Origins of the Cold War”, *Political Science Quarterly* 87, June 1972, pp. 210－241.

察时间起止为 1943 到 1945 年。他发现，此期间所铸造的政策对于战后时代美国长期计划至关重要，在战争最后的两年多时间里，美国不仅为赢得战争而所为，更为战后世界和平时代政治建立架构而所为。对科尔柯而言，美国的目标是双重的：应用军事力量击败战时敌人德意日，利用政治与经济力量获得在全世界扩展美国影响的杠杆。与威廉斯一样，科尔柯把美国视为屈从于在欧洲恢复旧秩序并为美国资本主义制造世界安全的反革命势力。① 科尔柯的理论假设显然不外乎三个方面：其一，美国而非苏联，是国际稳定的最大威胁，美国对冷战的产生负有最大责任；其二，美国是世界范围内的反革命：由于美国资本主义依赖无止境的海外市场扩张为生，美国通过应用其军事和经济力量在全世界扩展其影响；其三，冷战的源头不仅可追溯到第二次世界大战中，甚至可追溯到第一次世界大战及其之前。

前美共党员、著名左派历史学家约瑟夫·斯塔罗宾（Joseph R. Starobin）② 在批评正统派和修正派理论的基础上指出，历史学家们忽视了冷战起源中一个关键因素，即共产主义运动自身内部的矛盾。第二次世界大战期间和战后，苏联试图克服国家制度与党之间的差异，这种差异使早先的政治与意识形态前提变得不合时宜。因此，在斯大林看来，冷战是涉及苏联内部目标和国际性运动从属关系的斗争，从这一观点出发可知，美苏之间的较量是由苏联内部危机引起的。③

三　乔姆斯基对美国国际干涉行为的解析

在冷战时代，美苏两个超级大国在全球范围内为霸权目标进行激烈对抗与较量，从全球大战略层面到局部地区的战争状态，从核军备竞赛到对他国内部操纵、干涉与政治军事颠覆，再到文化渗透，让世界不得安宁。美国政治与文化左派并没有因为冷战的高压氛围而缄默不语，他们通过著

① Gabriel Kolko, *The Politics of War: The World and United States Foreign Policy, 1943 - 1945*. New York: Random House, 1968.

② 约瑟夫·斯塔罗宾（1913～1976），美共党员，1954 年离开组织，但从未放弃马克思主义信仰。后半生一直在多伦多大学担任政治学教授。主要著作有《巴黎到北京》（1955）和《美国共产主义在危机中，1943～1957》（1972）。

③ Joseph R. Starobin, "Origins of the Cold War: The Communist Dimension", *Foreign Affairs* 47, July 1969, pp. 681 - 696.

述、演讲、教学、访谈等发出自己的声音，表达自己的立场，其中不仅仅是抗议与不满，更有警示与反思，有梦想与希冀，乔姆斯基无疑是他们中最具国际知名度和影响力的理论家与批评家。

1. 乔姆斯基生平与著述

诺姆·乔姆斯基，1928 年生，麻省理工学院教授，著名语言学家，哲学家，历史学家，政治活动家，美国和全球最具影响力的公共知识分子之一。其与对外政策有关的著作主要有《恐怖主义文化》（1988）、《反思肯尼迪王朝——肯尼迪、越南和美国政治文化》（1993）、《宣传与公共意识》（2001）、《海盗与君主——现实世界中的国际恐怖主义》（2002）、《霸权还是生存——美国对全球统治的追求》（2004）和《美国说了算：乔姆斯基眼中的美国霸权》（2007）等。乔姆斯基早年在受到激进和平主义和无政府主义的影响的同时，还在相当程度上受到犹太左翼唯意志论自由主义熏染。60 年代中后期在纽约时报书评公开发表《知识分子的责任》一文，明确主张知识分子应坚守公平与正义准则，从基本的公共良知出发，坚持批评立场。他自己则长期恪守这一原则，使自身以美国最伟大的异议分子的形象进入人们脑海。

乔姆斯基的学术研究可以分为两个大的领域：深奥难懂的数理语言学和简单易懂的政治学。[①] 后者主要由诸多著作和政治评论构成，涉及美国内政和对外政策中一系列敏感性话题。在乔姆斯基看来，他的政治学研究是要解决或回答一个被称为“奥威尔问题”（Orwell Problem）的命题：为什么人（对事实）似乎知之甚少，尽管现实中的证据是如此丰富![②] 这是一个严肃的现实问题，需要做大量分析工作来揭示知识被歪曲、控制和操纵的方式与方法。他认为，自由与自主乃人的本性，但在美国社会，人性之自由受到压制与扭曲，权力集团通过操控媒体和公众舆论，即“思想控制”（Thought Control）和“制造同意”（Manufacturing Consent）等种种手法掩盖事实真相，以使统治现状合法化。为了阻止公众对一般性或具体性事务以

---

① James McGilvray, *Chomsky*: *Language*, *Mind*, *and Politics*. London: Polity Press, 1999, p. 2.

② 尤则顺：《乔姆斯基：语言、政治与美国对外政策研究》，北京：世界知识出版社，2005 年，第 4 页。

及重大问题的正常理解，媒体报道时每每使用“贩卖性”语言。[①] 例如，媒体把对美洲印第安原住民的屠杀解释成是为了更崇高的事业作出的牺牲；把对外干涉说成是为了民主、人权和正义，等等。在当代西方“民主社会”，主要通过思想而非武力对社会成员进行控制，因为当代西方发达国家一是缺乏使用武力使公众屈服的基础，二是防止对现存社会秩序的挑战，最为有效的就是从思想源头上加以控制。“国家制造出的宣传，只要有知识阶层的支持并保证不出偏差，应能产生巨大的效果”，[②] 在这种异常复杂与隐秘的控制体系下，普通社会大众对发生的事情基本上一无所知，也难以觉察和理解。这个控制体系是在较长历史时期内形成的，想要在短期内彻底改变它绝非易事。因此，让公众明白媒体报道与事实之间存在着差异，使公众认清楚占统治地位的精英集团如何为了一己之私向民众灌输各种主张与信条，力图让人民拥抱这样的共识：统治阶级的行为符合民众利益，人民应全心全意支持。当人民看透了统治阶级的不法行为，就能作出理智判断，采取有效方法进行抵制成为必然。对政府的不法行为进行抵制，是为自己与他人人性发展创造更加良好的环境的必然要求，更是实现真正民主的必要条件。为此，自20世纪60年代反越战和抵制征兵运动以来，乔姆斯基一直致力于揭露和批判美国国内政治与对外政策破坏民主、践踏人权和为极少数富人牟利的真面目和实质。

2. 乔姆斯基政治学

乔姆斯基的政治学研究涉及国内政治和国际关系领域各个方面的问题，包括国家、民主、媒体、外交、战争、人权、贸易自由化、恐怖主义等，其核心概念有以下几个。

国家与国内政治

国家是当代国际关系中最为重要的行为主体，是外交政策制定与实施的基础。但在乔姆斯基看来，国家是统治阶级用来压迫和剥削被统治阶级的统治工具，虽然拥有社会管理功能，但其最突出的特征是控制功能。在分析国家的控制功能方面，乔姆斯基显然采用了马克思主义的阶级分析法，

① Andrew Sneddon, “Advertising and Deep Autonomy”, *Journal of Business Ethics*, 2001, Vol. 33, No. 1, pp. 15 – 28.

② 〔美〕乔姆斯基：《新自由主义和全球秩序》，徐海铭、季海宏译，南京：江苏人民出版社，2000年，第187页。

他把一个国家的公民分为精英阶层与普通民众两类，前者是国家中拥有政治经济权力的群体，后者则是无权的大多数人。尽管直接参与政策制定过程的精英阶层也得遵从国家的各种指令、原则和影响，但把普通大众置于受控状态是任何政府或权力体系面临的中心任务。对于掌权者来说，欺骗、恐吓、操纵和愚民政策是对付民众的常用常新的有效手段，通过这些手段能毫无障碍地使国家完全成为精英集团利益的工具。当然，国家对普通民众的控制与压迫在不同社会形态下表现不同。根据马克思主义理论，在私有制社会，统治阶级利用手中掌握的生产资料对劳动者进行压迫与操控，在公有制社会则不然，生产资料为全体社会成员所有，国家成为全体劳动者针对少数敌对分子进行专政的工具。因此，在社会主义革命完成后，国家还应该继续存在。在这一点上，乔姆斯基持不同意见。他接受了巴枯宁等无政府主义者的理论，认为只要国家存在，人类社会就难以避免占统治地位的少数集团对普通民众的奴役与压迫。显然，乔姆斯基与马克思都主张消灭国家，只是在具体时间点上存在分歧。

虽然在消灭国家的时间点上持不同看法，在有关未来社会构想方面，乔姆斯基则基本上赞同马克思的理论，他曾引用马克思《资本论》中的一些片断来描述理想的未来社会：未来社会将是个人获得全面发展的社会，每个人能胜任多种不同的工作；作为社会范畴的资本和工资劳动被取消；将人变成机器的附庸和生产的特殊工具的做法被废除；实现这些目标的重要前提条件是科学技术得到正当发展与应用，生产不受独裁控制。[①] 在这个理想社会里，强制权力和其他进行集体决策以及行政管理的政治权力被分散到一系列具有生产或联合等其他功能的机构中。由于实行轮换制，每个人都有机会行使权力，权力的行使表现为突出的非专业化特征。这种权力分散化和非专业化体系的优势是什么呢？答案是使社会保持自由与平等，即实现社会正义。因为根据约翰·罗尔斯的观点，一个社会是否公平和正义，关键在于它是否自由与平等，亦即自由与平等是公平与正义的两个基本条件。[②] 长期以来，自由与平等一直是政治思想界纷争不已的两个概念，

① 尤则顺：《乔姆斯基：语言、政治与美国对外政策研究》，北京：世界知识出版社，2005年，第187页。

② John Rawls, *A Theory of Justice*. Cambridge, Massachusetts: Harvard University Press, 1972, p. 65.

自由主义着重于自由，社会主义侧重于平等，结果是，保证了最大限度的自由，平等的实现就成了不可能；把平等作为首要目标，不可避免地会侵犯民众的自由。[①] 乔姆斯基相信，权力分散化和非专业化体系使这一矛盾得到了圆满解决。乔姆斯基对未来社会的构想与其说是建立在制度变革基础上，还不如说是建立在“人的本质具有局限性”这一预设上。他认为，正是人本质上的局限性使人意识到，只有与他人合作，遵守共同的游戏规则，自己的安全和利益才能得到保证。正如美国学者科恩和罗杰斯所作的评论，乔姆斯基的构想理论上看似可行，但在实践上其可能性几乎为零。[②] 乔姆斯基的设想与其他无政府主义者的命运并无二致，其构想也只不过是空想。

既然国家是少数精英阶层维护和扩展其利益的工具，资本主义国家自然是资产阶级进行统治的支柱。作为最发达也最强大的资本主义国家，美国在本质上与其他资本主义国家没有多少不同，唯一的区别是它更具欺骗性和隐蔽性。这从美国“民主”与“自由”两个方面稍作考察即可管见一斑。乔姆斯基指出，虽然美国政府宣称，民主与自由是美国社会的两大基石，但事实上，美国既不民主，也不自由。民主与自由仅仅是政府欺骗民众维护统治的口号而已。从政府决策、政党政治、民主选举等实践层面看，美国民主制实际上是排斥普通民众的，在美国，“民主”就是“阻止公众参与管理他们自己的事务，信息的传播应得到严密的控制等”。[③] 至于自由，尽管美国社会相对自由开放，但其所标榜的自由与真正的自由仍然有很大距离，因为在高度商品化的美国社会，自由本身也是一种商品，你拥有的自由度与你拥有的财富数量成正比。而且，作为自由最重要检测尺度的言论自由在美国是受到严格限制的。在美国国内，自由辩论或争论不仅得到允许，也受到鼓励，但前提是必须不与主流意识形态体系相背离。[④]

---

① Alison Edgley, *The Social and Political Thought of Noam Chomsky*. New York: Routledge, 2000, p. 45.

② Joshua Cohen and Joel Rogers, “Knowledge, Morality and Hope: Chomsky's Social Thought”, in Carlos P. Otero eds., *Noam Chomsky: Critical Assessments*. Vol. 3, New York: Routledge, 1994, pp. 561 – 564.

③ 〔美〕乔姆斯基：《新自由主义和全球秩序》，徐海铭、季海宏译，南京：江苏人民出版社，2000 年，第 185 页。

④ Noam Chomsky, *On Power and Ideology: The Managua Lectures*. Boston: South End Press, 1987, p. 114.

国家与对外政策

外交是内政的延伸。从一个国家的外交政策和行为能折射出其内政的性质和权力分布情况。在乔姆斯基看来，只要把美国政府提出的对外政策与其实质内容进行比较，就不难明白美国外交政策服务于商业利益集团的本质。首先，从美国国家利益角度来考察，美国国家利益反映的就主要是商业集团的利益。表面上看，国家利益或者是国内利益的总和，或者是全部国内利益和部分世界利益的综合，其实不然。乔姆斯基指出，所谓国家利益其实是一种政治话语，是统治阶级经常使用的宣传用语，用于掩盖其真实意图并骗取民众对其政策的支持。其次，从美国的“大地区战略”和“第五项自由”上看，美国大战略的目标就是为美国商业集团在全球的扩张服务。乔姆斯基认为，从历史角度看，“美国制定对外政策的首要原则是，创立和维护一种美国本土的商业集团可以在其中蓬勃发展的国际秩序，这种秩序是一个‘开放社会’（Open Society）的世界。”“‘开放社会’的真实含义就是对美国的经济渗透和政治控制开放。”① 二战后，美国对外政策依旧沿着这一基线前行。由于战后美国实力超强，信心百倍的美国决策者致力于建立一个美国主导下的世界秩序，这一秩序把世界上绝大多数地区纳入其中，成为美国经济发展的有机组成部分，这就是所谓的“大地区”（Grand Area）战略。在“大地区”内，美国是工业中心和体系主导者，其余地区则充当类似殖民地的市场、原材料的供应地或附庸国。至于“第五项自由”（The Fifth Freedom）则是指美国对外政策的基本原则：保证美国在世界各地行动自由，按照乔姆斯基的说法，即保证美国在全世界“进行抢劫、剥削和控制的自由”。② 再次，从战后以来美国对世界各主要国家和地区的政策看，其核心更是离不开维护国内商业集团利益这一点。在战后的西欧，众所周知，美国在 1947 年出台马歇尔计划，帮助西欧国家重建和经济复兴，既是出于对付苏联为首的东方集团的战略考虑，又是受帮助美国商品和投资寻找市场这一动机的驱使；在日本，1947 年终结了由麦克阿瑟占领军政府主持的民主化进程，国家政权交给了日本公司和财阀组成的

---

① Noam Chomsky, *On Power and Ideology*: *The Managua Lectures*. Boston: South End Press, 1987, p. 6.

② 尤则顺：《乔姆斯基：语言、政治与美国对外政策研究》，北京：世界知识出版社，2005 年，第 206 页。

政府，日本很快也变成美国商品的又一个海外市场。对于第三世界，美国政策目标十分明确，那就是让它们成为美国工业的原料产地。为此，美国常常口是心非地作出种种帮助第三世界国家发展经济和提高人民生活水平的诱人承诺，实际上却对此兴味索然。与此同时，还把第三世界广泛存在的民族主义情感视为严重威胁，对所谓民族主义政权百般压制与打击。以拉美为例，美国通过支持颠覆活动、帮助当地政府进行镇压、派遣中央情报局特工进行暗杀等恐怖活动、直接军事入侵、经济制裁和技术封锁等，产生了三个后果：人权遭到破坏，社会改革受到阻滞，民主化进程遭到破坏。对于苏联和东欧国家，则以冷战的特殊政策对待。乔姆斯基断定，美国推行冷战政策，其目的并非如政府宣传的那样是为了美国和世界安全，因为包括凯南和艾森豪威尔在内的美国政治精英很清楚，苏联没有威胁美国的军事实力，也没有占领西欧的军事意图，冷战双方在实力上并非势均力敌。冷战实际上只是美国统治集团维持国内统治和干涉他国内政的工具。冷战的历史是美国在全球进行颠覆、侵略和支持国际恐怖主义的历史，是美国维持其在西方工业化国家的影响力、与当地统治集团联手镇压独立政治力量和群众运动的工具，是美国通过对高科技产业，尤其是军工企业进行补贴，将国家财富转移到私人手中的工具。[①] 苏联也不例外地充分利用冷战在国内控制和对外操纵卫星国两个方面大举获益。

国家与媒体

既然国家的对外政策和对内政策一样，都是以商业集团的利益为轴心运转的，那么，作为人口中大多数的民众为何不表达出抗议和反对之声呢？乔姆斯基的回答是，这是美国政府和商业利益集团利用所控制的媒体宣传影响公众的结果，可以说，媒体宣传是政府和商业集团掩盖真相最为有效的手段。在乔姆斯基眼里，美国政府和媒体领袖所声称的媒体的独立性和新闻报道的中立与客观性只是一种表象，因为国家和商业集团紧密结合在一起，能够以媒体为工具，有效管控公众舆论，即能够预先设定讨论的前提条件，确定可以让公众看到、听到和思考的内容及其限度。从历史上看，早在20世纪初的威尔逊时代，媒体就已经成为政府左右民众思想的

① Noam Chomsky, *Terrorizing the Neighborhood: American Foreign Policy in the Post-Cold War Era*. UK: Pressure Drop Press, 1991, pp. 24 - 26.

至尊法器。[①] 国家与媒体的紧密结合产生的一个最显著的社会功能是"制造同意"。在民主社会中，政府政策从酝酿到实施都离不开公众的支持，媒体力量在诱导公众支持政府政策方面所起到的作用是罕有其匹的。这种"制造同意"成为民主社会有效运转的重要保证。

在宣传运作模式上，与许多把暴力和强制作为思想控制基础的政府不同，美国媒体采用一种极其隐蔽或普通人难以觉察的方式操弄宣传，如对新闻报道材料进行"剪辑"，"缩小新意范围"，最后进入公众耳目的是被过滤了的东西。具体而言，美国媒体宣传遵循一种特殊模式，涉及五个相互作用和相互加强的"过滤器"：（1）占支配地位的传媒机构不断扩大其所有权和规模，聚集越来越多的财富与利润；（2）把广告业作为大众传媒收入的主要来源；（3）政府、专家和商业公司是传媒的主要信息提供者；（4）"反击"是控制媒体的重要手段；（5）把"反对共产主义"作为控制的机制。[②] 通过这五个过滤器，精英集团的意志在主流媒体中得以顺利体现，而持不同政见者的意见则被有效排除。至于宣传的主要对象，无疑是占人口大多数的政治上活跃的中产阶级。[③]

从实践上看，美国的媒体宣传十分有效。那么，中产阶级公众还有可能抵制这种媒体宣传的控制，坚守思想自由的防线吗？回答是肯定的。一方面，这需要公众主观上作持之以恒的努力，进行冷静的分析、比较与思考，"只要稍加努力与注意，任何想从共有意识形态和宣传体系中脱身的人很容易就可以看穿那些知识分子扭曲事实的伎俩。每个人都能够做到这一点。"[④] 另一方面，美国媒体宣传体系客观上存在一些弱点。这些弱点主要表现在三个方面：其一，美国政府对媒体的控制程度存在差异性，即对人

① Noam Chomsky, *Media Control: The Spectacular Achievement of Propaganda.* New York: Seven Stories Press, 2002, pp. 11 – 12.

② Neil Smith, *Chomsky: Ideas and Ideas.* 北京：外语教学与研究出版社，2001，p. 199.

③ 乔姆斯基和赫尔曼把美国社会分为四大群体：由商界和政界精英组成的最上层的精英群体，是媒体的掌控者和假象散布者；由新闻记者和学术专家构成的"世俗传教士"，通过传播为精英阶层服务的观点来获取自己的现实地位；受过良好教育、政治上活跃的中产阶级，如果他们知道了事实真相，将会危及现行权力架构与秩序；最后一个群体是政治上麻木、缺乏经验和难以动员的下层阶级。参见 Edward S. Herman and Noam Chomsky, *Manufacturing Consent: The Political Economy of the Mass Media.* New York: Pantheon Books, 1988.

④ Carols P. Otero ed., *Noam Chomsky: Language and Politics.* Montreal: Black Rose Books, 1988, p. 4.

规模的影响广泛的传媒机构以及主要中心城市的传媒机构控制较严，对规模小、非中心城市的媒体则控制较松。其二，主流媒体内部也存在一些抵制宣传影响的空间，如媒体从业人员中存在的“人文精神与职业道德”就是一种强有力的抵制力量。其三，在主流媒体之外存在许多“独立媒体”，如人权组织的有关文献以及和平组织和团结运动出版的报纸杂志等，它们不仅是体制之外的重要信息源，它们更为重要之处是提供了认识事物的另一个视角。

不难看出，乔姆斯基对美国媒体宣传模式的理论分析虽然是以唯理主义和唯意志自由主义为始基的，却与马克思主义传统不谋而合。马克思主义认为，对媒体宣传的研究应该以媒体所有权和媒体内容为重点，而不是像自由多元主义传统那样，把观众或听众作为重点。因为资本主义经济体系是为少数生产资料所有者提供特权的体系，媒体的运作深受资本主义经济、政治和社会框架的限制，它以维护特权阶级利益为始终。对媒体动作模式的分析是乔姆斯基美国政治与对外政策批判的基础。

3. 对美国冷战政策批判

对美国军事干涉的批判

二战结束以来，美国对外关系的一大突出特征是对他国内政的干涉，其中最具代表性的是军事干涉。干涉主义在美国具有广泛的理论基础，无论是现实主义者，还是世界主义者，抑或是国家主义者，都从自身视角对干涉主义的合理性持肯定态度。现实主义者认为，只要是有助于维持均势和秩序的干涉行为都是正当的；世界主义者则认为，凡是出于伸张正义的干涉行为都是正当的；国家主义者表面上反对干涉，主张只有抵抗侵略的战争才是合法的，但正如乔姆斯基所指出的，“不干涉”只是一种“贩卖性语言”其真实含义刚好与字面意思相反。国家主义的主张是一种更加隐蔽的干涉主义。例如国家主义代表人物迈克尔·沃尔泽（Michael Walzer）就曾列出四种情形下的干涉行为具有正当性，其中之一是，当一国领土完整和政治主权面临明显和严重威胁，采取先发制人的干涉行为就是正当的。[①]简单地说，美国知识界在对外干涉的合法性问题上是没有争议的，争议的

① 〔美〕约瑟夫·奈：《理解国际冲突》，张小明译，上海：上海人民出版社，2002 年，第 230 ~232 页。

仅仅是某个具体干涉行为所致力的目标。

在冷战时代，美国对外干涉事件层出不穷，从规模和影响的深远来看，越南战争无疑最具典型性。关于越南战争，美国自由主义阵营的学者和政治家通行的看法是，美国卷入越战是个因政策制定者误导造成的悲剧，但美国干涉越南的出发点是好的，美国是为了阻止北越对南越的“内部侵略”，使后者免于落入前者的共产主义“魔掌”而行动的，这是美国主动承担的超国家利益的外在责任。[①] 对此，乔姆斯基进行严厉批驳：越南并不存在什么内部侵略，存在的是国内不同政治派别争夺政权的竞争，纯属其内部事务。美国军事干涉越南，并非出于什么民主精神，而是扩展美国利益之动机使然。牢牢控制东南亚市场和把日本纳入美国全球经济体系是美国“大地区战略”中至关重要的一部分，然而，中国革命的胜利使美国的战略计划受到阻碍，美国感受到了“意识形态的威胁”。乔姆斯基认为，自20世纪50年代开始，为防止日本与中国大陆发生任何经济联系，把日本牢牢捆绑在美国战车上，美国一直在帮助日本发展与东南亚国家间的经济关系，这一战略的前提是东南亚对美国和日本资本投资开放。越南内战本身无疑是对美国亚太地区战略的一大威胁，通过军事干涉稳定这一地区的战略存在实为必然。

美国总是声称其在越南的行为是进行人道主义干涉，乔姆斯基以大量事实和资料进行回击，认为美国带给越南的恰恰相反，是严重的人道主义灾难。在美国强大战争机器打击下，大量男女和儿童伤亡，成千上万的农民逃离家园，无家可归，“越南作为一个文化和历史实体正面临着灭绝的危险”。[②] 另外，自美国撤离越南后，美国政府和媒体都明确表示美国在越南遭到了彻底失败，乔姆斯基却不以为然。在他看来，美国虽然未能在印度支那半岛实现其全部战略目标，它还是获得了部分成功，基本上达到了预期效果。[③] 从冷战对抗的大局看，越南战争并没有成为格局转换的枢纽，美国所担忧的多米诺效应并未发生，虽然越南独立之火在东南亚其他国家蔓

---

① 尤则顺：《乔姆斯基：语言、政治与美国对外政策研究》，北京：世界知识出版社，2005年，第247页。

② Edward S. Herman and Noam Chomsky, *Manufacturing Consent: The Political Economy of the Mass Media*. New York: Pantheon Books, 1988, p. 183.

③ Edward S. Herman and Noam Chomsky, *Manufacturing Consent: The Political Economy of the Mass Media*. New York: Pantheon Books, 1988, p. 245.

延，但美国在东南亚成功建立起阻止共产主义扩张的第二道防线，实现了对日本和这一地区的有效控制。在美国公开和暗中支持下，印度尼西亚、菲律宾和泰国分别在1965年、1972年、1976年发生军事政变，削弱了该地区的左翼力量，成为美国在东南亚实现其战略意图的可靠伙伴。与此同时，战争造成印度支那半岛人员大量伤亡和财产巨额损失，对这一地区经济发展造成了极其不利的影响，使该地区在相当长时期内无法摆脱作为原料产地和工业品销售市场的命运。

对美国人权外交的批判

人权外交是美国外交政策的重要内容之一，由卡特政府首次明确提出。[①] 由于人权作为一种价值观是美国立国之基，故在美国社会深入人心，人权外交得到美国社会大众的普遍支持。乔姆斯基认为，这仍然是美国政府和媒体宣传的结果，其实，人权从来不是美国外交政策首要关心的问题和目标，它也只是追求美国国家利益的工具和手段而已。乔姆斯基主要从美国人权问题的现状、人权实践的历史、卡特和里根政府的人权外交等层面对美国人权外交进行分析与批判。

乔姆斯基指出，美国一直自诩为“人权卫士”，把自己置于人类道德的制高点，但美国人权的历史和现状却乏善可陈。首先，暴力和种族屠杀构成美国建国的基础。哥伦布到达美洲时，北美大陆印第安人约有人口1000万，到19世纪末，美国境内的印第安人仅剩下20万人，印第安人的人权长期被忽视，被粗暴践踏。其次，现代美国社会最为突出的特征就是暴力偏好。从广岛原子弹到美军在越南的暴行，再到美国国内枪枝泛滥成灾，暴力事件高发，已然成为美国老大难的社会问题，多少能说明这一点。再次，

① 人权观念在美国是一个历久弥新的政治坐标，然而，这一概念并非美国人首创，而是来自欧洲，源于欧洲霍布斯和洛克的自然法思想。洛克从自然法导出人所具有的三位一体的自然权利：生命（life）、自由（liberty）与财产（property or fortune）。美国《独立宣言》将财产权表述为“追求幸福的权利”。自联邦宪法生效以来直到20世纪60年代，美国陆续通过了二十多个宪法修正案，它们大多与人权问题相关。然而，直到卡特时代，美国并没有关于人权含义的具体阐述。卡特政府的国务卿万斯首次对人权概念作了具体分类描述：A. 保护个人安全，使之免予下列侵害：种族屠杀；奴役；酷刑；残酷的、非人道的或侮辱性的待遇或惩罚；任意逮捕与监禁；非公正审讯；对居所的侵入。B. 满足衣、食、住、医、学等人之不可缺少的需求的权利。C. 享有以下公民自由和政治自由的权利：宗教、集会与请愿、言论、出版、出入境等自由。D. 免于遭受包括种族、宗教、肤色或性别等方面在内的歧视。转见尤则顺《乔姆斯基：语言、政治与美国对外政策研究》，第258页。

发达的美国经济是以冷酷、贪婪和侵略他人为基础的。无论是早期将大批非洲黑人虏掠到美洲的黑奴贸易，还是美国南方有组织的种族隔离，抑或是自由资本主义时代资方以恐怖手段对付工人的屡见不鲜，都说明一个事实：美国经济的成功是以巨大的人权负记录为代价的。与此同时，一方面，占人口极少数的富裕阶层不断加快速度增殖财富；另一方面，美国有多达2000万的穷人忍饥挨饿，美国在经济收入上严重的极化现象从另一个角度说明维护人权在美国更多只是一个口号。

尽管人权外交早在威尔逊时代就已露出端倪，但二战后的50～70年代，以凯南为代表的现实主义外交思想一直居于美国对外政策的主导地位，不愿人权问题扰乱美国的大战略，加上美国身陷越南泥潭，处境尴尬，美国决策层似乎有意无意地回避它。1977年，卡特就任美国总统，声称美国将以人权为其外交政策的核心。对此，乔姆斯基一针见血地指出，卡特之所以作出如此决断，是出于重塑意识形态的需要。[①] 通过人权外交，不仅能挽救因“越南综合征”引起的“民主危机”，而且还能掩盖美国对外武器输出，更重要的是，在世界范围内重塑美国的道德形象，淡化在全球盛行的反美主义影响。其实，从卡特和里根政府的外交实践不难看出美国人权外交的实质。首先，人权外交服从于美国安全利益的需要。例如，拉丁美洲大多数军人政府在人权方面劣迹斑斑，但美国政府出于战略利益考虑，不仅对此熟视无睹，而且还不断地向这些国家提供包括军事援助在内的各种援助，美国对待海湾的伊朗、伊拉克和东南亚的印尼、菲律宾以及东亚的韩国军人政权亦然。其次，人权外交为意识形态斗争服务。乔姆斯基指出，从一开始，美国就把人权与反共意识形态相联系，利用人权问题干涉他国内政，阻止被干涉国倒向共产主义，最典型的例子是对尼加拉瓜桑迪诺政府的敌视和对其反对派武装的大力支持，最终导致桑迪诺政权被推翻。再次，人权外交奉行双重标准。只要符合美国国家利益，人权问题可以视而不见；相反，美国就会抓住人权问题大作文章。一句话，人权问题往往只是美国用来批评与其不友善国家的工具。

---

① Carols P. Otero ed., *Noam Chomsky: Language and Politics.* Montreal: Black Rose Books, 1988, pp. 327-328.

美国对外政策实践中的恐怖主义

1981 年，里根上台后迅即宣布，美国对外政策的重点是“对恐怖主义开战”，国务卿乔治·舒尔茨表示要使用武力铲除“恐怖主义的邪恶根源”，反对以法律手段来解决恐怖主义问题，认为这是软弱和屈服。[①] 乔姆斯基尖锐地指出，美国对恐怖主义开战，实际上就是美国以恐怖主义手段干涉他国内政。里根政府的政策是为保障和扩大富裕阶层利益，对内通过减税和对高科技产业和军工产业实行财政补贴政策等使资源从社会中下层大规模转移到社会上层之手，对外则进行军事干涉、颠覆与侵略以打造有利于美国富人群体在全球谋利的国际环境，特别是对第三世界国家实施国家恐怖主义，能够阻挡或扭转当地的社会现代化进程，因为大多数底层民众参与到改革与政治民主化这一进程中会危及美国公司在当地的权益。[②] 乔姆斯基发现，在里根政府之前，古巴和黎巴嫩是美国国家恐怖主义政策的最大受害者。[③] 中美洲的萨尔瓦多和尼加拉瓜同样身受其害。乔姆斯基告诉人们，战后以来，美国国家恐怖主义的实施办法有四种：（A）美国直接参与其中；（B）美国支持附庸国或组织对其国内目标实施恐怖行动；（C）美国支持附庸国或组织对境外目标实施恐怖；（D）美国唆使附属国或组织中的一部分支持其另外的附属国实施恐怖行径，如美国唆使以色列、伊朗、沙特阿拉伯等为尼加拉瓜反政府武装提供资金和其他援助。[④]

显然，乔姆斯基对美国对外政策实践中国家恐怖主义的分析与批判，其理论背景是冷战时代极为盛行的现实主义国家利益与实力理论，传统观点认为，恐怖主义是弱者对强者进行对抗或报复的手段，但乔姆斯基相信，它更是美国之类的强国对付弱国的撒手锏，唯一的区别是强国以强有力的媒体力量赋予其以合法性而已。

---

① Noam Chomsky, “Wars of Terror”, in http: //monkeyfist/chomsky/archives/essays.

② Carols P. Otero, eds., *Noam Chomsky: Language and Politics*. Montreal: Black Rose Books, 1988, p. 548.

③ 乔姆斯基认为，从肯尼迪到尼克松，美国针对古巴的恐怖主义袭击从未停止过，包括袭击民用设施、炸毁旅馆与渔船、摧毁石油化工设施、对农作物和牲畜大规模施毒、谋杀、炸毁飞机和古巴驻外使馆等。在中东，美国支持以色列经常炮击和轰炸黎巴嫩南部，造成大量平民伤亡。Noam Chomsky, “International Terrorism: Image and Reality”, http: //monkeyfist/chomsky/archives/essays.

④ Noam Chomsky, “International Terrorism: Image and Reality”, http: //monkeyfist/chomsky/archives/essays.

四 冷战后时代左翼视野中的美国对外政策

1. 对新自由主义国际观的批判

新自由主义不仅是冷战结束后国际经济领域占统治地位的思潮，也是国际政治领域甚嚣尘上的政治话语。与在经济领域制造市场万能神话以反对民族国家对经济主权的维护相似的是，在国际政治领域，人权高于主权、民主和平论等论调在后冷战时代粉墨登场，为强国干涉弱国内政或强制他国接受欧美制度与价值观念提供了理论上的合法性。众所周知，西方近代以来盛行的自由主义的基本主张是，个人高于集体，国家是手段，个人是目的，个人价值永远在国家之上，国家主权属于每个公民，因此，主权只是手段，个人的权利才是目的，新自由主义把这一思想发挥到了极致，人权高于主权论风行全球。美国新自由主义学者、法学家亨金明确表示："在我们的时代，一个权利的时代，权利的观念已实现了从国家到社会的超越，它不考虑国界，在一些有意义的方面破坏了国家的分离和独立。人权已'国际化'并成为国际化和国际政治的一个主题。"[①] 在新自由主义者看来，市场自由与个人自由是评判一个国家是否文明与正当的两个基本标准，现代霸权国家可以为了保护他国内部的人权而进行干预。1999 年，北约干涉南斯拉夫，理由就是保护那里的人权，如英国首相布莱尔当时就曾公开表示："国家主权不及人权和防止种族灭绝重要。"美国在 21 世纪初期进行的阿富汗战争和伊拉克战争，还有在东欧、中东、西亚、北非和中亚等地操纵的"颜色革命"，都有保护人权这一幌子。"主权有限论"被美国政治精英作了如下解释：凡是拥有大规模杀伤性武器的国家、准许恐怖分子在其领土上开展恐怖活动的国家以及专制政权践踏本国公民最起码权力的国家，它们的主权是有限的，不可能指望得到国际法所赋予的主权的完全保护；为了消除那些危害世界的隐患，美国能够采取一切手段加以干预；美国进行干预的权力不受限制。至于"民主和平论"，其基本观点是："民主国家是不会发生战争的"，主要理由是"民主"政治制度具有强大的约束机制；转型中的"民主国家"有较大的可

① 〔美〕亨金：《权利的时代》，信春鹰等译，北京：知识出版社，1997 年，第 35 页。

能性发生战争，“非民主国家”则频繁地发生战争；“民主国家”无法回避同“非民主国家”的战争，“民主国家”有责任和义务要以战争的方式帮助那些“非民主国家”重建民主，通过民主的建立在“非民主国家”实现和平。例如，2002 年 6 月 1 日，小布什在西点军校所作的演讲中公开宣称，为了“支持人类自由与和平”，就必须对那些“恐怖主义和暴君的威胁”发动战争。因此，“民主国家”对“非民主国家”发动战争乃是出于实现民主和平的“崇高使命”所需。

与主权有限论和民主和平论并行不悖的是“单极稳定论”和“先发制人论”。“单极稳定论”由美国著名的政论家威廉·沃尔弗斯最早提出。在 1999 年《国际安全》杂志第 5 期上发表的《稳定的单极世界》一文中，沃尔弗斯认为，随着苏联的解体和冷战的终结，世界政治关系和权力结构发生了根本性变化，美国成为仅存的超级大国，在现今世界政治舞台上没有任何一个大国或大国集团能够单独与美国进行全球抗衡，一超独强、没有对手的世界权力结构和力量对比关系悄然成型，现代国际关系史因此进入了近代以来未曾有过的“单极时代”。美国绝对优势地位的确立，导致争夺国际体系中霸权地位这一过去长期导致世界冲突的根源不复存在，使世界出现一种“单极力量主导下的稳定与和平”，美国的实力越突出、越强大，在美国主导下的国际秩序就越稳定、越和平。按照这一理论，如果单极是稳定的，那么维护单极所采取的一些手段（包括战争）也是“有利于稳定的”，因而也是“合法”的。

“先发制人论”由美国总统小布什于 2002 年 6 月 1 日在西点军校的演讲中首次正式提出。他表示，为了对付许多意想不到的威胁，美国必须“做好必要时采取先发制人的行动捍卫我们的自由和保护我们的生命的准备”。在随后出台的《国家安全战略报告》中，布什政府正式将“先发制人”确定为美国的安全战略。美国“先发制人”新战略概念包括三个基本内容：首先，战略实施的主要目标是恐怖主义活动的地区和拥有大规模杀伤性武器的国家。有时为了捍卫“自由”，也需要对某些特定对象实施“先发制人”打击。其次，该战略的主要实施手段是战争，这种战争从本质上讲不是一种消极的自卫和被动的反应，而是一种“预防性干预”和主动出击，即“美国将在威胁完全形成之前就采取行动”。最后，这一战略的实施具有典型的单边主义特征，美国政府一旦锁定目标，就将无视国际社会的反应，联合国授权与否，是否符合《联合国宪章》和国际关系基本准则等，果断出手。[①]

以上四个理论构成美国新自由主义国际干涉理论的基本理论依据，“9·11”事件之后这一理论进一步发展为一种具有宏大战略色彩的新帝国主义理论，或者反过来说就是，四个理论构成了新帝国主义理论的四个支点。绝大多数国际关系研究学者认为，新帝国主义论是由英国外交政策顾问罗伯特·库珀首次提出来的。他在2002年4月7日《观察家报》上发表的《我们为什么仍然需要帝国主义》文章中指出，当今世界由三类国家组成：第一类是极端贫穷、处于农耕时代的前工业化国家或者前现代化国家；第二类是以中国和印度为代表的处于现代化进程中的工业国家或者现代国家；第三类是发达的后工业国家或者后帝国、后现代国家。其中，第一类的“前现代化国家”是当今世界动乱与威胁的主要源头。由西方发达国家组成的后现代国家应该采用双重标准，推动后工业国家内部合作来保证安全，对于第一类国家，则应采取类似19世纪帝国主义的政策，通过使用新殖民主义手段，向其输出稳定与自由。在文中，库珀还把北约对巴尔干事务的军事干涉称为“毗邻帝国主义”等。[②] 美国理论界则是侧重于美国独特的历史传统、现实的实力优势和后冷战特别是后“9·11”时代全球性局势和挑战的复杂与严峻的角度对新帝国论进行阐述的。在美国政治理论与战略家中，为数不少的人认为，美国应该运用其世界唯一超级大国的力量来消除恐怖主义的威胁；“9·11”事件之所以会发生，正是美国对自身力量估计和运用得不足所致；全面的力量优势应该使美国足以成为新的“罗马帝国”，在21世纪实现“美国治下的和平”。美国政治学教授伊肯伯里指出，“新帝国论”是继现实主义和自由主义之后，正在形成的一种新的理论和大战略。这一新战略不仅是对恐怖主义的直接反应，而且为美国应该如何运用其力量和构建世界秩序提供了一种更为宏观的思路。在这一新的理论范式下，在应对恐怖威胁和寻求大规模杀伤性武器的所谓“无赖国家”的过程中，美国将更少地被其伙伴和全球规制所束缚，而更倾向于扮演一个单

① 师念：《“新帝国论”——后冷战时代的美国迷梦》，《当代世界与社会主义》2005年第2期。

② Robert Cooper, “Why We Still Need Empires”, *The Observer*, April 7, 2002.

边和预防性的角色。美国将运用其无敌的军事力量来维护全球秩序。①

自新自由主义一出笼，美国左翼的批判之矛就对准了它。

乔姆斯基对冷战后时期美国新自由主义对外政策的批评同冷战时期相比，一样火力十足。在他眼中，美国政府在全球大力推销新自由主义理论，并非真正出于全球自由的考量，而是为其全球霸权需要。美国追求全球霸权的主要动机就在于维护和扩大美国权势集团的经济与政治权益。因此，新自由主义实质上是美国商业集团利益和要求的反映，是一种新型殖民主义和霸权主义，因为它代表的是少数大型跨国公司或利益集团的欲求。表面上看，新自由主义反对政府作用的强化，主张在市场和国际贸易活动中以自由为核心准则，然而，现实中的情形是，政府或国家仍旧是核心，因为即便不说政府早已成为大公司推进其战略目标的工具，也可以肯定地讲，政府与大公司利益之间早已难舍难分。大公司企业依靠政府、假借政府名义为自己谋取最大权益，同时千方百计凭借庞大财力控制政府，这从美国联邦到地方政治选举中大财团政治捐款的影响力之深远可见一斑。大财团通过控制生产方式、交流、舆论、交通和通信等，特别是媒体机构来主导国家社会生活，使民主真正变成少数富人的民主。在国外，国际货币基金组织和世界贸易组织等国际组织已然成为美国推行其价值观念的工具，贸易自由化成为其干涉他国内政的借口。国际货币基金组织和世界贸易组织是战后美国全球战略规划的重要组成部分，虽然它们每每被粉饰为进步机构，宣称其职权是“发放贷款用于重建和发展以及解决暂时的收支失衡问题以避免可能出现的冲突。它既不受个别国家经济决策的影响，也没有干涉别国内政的职权”。② 但事实上，两个机构却是美国在国际上推行其政治经济文化价值理念的工具；虽然两个机构表面上处于中立地位，实际上一直以服务于美国为首的西方强国利益为中心。乔姆斯基一针见血地指出，20世纪90年代以来，美国在执行“出口美国价值观”使命上越来越多地借重于世界贸易组织等国际机构。乔姆斯基认为，美国不遗余力地倡导各国加入WTO，其意图很明显，就是力图通过该组织“按照美国构想”建立起美

① G. John Ikenberry, “America's Imperial Ambition”, *Foreign Affairs*, Vol. 81, No. 5, Sept./Oct. 2002.

② Susan George, “A Short History of Neoliberalism”, http://www.globalpolicy.org/globalize/econ/histneol.html.

国主导下的世界新秩序。

美籍德裔学者威廉·恩道尔则从一个独特的视角展开对美国霸权和新自由主义外交政策的批判。作为著名经济学家和地缘政治学家，他选择从地缘政治视阈入手，在占有大量翔实资料基础上，通过无与伦比的缜密思考与逻辑分析，深刻揭示美国精英集团利用政治、经济、军事、外交、宗教等手段，维护其在全球的主导地位，实现控制全球的战略目标。他指出，如果仅从美元和武器装备看，“这个世界早已是在美国全方位主导战略之下的无助的附属殖民地”。[①] 我们无妨看看这样几个数字就可以知道这种说法并不夸张：2001 年，美国年度军事开支是 3330 亿美元，2009 年度则达到了 7110 亿美元，翻了一番不止。[②] 2008 年，美国军费开支相当于军费排名位于美国之后的世界前 45 个国家的总和。五角大楼及相关部门的军费占全世界军费总额的 48%。美国和其北约盟国以及日本、韩国和澳大利亚的总军费开支则高达 1.1 万亿美元，占世界军费总额的 72%。[③] 这种力量优势使美国在全球推行霸权政策上肆无忌惮，即使因此在国际上陷于孤立也在所不惜。打着新自由主义旗号的美国霸权行径主要表现在以下几方面。

其一，不择手段地将军事触角伸至全球所有关键的战略地区。以巴尔干地区为例，这在美国欧亚大陆大棋局中至关重要。为了控制这一区域，美国在科索沃问题上大作文章。2008 年，科索沃宣布独立，美国立即予以承认。虽然美国很清楚，无论是独立还是承认，都是对联合国有关科索沃决议的公然违背，是对联合国国际法体系的直接嘲弄，但美国不在意，因为这能让美国更加顺畅地控制从中东到巴尔干的广大地区。[④]

其二，在欧亚非三大洲操纵“颜色革命”。从塞尔维亚、格鲁吉亚到乌克兰，再到中亚的吉尔吉斯，进而到西亚和北非阿拉伯世界，颜色革命如

---

① 〔美〕威廉·恩道尔：《霸权背后：美国全方位主导战略》，顾秀林、吕德宏、赵刚、郭寒冰等译，北京：知识产权出版社，2009 年，第 293 页。

② 这一数字包括阿富汗和伊拉克战争费用在内。见 Travis Sharp, *US Defence Spending, 2001 - 2009*, Center for Arms Control and Non-Proliferation, Washington D. C., http://www.armscontrolcenter.org/polcy/securityspending/articles/defence_ spending_ since_ 2001/.

③ Ibid, *Global Military Spending.*

④ Robert Wielaard, *Kosovo Recognition Irritates Russia and China.* The Associated Press, February 19, 2008.

火如荼，其背后少不了美国政府的推手，或者是受到美国政府资助的非政府组织如“国家民主基金会”[①] 在背后推波助澜。自 20 世纪 80 年代以来，几乎美国每一个对外颠覆或政权更迭行动都能见到这个组织的影子。[②] 而索罗斯的“开放社会基金会”和由中央情报局掌控的北约宣传机构“自由之家”同样成为众多颠覆活动的资助人和操盘手。如得到索罗斯基金会和国家民主基金会资助的“爱因斯坦研究所”就曾公开承认，其机构积极参与了缅甸、泰国、拉脱维亚、立陶宛、爱沙尼亚、白俄罗斯和塞尔维亚的民主组织和反对派进行的抗议活动。[③]

其三，插手和干涉他国内政，比如，支持“疆独”图谋搞乱新疆，支持达赖及其“藏独”组织染指西藏，目的在于削弱其眼中的对手中国。恩道尔指出，2008 年在西藏发生的骚乱是中央情报局策划的，这是美国搞乱中国逐步升级战略的一部分，“华盛顿已经决定以在西藏煽动骚乱的方式与北京玩一场风险极高的地缘政治游戏。”[④] 2008 年 3 月的拉萨骚乱，每一个打砸抢烧事件中都留下了美国国务院和情报部门的指纹。

其四，在非洲等地为进行资源战争作准备。2008 年 10 月，正当媒体注意力纷纷集中于华尔街金融危机之际，五角大楼悄悄设立了一个单独的新机构——非洲司令部。该机构负责除埃及之外的 53 个非洲国家军事和资源冲突问题。美国政府设立非洲司令部的意图何在？这从五角大楼《2008 年陆军现代化战略》中不难找到答案。在这份文件里，五角大楼战略家们预见到未来三五十年里，美国将会卷入若干场以控制原料为目标的战争，美国要确保在任何时间、任何环境、面对任何对手，有能力全方位主导冲突。明白地说，防止中国和俄罗斯控制发展中国家粮食、水和能源，以及控制

① 国家民主基金会由里根政府时期任中央情报局局长的比尔·凯西提议下于 20 世纪 80 年代初成立，之所以设立为非政府组织，就是为了掩人耳目。该机构第一任负责人艾伦·温斯顿公开对《华盛顿邮报》表示：“我们今天做的许多事，在 25 年以前都是中情局的活儿。” D. Ignatius, “Innocence Abroad: The New World of Spyless Coups”, *The Washington Post*, September 22, 1991.

② 〔美〕威廉·恩道尔：《霸权背后：美国全方位主导战略》，顾秀林、吕德宏、赵刚、郭寒冰等译，北京：知识产权出版社，2009 年，第 32 页。

③ The Albert Einstein Institution, http://www.aeinstein.org/.

④ 〔美〕威廉·恩道尔：《霸权背后：美国全方位主导战略》，顾秀林、吕德宏、赵刚、郭寒冰等译，北京：知识产权出版社，2009 年，第 82 页。

资源丰富国家人口爆炸，是美国设立非洲司令部的真正原因。[①]

其五，利用所掌握的优势技术掌控人类生存必需的物质资料如粮食等，以为其全球霸权的实现创造条件。例如，转基因工程在全球传播背后隐藏的是一小撮英美“精英分子”意欲控制世界粮食链条的种种图谋。这一图谋并不仅仅是为了获取超额利润，更重要的是为了进行一场秘密的生物战争，在广大第三世界特别是亚洲国家实现“人种改良”，消灭亚洲数十亿过多的人口。正因为这样，恩道尔称之为“一场新鸦片战争”。[②] 生物技术和植物及其他生命形式的基因改造这一主题最早诞生于20世纪70年代美国的研究实验室。80年代，里根政府悄然为孟山都为代表的转基因产品企业绿灯放行。老布什政府时期，虽然一些政府科学家对转基因产品的风险忧心忡忡，认为需要政府加强监管，特别是销售前政府要进行检测，[③] 但老布什政府却采取无为而治的态度，甚至在1992年认定转基因产品与传统产品“实质上相同”。克林顿时期，政府更是不遗余力地与孟山都、陶氏化学、杜邦等巨头一唱一和，在全球推动“转基因革命”。美国政府的立场其实是洛克菲勒基金会等大财团利益的反映，早在70年代，转基因工程就已经成为洛克菲勒基金会长远战略的重要组成部分。这一战略的起点是50～60年代在拉美和亚洲部分地区发起的绿色革命，目的是控制第三世界国家的粮食生产，转基因工程不过是绿色革命战略的进一步推进和深化而已，作为洛克菲勒基金会背景的著名政治战略家，亨利·基辛格一语道破天机：“如果你控制了粮食，你就控制了所有的人。”[④] 由基辛格主持制定并于1975年由福特总统签署生效的《国家安全研究备忘录第200号》[⑤] 充分揭示了美国政府推动转基因革命的真实动机：以生物技术手段控制和减少第三世界增长过快的人口，因为只有大幅度减少这些国家人口的数量，美国才能充分

---

① Stephen M. Speakes, Lt. Gen., 2008 *Army Modernization Strategy*, 25 July 2008, Department of the Army, Washington D. C.. 转见威廉·恩道尔《霸权背后：美国全方位主导战略》，顾秀林、吕德宏、赵刚、郭寒冰等译，北京：知识产权出版社，2009年，第58～61页。

② 〔美〕威廉·恩道尔：《粮食危机：运用粮食武器获取世界霸权》，赵刚译，北京：知识产权出版社，2009年，中文版前言。

③ Kurt Eichenwald et al., "Biotechnology Food: From the Lab to a Debacle", *New York Times*, January 25, 2001.

④ 〔美〕威廉·恩道尔：《粮食危机：运用粮食武器获取世界霸权》，赵刚译，北京：知识产权出版社，2009年，第101页。

⑤ 1989年解密公开。

利用它们的原材料。

其六，秘密谋求核主导地位。自冷战结束以来，美国从未动摇过对核主导地位的追求，因为这直接关系到美国能否按其需要统治全世界。2001年底，布什政府单方面取消了美俄反导条约，这是美国向完成核主导地位的关键环节——全球导弹防御网——急速迈进的重大步骤。如果说冷战时期北约和华约双方的核战略是“相互确保摧毁”（MAD），其前景导致核僵局和全球核大战的不可能，现今美国追求的却是核战争的“可以想象性”。2006年，美国两位军事分析家在《外交事务》季刊上撰文指出，美国在欧洲和美国本土急不可耐地部署导弹防御系统，就是为了首次核打击作准备。“除非华盛顿改变政策，或者莫斯科和北京采取行动增加其核力量的规模和戒备等级，否则俄罗斯和中国以及整个世界，都将在未来很长时间内生活在美国的核阴影里。”①

所有这些都建立在地缘战略基础之上。众所周知，在地缘政治理论发展史上，英国地理学家哈尔福德·麦金德爵士的“心脏地带理论”最负盛名。他把西起匈牙利平原东至帕米尔高原的欧亚大陆条状突起地带视为全球战略制高点，谁控制了这一地区就意味着拥有了世界战略主导权。冷战时代，美苏两极对抗，从大战略上看，其实就是防止对手控制这一地带。冷战结束以来，让布热津斯基、基辛格等熟稔麦金德地缘政治公式的冷战外交政策老手们最不愿看到的境况正在出现：以中俄为中心，加上加速发展的印度，资源丰富、人口众多和地域辽阔的欧亚大陆心脏地带，“历史上首次一反传统，转而在相互之间建立经济和军事联系。”一个非志愿的横跨欧亚大陆的联盟——2001年创建的“上海合作组织”（SCO）是主要平台——的出现，事实上其动力就来自美国全球战略的直接压力。布热津斯基早在20世纪90年代后期出版的《大棋局》中，就露骨地表示，美国在21世纪继续主导世界政治的秘诀在于，牢牢控制欧亚大陆，防止这一地区出现具有挑战性的政治经济和军事同盟形成。无论是克林顿时期的参与安全与扩展战略，还是小布什政府的单边主义战略，甚或是奥巴马的巧实力战略，无一不以掌控欧亚大陆核心区这一地缘政治为基石。老迈的布热津

① Keir A. Lieber and Daryl G. Press, “The Rise of US Nuclear Primacy”, *Foreign Affairs*, March/April 2006.

斯基几乎成为民主共和两党都高度倚重的大战略顾问，从一个侧面反映了美国精英集团所具有的高度战略共识。

2. 左翼与美国新帝国主义

左翼关于“9·11”事件和反恐战争的分析

2011 年 9 月 11 日，在纽约和华盛顿发生分别针对世贸大厦和五角大楼的恐怖主义袭击，造成数千人伤亡，在现代文明发展史上是一个里程碑式的事件，它标志着现代恐怖主义发展到了一个新阶段。虽然有部分左派人士对恐怖事件的制造者持同情态度，认为是美国的帝国主义政策迫使他们选择了这一种斗争方式，他们都是“自由斗士”，但绝大多数左派人士对把这一事件定性为恐怖主义不存在争议，他们中的绝大多数人都对这一令人发指的恐怖主义恶行进行严厉谴责，明确表明坚决反对的立场。例如，美国左翼学者曼宁·麦洛博（Manning Marable）写道：“摧毁世界贸易中心和一部分五角大楼的企图用这一象征性的政治宣示，将跨国资本主义和美国军国主义联系起来。但策划和实施这些罪行的人，由于发动了一场大屠杀而丧失了他们的政治信誉。”“这根本不是战争行为，而是犯罪行为。”① 尽管如此，“9·11”事件的发生，其原因并非像某些新保守主义者所解释的那样简单，即事件是世界上广泛存在的嫉妒或嫉恨美国地位与成就的偏狭心理极端化的产物。为数不少的左翼学者相信，这一悲剧的发生，美国在世界各地的霸权行径难辞其咎。冷战结束后，美国成为全球唯一超级大国，美国精英阶层信心满满，毫不掩饰地把美国霸权主导的单极世界秩序作为跨世纪追求的战略目标。这一全球霸权图谋导致美国经济、政治和文化在世界各地呈现咄咄逼人的扩张态势，本·拉登及其基地组织之所以把恐怖行动目标对准美国，按其说法，是因为美国的经济文化侵略给穆斯林世界的生存方式带来了毁灭性的威胁。美国著名国际问题专家、约翰·霍普金斯大学博士爱德华·N. 勒特韦克一针见血地指出，袭击美国的恐怖分子和组织在很大程度上是过去十余年间美国政府、军事机构及其

① 〔美〕斯坦利·阿罗诺维茨、希瑟·高特内主编，麦克尔·哈特、安东尼奥·奈格里等著《控诉帝国：21 世纪世界秩序中的全球化及其抵抗》，肖维青等译，桂林：广西师范大学出版社，2004 年，第 31－32 页。

代理人一手缔造出来的。[①] 大多数左派人士相信，“9·11”悲剧是美国长期在中东的干涉和公开偏袒以色列政策收获的苦果。普林斯顿大学历史学教授阿诺·迈尔（Arno J. Mayer）在法国《世界报》（*Le Monde*）撰文指出，“迄今为止，在现代，个人恐怖行为是弱者和穷人的武器，而国家和经济恐怖行为则是强者的武器。”自1947年以来，无论是与苏联进行冷战，还是冷战后出于其资本主义利益扩张需要，美国一直是国家恐怖主义的开路先锋，它不仅在第三世界从事颠覆和推翻政府的活动，还把政治暗杀、代理死亡小组和毫不体面的自由斗士集合在一起，谋杀了卢蒙巴和阿连德，并多次谋杀卡斯特罗、卡扎菲、萨达姆等人未遂。一次次否决阻止以色列违反国际协议行为的国际议程，自然还否决针对美国国家恐怖行动的国际性努力。[②] 这与乔姆斯基在其著作和电视访谈节目中公开指责美国是恐怖主义国家毫无二致。在2004年后，甚至有不少左翼人士怀疑“9·11”事件真相不明，以高尔·韦达（Gore Vidal）等左翼作家为代表，他们要求重新调查找出隐藏在事件背后的真相，因为他们中有人认为整个事件其实是美国政府自导自演的苦肉戏，目的就是为美国全球军事扩张创造借口。[③] 2013年9月11日，乔姆斯基在“9·11”事件12周年纪念日发表谈话，认为“9·11”事件彻底改变了美国政府的态度和政策，以应对恐怖主义为理由，政府强行限制国内人权，并以此为入侵阿富汗和伊拉克的借口。美国的反恐战争对两国及其周边地区造成了巨大破坏，现在的奥巴马政府又以此为基础在叙利亚等地进行大规模恐怖主义战争，其规模在历史上绝无仅有，全世界的牺牲者都见证了这一点。[④]

作为老左派代表的美共在“9·11”后也很快表明其立场。美共领导人

---

① 〔美〕伊曼纽尔·沃勒斯坦、布热津斯基等：《大变局：30位顶级学者研判后“9·11”时代的世界格局》，中国国际问题研究所译，南昌：江西人民出版社，2002年，第201页。

② Gore Vidal, *Perpetual War for Perpetual Peace: How We Got to Be So Hated-Causes of Conflict in the Last Empire.* New York: Thunder's Mouth Press, 2002, pp. xi-xii.

③ 2007年3月，美国退休的四星将军、北约前最高司令和美国驻科索沃最高指挥官克拉克披露，在“9·11”事件10天后，美国国防部长拉姆斯菲尔德就向下属下达了一份战争计划备忘录：美国要在5年内解决7个国家，它们是：阿富汗、伊拉克、黎巴嫩、叙利亚、利比亚、苏丹和伊朗。

④ “Noam Chomsky On 9/11, ‘Bloody Partition’ and Why U. S. Role Ensures Failure of Mideast Talks”, *Democracy Now*! http://www.democracynow.org/2013/9/11/chomsky_on_9_11_syrias_bloody.

韦伯等人明确表示，美共在坚决反对恐怖主义的同时，也坚决反对反恐战争，因为“任何形式的恐怖主义都不是自由主义的行为方式，在道义和政治上都不具有合理性”。更何况，恐怖主义不仅没有削弱美国帝国主义霸权，反而加强了它，并造成核武器和生物武器在全球蔓延。至于布什政府的反恐战争则有着不可告人的目的，它实质上是为建立美国主导的世界新秩序而战。反恐战争为布什政府剥夺国内人民民主权利提供了借口。美共领袖们深信，所有这些问题的根本解决有赖于美国走上社会主义道路。①

左翼与反战运动

如上所述，伴随“9·11”事件而来的是布什政府以反恐的名义发动的入侵阿富汗和伊拉克的战争，反恐战争奉行单边主义和先发制人战略，不仅把美国带上了拉姆斯菲尔德和沃尔福威茨等人梦寐以求的新帝国主义道路，而且还为国内公权力借反恐之机对基本人权施加重重限制创造了条件。前者让美国在国际社会陷入孤立之境，后者则引发了民众普遍的不满。左翼从中发现了积聚力量和开展激进抗议的主题，这一主题就是为维护国际正义和国内公民权利而行动。

在推翻阿富汗塔利班政权的军事行动结束后不久，2003 年春，美国以伊拉克拥有大规模杀伤性武器等为由，不顾国际社会的强烈反对，绕过联合国，发动了入侵伊拉克的战争。战争历经 3 个多星期，最终以萨达姆政权的垮台结束。伊拉克战争与 1991 年的海湾战争不同，不说别的，至少从国际法的角度看，前者因未得到联合国授权而不具合法性，后者则不然，它是联合国授权下的国际联合行动。小布什政府的伊拉克战争不仅让美国在国际上陷于孤立，在国内更是引发大规模的反战浪潮。据《华盛顿观察》报道，早在 2003 年 1 月 18 日，即还在战争正式爆发前最大规模的反战示威就已经出现。据估计，在旧金山，示威游行队伍多达 20 万之众；而在首都华盛顿，根据美国公共广播公司的报道，参加抗议的有 60 万 ~80 万人。②

在发起和参与反战示威行动的不同背景的美国左派组织看来，美国政府的反恐战争既不合法，也不正义，它带来的是在国内外对基本人权的侵

① 于海青：《美共领导人谈“9·11”事件和反全球化运动及左翼现状》，《马克思主义研究》2002 年第 4 期。

② 《华盛顿观察》：政治解析美国“新反战运动”，http://guancha.gmw.cn/2003-01/2003-01-25/030125-04.htm。

犯和践踏。在国内，加强机场、码头和车站等地点的安检，对个人电话和其他通信载体的监听与监控，对特殊人群比如穆斯林群体的重点盯防和布控甚至盘查，弄得全美举国上下人心惶惶；在国外，则发生美军在关塔那摩、伊拉克阿布格里布和阿富汗巴格拉姆监狱等地的虐囚丑闻，令美国政府与军方无地自容。一些反战人士则集中火力批判美国反恐怖主义战争造成阿富汗和伊拉克数以万计的平民死于非命，财产损失无计其数。美军宣称其行动目的是解放阿富汗和伊拉克人民，可实际他们带给两国民众的伤害与塔利班和萨达姆统治所施加的伤害有何区别呢？

更多的左翼学者选择透过反恐战争的表象揭示美国全球政策的实质是帝国主义。美国学者贝斯维奇指出，自冷战结束以来，全球恐怖主义发生率一直呈下降态势，美国借“9·11”事件大造声势，发动全球反恐战争，其用心颇值得推敲。这决不仅仅是一场反恐战争，其意图多样而深远。其首要目的是，通过战争延续其统治世界的合法性和维护新资本主义的统治。[①] 韦达尔在其公开出版的著作中批驳美国政府发动反恐战争的理由，认为是十足的谎言。他指出，美国的帝国野心可以追踪到两次世界大战和战后的杜鲁门主义，现今的布什－切尼集团继续这一抱负，把美国带进了永久战争状态。那么，先发制人战争的信条是为谁的利益服务的？阿富汗变成战争废墟真的是为“9·11”三千死难者复仇？韦达尔的回答是：一点也不惹人喜欢的本·拉登变成恐怖的美学符号只是为了给美国蓄谋已久的入侵阿富汗行动提供合法性依据，塔利班垮台后，把萨达姆与“9·11”连接在一起的“证据”又被发明了出来。从战争中获利的是美国的大财团，他们对伊拉克的巨大石油财富重新进行了有利于他们的安排。因此，韦达尔一针见血地指出，反恐战争的鲜血是为石油和布什－切尼集团而流。[②] 众所周知，布什家族是美国得克萨斯石油财团的核心力量，海外石油利益是其切身利益之所在。韦达尔的分析可谓切中要害。

3. 对美国霸权未来命运的诊断

尽管冷战结束后美国成为全球唯一的超级大国，经济与军事实力遥遥

---

① Andrew J. Bacevich, *The Imperial Tense: Prospects and Problems of American Empire*. Chicago: Ivan R. Dee, 2003, p. 166.

② Gore Vidal, *Dreaming War: Blood for Oil and the Cheney-Bush Junta*. New York: Thunder's Mouth Press, 2002.

领先于其他国家，致使其全球野心迅速膨胀，特别是在小布什时代毫无顾虑地选择了新帝国主义政策，在全球为所欲为，但在美国左翼看来，这其实正是美国外交步入穷途的反映。早在2002年夏，世界体系论大师伊曼纽尔·沃勒斯坦就曾在《外交政策》杂志上发表《雄鹰坠地》一文，对美国霸权进行了详尽的分析。沃勒斯坦认为，现在美国的处境远非“新帝国论”者所想象的那么美妙，而是“一个没有实权的超级大国、一个得不到尊重和服从的世界领袖、一个在它无法控制的全球乱局中随波逐流的国家”。沃勒斯坦还认为，“新帝国论”“试图通过强化美国霸权来解决美国目前面临的问题是错误的，它只会加快美国的衰落，把缓慢下降变成更加迅速而且充满动荡的跌落”。[①] 2007年华尔街金融风暴发生后，沃勒斯坦更加深信不疑地断定，美国资本主义体系已经行将就木，美国霸权的衰落也是难以逆转的大趋势。

事实上，就连民主党自由派中偏左和较理性的学者也不认为美国全球霸权能长存。例如，美国著名国际政治学者查尔斯·库普乾还在21世纪初就已明确断定，美国世纪已经终结。[②] 他在新近问世的著作中进一步指出，21世纪将是一个没有主宰者的世界，即没有任何单一国家能够称霸世界，全球力量将是一种多元化分布和发展的趋势，人类将进入一个多样性和多元化为基础的全球和谐时代。[③] 追求全球社会和谐平等关系可能是绝大多数左派共同的愿景，这是他们对美国霸权持坚决拒斥立场的根本动因。

① Immannuel Wallerstein, “The Eagle Has Crash Landed”, *Foreign Policy*, July/August 2002.

② Charles A. Kupchan, *The End of the American Era: U. S. Foreign Policy and the Geopolitics of the Twenty-First Century*. New York: Alfred A. Knopf, 2002.

③ Charles A. Kupchan, *No One's World: The West, the Rising Rest, and the Coming Global Turn*. New York: Oxford University Press, 2012.

第九章　绝境重生：左翼的重建与面向未来的探索

一　冷战后时代左翼的困境与机遇

1. 冷战终结与美国左翼面临的严峻挑战

1989～1991 年短短两年时间内，曾经不可一世的苏联和东欧国家发生了令人目瞪口呆的剧烈变化：苏联解体，东欧诸国纷纷放弃存在了近半个世纪的社会主义制度，全方位向欧美自由市场体制和资本主义制度转型。由雅尔塔体制建基的冷战对抗格局至此寿终正寝。

以苏联解体东欧剧变为标志的冷战的终结，是社会主义运动的一大挫折，标志着全球社会主义事业进入一个新的低谷，对欧美左翼力量不啻是一沉重打击。欧美自由主义者特别是新保守主义分子为之欢欣鼓舞，公开宣称资本主义与社会主义两大意识形态与制度间的对抗和竞争的历史已经终结，自由民主与市场经济已经成为全球性不可战胜的力量和引领人类社会走向未来的大趋势。[①] 与自由派的兴高采烈相反，左派多半表现出痛苦、困惑、迷惘、怀疑、情绪低落和深刻自省与反思状态，左派的这种悲观心态可由乌托邦式微、乌托邦终结、乌托邦死亡或乌托邦缺失等论调在 20 世纪末的泛滥成潮可见一斑。1999 年，美国政治学者拉塞尔·雅各比明确指出，相信未来要从根本上优于现在的乌托邦信念或精神已经完全死掉，“不

① 哈佛大学政治学教授弗朗西斯·福山在论文《历史的终结》和《历史的终结及最后之人》一书中，充分展示了自由派的这种理论自信。

存在其他选择。这就是我们这个时代，一个政治衰竭和退步的时代的智慧。”[①] 虽然其本意是指出缺乏理想主义的现实不可取，呼唤人们重新燃起对未来的激情与信心，但其立论本身的悲观失望是一目了然的。

事实上，美国左翼力量的式微自20世纪70年代就已现端倪。美国著名学者阿拉斯泰·邦内特（Alastair Bonnett）在2010年出版的一部著作中明确提出，与四十年前相比，左派的地位和影响力已经在不知不觉中趋于弱化。[②] 面对左派当前的尴尬处境，另一位左翼学者斯维特拉娜·博伊姆（Svetlana Boym）则不无伤感地说道：“作为二十世纪的过来人，我们全都怀旧我们并不怀旧的那个时代。但是似乎回不去了。”[③] 左翼力量的弱化首先表现在，20世纪70年代以来，众多步入中年的激进青年造反者逐渐回归中产阶级社会，成为他们曾经嗤之以鼻的循规蹈矩之辈。比如，吉特林和汤姆·奥格尔斯比等人毅然告别街头政治，潜心于书山学海；反主流文化斗士杰瑞·鲁宾更是在70年代中叶出狱后，投身商海，在华尔街长袖善舞，由嬉皮士摇身一变为雅皮士；更严重的是，就像20世纪30年代的许多老左派在战后抛弃共产主义信念加入保守派阵营一样，为数不少的60年代理想家们也抛弃了他们曾经为之热血沸腾的理想，魔术般地转身成为他们曾经嗤之以鼻的新保守派。

其次，各左翼政治组织出现成员不断减少、对社会政治参与度和影响力不断衰减。以美国共产党为例，自1966年重新恢复公开活动以来，虽然参与了1972年、1976年、1980年、1984年的总统竞选，但得票寥寥，而且党员人数逐年下降，1945年党员人数为6.5万人，到1978年降至1.8万人，冷战结束后的1994年底，其人数最乐观的估计不会超过1.5万人，最悲观的估计则只有1500人左右。[④] 雪上加霜的是，1991年组织又发生了分裂，为数不少的党员离开了组织，加入了一个名为“通讯委员会”的新成立的组织。美共面临的生存压力在其他左翼组织中也程度不等地存在。

---

① ［美］拉塞尔·雅各比：《乌托邦之死：冷漠时代的政治与文化》，姚建彬译，北京：新星出版社，2007年，第2页。

② Alastair Bonnett, *Left in the Past: Radicalism and the Politics of Nostalgia*. New York: Continuum, 2010, p. 1.

③ Svetlana Boym, *The Future of Nostalgia*. New York: Basic Books, 2001, p. 355.

④ 因美共从不宣布成员人数，所以，估计数字之间差距会较大。参见刘绪贻、李世洞主编《美国研究词典》，北京：中国社会科学出版社，2002年，第560页。

再次，政治经济议程方面一直无法获得突破。美国左翼群体虽然派系林立，政治主张纷然杂陈，但在对社会现实持批判立场、为社会弱势群体谋福祉并致力于更加公平正义和更加和谐美好社会与生活方式的实现上，他们具有相同或相近的话语。问题是，面对结构性或制度性的社会不公和种种非正义，美国左翼的政治经济对策由于囿于经典著作的理论教条，对国情特殊性没有深入进行针对性研究，故往往表现出不是无的放矢，就是水土不服，甚至除了华丽的理论辞藻外，几无实质内容或者能引起大众共鸣或认同的东西，结果难免是言者昏昏，听者渺渺。虽然包括美国共产党在内的不少左派政治组织把希望寄托在民主党身上，希冀借民主党的政治平台来把自己的政治经济设想或主张推向全国，推向国会，扩大自己的影响，但结果证明这是一厢情愿，其政治经济议程方面的确是乏善可陈。难怪诺瓦克要以嘲讽的口吻提问今日美国左派除了文化还有什么的问题了。

最后，理论上陷入困惑与迷茫，内部纷争不已。英国学者斯图尔特·霍尔（Stuart Hall）认为，造成欧美左翼理论困境的原因有三：一是斯大林主义的负面影响；二是意识形态范式的转变；三是激进右派的崛起。斯大林主义传递出来的信息是，社会主义可能犯下了严重错误。资产阶级新保守主义者和激进右翼充分利用这一点巧妙地展开意识形态斗争，“人民很可能被右翼殖民化”。[①] 西方社会内部社会阶层结构的重大变化、以后现代主义崛起为标志的剧烈文化变迁和苏联解体东欧转型诸事件一道，对马克思主义的全球性影响构成了重大挑战，“马克思主义在西方已经变得越来越四面楚歌。”“工人阶级力量的衰落必然使马克思主义理论家停下脚步进行严肃的思考。”[②] 后马克思主义流派的出现最有力地反映了这种理论困惑，虽然这一流派产生于80年代中期，但演变为一种根深蒂固的主导性理论立场是在90年代到21世纪初。在当今美国左翼阵营中，后马克思主义声势日增月长，极有可能成长为美国左翼圈子里的主导力量。

---

① Stuart Hall, *The Hard Road to Renewal: Thatcherism and the Crisis of the Left.* London and New York: Verso, 1988, p. 192.

② 〔英〕斯图亚特·西姆：《后马克思主义思想史》，吕增奎、陈红译，南京：江苏人民出版社，2011年，第7~8页。

2. 左翼重整旗鼓的新机遇

尽管冷战的突然终结打了美国左派一个措手不及，使其事业落入低谷，但左翼并未因此步入穷途，一系列主客观因素的出现为左翼重整旗鼓走出困局提供了良机。

首先，绝大多数左派团体和个人并没有因为挫折而丧失斗志，他们仍然对其信仰矢志不移，坚信困难是暂时的，前进道路难免曲折艰难，前途必然是光明的。因为一个更加公平、和谐和环境宜居的社会必然是绝大多数人的共同心声。其次，冷战结束后，伴随经济全球化加速而至的是，不断加深的财富鸿沟使全球性社会不公达到了前所未有的地步，发达国家的底层社会和中产阶级在实际收入陷于停滞和下降的严峻现实面前，对南方国家广大的中下层社会开始有了同病相怜的意识，20 世纪末全球正义运动的星火燎原充分说明了这种不满意识在全球蔓延的速度。再次，资本主义经济的活力呈现衰减趋势。美国著名马克思主义经济学家布伦纳认为，从 1973 年开始，全球资本主义陷入了长期的衰退、停滞与动荡，“发达资本主义国家经济体在过去 30 年里一个经济周期接着一个经济周期地衰退”，“充分表明这个制度缺乏动力，为一系列的重要的金融危机的发生打开了大门”。[①] 最后，发达资本主义国家政治参与度在最近 30 年中一直处于低位，在美国尤甚。以总统大选为例，参与投票人数长期停留在 60% 以下，以至有政治评论家断定美国社会患上了政治冷漠症。这种政治冷漠症在一定程度上揭示了现行制度的危机。或许最能证明这种制度危机严重性的是，社会主义作为对立的制度与意识形态在美国的形象正在悄然发生积极变化：2012 年 11 月，盖洛普调查发现，39% 的人承认他们心目中的社会主义印象是正面的；2011 年皮尤中心的一项调查也发现，30 岁以下的美国人中，49% 对社会主义持肯定态度，而肯定资本主义的比例是 46%；非洲裔美国人中，对社会主义持肯定立场的更是高达 55%，远超过资本主义的 41%；拉丁裔中，44% 肯定社会主义，32% 支持资本主义。[②] 所有这些方面在社会上酝酿出一种整体性的变革氛围，奥巴马在 2008 年大选中祭出变革的旗号，并成功入主白宫，有力地见证了社会思变求变的大趋势。因此，牢牢把握

① 〔美〕罗伯特·布伦纳：《全球动荡的经济学》，郑吉伟译，北京：中国人民大学出版社，2012 年，中文版序言，第 2 页。

② John Nichols, “A Socialist Wins in Seattle,” *Nation*, December 16, 2013, http://thenation.com.

住机遇，立足于现实，面向未来，进行不懈努力与探索，寻找适合美国左翼的发展战略遂成当今美国左翼的首要任务。

二 左翼组织与左翼政治的重建思路

1. “鸭嘴兽”与左翼政治的重建

组织的建立

如前所述，20 世纪 70 年代以来，美国左翼在内外多种因素的共同作用下，影响力逐渐减弱，特别是冷战结束以来，其生存发展面临的挑战日益严峻。面对右翼势力的不断壮大和左派运动的失势，美国的一些左派思想者并不甘心。他们力图通过自己的努力，再创左派运动曾经的辉煌。2008 年 6 月 19 ~22 日在芝加哥召开的“2008 社会主义大会”就彰显了左派的这一重建意愿：“在全球经济危机日益呈现、伊拉克战争和阿富汗战争不断摧毁成千上万生命的背景下，关于政治理论和历史的讨论对于规划全世界范围内的阶级斗争来讲至关重要，2008 社会主义大会的目的就在于把所有对于社会理解的理念集中起来，并为建立一个可以赢得真正社会改变的左派而努力。”① 在所有重建努力当中，最有决心、行动最快和最有影响力的是 2006 年 6 月成立的“鸭嘴兽”组织。

“鸭嘴兽”的发起人为芝加哥大学历史系教授、著名左派思想家穆伊什·普斯通。“鸭嘴兽”于 2006 年 12 月成立“鸭嘴兽支部”（The Platypus Affiliated Society），组织了马克思主义阅读班，举办公共讲坛，开辟公共讨论空间。2007 年 11 月，创办《鸭嘴兽评论》（*The Platypus Review*）期刊，成为宣传“鸭嘴兽”左派理念的重要阵地。目前，“鸭嘴兽”在芝加哥、纽约、费城、普林斯顿、法兰克福、波士顿、伦敦、印度、多伦多、塞萨洛尼基等地设立分部。在 2007 年 4 月的《目的声明》中，“鸭嘴兽”自称是“通过自我批判、自我教育，最终达到对马克思主义左派的现实重建”的思想者的集合体。“鸭嘴兽”声称，“重建左派不是不可能的”，② 由此不难看出其重振左派大业的雄心和豪情。正如中国学者王平所指出的，“鸭嘴兽”

---

① http://www.socialismconference.org/description.php.

② “Statement of Purpose”, http://www.Platypus1917.org.

重建左派的动作代表了美国左派的共同声音，它在某种程度上是美国左派重建努力的一个缩影。通过它，我们可以窥见当前美国左派的动向。[①] 那么，“鸭嘴兽”组织重建左派的思路是什么呢？

“鸭嘴兽”的左翼政治重建路径

自成立以来的几年里，“鸭嘴兽”组织一直在为重振左派力量进行理论上的探索，从宏观角度看，其重建左派的思路有三：一是廓清左派的谱系与道统；二是进行自我批判与反思；三是对左派的传统政治目标进行战略调整，以适应现实斗争的需要。

（1）廓清谱系与道统。之所以要清理谱系，确立理论道统，主要出于两方面的考虑，一是正本清源。“鸭嘴兽”认为，20 世纪 70 年代以来美国左派运动每况愈下的原因，在很大程度上是由于左派运动的指导理念过于混乱，导致左派思想混乱，无所适从，最后在斗争方向上陷入迷茫。因此，重建左派的要津是厘清谱系，纯化自己的血统，将形形色色的冒称的左派人物和组织从左派的阵营中清理出去。在“鸭嘴兽”看来，这些所谓的左派人物或组织不仅无助于左派运动的发展，反而是阻碍左派运动发展的绊脚石，甚至是左派运动的掘墓人。二是让左派事业能薪火相传。虽然目前不少左派人士都在谈论重建左派，但多半停留在口头上，付诸行动者鲜。“鸭嘴兽”相信，有了明晰的道统就会产生凝聚力，让更多追求进步与正义事业的人士云集左派大旗下，确保左翼事业后继有人。

根据“鸭嘴兽”组织的梳理，一份左翼思想者的谱系图赫然呈现在人们眼前：

奠基性人物或团体——左派重量级人物或对左派运动有过巨大影响的人物和团体：亚当·斯密、黑格尔、马克思、恩格斯、考茨基、列宁、卢森堡、托洛茨基、卢卡奇、柯尔施、西格弗里德·克拉考尔、霍克海默、赖希、马尔库塞、阿多诺、C. 赖特·米尔斯、阿尔都塞、丹尼尔·贝尔、科内利乌斯·卡斯托里亚迪斯、高兹、马尔科姆·艾克斯、莱斯泽克·克拉科夫斯基、哈贝马斯、德里达、萨米尔·阿明、佩里·安德森、德国学运领袖鲁迪·杜契克、法国学运领袖丹尼尔·康边迪、黑豹党领袖纽顿、盖雅特·斯皮瓦克、克拉克、伊拉克共产党、特里·伊格尔顿、阿里、齐

① 王平：《美国左派当前的重建行动及其启示》，《当代世界与社会主义》2010 年第 1 期。

泽克、朱丽叶·米切尔、美国斯巴达克斯同盟。

少壮派人物或团体——地位稍次要、曾经或目前积极致力于左派研究或运动的人物和团体：迪克·弗雷泽、穆伊什·普斯通、马丁·尼古拉斯、内特尔、美国斯巴达克斯同盟全国主席弗·哈利德、迈克尔·阿尔伯特、女性主义者莲·薛高、美国“争取民主社会学生会”前主席卡尔·奥格尔斯比、罗素·伯曼、保罗·伯曼、哈尔·福斯特、《新左派评论》前编辑昆廷·霍勒、理查德·凯迪、伊斯特·雷斯莉、布联·霍姆斯、丽莎·费泽斯东、斯蒂芬·丹寇伯、美国《代达罗斯》期刊责任编辑丹尼·波斯特尔、克里斯·卡强。

新生代人物或团体——年轻左派团体以及具有左派倾向的青年学生：资本和帝国的敌对团体“反击团”、“鸭嘴兽”马克思主义阅读组、“鸭嘴兽”史学家组、“鸭嘴兽”编辑部以及一批围绕在“鸭嘴兽”旗帜下并致力于左派研究和运动的青年学生。①

（2）自我批判与反思。“鸭嘴兽”继承了传统左派组织的一些组织形式与活动方式，如集体学习，围绕中心主题开展讨论或辩论等，左翼运动当前的处境与未来命运自然是核心主题，是重点讨论和思考的问题。他们大多相信，左翼之所以陷入目前的困境，除了种种客观不利因素的影响外，最根本的还是其自身存在的问题和缺点使然。因此，左翼的重建必须从自我批判和反思开始。自我批判与反思既涉及基本理论问题，也涉及政治斗争的策略方法等方面。自我批判和反思带来的直接后果和影响是，左派事业的重建必须在理论修正与实践模式调整两个层面一并推进，其中，理论和战略的调整至关重要，这集中体现在以“社会解放”替代“阶级革命”。

（3）从“阶级革命”到“社会解放”战略的调整。“鸭嘴兽”自认为与其他传统左翼组织如美国共产党和社会党等有显著的不同：美国共产党虽然也在不断进行政策与战略调整，如在选举中支持民主党候选人，试图通过民主党这一政治平台为美国工人阶级的团结和最终把美国带入社会主义道路创造条件，但基本政治立场并未变，仍然坚持阶级斗争主张，把发动工人阶级开展反垄断斗争作为当下最中心的任务，并继续探索马列主义

---

① 王平：《美国左派当前的重建行动及其启示》，《当代世界与社会主义》2010 年第 1 期。

与美国工人运动实际相结合的有效途径。[1] “鸭嘴兽”认为，美共之类的老左派之所以无力扭转颓势，与其在理论上过于教条主义和不敢进行理论创新不无关系。美国左派运动要复兴，就必须深入研究美国历史与现实国情，有的放矢，确立正确的理论，制定出可行的战略和策略来。

结合美国社会实际，放弃阶级斗争理论，以“社会解放”取而代之，这是在目前最适合美国的策略方针。“鸭嘴兽”中不少人不是把法兰克福学派的社会批判理论奉为神明，就是后马克思主义的忠实信徒，他们断定，马克思主义的阶级学说在后工业和后现代的消费主义时代已经过时，无法应对现当代的争取社会公平与正义的斗争。特别是被传统马克思主义视为资本主义当然掘墓人的工业无产阶级，在整体上不是趋于消失，就是日益边缘化，社会结构日趋中产阶级化使经典马克思主义渴求的阶级革命陷入主体消失的尴尬。正如上面自我批判和反思所提及的，左派的政治困境从主观上看，实为理论在社会环境与结构发生巨大变化的过程中反应迟钝。左派要走出当前困境，赢得未来，必须进行重大战略调整，把传统的以工人阶级为支柱的“阶级革命”战略转换为超越阶级的“社会解放”战略。“社会解放”战略将使左派获得包括种族/民族和妇女在内的真正广泛的群众基础。其实，左派在发动反资本主义全球化运动中全开放式的组织策略就是这一思路的具体体现。

2. 美国共产党等传统左派的重建努力

如前所述，冷战终结和苏联解体、东欧集体西转，国际社会主义运动跌入低谷，对美共产生了严重冲击，为了走出困境，摆脱被动局面，重振左翼旗鼓，美共在理论和策略上进行了一系列探索。在2000年初萨姆·韦伯接任美共主席之前，高斯·霍尔担任美共主席近半个世纪，他坚信唯有社会主义是资本主义的最佳替代物，并为此在1997年制定了“权利法案社会主义”这一美共的奋斗目标。其内容主要有三：①消灭剥削、压迫和贫困，结束失业；②消除种族主义、各种形式的歧视和妇女的不平等地位；③扩大民主权利，消灭私有制，创造一个能够最大限度地激发人类创造才智的、真正人道的和合理的计划社会。2009年7月21日，萨姆·韦伯在纽

① 孙兆臣：《美国学者谈美国共产党的发展与使命》，《国外理论动态》2000年第1期；王学东：《美国共产党的现状与前瞻》，《当代世界社会主义问题》2004年第4期。

约州肖托夸召开的一次会议上发表演讲时指出，自21世纪初以来，为了在动荡的岁月里生存发展，美共一直在从理论、政策、组织结构到财政收支等方面进行调整，“我们摒弃了过时的观念和做法，根据新形势调整了我们的政策和工作方式，并从中得到了宝贵的经验。我们选择了变革，我们殷切地寻求审视、思考以及重新塑造世界的新视角。”①

2010年11月，美共党员罗伯塔·伍德在回答关于什么是社会主义的提问时，认为资本主义作为一种经济与政治制度，其根本错误是将银行和大公司利润置于人之上，而置全国人民和环境于不顾。其产生的结果十分可怕：2000万人失业，其中25%是年轻人；工作岗位被出口到工人薪资最低的地方，美国工业被摧毁；对超级富豪和大公司进行税收减免与紧急救助导致公共财政枯竭；人们所需的公共卫生间、公立学校、健康服务、公园、图书馆以及交通系统被削减和关闭；饮水、空气、食物供应和海洋被毒化；工人的工资和福利被削减，养老金被窃取；公司美元和政治说客使国会和民主腐败；工人加入工会的权利被否决；不平等达到创纪录的水平；对利润的贪婪为战争提供了动力——为了石油，为了支配其他国家市场和军工企业巨头的利润；资本主义煽起了种族主义、性别主义、同性恋恐惧以及反移民行动；资本主义是非美的，因为它用私人利润的经济与政治陷阱取代生命、自由和对幸福的追求。资本主义造成的现实境况是，美国最富有的400个富豪拥有的财富比美国其余所有人拥有的总和还要多1.55亿美元！美国公司平均赚取500美元，支付给工人的仅为1美元！社会主义则相正好反。它始终把人置于首要地位，通过国有化等手段，经济会更加公平与民主；政治上，社会主义将建立在保护人权的基础上，严格遵守美国宪法中的人权法案，民主将实施到市政厅会议、家庭老师协会（PTAs）、工会、教会和慈善团体等草根组织；通过推行多元主义政策，促进文化繁荣。②

美共相信，社会团结、经济安全、可持续性、公平、合作、对差异与

---

① 陈硕颖：《美国共产党在变化的世界中求进步》，见李慎明主编《世界社会主义跟踪研究报告（2010～2011）——且听低谷新潮声（之七）》，北京：社会科学文献出版社，2011年，第315页。

② Roberta Wood, “Feeling Locked Out of the American Dream?”, http://www.cpusa.org/feeling-locked-out-of-the-american-dream/.

和平的尊重等是社会主义的特有目标。为此，社会主义是美国走向一个和平、民主、既有经济效率又有经济公正的可持续发展社会的必由之路，是解决威胁人类未来生存的各种问题的迫切需要。由于世界上不存在普适性的社会主义道路，美共将为建立美国特色的社会主义进行不懈努力与探索。在目前新的政治图景下，左翼力量拥有了从美国政治边缘步入主流的机遇，左翼必须把握住它，在决定国家前途命运的争论中争取获得话语权，以对千百万美国人民的思想和行为产生影响。具体而言，美共需要在思想和方法上进行革新：其一，不再固守僵化的思想方法，积极响应新经验和新思潮；其二，建立广泛的联盟并在其中发挥领导作用；其三，以全新的眼光看待工人运动；其四，不遗余力地使用互联网来交流信息和组织工作。其中最重要的莫过于改变思想，要彻底摒弃"边缘化心态"，例如，把时间过多地浪费在无谓的争论上；对渐进式变革持否定立场；对新政治机遇不屑一顾；安于现状和悲观地看待现实问题；局限于左翼阵营，画地为牢。所有这些对左翼政治的重建十分不利。一旦这种边缘心态被消除，美共就有了在21世纪引领美国走向民主的社会主义的信心。

三　左翼学者面向未来的理论探索

1. 詹姆逊的左翼政治图式：阶级、联盟、文化

从前面相关章节的论述中可知，詹姆逊的学术研究深受马克思主义影响。在冷战结束后新自由主义云蒸气腾的时代，他依然矢志不渝地"信仰马克思主义，相信社会进步，相信资本主义社会的灭亡和社会主义、共产主义的实现，其政治信仰和政治理想都是非常明确的"。[①] 在詹姆逊看来，当代资本主义存在其自身无法克服的、根深蒂固的和不可避免的基本矛盾与结构性缺陷，这就使得对资本主义的替代性制度的探索具有非同寻常的意义和价值，成为带有紧迫性的一种使命。在探索替代性制度的过程中，需要有想象、乌托邦因素介入，想象力会因此而具有政治意味："我们有充分的理论去致力于这种远景，去思考这种想象和期待为何在此时此刻出现，

① 李世涛：《重构全球的文化抵抗空间：詹姆逊文化理论与批评研究》，北京：社会科学文献出版社，2008年，第386页。

为何出现于特定的民族国家境遇之中。”① 在这种探索中，马克思主义所起到的正面、积极的意识形态功能是“永远不能忽略的”，这种意识形态作用“创造了一个社会变革的构想和有关未来的前景”。② 他相信，在现阶段的形势下，社会主义无疑是资本主义的最佳制度替代方案。因为，从历史角度看，社会主义产生的根源即在于对资本主义的私有制、等级制和剥削等弊病的不满，更不用说社会主义从一开始就把超越资本主义作为其基本目标。当然，世界范围内的社会主义实践遇到了严重挫折，存在种种失误和问题，但从远景看，社会主义克服资本主义的弊端，以其乌托邦力量帮助人类实现大同理想的现实性是值得期待和憧憬的。

构建替代性制度固然重要，但在左翼事业处于低谷的当下，对与左翼政治相关的理论与实践模式问题进行探讨与回答不仅意义重大，而且十分迫切。首先，他就阶级政治表明自己的立场。经典马克思主义告诉我们，一部人类政治文明史在某种意义上就是阶级矛盾与冲突的实录，奴隶社会表现为奴隶与奴隶主两个阶级的对立，封建社会表现为地主阶级与农民阶级间的矛盾，资本主义社会则是工人阶级与资产阶级间的冲突。在资本主义社会，无产阶级居于社会结构的底层，在政治和经济上处于无权和被压迫状态，这种不平等和不公正的境遇能够使他们团结起来，担当起社会变革的重任，成为资本主义的掘墓人。实现这一切的主要途径和手段是什么呢？答案是阶级政治和政党政治。

詹姆逊基本同意经典马克思主义的以上观点，但他也很清楚地看到，当代资本主义的巨大变化和传统左翼政治面临的困境。自20世纪30年代特别是第二次世界大战结束以来，发达资本主义国家纷纷通过建立福利国家制度来调整阶级关系，缓和社会矛盾，早期工人阶级极端窳劣的生活境况已经一去不复返了，整体生活水平大幅度提高。更为重要的是，传统制造业不断萎缩，失去了原有的经济主导地位，服务业等第三产业逐渐成为国民经济的主体，其结果是，传统的产业工人数量锐减，在总体劳动力结构中的比重不可逆转地不断下降，从统计学角度看，已经成为经济中无足轻

---

① 〔美〕詹姆逊、张旭东：《马克思主义与理论的历史性》，王逢振主编《新马克思主义》，北京：中国人民大学出版社，2004年，第152页。

② 《访谈录：詹姆逊－李泽厚－刘康》，王逢振主编《新马克思主义》，北京：中国人民大学出版社，2004年，第354页。

重的因素。与此同时，整个社会阶层结构日趋中产阶级化，传统阶级分野日渐模糊，阶级对立与冲突日益弱化，甚至出现了阶级消失的假象。这些变化使左翼政治陷入困境与危机："不仅仅是工人阶级的生产力在缩小，而且是大批过去的产业工人丧失了原有的身份。大量永久性的失业大军和永远没有就业机会的新的社会阶层不断产生。我认为，马克思主义作为一种政治哲学所关注的是那些日益贫困化的生产者和劳动者。在这个意义上，资本主义的新发展对马克思主义的原理构成了挑战。"① 而左翼政治力量在现实中的有限影响力也在一定程度上揭示了这种危机。

尽管如此，詹姆逊拒不接受阶级消失、阶级概念过时的观点，相反，他仍然主张阶级与阶级政治之于左翼政治的重要性，依然坚信："阶级既是一种依然存在的社会现实，也是社会意识的一个活跃的组成部分，它给我们提供了关于世界的各种图画。作为一种对立现象（在每种生产方式中，只存在两个根本对立的阶级），它能够吸收和折射性别的对立和意义；同时，它本身又隐藏于残存的旧阶级意象和阶级态度之中。"② 与许多悲观论者不同，他对美国这样的国家左翼政治的未来持乐观态度。当许多后马克思主义者为寻找阶级政治和政党政治的替代性政治斗争形式而苦苦求索时，他坚定不移地指出，阶级政治仍然是左翼的主要政治斗争形式，只要能够与时俱进，有效地吸收其他斗争形式的经验，它就不会丧失生命力。

在继续肯定阶级政治的同时，他大力倡导联盟政治。他认为，20 世纪左翼政治事实上一直是联盟政治，原因就在于产业工人所处的主导地位，这是阶级政治和联盟政治的基础。当然，詹姆逊的这一观点是最易引发争议的：产业工人在现实政治中真的拥有主导地位？如果产业工人仍然是当今社会变革的主体，那么，它与詹姆逊关于后现代社会主体零碎化的观点之间的矛盾如何解释？这显然是詹姆逊理论上还有待进一步推敲和完善的地方。不过，詹姆逊对联盟政治的推崇主要是针对 1960 ~ 1970 年代以来的各种新社会运动而言的。性别权利、民族权利、生态等新社会运动虽然存在明显差异，但共性不少也是不可否认的。詹姆逊认为，新社会运动的共性主要表现在：其一，参加者大都来自社会底层或社会结构的边缘，都不

① 《访谈录：詹姆逊 - 李泽厚 - 刘康》，王逢振主编《新马克思主义》，北京：中国人民大学出版社，2004 年，第 353 页。

② 〔美〕詹姆逊：《论现实存在的马克思主义》，《马克思主义与现实》1997 年第 1 期。

同程度地遭受到资本主义的压迫和剥削；其二，现实的不利处境赋予了他们进行反抗的政治诉求；其三，他们的反抗在一定程度上削弱了资本主义的统治基础，促进了社会的公平与正义，为反资本主义事业提供了经验与理论。简单地说，相似的境遇与诉求使他们的行动具有了相似性与相近性，甚至一致性，这就为联盟政治提供了可能。正如凯尔纳和贝斯特所指出的，詹姆逊从新社会运动的共性中发现了联盟政治的必要性："一方面强调每一个群体所遭受的支配与剥夺的特殊性，另一方面又断言了他们在晚期资本主义中所受的终极共通性，并由此暗示了一种联盟政治，以及对新社会运动的某种参与。"①

虽然詹姆逊只是提出联盟政治方案，并没有就联盟政治的具体路径和方法进行探讨，但他强调要正视、尊重新社会运动的差异性，承认其存在的合理性，肯定各自特殊性中所具有的优势，大力推动斗争形式的多样性和斗争格局多元化的发展，培育良好的联盟政治生态，反对把一种斗争形式绝对化。同时，他高度重视新社会运动的特殊认知方式、认识价值及其发挥的作用，"每一种苦难形式都产生出了它自己的特殊的'认知方式'（epistemology），它自己的特殊的由下而上的视野，以及它自己的特殊的真理。"② 这显然表明他对联盟政治相关原则有着不失深刻的思考。他明确无误地指出，美国的各种新社会运动是当今"唯一在进行的斗争"，其重要性是不言而喻的。然而，这些斗争都具有非全局性特征，它们的目标大多局限于各自群体的权利与自由，缺乏改变国家社会整体的政治抱负与使命，分离、割据、自顾自是新社会运动的突出性缺陷。因此，通过联盟政治把它们与社会改革和全局性政治目标联系起来，显得极具迫切性与必要性。

除提倡阶级政治与联盟政治外，詹姆逊还对文化政治倍加青睐。所谓文化政治，是指强调发挥文化的政治功能的一种新社会运动类型，它与传统政治有明显不同："如果说现代政治关注于改变经济与国家的结构，而文化政治则关注于日常生活实践，主张在生活风格、话语、躯体、性、交往等方面进行革命，目的在于推翻特殊机构中的权力与等级，将个人从社会

① 〔美〕道格拉斯·凯尔纳、斯蒂文·贝斯特：《后现代理论——批判性的质疑》，张志斌译，北京：中央编译出版社，2001 年，第 249 页。

② 〔美〕道格拉斯·凯尔纳、斯蒂文·贝斯特：《后现代理论——批判性的质疑》，张志斌译，北京：中央编译出版社，2001 年，第 248 页。

压迫和统治之下解放出来，解放受到资产阶级社会现实性原则压制的创造性精神。”[①] 简单地说，文化政治就是“关注那些被宏观政治、国家政治所忽视的微观政治、日常生活的政治”。[②]

我们知道，法兰克福学派的阿多诺等人在分析现代主义文化问题时有一个基本观点，现代主义艺术的价值和政治功能在于它的审美独立性和对商品与商品生产的超越，然而，随着市场与资本力量对文化领域的侵蚀，文化产业迅速崛起，文化或艺术日益商品化，艺术与现实间的距离归零，导致文化艺术的自主性、超越性和政治性逐渐消弭于无形。一句话，文化的产业化或市场化成为文化政治的拦路虎。对此，詹姆逊持有不同的看法。他认为，恰好相反，“文化生产完全融于经济生产的时刻，开创了文化政治的可能性，它将从根本上干预经济可能出现的恶果。”[③]

詹姆逊十分强调文本的政治解读，在他看来，“每一个文本在其最基本的层面上都是政治想象，它以反时尚的方式清楚地表达了实存的和潜在的社会关系，这种关系形成了特定政治经济中的个人。”[④] 这种阅读方式使他格外重视文化政治在左翼事业中的策略价值。他认为，在当代资本主义社会，文学和文化文本分析以及“文化革命”的任务是社会主义政治战略的核心，“是转变意识形态封闭模式和政治被动模式的必要条件。”[⑤] 至于“文化革命”的内容，须根据当代资本主义的具体情况加以确定。当代资本主义在文化上的最大特征是什么呢？回答是：明显的反理论与反知识分子倾向。原因在于，当代资本主义体制“一直都明白它的敌人就是观念和分析以及具有观念和进行分析的知识分子”，这从现行体制竭力排斥宏大理论与宏大叙事的同时，大力提倡和鼓励支持体制的局部性的实证主义与经验主义可见一斑。[⑥] 这种情况就为“文化革命”指明了方向：跳出或者克服实证

① 单世联：《文化、政治与文化政治》，《天津社会科学》2006 年第 3 期。

② 李世涛：《重构全球的文化抵抗空间：詹姆逊文化理论与批评研究》，第 395 页。

③ Fredric Jameson, *The Geopolitical Aesthetic, or, Cinema and Space in the World System*. Bloomington: Indiana University Press and BFI Publishing, 1992, pp. xii-xiii.

④ Fredric Jameson, *The Geopolitical Aesthetic, or, Cinema and Space in the World System*. Bloomington: Indiana University Press and BFI Publishing, 1992, p. xi.

⑤ 〔英〕肖恩·霍默：《弗雷德里克·詹姆森》，孙斌、宗成河等译，上海：上海人民出版社，2004 年，第 235 页。

⑥ 〔美〕詹姆逊：《对本雅明的几点看法》，王逢振主编《新马克思主义》，北京：中国人民大学出版社，2004 年，第 344 页。

主义和经验主义研究方法与思维方式的束缚，致力于探究能充分揭示当代资本主义发展规律的宏大叙事和理论，揭开资本主义种种神秘面纱背后意识形态的真面目，以批判的立场直面当下社会，责无旁贷地担当起批判性知识分子的社会责任。

当然，詹姆逊很清楚，文化政治如果没有与传统政治结合，其作用和影响将是十分有限的。“完整的政治需要将革命政治的团结、联合、共识、普遍正义和制度斗争与后现代的差异、多元、多维透视、身份、话语政治结合起来，微观政治与宏观政治、生活政治与解放政治应当结成真正的同盟。没有对构成性别和种族斗争的文化实践的政治经济基础及语境的分析，就不能理解围绕着性别、种族所进行的斗争起源、形式和利害关系。说到底，文化政治只是当代政治的一种形式，在文化之外，政治系统仍然在权力、制度、经济利益等领域展开。”① 他虽然着力强调文化政治的重要性，但并不认为文化政治在未来的政治中能居主导地位。他公开承认，他对纯文化政治是十分疑虑和悲观的。因为，文化不可能代替政治，如果没有阶级政治、政党政治等传统政治的构建，现实中“就没有东西会真正发生”。

2. 罗默与“市场社会主义”

约翰·罗默（John E. Roemer 1945 ~），美国著名经济学家，曾任加州大学戴维斯分校经济学教授，“经济、正义与社会”研究中心负责人，现为耶鲁大学经济学与政治学教授，美国“分析的马克思主义经济学”流派主要代表人物。主要著作有《马克思经济理论的分析基础》、《剥削与阶级的一般理论》、《在自由中丧失——马克思主义经济哲学导论》和《社会主义的未来》等。其中，1994 年问世的《社会主义的未来》一书是他应用经济模式构造未来社会主义蓝图的扛鼎之作。该书出版之际，时逢国际社会主义运动进入低谷，欧美主流媒体上充斥着“共产主义已经被埋葬”，“社会主义已经彻底失败”，“马克思主义已经破产”等论调，一些反对资本主义的左翼事业的同情者和支持者陷入困惑与迷惘，甚至还有一些左翼理论家也产生悲观与彷徨心理。罗默通过这部极富轰动效应的著作庄严宣告：“社会主义没有死亡，她所需要的只是加以现代化。”他明确表示，这部著作的宗旨是“为敢于信仰这种理想（指社会主义——引者）的人”“描绘一种可

① 单世联：《文化、政治与文化政治》，《天津社会科学》2006 年第 3 期。

靠的社会主义蓝图”。[①]

市场社会主义概念与历史争论

那么，如何让社会主义现代化呢？罗默认为，与资本主义相比较，社会主义的最大优势和突出特征是它的平等主义。苏联和东欧社会主义国家的垮台不是平等主义原则之过，而是苏联摒弃市场机制并推行僵化的中央计划模式所致，“苏联制度的失败不应归因于共产主义的平等目标，而应归因于取消市场因而失去与之相伴的激励与竞争”。[②] 在他看来，苏联模式的失败从制度角度审视，有三个原因：（1）大部分产品由行政机关配置，在这种情况下生产者没有相互竞争的压力；（2）政治部门直接控制企业；（3）无竞争非民主的政治。[③] 这三个因素中，两个因素直接与经济体制相关。因此，要克服这种体制弊端就得从经济体制的建构上入手，在后冷战时代，市场社会主义将是社会主义成为现实可能的必由之路。

那么，什么是市场社会主义？根据维基百科的解释，所谓市场社会主义（Market Socialism），是指“生产资料公有或合作所有并在市场经济中操控利润的种种经济体制。企业系统产生的利润被直接用于酬劳员工并成为公共财政的来源。从理论上看，市场社会主义与传统社会主义经济的基本区别在于生产资料和资本品市场的存在。”[④] 这里的传统社会主义显然指苏联为代表的计划经济模式。

但从历史和现实来看，对这一概念的理解和界定存在许多争议和差异。意大利经济社会学家帕累托发展起来的福利经济学为市场社会主义奠定了理论基础。帕累托认为，市场机制和计划机制均能达到“帕累托最优”即最有经济效率状态，这种观点其实已经隐含了资源的有效配置与社会制度的性质无关的思想。而意大利经济学家恩里科·巴罗内（Enrico Barone）1908 年发表的《集体主义国家的生产部》和波兰经济学家、政治学家和外

① 〔美〕约翰·罗默：《社会主义的未来》，张金鉴、余文烈等译，重庆：重庆出版社，2010 年，第 120 页。

② 〔美〕约翰·罗默：《社会主义的未来》，张金鉴、余文烈等译，重庆：重庆出版社，2010 年，第 121 页。

③ 〔美〕约翰·罗默：《社会主义的未来》，张金鉴、余文烈等译，重庆：重庆出版社，2010 年，第 37 页。

④ Wikipedia, the Free Encyclopedia, “Market Socialism”, http://en.wikipedia.org/wiki/Market_socialism.

交家奥斯卡·兰格（Oscar R. Lange）1936年在《社会主义经济理论》提出的“兰格模式”则发展了市场社会主义理论。市场社会主义理论在30年代后的发展有一个重要背景，这就是以米塞斯（L. Mises）、哈耶克（F. Hayek）、罗宾斯为一方的否定派与泰勒（F. Taylor）、兰格、勒纳（A. Lerner）为另一方的肯定派之间的大论战。

哈耶克认为，这场大论战事实上是20世纪有关社会主义论战的第三阶段。第一阶段的标志是：社会主义者认识到，必须把价格应用于社会主义制度下的经济测算；第二阶段的特征是：通过求解一系列复杂的联立方程式，实现社会主义经济一般均衡的价格测算是可能的。第三阶段的标志是：兰格等人认识到，要找到社会主义经济的均衡，市场是不可或缺的。因为中央计划机构不可能拥有足以进行测算所需要的信息。①

兰格模式的具体内容如下：市场决定消费品价格和工资；投资率和积累率由中央计划机关确定；工业品价格由“试错法”（tatonnement）程序决定，或由中央计划机关“摸索”估计决定；企业经理根据中央机关公布的工业品价格运用下述两个规则计算企业的产出：选择按上述价格计算使单位成本最小化的生产技术；根据使边际成本等于价格的原则选择产出水平。如果所有技术的特征是规模收益不变或收益递减，企业应按现行价格选择最大化利润产出。然后，企业经理们向中央计划机关报告他们的投入需求与产出供给。中央计划机关以此为基础，提出新的候选价格，该候选价格由商品供求关系决定，商品在过度需求时价格提高，在供给过剩时价格下降。

哈耶克首先就兰格模式的“试错法”程序进行批评。他认为，“试错法”不会收敛，因为在其过程的每一步骤中世界都在变化，目标是永远变动的经理们每一步都在变；商品乃极其复杂之物，中央计划机关无法列出通过市场有效配置资源所需要的众多价格；即使有这样一个清单，企业经理也无法找到最低成本的生产方法。其次，他指责兰格未能就否定工业品价格市场决定的理由予以充分说明，而工业品价格的失衡让经济付出的代价是最大的，因为工业价格决定所有其他商品价格；再次，由于中央计划

① 〔美〕约翰·罗默：《社会主义的未来》，张金鉴、余文烈等译，重庆：重庆出版社，2010年，第28～29页。

者会要求经理们做利润最大化目标以外的任何事情，将会导致经理们不对企业遭受的损失承担责任，相反，会把不利后果的责任推到计划者身上；最后，计划权威会以许多方式干预竞争的自然过程，其“家长式作风”会使自由逐渐被剥夺，最终使社会主义“变成极权主义”。①

第二次世界大战结束后的50～80年代是市场社会主义辩论和发展的第四阶段，这个阶段与社会主义国家的市场改革相联系。在学术上较有影响的是科尔内的软预算约束理论，该理论继承和发展了哈耶克中央计划者干预市场而又不承担企业损失的责任的观点，正是无数贷款、“软”价格、“软”税收构成的软预算的干预，使许多没有根基的企业免于破产；企业经理们深知这些挽救措施不会少，故对中央指令虚与委蛇，而中央也很难真正控制企业的财政；最关键的是，企业经理的挑选、提升与解雇更多依据其政治忠诚而非企业效益。事实上，在这个阶段，没有一个社会主义国家的价格像兰格模式那样自由，更没有一个国家允许竞争决定国有企业的命运，自然也没有一个企业被迫参与国际竞争。

20世纪90年代以来的时期是市场社会主义辩论的第五阶段。在这个阶段，兰格模式中工业品价格由计划者决定的主张已经取消，企业国有制也被废除。哈耶克和科尔内的下述观点已被接受：“只要政府不能可信地答应不干预竞争过程，经理们就不会成为利润的最大化者，经济的效益就不会产生。”②

对此，罗默态度很明确，公有制是社会主义模式的基础和前提：第一，自由放任的私有制制度在政治上是不能接受的，至少在民主条件下是如此；第二，北欧社会民主政体的成功经验证明，效率与公平是能兼顾的；第三，战后时期东亚的发展“奇迹”，显示了政府广泛干预经济而不减轻企业所有者和管理者竞争约束的可能性；第四，发达的法人资本主义业已证明，企业管理中复杂的委托－代理问题能够解决。此外，资本主义市场运行机制经验说明，市场并非万能，它的失灵不是偶发的，而且在其均衡下仍然存在广泛的失业。市场均衡只是次优。

---

① 〔美〕约翰·罗默：《社会主义的未来》，张金鉴、余文烈等译，重庆：重庆出版社，2010年，第31－32页。

② 〔美〕约翰·罗默：《社会主义的未来》，张金鉴、余文烈等译，重庆：重庆出版社，2010年，第34页。

当代市场社会主义模式

未来市场社会主义可能的模式有哪些呢？罗默就三种建议进行了讨论。第一种建议是：以工人管理企业的思想为基础的模式。罗默认为，这种由工人管理的企业组成经济体的可行性存在最大的难题：资金来源问题。巨大的经营风险使工人自筹资金的思路难以接受。同时，企业效率、工人工资水平和就业最大化等都会面临不确定性。第二种建议是罗默所主张的：保留利润最大化的企业及其管理方式。从促进利润分配平等化的角度考虑，禁止个人在“公共”部门的进行投资，企业资金由公共银行贷款解决，银行负责监督企业的经营管理。企业的利润分配给个人股东。① 第三种建议由布洛克（Fred Block）等人提出，主张不改变法律上的企业财产权，通过急剧增加资金市场的竞争和改变企业与银行的管理结构来实现“没有阶级权力的资本主义”。②

在资本主义制度下，存在的最大问题有二，一是财富分配上的巨大不公平，二是追逐最大化利润造成的种种公害。在市场社会主义体制中，通过对利润收入的再分配和息票等一些特殊制度安排，完全可以克服这种不公平，并把公害降至最低。息票制度会使企业经营活动以拥有最多息票的穷人为依归，而持有较少息票的富人也不会再有为追逐最大化利润而无视造成大规模公害的动力。

在市场社会主义模式下还需要国家干预吗？回答是肯定的。罗默认为，在市场社会主义中，国家干预应该存在，为使收入分配的进一步平等化，福利国家的政策更应该继续保留。因为在市场社会主义条件下，失业会继续存在，这就使作为福利国家政策的失业救济和工人再培训计划仍然十分必要。与此同时，在对特殊部门或地区的投资中仍然需要国家介入。理由

① 按照罗默的设想，由政府给所有成年公民分配固定数量的息票或凭单，公民们直接用它去购买企业股票，或者先购买合股投资公司的股票，再由合股投资公司去购买企业股票。公民以拥有的股份分享企业的利润。禁止公民以货币手段购买股票或息票。由于每位公民的原始息票数额都是相同的，就意味着富人不可能购买所有企业的控股股票，而穷人则将成为大多数企业控股集团的成员。

② 具体要求：（1）通过立法限制资本大量地和突然地跨国流动；（2）创建一系列准公共银行以提高金融部门的竞争；（3）通过立法改变企业董事会的构成，董事会由三部分人组成：雇员（35%）、财产持有人（35%）、代表消费者或当地公民的其他人员（30%）。布洛克相信，这些制度上的变化将打破富人对经济政治权力的垄断，通过不断进步的税收政策使收入和财富逐步平等化成为可能。罗默对此持怀疑态度。

有三：其一，由投资的积极的外在因素所决定。例如，在研究与发展以及教育方面的投资，其所产生的经济效益和社会效益并不能完全为资金提供者所占有，因而无法引导企业投入社会所期望的高额资金。为让工人胜任新技术工作进行大规模的技能培训，由国家投资也是恰当的。其二，建设公益事业的需要。如高速公路、机场、水坝、铁路以及通信系统等基础工程，对经济发展具有不可或缺的意义。在大多数情况下，这些投资由政府来提供比私人提供更有效率。其三，对不完全市场进行补偿的需要。市场中存在的种种不确定性使企业投资具有风险性，因此，企业在为生产进行投资过程中会保持相当的灵活性，这种投资上的灵活性会使投资到生产的周期延长，可能在规避风险上是最优，却不是社会效益最优。如果由政府出面对企业的投资进行补贴，就会激励企业积极进行投资，使企业所有者和工人实现均衡的结果。特别是在经济衰退期，政府采用对遭受意外事件而在未来时期增长率未能达到预定水平的企业进行补偿，有助于增加投资，提高就业。

市场社会主义与民主

罗默指出，坚持民主对社会主义的未来具有重要意义，民主是实现政治平等的前提。市场社会主义的宪法会限制生产资料中私人积累财富所能容许的程度，并且会明确受宪法保护的其他财产种类。不过，实现机会平等首先要通过对工人及其子女进行教育，在此基础上形成公民的共同情感。市场社会主义能够为这种教育和共同情感的发展创造条件。

政治上，市场社会主义能够纠正资本主义的一些弊端。例如，对外战争和种族与性别歧视。现代国际战争的根源大多在于社会上人数较少的财富大亨们的利润动机。而“资本主义可能缊含着产生种族主义和性别歧视机制”。市场社会主义模式中财产关系的变化将会使一个维护歧视的强有力的阶级利益得以消除。罗默还相信，市场社会主义还有助于改善人类最大的不公正：通过不断扩大对南方国家的援助促进其发展，发展缩小南北差距。

综上所述，我们不难发现，现代市场社会主义理论具有如下特点：[①] 第

① 以下特点分析参考了余文乐、刘向阳的文章《当代市场社会主义的六大特征》，《中国社会科学文摘》2001 年第 1 期。

一，其社会政治目标是改良或替代资本主义。罗默等人的市场社会主义理论是美国左翼学者试图在资本主义制度下改造资本主义经济基础，以培育和发展社会主义因素的产物，是在发达资本主义国家的现有成果基础上改良或替代资本主义的设想，是通向社会主义的未来的中短期规划；第二，以市场主导的经济运行机制。与传统市场社会主义以计划主导不同，当代市场社会主义建立在发达资本主义国家现有成果基础上，市场在配置资源的高效率上已经是不争的事实；第三，形式多样的所有制结构。在当代市场社会主义模式中，存在全社会所有、合作企业集体所有和私有资产使用权社会化控制三种所有制类型，这种所有制结构能充分保障社会主义平等目标的实现；第四，兼顾平等与效率的价值取向。市场社会主义方案的出发点就在于把市场与社会主义结合起来，既发挥市场的效率，又追求社会主义基本价值；第五，把政治经济民主置于核心位置。市场社会主义之所以要改良或替代资本主义，就因为对当代资本主义存在的异化和非民主的极度失望和不满，主张通过市场社会主义为实现真正的民主打下坚实的基础；第六，浓厚的乌托邦色彩。市场社会主义模式勾画的平等主义蓝图虽然十分美妙诱人，但是，其实现路径何在？资本主义向市场社会主义转变的推动力是什么？有何政治制度保障？这些问题上不是避而不谈，就是流于不切实际的幻想。难怪著名学者斯蒂格利茨要断定市场社会主义只是一种神话。

市场社会主义虽然有种种不足，但它在社会主义事业陷入低谷时期系统提出，对于重新点燃人们心中的理想社会信念，增强社会主义必胜的信心具有振聋发聩的作用。它对市场社会主义中效率与平等的制度化设想具有无可置疑的启迪意义。

3. 拉米斯的激进民主

与詹姆逊立足于文化政治和罗默主要从经济体制角度探讨社会主义的未来不同，道格拉斯·拉米斯主要从整体制度的视阈考察作为资本主义替代物的真正民主建构。

道格拉斯·拉米斯（C. Douglas Lummis，1936～　），出生于旧金山，加州大学伯克利分校毕业，获政治学博士学位。长期在日本津田熟大学政治系执教。20 世纪 60 年代曾参与反战运动。在伯克利期间，深受此间浓厚的政治社会批判氛围熏陶，并与被视为美国 20 世纪下半叶最激进的政治社会思想家伊凡·伊里奇过从甚密。他对20世纪后期众多第三世界国家的民主运动进行了长期考察，力图重新发现民主与左翼之间的亲和关系，寻找一种独立于马克思主义的激进政治视角，探索一条新的反资本主义之路。在1996年由康奈尔大学出版社出版的《激进民主》（*Radical Democracy*）一书中，拉米斯对民主观念进行了重构，使民主重新成为下层和左翼反资本主义运动的利器。他明确指出，自由主义者所津津乐道的当代西方政治制度一直被当作民主的典范，实际上它们在很多领域都是反民主的。在他看来，左翼重新获得目标和号召力的出路就在于探索出一条取代资本主义政治制度的激进民主之路来。

对民主的重新界定

民主可能是当今世界政治语汇中最为通用的词语，而且“肯定是最被滥用的一个词。它被用来证明革命、反革命、恐怖、妥协和折中之理”。[①] 不同的制度和敌对的双方都在以民主作为自我身份和行动的注解，“战争被进行是使世界足够安全以施行民主，原子弹被投下是为了在异国建立民主。起义被镇压是为了保护民主使之不受游击队损害——游击队也说他们是在为民主而战。”在拉米斯看来，绝大多数使用民主一词的人都力图保持现状。[②] 民主在现实的语言中变得空洞无物，甚至成为一种面具。对民主的滥用使得民主的面目变得模糊不清、模棱两可。拉米斯立场鲜明地指出，民主曾经是一个属于人民的词，一个批判的词，一个革命的词，它被统治人民的人所盗用，以给他们的统治合法性。“尽管使用它（指民主——引者）的历史是一部伪善和背叛的历史，民主仍然在一定意义上是一个纯洁的词，它含有一项至今未实现的承诺。”[③] 当民主一词用在正确的时间、正确的地点时，它是鲜活、清新与真实的。无论是出于历史的责任还是现实的需要，为民主正名或重新加以界定的必要性已毋庸置疑。

为民主正名就需要拨乱反正。首先，重新定义“人民”。民主通常定义为人民统治，但现实中这一定义常被扭曲，具体表现在：其一，将奴隶、

① 〔美〕道格拉斯·拉米斯：《激进民主》，刘元琪译，北京：中国人民大学出版社，2008年，第6页。

② 〔美〕道格拉斯·拉米斯：《激进民主》，刘元琪译，北京：中国人民大学出版社，2008年，第6页。

③ 〔美〕道格拉斯·拉米斯：《激进民主》，刘元琪译，北京：中国人民大学出版社，2008年，第7页。

妇女、某些种族、穷人或其他群体排除在外以缩小人民这一概念的范围；其二，执政党或在野并谋求获得政权的政党通过将“人民”定义为“那些支持该党的人”而宣称自己是民主的；其三，一个自认为自身得到人民的权力和呼声所支持的政党，其所指的“人民”只是一种抽象概念而非有血有肉的人，它得到权力显然不能与人民取得权力画等号。

其次，列举种种似是而非的论说。(1)“民主是关心人民福利”。以美国前总统吉米·卡特为代表的一些政治家喜欢把“民主的原初意义”等同于“民享”(for the people)[①]，美国社会中不少人持有这样的观念：民主政府就是照看人民的政府。毫无疑问，关心人民福利是十分重要的事情，但它不等同于民主。“一位国王可能真诚地关心他的子民的福利，但是这样的统治仍然是独裁的。”民主并不意味着“人民被仁爱的、公正的统治者赐福。”[②] (2)“民主是拥有一位人民支持的统治者”。拉米斯认为，民主并不是这样的情形：人民将其权力交给另一个人以换取他的许诺。(3)民主是发展。有两种情形：一是有些人把民主视为未来的治理，是某种自动的历史进程的终点。二是把经济发展等同于民主。前者显然不仅否定了民主的早期历史表现形式和民主是一种古老的统治形式的观点，而且会误导人民不去为之斗争，而是耐心等待民主的到来。后者则把作为统治形式的民主转换成经济发展的一个阶段，拉米斯指出，经济发展如果意味着人民取得了对经济权力中心即土地、工厂、贸易公司、经济计划机构、银行等的控制，那么说它是民主成立，但如果说经济发展仅仅意味着财富的增加，那么，无论它发展得怎样好，它和民主都不是一回事，因为富国中有民主的，也有不民主的，穷国中亦然。(4)“民主是自由市场”。美国政府官员常常在世界面前强调自由市场的民主性，但事实上正是自由市场将社会分裂为富人和穷人，这种分裂与民主格格不入，其自由只是公司的自由，而资本主义大公司本身已经成为反民主的体系。(5)“民主无论如何不是共产主义”。这是冷战的遗产，是对共产主义意识形态实施妖魔化战略的一种表现形式。(6)“民主是共产主义”。这是苏联东欧社会主义国家政治宣传的内

---

① 即把林肯的民有、民治、民享（of the people, by the people and for the people）三者去二存一。

② 〔美〕道格拉斯·拉米斯：《激进民主》，刘元琪译，北京：中国人民大学出版社，2008年，第8页。

容之一，认为生产资料私有制的被消灭使共产主义超越了民主，这仍然犯了经济决定论的错误，经济发展阶段代替不了争取民主的斗争。(7)“民主是民主集中制”。这种制度可能对一个政党是有利和必需的，但在现实中它往往不能保证民主。(8)“民主是美国宪政民主体系的代名词”。这是美国乃至世界其他许多国家高校教材中的定义，但这一定义显然是极具争议性的，因为美国的宪政体系下存在诸多反民主的问题和顽症未能解决或治愈。(9)“民主是自由选举”。当今美国和西方其他国家的自由选举已经被市场营销工业接管，已经无法为人民力量的壮大提供支持。(10)“民主是一种使富人和穷人很好相处的办法”。一些自由主义者认为，只要社会被建立在公平原则之上，富人和穷人间出现巨大经济鸿沟并不违反民主。但事实上，极端经济不平等不可能与民主相容。(11)“民主是允许人民有自己的声音”。让人民拥有表达其观点的机会是一件重要的事，但不是民主权力的全部。(12)“民主权利是归属他者而产生的力量”。一个人可能在想象中把自己与一个强大帝国或一个强权人物联系起来而感到有力量，无力的大众也可能在为压迫他们的独裁者欢呼时感到有力量，但民主并不是“感觉到”有力量，而是意味着实际拥有力量。①

再次，对民主的定义。从以上所列举的内容可以看出，在现代主流话语捉弄下的民主已经面目全非。那么，民主是什么？拉米斯认为，民主从词源上看，就是“人民”（demos）加上“权力”（kratia），即由人民进行统治，《牛津英语词典》就是这样定义民主的。而美国《哥伦比亚百科全书》则将民主描述为“一种统治（government），人民在其中共同指导国家的活动”。拉米斯认为，这肯定偏离了民主的真义。亚伯拉罕·林肯的三民主义虽然是对民主较为系统的诠释，但它主要从政府角度立论，一旦民主被定义为一个存在的政治体系，就容易引出这样的逻辑：民主就是形成一定的政府机构和制度，为了民主，政府会采取大规模军事行动，会不断增加中央权力，拥有日益庞大的军事机器，而民主主义者的任务就是保卫这一体系。在拉米斯看来，民主和信奉民主的政治机构不是一码事，他引用林肯的比喻来加以说明：民主是自由的金苹果，政府机构不是金苹果，只是起

① 〔美〕道格拉斯·拉米斯：《激进民主》，刘元琪译，北京：中国人民大学出版社，2008年，第7～10页。

保护作用的银架子。[①]

人民拥有权力，权力使人民自由。这是民主的自我定义，这在政治上是真正激进的，因为它“批判所有形式的权力集中：超凡领袖的、官僚的、阶级的、军队的、公司的、政党的、工会的、技术的”。[②] 从激进民主的立场看，当今绝大多数政权的合法性都是站不住脚的。故而，它在所有地方都是颠覆性的，它不仅直接否定军事独裁政权的合法性，它同样对威权主义国家和公认的民主国家构成威胁。

拉米斯指出，激进民主是政治讨论的根基，是政治事务和价值的根源，是对“什么是正义”这一问题的激进回答。当然，要实现这种统治，人民就必须结为一个实体，使权力能有原则地被掌握。

资本主义的反民主表现

（1）反民主的经济发展。长期以来，在西方乃至全球，经济发展和民主进步已经成为紧密联系的一对概念，人们不假思索地认为，经济发展与民主互为因果，二者相互支持，相互促进。一方面，经济发展是民主的必要条件，因为发展带来财富，财富产生闲暇，闲暇给人们提供学习和参政的自由，自由使民主成为可能；另一方面，民主为健康而迅速的经济发展提供了保障。拉米斯认为，发展促进或创造民主的观点事实上是错误的。因为，从历史和现实情况看，“经济发展”并非是普遍性的发展，即人民维持生计的所有方式的发展，而是一种特殊发展，是以大多数人维持生计的方式被灭绝为代价的欧洲特殊实践的发展。[③] 而且，“经济的”一词本身意味着一个社会中一种组织权力的特殊办法，是对这种权力安排的特殊掩盖方法。从最基础的意义上看，经济即政治，它组织权力，分配财产，对人民进行统治。在当今发达资本主义国家，经济学决定政治社会的秩序，“经济学已取代政治学而成为统治科学”，“通过经济过程，文化被废除或重建，环境被破坏或彻底毁掉，工作被秩序化，财富被转移，阶级被形成，并且

① 〔美〕道格拉斯·拉米斯：《激进民主》，刘元琪译，北京：中国人民大学出版社，2008年，第14页。

② 〔美〕道格拉斯·拉米斯：《激进民主》，刘元琪译，北京：中国人民大学出版社，2008年，第15页。

③ 〔美〕道格拉斯·拉米斯：《激进民主》，刘元琪译，北京：中国人民大学出版社，2008年，第36页。

人民被支配。”①

经济发展的反民主情形表现如下。

第一，经济发展在劳动的种类、条件和数量要求上不让人民有选择余地。如何让人民不能选择呢？方法有三：一是摧毁其传统生活方式或使之与传统生活方式分离，如英国圈地运动就通过这种方式缔造了欧洲第一代产业工人；二是征召并强制劳动，如欧洲殖民帝国在殖民地的做法，殖民地第一代种植园工人和产业工人就是强制劳动的产物；三是把经济直接置于国家权力之下，以国家权力驱使人民工作。所有这些方法都需要附加上对人民进行颂扬劳动美德的意识形态灌输。在庞大的反民主社会结构面前，人民大众是无能为力的，为了生存，他们只能被迫接受，把自己大部分生命花费在田地、工厂、办公室的讲求效率的劳动中，任由资本家、经理们、国家官僚和技术官僚带走其创造的剩余价值。

第二，社会不平等因经济发展而更加深化。社会平等是一种民主理想，过去几个世纪资本主义经济发展历程已经证明资本主义制度不仅实现不了这一理想，而且还成为新型不平等的根源：对不平等的追求（出人头地、往上爬等）成为资本主义自由市场经济背后的驱动力。因此，它要被社会主义方案取代。但自列宁时代以来的社会主义实践显然也问题不少：它力图依靠国家权力和意识形态力量实现平等理想，但在命令式的经济体制下，又产生了新的不平等。

第三，经济发展在建立和强化对人民生活中的主要方面——工作的不民主的支配和统治的同时，产生了财富和权力的不平等。经济发展把人民的注意力从政治目标和斗争上悄悄引导到经济目标上来。例如，美国和西欧劳工运动起初是以权力和工作场所的民主化为目标，但后来转变成为更高工资而斗争。

经济发展的意识形态把政治支配权偷换为经济支配权，以避免民主这一解决方案。而后者的解决方案是：为达到繁荣和“闲暇”而顺从严格纪律之下的繁重工作。这就使经济发展只是生活领域的扩大，在这一领域中

---

① 〔美〕道格拉斯·拉米斯：《激进民主》，刘元琪译，北京：中国人民大学出版社，2008年，第37页。

民主已被排除在外。

拉米斯指出，许多民主主义者把民主想象成发展的最终结果，从而把希望寄托在发展之上，这种战略从一开始就注定永无胜利可能。因为发展既不可能让世界上所有的人生活赶上美欧发达国家中产阶级水平，也不可能让世界人民获得最终的经济平等。理由如下：其一，统计学上看，第三世界整体赶上发达国家的可能性极小。如果穷国长期保持高于富国的经济增长速度，理论上穷国能够追赶上富国，关键是时间。假定穷国保持5%的增长率长期不变，富国维持3%左右的速度发展，穷国需要用127年才能达到富国1988年的收入水准；穷国要赶上富国，至少要498年，因为富国也在发展。[①] 而现实的情况是，许多穷国的增长速度比发达国家还要低，这是20世纪60年代以来发展中国家与发达国家经济差距越来越大的重要原因之一；其二，世界经济的结构不平等使发展平等成为不可能。现行世界体系是一个二元同心系统，它通过不对等的中心－边缘能源交换维持运转，其机制是一种马太效应，即源源不断地把穷国财富转移到富国，因为这个体系是富国建立的；其三，“最终繁荣”在生态学上的不可能。因为世界经济体系不允许所有国家“最终繁荣”，地球本身的资源也无力支持这种繁荣。据估计，如果全世界的人以目前美国洛杉矶人均资源消耗水平生活，将需要有5个地球作为支撑；其四，富裕是与贫穷相对应的，人人富裕的繁荣在逻辑上是不成立的。英语的“富人”（rich）从词源上看，来自拉丁文“国王”（rex），是个政治词汇，与德语“reich”相近。富有意味着拥有支配他人的权力，意味着富人通过财富控制人民。正如美国学者拉斯金所指出的，增加每个人的收入等于没有增加任何人的收入，这种增加不是变富而是通货膨胀。

指出民主与经济发展之间存在的矛盾是否意味着要反对经济发展，放弃经济发展带来的好处，退回到前工业社会的田园生活中去呢？回答是否定的。

（2）反民主的机器。当代工业化世界是一个机器化的世界，机器的本质是什么？答案是，人的关系之物化的表现。从表面上看，机器只是某种

① 〔美〕道格拉斯·拉米斯：《激进民主》，刘元琪译，北京：中国人民大学出版社，2008年，第56页。

被设计出来代替人进行高效工作的工具和设备，是一种客观的物质存在。它们随着科学技术的进步而不断改进，造福于人类，似乎与政治无涉。然而，这种观点正是典型的技术意识形态逻辑所需要的结果，因为机器与政治无关的表象掩盖了人的意图和社会制度，事实上，“机器永不该被论断、永不该按政治标准来做选择，这样一种理论本身就是反民主的。”[①] 以锁为例，托马斯·莫尔在《乌托邦》中描绘的理想社会里，人们的房屋门从不上锁，这并非凭空想象，现实中的一些民风古朴的小镇其实就存在这种情形，门不上锁不仅仅是人们高度诚实的反映，更是一定社会政治经济法律状况的体现，是财产公有社会的必然结果。相反，锁则是私有财产制度的需要，许多作为工业产品的机器也是如此。“工业革命不只是产品硬件的革命，也是工作组织的革命。革命不单单指新机器要求新的工作形式。这也意味着设计新机器的意图是：重新组织工作和减低工人抵抗的力量。”[②] 正如马克思所指出的，“（机器发明）它的使命是恢复工业阶级中间的秩序……这一发明证实了我们已经阐述的理论：资本迫使科学为自己服务，从而不断地迫使反叛的工人就范。”[③] 简单地说，机器充当了有产阶级进行政治经济统治的工具，这是其反民主的本质所在，此其一；其二，机器劳动危害劳动者的身心自由。马克思在《资本论》中明确指出：“机器劳动极度地损害了神经系统，同时它又压抑肌肉的多方面运动，侵吞身体和精神上的一切自由活动。甚至减轻劳动也成了折磨人的手段，因为机器不是使工人摆脱劳动，而是使工人劳动毫无内容。”拉米斯认为，人们一般相信科学技术是中立性的，既能用于善之目的，也能用于恶之图谋，但是，在资本主义体制下，科学技术和剥削的意图被混合在一起，作为生产物件的机器是科学和尽最大限度把剩余价值从工人那里榨取出来的意愿的混合与物化。这种内含政治意图的机器通过现代工厂制度下兵营式的纪律和监狱式的设施发挥作用，使工人在技术上服从劳动资料的划一运动并在严密监督下不自由地劳动。单调乏味、高强度和受监视的劳动对劳动者身心的摧残

① 〔美〕道格拉斯·拉米斯：《激进民主》，刘元琪译，北京：中国人民大学出版社，2008年，第69页。

② 〔美〕道格拉斯·拉米斯：《激进民主》，刘元琪译，北京：中国人民大学出版社，2008年，第71页。

③ 《马克思恩格斯全集》，第23卷，北京：人民出版社，1995年，第478页。

是不难想象的。其三，机器劳动使人异化。机器劳动不仅损害劳动者的身心健康，而且还使人异化。机器化生产的程序日益复杂化，主体的人——劳动者被自己所创造的机器奴役，成为大机器生产流程中的一个环节，成为机器的一部分。这种异化是潜在而深刻的，人们不仅很难意识到自身的非人处境，甚至以机械世界的眼光来看待世界和社会也不自知。正如美国学者刘易斯·芒福德在《机器的神话》中所说的，一个在“机械世界图景”的奴役下的人甚至会将有机生命看做机械生命，并且把人当成组合部件那样组装成一个巨大的社会机器。① 其四，机器的标准化生产使劳动者无法再从劳动中体验到曾经有过的艺术创造快感与激情。因为艺术创造的最大特点是它的唯一性和独具性，社会化机器大生产彻底将生产者降格为与机器部件无异的一部分，生产者个体的主动性创造性毫无施展空间。

激进民主方案

虽然拉米斯公开表示不打算就民主提出一个系统性制度方案来，但在他的批判性分析和论述中不难发现，他对激进民主的诸多想象或设想明显具有制度性安排的性质。

首先是社会政治秩序的实现问题。何种政治秩序最佳和如何达到是所有政治话语的中心议题。古往今来具有多种多样的答案。有人相信法律和国家暴力能实现秩序；有人则断定通过普遍的义务教育进行统一价值体系的灌输就能达到；市场决定论者宣称投入产出的计算会把人们引导向有序的行为模式；保守主义者则力图使人同意遵循久远的传统与习俗产生秩序的观点；政治煽动者则鼓吹只要人民追随其意志就会过上井然有序的良好生活；契约论者的主张是：通过相互制定和遵守承诺就能建立秩序；无政府主义者的回答则是：如果没有了国家强力，秩序自然而然就会出现在人类社会中。拉米斯认为，“全部历史表明，世界上的工作社区——农村、渔村、市镇、工艺城市，在没有国家暴力的帮助下，往往自身保持有序，其秩序极大地基于工作的秩序。”② 工作秩序是一种自然秩序，是由人类技能所调解并缓和的对自然的一种服从形式。在这种工作和生活秩序中，人们没有屈辱感和受奴役感。

---

① Lewis Mumford, *The Myth of Machine.* New York: Harcourt Brace Jovanovich, 1964.

② 〔美〕道格拉斯·拉米斯：《激进民主》，刘元琪译，北京：中国人民大学出版社，2008年，第81页。

其次是民主的公民社会的建构问题。民主社会的建构过程需要完成的任务有以下几个方面：（1）民主状态的培育。拉米斯认为，民主主要不是一种制度或体系，而是一种存在状态，向民主的转变不是一种制度创立，而是一种状态转变。如果没有状态存在，制度将是空洞无物的，设计制度的目的只在于带来或保存某种存在状态，如婚姻制度之于爱，教育制度之于智能，医疗制度之于健康。民主状态是一普遍性溶剂，它能溶解种种社会不公，甚至能溶解国家。（2）反对民主的帝国。所谓民主的帝国，在古代以雅典和罗马共和国为代表，其民主是主人之间的民主，通过它，主人们能够互相保护，不受他们的奴隶和恶人的伤害。在现代，则以美国等发达国家为典型。今天的民主帝国（民主国家）以一堵军事力量和社会歧视之墙把自己与周围的第三世界隔开，同时确保市场、原材料和廉价劳动力的供应。（3）促进跨国界民主的发展。当今世界的一个重要政治现实是，帝国权力具体化于三个实体中：在国内的假冒民主、庞大的军事机构和谋求将全人类和整个自然置于其控制之下的跨国公司。对全世界亿万民众生活产生决定性影响的重大决定都是“由大政府、跨国公司、国际货币基金组织、世界银行及诸如此类的机构作出的”。如果作出决定的权力跨越了国界，对抗这种权力的权利自然也要跨越国界。“人民介入、修改、管理和最终控制影响人民生活的任何决定的权利，无论那些决定在哪儿作出。这应当作为一个不论国界线的普遍权利被建立起来。”能溶解一切的民主状态只有世界能盛得下它。（4）在社会各个机体中实现民主。“如果民主意味着人民统治，人民一定要在社会的各个部分中都统治。”① 否则，民主将成为短暂而临时的现象。让人民在社会的各个部分中进行统治就需要建立一个民主的公民社会，使工作世界民主化。工作的民主化自然包含一些正式的安排，如产业的国有化，工人持股，等等。一个民主化的工作世界和新自由主义主导下的现实世界间的巨大差距说明，左翼的激进民主理想的实现依然是路漫漫兮其修远。

再次，民主是一种非压迫的政治秩序，这种秩序的建立和维持以公共信任为基础。人类关系之中的信任是通过无数的承诺和契约建立起来的，

① 〔美〕道格拉斯·拉米斯：《激进民主》，刘元琪译，北京：中国人民大学出版社，2008年，第125页。

是经过无数年代和世代日常生活互动关系的产物，它能产生美好行为和美好的人格。信守承诺和信任他人是社会秩序得以产生和维系的前提，当然，承诺必须是非强迫下作出的，正如卢梭所说："只有在存在自由的地方才能做出承诺。"然而，一个诚信无欺的公共信任世界与当下世界间的巨大差异的消除并非易事，显而易见的是，在这个当下世界里，无论何处都是战争。严酷的现实不是让人戴上玫瑰色眼镜将现实虚幻化，就是陷于无所作为的绝望，或者是怀抱犬儒主义做一个分裂的自我，再不就是皈依宗教。事实上，以现实的人作为信仰的原初和唯一对象是民主思考的开端。"唯一能够使我们'更好、更勇敢和更积极'而同时不会使我们变得愚蠢和不宽容的信仰是对于现实的人类的信仰即对民主的信仰。"① 拉米斯指出，激进民主不要求将一些英雄主义的新伦理引入这个世界，只要求将业已拥有的常识性美德用得更好。"民主信仰，常识信仰，是由那些不杀他们兄弟和子嗣的人们创建起来的。"②

最后，民主需要行动，从信仰民主开始。现在的代议制民主虽然存在缺憾，其选举不是真正的民主，激进民主的最好方式是抽签，但现代代议制民主可以为我们"度过严冬"所借用。左翼时刻都不能忘了激进民主目标，因为民主的春天不会自动到来，没有争取它的强大集体努力，它将根本不会降临。

拉米斯的激进民主思想显然不是直接来源于后马克思主义者拉克劳与墨菲，就是与他们不谋而合。拉克劳与墨菲认为，以阶级斗争为基础的传统马克思主义的社会主义道路已经行不通，需要另辟蹊径。而激进民主就是社会主义运动的新形式，社会主义革命的新途径。传统马克思主义革命模式是一种反多元主义的"雅各宾主义的幻象"，即把革命理解为一个阶级推翻另一个阶级的暴力行动。把社会主义革命理解为无产阶级和资产阶级之间激烈的对抗与冲突，这两大阶级间的斗争是一种零和博弈游戏。激进

① 〔美〕道格拉斯·拉米斯：《激进民主》，刘元琪译，北京：中国人民大学出版社，2008年，第135～136页。

② 西方宗教和政治文化史中，许多建立殊勋的英雄人物，品德都是大有问题的，如该隐杀了兄弟亚伯后建造了一座城市；罗穆洛杀了兄弟瑞摩斯，创建了罗马；布鲁特斯杀了儿子们创建了罗马共和国；亚伯拉罕举刀向儿，缔造了希伯来民族并且成为信仰之父。拉米斯认为，这些神话玷污了人的基本美德。

民主就是要抛弃这种雅各宾主义幻象[1]，就是要以民主斗争取代阶级斗争，以人民大众而非工人阶级作为社会主义革命的主体；激进民主的目标不再是夺取政权而是争取民主权力，“民主的实现不是打碎资本主义民主，而是资本主义民主的完成，是从资本主义关系的非民主的框架中解放出来。”[2]因为政治竞争、代议制政府的政治权力是中性的，并非资本主义的本质特征，这些因素为和平实现社会主义提供了可能性。而且，与传统马克思主义把民主革命视为社会主义革命的前提和内容之一部分不同，激进民主正相反，认为民主革命包容了社会主义革命，社会主义革命是民主革命的一个组成部分，民主的推进就是社会主义理想的推进，民主的实现就是社会主义的实现。简单而言，把阶级性从民主中抽走，或者把民主思想从社会主义和资本主义理论中独立出来，使之成为消除二者对立的重要因素，乃是激进民主理论的核心思想和策略要津之所在。

四　有关具体政策领域的激进想象

著名学者马克·梅杰（Mark Major）认为，想象和理想十分重要。它们指向未来，启迪思想并向根本的设想挑战。在左派影响局限于部分高等院校的今天，按照左翼学者汤普森的看法，现行美国政治图景中的症结依然如故：经济、性别和种族不平等无处不在，基础设施陈旧落后，公众参与度不断下降，过度消费和甚嚣尘上的个人主义，抓小失大的政治等，这些大多是新自由主义和新保守主义流行的后果。[3] 梅杰则开门见山地指出，“其实，现行政治环境在某种程度上就是左派无能力铸造一种民主生活的新范式的结果。”[4] 缺乏激进想象力既是现代民主政治危机的体现，也是左翼

---

① Ernesto Laclau and Chantal Mouffe, *Hegemony and Socialist Strategy: Toward a Radical Democratic Politics*. London: Verso, 2001, p. 158.

② 〔美〕艾伦·伍德：《新社会主义》，尚庆飞译，南京：江苏人民出版社，2002年，第133页。

③ Michael J. Thompson, “America's Conservative Landscape: The New Conservatism and Reorientation of American Democracy”, in Michael J. Thompson ed., *Confronting the New Conservatism: The Rise of the Right in America*. New York: NYU Press, 2007, pp. 9－30.

④ Mark Major ed., *Where Do We Go From Here? American Democracy and the Renewal of the Radical Imagination*. Lamham, Ma.: Roman & Littlefield Publishers, 2010, p. 1.

陷入困境的重要原因。因此，左派不仅要认识到此乃问题的关键所在，更要清楚理论上重新描绘系统的激进政治图景事关左翼事业的未来。

1. 民主、战争与国际关系

美国左翼学者、拉特格斯大学政治学教授、“种族大屠杀、冲突解决和人权研究中心”全球关系主任斯蒂芬·布伦纳在批判布什政府的对外战争政策时，对现实主义和理想主义两大外交政策传统进行了系统反思，进而提出民主是进步的外交政策的基石。如何把外交政策建立在民主之上呢？布伦纳给我们勾勒出如下思路：“民主通过不仅是个人而且还有国家及其领导人对自由法则的服从使自身有别于其他政治形式。”“就像公民在国内事务中服从自由法则一样，国家必须让自己服从国际法则。”① 在制定外交政策时，从目标到手段都必须遵守“民主的动力学”准则：（1）民主的外交政策必须建立在互惠基础上。互惠包括从纯法律和政治的层面到现存的实质性的和经济的领域，因为在世界上大多数劳动者每天的所得不足2美元之际，自由的准则显得抽象无力，民主的互惠外交必须要考虑对外援助和由北而南的资本转移流动。在政治规制上，美国这样的霸权国家必须服从国际共识，不能再只是有选择地服从国际法规和制度；（2）普世性是民主外交的重要原则。布伦纳认为，普世性本应该是不言自明的真理，但随着拒绝一切普世词语和绝对性主张的后现代思考方式的兴起，话语中心转向了黑人、妇女、同性恋和其他特殊群体的诉求上。“普世性人权话语的破碎化和原子化与其说加强了运动不如说分裂了运动，让其社会资本破产。”毋庸讳言，在国际政治中，普世性主张曾是统治精英的工具，被最野蛮无耻的帝国主义和种族主义用来为其行径开脱。例如，“白人的负担”就曾经是帝国主义和种族主义合法化的理由；（3）民主的外交政策必须具有世界主义意识。世界主义是人类一种古老的理想，特别在近代以来一直是西方政治思想长河中的潜流。世界主义意识代表一种走向自身之外的意愿，是对最粗鲁的自我利益至上的否定和对以有意义的方式与他人交往的肯定。世界主义能够使团结和人权成为国际政治的核心，因此“充溢着世界主义意识和民主价值观的外交不会由于‘抵押品损害’这样的

① Mark Major ed., *Where Do We Go from Here? American Democracy and the Renewal of the Radical Imagination.* Lanham, Maryland: Rowman & Littlefield Publishers, 2010, p. 19.

口号而妥协；不会专横跋扈地决定先发制人的打击”,[1] 更不用说发生虐待战俘的事了；（4）民主的外交政策必须给予多边行动形式以特权。在全球化时代，以一个国家内部统治或政策的不人道作为借口大行干涉主义，这是非常危险的，对民主外交的发展毫无益处。国际行动以联合国授权的多边合作而非单边主义为基础，这是推进国际外交政策民主化的根本前提；（5）民主的外交政策要求形成代表其自身的国际民主意愿；（6）民主的外交政策在意图和利益上是透明的。从广义上讲，要让外交政策成为民主的，就是要把外交变成一种公共事业。在当今信息时代，把过去只向精英掌握的信息通过互联网、计算机文化和其他媒体向公众开放，在外交决策过程中，尽可能动员民众力量尤其是非政府组织参与进来，是民主的方向所决定的。事实上，自越南战争以来，美国统治集团发现秘密外交变得越来越困难，而追寻公众的热情成了民主的基本目标；（7）外交政策预示民主范式必须对其许可之物设限。合理的暴力的使用问题是最好的例子。一般认为合理采用暴力手段的条件或情形不外三种：自卫、突然的攻击威胁、清晰而直观的种族屠杀危险。历史经验表明，一些政治领袖和统治集团有比较明显的暴力选择偏好，这种偏好甚至成为政策评判的重要准绳。民主的外交政策要求国家把军事力量水平限制在民主的公民能够接受的范围内；（8）甚至民主的外交政策也不能保证在任何情况下都成功。并非任何民主决策下的外交政策都能被证明是正确无误的，都能满足进步的需求。

2. 关于全球移民政策的思考

移民是一种全球性的社会历史现象。在当今全球化时代，跨国移民不仅只是相关国家的内部问题，更是一个国际社会问题。要在全球层面建立一个更加民主、更加良善的社会，与跨国移民相关的政策的民主化和人道化成为不可或缺的条件。美国作为典型的移民国家，之所以能在全球竞争中处于无可争议的强势地位，长期坚持对外来移民开放的政策从而获得强大的创造力与活力是其重要原因。然而，自20世纪后期以来，美国的移民准入门槛不断抬高，英语水平、教育程度、工作技能、经济基础等方面的严格要求把越来越多的人挡在外面，结果造成主要来自拉美地区的数百万

---

① Mark Major ed., *Where Do We Go from Here? American Democracy and the Renewal of the Radical Imagination.* Lanham, Maryland: Rowman & Littlefield Publishers, 2010, pp. 19–20.

人偷渡入境，成为非法移民。大量非法移民入境带来的突出问题有三：一是新来者几乎都是低教育水准、低技能的非熟练劳动力，他们对以非洲裔美国人为主体的低收入蓝领工人的生计构成了竞争压力和威胁。二是使美国政府一直头疼的犯罪问题更加严重，联邦和州各级政府控制和预防犯罪的成本节节上升。“移民是当今美国在监人员中增长最快的部分，是联邦刑事犯罪起诉的最大群体。”2008 年 3 月，联邦起诉的全部新刑事案件中涉及移民特别是非法移民的高达 57%。[①] 1980 年，美国在监人口 50 万，2009 年增至 238 万，不到 30 年的时间里几乎增长了 5 倍，是世界平均监禁率的 5 倍。[②] 三是扩大了美国贫困群体的规模，从而增加了政府社会福利负担。据美国“经济与政策研究中心”的研究统计，目前美国 3 亿多人口中，大约有 4000 万穷人，6000 万准穷人，即三个美国人中就有一个穷人，其中绝大多数为有色人种。[③] 到 2009 年，24% 的黑人、21% 的拉丁裔美国人在贫困线以下，而生活在贫困线下面的白人只占白人人口的 8%。

由于以上原因加之反恐怖主义的特殊背景，自克林顿特别是小布什执政以来，美国政府对非法移民的政策基本上走的是强硬路线：强化边境安全与监控、严厉追踪与拘留、无情驱逐或遣返。到奥巴马执政初期，被拘捕和驱逐的非法移民人数远远超过小布什时期。据美国国土安全部部长珍妮特·纳波尼塔诺公布的数字，到 2009 年夏，移民局拘捕的非法移民达到 181000 人，被驱逐的超过 215000 人，都比 2007 年同期翻了一番。[④] 自 1996 年以来，被驱逐出境的非法移民接近 200 万人。这种刚性移民政策产生的负面影响十分明显：成千上万的非法移民及其家庭无时不生活在提心吊胆之中，基本的劳动权利和生存权受到漠视和威胁。同时，政策实施的结果造成一种种族和文化歧视的现实，这可以从 2006 年美国在美墨边境

---

① Ron Hayduk, “Immigration Policy: A View from the Left”, see Mark Major ed., *Where Do We Go from Here? American Democracy and the Renewal of the Radical Imagination.* Lanham, Maryland: Rowman & Littlefield Publishers 2010, p. 33.

② Tom Barry, “Mass Incarceration of Immigrants”, Border Lines May 24, 2009, http://www.borderlinesblog.blogspot.com/2009/05/mass-of-immigrants.html.

③ Shawn Fremsted, Rebcca Ray and Hye Jin Rho, *Working Families and Economic Insecurity.* Washington D. C.: Center for Economic and Policy Research, 2008, http://www.cepr.net/documents/publications/state_ 2008_ 05.pdf.

④ James C. McKinley Jr., “Napolitano Focuses on Immigration Enforcement”, *New York Times*, August 11, 2009.

修建隔离墙引发的美墨两国间外交争执这一事件不难看出其敏感性。

在大多数左派人士眼中，美国当前移民政策的根本症结就在于它对移民基本人权的侵犯和否定。他们主张应该以普遍的人权为基础重新制定美国的移民政策。激进的国际平等派人士主张，人应该有移动的自由，有到任何地方发展和展现个人潜能和权利和机会。例如，珍妮·古斯金和戴维·威尔逊就专门指出，进步的移民政策应该包括以下三个方面的要津：其一，终结驱逐和拘禁政策；其二，允许来访者和居留者自由进出；其三，终结美国在世界事务中的军事、政治与经济干涉。他们主张废除“北美自由贸易协定”和“中美洲自由贸易协定”以及其他一切非对称性贸易协定，停止武器交易。为实现全球正义，取缔世界贸易组织（WTO）、国际基金组织（IMF）、世界银行（WB）、八国集团（G8）等现有的国际金融机构强加于人的结构调整政策，正是这些政策使南方国家陷入贫困和痛苦之中。更为重要的是，他们要求就在全球层面“重新分配财富并对过去数个世纪中资源被盗走的民族和社区进行赔偿开展对话”。[①]

激进学者海杜克则不失尖锐地指出，除了战争、环境恶化和饥荒外，新自由主义政策是造成全球千百万工人和小农场主迁移的根源。新自由主义政策的实质在于，以全世界工人的社会经济稳定为代价追求大公司利润的扩大。只要目前的全球经济政策不改变，内部点滴的移民政策改革将无法减少穷人和失业工人向富国的大规模迁移。[②] 事实上，与此观点近似的左翼人士为数不少。例如，“美国之友服务委员会”（AFSC）就公开批评自由贸易政策，认为它只为各国精英阶层带来好处，对减少贫困毫无助益。当“北美自由贸易协定”（NAFTA）生效、边界被迫开放后，1700 万墨西哥农民无力竞争，被迫流向城市、边境和国外谋生。同样的情况也在西非的棉农和加勒比海区域的家禽养殖业者中发生。[③] 而美国激进政治经济学家拉奇

① Jane Guskin and David L. Wilson, *The Politics of Immigration: Questions and Answers*. New York: Monthly Review Press, 2007.

② Ron Hayduk, "Immigration Policy: A View from the Left", see Mark Major ed., *Where Do We Go from Here? American Democracy and the Renewal of the Radical Imagination*. Lanham, Maryland: Rowman & Littlefield Publishers, 2010, p. 31.

③ Ron Hayduk, "Immigration Policy: A View from the Left", see Mark Major ed., *Where Do We Go from Here? American Democracy and the Renewal of the Radical Imagination*. Lanham, Maryland: Rowman & Littlefield Publishers, 2010, p. 32.

里夫更是把全球贫穷问题的积重难返归咎于新自由主义：使工人的工资、福利和劳动条件每况愈下的市场力量把墨西哥南方、危地马拉、萨尔瓦多、波斯尼亚、印度、巴基斯坦和其他许多地方的人驱离家园，进入肉禽加工厂工作，或者成为出租车业司机、医院陪护和大商场清洁工，新自由主义创造的世界经济使工人们别无选择。①

在他们看来，移民问题对今日左派是一个挑战，也是一个机遇。因此，左派必须为实现全面平等的激进移民政策不懈努力。海杜克指出，目前涉及移民政策改革的方案主要有开放边界、增加工人权利和采取直接行动等，这些提案都不错，但在应对移民所经历的经济、政治和种族不平等上，却是远远不够的。要实现普遍性尊重人权的真正平等的移民政策目标，不可避免地就要对占统治地位的意识形态发起有效挑战。另类的交会模式、组织模式以及文化活动有助于揭露压迫中的资本主义之手，同时唤起希望。例如，倡导跨种族联盟已经成为一种创造性方式，把资本主义认同为产生低薪工作、失业和低度就业（更不用提缺少卫生照顾、负担得起的住房和良好的学校）的罪魁祸首，而不是视移民合作工人或者奋战中的有色低薪工人为敌人。拉美裔新移民和低薪的非洲裔美国人之间的“黑褐同盟”能够让双方作为一个阶级团结在一起反对他们集体的多重压迫，并争取其多重解放。这种联盟模式在跨国界条件下推广，其结果将是不同国家间劳动者间联系纽带的形成和强化，进而加强全球正义运动。当今世界诸如劳工运动、民权运动、妇女运动、同性恋运动以及传统左翼运动等社会正义运动在广泛的反新自由主义运动中找到了共同立场。“新的社会运动会因此聚合而生并给予更广泛的联合以更大力量。”② 现在比较有利的是，全球正义与移民权利活动分子已经从现行制度中获得了一些有价值的资源，例如，草根组织从与各种非政府组织的联盟中获得了合法地位与基金支持，他们从早期社会抗议运动那里学会了包括非暴力的公民的不服从和好斗的直接行动战略在内的政治策略和技巧。同时，类似新政时代“公民资源保

① Peter Rachleff, “Immigrant Rights Are Labor Rights”, *Monthly Review*, August 19, 2008, mrzine. monthlyreview. org/rachleff190808. html.

② Ron Hayduk, “Immigration Policy: A View from the Left”, see Mark Major ed., *Where Do We Go from Here? American Democracy and the Renewal of the Radical Imagination*. Lanham, Maryland: Rowman & Littlefield Publishers, 2010, p. 41.

护队”（Civilian Conservation Corps）和“工作促进局”（Works Progress Administration）的全时雇佣工作计划正致力于通过对收入提供双保障重建基层组织，这不仅为组织基于阶级之上的跨种族联盟提供了基础，而且还有助于缓和不同种族群体尤其是低收入群体间的矛盾与紧张。此外，一些进步人士提出了不少关于更加公平的政策的建议，如支持低值抵押品、良好而价廉的医疗照顾、强化社会安全保障以及提高资本所得和不动产等财富税率，等等，[①] 这些提议不仅可能为非法移民赢得特赦和更大权利提供帮助，而且还会让移民权利问题进入工会、社区组织和政策组织的议程，为跨种族政治的形成奠定基础。

一些人认为，在新移民被作为新自由主义政策替罪羊的现实境况下，实现全球性以充分尊重人权为基础的公平民主移民政策的目标过于虚幻，不切实际。但海杜克等人却不这样看，他们相信，“新移民为培育进步政治提供了独一无二的机会”，而“今日资本主义和民族国家间的分裂则为移民活动分子提供了新的政治机会。”[②] 古斯金和威尔逊激情洋溢地写道：

> 如果我们分裂，如果我们要求少许，我们将一无所获。如果我们围绕一种共同的愿景团结起来，那些掌权者就会试着用少许东西来安抚我们。如果我们数以百万，如果我们组织起来，如果我们需要一切东西，我们将会得到接近我们想要的东西。现在是行动的时候了，现状已经发生变化，人民已经受到激励，开怀拥抱新观念。[③]

行动的方向就是把移民权利斗争与全球正义运动融合在一起，这不仅能“推进挑战新自由主义的战略，增加集体利益”，更能为“促进一个真正民主社会理想的实现”提供绝无仅有的帮助。他们深信，这是美国左翼目

---

① United for a Fair Economy, *State of the Dream* 2009: *The Silent Depression*, January 2009, http: //www. faireconomy. org/dream.

② Ron Hayduk, “Immigration Policy: A View from the Left”, see Mark Major ed., *Where Do We Go from Here? American Democracy and the Renewal of the Radical Imagination*. Lanham, Maryland: Rowman & Littlefield Publishers, 2010, p. 43.

③ Jane Guskin and David L. Wilson, *The Politics of Immigration: Questions and Answers*. New York: Monthly Review Press, 2007.

前真正的良机。

3. 公平与正义的内政

在美国众多进步的公共知识分子看来，美国社会内部在诸多领域存在着严重程度不等的有失公平正义的违反人权现象，这为激进改革或社会变革提供了想象空间。在政策层面，最受关注的领域有医疗卫生和高等教育等方面。

（1）医疗卫生。在西方福利国家中，美国社会福利的发展水平相对较低，较不完善，其中最为明显的是医疗卫生领域。美国的医疗制度不同于世界上大多数发达国家，没有建立统一医疗保险制度，无论是德国式的社会保险型全面医疗保险，还是英国式的国家保险型全面医疗保险，在美国都不存在。而是以复杂多样的自由市场型为其主要特征，商业保险盛行。

美国的医疗保障主要包括两大类：第一类是由政府承办的社会医疗保险，除了为退役军人和印第安原住民提供的免费医疗以及各州提供的儿童健康保险计划（SCHIP）外，主要有两种：一是医疗照顾制度（Medicare），资助对象为老年、残疾或患有严重肾病的美国公民；二是医疗援助制度（Medicaid），资助对象以贫困家庭为为主。不过，政府提供的这种社会医疗保险计划在美国的整个医疗保障体系中仅占 46.1%，并不居主导地位，覆盖人群较有限。第二类是私营医疗保险，分为非营利性医疗保险（以蓝盾、蓝十字等组织为代表）与营利性的商业医疗保险两种，是美国医疗保障制度的重要组成部分，其中开展医疗保险的商业保险公司就有 1000 多家。2010 年前，美国 80% 以上的国家公务员和 74% 的私营企业雇员都通过购买商业医疗保险为自己及家人转移疾病风险。此外，有占总人口 14% 左右、总数达 4700 万的无保险者，由于无能力购买保险和支付高额医疗费，很难享受到高质量的医疗服务。

美国医疗保障制度存在的主要问题是：制度复杂多样，覆盖不足，保障有限，费用高昂，具体表现在三个方面：其一，医疗保险费用高昂。据相关报告，美国花在医疗卫生上的钱是其他发达国家的两倍以上，其根本原因就在于市场导向的保险费不断上涨，医疗保险费成为众多保险公司支柱性业务，政府和个人支付的健康保险费逐年上升。2000 年以来，美国家庭因病致贫，美国企业因不堪医保费用负担而破产或亏损的比例急剧扩大。

例如，2007年，美国申请破产的企业或家庭，有62.1%的财务危机是源于“医疗费用过高”，而非“房价下跌”或“投资资产缩水”。其二，福利性与市场性之间的矛盾导致严重不公。从本质上看，医疗保险制度是社会福利制度的重要组成部分，其出发点应是公平和扶助原则及社会效益，而非市场机制下的纯粹效率和效益。美国采取的这种以市场法则自由经营的医疗保险模式，无疑是把医疗保险当作一种特殊商品来经营，以市场规律为重，背离效率和效益原则的事在此行不通。这样便造成了美国医疗保险制度的不公平的矛盾难以解决。例如，根据一项由哈佛大学调查员所进行的调查的研究结果显示，美国黑人在医疗保险制度下所得到的待遇要比白人差得多。在美国，有钱人可以有多名私人医生，在世界任何地方看病的费用全部“实报实销”，条件是每月支付昂贵的保险费。穷人则只能寻找那些保险费较低的医疗保险机构，到指定的医院就诊。最严重的问题还在于，在4700万（大多是中小企业职工、中低收入者）没有加入任何医疗保险的人中，因为没有支付能力被拒绝治疗或尽量不接受治疗的比例极高。据调查，美国20%的家庭付不起医疗费，其中3/4竟是投保者。其三，缺乏提高服务质量的动力机制。据统计，近些年来由于医疗卫生服务质量下降导致的死亡人数年均达到101000人。[①]

按照左翼学者拉迪杰的说法，美国医疗卫生系统处于“功能紊乱状态”，[②] 已经成为美国社会广泛关注的社会热点问题。在绝大多数左翼人士看来，美国医疗保险存在的问题实质上是基本人权问题，根据相关国际人权文件的定义，医疗保健系统的发展在致力于满足所有人之需求的同时，必须把重心放在最为弱势的人身上。人权原则要求医疗保健体系在国家的每个地方向每个人平等提供充分有效的、可以接受的品质优良的服务。[③] 在医疗保健制度改革中，遵守人人受益的普遍性和公平性原则是贯彻落实人权原则的基本要求。

---

① Ellen Notle and C. Martin McKee, “Measuring the Health of Nations: Updating an Earlier Analysis”, *Health Affairs* 27, No. 1, 2008, pp. 58 – 71.

② Anja Rudiger, “From Private Profits to Public Goods? AHuman Rights Assessment of Health Care Reform”, in Mark Major ed., *Where Do We Go from Here? American Democracy and the Renewal of the Radical Imagination.* Lanham, Maryland: Rowman & Littlefield Publishers, 2010, p. 49.

③ Committee on Economic, *Social and Cultural Rights*, *General Comment No. 14*, *The Right to the Highest Attainable Standard of Health*, UN Doc. No. E/C, 2000.

克林顿时代曾经任命希拉里为医疗保险改革的负责人推动改革，但受到保守势力特别是保险巨头代表的利益集团的竭力反对，改革搁浅。然而，从20世纪末以来，从各州到联邦，各种各样的医疗保健改革组织一直在进行不懈努力，推动改革进入政治立法议程。2008年总统选举，医疗改革成为民主党政纲中的重要内容。政治上偏左的奥巴马上台后，于2009年正式推出了医疗改革法案，其改革目标有三：一是给那些已有医疗保险的人提供安全保护；二是给那些没有医疗保险的人提供医疗保险，扩大医疗保险的覆盖面；三是控制医疗费用。经过激烈的多轮政治较量，国会最终于2010年2月通过了法案。法案主要内容如下：创建一个由联邦政府监管的医疗保险市场，出售医疗保险的事情交由政府成立的公共保险机构去完成；法案要求绝大多数美国人购买医疗保险，支付不起保险费的人可以获得联邦资助；规模较大的公司或企业必须为其员工提供医疗保险，否则将被罚款；联邦政府可以对购买雇员医疗保险的小公司或小企业提供经费补助；法案禁止保险行业以购买者的先前病史为由拒绝向其出售保险，也不得以性别或病史为由加收保险费。法案实施后的10年内，总开支将达到1.2万亿美元，这笔费用将通过减少联邦医疗项目开支和对富人增税等方式予以筹集。法案付诸实施后，将使尚无医疗保险的4600万美国人中的3600万人获得医疗保险，从而使全国医疗保险的覆盖面从85%扩大到96%。

虽然奥巴马政府通过医疗改革大大扩大了医疗保险覆盖面，使因医疗保险问题引起的社会冲突与矛盾得以缓和，但在左派看来这是不够的，因为还有上千万人没有纳入医疗保险范围，在这个领域的人权斗争还将继续进行下去。

（2）高等教育。20世纪70年代以来，与美国社会政治日益保守的趋势不同，美国高校仍然是思想言论自由的空间，是“自由主义堡垒”。由于美国左翼力量大多集中在高校，高校毫无疑问是美国发出社会批评声音的中心所在。然而，作为“民主的公共空间”的高校自20世纪80年代以来因保守派人士全力发起抨击而陷于文化战争状态，成为社会注目的焦点和争议的话题。[①] 现今的美国高校正面临三重威胁而陷入危机。威胁之一为军事化观点：主张把高

① 参见〔美〕詹姆斯·亨特《文化战争：定义美国的一场奋斗》，安荻等译，北京：中国社会科学出版社，2000年；王璞：《文化战争中的美国大学》，北京：北京师范大学出版社，2008年。

等教育视为提供身份、主体位置、知识、人力资源以及给予国家安全状态下牢牢掌控的意识形态以合法性的中心；威胁之二为公司化观点：大学被看作通往商界的跳板或桥梁，这导致高级知识的贬值，大学教育不是成为通向社会地位的装饰品，就是成为通向最好的工具性任务和最糟糕的培训方式的途径；威胁之三为保守主义的新意识形态原教旨主义：支持一种不受禁止的美国至上主义。在政治、市场和宗教等层面把民主视为一种赤字，把大学看作同反恐战争有些微关系之物的同时，也把大学看作清除所有启蒙理性残余——批评、对话、深思、责任和判断的遗产——的阻碍。[①] 美国高等教育对这些反民主的力量及其主张带来的压力的抵制能力在减弱。“教师、学生和高校管理者就社会和种族问题表态上变得越来越困难。”与路人皆知的公司腐败、金融管理不善以及制度性贪婪联袂而来的是，批判性的公民民主正被热情的消费者、沉默的“爱国者”和好战军人的假民主快速取代。为消除批判思想、非商业和非军事化的知识形式、知识分子对重要社会问题的关注，以及比攻击民主和高等教育的公民可能性要宽广的交叉社会形态，刚性的意识形态、经济和宗教链现正对高等教育张开血盆大口。[②] 在亨利·吉卢克斯等左翼学者看来，虽然不能说反民主力量已经彻底占领大学，大学不再是论争和斗争的基地，也不能说在影响教育制度的条件发生变化情况下，大学之于学术劳动者、学生和公众生活不再对问题持开放立场，不再具有可能性，但大学确实处在危机中。其实，大学的危机不是现在才被感受到，不仅后现代主义的代表人物德里达和雷丁等人早已有过分析，[③] 在美国学术界研究文化战争的学者也不同程度地发现了这一问题。

反民主势力对大学的攻击就是对民主政治本身的攻击，大学的危机就是美国民主体制的危机。下面几个方面昭示着美国民主的危机进一步恶化：随着全球反美恐怖主义暴力的升级和美国实力地位的相对下降，美国在世

① Henry A. Giroux, “Higher Education: Reclaiming the University as a Democratic Public Sphere”, in Mark Major ed., *Where Do We Go from Here? American Democracy and the Renewal of the Radical Imagination*. Lanham, Maryland: Rowman & Littlefield Publishers, 2010, p. 71.

② Henry A. Giroux, “Higher Education: Reclaiming the University as a Democratic Public Sphere”, in Mark Major ed., *Where Do We Go from Here? American Democracy and the Renewal of the Radical Imagination*. Lanham, Maryland: Rowman & Littlefield Publishers, 2010, pp. 71 - 72.

③ Jacques Derrida, *Eyes of the University*. Stanford: Stanford University Press, 2004; Bill Readings, *The University in Ruins*. Cambridge, MA: Harvard University Press, 1996.

界上的不安全感越来越强烈，使美国崛起为“千年军事国家”；全球化的负面后果的危害性影响不断扩大；日常生活日益原子化；以国内外战争为标示的暴力的有增无减。“随着右翼意识形态狂热分子和基督教原教旨主义者把反理性、异议、对话和世俗人道主义的深刻偏见所培育出的猖獗的反智主义和僵硬的道德主义予以合法化，批判思想在所有公共空间尤其是高等教育中遭到攻击。”① 在新保守势力攻击面前，不仅美国公众处于失语状态，连许多教育工作者也不再说学校教育与民主休戚与共的话，相信教育现在就是与职业培训、竞争市场利益、爱国正确，以及为国家安全状态提供稳定的劳力供应的事。右翼的咄咄逼人和左翼的示弱退让导致美国社会政治犬儒主义盛行，对高等教育促进社会进步功能持怀疑主义态度的人越来越多。

在这种情况下，左派必须有所作为，必须作出回击。罗杰·西蒙认为，要把大学作为民主的公共空间和反对日益增长的军事主义、公司主义和右翼政治原教旨主义力量的抵抗基地，就需要对大学的意义有新的认知，就要把大学看作是“与产生思想的地方相关联的思想之地”；就要认真考虑学识与守诺的有思想的公民的形成之间的关系；就要阻止大学向反民主的势力和将获得授权的知识、批判思想以及受过教育的公民视为颠覆或更坏的形式的空想家作进一步的妥协。② 吉卢克斯则认为，在民主力量退却和军事化、公司主义与政治原教旨主义的意识形态与实践在个人和集体经验的各个方面显露峥嵘之际，教育工作者到底需要做什么，对这个问题的回答不仅对高等教育而且对民主的公共生活的未来将产生重大影响。而这两个方面是教育工作者责无旁贷的任务：一是就高等教育的目标与意义及其与更大政治秩序的关系给出另类的民主解释；二是对大学和大学以外广大社会的公司化和军事化趋势进行评估。

当然，由于反民主势力联盟是有备而来，气势汹汹，左派的反击必须要深思熟虑，讲究策略。既要直接应对由新自由资本主义、军国主义和其

① Henry A. Giroux, “Higher Education: Reclaiming the University as a Democratic Public Sphere”, in Mark Major ed., *Where Do We Go from Here? American Democracy and the Renewal of the Radical Imagination*. Lanham, Maryland: Rowman & Littlefield Publishers, 2010, pp. 72 – 73.

② Roger Simon, “The University: A Place to Think?”, in Henry A. Giroux and Costas Myrsiades ed., *Beyond the Corporate University*. Lanham, MD.: Rowman & Littefield, 2001, p. 46.

他为数不少的反民主倾向引发的当下的危机，更要把重心放到与未来相联系的下一代青年人身上。因为公民和学生如果要在参与制定影响日常生活、制度改革和政府政策的决策中做重要的选择和判断，自主性、自我反思和独立性等品质是不可或缺的，如果公民没有这些品性，民主制度是无法运作的。高等教育不仅能够让公民学会了解他人，运用其自由与更多关心社会正义并行不悖，而且还能让他们就保持人类的尊严和民主政治生活的治理提出问题。因此，学术界可以设想其责任为公民－学者，持批判立场，其工作与更大的社会问题挂钩。教育者要站在有意义的批判教育学立场引导学生，让他们就当下的社会诸问题展开辩论与对话，让他们相信不仅公民生活很重要，而且他们能够在创造这种生活中做到与众不同。简单地说，民主的高等教育本身就是应对反民主势力攻击的最有力的武器。那么，民主教育的基本指向是什么？埃里克·戈尔德认为，民主教育要做三件事：

> 第一，它必定是争取民主、争取一个公正社会的更大的善的教育；第二，它必定既为其手段也为其目的争辩，它必定源自思想史，源自长期的民主价值观念与实践，其中包括争辩与批判的能力，也包括容忍骑墙（ambiguity）的能力；第三，它必定参与民主社会进程，不仅展示出既承认也接受他人权利的道德偏好，而且展现出鼓励争辩和批评的偏好。总之，由于对自由民主和资本主义文化矛盾进行调和，大学是一种民主教育。[①]

这其实是众多公共知识分子的共识，譬如霍华德·津恩、诺亚姆·乔姆斯基、斯坦利·阿罗诺维茨、朱迪丝·巴特勒等著名学者就主张，知识分子需要通过对教育战略的投入开创“做政治”（doing politics）的新方式，这种战略一方面强调对权威和权力滥用进行无情批评，另一方面强调致力于实现民主之承诺的可能性话语。[②] 即学术界应该应用其技能与知识打破学

---

① Eric Gould, *The University in a Corporate Culture*. New Haven: Yale University Press, 2003, p. 225.

② Henry A. Giroux, “Higher Education: Reclaiming the University as a Democratic Public Sphere”, in Mark Major ed., *Where Do We Go from Here? American Democracy and the Renewal of the Radical Imagination*. Lanham, Maryland: Rowman & Littlefield Publishers, 2010, p. 76.

术界小圈子，把学术与社会现实结合起来，与广大的外部世界特别是工会、草根组织以及以问题为导向的行动分子组织进行交流沟通，使民主话语之根深植于社会基层。

总之，高等教育面临多重挑战，左派知识圈需要使自身团结一致，联合进步的和自由主义知识力量，勇敢地向军事—工业—学术综合体挑战，牢牢掌握公平正义的民主话语权，维护大学民主空间的地位，通过高等教育的引领作用，使民主真正成为全社会的主流话语，一条通向真正民主的社会之路将由此开始。

4. 对女权与种族平等的激进思考

激进女权主义与无政府主义结盟

自20世纪60～70年代以来，女性主义运动在美国获得了长足的发展，无论是在经济和政治领域，还是文化领域，女性主义的成就都是有目共睹的。然而，如果以激进女性主义的目标来衡量，进步是十分有限的。女性主义学者R. 克莱尔·施奈德－霍尔认为，现今是一个选择性的时代，做出选择常常是妇女面临的问题。在此情形下，对女性主义的理论和策略等进行反思、调整成为必然。这种调整将建立在对60～70年代激进女性主义的借鉴和无政府主义立场之上。

激进女性主义以妇女解放著称，最早出现在1967年新左派运动中，1975年转向文化女性主义。艾丽斯·伊乔尔斯认为，激进女性主义“是一场致力于消除性别阶级制度的政治运动……用今天的术语说，激进女性主义者就是想让性别不再具有相关性的典型的社会建构主义者。”① 施奈德－霍尔认为，激进女性主义如下四个观点能够为当今女性主义理论的重整旗鼓提供借鉴。第一，激进女性主义不只是简单地以在现存社会中向妇女提供平等机会为目标，而是更致力于改变让男性占据优势的整个多面性的性与性别制度以及资本主义阶级结构。第二，激进女性主义者把男女从扼杀个性的传统性别角色的束缚下解放出来。第三，由于父权制度具有长期和无所不在的特性，激进女性主义者主张变革需要对现行的一切进行猛烈批判。第四，激进女性主义者认识到，妇女们内化社会规范的方式充当

① Alice Echols, *Daring to Be Bad: Radical Feminism in America 1967 - 1975*. Minneapolis: Minnesota University Press, 1989, p. 6.

了让她们自己处于压迫之下的同谋者。

无政府主义是美国左派传统最为鲜明的特征之一。正如美国学者德莱昂所说的，无政府主义是美国激进主义的主要传统，清教主义、资本主义和原子论的联合在美国激进派中间引发了普遍的无政府主义冲动。[①] 无政府主义最基本的理论立场是反对一切形式的外部权威，它是19世纪后期伴随经济集中化、城市化和工业化社会出现的经济与社会动荡的产物。在当代美国文化左派看来，无政府主义是当今左派最合时宜的理论武器，理由有二：一是国家权威不断强化，国家强制有增无减；二是人们中间的反国家主义意识潜滋暗长。这两个条件为左派再度强调反国家主义路线提供了时机。[②] 表面上看起来，无政府主义似乎与女性主义之间在理论上存在较明显的距离，女性主义阵营中的无政府主义理论家也不占主导地位，但事实上无政府主义已经对女性主义产生了亲和力。无政府主义对统治和强制的抵制源于人类对自由久远的渴望，它反对所有形式的强制与女性主义反对男人对女人施行的权力与控制之间有着逻辑上的联系。由于主张自由与自主权，无政府主义自然支持妇女争取自由、平等、自决和尊重的斗争。

具体而言，无政府主义对行将来临的女性主义新浪潮有何价值呢？施奈德-霍尔认为，无政府主义传统为当代女性主义提供了几种关键的洞察力。首先，无政府主义的多元主义哲学与拒绝教条主义和一致性的第三波女性主义十分对路，由于无政府主义反对权力与统治，提倡个人自决，它决不容许教条主义。其次，无政府主义拒绝党派思维，从而防止了自身成为一个先锋政党的可能。与无政府主义一样，第三波女性主义缺少一个共同的定义，没有共同的定义，就不会有一群人被视为事业的领头人。再次，无政府主义把男人和女人视为平等的人类，而不是激进女权主义所主张的性别阶级。无政府主义支持人类为争取更加美好的生活而斗争，不同意男女间的利益必然是对立的观点。所有的人都是拥有七情六欲的人类，都需要和渴望伙伴、爱与性。因此，性别歧视并不能简单地视为有利于男人和

---

① David DeLeon, *The American as Anarchist: Reflections on Indigenous Radicalism*. Baltimore and London: John Hopkins University Press, 1978, pp. 5 - 7.

② R. Claire Snyder-Hall, "Radical Feminism in the Age of Choice", in Mark Major ed., *Where Do We Go from Here? American Democracy and the Renewal of the Radical Imagination*. Lanham, Maryland: Rowman & Littlefield Publishers, 2010, pp. 128 - 129.

伤害女人，伤害的其实是男女双方。如果没有男性的支持和参与，对现行性别制度的变革是不可能发生的。又次，无政府女性主义把女性主义与更大的进步主义传统重新联系起来。最后，无政府主义对社会结构和文化传统抱以批判的眼光，还把人际关系纳入其视阈。他们认为，要改变性别制度，需要对异性关系做一个全面的检查，在这里每个女性必须由她自己就什么是对的做决定。①

除了以无政府主义的理论和词语来重构女性主义理论外，女性主义学者和活动分子认为，在促进女性主义议程上可做的事情有三个方面：其一，在公共空间更积极地努力，让女性主义之声在美国妇女中更加响亮；其二，致力于开展妇女批评并就她们的选择进行不失偏颇的讨论；其三，努力扩大妇女的选择范围，这样她们就不会由于选择受限而受到强制。

种族平等目标与全球正义运动的融汇

在过去的近半个世纪里，美国社会在促进种族平等方面取得了显著的成效。以教育和经济机会为例，黑人高中毕业率从1960年的20%增至2006年的81%，获得大学文凭的比例则从3%增至19%；1970年，家庭年收入超过7.5万美元的黑人家庭占黑人家庭总数的3%，2006年这一比例上升到17%。同时，黑人贫困率减少了一半，从51%降到25%；1965年，黑人婴儿周岁内死亡率为4%，2005年降到1.4%，同一时期黑人预期寿命从64岁上升到73岁。② 在政治领域，则表现为越来越多的黑人进入政治舞台中心，担任市长、州长、议员、法官、部长的黑人络绎不绝，2008年奥巴马成功入主白宫无疑是黑人在政治领域取得的史诗般的成就。

尽管美国社会在种族关系上自20世纪60年代以来的进步有目共睹，但由制度、历史和文化诸因素共同维系的种族主义与种族意识仍然根深蒂固，它在社会生活众多领域对公民权利的促进起着相反的作用和负面影响。正如英国学者德迥（Greta de Jong）所指出的，种族问题依然是后民权时代美

① R. Claire Snyder-Hall, "Radical Feminism in the Age of Choice", in Mark Major ed., *Where Do We Go from Here? American Democracy and the Renewal of the Radical Imagination*. Lanham, Maryland: Rowman & Littlefield Publishers, 2010, pp. 131 - 132.

② U. S. Bureau of the Census, 2008 *Statistical Abstract*, 145 (Table 217); 2009, 442 (Table 668); 1970, 325 (Table 499); 2001, 475 (Table 754); 1970, 55 (Table 69); 2009, 81 (Table 110); 2009, 74 (Table 100), http://www.census.gov/compendia/statab/past_years.html.

国社会一大顽症，是“看不见的敌人”。[①] 从经济生活看，1965 年之后的 40 年里，黑人失业率一直是白人的两倍以上，2005 年，1/4 的黑人是穷人，白人中穷人的比例只有 11%；白人家庭中等收入比黑人家庭中等收入高出 24000 美元；1/3 的白人家庭年收入超过 75000 美元，而黑人家庭达到这一数额的不足 1/5；与白人相比，黑人完成大学学业的比例较低，没有医疗保险的黑人比白人多得多；黑人婴儿夭折率是白人的两倍以上；[②] 80 年代初，白人失业率是 9%，黑人则达到 20%，90 年代白人失业率降到 5%，黑人仍高达 12%；1988 年，具有大学以上教育程度的黑人失业率是 17%，而白人是 6%，16~24 岁没有大学学历的黑人失业率则高达 34%，而相同教育层次和年龄段白人的失业率 14%。[③]

显而易见，种族问题不是通过几个法案就能一劳永逸地解决的，也不是政治明星中多了些非洲裔面孔就标示出种族问题不再是美国社会的老大难题了。自奥巴马入主白宫以来，众多左翼学者甚至一些自由派人士就克服美国的种族不平等问题提出了种种思路，具体来看，主要有三种：其一，重建安全网以应对黑人就业危机。例如，《奥巴马的挑战》一书的作者罗伯特·库特纳就主张模仿丹麦提高工人教育与培训以增强工作能力的计划，认为这是解决美国种族不平等问题的有效政策选择。格伦·福特和伦迪·阿尔贝达等人同样认为，可以由政府通过政策为黑人创造工作机会，重建安全网以抵御失业威胁。[④] 其二，恢复肯定性行动计划。左派人士很清楚，肯定性行动计划并非万应仙方，但作为一种公共政策工具，在扩大和促进变革上有着非同寻常的潜在作用，因此，他们把恢复这一政策作为当下和未来左翼的一项政策目标，虽然在现今美国严峻的政治氛围下，要实现绝非易事。其三，把美国黑人反种族歧视的斗争与全球正义运动融合在

① Greta de Jong, *Invisible Enemy: The African American Freedom Struggle after 1965*. Oxford: Wiley-Blackwell, 2010.

② U. S. Bureau of the Census, 2008 *Statistical Abstract*, 374 (Table 571); 2008, 458 (Table 689) and 449 (Table 674); 2009, 442 (Table 668); 2008, 145 (Table 217) and 107 (Table 146); 2008, 81 (Table 108), http: //www. census. gov/compendia/statab/past_ years. html.

③ U. S. Bureau of the Census, 1990 *Statistical Abstract*, 380 (Table 628); 1990, 383 (Table 633), http: //www. census. gov/compendia/statab/past_ years. htm.

④ Glen Ford, "Black Jobs Disappearing at Depression-Era Rates", http: //www. kagendareport. com.

一起。在德迥等左翼学者眼中，种族关系中存在的严重不公是以20世纪后期信息、资本、货物、人员的跨国界快速流动为背景的，它与公司资本主义全球扩张密切相关。非洲裔美国人成为资源私有化、财富分配自由市场化和银行与公司利益特权化政策的牺牲品。[①] 美国有色人种与全球南方国家具有共同的命运，粉碎资本主义的一统天下的图谋是实现真正族群平等目标的关键。

除以上所述外，学术左派还就工会与劳工、宗教与进步等方面的关系进行了不失深刻的思考，这些思考成为有关未来激进想象的重要内容。2009年，自称是无政府主义者、社会主义者或民主社会主义者的激进历史学家霍华德·津恩公开号召要把社会主义重新带回美国公共讨论中来，社会主义名称在20世纪被苏联搞坏了，但在美国一直是个好词：

> 社会主义有尤金·德布斯，有克拉伦斯·达罗，有琼斯母亲，有爱玛·戈德曼，全国有数百万人阅读社会主义报刊。嗨，从基本上来说，社会主义让我们拥有一个更为和善与雅致的社会。让我们拥有一种不是为了某些公司有利可图而生产，而是为了人们需要而生产物品的经济制度。人们因为必须超越资本主义所以不会放弃社会主义这个词。[②]

这不仅仅是霍华德·津恩个人对社会主义的信心流露，也是美国为数不少的左翼人士共同心声的表白。

---

① Greta de Jong. *Invisible Enemy*: *The African American Freedom Struggle after* 1965. Oxford: Wiley-Blackwell, 2010, p. 169.

② Dave Zirin, "Howard Zinn: The Historian Who Made History", *The Huffington Post*, January 28, 2010.

余论：左翼如何改变了战后美国？

一 战后美国左翼政治文化的核心话语

综而观之，自第二次世界大战结束以来的近70年间，美国左翼政治文化走过了一条起伏曲折的坎坷路。我们大体上可以把这段历史划分成四个时期：第一个时期从1945年至50年代末，在冷战和麦卡锡反共歇斯底里的政治氛围下，以美国共产党为代表的老左翼力量遭到严重打压与摧残，组织规模大幅度萎缩，影响力迅速下降。同时，面对急剧变迁的美国社会现实，美共在理论上也陷入了困境。它对阶级斗争和制度革命的教条主义态度使它在下一个十年乃至更长时期的火热社会运动中成了看客。第二个时期是风起云涌的60年代，这是战后美国左翼政治文化堪称耀眼的十年。主导这十年的是出身于中产阶级家庭的年轻的校园政治与文化反叛者。这些中产阶级的孩子们以旺盛的精力、浪漫的想象力、空前的破坏力、奇异的表现力把循规蹈矩的中产阶级社会搅了个天翻地覆，有力地渲染了一代人对现实的失望与绝望以及对平等、和平、自由、民主等理想社会的热望，他们力图通过全然拒绝当下社会的一切找到通往理想社会的康庄大道。第三个时期是70年代至90年代初。在这个阶段，萌芽于60年代的各种抗议运动构成的新社会运动把“60年代精神”推上了一个新台阶，“新左派”的底层意识成为后新左派运动的一大法器。无论是争取新社会运动、废除监狱运动、环境运动、和平运动，还是以种族、性别、同性恋等为主体的弱势群体权利运动，都贯穿着底层意识这一红线，都浸透着草根民主精神。第四个时期是冷战结束以来至今。在这个阶段，美国左翼力量由于新自由主义席卷全球形成的高压陷入艰难境地，美国各种左翼组织为走出困境在理论和实践上进行了坚持不懈的努力，在多元文化主义运动、反资本主义全球化运动以及反对美国全球霸权主义的行动中找到了让左翼重归美国政治中心舞台的路标。通过后现代主义和严重金融危机等视镜，对资本主义的晚期性质和总体性危机的不可克服性有了较为深入的认识，正是基于这一认识，当前美国左派对其前途信心倍增。

毫无疑问，每个时期的中心任务和主题不尽相同。战后初期，处于艰难困苦中的老左派一方面为自身的生存苦苦挣扎，另一方面继续为工人阶级的利益和为实现美国社会主义的远大理想前景开展理论探讨，以产业工人为主体的阶级革命是其政治行动的基石，也是其坚定不移的目标。事实上，从战后初期直至今日，以美国共产党为代表的老左派的工作重心一直放在宣传、组织和发动制造业工人身上，他们相信，社会主义将会是美国大多数人的选择，因为它能让一个更加美好与和平的世界——“一个人与自然先于利润的世界”——变为现实，而社会主义的实现，除以工人阶级为主体的社会进步力量的联合，并经过长期奋斗外，别无他路。新左派的政治与“文化革命”如火如荼的60年代，个体政治权利平等成为这个时期的核心主题。这个时期最响亮的口号是“个人的就是政治的”，最具号召力的政治主张是“参与民主制”，它在否定代议制民主的同时，以个体权利为出发点，提出了人人参与决策的直接民主的激进政治方案，虽然极具乌托邦色彩，但它无疑是战后左翼政治最有价值最具影响力的制度创议。70年代以来直到当前的时期，以基层民主变革为基本路径的多元政治文化目标，贯穿着一个共同主题，文化差异的承认与文化群体身份的平等。这一平等扩大到全球视阈，与经济公正的目标相结合，迅即成为反资本主义全球化的利器。概而论之，从个人自由到群体文化平等再到人类社会整体正义，是左派永恒不变的追求，个体和群体自由的最大化是左翼政治文化的中心主题。

二　左翼政治文化与战后美国社会变革

战后美国历史可以说是一部社会变革史，来自左翼的政治异议和严厉批评是其重要的内在推动力。例如，20世纪60年代的“向贫困宣战”和

“伟大社会”改革，其直接动因就是左派政治活动家迈克尔·哈林顿等人对“丰裕社会”表象后面大规模贫困现象的无情揭露以及诸多黑白年轻激进派以具体抗议行动对社会不公表达的强烈不满。左翼的激烈社会批判使自由派意识到问题的严重性，如约翰逊总统就明确承认贫困仍是国家心灵上的“创伤”，以改革来医治创伤为不二之选择。事实上，正是在以高校激进学生为主体的新左派知识群体的推动和参与下，60年代的改革才得以不断向前推进。除倡导和推动政治经济改革议程外，美国左派通过理论探讨、社会运动与政治抗争实践等方式整体上为战后美国社会变革提供了强大的动力。具体来看，这种引擎作用主要表现在下面几个方面。

1. 左翼社会运动成为弱势群体的最佳政治代言渠道

社会运动影响政治决策问题一直是政治社会学研究的热点和重要主题。美国普度大学的S. 劳蕾尔·魏尔敦对社会运动如何代表弱势群体对政治决策施加影响的研究最具典型性。她指出：“社会运动是重要的政治代表渠道，对于现行民主政体中的被排斥者和弱势群体尤其如此。”① 虽然社会运动缺乏作为民主代表制必备条件的权威与责任的正规机制，但它依然提供了民主的代表性。当然，这种代表性是通过多样化的政治动员方式来实现的，政治动员方式既包括传统的院外活动或利益集团、选民登记和教育创制以及领导机构的途径，也包括日常的语言变革政治、体制改革、消费者抵制、街头戏剧、文化批评以及致力于更广泛社会变革的基层工作。社会运动通过这些政治动员方法创造出并复活了民主的公民社会，而且基本上形成了政治制度的建构和运作，这些在国家与公民社会之间的持续互动中具有深远持久的影响力。左翼社会运动尽管存在种种不足，如有人指责它实际上在为边缘群体代言上做得并不多，更多的是代表特权集团利益，但在魏尔东看来，社会运动无论如何依旧是包括妇女在内的弱势群体最佳代表渠道。而且，最为重要的是，在影响政治决策上，社会运动每每比传统的选举政治要有效得多。②

① S. Laurel Weldon, *When Protest Makes Policy: How Social Movements Represent Disadvantaged Groups*. Ann Arbor: The University of Michigan Press, 2011, p. 1.

② S. Laurel Weldon, *When Protest Makes Policy: How Social Movements Represent Disadvantaged Groups*. Ann Arbor: The University of Michigan Press, 2011, p. 28.

2. 左翼社会运动对政府内政外交决策的压力作用

美国著名政治学与历史社会学家查尔斯·蒂利和康奈尔大学政府学教授西德尼·塔罗认为，社会抗争运动与政府关系密切，以美国移民法为例，自19世纪末以来，美国一直推行具有种族歧视性质的移民法，直到20世纪60年代，在国际和国内民权运动的压力下，这一备受訾议的法案才寿终正寝。另外，为了应对国际舆论和推进外交政策的需要，美国政府也每每对国内社会运动的诉求作出积极回应，“从杜鲁门到肯尼迪时期的历任美国总统都曾以支持国内公民权来满足其外交政策需要”。[①] 自60年代以来，左翼的社会运动对美国政府内外政策的制定和修正以及终结具有十分重要的作用。例如，正是高校黑白学生的激进反种族隔离制度和反贫困社区行动，对联邦政府形成了全面的政治压力，推动约翰逊政府投入大刀阔斧的自由主义改革之中；正是新左派学生激进的政治文化反叛运动迫使美国高校改革进程提速；正是年轻的一代激烈的反战行动迫使约翰逊放弃连任总统的打算，使新任总统尼克松从战略上思考退出越南之策，越南问题的解决迅速从设想变成现实；种族、性别和性选择权利平等和自由的激进诉求对政府决策形成长期性的压力，带来的是肯定性行动、多元种族身份、双语制、反歧视立法的完善、少数族裔和女性在政治与立法领域日渐成为影响全局的力量。

3. 左翼与自由派再结盟推动社会改革

在20世纪美国历史上，左翼与自由派三次结盟，掀起了三次改革高潮。第一次是世纪初反腐败促进社会公正的进步主义改革，第二次是30年代恢复经济活力促进经济公正的罗斯福“新政”改革，第三次是60年代反歧视反贫困的“伟大社会”改革。60年代“伟大社会”改革被公认为20世纪美国政治改革的高峰，虽然改革发生在冷战大背景下，但这一波改革依然与左派密切相关。首先，约翰逊正是因为获得大批高校青年知识分子的支持而确保在1964年大选中获胜的，这为他在之后的任期中推行改革创造了不可或缺的政治条件；其次，早期许多学生团体和民权组织积极投入争取种族平等和反对经济不公的抗议和社区改革等具体工作中，与政府的自由主义改革形成相互呼应态势，客观上为自上而下的改革创造了有利的政治氛围；再次，不

---

① 〔美〕查尔斯·蒂利，西德尼·塔罗：《抗争政治》，李义中译，南京：译林出版社，2010年，第241页。

少左翼领袖成为约翰逊政府的座上宾，如迈克尔·哈林顿就被请到华盛顿参与改革的决策。最后，美国左翼直接为战后改革提供了政治纲领和方案，无论是60年代“伟大社会”改革，还是70年代之后持续性的教育改革，或者是奥巴马政府的医保改革，其最初的构想大都来自左派。

4. 左翼文化对美国大众文化的影响

20世纪60年代伊始，美国通俗文化进入了一个长期繁荣与快速发展的时期，其原因是多方面的，左翼政治文化运动和实验所起到的启迪、催化和预示作用是不可替代的。2008年，保守主义学者迪里希·德苏查在其新著《敌人在家里》一书中指控美国文化左派要对“9·11”事件的发生负责，认为正是美国文化左派招来恐怖分子对美国纽约世贸大楼和华盛顿五角大楼的袭击。理由有二，其一，美国文化左派培育了颓废堕落的美国（大众）文化，激怒了其他传统性和宗教性社会；其二，通过指责美国要对世界上所有问题负责，促成了美国内部和外部世界反美主义的发展。[①] 这一指控虽然耸人听闻，荒诞不经，但至少告诉了我们一个事实，当代美国大众文化的繁荣与左派密切相关。

所谓大众文化（popular culture），就是由文化工业批量生产、为大众喜闻乐见、带给大众感性愉悦的文化作品或行为，是一种在社会上流行的文化形态。尽管美国大众文化起始于20世纪初，并主要借助市场力量演化为时代大潮，包括持批判立场的法兰克福学派在内的大多数论者据此否定大众文化的价值与意义，但左翼在理论上消解高雅与通俗之间的分野、让文化与日常生活并轨以及提供基本的价值判断上的作用却是无可否认的。早在葛兰西的《狱中札记》中，大众文化就被看作是商业逻辑自上而下与大众自下而上相互妥协的产物，即文化既是商业的，又是真实的。[②] 作为现代美国大众文化载体和表现形式的通俗报刊、电视、电影、卡通画、广告、流行音乐、波普艺术、牛仔衣裤、快餐食品等，正是在左翼60年代“文化革命”、左翼文学的新意识和后60年代多元文化主义浪潮的助推下，登堂入室成为与高雅文化不分轩轾的主流文化的组成部分，就对型塑美国和世

① Dinesh D'Souza, *The Enemy At Home: The Cultural Left and Its Responsibility for 9/11*. New York: Broadway Books, 2008.

② John Storey, *An Introduction to Cultural Theory and Popular Culture*. Athens: The University of Georgia Press, 1998, p.172.

界的心灵和品位而言，大众文化在同高雅文化的对垒中早已轻松胜出。公平而论，美国大众文化由于借助文化工业的运作机制而走向世界，本身自然浸透了市场和资本逻辑，成为全球资本扩张利益链的工具，但是，大众文化中隐含的左翼政治文化符码客观上也同样借助市场手段在全球范围内不断复制，其影响的深度和广度无法估量。例如，以列依《想象》为代表的众多左翼作品在世界各地的经典化演绎与传颂说明，大众文化带给世界的正能量不可低估。

三　美国左翼面临的挑战及其未来

1. 问题与挑战

美国左翼当前存在的问题和面临的挑战不少，概括起来，主要有以下几方面。

第一，左翼所面对的政治文化生态或生存环境仍然较为不利。这种不利的政治生态主要表现在以下几个方面：首先，全球化的不断向纵深推进导致社会经济与阶级结构发生根本性变化，制造业边缘化，阶级碎片化，生活与工作方式日益向小化，人际关系日渐虚拟化，所有这些，带来一个直接的后果是，左翼的社会基础不断零散化。其次，虽然2007年发生的金融危机表明，资本主义制度的总体性危机日渐突显，20世纪70年代以来的经济历程也表明，资本主义的活力在不断衰减，但资本主义制度内在的自我完善和“疗伤”机制依旧十分有效，特别是资本主义所具有的生产力和积极功能还远未到全部发挥出来的大限时刻，左翼憧憬的社会变革依然是远景。再次，以两党制为基础的美国政治所具有的强大统合力依然如故，左派的种种推进社会正义与进步的纲领与主张都很难逃脱被这种统合力吞噬的命运。最后，美国的利益集团政治虽然为左翼的政治运作提供了一定的条件与空间，但它在很大程度上限制了左翼政治的发展，其原因是，利益集团政治产生了一个重要后果：政治决策空间零散化和碎片化。左翼虽然获得了较为自由的政治运作空间，但其有效性十分有限地限于微观具体政策领域，对宏观社会变革主题基本上无效。

从文化生态来看，左翼同样深处逆境。这主要表现在新自由主义通过操控媒体牢牢掌控社会话语权，以持续编纂个人奋斗成就梦想的美国梦神话既为现实中的不平等的合法性提供理由，又十分有效地从文化上把左翼逼入死角。美国主流媒体在当代所塑造的白手起家的偶像人物莫过于著名黑人脱口秀节目主持人奥普拉·温弗里（Oprah Winfrey）。温弗里自己在节目中再三声称，贫穷与富有，归根结底是由个人决定的。她的节目之所以广受追捧，除了对成功大饼的描绘较为巧妙诱人外，最根本的原因还是其节目较好地向观众传输了新自由主义的政治意旨。奥普拉的成功，虽然同她自身的努力分不开，但事实上真正成就其事业的是黑人政治激进主义和公民权利运动。奥普拉神话的盛行恰恰反映了新自由主义媒体与权力的强势。2008 年茶党的兴起进一步佐证了新自由主义影响美国社会文化心理的深度和广度。在新自由主义浸润下的美国社会，趋功逐利越来越充斥美国民众文化生活的全部，它与个人主义结合，使社会达尔文主义潜移默化地占据大众心灵，结果是美国社会的共情缺失症（empathy deficit disorder）日趋严重。[①] 这对左翼推进集体福祉构成了无形的阻力。

第二，左翼仍然没有解决后工业时代理论变革问题。

首先，左派囿于意识形态的僵化教条，画地为牢，自捆手脚。哥伦比亚大学新闻学教授、左翼学者托德·吉特林对当今美国左派的症状看得入木三分，他认为，美国左派与美国主流社会严重脱节，逐渐退缩到意识形态角落中，反对美国所有的政策，却提不出真正可行的替代性政策选择。美国共产党在这方面是典型，它虽然顽强地坚守自己的政治信念，矢志不移地追求美国的社会主义化这一远大理想，却百年如一日地把工作重心放在制造业工人这一群体身上，丝毫也不考虑这一群体正越来越萎缩和日益边缘化的现实，不考虑美国社会结构中产阶级化的新趋势，所提口号如反垄断等显得陈旧老套，很难吸引民众。虽然美共自冷战结束以来也在不断探索，改变自我形象以争取更多社会关注，重新赢得群众，比如把环境主义、和平主义纳入政纲，并与社会主义挂钩，但总体上仍然未脱离原有的老套路，旧框架。例如，2009 年 3 月，美共主席萨姆·韦伯代表美国共产党首次参加科罗拉多大学主办的具有 61 年历史的“世界事务大会”，他参加了多达 9 个的专场讨论会，虽然涉及的问题比较宽泛，但实际上也没有提

① 〔美〕莫里斯·伯曼（Morris Berman）：《美国为什么完蛋了？帝国衰败的根源》，洪子婧译，北京：世界图书出版公司，2013 年，第 98 ~ 99 页。

出新的思路和真正可行的战略策略。[①] 没有为晚期资本主义时代的社会变革提供新颖别致和引起普遍共鸣的可行理论。

其次，当代文化左派在对待科学等问题上的极端解构立场使其难免陷入理论困境。受法兰克福学派社会批判理论和后现代解构主义的影响，美国学术左派相信，科学技术是启蒙话语的重要组成部分，它是现代性统治的重要支柱，现代社会人的异化和人类生存的种种不自由状态都与科学技术的发展紧密相关。科学被现代社会奉若神明，科学等于真理，现代性以科学性来为自身的合法性和合理性作证。因此，科学不仅为现代性社会提供外在的社会控制手段，更充当了从人的意识深处控制人的枷锁。于是，无论是后现代主义、后殖民主义、多元文化主义，还是女权主义、环境主义、历史与文化建构主义，都不同程度地对科学持批判与否定立场。在为数不少的学术左派眼中，“科学与其说是一种知识体系，还不如说是一个寓言，它记载了一套社会规范和代码，虽然十分精致化，但只是一种神话结构，为的是使一个阶级、种族、性别能堂而皇之地凌驾于另一个阶级、种族、性别之上。”例如，左翼社会学家哈维·弗格森（Harvie Ferguson）就公开认为，现代物理学的发展是以“资产阶级意识”的演变为条件并受其支配的产物。[②] 著名左翼学者阿罗诺维茨同样坚守这样的信念：科学技术是支撑现代资本主义结构的基础中的关键因素，祛除科学的神秘性，颠覆其可靠性与客观性就自然而然地成为左派理论家责无旁贷的任务。[③] 无独有偶，当安德鲁·罗斯（Andrew Ross）、史蒂文·贝斯特（Steven Best）和凯瑟琳·黑黎斯（N. Katherine Hayles）[④] 等人致力于用后现代科学取代现代科

---

① 韦伯参加的专场论题分别为：“注意：赤字混乱”；“家庭价值观：文化战争的受害者”；“政府伦理学：LOL”；“政治候选人：无信仰者无地盘”；“我们还要受刺激吗?”；“自由意志论者、进步派、共产主义者：政治局外人”；“何以缔造领袖”；“我们现在都是社会主义者”。“Head Red goes to Boulder for a lalapalooza conference”，http：//www. peoplesworld. org/head-red-goes-to-boulder-for-a-lalapalooza-conference.

② 〔美〕保罗·R. 格罗斯，诺曼·莱维特：《高级迷信：学术左派及其关于科学的争论》，孙雍君、张锦志译，北京：北京大学出版社，2008 年，第 52、53 页。

③ Stanley Aronowitz, *Science As Power: Discourse and Ideology in Modern Society.* Minneapolis: University of Minnesota Press, 1988.

④ Andrew Ross, *Strange Weather: Culture, Science and Technology in the Age of Limits.* London: Verso, 1991; Steven Best and David Kellner, *Postmodern Theory: Critical Interrogations.* New York: Macmillan/Fuilford, 1990; N. Katherine Hayles, *Chaos Bound: Orderly Disorder in Contemporary Literature and Science.* Ithaca: Cornell University Press, 1990.

学的远大理想时，在安·加里（Ann Garry）、玛丽琳·皮尔索（Marilyn Pearsall）和桑德拉·哈定（Sandra G. Harding）等为代表的女性主义学者努力下，女性主义科学批判变成了一门新学科。她们认为，科学一直是男性的领地，为西方父权价值观所浸透，充满了对女性的偏见。主张在女性主义科学基础上重建科学：这是一种全新的科学，它将现代科学中存在的性别主义、种族主义、阶级论和仇视同性恋的污秽荡涤一空。① 于是，女性代数学、女性物理学、女性生物遗传学等应运而生。在环境主义领域，激进环境主义者同样把推翻现代科学在内的现代性社会作为实现生态伊甸园的必由之路。现代医学也一样。左派的反科学论在20世纪末引发了一波激烈的关于科学问题的大论战，左派强行赋予科学意识形态性，彻底否定其进步功能，对科学体系和方法论大加贬斥，实际上并未能为自己在政治上赢得加分。因为这些攻击一方面给人以明显的牵强附会之感；另一方面，所提出的替代方案又显得形同儿戏，尤其是激进生态主义提出的摒弃科学回归自然的出路，纯粹是历史上数度出现的田园乌托邦怀旧迷梦的再现。反对把科学神圣化的倾向本身无可厚非，但走向极端彻底否定科学本身，并因为否定现代性元叙事和启蒙理性，而把现代社会中人的异化和不自由状态、人类所遭遇到的如大屠杀等种种不幸以及环境的恶化等总账算到科学头上，科学何其冤也！本是资本主义批判者和信奉进步理念的左派，无意之中既把自己变成了19世纪浪漫主义和保守主义的同路人，又把自己变成了资本主义制度的实际辩护人。

最后，左翼在理论上仍然未能解决后现代社会变革的路径和主体等问题。如前所述，后现代主义是现代美国文化左派社会分析的重要理论工具，它不仅为左翼提供了理解现代资本主义社会的独特视角，也不仅为左派准备了进行当代社会批判的重武器，还为左派提供了当前工作的方向与政策基础。从20世纪60年代反主流文化的异托邦空间的创建，到80年代以来詹姆逊等人的后现代文化抵抗空间的重构，总体上看，左派的解构、颠覆和摧毁行动声势赫赫，然而，细致考察后便不难发现，全然拒绝了现代价值和话语的后现代文化左派，其政治虚无主义使之有意无意地回避社会变

① Ann Garry, Marilyn Pearsall ed., *Woman, Knowledge, and Reality: Explorations in Feminist Philosophy*. London: Routledge, 1997; Sandra G. Harding, *The Science Question in Feminism*. Ithaca: Cornell University Press, 1986.

革的路径、意义和主体诸问题，结果是，在左翼的现实政治抗争中，零散性和偶发性便成为其真实写照，这对左翼政治的发展形成了内在的羁绊。

第三，左翼未能找到有效的方法扭转在政治舞台上影响力不断降低的不利趋势，或者说未能充分灵活有效地利用现行制度机制推进事业的发展。虽然自 70 年代以来，包括美国共产党和社会党在内的一些左翼政治组织试图借助民主党的政治平台来实现其政治抱负，甚至在选举中每每选择支持民主党候选人，但这种在边上摇旗呐喊或擂鼓助威的做法，从实际成效上看，显然得不偿失。的确，通过民主党的政治平台，左翼团体的一系列改革计划中的一部分进入了政治议程，成为法案得到了实施，种族、性别、性选择和阶级等领域的基本人权的保护与扩大有了许多突破，但是，左派的代价是，自己旗帜的隐匿化和政治影响的去名化。相关调查发现，绝大多数美国人对于美国存在共产党和社会党等左翼政党这一事实感到十分惊讶，这在一定程度上说明了问题的严重性，一个匿名化的政党在后现代和全球化时代要想引领社会变革潮流可谓如蜀道之难。

第四，左翼仍然未找到整合内部分裂的路径。美国左翼旗号众多，山头林立，内部矛盾与斗争极大地消耗了组织的力量，虽然美国共产党等左派政治党派和团体提出了所有左派联合起来的主张，但没有找到有效的实现联合的方法。实现联合的最理想目标是建立统一的全国性政党。早在 20 世纪 80 年代末，左翼学者理查德·弗莱克斯就对建立统一的全国性左翼政党的必要性和重要性有过细致的分析。他认为，一个统一的全国性左翼政党的存在对于左翼事业具有不可替代的作用。（1）统一的全国性政党能够为左翼人士提供具有全国性而非地区性影响的争论和亮相的舞台，能够让基层左派人士的声音进入全国性媒体，对国家精英的政策及其实施产生影响。（2）全国性政党是标示和界定左翼政治身份的最显而易见的方法。（3）全国性组织是一种协调机制。（4）全国性政党是一种共识机制。在各个时期，左派常常在面对形形色色的战略、路径、手段和各种计划时争执不已，政党的集体决策机制能够解决这一难题。（5）全国性组织比地方性组织更有生命力，更具持久性。（6）政党是一种社会和“纪律”架构。①

① Richard Flacks, *Making History: the American Left and the American Mind.* New York: Columbia University Press, 1988, pp. 195 - 196.

第五，左翼仍未找到真正有效的全球化时代反资本主义的社会动员方法。许多左派人士欢呼互联网的发展为左翼事业的复兴提供了机遇，并因此在宣传、组织、动员等方面越来越倚重网络手段。乔姆斯基曾经对街头抗议示威深有感触地评论道，通过网络等的确能很快把人们组织起来，上街表达愤怒和不满，但游行完回家后，一切又归于沉寂。这种动员方式效率可能较高，但没有持久性。可谓一语中的。另外，由于无政府主义传统的根深蒂固，一些左派人士对恐怖主义路径有一种本能的喜好，他们试图通过极端方式来引起社会关注，实现社会动员，但结果往往适得其反。20世纪90年代以“炸弹怪客”闻名的激进环境主义者西奥多·卡克辛斯基就是最好的例子。[①]

2. 美国左翼的未来

尽管美国左派存在诸多问题，面对的挑战与压力有增无减，但从主客观两个方面的情形可以想象，美国左翼依然拥有赢得未来的无穷机会。从客观条件看，美国社会问题层出不穷，许多问题与制度或体制紧密联系在一起，其中最突出的莫过于不平等或社会严重不公问题。这为左翼政治文化的生存发展提供了空间。美国学者科林·戈登指出，当今美国的不平等比20世纪的任何时候都要严重，工资、收入和财富上的鸿沟比其他任何民主的发达经济体深广得多。1979年至2007年间，占美国人口1%的最富有者实际收入增长了3倍，而中等家庭只增长了25%，广大中层工人的收入不比70年代后期多，低收入群体则在这个时期收入不断下降。最富有的1%人口拥有国民财富的1/3，最富有的5%人口拥有国民财富的60%。[②] 经济不平等与政治不平等互为根源，占领华尔街运动透露出一个不容否定的迹象：美国大多数中产阶级对于不平等的容忍度已经达到极限，这为变革提供了可能。

主观方面，左翼从未放弃其以天下为己任的政治抱负与异议立场，一直在思考和建构可行的替代性选择和方案。战后以来美国左翼政治文化的

① 西奥多·卡克辛斯基（Theodore Kaczynski），密歇根大学数学博士，加州大学伯克利分校教授，社会批评家，极端环境主义者，恶名昭著的恐怖主义分子。1978～1995年，他通过安置或邮寄自制炸弹袭击现代技术设施，造成3人死亡，23人受伤。

② Colin Gordon，“Our Inequality：An Introduction”，March 6，2014，http：//www. dissentmagazine. org/online_ articles/our-inequality-an-introduction.

曲折发展历程及当下面临的挑战表明，在理论和实践两个方面，美国左翼知识分子为创建一个更加美好的理想的社会一直在不懈奋斗与探索，他们对未来的信心不仅揭示出社会理想主义的强大感召力，也折射出美国文化中不满于现状勇于进取的民族心理与左翼政治追求社会正义的精神的高度耦合。这种内在的亲和性决定着美国社会未来的演进历程与左翼政治文化影响的密不可分。

当然，从起源上看，美国左翼政治文化是欧洲激进主义传统在美国社会独特历史环境中不断适应和调整变异的产物，这就使得美国左翼政治文化群体与欧洲左翼政治文化群体相比较，具有十分鲜明的特性。如果说欧洲左派对政党政治和议会政治一向兴味甚浓，美国左派则不然，他们相对比较偏好理论研究和文化分析，这显然是60年代新左派的传统。这种差异势必导致美国左翼政治文化未来的表现形式和影响社会进程的方式将会明显有别于欧洲，立足于文化领域，通过“文化革命”引领社会变革一直是美国左派的旨趣所在，对这样一种渐进性变革的可行性，他们几乎没有过怀疑和动摇。

诚然，美国左翼力量自身问题不少，最严重的是内部冲突与分裂，造成理论主张上大相径庭，在近期内，还看不出有实现整合的可能，更看不到在统一或联合的基础上组成一个具有全国性影响或号召力的政党的迹象。这对左翼事业的大发展和出现决定性转变造成了极大的阻遏，使左翼事业要想在看得见的将来有突破性的发展，几无可能。不过，各左翼政治组织作为政治文化上与右翼相对的一端，整体上的共同之处是显而易见的：一是对社会现实的批判态度与立场；二是对重塑理想社会蓝图的执着；三是对理论参与社会实践抱有程度不等的巨大热忱。这就为美国左翼未来的整合、合作或联合准备了土壤。早在进入21世纪之初，奥克兰大学政治经济学教授罗宾·凯利就明确指出：“美国左翼组织之间有诸多分歧，但在反对垄断资本这一点上却是一致的，这就是我们建立联盟的基础。我们如果不团结起来，不但达不到有效反对资本主义的目的，反而会被资产阶级各个击破，历史上这种教训是不胜枚举的。”①

① 罗宾·凯利在纽约“社会主义学者大会”上宣读的论文《向着21世纪前进的美国左翼》，第5页。转引自张金鉴《当代美国左翼现状及其发展前景》，《国外理论动态》2001年第2期。

左翼的最大特征在于，无论境况如何，总是执着于更加美好的生活与社会形态的想象与追求，以永不满足于现状的态度对现实社会持批评立场。同时，大多数左翼人士面对逆境与挫折仍然坚定不移地守护自己的信仰，对未来充满信心。例如，在冷战终结后，被视为美国左翼中“新马克思主义”重要理论旗手的沃勒斯坦公开表示：“共产主义的式微并不意味着自由主义这一意识形态赢得了最终胜利，而是决定性地削弱了自由主义意识形态继续发挥其历史作用的能力。”① 冷战的终结和新自由主义全球化在全球的强力推进，为陷入低潮的左翼事业提供了巨大的千载难逢的转机。因为新自由主义在把全球资本主义化的同时，导致国内和全球的双重极化与分裂：国内极少数人和世界上极少数国家在财富蛋糕的分配中占据大份，绝大多数人和绝大多数国家分得较少的份额，这种差距仍在以马太效应方式扩大。这一过程所孕育的针对资本主义的不满和敌视意识终将发展为否定性的制度变革力量，而如何把分散的抗议力量整合起来，对于现代美国左派，既是机遇，也是挑战。

---

① 〔美〕伊曼纽尔·沃勒斯坦：《自由主义的终结》，郝名玮、张凡译，北京：社会科学文献出版社，2002 年，第 7 页、第 9 页。

参考文献

（一）中文文献

〔法〕阿尔贝·加缪：《西西弗的神话》，杜小真译，桂林：广西师范大学出版社，2002 年。

〔匈〕阿格妮丝·赫勒：《激进哲学》：赵司空、孙建茵译，哈尔滨：黑龙江大学出版社，2011 年。

〔英〕阿列克斯·卡利尼科斯：《反对资本主义宣言》，罗汉、孙宁、黄悦译，上海：上海世纪出版社，2005 年。

〔美〕阿瑟·林克、威廉·卡顿：《一九〇〇年以来的美国史》（上中下），刘绪贻等译，北京：中国社会科学出版社，1983 年。

〔美〕埃里克·方纳：《给我自由！一部美国的历史》（下），王希译，北京：商务印书馆，2010 年。

〔美〕艾伦·伍德：《新社会主义》，尚庆飞译，南京：江苏人民出版社，2002 年。

〔美〕保罗·R. 格罗斯、诺曼·莱维特：《高级迷信：学术左派及其关于科学的争论》，孙雍君、张锦志译，北京：北京大学出版社，2008 年。

〔美〕鲍勃·迪伦：《像一块滚石：鲍勃·迪伦回忆录》（第一卷），徐振锋、吴宏凯译，南京：江苏人民出版社，2007 年。

〔加〕本·阿格尔：《西方马克思主义概论》，慎之等译，北京：中国人民大学出版社，1991 年。

〔美〕查尔斯·蒂利，西德尼·塔罗：《抗争政治》，李义中译，南京：译林出版社，2010 年。

陈永国：《文化的政治阐释学》，北京：中国社会科学出版社，2000 年。

〔英〕大卫·哈维：《新自由主义简史》，王钦译，上海：上海译文出版社，2010 年。

〔美〕大卫·雷·格里芬：《后现代精神》，王成兵译，北京：中央编译出版社，2011 年。

〔美〕戴维·C. 科顿：《当公司统治世界》，王道勇译，广州：广东人民出版社，2006 年。

〔美〕丹尼尔·贝尔：《资本主义文化矛盾》，赵一凡译，北京：三联书店，1992 年。

〔美〕丹尼尔·布尔斯廷：《美国人：殖民地历程》，时殷弘译，上海：上海译文出版社，1997 年。

〔美〕道格拉斯·凯尔纳、斯蒂文·贝斯特：《后现代理论：批判性的质疑》，张志斌译，北京：中央编译出版社，2001 年。

〔美〕道格拉斯·拉米斯：《激进民主》，刘元琪译，北京：中国人民大学出版社，2008 年。

〔英〕斐欧娜·戴维恩：《美国和英国的社会阶级》，姜辉、于海青、肖木等译，重庆：重庆出版社，2010 年。

付文中：《新社会运动与国外马克思主义思潮：后马克思主义研究》，济南：山东大学出版社，2009 年。

〔美〕H. N. 沙伊贝、H. G. 瓦特、H. U. 福克纳：《近百年美国经济史》，彭松建等译，北京：中国社会科学出版社，1983 年。

〔美〕H. 马尔库塞：《爱欲与文明》，黄勇、薛民译，上海：上海译文出版社，1987 年。

〔美〕H. 马尔库塞：《单面人》，左晓斯译，长沙：湖南人民出版社，1988 年。

〔英〕哈维：《后现代的状况：对文化变迁之缘起的探究》，阎嘉译，北京：商务印书馆，2003 年。

河清：《全球化与国家意识的衰微》，中国人民大学出版社，2003 年。

〔美〕亨金：《权利的时代》，信春鹰等译，北京：知识出版社，1997 年。

〔美〕I. 沃勒斯坦：《自由主义的终结》，郝名玮、张凡译，北京：社会科学文献出版社，2002 年。

〔美〕吉尔伯特·菲特、吉姆·里斯：《美国经济史》，司德淳、方秉铸译，沈阳：辽宁人民出版社，1981 年 。

〔美〕佳亚特里·斯皮瓦克：《从解构到全球化批判：斯皮瓦克读本》，陈永国等主编，北京：北京大学出版社，2007 年。

〔法〕贾克·阿达利：《噪音：音乐的政治经济学》，宋素凤、翁桂堂译，上海：上海人民出版社，2000 年。

〔美〕杰克·A. 戈德斯通：《国家、政党与社会运动》，章延杰译，上海：上海人民出版社，2009 年。

〔美〕杰姆逊：《后现代主义与文化理论》，唐小兵译，北京：北京大学出版社，1997 年。

〔美〕凯文·尼尔森编《伤害 + 侮辱——争论中的再分配、承认和代表权》，高静宇译，上海：上海人民出版社，2009 年。

孔明安等：《当代国外马克思主义新思潮研究——从西方马克思主义到后马克思主义》，北京：中央编译出版社，2012 年。

〔美〕拉塞尔·雅各比：《乌托邦之死：冷漠时代的政治与文化》，姚建彬译，北京：新星出版社，2007 年。

〔美〕雷迅马：《作为意识形态的现代化：社会科学与美国对第三世界的政策》，牛可译，北京：中央编译出版社，2003 年。

李慎明主编《世界社会主义跟踪研究报告（2010 - 2011）——且听低谷新潮声（之七）》北京：社会科学文献出版社，2011 年。

李世涛：《重构全球的文化抵抗空间：詹姆逊文化理论与批评研究》，北京：社会科学文献出版社，2008 年。

〔美〕理伯卡·E. 卡拉奇：《分裂的一代》，覃文珍、蒋凯、胡元梓译，北京：社会科学文献出版社，2001 年。

〔美〕理查德·霍夫斯塔特：《美国政治传统及其缔造者》，王忠和译，北京：商务印书馆，2010 年。

〔美〕理查德·罗蒂：《筑就我们的国家：20 世纪美国左派思想》，黄宗英译，北京：三联书店，2006 年。

刘金源等：《全球化进程中的反全球化运动》。重庆：重庆出版社，2006 年。

〔美〕露丝·本尼迪克特：《文化模式》，孙志民等译，杭州：浙江人民出版社，1987 年。

〔美〕卢瑟·S. 利德基：《美国特性探索》，龙治芳、唐建文、丁一川、陈致等译，北京：中国社会科学出版社，1991 年。

〔美〕路易斯·哈茨：《美国的自由主义传统》，张敏谦译，北京：中国社会科学出版社，2003 年。

吕庆广：《60 年代美国学生运动》，南京：江苏人民出版社，2005 年。

〔美〕罗伯特·布伦纳：《全球动荡的经济学》，郑吉伟译，北京：中国人民大学出版社，2012 年。

〔美〕罗纳德·H. 奇尔科特主编《批判的范式：帝国主义政治经济学》，施杨译，北京：社会科学文献出版社，2001 年。

〔美〕M. J. C. 维尔：《美国政治》，王合等译，北京：商务印书馆，1981 年。

〔美〕罗斯：《后现代与后工业》，张月译，沈阳：辽宁教育出版社，2002 年。

〔美〕马尔库塞等著《工业社会和新左派》，任立编译，北京：商务印书馆，1982 年。

〔美〕马泰·卡林内斯库：《现代性的五副面孔》，顾爱彬、李瑞华译，北京：商务印书馆，2003 年。

〔美〕迈克尔·H. 亨特：《意识形态与美国外交政策》，褚律元译，北京：世界知识出版社，1999 年。

〔美〕迈克尔·赫德森：《金融帝国：美国金融霸权的来源和基础》，嵇飞等译，北京：中央编译出版社，2008 年。

〔美〕迈克尔·卡门：《自相矛盾的民族：美国文化的起源》，王晶译，南京：江苏人民出版社，2006 年。

〔美〕麦克尔·哈特，〔意〕安东尼奥·奈格里：《帝国——全球化的政治秩序》，杨建国等译，南京：江苏人民出版社，2003 年。

〔美〕曼纽尔·卡斯特主编《网络社会：跨文化的视角》，周凯译，北京：社会科学文献出版社，2010 年。

〔美〕莫里斯·伯曼：《美国为什么完蛋了？帝国衰败的根源》，洪子婧译，北京：世界图书出版公司，2013 年。

〔美〕纳尔逊·曼弗雷德·布莱克：《美国社会生活与思想史》，（上下），许季鸿等译，商务印书馆，1994 年。

南方朔：《愤怒之爱：六〇年代美国学生运动》，台北：久大文化股份有限公司，1991 年。

〔美〕诺尔曼·布朗：《生与死的对抗》，冯川、伍厚恺译，贵州人民出版社，1994 年。

〔美〕诺姆·乔姆斯基：《恐怖主义文化》，张鲲、郎丽璇译，上海：上海译文出版社，2006 年。

〔美〕诺姆·乔姆斯基：《失败的国家——滥用权力和践踏民主》，白璐译，上海：上海译文出版社，2009 年。

〔美〕诺姆·乔姆斯基：《宣传与公共意识》，信强译，上海：上海译文出版社，2006 年。

〔英〕佩里·安德森：《思想的谱系：西方思潮左与右》，袁银传、曹荣湘等译，北京：社会科学文献出版社，2010 年。

〔美〕乔姆斯基：《新自由主义和全球秩序》，徐海铭、季海宏译，南京：江苏人民出版社，2000 年。

〔美〕塞缪尔·亨廷顿，劳伦斯·哈里森主编《文化的重要作用——价值观如何影响人类进步》，程克雄译，北京：新华出版社，2002 年。

〔美〕莎拉·范·吉尔德、Yes！杂志社员工：《占领华尔街：99% 对 1% 的抗争》，嵇飞等译，北京：中国商业出版社，2012 年。

〔美〕斯蒂芬·金泽：《颠覆：从夏威夷到伊拉克》，张浩译，上海：华东师范大学出版社，2007 年。

〔美〕斯坦利·阿罗诺维茨、希瑟·高特内主编，麦克尔·哈特、安东尼奥·奈格里等著《控诉帝国：21 世纪世界秩序中的全球化及其抵抗》，肖维青等译，桂林：广西师范大学出版社，2004 年。

〔英〕斯图亚特·西姆：《后马克思主义思想史》，吕增奎、陈红译，南京：凤凰出版传媒集团：2011 年。

〔美〕苏珊·桑塔格：《反对阐释》，程巍译，上海：上海译文出版社，2011 年。

〔法〕托克维尔：《论美国民主》，〔上下〕董果良译，北京：商务印书馆，2007 年。

汪晖、陈燕谷主编《文化与公共性》，北京：三联书店，2005 年。

王逢振主编《新马克思主义》，北京：中国人民大学出版社，2004 年。

王建平：《美国后现代小说与历史话语》，北京：中国人民大学出版社，2012 年。

王宁、薛晓源主编《全球化与后殖民批评》，北京：中央编译出版社，1998 年。

王璞：《文化战争中的美国大学》，北京：北京师范大学出版社，2008 年。

王雨辰：《生态批判与绿色乌托邦》，北京：人民出版社，2009 年。

王政：《女性的崛起：当代美国的女权运动》，北京：当代中国出版社，1995 年。

〔美〕威廉·恩道尔：《霸权背后：美国全方位主导战略》，顾秀林、吕德宏、赵刚、郭寒冰等译，北京：知识产权出版社，2009 年。

〔美〕威廉·恩道尔：《粮食危机：运用粮食武器获取世界霸权》，赵刚译，北京：知识产权出版社，2009 年。

〔美〕威廉·恩道尔：《目标中国：华盛顿的“屠龙”战略》，戴健、顾秀林、朱宪超译，北京：中国民主法制出版社，2013 年。

〔德〕韦尔纳·桑巴特：《为什么美国没有社会主义?》，赖海榕译，北京：社会科学文献出版社，2003 年。

〔美〕希尔奎特：《美国社会主义史》，朱立人译，北京：商务印书馆，1970 年。

向红：《全球化与反全球化运动新探》，北京：中央编译出版社，2010 年。

萧耳等：《20 世纪 60 年代西方时尚符号》，北京：东方出版社，2009 年。

〔英〕肖恩·霍默：《弗雷德里克·詹姆森》，孙斌、宗成河等译，上海：上海人民出版社，2004 年。

徐崇温：《“西方马克思主义”》，天津：天津人民出版社 1982 年。

颜岩：《批判的社会理论及其当代重建——凯尔纳晚期马克思主义思想研究》，北京：人民出版社，2007 年。

杨斌、茅于轼：《占领华尔街之争》，北京：中国社会科学出版社，2013年。

〔美〕伊曼纽尔·沃勒斯坦、布热津斯基等：《大变局：30位顶级学者研判后“9·11”时代的世界格局》，中国国际问题研究所译，南昌：江西人民出版社，2002年。

〔美〕伊曼纽尔·沃勒斯坦：《现代世界体系》（第一卷），罗荣渠译，北京：高等教育出版社，1997年。

尤则顺：《乔姆斯基：语言、政治与美国对外政策研究》，北京：世界知识出版社，2005年。

俞可平编《全球化时代的“马克思主义”》，北京：中央编译出版社，1998年。

〔美〕约翰·贝拉米·福斯特：《生态危机与资本主义》，耿建新、宋兴无译，上海：上海译文出版社，2006年。

〔美〕约翰·罗默：《社会主义的未来》，张金鉴、余文烈等译，重庆：重庆出版社，2010年。

〔美〕约翰·迈克斯威特、爱德瑞恩·伍德里奇：《现在与未来——全球化的机遇与挑战》，盛健、孙海玉译，北京：经济日报出版社，2001年。

〔美〕约翰·尼古拉斯：《美国社会主义传统》，陈慧平译，北京：社会科学文献出版社，2013年。

岳麟章主编《当代西方政治思潮》，西安：陕西人民出版社，1988年。

〔美〕詹明信：《晚期资本主义的文化逻辑》，陈清侨等译，北京：三联书店，2003年。

〔美〕詹姆斯·奥康纳：《自然的理由：生态学马克思主义研究》，唐正东、臧佩洪译，南京：南京大学出版社，2003年。

〔美〕詹姆斯·亨特：《文化战争：定义美国的一场奋斗》，安荻等译，北京：中国社会科学出版社，2000年。

〔美〕詹姆斯·克利夫德：《从嬉皮到雅皮：昔日性革命亲历者自述》，李二仕等译，西安：陕西师范大学出版社，1999年。

〔美〕詹姆逊：《文化转向》，胡亚敏等译，北京：中国社会科学出版社，2000年。

张铁志：《时代的噪音：从迪伦到U2的抵抗之声》，桂林：广西师范大学出版社，2010 年。张永红：《20 世纪 60 年代美国青年反战思潮研究》，北京：光明日报出版社，2009 年。

赵稀方：《后殖民理论》，北京：北京大学出版社，2009 年。

赵一凡编《美国的历史文献》，北京：三联书店，1989 年。

周穗明、王玫等：《西方左翼论当代西方社会结构的演变》，南京：江苏人民出版社，2008 年。

（二）英文文献

AFSC, *Struggle for Justice: A Report on Crime and Punishment in America.* New York: Hill & Wang, 1972.

Albritton, Robert et al. ed., *New Socialisms: Futures Beyond Globalization.* New York: Routledge, 2004.

Alinsky, Saul, *Rules for Radicals: A Pragmatic Primer for Realistic Radicals.* New York: Vintage Books, 1989.

Anton, Anatole and Richard Schmitt ed., *Toward a New Socialism.* New York: Lexington Books, 2007.

Alexander, Robert J., *International Trotskyism, 1929 – 1985: A Documented Analysis of the Movement.* United States of America: Duke University Press, 1991.

Alperovitz, Gar, *Atomic Diplomacy: Hiroshima and Potsdam: the Use of the Atomic Bomb and the American Confrontation with Soviet Power.* New York: Pluto Press, 1965.

Apple, Michael, W. Kristen, L. Buras eds., *The Subaltern Speak: Curriculum, Power, and Educational Struggles.* New York: Routledge, 2006.

Aronowitz, Stanley., *Science As Power: Discourse and Ideology in Modern Society.* Minneapolis: University of Minnesota Press, 1988.

Asante, Molefi Kete, *Afrocentricity.* Trenton, N. J.: Africa World Press, 1989.

Ashby, LeRoy and Bruce M. Stave eds., *The Discontented Society: Interpretations of Twentieth-century American Protest.* Chicago: Rand McNally & Company, 1972.

Bacciocco, Edward Jr., *New Left in America: Reform to Revolution.* Stanford: Stanford University Press, 1974.

Bacevich, Andrew J. , *The Imperial Tense: Prospects and Problems of American Empire.* Chicago: Ivan R. Dee, 2003.

Baritz, Loren, *The American Left: Radical Political Thought in the Twentieth Century.* 1971.

Bell, Daniel, *Marxian Socialism in the United States.* New Jersey: Princeton University Press, 1967.

Benger, Dan ed. , *The Hidden 1970s: Histories of Radicalism.* New Brunswick, New Jersey: Rutgers University Press, 2010.

Bernstein, Barton J. ed. , *Toward a New Past: Dissenting Essays in American History.* New York: Vintage Books, 1969.

Best, Steven, Douglas Kellner, *The Postmodern Adventure.* London: Guilford Press, 2001.

Betsworth, Roger G. , *The Radical Movement of the 1960's.* Metuchen, New Jersey: The Scarecrow Press, 1980.

Bhabha, Homi K. , *The Location of Culture.* New York: Routledge, 1994.

Bissonette, Jamie, *When the Prisoners Ran Walpole: A True Story in the Movement for Prison Abolition.* Cambridge, MA: South End Press, 2008.

Blau, Judith ed. , *The World and US Social Forums: a Better World is Possible and Necessary* . 2008.

Boaz, David ed. , *Left, Right & Baby boom: America's New Politics.* Washington D. C. : Cate Institute, 1986.

Bonnett, Alastair, *Left in the Past: Radicalism and the Politics of Nostalgia.* New York: Continuum, 2010.

Boyer, Paul S. , *Promises to Keep: the United States Since World War II.* Boston: Houghton Mifflin, 1999.

Breines, Wini, *The Great Refusal: Community and Orgnization in the New Left*: 1962 - 1968. New York: Praeger Publishers, 1982.

Buhle, Paul, *Marxism in the United States: Remapping the History of the American Left.* London and New York: Verso, 1987.

Buhle, Mari Jo, Paul Buhle and Dan Georgakas, *Encyclopedia of the American left* (Second edition) . Oxford: Oxford University Press, 1998.

Burket, Paul, *Marxism and Ecological Economics: Toward a Red and Green Political Economy*. Chicago: Haymarket Books, 2009.

Burns, Edward McNall, *The American Idea of Mission*. N. J. : Rutgers University Press, 1957.

Burns, Stuart, *Social Movements of the 1960s: Searching for Democracy*. Boston: Twayne Publishers, 1990.

Castells, Manuel, *The Power of Identity*. Oxford: Blackwell, 2004.

Chomsky, Noam, *On Power and Ideology: The Managua Lectures*. Boston: South End Press, 1987.

Chomsky, Noam, *Terrorizing the Neighborhood: American Foreign Policy in the Post-Cold War Era*. UK: Pressure Drop Press, 1991.

Chomsky, Noam, *Media Control: The Spectacular Achievement of Propaganda*. New York: Seven Stories Press, 2002.

Clecak, Peter, *Radical Paradoxes: Dilemmas of the American Left*, 1945 – 1970. New York: Monthly Review Press, 1973.

Cortright, David, *Peace: a History of Movements and Ideas*. Cambridge, UK; New York: Cambridge University Press, 2008.

Commager, H. S. , *The American Mind: An Interpretation of Thought and Character Since the 1880s*. New Heaven: Yale University Press, 1955.

Coté, Mark, Richard F. Day and Greig de Peuter eds. , *Utopian Pedagogy: Radical Experiments Against Neoliberal Globalization*. Toronto: University of Toronto Press, 2007.

Cunmins, Eric, *The Rise and Fall of California's Radical Prison Movement*. Stanford, CA: Stanford University Press, 1994.

Danaher, Kevin, *Ten Reasons to Abolish the IMF & World Bank*. New York: Seven Stories Press, 2001.

DeLeon, David, *The American as Anarchist: Reflections on Indigenous Radicalism*. Baltimore and London: John Hopkins University Press, 1978.

Dickenson, Ben, *Hollywood's New Radicalism: War, Globalization and the Movies from Reagan to George W. Bush*. London, New York: I. B. Taris, 2006.

Diggins, John, *The American Left in the Twentieth Century*. New York:

Harcourt Brace Jovanovich, 1973.

Diggins, John Patrick, *The Rise and Fall of the American Left.* New York: W. W. Norton, 1992.

Dimitriadis, G. and C. McCarthy, *Reading and Teaching the Postcolonial: From Baldwin to Basquiat and Beyond.* New York: Teachers College Press, 2001.

Draper, Theodore, *The Roots of American Communism.* New York: Viking Press, 1957.

D' Souza, Dinesh, *The Enemy at Home: The Cultural Left and Its Responsibility for* 9/11. New York: Broadway Books, 2008.

Echols, Alice, *Daring to Be Bad: Radical Feminism in America* 1967 – 1975. Minneapolis: Minnesota University Press, 1989.

Edgley, Alison, *The Social and Political Thought of Noam Chomsky.* New York: Routledge, 2000.

Ellis, Richard J. , *The Dark Side of the Left: liberal Egalitarianism in America.* Lawrence, Kansas: University Press of Kansas, 1998.

Esche, C. And B. Maiguashca, *Critical Theories, International Relations and ' the Anti-Globalization Movement' The Politics of Global Resistance.* New York and London: Routledge, 2005.

Farber, David ed. , *The Sixties: from Memory to History.* Chapel Hill: University of North Carolina Press, 1994.

Farrell, James J. , *The Spirit of the Sixties: Making Postwar Radicalism.* New York and London: Routledge, 1997.

Feathe, David, *Resistance, Space and Political Identities: the Making of Counter-Global Networks.* Malden, MA. : Wiley-Blackwell, 2008.

Fernandez, Luis A. , *Policing Dissent: Social Control and the Anti-Globalization Movement* . New Brunswick: Rutgers University Press, 2008.

Fixico, Donald L. , *Termination and Relocation: Federal Indian Policy,* 1945 – 1960. Albuquerque: University of New Mexico Press, 1984.

Flack, Richard, *Making History: The American Left and the American Mind.* New York: Columbia University Press, 1988.

Flynn, Daniel J. , *A Conservative History of the American Left.* New York:

Crown Publishing Group, 2008.

Foner, Eric, *The New American History.* Philadelphia: Temple University Press, 1997.

Garry, Ann Marilyn Pearsall ed. ; *Woman, Knowledge, and Reality: Explorations in Feminist Philosophy.* London: Routledge, 1997.

Gautney, Heather, *Protest and Organization in the Alternative Globalization Era: NGOs, Social movements, and Political Party.* London: Palgrave Macmillan, 2010.

George, John and Laird Wilcox, *American Extremists: Militias, Supremacists, Klansmen, Communists & Others.* Amherst: Prometheus Books, 1996.

Gidley, Mick ed. , *Modern American Culture: an Introduction.* New York: Longman Publishing, 1993.

Giroux, Henry A. and Costas Myrsiades eds. , *Beyond the Corporate University.* Lanham, MD. : Rowman & Littefield, 2001.

Gitlin, Todd, *The Sixties: Years of the Hope, Days of the Rage.* New York: Bantam Books, 1987.

Glazer, Nathan and Daniel Moynihan, *Beyond the Melting Pot.* Cambridge, Mass. : MT Press, 1963.

Gould, Eric, *The University in a Corporate Culture.* New Haven: Yale University Press, 2003.

Grob, Gerald N. and George Athan Billias eds. , *Interpretations of American History: Patterns and Perspectives.* Vol. 2, Since 1877. New York: Free Press, 1987.

Grossberg, Lawrence, *We Gotta Get Out of This Place: Popular Conservatism and Postmodern Culture.* New York: Routledge, 1992.

Grossman, Victor, *Crossing the River: A Memoir of the American Left, the Cold War, and Life in East Germany.* Boston: Univ of Massachusetts Press, 2003.

Grubacic, Andrej ed. , *From Here to There: Staughton Lynd Reader.* Oakland: PM Press, 2010.

Guskin, Jane and David L. Wilson, *The Politics of Immigration: Questions and Answers.* New York: Monthly Review Press, 2007.

Hall, Simon, *American Patriotism, American Protest: Social Movements Since the Sixties / Philadelphia: University of Pennsylvania Press*, 2011.

Hall, Stuart, *The Hard Road to Renewal: Thatcherism and the Crisis of the Left.* London and New York: Verso, 1988.

Harris, Charles B., *Contemporary American Novelists of the Absurd.* New Haven: Rowman & Littlefield, 1971.

Hassan, Ihab, *Contemporary American Literature*, 1945 – 1972. New York: Ungar, 1976.

Henriksen, Margot A., *Dr. Strangelove's America: Society and Culture in the Atomic Age.* Berkeley: University of California Press, 1997.

Herman, Edward S. and Noam Chomsky, *Manufacturing Consent: The Political Economy of the Mass Media.* New York: Pantheon Books, 1988.

Hollander, Pall, *Anti-Americanism: Irrational & Rational.* New Brunswick (USA): Transaction Publishers, 1995.

Horowitz, Helen Lefkovitz, *Campus Life: Undergraduate Cultures from the End of the Eighteenth Century to the Present.* New York: Alfred A. Knopf, 1987.

Howe, Irving, *Beyond the New Left.* New York: Mcall Pub., 1970.

Isserman, Maurice, *If I Had a Hammer... The Death of the Old Left and the Birth of the New Left.* New York: Basic Books, 1987.

Iton, Richard, *Solidarity blues: Race, Culture, and the American Left.* Chapel Hill: University of North Carolina Press, 2000.

Jackson, George, *Soledad Brother: The Prison Letters of George Jackson.* New York: Bantam Books, 1972.

Jacob, Margaret and James Jacob eds., *The Origins of Anglo-American Radicalism.* London, Boston and Sydney: George Allen & Unwin, 1984.

Jameson, Fredric, *The Geopolitical Aesthetic, or, Cinema and Space in the World System.* Bloomington: Indiana University Press and BFI Publishing, 1992.

Jay, Martin, *Marxism and Totality: the Adventures of a Concept from Lucacs to Habermas.* Berkeley: California University Press, 1984.

Jezer, Marty, *Abbie Hoffman: American Rebel.* New Brunswick, New Jersey: Rutgers University Press, 1992.

Johnpoll, Bernard K. with Lilli, *The Impossible Dream: the Rise and Demise of the American Left.* Westport, Conn. : Greenwood Press, 1981.

Jones, Bryn and Mike O'Donnell eds. , *Sixties Radicalism and Social Movement Activism: Retreat or Resurgence?* London: Anthem Press, 2010.

Jong, Greta de, *Invisible Enemy: The African American Freedom Struggle after* 1965. Oxford: Wiley-Blackwell, 2010.

Jordan, Winthrop D. , *White Over Black: American Attitudes Toward the Negro*, 1550 - 1812 . Chapel Hill, N. C. : University of North Carolina Press, 1968.

Joseph, Peter ed. , *Good Times: An Oral History of America in the Nineteenth Sixties.* N. Y: William Morrow & Company, 1974.

Jumonville, Neil, *Critical Crossings: The New York Intellectuals in Postwar America.* Berkeley: University of California Press, 1991.

Kellner, Douglas, *Herbert Marcuse and the Crisis of Marxism.* London and Berkeley: Macmillan and University of California Press, 1984 .

Kellner, Douglas, *Jean Baudrillard: From Marxism to Postmodernism and Beyond.* New York: Polity Press, 1989.

Kellner, Douglas ed. , *Postmodernism, Jameson, Critique.* Washington: Maospm-meive Press, 1989.

Kupchan, Charles A. , *The End of the American Era: U. S. Foreign Policy and the Geopolitics of the Twenty-First Century.* New York: Alfred A. Knopf, 2002.

Kupchan, Charles A. , *No One's World: The West, the Rising Rest, and the Coming Global Turn.* New York: Oxford University Press, 2012.

Laclau, Ernesto and Chantal Mouffe, *Hegemony and Socialist Strategy: Toward a Radical Democratic Politics.* London: Verso, 2001.

Lafeber, Walter, *The New Empire: An Interpretation of American Expansionism* 1860 - 1898. Ithaca: Cornell University Press, 1963.

Lafeber, Walter, *Inevitable Revolutions: The United States in Central America.* New York: W. W. Norton & Company Incorporated, 1983.

Lasch, Christopher, *The Agony of the American Left.* New York: Vintage Books, 1969.

Lee, Martin A. and Bruce Shlain, *Acid Dreams: the CIA, LSD and the Sixties Rebellion*. New York: Grove Press, 1985.

Lens, Sidney, *Radicalism in America*. New York: Alfred A. Knopf, Inc., 1969.

Levine, Lawrence. *The Opening of the American Mind: Canons, Culture, and History*. Boston: Beacon, 1996.

Levy, Peter B. ed., *America in the Sixties-Right, Left, and Center: A Documentary History*. Westport, Connecticut: Praeger, 1998.

Levy, Steven, *Hackers: Heroes of the Computer Revolution*. Sebastopol, CA.: O'Reilly Media, Inc., 2010.

Lewy, Guenter, *The Cause that Failed: Communism in American Political Life*. New York: Oxford University Press, 1990.

Lichtenstein, Nelson ed., *American Capitalism: Social Thought and Political Economy in the Twentieth Century*. Philadelphia: University of Pennsylvania Press, 2006.

Lind, Peter, *Marcuse and Freedom*. London: Palgrave Macmillan, 1985.

Lindholm, Charles and José Pedro Zúquete, *The Struggle for the World: Liberation Movements for the 21st Century*. Stanford: Stanford University Press, 2010.

Livingston, James, *The World Turned Inside Out: American Thought and Culture at the End of the 20th Century*. Lanham, Md.: Rowman & Littlefield Publishers, 2010.

Lipset, Seymour Martin ed., *The Third Century: America as a Post-Industrial Society*. Stanford: Hoover Institution Press, 1979.

Lobkowicz, Nicolas, *Marx and the West World*. London: University of Notre Dame Press, 1967.

Long, Priscilla, *The New Left: A Collection of Essays*. Boston: Porter Sargent, 1969.

Lypset, Seymour Martin, *American Exceptionalism: A Double-Edged Sword*. New York: Norton, 1996.

Lyotard, Jean-François, *The Postmodern Condition: A Report on Knowledge*.

Minneapolis: University of Minnesota Press, 1984.

Lyotard, Jean-François, *The Lyotard Reader.* London and Cambridge: Basil Blackwell, 1989.

Magnet, Myron. *The Dream and the Nightmare: the Sixties' Legacy to the Underclass.* New York: William Morrow and Company, Inc. 1993.

Magnus, Bernd and Stephen Cullenberg eds., *Whither Marxism?* London: Routledge, 1995.

Major, Mark ed., *Where Do We Go from Here? American Democracy and the Renewal of the Radical Imagination.* Lanham, Maryland: Rowman & Littlefield Publishers, 2010 .

Marcuse, Hebert, *Five lectures: Psychoanalysis, Politics, and Utopia.* London: Allen Lane, 1970.

Marcuse, Hebert, *Studies in Critical Philosophy.* Boston: Beacon Press, 1972.

McGilvray, James, *Chomsky: Language, Mind, and Politics.* London: Polity Press, 1999.

McLaren, Peter, *Teaching against Global Capitalism and the New Imperialism: A Critical Pedagogy.* New York: Rowman & Littlefield, 2005.

McNally, Mark and John Schwarzma ed., *Gramsci and Global Politics: Hegemony and Resistance.* New York: Routledge, 2009.

Mehnert, Klaus, *Twilight of the Young: the Radical Movements of the* 1960*s and Their Legacy.* New York: Holt, Rinehart & Winston, 1976.

Melville, Keith, *Communes in the Counter Culture: Origins, Theories, Styles of Life.* New York: William Morrow & Company, 1972.

Melzer, Arthur M. et al., eds., *Multiculturalism and American Democracy.* Lawrence, Kansas: University Press of Kansas, 1998.

Mertes, Tom, *A Movement of Movements: Is Another World Really Possible?* London and New York: Verso, 2004.

Meyer, David S. and Sidney Tarrow, ed., *The Social Movement Society: Contentious Politics for a New Century.* Lanham, Maryland: Rowman & Littlefield Publishers, 1998 .

Miller, James, "*Democracy Is in the Street*": *From Port Huron to the Siege of the*

Chicago. New York: Simom & Schuster, 1987.

Mills, D. Quinn, *Not Like Our Parents: How the Baby Boom Generation is Changing America.* New York: William Morrow and Company, 1987.

Mollin, Marian, *Radical Pacifism in Modern America: Egalitarianism and Protest.* Philadelphia: University of Pennsylvania Press, 2006.

Morton, Stephen, *Gayatri Chakravorty Spivak.* New York: Routledge, 2003.

Naylor, Larry L. ed., *Cultural Diversity in the United States.* Westport, Connecticut: Bergin & Garvey, 1997.

Neale, Jonathan, *You Are G8, We Are 6 Billion: the Truth Behind the Genoa Protests.* UK: Biddles Ltd., 2004.

Nelson, Brent, *America Balkanized.* Monterey, Va.: American Immigration Control Foundation, 1994.

Nelson, Cary, *Revolutionary Memory: Recovering the Poetry of the American Left.* New York: Routledge, 2001.

Novak, Michael, *Unmelting Ethnics: Politics & Culture in American Life.* New Brunswick: Transaction Publisher, 1996.

Oliver, J. Eric, *The Paradoxes of Integration: Race, Neighborhood, and Civic Life in Multiethnic America.* Chicago and London: The University of Chicago Press, 2010.

Otero, Carlos P. ed., *Noam Chomsky: Critical Assessments.* Vol. 3, New York: Routledge, 1994.

Paolino, Ernest N., *The Foundations of American Empire: William Henry Seward and U. S. Foreign Policy.* Ithaca: Cornell University Press, 1973.

Pleyers, Geoffrey, *Alter-Globalization: Becoming Actors in the Global Age.* Cambridge: Polity, 2010.

Polletta, Francesca, *Freedom is an Endless Meeting: Democracy in American Social Movements.* Chicago: University of Chicago Press, 2002.

Pratt, Alan R. ed., *Black Humor: Critical Essays.* New York: Garland Publishing Inc., 1993.

Prison Research Education Action Project (PREAP), *Instead of Prisons: A*

Handbook for Abolitionists. Oakland, CA: Critical Resistance, 2005.

Prucha, Francis P. , *Americanizing the American Indians.* Cambridge, MA: Harvard University Press, 1973.

Prugh, Thomas, *Natural Capital and Human Economic Survival.* Solomons, Md. : International Society for Ecological Economics, 1995.

Rao, C. P. , *Globalization, Privatization and Free Market Economy.* USA: Greenwood Publishing Group, Inc. , 1998.

Reich, Charles A. , *The Greening of America: How the Youth Revolution Is Trying to Make America Livable.* New York: Random House, 1970.

Robè, Chris, *Left of Hollywood: Cinema, Modernism and the Emergence of U. S. Radical Film Culture.* Austin: University of Texas Press, 2010.

Robertson, R. and K. E. White, *Globalization: Critical Concepts in Sociology.* London: Routledge, 2003 .

Ross, Andrew, *Strange Weather: Culture, Science and Technology in the Age of Limits.* London: Verso, 1991.

Ross, Andrew and Kristin Ross eds. , *Anti-Americanism.* New York: NYU Press, 2004.

Ross, John, *Murdered by Capitalism: A Memoir of* 150 *Years of Life and Death on the American Left* . New York: Nation Books, 2004.

Rossinow, Doug, *Visions of Progress: the Left-liberal Tradition in America.* Philadelphia: University of Pennsylvania Press, 2008.

Roszak, Theodore, *The Making of a Counter Culture: Reflections on the Technocratic Society and Its Youthful Opposition.* New York: Doubleday & Company, 1969.

Rowland, Christopher, *Radical Christianity: A Reading of Recovery.* Oxford: Polity Press, 1988.

Ryan, James G. , *Earl Browder: the Failure of American Communism.* Tuscaloosa and London: The University of Alabama Press, 1997.

Sale, Kirkpatrick, *SDS.* New York: Random House, 1973 .

Sargent, Lyman Tower, *New Left Thought: An Introduction.* Homewood, Illinois: The Dorsey Press, 1972.

Schlesinger, Arthur M. Jr. , *The Disuniting of America.* New York: W. W. Norton & Company, 1992.

Schmidt, Alvin J. , *The Menace of Multiculturalism: Trojan Horse in America.* Westport, Connecticut, London: Praeger, 1997.

Schulz, Max, *Black Humor Fiction of the Sixties.* Athens: Ohio University Press, 1973.

Simi, Pete and Robert Futrell, *American Swastika: Inside the White Power Movement's Hidden Spaces of Hate.* Lanham, Maryland: Rowman & Littlefeld Pubishers, 2010.

Sklair, Leslie, *Globalization and Its Alternatives.* USA: Oxford University Press, 2002.

Smith, Andrea, *Conquest: Sexual Violence and American Indian Genocide.* Cambridge, MA: South End Press, 2005.

Smith, Elton V. , *New Perspectives on Globalization.* New York: Nova Science Publishes, Inc. , 2007.

Starr, A. , *Naming the Enemy: Anti-Corporate Movements Confront Globalization.* New York: Pluto Press, 2001.

Steigerwald, David, *The Sixties and the End of Modern America.* New York: St. Martin's Press, 1995 .

Steinberg, Stephen, *The Ethnic Myth: Race, Ethnicity, and Class in America.* New York: Beacon Press, 1981.

Tarrow, Sidney G. , *Power in Movement: Social Movements and Contentious Politics.* Cambridge, New York: Cambridge University Press, 2011.

Teodori, Massimo ed. , *The New Left: A Documentary History.* Indianapolis: Bobbs Merrill, 1969.

Thompson, Michael J. ed. , *Confronting the New Conservatism: The Rise of the Right in America.* New York: NYU Press, 2007.

Thomson, Irene Taviss, *Culture Wars and Enduring American Dilemmas.* Ann Arbor: The University of Michigan Press, 2010.

Tipton, Steven M. , *Getting Saved From the Sixties: Moral Meaning in Conversion and Cultural Change.* Berkeley and Los Angeles: University of California

Press, 1984.

Tucker, Robert W. , *The Radical Left and American Foreign Policy.* Baltimore, Johns Hopkins Press, 1971.

Turner, Bryan S. , *Theories of Modernity and Postmodernity.* London: Sage, 1991 .

Tytell, John, *Paradise Outlaws: Remembering the Beats.* New York: William Morrow and Company, 1999.

Unger, Iring ed. , *Beyond Liberalism: The New Left Views American History.* Waltham, Massachusetts: Xerox College Publishing, 1971.

Unger, Irvin, *The Movement: A History of the American New Left*, 1959 – 1972. New York: Harper & Row, 1974.

Useem, Bert and Peter Kimball, *Stages of Siege: U. S. Prison Riots* 1971 – 1986. Oxford: Oxford University Press, 1991.

Veltmeyer, Henry ed. , *New Perspectives on Globalization and Antiglobalization: Prospects for a New World Order?* Aldershot: Ashgate, 2008.

Vidal, Gore, *Perpetual War for Perpetual Peace: How We Got to Be So Hated-Causes of Conflict in the Last Empire.* New York: Thunder's Mouth Press, 2002.

Vidal, Gore, *Dreaming War: Blood for Oil and the Cheney-Bush Junta.* New York: Thunder's Mouth Press, 2002.

Wall, Derek, *Babylon and Beyond: the Economics of Anti-capitalist, Anti-globalist and Radical Green Movements.* New York: Pluto Press, 2005.

Waters, M. , *Globalization.* London and New York: Routledge, 2000.

Weinstein, James, *The Long Detour: the History and Future of the American Left.* Cambridge, MA. : Westview Press, 2003.

Wicker, Tom, *A Time to Die: The Attica Prison Revolt.* Lincoln: University of Nebraska Press, 1994.

Weldon, S. Laurel, *When Protest Makes Policy: How Social Movements Represent Disadvantaged Groups.* Ann Arbor: the University of Michigan Press, 2011.

Whitmer, Peter O. , *Aquarius Revisited: Seven Who Created the Sixties Counterculture that Changed America.* New York: MaCmillan publishing Company

1987.

Williams, William Appleman, *The Tragedy of American Diplomacy.* New York: Delta Book, 1972.

Woodcock, George, *Anarchism: A History of Libertarian Ideas and Movements.* Toronto: University of Toronto Press, 2004.

Wuthnow, Robert, *American Mythos: Why Our Best Efforts to Be a Better Nation Fall Short.* Princeton: Princeton University Press, 2006.

Zaretsky, Eli, *Why America Needs a Left: A Historical Argument.* Cambridge, UK; Malden, MA: Polity Press, 2012.

Zimmerman, Michael E., *Contesting Earth's Future: Radical Ecology and Postmodernity.* Berkeley: University of California Press, 1994.

附录1

美国左翼政党与团体（2005年11月27日前）

名称	简称	出版物	意识形态	国际联系	参与选举		成立日期
					议会	总统	
IWA 行动			无政府				1999，由 WSA 分离出
非洲人社会主义党	APSP	《燃烧的矛》	黑人激进左派				1972
全非洲人革命党	AAPRP		黑人激进左派				1972
马列主义联盟（北美）		《联盟》	斯大林主义				1989
美国印第安运动－大治理事会	AIM-GGC		印第安民族主义				1993，从 AIM 中分出
美国印第安运动－自治分部国际联合会	AIM-IFAC		印第安左派、民族主义				1968
无政府主义社区网络			无政府主义				2001
有色人无政府主义者			无政府主义				
Arissa			激进左派				
大西洋无政府主义圈子							

续表

名称	简称	出版物	意识形态	国际联系	参与选举		成立日期
					议会	总统	
巴里奥联盟		《真理》	奇卡诺左派、民族主义				1981
海湾地区无政府共产主义者			无政府共产主义				2003
黑人社区组织者自治网络	BANCO		无政府主义				
黑人激进会议	BRC		黑人激进左派、民族主义				1998
布尔什维克趋势			托派				1982，从斯巴达克团分出
促成骚动组织			无政府主义				1997
联合独立党与国际工人党委员会	CUIP/IWP		黑人民族主义				1979，初名新联盟党
民主与社会主义通讯委员会	CCDS	《通讯员》、《对话与创议》	极端共产主义、左派、社会主义				1991，由美共析出
美国共产党	CPUSA	《人民世界周刊》《政治事务》	共产主义				1919
共产主义之声组织		《共产主义之声》《斗争》	极端毛派				1995，由芝加哥工人之声组织析出
共产主义工人组织	CWO		托派				2002
12月12日运动		《武装群众》	黑人激进组织、左派、民族主义				

续表

名称	简称	出版物	意识形态	国际联系	参与选举		成立日期
					议会	总统	
美国民主社会党	DSA	《民主左派》	左派、社会主义		在民主党名单内		1983，在民主党内活动
变革与运动			左派、共产主义				
西北无政府共产主义联盟	FNAC		无政府共产主义				2002
革命无政府主义集体联盟	FRAC		无政府主义				2002
自由之路社会主义组织（反击）	FRSO	《反击》	斯大林主义				1999，由 FRSO 析出
自由之路社会主义组织（自由之路）	FRSO	《自由之路》	极端毛派、斯大林主义				1985
自由社会主义党	FSP	《自由社会主义者》	托派			支持美共等	1964，由 SWP 析出
大平原无政府主义网络			无政府主义				
美国绿党	GP-US	《绿周》《绿页》	绿色				1996，由 GPUSA 分出
绿色联盟			左派，绿色				2002
独立政治进步网络	IPPN	《独立政治新闻》	左派，社会主义				1995
世界工业工人组织	IWW	《工业工人》	无政府工团主义				1905
当代国际共产党人	ICC	《国际主义》	左派，共产主义				

续表

名称	简称	出版物	意识形态	国际联系	参与选举		成立日期
					议会	总统	
国际社会主义者组织	ISO	《社会主义工作者》《国际社会主义评论》	托派				1977
国际主义者组织		《国际主义者》	托派				1996，由斯巴达克团析出
国际主义前景		《国际主义前景》	左派，共产主义				1986，由ICC分出
国际劳动者组织		《国际主义评论》	左派，共产主义				2002
劳工党		《劳工党新闻》	左派，社会主义				1996
劳动标准党		《劳动标准》	托派				1998
劳工武装之声	LMV	《劳工武装之声》	托派				1998
革命党团	LRP	《无产阶级革命》	托派				1976
争取新美国革命家联盟		《人民论坛》	极端毛派				1997，原共产主义劳工党
左派绿色网络			左派，绿色				1989
左翼党		《前线》	托派				2002
向左转		《向左转》	托派				2001，由ISO分出
自由联盟党			激进左派				1990年代中叶
毛派国际主义运动	MIM	《MIM评论》《毛主义旅居者》	毛派				1983
马列主义组织家			斯大林主义				
全国黑人统一战线	NBUF	《frontpage》	黑人左派，民族主义				1980，联盟

续表

名称	简称	出版物	意识形态	国际联系	参与选举		成立日期
					议会	总统	
新非解放阵线	NALF	*Taion Time*	黑人激进左派，民族主义				1995
新非洲人组织	NAPO	《不择手段》	黑人激进左派，民族主义				1984
新民主		《新民主通讯》					
新党			左派，社会主义				1991
新闻与通信委员会		《新闻与通信》	极端托派				1955
东北无政府共产主义联盟	NEFAC	《东北无政府主义者》 《决裂》 *Barricada*	无政府共产主义				2000
创建美共（马列）组织委员会	OCCPUSA（ML）	《无产者》《劳工至上》	毛派				1983
泛非革命社会主义党			黑人左派，民族主义				1983
社会主义与解放党	PSL	《社会主义与解放》	激进左派				2004，由WWP析出
和平与自由党	PFP	《党派》	左派，社会主义				1967
草原之火组织委员会	PFOC	《突破》	激进左派				1974
进步劳工党	PLP	*Challenge-desafio-le defi*	毛派				1965
进步先行党							
光芒组织			毛派				
红色与无政府主义行动网络	RAAN	《实践杂志》 《RAAN 网络新闻》	无政府共产主义				2002

续表

名称	简称	出版物	意识形态	国际联系	参与选举		成立日期
					议会	总统	
新非洲共和国	RNA	《新非洲人》	黑人激进左派，民族主义				1968
革命反有色专制组织	RACE		无政府主义				2001
革命共产党	RCP	《革命工人》	毛派				1975
革命工人团	RWL	《战斗工人》	托派				1976，由斯巴达克团析出
革命工人党（托派－第四国际）	RWP（T-P）	《无产阶级革命》	托派				
美国社会民主党	SDUSA	《新美国》	社会主义，民主		在民主党名单上		1972
社会主义行动		《社会主义行动》	托派				1983，由SWP析出
社会主义选择		《正义》	托派				1986
社会主义平等党	SEP		托派				1966
社会主义劳工党	SLP	《人民》	德莱昂主义者				1876
社会主义组织者		《组织者》	托派				活动在劳工党内
美国社会党	SPUSA	《社会主义者》	左派，社会主义				1901
德布斯潮流			激进左派				2003
社会主义工人组织	SWO	《社会主义观点》	托派				2001，由社会主义行动分出

续表

名称	简称	出版物	意识形态	国际联系	参与选举		成立日期
					议会	总统	
社会主义工人党	SWP	《战斗者》	托派				1937
经济平等协会			德莱昂主义者				1983，由 SLP 分出
团结		《反潮流》	托派				1986
第四国际论坛			托派				
东南无政府主义网络			无政府主义				2004
美国斯巴达克团		《工人先锋》	托派				1966，由 SWP 分出
美国绿党	G/GPUSA	《绿色政治》《综合与再生》	绿色				1984
火花		《火花》	托派				1971
托洛茨基主义劳工团		《耕耘者》	托派				2003，由 WIL 析出
托洛茨基主义统一组织			托派				2003，由 RWP（T－P）分出
真理		《真理》					2001 年前称作社会主义
统一人民民族党		*El Sembrador*	齐卡诺左派，民族主义				1970
美国和平党			和平主义				
统一组织委员会		《统一》	亚裔美国人				1991，从革命斗争联盟分出
美国马列组织	USMLO	《革命之声》	极端毛派				由马列主义党分出
佛蒙特进步党		*Moose Crossings*	左派，社会主义				1999

续表

名称	简称	出版物	意识形态	国际联系	参与选举		成立日期
					议会	总统	
工人行动		《工人行动》	托派				2003
工人民主网络		《工人民主》	托派				
工人国际联盟青年组织	WIL	《社会主义诉求》《新青年》	托派				2001年前称为社会主义劳工
美国工人党		《工人》	斯大林主义				1992
美国工人社会主义党	WSP – US		激进左派				2002，由WSPUS析出
工人团结联盟	WSA	《观念与行动》	无政府工团主义				1984
工人世界党	WWP	《工人世界》	极端托派，激进左派				1959，由SWP析出
劳动家庭党	WFP		左派，社会主义				1999
美国世界社会主义党	WSPUS	《世界社会主义评论》	激进左派				1916

附录 2

主要非党派左翼刊物

《民族》（***The Nation***）周刊，1865 年创刊，发行量 190000 份。

这个刊物自誉为“左派的旗舰”，属于政治文化刊物。主要关注范围：建筑、艺术、公司、国防、环境、电影、法律事务、音乐、和平、裁军、诗歌、联合国。

发行者：位于纽约曼哈顿的 Nation 公司。

从 20 世纪初直到 70 年代，几乎 Nation 的每一个编辑都被 FBI 视为颠覆分子或危险分子受到特别关注。

《在这些时代》（***In These Times***）月刊，1976 年创刊，发行量 17000 份。

发行者：芝加哥公共事务研究所。

宗旨：促进美国政治进步与社会民主。

它关注的对象：大公司与政府劣行、国际事务、文化事项、环境问题、女性主义、基层民主、少数族群社区、进步观念与媒体。

《琼斯母亲》（***Mother Jones***）双月刊，1974 年创刊。

左翼政治刊物，主要关注领域为政治、环境、人权和文化。刊名因纪念爱尔兰裔社会活动家玛丽 · H. 琼斯而得。

《进步派》（***The Progressive***）月刊，1909 年创刊。

进步主义时代的产物，以反对政治经济领域的腐败、促进社会的民主进步为主要宗旨。

《美国展望》（***The American Prospect***）月刊，1990 年创刊，发行量 55000 份。

美国左翼自由派刊物，以促进社会公正、民主和有效的公共政策为目标。

《Z 杂志》（***Z Magazine***）月刊，1977 年创刊，发行量 10000 份，有在线写手 6000 人。

政治文化新闻报道与评论刊物，乔姆斯基等是其主要撰稿人。

《异议》（***Dissent***）季刊，1954 年创刊。由欧文·豪和刘易斯·科塞尔共同创办。

政治经济文化分析和评论是该刊物的核心内容。

《每月评论》（***Monthly Review***）月刊，1949 年创刊，发行量 7000 份。

这是美国持续发行时间最长的马克思主义和社会主义刊物。目前刊物的主题主要包括贫困、财富与收入分配不公、种族主义、帝国主义和资本主义的制度功能丧失等。

总部在纽约。

《激进政治经济学评论》（***Review of Radical Political Economics***）季刊，1968 年创刊。主办者为“激进政治经济学联合会”，出版方为美国“智者出版集团”（Sage Publications）。

《第五等级》（***Fifth Estate***）季刊，1965 年创刊于底特律。2001 年总部由底特律迁往田纳西州自由城。

这是一个无政府主义刊物，以追求变革为宗旨。

《劳工评论》（***Labor Notes***）月刊，1979 年创刊。

该刊物宗旨是维护劳工利益，促进劳工运动的发展。

《左翼商业观察家》（*Left Business Observer*），1986 年创刊。

主要关注重心在经济或商业领域。

《独立报》（*The Independent*），每年刊出 13 次，2000 年创刊。总部在纽约。

刊物的宗旨是：揭露政治、经济、社会权力体系对地方和全球人民大众生活的影响，对新闻和文化事件进行透视与分析。

《向左转》（*Left Turn*），季刊。

这是当今反全球化运动中左翼最重要的一个网络组织刊物。其主题是反公司资本主义和帝国主义，其基础是反对种族主义、性别歧视、性向歧视等各种各样的社会运动。他们希望通过抵抗实践和理论探讨为一个理想的世界建模。

《消音器》（*The Baffler*），1988 年创刊于麻省理工学院。是一个以政治、文化和商业评论为核心内容的左翼刊物。

《黑人评论家》（*Black Commentator*），周刊，只有网络版，2002 年创刊。

致力于促进经济社会公正与和平事业。

《Utne 读物》（*Utne Reader*），双月刊，1984 年创刊。发行量 150000 份。

刊物中的文章都是从其他刊物和媒体搜集重印而成，涉及政治、经济、文化、环境和公共政策等多个领域。

《美元与意识》（*Dollars & Sense*），双月刊，1974 年创刊。由美元与意识公司创办。主要聚焦于经济问题的报道分析，特别是与经济正义相关的行动主义的倡导。

《新罕布什尔公报》（*The New Hampshire Gazette*），双周刊，发行量 5500 份。其创办历史最早可追溯到 1756 年，是美国历史最悠久的报刊。几经周折，1999 年后成为今日美国较有影响的另类刊物，它秉持反对大公司媒体和保守主义政治的立场。

《得克萨斯观察家》（*Texas Observer*），1954 年创刊于得州奥斯汀。

刊物以劳动者和阶级、种族问题为关注重点，目前集中于毒品等问题的报道分析。

后　记

著述向来是一件艰苦而又严肃的事。自2011年春至2014年夏，寒来暑往，可谓五尺书斋寂寥夜，十指翻敲键盘声，待得心血凝成卷，丝丝雾霜已上鬓。然而，如果不是有多方面的支持与帮助，仅靠笔者自己的勇坐冷板凳精神，这部有一定厚度和分量的著作的顺利完成和出版是不可想象的。值此书稿即将付梓之际，谨借书末一席之地表示诸多谢忱。

首先要感谢国家社科基金对本书的课题立项与资助，这为本书研究和出版提供了坚实的基础；

其次，我要感谢南京大学李庆余教授，作为我博士生时代的授业恩师，他长期以来一直对我的学术事业给予极大支持与鼓励，在课题立项后的开题过程中给我提供了十分宝贵的教诲，这对课题研究的开展和书稿的写作是不可或缺的。

再次，我要感谢上海海事大学蔡永良教授，云南大学骆洪教授，昆明理工大学王庆奖教授以及江南大学张云霞教授和鞠连和教授，他们从各自专业领域和研究角度为书稿的进一步完善提出了众多修改建议，使我从中获益良多。在此我要特别感谢江南大学学术著作出版基金，这部书稿所以能顺利出版问世，其慷慨资助之功大焉。我还要特别感谢社会科学文献出版社的祝得彬主任和责任编辑赵怀英女士，他们为书稿的出版做了大量工作，其热忱和责任心令我由衷感佩不已，拙著的问世有他们一半的功劳。我还要感谢课题组成员，江南大学刘焕明教授，刘剑锋教授，任铃副教授，张玉勤讲师，还有南京航空航天大学何章银教授，武汉大学戴红霞博士，他们为课题成功立项和研究的展开分别付出了一份辛劳和心血。

最后，我要感谢我的妻子徐岚和女儿吕亦涵，她们对我的研究工作给予充分理解与支持，并在研究过程中参与了一些资料搜集工作，就我而言，这种亲情是支撑我长期夜以继日开展研究的重要动力。

对以上众多帮助，我无以为报，权以此拙著作为我诚挚的答谢。

吕庆广

识于无锡长广溪寓所

2015 年 7 月 12 日

世界社会主义研究丛书

研究系列

社会主义：理论与实践（精）
李慎明 主编
2001年4月

社会主义的历史、理论与前景（上下册）
靳辉明 主编
2004年5月

且听低谷新潮声：21世纪的世界社会主义前景
李慎明 主编
2005年2月

古巴社会主义研究
毛相麟 著
2005年10月

美国民主制度输出
刘国平 著
2006年8月

戈尔巴乔夫的改革与苏联的毁灭
谭索 著
2006年9月

当代资本主义国家共产党
聂运麟 等著
2007年11月

苏联演变的原因与教训
周新成 张旭 著
2008年2月

美国保守主义及其全球战略
姜琳 著
2008年3月

民主社会主义思潮批判
周新城 著
2008年4月

变革与转型时期的社会主义研究
聂运麟 著
2008年5月

执政党的经验教训
李慎明 等编
2008年5月

帝国主义历史的终结
王金存 著
2008年6月

十月革命与当代社会主义
李慎明 主编
2008年11月

叶利钦的西化改革与俄罗斯的社会灾难
谭索 著
2009年6月

美元霸权与经济危机
李慎明 主编
2009年7月

欧洲社会民主主义的转型
何秉孟 姜辉 张顺洪 编著
2010年5月

国际金融危机与当代资本主义
李慎明 主编
2010年6月

国际金融垄断资本与经济危机跟踪研究
何秉孟 主编
2010年7月

世界在反思：国际金融危机与新自由主义全球观点扫描
李慎明 主编
2010年7月

“颜色革命”在中亚——兼论与执政能力的关系
赵常庆 主编
2011年1月

历史在这里沉思：苏联解体20周年祭
李慎明 主编
2011年9月

信仰危机与苏联的命运
蔡文鹏 著
2011年12月

世界在反思之二——批判新自由主义观点全球扫描
李慎明 主编
2012年2月

相关链接

更多信息请查询：www.ssap.com.cn

研究系列（续）

美国中亚战略20年：螺旋式演进
杨鸿玺　著
2012年9月

“改革新思维”与苏联演变
李瑞琴　著
2012年9月

世界在动荡、变革、调整
李慎明　主编
2012年11月

世界在反思（3）：当代资本主义评析
李慎明　主编
2012年12月

探索与变革：资本主义国家共产党的历史、理论与现状
聂运麟　主编
2014年6月

世界格局与我国安全战略
李慎明　主编
2014年9月

世界社会主义和左翼思潮：现状与发展趋势
李慎明　主编
2014年10月

谈如何正确看待斯大林
张捷　著
2015年3月

社会主义是人类历史发展的必然
李慎明　主编
2015年5月

尼泊尔共产党（毛主义者）的历史执政及其嬗变研究
汪亭友　著
2015年6月

金融帝国主义与国际金融危机
栾文莲　等著
2015年12月

战后美国左翼政治文化：历史、理论与实践
吕庆广　著
2015年12月

参考系列

全球化与现代资本主义
[古巴] 菲德尔·卡斯特罗　著
王玫　等译
2000年11月

古巴雄狮卡斯特罗的青少年时代
[古巴] D. 施诺卡尔
P.A.塔维奥　编
宋晓平　杨仲林　译
2000年11月

改革年代：苏联东欧与中国——戈尔巴乔夫现象
[澳] 科伊乔·佩特罗夫　著
葛志强　马细谱　等译
2001年6月

第三次世界大战——信息心理战
[俄] B.A.利西奇金
Л.A.谢列平　著
徐昌翰　等译
2003年9月

论意识操纵
[俄] 谢.卡拉-穆尔扎　著
徐昌翰　等译
2004年2月

苏联的最后一年
[俄] 伊·麦德维杰夫　著
王晓玉　姚强　译
2005年1月

大元帅斯大林
[俄] 弗拉基米尔·卡尔波夫
何宏江　等译
2005年9月

富国陷阱
[英] 张夏准　著
肖炼　倪延硕　等译
2009年1月

俄罗斯、中国与世界
[俄] A.P. 雅科夫列夫　著
孟秀云　孙黎明　译
2007年5月

相关链接

更多信息请查询：www.ssap.com.cn

参考系列（续）

文明的对话
[保] 亚历山大·利洛夫　著
马细谱　等选译
2007年9月

欧洲社会主义百年史
[英] 唐纳德·萨松　著
孟秀云　孙黎明　译
2008年1月

幻想破灭的资本主义
[日] 伊藤诚　著
孙仲涛　等译
2008年6月

总司令的思考
[古巴] 菲德尔·卡斯特罗　著
徐世澄　宋晓平　等译
2008年1月

世界规模的积累
[埃及] 萨米尔·阿明　著
杨明柱　杨光　李宝源　译
2008年11月

富国陷阱（修订版）
[英] 张夏准　著
肖炼　倪延硕　等译
2009年1月

富国的伪善
[英] 张夏准　著
严荣　译
2009年1月

苏联的最后一年（增订再版）
[俄] 罗伊·麦德维杰夫　著
王晓玉　姚强　等译
2009年6月

从"休克"到重建：东欧的社会转型与全球化－欧洲化
[法] 弗朗索瓦·巴富瓦尔　著
陆象淦　王淑英　译
2010年3月

卡斯特罗语录
[古巴] 萨洛蒙·苏希·萨尔法蒂　编
宋晓平　徐世澄　张颖　译
2010年6月

资本主义为什么会自我崩溃?
[日] 中谷岩　著
郑萍　译
2010年7月

英国共产主义的失落
[英] 拉斐尔·塞缪尔　著
陈志刚　李晓江　译
2010年8月

解体：二十年后的回忆与反思
李慎明　主编
栗瑞雪　等译
2011年12月

新自由主义的兴衰
[巴] 特奥托尼奥·多斯桑托斯　著
郝名玮　译
2012年2月

资本主义全球化及其替代方案
[英] 莱斯利·斯克莱尔　著
梁光严　译
2012年3月

亲历苏联解体：二十年后的回忆与反思
李慎明　主编
张树华　等译
2012年5月

捍卫苏联的最后一搏："国家紧急状态委员会"反对戈尔巴乔夫
[俄]根纳季·亚纳耶夫　著
胡昊　译
2012年11月

帝国的消亡：当代俄罗斯应从中汲取的教训
[俄]　叶·季·盖达尔　著
王尊贤　译
2013年1月

资本主义十讲（插图版）
[法] 米歇尔·于松　著
沙尔博　插图　潘革平　译
2013年4月

全球化资本主义与日本经济
[日] 鹤田满彦　著
张迪　译
2013年4月

美国社会主义传统
[美]约翰·尼古拉斯　著
陈慧平　译
2013年11月

相关链接

更多信息请查询：www.ssap.com.cn

参考系列（续）

资本主义还有未来吗？
伊曼纽尔·沃勒斯坦　等著
徐曦白　译
2014年4月

苏联军队的瓦解
[美] 威廉·奥多姆　著
王振西　钱俊德　译
2014年7月

欧洲激进左翼政党
[英] 卢克·马奇　著
于海清　王静　译
2014年9月

多极世界与第五国际
[埃] 萨米尔·阿明　著
沈雁南　彭姝祎　译
2014年11月

苏共二十大："秘密报告"与赫鲁晓夫的谎言
格雷弗 弗　著
马维先　译
2015年1月

西方情报机构与苏联解体
戴维·阿尔贝尔兰·埃德利　著
孙成昊　张蓓　译
2015年1月

相互竞争的经济理论：新古典主义、凯恩斯主义和马克思主义
[美]理查德·沃尔夫　[美]斯蒂芬·雷斯尼克　著
孙来斌　王今朝　杨军　译
2015年6月

五十年战争：世界政治中的美国与苏联（1941~1991）
[英] 理查德·克罗卡特　著
王振西　钱俊德　译
2015年10月

马克思的阶级概念
[日]渡边雅男　著
李晓魁　译
2015年11月

皮书系列

2005年世界社会主义跟踪研究报告——且听低谷新潮声（之二）
李慎明　主编
2006年3月

世界社会主义跟踪研究报告——且听低谷新潮声（之一）
李慎明　主编
2006年5月

2006年世界社会主义跟踪研究报告——且听低谷新潮声（之三）
李慎明　主编
2007年3月

2007年世界社会主义跟踪研究报告——且听低谷新潮声（之四）
李慎明　主编
2008年3月

世界社会主义跟踪研究报告（2008~2009）——且听低谷新潮声（之五）
李慎明　主编
2009年3月

世界社会主义跟踪研究报告（2009~2010）——且听低谷新潮声（之六）
李慎明　主编
2010年2月

世界社会主义跟踪研究报告（2010~2011）——且听低谷新潮声（之七）
李慎明　主编
2011年3月

世界社会主义跟踪研究报告（2011~2012）——且听低谷新潮声（之八）
李慎明　主编
2012年3月

世界社会主义黄皮书　世界社会主义跟踪研究报告（2012~2013）
李慎明　主编
2013年5月

世界社会主义黄皮书　世界社会主义跟踪研究报告（2013~2014）
李慎明　主编
2014年3月

居安思危·世界社会主义小丛书

忧患百姓忧患党：毛泽东关于党不变质思想探寻
李慎明 著
2012年7月

“普世价值”评析
汪亭友 著
2012年7月

戈尔巴乔夫与“人道的民主的社会主义”
王正泉 著
2012年7月

古巴：本土的可行的社会主义
毛相麟 著
2012年7月

新自由主义评析
何秉孟 李千 著
2012年7月

俄国十月社会主义革命
陈之骅 著
2012年7月

西方世界中的社会主义思潮
姜辉 于海青 著
2012年7月

当代拉丁美洲的社会主义思潮与实践
徐世澄 著
2012年7月

民主社会主义评析
周新城 著
2012年7月

历史虚无主义评析
梁柱 著
2012年7月

越南社会主义定向革新
谷源洋 著
2013年5月

中国特色社会主义理论与实践
罗文东 著
2013年5月

居安思危：苏共亡党的历史教训（八集党内教育参考片解说词）
李慎明 总撰稿
2013年5月

全球化与共产党
卫建林 著
2013年5月

怎样认识民主社会主义
徐崇温 著
2013年5月

俄罗斯的私有化
张树华 单超 著
2013年5月

查韦斯的“21世纪社会主义”
朱继东 著
2013年5月

苏联历史几个争论焦点的真相
吴恩远 著
2013年5月

毛泽东对新中国的历史贡献
李捷 著
2013年5月

毛泽东与马克思主义中国化
李崇富 著
2013年5月

《共产党宣言》与世界社会主义
靳辉明 李瑞琴 著
2013年5月

马克思主义与社会主义的历史命运
王伟光 著
2013年5月

忧患百姓忧患党：毛泽东关于党不变质思想探寻（修订版·大字本）
李慎明 著
2013年7月

马克思主义与社会主义的历史命运（大字本）
王伟光 著
2013年8月

谈谈民主、国家、阶级和专政
王伟光 著
2015年1月

中国经济体制改革的方向问题
刘国光 著
2015年1月

抽象的人性论剖析
有林 等著
2015年1月

中国道路和中国模式
侯惠勤 著
2015年1月

社会主义在探索中不断前进
周新城 著
2015年1月

列宁帝国主义论及其当代价值
顾玉兰 著
2015年1月

老挝：在革新中腾飞
柴尚金 著
2015年1月

建国后毛泽东对中国法治建设的创造性贡献
迟方旭 著
2015年1月

西方文明东进战略与中国应对
李艳艳 著
2015年1月

俄罗斯联邦共产党二十年
刘淑春 著
2015年3月

图书在版编目(CIP)数据

战后美国左翼政治文化：历史、理论与实践/吕庆广著.
—北京：社会科学文献出版社，2015.12
（世界社会主义研究丛书．研究系列）
ISBN 978－7－5097－7859－3

Ⅰ.①战… Ⅱ.①吕… Ⅲ.①政治文化－研究－美国－现代 Ⅳ.①D771.2

中国版本图书馆CIP数据核字（2015）第173379号

世界社会主义研究丛书·研究系列 79
战后美国左翼政治文化：历史、理论与实践

著　　者／吕庆广

出 版 人／谢寿光
项目统筹／祝得彬
责任编辑／赵怀英

出　　版／社会科学文献出版社·全球与地区问题出版中心(010)59367004
地址：北京市北三环中路甲29号院华龙大厦　邮编：100029
网址：www.ssap.com.cn
发　　行／市场营销中心（010）59367081　59367090
读者服务中心（010）59367028
印　　装／北京季蜂印刷有限公司

规　　格／开　本：787mm×1092mm　1/16
印　张：29.5　字　数：483千字
版　　次／2015年12月第1版　2015年12月第1次印刷
书　　号／ISBN 978－7－5097－7859－3
定　　价／98.00元